本书是国家社会科学基金重大项目"长江下游社会复杂化及中原化进程研究"（20&ZD247）的阶段性成果

本书出版得到南京大学历史学院科研经费的资助，特此致谢

中原王朝视角下的南方和东南方

——青铜时代长江中下游地区中原化进程研究

赵东升　著

文物出版社

图书在版编目（CIP）数据

中原王朝视角下的南方和东南方：青铜时代长江中下游地区中原化进程研究 / 赵东升著. -- 北京：文物出版社，2021.11
ISBN 978-7-5010-7260-6

Ⅰ.①中… Ⅱ.①赵… Ⅲ.①长江中下游—青铜时代文化—研究 Ⅳ.①K871.3

中国版本图书馆CIP数据核字(2021)第216441号

中原王朝视角下的南方和东南方
——青铜时代长江中下游地区中原化进程研究

著　　者：赵东升

封面设计：秦　彧
责任编辑：秦　彧
责任印制：陈　杰

出版发行：文物出版社
社　　址：北京市东城区东直门内北小街2号楼
邮　　编：100007
网　　址：www.wenwu.com
经　　销：新华书店
印　　刷：北京荣宝艺品印刷有限公司
开　　本：889mm×1194mm　1/16
印　　张：26
版　　次：2021年11月第1版
印　　次：2021年11月第1次印刷
书　　号：ISBN 978-7-5010-7260-6
定　　价：260.00元

序

水　涛

　　长江中下游地区是中国早期文明形成的重要发源地，历年来在这里的考古发现不断涌现，对于这个地区青铜时代考古学文化的研究，以及该地区青铜文化发展与中原王朝的相互关系研究，正在成为中国考古学研究的一个热点。

　　赵东升博士 2009 年完成的博士学位论文《论江淮、鄂东南和赣鄱地区青铜文化演进及与夏商西周文化的互动关系》中，首次对长江下游地区青铜文化与中原王朝文化的互动关系进行了论述，提出了中原化进程的概念，并进行了初步论证。

　　2013 年，在中国台湾花木兰出版社出版的《青铜时代江淮、鄂东南和赣鄱地区中原化进程研究》（上、下）一书中，赵东升博士已将中原化进程的概念更加深化，并明确写在书名中。

　　2021 年，在文物出版社即将出版的《中原王朝视角下的南方和东南方——青铜时代长江中下游地区中原化进程研究》一书中，赵东升博士不仅将中原化进程研究再次写在书名中，而且，将长江中下游地区的研究范围从原来的江淮、鄂东南、赣鄱三个地区扩展到包括宁镇皖南的四个地区。论述的视角也从长江中下游地区看中原，转化为中原看长江中下游地区。显然，在长江中下游地区中原化进程的研究中，又有了新的发现和突破，这是值得肯定的。

　　什么是中原化进程？作者认为，中原王朝的文化在与各种地方文化的互动过程中，一方面，会有力地促进当地的文明化发展过程；另一方面，中原王朝文化也会从地方文化中汲取自己所缺少的因素，形成互相促进的关系。在这个过程中，地方文化逐渐被融合，最终促成了秦汉时期以中原文明为中心的中华大一统格局。

　　中华大一统的含义不仅仅体现在物质遗存上，更重要的是体现在精神层面，即随着中原先进文化的传播，中原以外地区的部族开始采用中原王朝的礼仪制度作为社会的整合手段，以规范社会的等级秩序和维护社会的正常运转，此即为中原化进程的实质内涵。

　　夏商周时期，中原王朝势力向长江中下游地区的迫近，显然经过了漫长的历史发展过程，其中的原因或许是多种多样的，但这一地区始终是中原王朝向中国南方地区发展和扩散的主要策源地，因此，搞清楚这一地区在青铜时代中原化进程中的作用，对于完整理解中原与中国南方地区各种文化的相互关系，显然具有重要的意义。

　　由于长江中下游地区在青铜时代文化和族群分布上的复杂性，使得该地区实际上形成了四个以上相互独立存在的文化区。首先廓清各文化区的考古学文化分布格局和族群的异动关系，再来整合和归纳长江中下游地区青铜时代的社会变迁特点，认识夏商周不同历史阶段中原王朝对该地区所采用的不同经略方式，就是一种切实可行的研究策略，这也正是赵东升博士这部著作所采用的方法。

　　如果从更长的历史时段来考察，长江中下游地区的早期文化发展，首先是经历了新石器时代晚期的社会复杂化发展过程，形成了以良渚文明为代表的地方文化系统，随后，在青铜时代逐步完成了中原化的历史进程。因此，这种从区域文明转变为中原文明的历史发展进程，需要从更多的层面，更广阔的时空中去寻找它的必然原因和解释方式。

　　2020 年，以南京大学为主的研究团队，承担了国家社科基金重大项目"长江下游社会复杂化及中原化进程研究"（20&ZD247），以期在五年时间内，对于长江下游地区所经历的社会复杂化和中原化两个阶段的历史发展进程给予更加深入的研究。赵东升博士的这部著作，可以看作是此项研究的一个阶段性成果，我们期待着今后更多的研究成果会将长江中下游地区中原化进程研究逐步推向深入。

　　是为序。

2021 年 10 月 25 日于金陵

目　录

插图目录

插表目录

附表目录

前　言

本书以长江中下游沿江地带青铜时代考古学文化为研究对象，从对陶器、青铜器等文化因素的发展、演变及与中原文化的对比研究作为切入点，选取长江中下游的江淮之间地区、宁镇皖南地区、鄂东南地区和赣鄱地区这样四个既相互独立，又相互关联，并受中原文化的影响较深，对于中原王朝的生存和发展具有重要意义的地区为研究区域，力图在较大区域内对中原文化与地方文化的互动进行宏观的对比，并尝试去揭示文化互动背后的政治和文化背景。

长江中下游地区是中国古代文明的发源地之一。在新石器时代晚期，这里就形成了几个相对集中、富有地方特征的文化圈及相应的文化体系，对周边文化的演进乃至中原文明的形成都起到了重要的推动作用。历史推演到青铜时代，中原地区的王朝势力开始向长江流域强势扩张，本文所选取的长江中下游沿江地带的鄂东南、赣鄱、江淮之间和宁镇皖南地区即是中原王朝向南方扩展的必经区域，通过这些地区，中原王朝才能继续向更南的区域扩张。搞清楚长江中下游沿江地带的文化面貌和发展进程，对于探讨中原王朝对此地及更南地区的经略方式和统治策略具有重要意义。

中原文化在与地方文化的互动之中，一方面有力地促进了当地的文明化进程，另一方面中原文化也从地方文化中汲取到自己所缺少的因素，在势力扩张的过程中，互相促进，地方文化逐渐被融合，最终促成了秦汉时期以中原文明为中心的中华大一统的形成。

中华大一统的含义不仅仅体现在物质遗存上，更重要的是体现在精神层面上，即随着中原先进文化的传播，中原地区以外的部族开始采用中原王朝的礼仪制度作为社会的整合手段，以规范社会的等级秩序和社会的正常运转，此即为中原化进程的实质内涵。

本书的研究思路即是通过探讨地方文化中中原文化因素的存在及变迁过程，去推断其背后周边部族逐渐接受中原礼仪的过程。

之所以选择长江中下游沿江地带这一区域，还有一个重要的原因是这里是中国青铜资源分布最密集的地区，也是最早开发的地区之一。一般认为：没有长江中下游地区的青铜资源，就没有中原王朝辉煌的青铜文明；同样，没有中原王朝对资源地的经略也就没有这些地区的政治文明化和中原化的进程。因此，长江中下游地区的青铜时代文化虽然来源已久，经历了漫长的发展过程，但自始至终都同中原文化保持了密切的联系，相互都有影响。总体来看，中原对它的影响是居主导地位的。在夏商周文化的影响下，本地区的诸原有文化产生了质变，先后使用了青铜器，从而促进了原始社会的解体而进入文明时代，同时也加速了民族文化的融合过程。

第三，从考古发现和文献记载来看，中原王朝正是把这一地区作为势力扩张的第二策源地，通过这里才继续向更南的区域扩张。夏王朝主要是通过江淮地区、商王朝主要是通过鄂东南地区、西周王朝先是通过鄂东南，后是通过江淮地区。然后则是江南的赣鄱地区和宁镇皖南地区。

第四，长江中下游沿江地带还是中国古代四大民族集团交汇的地区，华夏、东夷、苗蛮和百越族群在这一地区交错分布，冲突、交流和融合在不同时期呈现出不同的表现形式。尤其是在中国国家文明诞生的初期，各种势力集团的势力消长在所难免。搞清楚华夏集团最终取得控制权、实现这些地区中原化进程的发展脉络，是考察更广域地区中原化进程的前提。

本书研究的基本步骤是：首先通过对各遗址内涵的分析，初步建立起四地青铜时代考古学文化的框架，并对考古学文化的总体格局进行探讨，重点关注其文化因素的变迁过程和模式及其与中原文化的关系。其次利用文献和铭文材料，并结合考古学文化的变迁情况对三地的人群族属和势力集团以及它们的变迁进行分析辩证。最终达到认识三代王朝在长江中下游地区经略的不同目的、模式和影响范围与程度的目的。

全书内容分为十一章，每个地区分为两章，分别论述考古学文化格局和文化势力及变迁。第十章从横向和纵向两个角度整合四地的考古学文化、各势力集团及其与中原文化和中原王朝的政治、军事和文化关系，并继续扩展至对四地周边的长江中下游地区与中原王朝的关系变迁，由此得出三代王朝在长江中下游地区不同的经略步骤和模式，以及影响范围和程度。

考古学文化格局，指的是考古学文化的时空变迁。该部分内容的论述采用了同样的步骤和方法。即首先对典型遗址进行分析，重点在于认识它们内涵的变迁和遗存分期，并尽可能将各期的相对时代限定在一个较细致的范围内。其次利用中原文化的分期框架，对各时期三地的文化格局，包括文化分区、文化分期、文化的时空变迁以及与中原文化的互动关系等进行较详细的阐述。

由考古学文化的面貌考察背后的族群关系，尤其是政治局面的问题是学术界的难点。本书主要利用考古学文化格局分析的结果，并结合文献和铭文材料对各地的社会文化背景、各势力集团及其变迁进行详细的分析和论述，从而为文化和政治建立起联系。

通过分析，我们认为四地与中原王朝的关系密切，虽然在中原王朝涉足以前它们的文化、社会发展阶段相对落后于中原地区，但中原王朝在四地的经略促进了四地的文化和社会发展，使得它们经历了大致相同的阶段，这也是我们得以可以利用中原文化的分期框架对他们进行研究的基础所在。

从考古学文化和文献资料上看，青铜时代及以前中原腹地及周边具有四大势力集团，即华夏、东夷、苗蛮和百越集团，长江中下游地区处于四大势力集团的中介地带，又拥有关系王朝兴亡的丰富的铜矿资源作为依托，其中的苗蛮、东夷又都曾经具有觊觎中原王朝权威的实力，因此，三代王朝对此四地都给予了足够的重视，它们对长江中下游地区的经略主要就是表现在与这些集团之间的制约与反制约的互动关系上。同时，由于社会发展阶段和各王朝所面临的社会问题的不同，中原王朝在四地的经略也是具有不同的目的和采用了不同的模式和步骤的，其影响范围和程度也存在明显的不同。

河南龙山文化末期和二里头文化影响范围之内的考古学文化，在青铜时代早期就发生了巨大变化，或退出了原先的分布地域而进入了新的发展阶段，或在原先分布地域内产生了新的文化，在长江中下游和江淮流域地区诸文化中均可见到河南龙山文化和二里头文化影响的痕迹。中原商文化在商王朝建立之初即大规模向长江中下游地区扩张，直接促成了长江流域商代青铜文明的产生和发展。但由于商王朝疆域的内缩及对周边控制力量的减弱，促使长江流域的青铜文化迅速发展，并使区域性文化中心得以形成。此时，南方青铜文化明显承袭二里冈时期所形成的一些传统，同时又接受了以安阳殷墟为中心的中原晚商文化的新因素。长江中下游地区和江淮流域各支青铜文化在中原商王朝礼制文化的强烈影响下，不仅进行着物质文化的融合与统一，而且还是思想观念上的融合与统一，为西周集中统一的政治格局的形成奠定了文化基础。西周时期是东南区文明重新整合的时期，到西周晚期，随着分封制下的地方诸侯国的势力巩固及扩张，一个以中原为政治核心的文明体系渐趋形成。南方和东南地区在商周时期的文明化进程既体现出中央王朝与边疆地区的文化与其政体性质及生活形态之间错综复杂的关系，也反映他们主要通过与中央王朝的文化交往和联盟以及行政隶属关系而被纳入文明社会的发展框架中。

夏王朝以前华夏集团与东夷集团之间"轮流坐庄"，他们之间应该存在一种较深远的利益互制关系。但随着规则被破坏，两个集团的矛盾激化，他们在中原地区的"夷夏东西"关系，也向南延伸到环太湖地区。华夏集团与苗蛮集团早在新石器时代晚期就已经表现出攻伐的态势，夏王朝继续对他们进行讨伐，甚至一直远达赣鄱地区。无论是对东南方向的东夷集团，还是对南方的苗蛮集团，华夏集团的经略都会遭遇到更南的百越集团，对此华夏集团采取的策略是扶持和联合，主观上是为了完成对东夷集团和苗蛮集团的经略，客观上则促进了百越集团的文明化进程。

经过夏王朝的经略，商人势力比较顺利地进入鄂东南地区，并在稍后向南和沿江向东方扩展，将此地的铜矿资源作为其经略的重要目的。而赣鄱地区，在夏王朝时期还处于新石器时代末期阶段，随着夏王朝和苗蛮以及商王朝势力的介入，他们迅速完成了从新石器时代向青铜时代的过渡，并可能建立了与商王朝对抗的势力集团。对于江淮之间地区，商人通过沿淮河支流的北线和沿长江水道的西线自然接收了夏人原在此地的势力范围。并将势力扩展到下游的宁镇皖南地区。但在商王朝中晚期，随着王朝势力的衰弱，地方势力逐渐发展壮大，在南方，商王朝通过改变统治方式和改变运输路线以便获取铜矿资源的前提下，主要力量放在对东方的经略上，并最终在与夷人的争夺和内外交困中覆亡。

周人作为商王朝最重要的方国之一，在商代末期就已经将势力伸展到长江中下游地区，只是由于这些地方商人积数百年之功创立的基础一时无法彻底根除，同时又必须继续获取到这里的铜资源，周人不得不采取较为柔和的统治策略，这也造成了地方势力的更大发展，铜资源也逐渐不能轻易获取。江淮西部地区商人势力本就薄弱，夷人势力在与夏商西周王朝的争夺中也已分散弱小，铜矿资源的发现使得周人将经略的重点转向这里。但是残余夷人势力联合壮大使得周人在整个西周中后期都处于与他们的纠葛之中。另外，周人在灭商之前即已经开始了对长江中下游地区的经略，"泰伯奔吴"的传说正是这种预先谋划的体现。周王朝晚期，地方分封势力逐渐壮大，他们在南方的经略逐渐取代了王朝力量，并在更大的范围内实现了华夏民族的融合。

中原强势文化向南方和东南地区的扩张，在不同的王朝、对不同的地域是通过不同的模式进行的，其影响程度及结果也不相同，这其中也当隐含着不同的原因。中原王朝对边远地区的进取模式，还有着持续性和开创性的特点，每一个新的模式都可能在前一个文化中找到渊源，并结合新的形势进行适当的改进。最终促成了长江中下游沿江地点西周晚期至春秋早期中原化进程的基本实现。

目前，学术界对东南地区青铜时代古代文化的研究虽然比较活跃，但所涉内容多是分散的或是局部性的，缺乏从宏观角度进行系统的、整体性的综合研究。传世的文献记载也较缺乏，使得人们对于夏商西周时期东南诸族群与中原夏、商、西周王朝之间的关系存在较多的争议。虽然学界通过对百年来发现的甲骨、金文材料的研究，得出了一些新的重要的认识，取得了一些突破性的进展，但是由于甲骨、金文的记载同样十分简略，而且多集中于战争的记载，所以，要想更多地、更深入地了解东南地区诸族群及其与中原王朝之间的关系还得首先依赖考古学。

近三十年来，长江中下游和江淮流域考古工作得到了全面开展，获得了数量较多的考古资料，考古学文化谱系大体上得以建立。这为我们从考古学的角度，并结合传世文献、甲骨、金文及关于族属、环境、古代矿产资源的研究成果，尽可能全面的复原这一地区青铜时代文化的演进过程及其与夏商西周王朝的互动关系提供了可能。

第一章　绪论

第一节　研究的时空范围

一　时间范围与分期体系

本书所涉及的时间范围是夏商西周时期。之所以截至西周时期，是因为经过西周中晚期一次深刻的礼制改革，中原王朝的礼制体系已基本定型，西周王朝对周边地区的经略模式和战略布局也已成型[1]，中原化进程进入到了按部就班的执行阶段。此后，南方和东南方地区的各诸侯国和势力集团在中原礼制的框架下经历了一次大发展、大融合，中原礼制逐渐成为周边族群规范社会的行为准则。

西周以后各地方分封势力开始稳定后的扩张时期，在各分封区域实行各自不同的统治策略，中原王朝势力的扩张也就更多地借助于这些分封在各地的封国进行，从而中原王朝文化的传入出现了多元化的状况，这超出了我们研究的目标，因此不把东周时代列入本书讨论的时间范围之内。

本文采用的分期体系是以中原夏、商、西周王朝的分期为标尺。

1. 夏代 [2]

关于夏文化和河南龙山文化与二里头文化之间的对应关系，学界有长期的争论。二里头文化为代表的文化属于夏朝时期夏民族创造的文化，这一观点已得到绝大多数学者的认同，但二里头文化并不是最早的夏文化也得到越来越多学者的响应[3]。新砦二期遗存被多数学者认为是处于王湾三期文化与二里头文化之间的过渡遗存，并把其分为早、晚两段，早段早于二里头文化

---

[1] 〔美〕罗泰著，吴长清、张莉等译：《宗子维城——从考古材料的角度看公元前1000至前250年的中国社会》，上海古籍出版社，2017年。

[2] 关于夏代和夏王朝是否存在的问题是学术界争论的热点话题。本书认为，近些年南方地区发现的与河南龙山文化末期和二里头文化相同的文化因素和有关遗存与文献记载所提到的夏代史实有极高的契合度，并且这种关系得到越来越多研究者的关注和认可。因此，基于对南方这一时期文化遗存的认识，本书作者支持夏代和夏王朝是真实存在的历史时期的观点。在此基础上，我们才能结合文献做出更为符合逻辑的社会发展过程的结论。

[3] 学界对夏文化的讨论，观点多种多样，文章甚多此不一一列举，具体情况可看《中国考古学·夏商卷》的相关章节（中国社会科学院考古研究所编：《中国考古学·夏商卷》，中国社会科学出版社，2003年）。随着考古发现的增多以及研究的深入，越来越多的学者开始接受二里头文化一至四期都是夏文化的认识。但是，关于早期夏文化，学界还没有形成比较一致的看法。一种意见认为二里头文化就是整个夏文化，也就是说二里头文化一期就是早期夏文化（这种观点以邹衡先生为代表，参见邹衡：《试论夏文化》，《夏商周考古学论文集》，第95～182页，文物出版社，1980年。《关于夏文化的上限问题——与李伯谦先生商榷》，《考古与文物》1999年第5期）。另一种意见认为二里头文化一期不是最早的夏文化，二里头文化一至四期是"后羿代夏"后至夏桀时的遗存（这种观点是以李伯谦先生为代表，参见李伯谦：《二里头类型的文化性质与族属问题》，《文物》1986年第6期。《关于早期夏文化——从夏商周王朝更迭与考古学文化变迁的关系谈起》，《中原文物》2000年第1期）。

一期，而晚段与二里头文化一期大致同时或略早[1]。有的学者也把新砦二期遗存整个归入夏代纪年，认为是二里头文化之前的夏文化[2]。本文不讨论新砦二期遗存的具体性质问题，只是综合各家观点采纳新砦期根植于王湾三期文化和煤山文化，也融合了较多来自关中、晋西南甚至东方龙山文化因素，其早段的时间早于二里头文化，晚段与二里头文化一期并存，即真正的新砦期遗存应为新砦二期早段（或花地嘴遗存早段），它是二里头文化的前身，即夏代早期[3]的观点。另外，煤山类型（煤山文化）也是近些年学界讨论的热点，学者们普遍认为这是大禹时期夏部族创造的文化。因此，综合来看，本文采用煤山类型—新砦期遗存—二里头文化为整个夏文化序列的观点。这一文化序列与河南龙山文化有别，是在河南龙山文化末期出现于嵩山南部的一支新型文化。这支文化遗存在形成伊始即已开始向外扩张，与晋南、关中、东方及南方建立起了联系。至于它是否与二里头文化属于同一文化，即是否可以将其置于二里头文化一期之前，作为二里头文化更早的一期，学术界尚存在诸多争议[4]，也不作为我们讨论的重点。我们偏向于认为煤山类型时期即已经进入了夏代纪年[5]。

二里头文化分成四期的意见已被学者广泛接受[6]，本文亦采用四期的划分方法，至于有的学者提出的第四期晚段已进入商纪年的观点[7]，考虑到二里头文化的整体性，本书暂不采纳。

结合河南龙山文化、煤山遗存、新砦期遗存和花地嘴遗存的研究成果，将煤山类型和新砦二期早段遗存称为夏代初期，二里头文化一、二期称为夏代早期，三、四期称为夏代晚期。夏商周断代工程将夏代始年确定为公元前2070年[8]，而学界一般把二里头文化的绝对年代估定在公元前1900～前1500年[9]。这个绝对年代已经被学界广泛采用了30多年。我们采用根据夏商周断代工程以及近年来的各项研究成果所推定的年代，即从公元前21世纪中叶至前16世纪初叶，

[1]　中国社会科学院考古研究所河南二队：《河南密县新砦遗址的试掘》，《考古》1981年第5期。赵芝荃：《略论新砦期二里头文化》，《中国考古学会第四次年会论文集》，文物出版社，1985年。赵芝荃：《试论二里头文化的源流》，《考古学报》1986年第1期。李德方：《二里头类型文化的来源及相关问题》，《青果集》，知识出版社，1993年。夏商周断代工程专家组：《1996～2000年阶段成果报告简本》，世界图书出版公司，2000年。北京大学考古文博学院等：《河南新密市新砦遗址1999年试掘简报》，《华夏考古》2000年第4期。杜金鹏：《新砦文化与二里头文化——夏文化再探讨随笔》，《中国社会科学院古代文明研究中心通讯》2期，2001年7月。赵春青：《新砦期的确认及其意义》，《中原文物》2002年第1期。顾万发、张松林：《巩县花地嘴遗址发现"新砦期"遗存》，《古代文明研究通讯》总第十八期，2003年9月。赵芝荃：《夏代前期文化综论》，《考古学报》2003年第4期。北京大学古代文明研究中心等：《河南省新密市新砦遗址2000年发掘简报》，《文物》2004年第3期。郑州市文物考古研究所等：《河南巩义市花地嘴遗址"新砦期"遗存》，《考古》2005年第6期。许宏：《"新砦文化"研究历程述评》，《三代考古（二）》，科学出版社，2006年。许宏：《嵩山南北龙山文化至二里头文化演进过程管窥》，《中原地区文明化进程学术研讨会文集》，科学出版社，2007年。庞小霞、高江涛：《关于新砦期遗存研究的几个问题》，《华夏考古》2008年第1期。北京大学震旦古代文明研究中心、郑州市文物考古研究院：《新密新砦——1999～2000年田野考古发掘报告》，文物出版社，2008年。

[2]　王立新：《也谈文化形成的滞后性——以早商文化和二里头文化的形成为例》，《考古》2009年第12期。

[3]　此时夏王朝作为政治实体已经存在。见赵春青：《关于新砦期与二里头一期的若干问题》，见《二里头遗址与二里头文化研究——中国·二里头文化遗址与二里头文化国际学术研讨会论文集》，科学出版社，2006年。

[4]　李维明：《二里头文化一期遗存与夏文化初始》，《中原文物》2002年第1期。杜金鹏：《新砦文化与二里头文化》，《中国古代文明研究通讯》2001年第2期。邹衡：《二里头文化的首和尾》，《中国历史文物》2006年第1期。魏继印：《论新砦文化的源流及性质》，《考古学报》2018年第1期。

[5]　主要证据在于在南方地区出现了同于煤山类型的文化因素，比如在赣东和闽西北出土的袋足鬶（见下文讨论）。

[6]　中国社会科学院考古研究所编著：《偃师二里头——1959年～1978年考古发掘报告》，第28～33页，中国大百科全书出版社，1999年。中国社会科学院考古研究所编著：《二里头（1999～2006）》，第25～36页，文物出版社，2014年。

[7]　赵海涛：《二里头遗址二里头文化四期晚段遗存探析》，《南方文物》2016年第4期。

[8]　夏商周断代工程专家组：《夏商周代断代工程1996～2000年阶段成果报告（简本）》，第63～64页，世界图书出版公司，2000年。

[9]　仇士华、蔡莲珍、冼自强、薄官成：《有关所谓"夏文化"的碳十四年代测定的初步报告》，《考古》1983年第10期。

400 余年的成果 [1]（表 1）。

表1　本书采用的夏文化分期

夏代（约公元前21世纪中叶～前16世纪初叶）				
夏代初期	夏代早期		夏代晚期	
煤山类型—新砦期	二里头文化一期	二里头文化二期	二里头文化三期	二里头文化四期

2. 商代

20 世纪 80 年代，邹衡先生将整个殷商文化分为三期七段十四组。三期即先商期、早商期和晚商期，其中先商期占一段两组，早商期占三段六组，晚商期占三段六组。先商期的绝对年代确定属成汤灭夏以前，早商期的绝对年代为自成汤灭夏前后至武丁以前，晚商期的绝对年代相当于武丁至武庚 [2]。后来包括很多学者在内都对殷商文化的分期提出了自己的看法 [3]，但从总体上看，大同小异。随着近年来郑州小双桥遗址、安阳洹北商城遗址和邢台东先贤遗址的发掘，众多学者提出了中商时代的概念 [4]，从而将邹衡先生的早商、晚商文化的殷商文化的分期体系改变为早商、中商、晚商文化的分期体系。以邹衡先生的研究为基础，结合近些年来的研究成果，采用《中国考古学·夏商卷》中早、中、晚商的划分方案（表 2）。商文化对南方和东南地区的文化影响可以明显地看出分为三个阶段，这分别同早、中、晚商论者所提供的分期框架相符，因此这个划分有利于我们对这些地区青铜时代文化和中原文化之间互动关系的研究，在进行典型遗址的分期乃至区域文化的综合分期时，都将以此作为参照。

3. 西周

关于西周文化的分期，虽然各主要遗址的分期有所不同 [5]，大体上都可分为早、中、晚三期。考虑到南方和东南地区西周早期遗存和西周中晚期遗存的较大区别，本文亦采用早、中、晚三期的分期结果（表 3），只是相比于中原地区，南方和东南方中晚期的分界较为模糊。

---

[1] 中国社会科学院考古研究所编：《中国考古学·夏商卷》，第81页，中国社会科学出版社，2003年。张雪莲、仇士华、蔡莲珍等：《新砦—二里头—二里冈文化的考古年代序列的建立与完善》，《考古》2007年第8期。

[2] 邹衡：《试论夏文化》《试论殷墟文化分期》，《夏商周考古学论文集》，第105～117、58～76页，文物出版社，1980年。

[3] 安金槐：《关于郑州商代二里冈期陶器分期问题的再探讨》，《华夏考古》1988年第4期。王立新：《早商文化研究》，高等教育出版社，1998年。中国社会科学院考古研究所编著：《殷墟的发现与研究》，第25、26页，科学出版社，1994年。中国社会科学院考古研究所编著：《中国考古学·夏商卷》，中国社会科学出版社，2002年。

[4] 唐际根：《中商文化研究》，《考古学报》1999年第4期。唐际根：《商王朝考古学编年的建立》，《中原文物》2002年第6期。孙华、孙庆伟：《夏商周考古》，《中国考古学年鉴·2004》，第42页，文物出版社，2005年。中国社会科学院考古研究所编著：《中国考古学·夏商卷》，中国社会科学出版社，2003年。王震中：《"中商文化"概念的意义及其相关问题》，《考古与文物》2006年第1期。谷飞：《关于商代文化分期的几点思考》，《华夏考古》2016年第4期。据《史记·殷本纪》等文献记载，商朝从仲丁至盘庚，国内政局动荡不定，出现"九世之乱"，都城屡次迁移。从历史学的视角来看，这段时期确实可以单独划分成一个独立的阶段。从考古学文化面貌上看，这段时期内的考古遗存与二里冈时期和殷墟时期的遗存都有些不同。由此来看，提出"中商文化"的概念无论是在完善商文化的分期体系还是在历史学研究上都有其重要意义。因此本书中笔者也同意早、中、晚商文化的划分。

[5] 目前关于西周文化的分期，典型遗址有丰镐、天马—曲村、琉璃河等（参见中国科学院考古研究所：《沣西发掘报告》，文物出版社，1962年。中国社会科学院考古研究所丰镐工作队：《1997年沣西发掘报告》，《考古学报》2000年第2期。中国社会科学院考古研究所编著：《张家坡西周墓地》，中国大百科全书出版社，1999年。北京市文物研究所：《琉璃河西周燕国墓地1973—1977》，文物出版社，1995年。北京大学考古学系商周组、山西省考古研究所：《天马—曲村1980—1989》，科学出版社，2000年。）。

表2　各家商代分期对应关系表

	先商		早商						晚商			
	第一段		第二段		第三段		第四段		第五段		第六段	第七段
邹衡	第Ⅰ组（洞沟下层）	第Ⅱ组（二里冈下层C1H9）	第Ⅲ组（二里冈下层C1H17）	第Ⅳ组（二里冈上层C1H2乙）	第Ⅴ组（二里冈上层C1H1）	第Ⅵ组（白家庄上层）	第Ⅶ组（台西商代中层）	第Ⅷ组（殷墟一期）	第Ⅸ、Ⅹ组（殷墟二期）		第Ⅺ、Ⅻ组（殷墟三期）	第ⅩⅢ、ⅩⅣ组（殷墟四期）
安阳队							晚商					
							一期		二期		三期	四期
							早段	晚段	早段	晚段		
安金槐		二里冈下层一期	二里冈下层二期	二里冈上层一期	二里冈上层二期							
王立新		早商一期		早商二期		早商三期						
		1组	2组	3组	4组	5组	6组					
		二里冈下层偏早	二里冈下层偏晚	二里冈上层偏早，台西1组（早期居址）	白家庄上层，二里冈上层偏晚	台西2组（第一期墓葬）	殷墟一期台西3组（第二期墓葬和晚期居址）					
夏商卷暨本文分期		早商				中商			晚商			
		一期（二里冈下层C1H9、电校H6）	二期（二里冈下层C1H17）	三期（二里冈上层C1H2乙、北二七路M1、铭功路M2、台西早期居址）		一期（白家庄上层、小双桥）	二期（1997年洹北商城早期遗存、台西早期墓葬）	三期（1997年洹北商城晚期遗存、台西晚期墓葬和晚期居址）	一期	二期	三期	四期

表3　本书采用的西周分期

西周文化（约公元前11世纪中叶～前771年）					
早期（武王～穆王前期） （约公元前11世纪中叶～前10世纪中叶）		中期（穆王后期～厉王前期） （约公元前10世纪中叶～前9世纪中叶）		晚期（厉王后期～幽王） （约公元前9世纪中叶～前771年）	
早段（武王～昭王前期）	晚段（昭王后期～穆王前期）	早段（穆王后期～恭王前期）	晚段（恭王后期～厉王前期）	早段（厉王后期～宣王前期）	晚段（宣王后期～幽王）

二　空间范围与分区

自然地理区划上的长江中下游地区，指以湖北宜昌以东的长江干流和支流区域。但本文研究的空间重点范围是青铜时代中原王朝视角下的东南和南方地区，与现在自然地理区划不完全相同。具体来说包括现在行政区划的安徽省黄山山脉以北至淮河以南地区、江苏省的太湖以北至淮河以南地区、江西省的北部、湖北省的东南部和赣江中下游区域等。自然地理区划上大致包括江淮之间地区、江汉平原东南部、赣鄱北部丘陵和宁镇皖南地区（图1），根据自然地理确定的分区大致与我们通过考古学文化所确定的分区一致，这些区域即相互独立，在各自的区域范围内考古学文化具有一定的继承性，并最终归于统一；同时各区域内的考古学文化又存在一定的联系，有的联系还比较密切。根据密切的程度，我们以长江为界把研究地区分为南北两个大的区域。北区包括江淮之间地区和江汉平原东南部地区；南区包括赣鄱丘陵区和宁镇皖南区。研究的区域看似分散，但相互之间有着密切的关系，对于全面地表现中原王朝文化扩展的延续性和关联性有一定意义。鄂东南地区作为研究对象，是因为夏商西周王朝对南方和东南方向的经略往往发端于这里，进而才向更南地区扩展[1]。江淮之间地区，尤其是北部的淮河流域区在中原与东南地区的交往之中起重要的媒介作用，也可以据此对长江下游的考古学文化有一个更合理的可资对比的分期断代案例。赣鄱地区和宁镇皖南地区则是中原王朝文化和中原势力跨过长江之后的第一站，也是与更南方的族群接触的前沿阵地，因此将长江南北相互关联的四个区域进行整合，对于了解中原王朝的经略步骤和统治策略会有一个较为全面的认识。当然，在涉及文化的继续扩展上，有时的讨论范围也会稍微偏离，最远涉及环太湖、鄂北、湘西、两广及浙闽地区，但最终的落脚点都会回到这个区域。

区域的划分既考虑到了地理区域的划分，也考虑到了不同文化区的划分，但同时在很大程度上也是为了论述的方便。因此对考古学文化格局和文化势力论述的侧重点不甚一致，前者是以自然地理区划为基础，按人为划定的区域进行文化的分析，这种划分虽然有利于考古学文化的叙述，但很可能不适合当时文化和势力分布的真实情况。因此后者主要以时代为标准，结合历史文献，将在某一时期联系较紧密的文化区进行整合，以弥补人为分割文化区的不足。

---

[1]　水涛：《试论商末周初宁镇地区长江两岸文化发展的异同》，高崇文、安田喜宪主编：《长江流域青铜文化研究》，科学出版社，2002年。

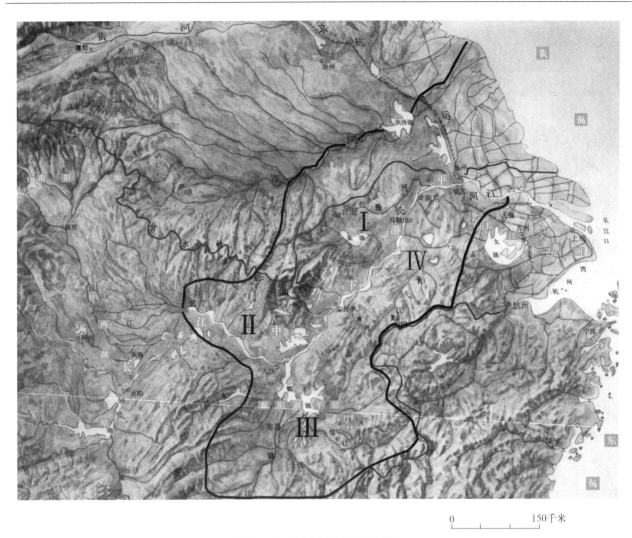

图1　本书研究区域示意图

Ⅰ.江淮之间地区　Ⅱ.鄂东南地区　Ⅲ.赣鄱地区北部　Ⅳ.宁镇皖南地区

第二节　研究目的方法

至少目前，谁也不能否认，中原地区是青铜时代文化最先进的地区，无论是政治制度、经济形态、军事实力等都比周边地区具有绝对的优势。周边地区在青铜文化的发展过程中都或多或少的受到中原王朝势力的影响甚至是直接促成了其文明化的进程。除中原以外的其他地区虽然有的在新石器时代晚期也创造了灿烂的文明形式，但终究没有发展延续下来。只有中原地区发展了延续的文明形式。

但是以上的观点只能算是根据历史发展情况得出的较为合理的推测，我们并不能据此就认为东南地区的青铜时代文明完全是在中原王朝文明的控制下才产生的，它们也一定有其特殊性，并且很可能与中原王朝发生过制约与反制约的纠葛。因此，虽然本文的落脚点是中原王朝文明与东南地区青铜时代文明的互动关系，并且偏重于中原文明对于地方文明形成与发展的重要推动和制约作用，但对于地方文化给予同样的重视是十分必要的。

对于互动关系的研究其立足点就是对文化现象的对比，其中对考古学文化的研究将是整个研究的出发点和分析基础。对考古学文化分期和分布范围的推定，即对于人类活动的时间和空间变化的研究。空间上的关联性必须被限定在一个时间轴（即考古学的相对年代分期表）上才有意义。任何一种考古学文化或类型都不可能自始至终都处于一个固定的地区，任何一个文化或类型也只能代表某一阶段或某一时期，其基本价值表现的是该文化某一发展阶段的局部特征而不可能是全部。假如无视空间和时间的相对变化关系来考察文化以及研究文化间的互动关系，所得到的仅仅是一个将空间和时间压缩在一起的混合现象。同样，若首先人为的设定一个文化类型的空间范围，然后再去探讨该类型的时间变化，也容易以偏概全，产生认识上的偏差。因此，从方法论上来说，只有首先从文化分期入手，建立比较详细的分期系统，然后比较相同时期文化关系，从而划分出不同地方类型的分布范围，才能达到了解人类集团活动之目的。本书正是依据上面的步骤来审视不同地区的文化现象的变迁及与中原文化的互动关系的。

本书的目的并不仅仅局限于考古学文化的分期研究，最终目的是从考古学文化的诸现象中提炼出背后所隐藏的政治和精神方面的内涵，从目前的认识来看，这样的途径对于王朝政治的研究来说证据似乎显的有些薄弱，毕竟，在王朝时期，政治方面的某些动作和策略在文化上可能并不能表现出来，抑或不能全面客观地表现，这涉及政治与文化复杂关系的问题。况且文化的变迁也同族属的变迁、环境的变迁、社会阶级构成的变迁等各方面有着密切的关系[1]。但是，那种在一个跨越庞大的地理区域的政治体系中发生的，并且历经一个较长时段后发展成为一种普遍趋势的变化，应该会对物质文化有所影响。因此，本文的研究方法和目的并不完全是从政治学意义上去详细探讨中原王朝在南方和东南方的经略以及它们的政治制度、统治策略等，而主要还是从分析考古学文化时空变迁的角度去探讨东南地区青铜时代文化格局的变迁，而文化格局的变迁总不会是无缘无故的，这其中中原王朝文化到底起了一种什么样的作用，而南方和东南方的青铜文化又在中原王朝的形成、扩张和中华大一统局面的形成过程中扮演了什么样的角色，都是我们所重点探讨的方面。

江淮之间、鄂东南、赣鄱地区和宁镇皖南地区作为中原王朝与江南之间的过渡地带，是中原王朝重点关注的地区，一方面被中原王朝重点经略，另一方面又是作为文化的走廊地带而存在，因此文化复杂性高。同时各种文化势力在此交汇，又有丰富的资源作为依托，因此东夷、苗蛮、百越这三大势力集团与以中原王朝为代表的华夏集团在此展开长时间的争夺。在三代历史上，这些地区因为受到中原王朝的持续关注而表现出较强烈的文化变迁和族群变迁，搞清楚这些变迁身后的历史背景以及在中原文明大一统过程中所起的作用正是我们研究的目的。

以长时段的视角考察一个大的文化区域内文明演进状况及其方式，无疑是考古学研究的长处之一[2]。经过考古工作者的多年努力，到目前为止，人们对中原夏商西周文明的演进状况和模式的把握相对较多，相对较为清楚，但是对南方和东南方夏商西周时期的文明演进状况和模式

---

[1]　〔英〕希安·琼斯著，陈淳、沈辛成译：《族属的考古——构建古今的身份》，上海古籍出版社，2017年。

[2]　Braudel, Fernand. History and the Social Sciences:The Longue Durée. Translated by Immanuel Wallerstein. In Review（Fernand Braudel Center），Vol. 32, No. 2, COMMEMORATING THE LONGUE DURÉE（2009），pp. 170-203; Sherratt, Andrew. Reviving the Grand Narrative: Archaeology and Long-Term Change. Journal of European Archaeology 3.1:0-32, 1995.

却不甚清楚。所以，夏商西周时期南方和东南方的文明进程状况及其模式是本文一个重要研究内容。当然对区域内文明进程的考察是以对该区域内诸考古学文化类型及其源流谱系研究为基础的。南方和东南方在不同时期的考古学文化格局是什么样的？夏商西周时期的南方和东南方的青铜文化是如何在这个地区演进发展的？整个南方和东南方的青铜文化的演进是否同步，演进模式是否相同，或是存在地域性的差异？这种演进发展模式是渐进式的还是断裂性的，抑或二者都有？如果存在断裂性，那造成这种断裂性的动因又是什么？凭借目前的考古资料，要把这些问题都做出满意的回答无疑是困难的，但是，就已有的资料尽可能对这些问题进行探索是十分有必要的，至少可以为今后的研究打下基础。

任何考古学文化或文化系统都不是在封闭中产生、发展的，它们都必然和周边文化存在交流，无论这种交流是以什么样的方式进行的。而且只有在这种交流中不断地吸收、继承新的文化因素、抛弃不利于社会发展的因素，各文化才会继续向前发展，新的文化才能诞生。所以，进行两个考古学文化或文化系统之间的互动研究，就具有十分重大的学术意义。在进行这种文化互动研究中，考古学文化因素分析法无疑是最主要的研究方法。

关于考古学研究中的文化因素分析方法，学界存在广泛的讨论，这些讨论无疑推动了考古学研究的深入。但是，笔者认为，目前学界对于文化因素分析方法的认识与实践依然还有深入讨论的必要。首先就是对文化因素性质的判断，其次就是文化因素影响的广度和深度的问题。关于前者，主要是一种共时性的研究，就是同时出现的文化因素属于特殊还是一般，属于专人所用还是普通对象，这前后当然代表了不同的文化等级的传递。关于后者，如果某一个文化因素不光出现在某一个阶段，同时他又出现在以后的阶段，并且还能看出序列演化，那么说明这种文化因素已经被完全接受，如果这样的因素越多，则说明影响力、接受程度也就越大。

外来文化因素的存在自然是文化交流的结果，考古发现的都是实物遗存，但是这并不是说两个文化或文化系统之间的交流仅仅是物质层面上的，同时也包括技术、信息、信仰等非物质层面上的，甚至在非物质层面上的交流更重要，即使考古发现的实物遗存，它也不仅仅代表一件实物而已，还具有一定的象征意义，不同质地、类型、组合的实物遗存所象征的意义是不一样的。比如青铜器是判明文化属性重要的东西，如果一个地方集中出土了青铜器，那么这个地区无疑对于中原王朝来说是相当重要的，而与中原王朝的具体关系（比如是属于政治版图，还是附庸区），则要具体问题具体分析了。由于距离的远近、文化传统上的亲疏等等原因，各地区青铜文化对中原文化因素的接受程度肯定会有所差异，尽可能对这些青铜文化中发现的不同质地、类型、组合的中原式器物进行详细分析，找出其背后象征的含义，进而考察夏商西周文化对南方和东南方文化渗透的层级性就成为本文研究的又一个重要内容。

另外，属于同一个考古学文化的各遗址由于其所处地理位置、聚落大小、等级是有差异的，所以，各遗址所能接触的外来文化在种类、数量上都是有区别的，这种区别的研究为讨论文化扩张、传播的路线提供了线索，这些在文化因素的分析中是需要引起注意的。

关于中原王朝与南方和东南地区的青铜时代文化的互动关系，在文献中的记载并不多，不同地区也存在明显的数量差异，而金文资料的较多发现，在一定程度上弥补了文献的不足。金文相对于古本文献来说，可靠性更强，因此，结合历史文献，充分利用这些金文资料对考古学文化进行分析无疑是本文另一个重要的研究方法之一。

对考古学文化互动关系的研究，在考古学上需要遵循以下几个步骤：

首先，必须确定其分期和年代，不同期的文化是不能进行比较、不能进行所谓互动关系研究的。同时，期别划分的越详细，时间间隔越短，则对文化的变迁和文化之间的互动关系研究越准确。

第二，考古学文化之间的互动关系不是固定不变的，必须以发展的观点看待考古学文化之间的互动。

第三，考古学文化的构成是十分复杂的，必须在对考古学文化各自做过文化因素分析的前提下才能进行互动关系研究，这样才能看到不同文化因素的来源，从而进一步追索其不同的传播途径和不同的传播特点。

第四，在社会已发生分层的情况下，必须对其综合反映的考古学文化进行社会结构解析的基础上进行互动关系研究，这样才能更加深入地揭示其互动关系的实质。

对于隐藏在考古学文化中的国别、族属的研究，难点就在于政治隶属关系往往与考古学文化的归属并不对应。一个考古学文化的族属相对容易确定，但对于这个族属的统治阶级到底是谁却不能仅仅以考古学文化来确定。这就对我们研究各地区与中原王朝的互动关系增加了困难。比如商王朝的势力扩展虽然是以强大的军力作为前提，但终究商部族不可能处处都有分布，现在的研究表明，商王朝在王畿外的统治策略往往是设立军事据点，除了军事据点内及外围少数的遗址以商文化因素为主体之外，其他大部分都是以当地文化因素为主体。而到了西周时期，由于商王朝曾经影响的区域已非常广泛，周人不仅面对地方势力的力量，还得防备商遗民的反扑，在将商遗民尽量赶往偏远地区的同时，仅仅依靠建立军事据点的方式已不能满足形势变化的需要，因此，他们采取了分封——比军事据点更为有力的策略来统辖地方。但这样也就造成了我们更难从文化内涵上去判明地方势力的归属。因为实行分封制度的西周王朝仍然处于早期国家的联邦或邦联性松散结构阶段，控制力有限，各诸侯国都是有相当大独立性的政治实体，因此，要想在臣属于西周政权的各个地方都找到占主体地位的宗周文化，或许并不现实。也就是说，同一个考古学文化可能有不同的政治归属，同一个政治势力也可能拥有不同的考古学文化。我们采取的方法是通过对中心遗址，尤其是那些具有军事据点性质的遗址或城址的考古学文化归属的确定，把所有此类文化归属的遗址统一分析，根据自然地理情况、文化发展状况、青铜器的出土情况、文化的扩展方向等各方面因素的综合分析，确定任两处军事据点之间是否也应该归属于同样的政治势力统治，一般来说，任何两处距离较近的军事据点之间，往往应该是归属于同一个政治势力集团的。这其中，对于文献材料、铭文材料的了解就显得非常必要。

第三节　发现和研究史综述

一　江淮之间地区

江淮大地延袤广漠，主干支流纵横交错，湖泊塘汊星罗棋布，犹如人体的经脉相互联串，循环往复。《史记·河渠书》云"于楚……东方则鸿沟江淮之间"，这同《汉书》所称之"东方则通江淮之间"是同一层意思，指的是那个南通长江，北连淮河的江淮水系。在这个水系里，淝水、施水是两条最主要的自然河道，通过它，往南可接巢湖，经栅水（裕溪河）直达长江，向北经寿县而入淮河，同时跨淮后又与汝、颍、涡、夏肥诸水相连，组成更广宽的水网，甚至同黄河水系也有一定的历史关系[1]。当然，除了上面提到的通过江淮分水岭沟通江淮的淝水和施水外，江淮之间还有滁河、皖河和淠河等较大的河流。

江淮地区处于中原和东南地区之间，是连接两地的交通要道，也是古代南、北方文化交流、传播、碰撞的重要地区，这一地区的古代文化既有自身的地域特点，又具有一定的兼蓄性。但由于史籍阙如，长久以来，人们对于此区域的古代文化仅限于甲骨文和金文中关于战争的少许记载，而关于记载中的一些具体问题却仁智互见，主要表现在文字辨认的纷纭、地名落实的困难、内容史实的异解和年代考订的多岐等[2]。因此探讨此区域夏、商、西周时期的考古学文化类型、源流及与中原文化的关系，弥补江淮地区上古史的缺失，具有重要的意义。

在地理区划上，江淮地区大致分为江淮西部、江淮中部和江淮东部三个区域[3]。中部以江淮分水岭为界又可以分为南北两个小区，这两个小区有一定的自然地理分割，文化面貌在不同时期表现出不同的变化，我们在研究时分别以江淮北部淮河流域区和江淮南部滁河流域区命名之（图2）。

关于安徽江淮地区夏商西周时期文化遗存的探索，早在20世纪30年代就开始了。1934年冬，前中研院历史语言研究所王湘、李景聃先生在寿县进行史前遗址的调查，发现古文化遗址12处，其中在魏家郢子、彭家郢子、张飞台、杨林集、斗鸡台、古城子等遗址内，采集到捏窝纹鼎足、锥状鬲足、假腹豆、凸箍纹甗、深腹罐等一批夏商时期的文化遗物[4]。20世纪50~60年代，随着治淮工程和农田建设，调查和发现了一批夏商西周时期的遗址，比较重要的有嘉山泊岗、肥东大陈头、大城墩[5]等遗址。在肥东大陈墩和大城头还发现了商代窖穴。嘉山泊岗还出土了一批青铜器，计有斝、爵、觚、罍等4件。20世纪70~80年代中期，发现夏商西周时期遗址数百处，经过试掘或发掘的遗址有20多处，比较重要的有：1972年，试掘肥西县大墩子遗址，出土文物中有夏商时期的石铲、陶鬲、陶斝、陶盆、陶假腹豆等，青铜器有斝、铃、戈等。同年试掘了滁州来安顿丘商周遗址，出土商代文物有石器、陶器、蚌器和卜甲，典型器有圆锥足陶鬲和圜底绳纹陶尊。1985年，对滁州濮家墩遗址进行了勘察和试掘，确定其包含商末和西周时期的遗存。1975年，含山孙家岗遗址试掘，发现商代晚期遗物一批，遗迹有灶、窖穴和墓葬。1984年又在孙家岗遗址上采集到铜爵和铜戈各1件，1989年在孙家岗附近的孙戚村出土铜戈和铜觚各1件，研究者将这些铜器定为商代早期~春秋。1979到1984年安徽省文物考古研究所对含山大城墩遗址先后进行了四次发掘，发现有相当于新石器时代及夏、商、周各个不同时期的文化堆积层，

[1]　金家年：《江淮水道疏证》，《安徽史学》1984年第3期。

[2]　黄盛璋：《淮夷新考》，《文物研究（第五辑）》，黄山书社，1989年。

[3]　京杭运河（严格划分应为江淮分水岭东部洪泽湖—高邮湖—古邗沟一线）是地势的自然分界线，以西为江淮地区低山丘陵和沿淮平原区，较适宜人类居住；以东则为里下河低洼区，在青铜时代不太适合人类居住，受中原文化的影响也较少。霍山山脉西接大别山，东南一直延伸至巢湖以南，《尔雅·释山》称霍山为南岳。此山对山南的安庆地区和山北的大部分地区文化的交流形成阻隔，因而霍山以南的潜山、太湖、安庆、怀宁等地夏商西周时期的文化面貌另具特色，最东部可抵达裕溪河—巢湖—肥西一线。

[4]　王湘：《安徽寿县史前遗址调查报告》，《中国考古学报》第二册，1947年。

[5]　安徽省博物馆：《安徽新石器时代遗址的调查》，《考古学报》1957年第1期。

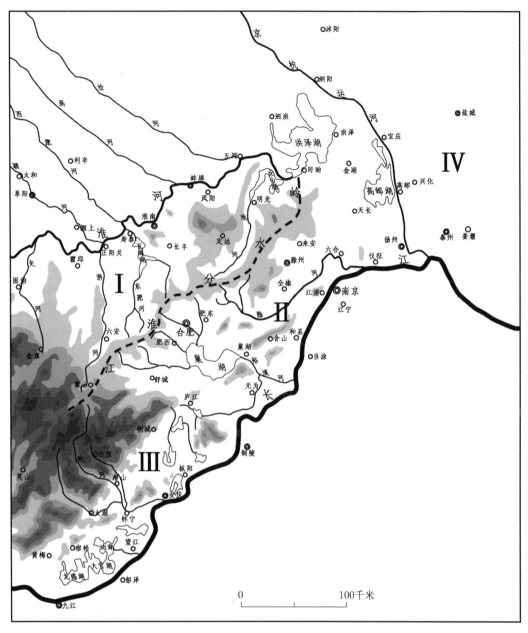

图2　江淮之间地区分区图

Ⅰ.江淮北部淮河流域区　　Ⅱ.江淮南部滁河流域区　　Ⅲ.江淮西部长江流域区　　Ⅳ.江淮东部区

初步树立了江淮地区古文化的年代标尺。1982年北京大学考古专业部分学生发掘了寿县斗鸡台、众德寺、青莲寺、霍邱绣鞋墩、六安西古城等遗址，更加丰富了夏商西周时期这一地区的考古材料。2014年，又对斗鸡台遗址进行了第二次发掘。1988～1989年发掘了枞阳县汤家墩商周遗址，包含有新石器时代晚期、夏、商、周各个时代的文化遗存或遗物，此地还曾经出土商代晚期铜方彝1件。

此外1985年秋肥东吴大墩遗址，1986年巢湖市大城墩遗址和1987年秋霍邱洪墩寺遗址也含有这个时期的文化遗物，其中巢湖大城墩遗址的西周时期文化层厚达4米。除此还有一些各地、市、县文物普查发现的零星材料。例如六安县普查发现的磬墩子、高华墩、常庙墩子、潭墩、谢后大墩子、毛狗墩子、陈墩子等遗址，皆采集有这个时期的方格纹、绳纹陶片、尖锥状鬲足、乳袋状鬲足等遗物[1]。此外，本地区也进行了几次较大规模的考古调查，包括1981年对庐江、枞阳两县古文化遗址的调查，发现了枞阳浮山、小北墩、杨家墩、饶家墩、柏坂、大墩和庐江朱家神墩等商周时期遗存或遗物。1985年，对肥东和肥西地区的调查，发现了乌龟滩、单大墩、师古墩等商周时期的遗址。还在淮南市发现了大孤墩、青风岭等8处商周时期遗址[2]。

　　21世纪后，随着基本建设的大规模开展，江淮中部地区的考古工作更加深入和广泛。较重要的有：1999年，发掘了六安堰墩的西周早中期遗址和庐江县大神墩西周中晚期遗址，前者遗存丰富，位置特殊，由此成为全面认识江淮北部和西部文化关系的重要遗存；后者处于巢湖西部和江淮分水岭南部，对于我们认识江淮南部和江淮西部关系提供了难得的材料。另外，2018～2019年因为配合引江济淮工程而在以庐江为中心的南北一线开展的大规模考古工作为我们认识这一地区的文化面貌，以及开展诸如"金道锡行"考证研究，中原王朝与皖南铜矿之间的关系研究等提供了丰富的资料。2001年发掘了肥西陡岗新石器时代晚期和商代遗址，包含有较多的龙山晚期和商文化因素。2001年滁州发掘了何郢遗址，出土了丰富的商代晚期至西周时期的文化遗存，西周时期的遗存具有明显地来自于东西方向的文化因素以及商末周初强烈的祭祀性特征。2002年合肥北郊发掘了烟大塬堆遗址，发现了较为丰富的西周时期遗存，也包括少量商代晚期遗存。2004年发掘了霍邱县后花园西周遗址和六安市庙台西周中晚期遗址，还发掘了霍邱堰台西周遗址，这几处遗址中发现的环壕聚落为认识这一地区的社会性质提供了丰富的资料。2005年发掘了霍山县戴家院西周遗址，发现西周时期祭坛一座，还有铸造铜器的石范，以及鸟形把手盘口盉等。2006年发掘了肥西（现属合肥市蜀山区）塘岗遗址，发现了新石器时代、商周时代遗存，其中包含有明确的岳石文化因素。而2018～2019年因引江济淮工程而发掘的肥西三官庙遗址发现了较为丰富的相当于二里头文化晚期的遗存，其中18件青铜兵器成为二里头文化遗址之外青铜遗存最丰富的遗址，对于认识二里头文化在江淮地区的扩张提供了重要的信息[3]，塘岗遗址和三官庙遗址也成为考察东夷与华夏在江淮中部地区关系的重要基础。

　　1979年春，当时的安徽省文物工作队开始试掘潜山薛家岗新石器时代遗址，至1982年秋先后进行了五次发掘，此后在2000年又进行了第六次发掘，在其上层发现了相当于二里头文化中晚期的遗存，地层单位为H25[4]，在T48中的K2、H30、H35、H37中也都出有与二里头文化中晚期类似的文化遗物[5]。1985年发掘了岳西县祠堂岗、鼓墩新石器时代及商周遗址，含有龙山、二里头和商周时期的文化遗存，这里的商周遗存不同于中原和江淮之间其他地域的商周文化，可能说明商周文化并没有较多的深入到这个地区。1997年发掘了安庆市张四墩遗址，发现了西周中晚期的遗存。2005年发掘了安庆市棋盘山两周之际～春秋时代遗址。此外，怀宁县跑马墩、百林山、太湖王家墩、沈店神墩、芭茅神墩、饶家墩、纪龙嘴、黄山等遗址也发现了此时期的遗存或遗物。

[1]　何长风：《安徽江淮地区夏时期文化初析》，《文物研究（第四期）》，黄山书社，1988年。

[2]　何长风：《淮南市古文化遗址调查》，《文物研究（第七辑）》，黄山书社，1991年。

[3]　秦让平：《安徽肥西三官庙遗址发现二里头时期遗存》，《中国文物报》2019年8月23日第8版。

[4]　杨德标、杨立新：《安徽江淮地区的商周文化》，《中国考古学会第四次年会论文集》，文物出版社，1985年。

[5]　安徽省文物考古研究所：《潜山薛家岗》，第518页，文物出版社，2004年。

　　江淮南部滁河流域区东部的夏商西周青铜文化的考古发现和研究最早可以追溯到 20 世纪 30 年代。1930 年冬天，仪征破山口一座西周时期的青铜器大墓被盗掘，出土了 100 多件青铜容器和兵器，此墓经 1959 年南京博物院的重新发掘，确认为西周晚期的竖穴土坑墓。1961 年南京博物院对仪征—六合丘陵地区做了一次大规模的考古调查，发现了仪征县甘草山、江浦县曹王塍子、蒋城子、六合县羊角山等商周时期文化遗址 34 处 [1]。1982 年发掘了甘草山遗址，这是第一次在长江以北的蜀岗地区发掘青铜时代的文化遗址。1983 年，发掘了曹王塍子遗址，这是第一次在滁河下游地区发掘的青铜时代文化遗存。1983 年，发掘了蒋城子遗址。1990 ～ 1992 和 2000 ～ 2003 年共三次发掘了江浦县牛头岗新石器时代至西周时期遗址，包含有新石器时代晚期、夏、商、西周晚期的遗存，其中夏代器物有折腹盆、尊形器；商代有素面浅裆鬲、素面大袋足甗、绳纹高裆尖足鬲等。该遗址是新石器时期北方龙山、夏商文化、西周文化往南传播的一个交汇点，遗址的发掘对于龙山、夏商文化传播路线、分布范围研究具有重要意义。1995 年，又发掘了仪征神墩遗址。这些发现，对于认识江淮南部和江淮东部地区以及与江南宁镇地区的商周，尤其是商末和西周时期的文化面貌、文化关系和变迁，提供了丰富的资料。

　　20 世纪 60 ～ 90 年代，在江淮东部地区还进行了多次调查，发现了一大批相当于夏商西周时代的文化遗址或遗存 [2]。在泗洪县赵庄遗址、盱眙县六郎墩遗址、沭阳万北遗址进行了科学发掘。出土了大量的商周遗存。1987 和 1988 年沭阳万北遗址发现了相当于夏代的文化遗存和 11 座商代中晚期的竖穴土坑墓，随葬品中陶器有鬲、罐、簋、豆、甗等，并随葬有青铜戈、矛等兵器以及铲、锛等生产工具，有的墓葬还发现有殉人。2015 年南京博物院又对其进行了第四次发掘，发现了丰富的新石器时代、岳石文化、商和西周时期遗存，典型岳石文化的发现和商末周初时期墓葬、青铜车马器的发现表明了该遗址的重要意义。1982 年发掘的赵庄遗址也发现了商代文化层，出土有陶鬲、鼎和石锛、蚌镰、骨锥等遗物。1986 年发掘的六郎墩遗址主要为西周时期的文化遗存，出土有鬲、甗、罐、簋、盆、豆、钵、尊等遗物，同时也发现有岳石文化遗存。1995 年，在盐城市龙岗中心校园内发现了一座商代晚期的墓葬，具有较强的中原商文化的特征。1993 年发掘的高邮周邶墩遗址也发现了大量的相当于夏代的岳石文化遗物。

　　以上我们是以自然地理的划分作为叙述的基础，主要是考虑到叙述的方便和与中原文化的密切程度。实际上，自然地域的划分虽然在一定的时空范围内很大程度上影响着人们的生产生活，有时甚至会起到决定性的作用，但从一个长时段来说，却不总是起到相同的作用。具体到江淮之间，在夏、商和西周时期这里的地域分区与文化分区之间的对应关系应该各不相同，这里面既有中原王朝统治策略变迁的影响，也是文化融合的步伐加快、地方势力重新整合、文化取向变化的结果。关于文化区域的划分，共有两种划分意见，一种笼统的将江淮之间划归一个文化区，

---

　　[1]　南京博物院：《江苏仪六地区湖熟文化遗址调查》，《考古》1962 年第 3 期。

　　[2]　尹焕章、赵青芳：《淮阴地区考古调查》，《考古》1963 年第 1 期。尹焕章、张正祥：《洪泽湖周围的考古调查》，《考古》1964 年第 5 期。南京博物院：《江苏射阳湖周围考古调查》，《考古》1964 年第 1 期。陈达祚、朱江：《邗城遗址与邗沟流经区域文化遗存的发现》，《文物》1973 年第 12 期。尹增淮、裴安年：《江苏洪泽县考古调查简报》，《东南文化》1992 年第 1 期。周煜、黄炳煜：《天目山、单塘河古遗址调查简报》，《东南文化》1987 年第 3 期。江苏沭阳考古队：《淮阴沭阳县考古调查》，《东南文化》1988 年第 1 期。淮阴市博物馆、宿迁市图书馆：《宿迁市骆马湖以东的考古调查》，《东南文化》1990 年第 4 期。

有的将整个江淮之间一起对比，并没有分区[1]；另一种意见认为它们至少应该是代表了不同的文化类型，各文化类型之间存在时空的变迁[2]。

经过多年的发掘和研究，已经逐步明确，相当于中原夏商时代的文化，江淮中部地区比江淮东部地区与中原地区的关系更为密切。这一方面是因为江淮东部地区地理地势不太适合人类的生产生活，是夏商王朝刻意舍弃的地区；另一方面，也可能是因为此地的文化影响力主要来自东夷地区，且具有较长时间的文化传统。因此，夏、商时期，中原的二里头文化、商文化曾相继沿涡河、颍河等通道南下影响至江淮中部地区，而江淮东部地区此时主要是在东夷势力的控制之下，中原因素鲜见。东夷势力的强大，也曾深刻地影响到江淮地区中部，但比江淮地区东部要弱得多。而江淮西部地区由于地处长江中下游之间，作为通道的意义较为明确，因此，夏商西周王朝也对这一区域尤其重视，只是不同时期的重视程度有所差异。

二　宁镇皖南地区

长江自西向东浩浩荡荡奔向大海。当江水流经庐山脚下时忽向北折，将赣东北、皖南和苏南这一大片地域包孕其间。在长江东南这一区域内，依地理环境和考古学文化的不同，可以分为宁镇皖南丘陵区和太湖流域区。

目前比较公认的认识，宁镇皖南地区是指以宁（南京）镇（镇江）山脉为主体，东至茅山山脉，西抵九华山脉，南达黄山天目山山脉，北临长江并延伸至与宁镇山脉一江之隔的蜀岗丘陵一带[3]。但结合近些年的考古研究和发现，笔者认为，蜀岗一带应为江淮分水岭张八岭余脉，前文的研究成果也说明这里直到西周中晚期才与江南地区有所趋同，因此从地理和文化上综合来看，宁镇地区的北界应以长江为界。另外在茅山山脉南部新石器时代的文化与环太湖地区更为接近。青铜时代以水阳江为界，东西表现出不同的文化面貌：夏时期西部与江北斗鸡台文化和薛家岗遗存面貌相同，而东部则体现出与岳石文化、马桥文化和点将台文化的联系；商时期西部与薛家岗商遗存和赣鄱地区的文化有明确联系，而东部与湖熟文化、马桥文化联系较为密切；西周时代东西两区逐渐趋同，与宁镇山区关系密切。宁镇山脉以东的水网密集区，地理上介于宁镇和环太湖之间，新石器时代至夏商时代的文化面貌既不能完全归属宁镇地区，也不能归属环太湖地区，属于文化的过渡地带，但在西周时期，该过渡地带更多地体现出与宁镇地区融合的趋势。

另外，历史上宁镇皖南地区还存在丹阳大泽和古中江两个水体，丹阳大泽为古代四大泽之一，其孑遗丹阳湖直到 20 世纪 70 年代仍然存在。今丹阳、石臼、固城、南漪四湖以及当涂、宣城、芜湖、溧水、高淳等县区沿湖圩区，均属原古丹阳大泽湖地。古中江由泽所经，即沟通吴楚的"中

---

[1]　何长风：《安徽江淮地区夏时期文化初析》，《文物研究（第四期）》，黄山书社，1988年。杨立新：《安徽淮河流域夏商时期古代文化》，《文物研究（第五辑）》，黄山书社，1989年。张敬国：《略论江淮地区夏商周文化分期及族属》，《文物研究（第三期）》，黄山书社，1988年。

[2]　宫希成：《夏商时期安徽江淮地区的考古学文化》，《东南文化》1991年第2期。王迅：《东夷文化与淮夷文化研究》，第68～69页，北京大学出版社，1994年。宫希成：《安徽淮河流域西周时期文化试析》，《东南文化》1999年第5期。

[3]　张敏：《宁镇地区青铜文化谱系与族属研究》，南京博物院编：《南京博物院建院60周年纪念文集》，第119页，1992年。

江出（芜湖县）西南,东至阳羡（今宜兴县南）入海"[1]。通过它们,可以沟通长江和太湖以至东海,它们的存在对于古代文化的交流和传播起到了重要的作用,因此新石器时代皖西南和环太湖地区的文化才能通过它们顺利的扩展和传播至皖南地区,而中原和江淮地区的文化也才能通过它们传播至环太湖地区。当然,它们的存在也客观上造成了文化上的断裂,一定程度上起到了对文化的天然阻隔作用,造成了其东、西、南、北在不同时期文化上的区别和联系。

综合以上认识,本文将宁镇皖南丘陵地区划分为四个小区（图3）。它们以长江、古中江、水阳江和茅山山脉、宜溧山地、黄山山脉为界。四个小区分别命名为宁镇区西部、宁镇区东部、皖南区西部和皖南区东部。随着自然环境及文化势力的变迁,四个分区在不同的历史时期也呈现出不同的时空变迁。

这一区域内,低山丘陵岗地密布,河流湖泊交错,自西向东,有漳河、青弋江、水阳江、姑孰溪、郎川河、胥溪、秦淮河等,蜿蜒穿流于丘陵岗地之间;芜湖（今已湮）、石臼湖、固城湖、南漪湖、玄武湖等,犹如一面面明镜,镶嵌其间。在河流的两岸和湖泊的四周,又形成肥沃的河川小平原和湖岸小平原。宁镇地区土壤发育良好,除山地外,普遍覆盖厚厚的第四纪晚更新世下蜀黄土。这一地区,四季分明,气候温暖潮湿,水源丰富,雨量充沛,尤其是濒水的岗前台地,很适宜人类居住,也利于人们的生产和生活。

宁镇皖南地区山地丘陵河流密布,与其东部的环太湖平原地区自然地貌极不相同。由于气候、地貌、土壤、植被诸因素的差异,而导致生产方式和生活方式的差异,因而从新石器时代至青铜时代,宁镇皖南丘陵区与东边的太湖流域区、南边的钱塘江流域区、西边的赣鄱流域区在考古学文化上有着明显的差异,并且基本都沿着各自的发展轨迹向前演变。随着中原王朝力量通过江淮地区、赣鄱地区和鄂东南地区向此地的渗透,逐渐改变了此区域文化的发展路线,从而导致了区域文化的时空变迁。这一地区文化的杂糅状况正是文化势力集团在此地角逐的结果。

宁镇皖南地区青铜文化遗存的发现,可以追溯到1930年。当年卫聚贤先生在南京栖霞山发掘六朝墓时,在附近的高家山、甘家巷和土地庙发现遗址三处,采集到石器、陶器等残片和几何印纹陶片,并认为这三处是石器时代遗址[2]。

宁镇地区青铜文化的考古工作,始于20世纪50年代。1951年,南京博物院的尹焕章三次去湖熟镇附近进行考古调查,发现台形遗址15处,并发掘了前岗和老鼠墩两处遗址,其中老鼠

---

[1] 《汉书·地理志》。日本学者斯波义信云:"据说长江曾在芜湖附近分为两条支流,向南分流的是中江"（斯波义信著,方健、何忠礼译:《宋代江南经济史研究》,第190页,江苏人民出版社,2001年）。姚汉源先生认为:"相传自太湖向西,大约经今芜湖附近,还有一条胥溪运河,《汉书·地理志》的中江似即这一水道"（姚汉源:《中国水利发展史》,第39页,上海人民出版社,2005年）。"汉志三江流域"的核心区域是太湖流域,其上游主要水源大多认为来自天目山苕溪水系及宜溧山地的南溪水系,其实还有来自古代胥溪运河和近现代"芜太运河"的"中江"水源。关于汉志所述"中江"是否胥溪运河,向来争论不已。顾颉刚先生说:"史念海君《中国的运河》谓伍子胥伐楚时,曾凿运河,由芜湖江边向东经丹阳、石臼、固城诸湖而连接太湖,此即为后来经学家说《禹贡》时指中江者也"（顾颉刚:《苏州史志笔记》,江苏古籍出版社,1987年）。谭其骧先生主编:《中国历史地图集》中,从春秋战国到两晋时期,均明确标出中江水系,大致自芜湖青弋江起首,东流穿越江苏高淳、溧阳、宜兴,注入太湖进而入大海。但笔者认为,古中江至迟在春秋时期已经淤塞,也才有后来伍子胥重新开凿或疏浚之举。胥溪、荆溪应都为古中江之一部分。左氏襄三年（公元前570年）,楚伐吴,走鸠兹（今芜湖市东）,至于衡山。哀公十五年（公元前480年）,楚子胥子期伐吴,至于桐汭（今广德县西桐水,北流入丹阳湖）,盖由此道。

[2] 卫聚贤:《吴越考古汇志》,《说文月刊》1940年第1卷。

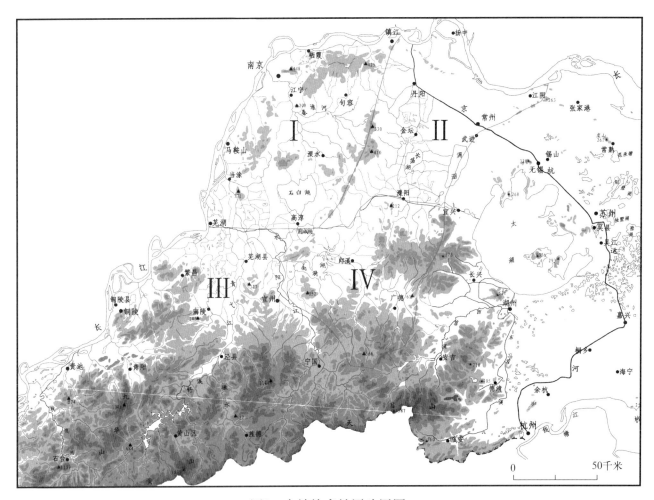

图3　宁镇皖南地区分区图
Ⅰ.宁镇西区　Ⅱ.宁镇东区　Ⅲ.皖南西区　Ⅳ.皖南东区

墩遗址是典型的宁镇地区青铜文化遗存。囿于当时的认识，对这一新发现的青铜文化遗存称之为"史前遗址"。尽管如此，这次在湖熟镇附近的调查和发掘，对于宁镇地区青铜文化的考古和研究工作无疑具有划时代的意义[1]。

1954年初夏，丹徒县大港乡发掘了烟墩山土墩墓，出土了青铜容器、车马器和原始青瓷器及玉器。这是第一次在宁镇地区发现成组的西周时期青铜器墓葬，尤其是120字长铭的宜侯夨簋成为以后宁镇地区青铜时代考古的典型代表器物[2]。

在对湖熟镇周围的台形遗址有了初步认识之后，从1955年至1958年，南京博物院陆续发掘或试掘了南京北阴阳营[3]、安怀村[4]、锁金村[5]、窖子山，江宁县的沟墩、神墩[6]，丹徒县的癞鼋

[1]　南京博物院：《记湖熟镇发现史前遗址》，《文物参考资料》1955年第7期。

[2]　江苏省文管会：《江苏丹徒烟墩山出土的古代青铜器》，《文物参考资料》1955年第5期。江苏省文管会：《江苏丹徒烟墩山西周墓及附葬坑出土的小器物补充材料》，《文物参考资料》1956年第1期。

[3]　南京博物院编：《北阴阳营——新石器时代及商周时期遗址发掘报告》，文物出版社，1993年。

[4]　南京博物院：《南京安怀村古遗址发掘简报》，《考古通讯》1957年第5期。

[5]　南京博物院：《南京锁金村第一、二次发掘报告》，《考古学报》1957年第3期。

[6]　尹焕章、张正祥：《宁镇山脉及秦淮河地区新石器时代遗址普查报告》，《考古学报》1959年第1期。

墩、文昌阁[1]、乌龟山、小团山、断山墩等遗址[2]，其中北阴阳营遗址先后发掘四次，是宁镇地区发掘时间最长、发掘规模最大的一次。发掘的主要收获，不仅是发现了新石器时代的 281 座墓葬，同时也是第一次对青铜文化遗存从层位上进行了划分，即遗址的第二层和第三层。在这期间，对于宁镇地区的青铜文化遗存仍多称之为"史前遗址""石器时代文化"等，由于在不少遗存中发现了小件青铜器，如刀、削、斧、镞、鱼钩等，并发现了炼铜用的坩埚，揖铜汁用的陶勺，以及陶范等，于是宁镇地区的青铜文化又有人称之为"铜石并存时代"。

尤其值得一提的是在 1957 年，尹焕章先生和张正祥先生沿宁镇山脉和秦淮河流域做了一次大规模的考古调查，共计发现遗址 127 处，连同以往调查发掘的达 152 处。这次考古调查，为宁镇地区青铜文化的考古工作，奠定了良好的基础，并产生了积极而深远的影响[3]。

1960 年，南京博物院发掘了南京太岗寺遗址，文化层厚达 6 ～ 7 米，延续时间长、层位关系复杂且出土遗迹和遗物极其丰富。由于发掘者未能细致划分地层，将本属新石器时代末期至春秋时期的遗存统而化之，丢失了复杂的层位关系和打破关系，从而造成了重大失误[4]。

1972 年至 1977 年，南京博物院、镇江博物馆在溧水县的乌山、柘塘，句容县的浮山，高淳县的顾陇、永宁等地[5]，陆续发掘了一批土墩墓。大量土墩墓的发掘，充实了宁镇地区青铜文化的内容，对于深入研究提出了新的课题。

1973 年，南京博物院发掘了江宁县点将台遗址。遗址分为三个文化层，中文化层的文化内涵与北阴阳营第三层相同，即大致处于商代。而下文化层既有别于北阴阳营新石器时代文化遗存，又不同于中文化层。类似点将台下文化层的文化遗存以往在安怀村、太岗寺等遗址已有发现，皆未能有所认识。这是第一次从考古地层学上证实了宁镇地区存在一种早于北阴阳营第三层的文化遗存，为寻找这一地区青铜文化和新石器时代文化之间的缺环提供了新的线索[6]。

1975 年和 1979 年，南京市博物馆两次发掘了江宁县昝庙遗址。遗址分三个文化层，大致与点将台遗址的三个文化层相当[7]。

1976 年在丹阳县司徒乡砖瓦厂成组出土了一批青铜器，计有鼎、簋、尊、盘、瓿等 26 件，铜器的时代大约从西周至春秋，经镇江博物馆清理后推测可能是一座窖藏[8]。

1980 年，镇江博物馆发掘了镇江马迹山遗址。该遗址文化层堆积近 1.5 米，可分为多层，但发掘者未能将不同时期的多层文化堆积在层位上进行科学划分，以至于当时的发掘报告未能进行恰当的分期，时代判断也有误[9]。在 2014 年对马迹山遗址第二次发掘中，对层位和分期问题

[1] 南京博物院：《江苏丹徒葛村新石器时代遗址探掘记》，《考古通讯》1957 年第 5 期。

[2] 尹焕章、张正祥：《宁镇山脉及秦淮河地区新石器时代遗址普查报告》，《考古学报》1959 年第 1 期。

[3] 尹焕章、张正祥：《宁镇山脉及秦淮河地区新石器时代遗址普查报告》，《考古学报》1959 年第 1 期。

[4] 江苏省文物工作队太岗寺工作组：《南京西善桥太岗寺遗址的发掘》，《考古》1962 年第 3 期。

[5] 刘兴、吴大林：《江苏溧水发现西周墓》，《考古》1976 年第 4 期。镇江博物馆：《江苏溧水乌山西周二号墓的清理》，《文物资料丛刊·2》，文物出版社，1978 年。刘兴、吴大林：《江苏溧水县柘塘、乌山土墩墓的清理》，《文物资料丛刊·6》，文物出版社，1982 年。南京博物院：《江苏句容浮山果园西周墓》，《考古》1977 年第 5 期。镇江博物馆：《江苏句容浮山果园土墩墓》，《考古》1979 年第 2 期。南京博物院：《江苏高淳县顾陇永宁土墩墓发掘简报》，《文物资料丛刊·6》，文物出版社，1982 年。其实，早在 1957年，南京博物院就曾经在江宁县的东善镇清理过两座土墩墓，但当时并没有引起足够的重视，见陈福坤：《江苏江宁县发现"印纹硬陶"古墓》，《考古通讯》1958 年第 4 期。

[6] 南京博物院：《江宁汤山点将台遗址》，《东南文化》1987 年第 3 期。

[7] 魏正瑾：《昝庙遗址内涵的初步分析》，江苏省社科联编：《1981 年年会论文选·考古分册》，1982 年。

[8] 镇江博物院：《江苏丹阳出土的西周青铜器》，《文物》1980 年第 8 期。

[9] 镇江博物馆：《镇江市马迹山遗址的发掘》，《文物》1983 年第 11 期。

都进行了一定程度的纠正[1]。

1981年，镇江博物馆发掘了句容县白蟒台遗址。遗址分三个文化层，大致相当于西周早期至西周晚期。报告认为相当于商代中期至西周早期，所定年代明显偏早[2]。

同年，南京博物院联合南京大学、厦门大学发掘了丹徒县断山墩遗址。根据层位关系并结合出土遗物，将遗址分为四期：西周前期、西周晚期、春秋中期和春战之际。断山墩遗址的发掘，开创了对宁镇地区青铜文化遗址进行科学分期的先例[3]。

1981年，镇江博物馆对句容县城头山遗址进行了试掘，证实文化层堆积厚3～4米，文化遗存丰富，此次试掘较完整的了解了遗存的发展脉络[4]。1983年，南京博物院为配合苏浙皖赣四省文物干部培训班实习，又对该遗址进行了大规模的发掘，相比于第一次试掘，这一次的分期更为精细，共分为六期，从新石器时代末期一直延续到春秋前期。城头山遗址层位关系复杂，文化遗物丰富，为建立宁镇地区青铜文化的系列奠定了基础[5]。

1987年，南京博物院联合镇江博物馆和南京大学发掘了丹徒县赵家窑团山遗址。这又是一处遗存丰富的遗址，共分为六期，从点将台文化一直延续到春秋中期[6]。

1984年，南陵县发现了大规模的矿冶遗址，1988年至1989年，安徽省文物考古研究所等在南陵进行了发掘，其中江木冲冶铜遗址出土的文化遗物主要为西周晚期至春秋时代[7]。与此同时，铜陵地区也开展了广泛的矿冶遗址调查，并开展了一些试掘工作，将皖南地区铜矿开采的年代提前到西周中期[8]。

1989年，南京博物院发掘了高淳县朝墩头遗址。遗址分为四期，第三和第四期分别相当于点将台文化和西周晚期至春秋[9]。

同年，镇江博物馆和南京大学联合发掘了凤凰山遗址，发现了西周时期的文化遗存。此遗址在2001和2010年又进行了第二次和第三次发掘[10]。

1991年，南京博物院和镇江博物馆联合发掘了镇江左湖遗址，发现了较丰富的西周时期的遗存。此遗址紧邻同时期的四脚墩土墩墓遗存，为认识土墩墓和遗址的关系提供了范例[11]。

1998年发掘的江阴花山遗址、佘城城址为认识环太湖地区和宁镇皖南地区交界的文化内涵

[1]　镇江博物馆：《江苏镇江马迹山遗址第二次发掘简报》，《东南文化》2015年第1期。

[2]　刘建国、刘兴：《江苏句容白蟒台遗址的试掘》，《考古与文物》1985年第3期。

[3]　邹厚本、宋建、吴绵吉：《丹徒断山墩遗址发掘纪要》，《东南文化》1990年第5期。

[4]　镇江博物馆：《江苏句容城头山遗址试掘简报》，《考古》1985年第4期。

[5]　本次发掘材料未公布，见《中国考古学年鉴·1984》，文物出版社，1984年；张敏：《宁镇地区青铜文化谱系与族属的研究》，《南京博物院建院60周年纪念文集》，1992年。

[6]　团山考古队：《江苏丹徒赵家窑团山遗址》，《东南文化》1989年第1期。

[7]　刘平生：《安徽南陵大工山古代铜矿遗址发现与研究》，《东南文化》1988年第6期。

[8]　杨立新：《皖南古代铜矿的发现及其历史价值》，《东南文化》1991年第2期。汪景辉、杨立新：《安徽铜陵市古代铜矿遗址调查》，《考古》1993年第6期。张国茂：《安徽铜陵地区古矿、冶遗址调查报告》，《东南文化》1988年第6期。宫希成：《安徽南陵县古铜矿采冶遗址调查与试掘》，《考古》2002年第2期。

[9]　谷建祥：《1989年高淳朝墩头遗址发掘纪要》，《东南文化》特刊。

[10]　凤凰山考古队：《江苏丹阳凤凰山遗址发掘报告》，《东南文化》1990年第1/2期合刊。镇江博物馆：《丹阳凤凰山遗址第二次发掘》，《东南文化》2002年第3期。李永军：《丹阳凤凰山遗址第三次考古发掘报告》，镇江博物馆编：《镇江台形遗址》，江苏大学出版社，2015年。

[11]　南京博物院、镇江博物馆：《江苏镇江市左湖遗址发掘简报》，《考古》2000年第4期。镇江博物馆：《丹徒镇四脚墩西周土墩墓发掘报告》，《东南文化》1989年第4/5期合刊。

提供了难得的材料,该遗址文化内涵特殊,发展序列完整,又兼顾周边因素,城址与遗址共同存在,可更好地探讨本地的考古学文化格局问题[1]。

2005 年,南京博物院配合土墩墓群的发掘试掘了金坛薛埠新浮遗址,该遗址商周时期遗存丰富,拓展了对于湖熟文化和吴文化分布范围和内涵的认识[2]。

2002 年和 2009 年,多家单位对安徽马鞍山市五担岗遗址进行了大规模发掘,发现了自点将台文化至春秋时期丰富的遗存,成为此地区又一处具有重要分期意义的遗址[3]。

2004 ～ 2006 年,南京博物院联合常州博物馆和溧阳文管会发掘的神墩遗址是环太湖西部地区的一处重要发现,其中的商周时期遗存丰富,时代较早,为认识这一地区的文化内涵和与周边地区的交流提供了重要材料[4]。

2010 年,安徽省文物考古研究所发掘了铜陵市师姑墩遗址,代表了皖南地区西部商周时期的文化面貌,为认识古代文化的传播提供了重要资料[5]。

近 20 年来,镇江地区开展了大量的工作,尤其是东神墩、龙脉团山、东岗头、丁家村、松子头、凤凰山、马迹山、葛城、神河头、孙家村、鹅毛岗、马脊墩等遗址和墓葬的发掘,极大地丰富了该地区的青铜时代资料,为更深入的认识考古学文化结构和中原化进程提供了丰富的资料,这些材料集中体现在镇江博物馆编写的四卷本"印记与重塑——镇江博物馆考古报告集"[6]中。

土墩墓是商周时期宁镇地区广泛存在的墓葬形式,包括溧水高淳土墩墓群、丹徒县大港至谏壁沿江地带、安徽南陵千峰山、丹阳土墩墓群、金坛连山土墩墓群等多处。近些年来,又配合基本建设在几处分布密集的区域开展了几次大规模的发掘,句容薛埠土墩墓群、南陵龙头山土墩墓群、郎溪建平土墩墓群等,这些土墩墓的发掘为认识土墩墓的建造过程、内涵及性质提供了丰富的资料。

另外,2008 ～ 2011 年对姑溪河流域进行了调查,发现新石器至商周遗址 80 多处[7]。进行过调查或发掘并具有重要意义的遗址和墓葬还有郎溪县磨盘山遗址、欧墩遗址,宁国官山遗址[8],芜湖月堰遗址[9] 等。

除了大量的考古发现外,对该区域文化内涵、文化归属、文化分期和分区、社会发展阶段等方面的研究一直没有间断,下文中笔者会详细涉及,在此不再赘述。

三 鄂东南地区

鄂东南地区是指位于湖北省东南部的黄冈市、黄石市和鄂州市,以及武汉市的一部分。黄

[1] 江阴花山遗址联合考古队:《江阴花山夏商文化遗址》,《东南文化》2001年第9期。江阴佘城遗址联合考古队:《江阴佘城遗址试掘简报》,《东南文化》2001年第9期。

[2] 南京博物院:《江苏金坛薛埠新浮遗址的试掘》,《考古》2008年第10期。

[3] 安徽省文物考古研究所等:《马鞍山五担岗》,文物出版社,2016年。

[4] 南京博物院等:《溧阳神墩》,文物出版社,2016年。

[5] 安徽省文物考古研究所、安徽大学等:《铜陵师姑墩——夏商周遗址考古发掘与研究》,文物出版社,2020年。

[6] 镇江博物馆编著:《印记与重塑——镇江博物馆考古报告集》之一～之四,江苏大学出版社,2010、2013、2015和2015出版。其中商周时期遗存报告主要在第一、第二和第四册中。

[7] 中国国家博物馆、安徽省文物考古研究所:《安徽省当涂县姑溪河流域区域系统调查简报》,《东南文化》2014年第5期。

[8] 安徽省文物考古研究所:《安徽宁国市官山西周遗址的发掘》,《考古》2000年第11期。

[9] 安徽省文物考古研究所:《安徽芜湖月堰遗址新石器时代墓葬发掘简报》,《文物》2009年第8期。

冈市辖十个县市区，包括黄州、团风、红安、麻城、罗田、英山、浠水、蕲春、黄梅和武穴；黄石市辖 6 个县市区，包括黄石港、西塞山、下陆、铁山、大冶和阳新；鄂州市辖 3 个县市区，包括鄂城、梁子湖和华容；还有武汉市下辖的新洲区、黄陂区和青山区等地，大致位于湖北省的武汉市南部湖区和北部滠水以东的长江两岸一带。

本区地处大别山脉南麓和幕阜山脉北麓，江北自西向东有滠水、倒水、举水、巴水、浠水、蕲水等六条水系，它们均源于大别山脉，自北而南注入长江；长江以南亦有发源于幕阜山脉的富水等水系注入长江。在沿江一带的滨江平原上，自西向东分布着张渡湖、白潭湖、梁子湖群、大冶湖、望天湖、策湖、赤西湖、赤东湖、太白湖、龙感湖等一系列的河漫滩型湖泊（图4）。

先民们自古以来就劳动、生息、繁衍在这样的地理环境中。他们通过发达的水系，与外界建立联系，成为先进文化交汇融合的地区，并发展了自己独具特色的文化形式。此地铜矿等丰富的自然资源成为中原王朝竞相攫取的对象，使这里在青铜时代成为重要的中原王朝势力扩张

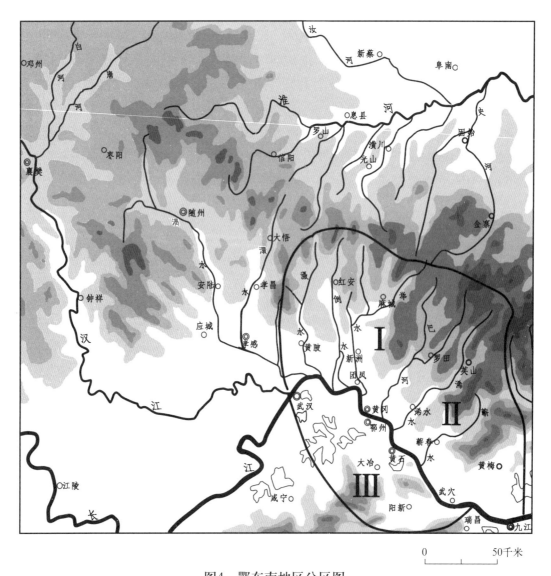

图4　鄂东南地区分区图

Ⅰ.长江以北巴河以西区　　Ⅱ.长江以北巴河以东区　　Ⅲ.长江以南区

的基地。因此江汉平原东部成为连接江汉平原、潇湘平原、赣鄱平原、江淮平原、宁镇丘陵乃至太湖平原的中介地和策源地。

鄂东南地区商周时代的文物考古工作是在新中国建立后起步的。大致经历了起步、发展两个大的阶段。

第一阶段,起步阶段,时间跨度为20世纪50～60年代。

1955年,由原湖北省文管会的工作人员首次对蕲春易家山遗址进行了田野考古调查与正式报道,它是鄂东地区田野考古工作开始的标志。随后又在黄冈堵城、麻城歧亭等地调查,发现了几处古遗址。除此以外,还有一些零星古墓发掘和考古调查见诸报道。而用严格意义上的考古手段,用科学的方法进行田野工作的,应该是20世纪50年代后期开始的。1957～1959年中国科学院考古研究所湖北发掘队分别对黄冈螺蛳山遗址和蕲春毛家嘴遗址进行了考古发掘,首次向学术界展示了著名的黄冈螺蛳山、蕲春毛家嘴西周遗存的基本面貌,为后来对这类遗址的发掘与研究工作打下了基础。1957年,湖北省文物管理处还发掘了红安金盆遗址,发现了新石器时代和西周时代的文化遗存,西周时代的遗存展现了与中原宗周文化的密切关系。这一时期,还出土了一批窖藏青铜器,比如在浠水县清泉镇的策山西南麓就发现了由1件铜甗和1件铜罍组成的窖藏,时代大约是西周早期或更早。

在第一阶段之后的20世纪60年代后期至70年代,整个田野考古发掘与研究工作基本上处于停滞状态。比较重要的成果在70年代后期开始有所恢复。比如自1974年开始对大冶铜绿山的古矿冶遗址的采矿遗迹和冶炼遗迹进行了发掘,确立了铜绿山古铜矿自商周时期即已经开始了使用,是迄今为止我国保存最好、最完整、采掘时间最早、冶炼水平最高、规模最大、保存最完整的一处古铜矿遗址。1977年,黄陂县文化馆等单位在滠水沿岸的鲁台山遗址发掘清理了西周时期的墓葬5座和灰坑1个,出土了一批青铜器、陶器、原始瓷器和玉器。5座墓中共出有青铜器47件,其中有铭器达9件之多,是江汉地区考古工作中的重要发现之一。

第二阶段,20世纪80年代初至90年代,这一阶段是考古工作真正发展与不断提高的阶段。在这一阶段内,文物考古专业人员对本区的地上地下文物进行了全面的普查和系统性的整理。在配合工程建设中,有计划地进行了一系列的科学发掘,并有针对性地对有关学术课题进行了综合研究。

1980年以来,全区进行了全面的文物普查,同时,以普查资料为基础,以本区的几大水系为脉络,先后完成了多个考古调查报告及数篇调查简报[1]。在全面调查的基础上,20世纪80年代初,黄石市博物馆发掘了大冶上罗村遗址,较早地确立了鄂东南地区文化的特殊性。黄冈地

---

[1] 黄冈地区文物普查队:《黄梅龙感湖三处遗址调查》,《江汉考古》1983年第4期。大冶县博物馆:《大冶三处古遗址调查》,《江汉考古》1986年第4期。黄石市博物馆:《大冶古文化遗址考古调查》,《江汉考古》1984年第4期。黄冈地区博物馆:《黄冈地区的几处古文化遗址》,《江汉考古》1989年第1期。京九铁路考古队:《京九铁路(麻城段)文物调查》,《江汉考古》1993年第3期。湖北省考古所、黄冈地区博物馆:《京九铁路(红安、麻城段)文物调查》,《江汉考古》1993年第3期。京九铁路考古队:《京九铁路(浠水~黄梅段)文物调查》,《江汉考古》1993年第3期。京九铁路考古队:《京九铁路(湖北段)文物调查》,《江汉考古》1993年第3期。中国社会科学院考古研究所湖北工作队、黄梅县博物馆:《湖北黄梅县考古调查简报》,《考古》1994年第6期。黄冈地区博物馆:《黄冈蕲水流域古遗址调查》,《江汉考古》1994年第3期。黄冈地区博物馆:《湖北黄冈浠水流域古文化遗址调查》,《江汉考古》1995年第1期。武穴市博物馆:《武穴市新石器及商周遗址调查》,《江汉考古》1995年第1期。黄冈地区博物馆:《湖北黄冈巴水流域部分古文化遗址》,《考古》1995年第10期。湖北省黄黄公路考古队:《黄黄公路考古调查》,《江汉考古》1996年第2期。

区博物馆组织的调查确立了商周文化以巴水为界分为不同的文化区的观点，为以后的研究奠定了基础[1]。咸宁地区博物馆联合阳新县博物馆对阳新县和尚垴遗址进行了调查和钻探，证实存在较厚的商周文化层，并采集到较多的遗物。1984 年，配合大沙铁路建设，湖北省文物考古研究所联合阳新县博物馆对阳新县大路铺遗址进行了发掘。1985 年黄冈市博物馆专业人员对黄冈螺蛳山遗址进行了发掘，共发掘新石器时代墓葬 10 座，虽然这次没有发现先前发现的西周时期遗存，但也为我们提供了江汉平原东部作为文化交汇区在新石器时代就已经同江淮地区和宁镇地区建立了联系。1985 年年底，湖北省博物馆会同阳新县博物馆发掘了阳新港下古矿井遗址，证实其在西周时期即已开始采掘。1987 ～ 1992 年，中国社会科学院考古研究所湖北工作队、武汉大学历史系考古教研室、湖北省文物考古研究所等又先后对黄梅的陆墩遗址、塞墩遗址、麻城栗山岗遗址和罗田庙山岗遗址进行了发掘。其中在罗田庙山岗遗址，发现了具有西周时代的遗存。1989 年至 1990 年，武汉市博物馆和武汉大学历史系考古专业等单位发掘了新洲香炉山遗址，该遗址西周时期文化层厚达 3 米，发掘面积 2575 平方米，出土遗迹遗物十分丰富。这是迄今为止鄂东地区经科学发掘的规模较大、文化层次最丰富、延续时间较长的一处以西周时期文化为主的遗址。该遗址的发掘，不仅丰富了鄂东地区西周时期的考古资料，有助于人们加深对这一地区西周时期文化的认识，对于江汉地区西周考古学编年的建立也具有实际的价值，并且遗址中所包含的商代中晚期的遗存也为研究盘龙城类型商文化的分布和内涵以及此地的商周关系提供了重要材料。1992 年 5 月，在原黄州市（今团风县）的王家坊发掘、清理了商代墓葬 1 座，出土了一批中原商文化的铜器，是鄂东地区商代考古中的重要发现。1996 年，为配合沪蓉高速公路的建设，湖北省考古研究所与黄冈市博物馆一道，分别在武穴尺山、李木港、黄梅意生寺发掘了新石器时代至商周时期的遗址，出土了一批良渚、薛家岗、湖熟等文化特征的长江中下游考古学文化器物群，为鄂东地区考古学文化研究增添了新的实物资料。1996 年 4 月，在蕲春毛家嘴遗址附近的新屋塆发现了一处西周窖藏铭文铜器，是鄂东地区商周考古中继团风王家坊、蕲春毛家嘴西周木构建筑之后的又一重要发现。另外，1975 年，浠水县朱店乡曾出土过两件西周时期的有铭铜盘。1984 年曾经在武穴市的长江江底打捞出 25 件青铜乐器，发掘者将时代定为春秋早期，时代可能早到西周晚期。尤其值得一提的是，为配合武九铁路建设，湖北省考古研究所在大冶五里界城及周围地区进行的考古工作是继大冶铜绿山矿冶遗址发掘之后，在本区开展的又一次大规模的田野考古和调查，从考古学文化上证实了以鄂东南和赣北为同一个文化圈的确定性，并进一步为中国古代矿冶的研究提出了新的思路，同时确立了一大批商周时期的遗址[2]。自 20 世纪 60 年代开始，对黄陂盘龙城及其周围遗址、遗迹的发掘与研究就没有停止过，主要收获就是：在城外三处遗址上发现二里头期或商代二里冈期的手工业作坊遗迹；在城外发现了多处商代墓地，其中不乏大型的青铜器墓。多数学者认为盘龙城一地是夏王朝和商王朝时期重点经略的地区，商王朝时期甚至将其纳入商的版图，建立了方国，成为商王朝与南方地区

[1] 黄冈地区博物馆：《黄冈地区几处古文化遗址》，《江汉考古》1989年第1期。

[2] 湖北省文物考古研究所编：《大冶五里界——春秋城址与周围遗址考古报告》，科学出版社，2006年。

建立联系的枢纽地区[1]。

从上面的简单概述，我们可以看到：商代遗存在鄂东南地区已发现的几百处古文化遗址中发现已有部分标本，而经正式发掘的遗存还相当少，较重要的有盘龙城、香炉山、下窑嘴、意生寺和大路铺等。黄州市下窑嘴（今属团风县辖）发掘的一座商墓随葬青铜礼器觚、爵、斝酒器一套，外加铜瓿、铜鬲各一。无论从墓葬形制还是器形特征都说明这是一座典型的商代贵族墓葬。意生寺遗址的发现证明商文化已抵达鄂东南之角。而夏文化因素主要发现于巴水以西的地区，黄陂盘龙城、江陵荆南寺、钟祥乱葬岗等地都发现了二里头文化的遗迹和遗物，而在巴水以东发现极少，只是发现了有相当于二里头文化时期的遗物存在[2]。近年来大规模发掘的黄梅意生寺遗址也发现有少量二里头文化和早商文化因素[3]。大路铺遗址自1984年至2004年先后进行了四次发掘，共发掘1682.5平方米，文化内涵丰富，出土的商周遗存融进江汉平原、江淮地区和中原地区的文化因素，更主要的是具有了本地独特的文化因素。此外，该遗址还发现了新石器时代末期的铸铜遗存，可能时代也可以延伸到二里头文化时期。丰富的商代中晚期至西周时期的遗存面貌独特，代表了夏商王朝势力退出本地后的土著文化，被命名为大路铺文化，它主要来源于皖西南地区，对赣鄱地区、宁镇皖南地区的文化都产生了强烈的影响[4]。同时，大路铺文化遗存是否与历史上存在的鄂国有关系，也成为讨论的焦点[5]。江淮西部、赣鄱地区和宁镇皖南地区发现的二里头文化因素和商文化因素乃至西周文化因素也表明二里头文化和商文化、周文化很可能已经利用了长江这条天然水道而与江淮、宁镇皖南和赣鄱地区建立了联系。

西周遗存在本地区发现甚多，在已发现的古文化遗址中，几乎有80%的遗址中含有西周文化堆积，已经发掘的遗存有罗田庙山岗、蕲春毛家嘴木构建筑及新屋塆铜器窖藏、黄陂鲁台山郭元咀遗址等。庙山岗遗址的西周文化堆积，时代为西周中晚期，文化因素以中原周文化为主，还有部分鄂东南地域文化因素。蕲春毛家嘴发掘的西周木构建筑，当时认为这是西周奴隶主统治阶级占有的一群建筑物。毛家嘴附近的新屋塆发现的一处西周铜器窖藏，这一铜器窖藏的7件青铜器中，有铭者达6件。经研究得知，窖藏青铜器的年代为西周早期，其下限不晚于西周康王时期；据"盂"方鼎的铭文内容及器类组合特征推知，窖藏主人为"盂"，其身份为西周王朝方国的国君或身份与之接近的中等贵族；同时，还认为，新屋塆窖藏与毛家嘴西周木构建筑这两者之间就有密不可分的关系，甚至就是同一时期、同一地点的同一主人所留下来的。毛家嘴木构建筑遗存为古越族遗存，而新屋塆铜器窖藏则为较典型的中原姬周遗存，这一窖藏无疑是周王朝势力到达南方的标志，很可能是周王朝在越人区域内的军事据点[6]。也有学者认为，这

[1] 湖北省文物考古研究所：《盘龙城——1963～1994年考古发掘报告》，文物出版社，2001年。陈朝云：《盘龙城与早商政权在长江流域的势力扩张》，《史学月刊》，2003年第11期。陈贤一：《江汉地区的商文化》，《中国考古学会第二次年会论文集》，文物出版社，1982年。刘玉堂：《夏商王朝对江汉地区的镇抚》，《江汉考古》2001年第1期。拓古：《二里头文化时期的江汉地区》，《江汉考古》2002年第1期。武汉大学历史学院等：《武汉市盘龙城遗址杨家湾2014年发掘简报》，《考古》2018年第11期。武汉大学历史学院等：《2012～2017年盘龙城考古：思路与收获》，《江汉考古》2018年第5期，本期中有多篇关于盘龙城的简报和研究论文，是对盘龙城遗址近些年考古工作的总结。

[2] 黄石市博物馆：《大冶古文化遗址考古调查》，《江汉考古》1984年第4期。

[3] 湖北省文物考古研究所纪南城工作站：《湖北黄梅意生寺遗址发掘报告》，《江汉考古》2006年第4期。

[4] 湖北省文物考古研究所等编著：《阳新大路铺》，文物出版社，2013年。

[5] 赵东升：《论赣鄱地区西周时期的文化格局及势力变迁》，《江汉考古》2015年第4期。

[6] 吴晓松、洪刚：《湖北蕲春达城新屋塆窖藏青铜器研究》，《文物》1997年第12期。

批铜器的时代为商代晚期，也有殷墟文化较早阶段的特征，可能是当地的殷遗民所制造和使用之器，在西周早期这个族群继续存在[1]。2019～2020 年发掘的郭元咀铸铜遗址是近年来湖北地区最为重要的商周考古发现之一，其年代上能与更早的盘龙城遗址相衔接，最早时代为殷墟一期前后，一直延续到西周早期。这里发掘出土了大量与铸铜有关的遗迹和遗物，是长江中游地区近年规模最大、保存最完好的商代铸铜遗址。发现的各类铜渣、陶范、坩埚壁碎块及炉基表明，该遗址中至少包含精炼粗铜、熔炼合金与陶范浇铸三类冶金生产活动，初步确定了与熔炼、浇铸环节有关的几个手工业操作链，即就地制范、制沙淘选、筑造炉址、精炼粗铜、熔炼合金与陶范浇铸等。结合 1977 年此地发掘的 5 座西周早期青铜器墓葬，表明这一地区在商周王朝经略策略上的重要价值，对探讨长江中游地区商文化发展演变、地方文化发展演变、地方文化与中原文化的融合与交流都具有重要意义，对揭示长江中游文明进程具有重大的学术价值[2]。

四　赣鄱地区

这是一个比较大的地理单元，文化构成也比较复杂。此区与鄂东南区以幕阜山—长江的天然界线分割。根据历年的发掘和研究成果，我们把其分为赣江中下游鄱阳湖以西的赣鄱地区西部和鄱阳湖以东的赣鄱地区东部两个较小的地理单元。这个大的区域由西部的幕阜山脉、罗霄山脉、九岭山脉、南部的南岭、东部的玉山山脉、武夷山脉、黄山山脉、九华山脉和北部的长江围成一个相对独立的区块。两区以鄱阳湖—抚河一线为界，南抵新干县；赣东北区东部通过武夷山—怀玉山—黄山山脉与东部地区分割。

行政区划上赣鄱地区西部包括萍乡市、宜春市、新余市、九江市的一部分和南昌市的赣江以西地区；赣鄱地区东部包括鹰潭市、上饶市和景德镇市的全部（图 5）。

江西的考古工作起步较晚，20 世纪 50 年代前几乎未进行过正式的考古工作。只有少数的调查工作[3]。

夏时期文化遗存的发现与研究始于 20 世纪 70 年代末期。首先对樟树筑卫城遗址进行了进一步的年代分期，经过辨认对比，以高瘦体、嘴上冲的鬲为代表的中层（第一次发掘称为下层文化第③层）遗存，在年代上已经进入夏代[4]。尔后又在临近的高安下陈遗址出土了冲天流白陶鬲和乳状袋足陶斝，更证实本区夏代遗物的存在[5]。20 世纪 80 年代以来，又在新余珠珊斜里、萍乡赤山、虹桥、余江龙岗、鹰潭板栗山等及广丰社山头第三期文化、德安石灰山第一期文化和萍乡禁山下遗址第二期文化中发现有类似河南偃师二里头晚期文化的遗物特征。另外，万年肖家山、斋山遗址和墓葬、鹰潭角山也发现含有二里头文化因素。对比以上的材料，目前发现有夏文化遗物的地点在赣中北和东北地区广泛分布。从二里头遗址所见的象鼻盉等器物看，夏代中原地区确实与赣东北甚至闽浙赣交界地区发生过交流[6]。

[1] 李学勤：《谈盂方鼎及其他》，《文物》1997 年第 12 期。

[2] 湖北省文物考古研究所、北京大学考古文博学院：《武汉市黄陂区鲁台山郭元咀遗址商代遗存》，《考古》2021 年第 7 期。

[3] 饶惠元：《江西清江的新石器时代遗址》，《考古学报》1956 年第 2 期。

[4] 江西省博物馆、北京大学历史系考古专业、清江县博物馆：《清江筑卫城遗址发掘简报》，《考古》1976 年第 6 期。江西省博物馆、清江县博物馆、厦门大学历史系考古专业：《江西清江筑卫城遗址第二次发掘》，《考古》1982 年第 2 期。

[5] 江西省博物馆：《高安下陈遗址的调查》，《文物工作资料》1976 年第 6 期。

[6] 罗汝鹏：《从"象鼻盉"到原始瓷大口折肩尊——论夏商时期东南地区与中原王朝的关系》，《南方文物》2014 年第 1 期。

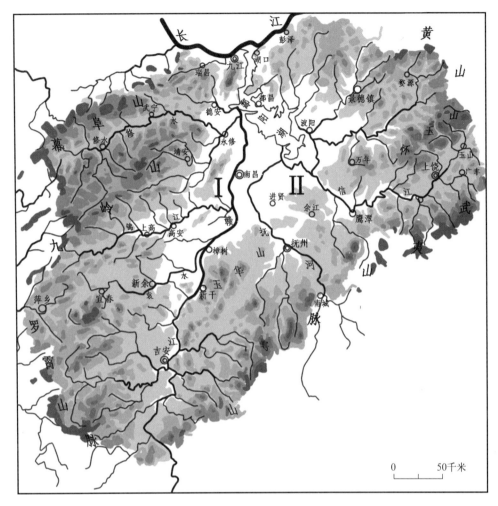

图5　赣鄱地区分区图

Ⅰ.赣鄱地区西部　　Ⅱ.赣鄱地区东部

商时期文化遗存的发现与研究是伴随着 20 世纪 60 年代万年肖家山遗址的发现与研究开始的。但是，吴城遗址发掘以前，商代遗址多被混在新石器时代晚期遗址中而被忽略。1973 年对吴城遗址的发掘，出土了一批在年代和文化面貌上可以与中原地区商文化比较的重要材料，从而确立了这一地区商代考古文化的年代标尺，为其他遗址发现的同时期遗物提供了可资比较的材料基础，从而为赣鄱地区的商代研究找到了极好的切入点[1]。伴随着对吴城遗址的分期和吴城文化的确立，逐渐认识到赣江—鄱阳湖东西部分别分布着万年类型和吴城类型两支不同的商代文化[2]。吴城类型文化在 20 世纪 80 年代初期被确立[3]，万年类型陶器也于同时确立，并且随着 1983 ～ 2007 年对鹰潭角山窑址的五次发掘而得到了充实[4]。两支文化类型确立以后，赣鄱地区陆续发现并确立了大批时代相当的遗址有 200 多处，经试掘和正式发掘的有樟树筑卫城、樊城

[1]　江西省文物考古研究所、樟树市博物馆：《吴城——1973～2002 年考古发掘报告》，科学出版社，2005 年。

[2]　李家和：《从吴城遗址看江西的商文化》，《江西师范学院学报》1980 年第 4 期。李家和、刘诗中、黄水根：《江西青铜文化类型综述》，《江西历史文物》1987 年第 1 期。赵东升：《试论江西万年文化的年代、分期及相关问题》，《东南文化》2009 年第 2 期。

[3]　《长江以南的吴城文化》，北京大学历史系考古教研室商周组编：《商周考古》，文物出版社，1979 年。李伯谦：《试论吴城文化》，《文物集刊·2》，文物出版社，1980 年。

[4]　江西省文物考古研究院、鹰潭市博物馆：《角山窑址——1983～2007 年考古发掘报告》，文物出版社，2017 年。

堆、新干湖西、牛头城、大洋洲、九江神墩、龙王岭、瑞昌铜岭、檀树嘴、德安石灰山、陈家墩、黄牛岭、猪山坳、界牌岭、蚌壳山、万载仙源、新余陈家、席家山、湖口下石钟山、鹰潭角山、乐平高岸岭、都昌小张家、万年斋山、肖家山、婺源茅坦庄、彭泽团山、玉山归塘坞等地点。

吴城类型文化与当地的新石器时代晚期文化、夏时期文化不同，它的出现是与中原文化的侵入有重大关系的，关于它的形成过程和文化属性，学者们进行了广泛的讨论。目前达成的较一致的意见是："吴城一期早段文化"应是来源于中原商文化的一支。只是"这一人群来到吴城地区后，其文化内涵自身与其母体产生了一定的创新"，通过以后的逐步发展，并吸收周邻地区的文化因素，从而构成了吴城文化独具特色的文化内涵和面貌。吴城遗址商时期的文化相当于二里冈上层一期到殷墟文化四期早段，大约相当于早商晚段～晚商文化第四期[1]。至于主体民众的族属，大部分学者认为其主体应为土著民族，即"扬越"[2]或"干越"[3]，属于百越族的一支。它们或者受商王朝的政治统治[4]，或者是独立于商王朝之外的青铜文明[5]。相对于吴城类型文化来说，万年类型文化的性质比较明确，它是一支土著的商时期文化，拥有一批不同于中原商文化和吴城类型文化的典型器物群，中原王朝文化在赣鄱地区的势力衰落以后，万年类型文化迅速地占据了原吴城文化的分布范围，达到了一次土著文化的大一统，这个土著势力大部分学者认为属于百越集团中的干越[6]。

但是吴城遗址和万年遗址所包含的商时期文化并不能代表赣鄱地区商文化的全部，比吴城遗址商文化更早的遗存在赣北地区有所发现，它们与吴城类型文化既有继承关系，又存在较大的区别，应该是相当于商代早期分布于赣北地区的文化类型，与商文化盘龙城类型关系密切，在发展到商代早期晚段之后，开始深刻地影响到赣中、赣西的广大地区，并一度有取而代之地方文化的趋势。我们把这一时期的文化称为赣鄱地区早期商文化。早商段文化的研究，始于九江县龙王岭遗址试掘之后。1990年秋，江西省文物考古研究所等单位，在对龙王岭遗址进行抢救性发掘时，清理了一座水井（J1），出土了一批器物。诸如：翻缘鬲、折肩罐、高圈足盘、深腹盆和鼎等陶器，无论在造型或纹饰方面，均与郑州二里冈下层和山西、湖南等地区早商文化遗存中出土的同类器相近，颇具早商文化风格。以此为契机，研究者们将70年代中期以来发掘的一批考古资料，重新对比和再认识[7]之后，把九江县龙王岭遗址一号小水井、德安县石灰山遗址一、二期、瑞昌市铜岭矿冶遗址第11号竖井等，都归为早商段文化遗存。近些年来，九江荞麦岭遗址的发掘不仅发现了早商时期的冶炼遗存，丰富了赣北地区早商文化的内涵，而且还发现了二里头文化曾影响此地的确切证据，实属江西地区夏商考古的重大发现[8]。另外，

---

[1] 江西省文物考古研究所、樟树市博物馆：《吴城——1973～2002年考古发掘报告》，第413页，科学出版社，2005年。

[2] 彭适凡：《吴城青铜文化与古扬越》，《华夏文明（第2辑）》，中国社会科学出版社，1990年。

[3] 徐心希：《试论新干大洋洲青铜器群的族属及其相关问题》，《南方文物》1994年第2期。

[4] 许智范：《江西新干大洋洲青铜器群及有关问题》，《故宫博物院院刊》1994年第3期。

[5] 彭明瀚：《吴城文化》，文物出版社，2005年。

[6] 彭适凡：《吴城文化族属考辩》，《江西先秦考古》，江西高校出版社，1992年。周榜师、刘筱蓉：《论赣东北干越人的生活时空和断发纹身习俗》，《南方文物》2000年第2期。刘玉堂：《论屯溪西周墓的族属》，《江汉考古》1986年增刊。卢茂村：《谈谈皖南土墩墓及其族属》，《百越民族研究》，江西教育出版社，1990年。刘美崧：《试论江西古代越族的几个问题》，《百越民族史论集》，中国社会科学出版社，1982年。刘美崧：《干越续论》，《百越源流研究专辑》，《中南民院学报》1986年增刊。

[7] 龙庆等：《江西早商文化遗存的发现与研究》，《东南文化》1992年3/4期。

[8] 饶华松、严振洪：《九江县荞麦岭夏商遗址》，《中国考古学年鉴·2014》，文物出版社，2015年。胡晓军：《江西荞麦岭商代遗址考古获重大进展》，《光明日报》2014年6月9日第9版。

2014～2015年对瑞昌铜岭铜矿遗址进行的调查和试掘进一步明确了遗址的范围、性质和年代，为赣北地区商文化的分布和性质提供了新的信息[1]。其次，赣西的萍乡、宜春、新余等地的商代文化也与吴城文化有所区别，它们多不见赣中北遗址中最常见的炊器——鬲，可能具有一个新的商文化亚型——或者叫赣西类型，这也是我们研究中需要注意的方面。吴城文化类型、万年文化类型和早商文化遗存的确立和深入研究，促进了赣鄱地区商文化研究的总体水平。

西周时期的考古工作做的比较少，因而重要发现不多。大约从商代中晚期时开始，代表商代不同文化类型的吴城类型文化和万年类型文化即已开始融合，如在赣江中下游一线和赣北一带，凡有吴城类型文化遗址分布的地方，都是吴城类型和万年类型文化器物共存。两支商时期文化在经过长期融合之后，到了西周中晚期，吴城类型商文化所固有的鬲类器和折肩器少见或不见了，圜底器和圜凹底器为平底器所替代，万年类型文化的甗形器仍然是主要的炊器[2]。虽然如此，中原王朝的文化仍然不间断的影响着这个区域，比如与吴城遗址一江（赣江）之隔的牛头城遗址，是始建于商代晚期的一座城址，并延续使用至西周时期，在牛城附近的中棱水库坝基上发现了西周早期的"列鼎"墓[3]，有的学者就认为以牛头城为代表的势力是中原西周王朝分封的地方政权，而"列鼎"墓即是使用中原礼制的大夫一级的地方贵族[4]。也有人认为这批青铜器的年代可以早到安阳殷墟期[5]。但不管如何，它都可能与牛城城址之间有一定关系。另外，余干县黄金埠20世纪50年代初发现的应监铜甗，据郭沫若先生考证，时代大约为西周初期，是中央派往应国的监国者[6]。同时，赣东北地区也发现了较多与"应监铜甗"大致同时期的周式青铜器，说明了西周王朝势力在西周早期时就已经涉足于赣鄱地区腹地。但是，西周王朝在此地的文化影响似乎仅限于西周早期的一段时间内，这里发现的周式铜器仅见西周早期的，中期和晚期的基本不见，况且也仅分布在赣东北地区，赣江以西的地区发现的大都是南方传统的礼乐器，共有60多件（见附表），其中像新干、宜丰、德安、万载等地出土的青铜大铙，对探讨南方特别是湘赣地区这种特有的青铜乐器的产生、发展和类型及其向甬钟的演变等有着重要的意义[7]。

经过发掘的遗址除了以上所列与夏、商时代遗存共存的遗址外，单纯含有西周时期遗存的遗址还有新余赵家山、樟树彭家山、九江磨盘墩、南昌邓家山等遗址。

在赣东北地区的上饶、玉山等地西周晚期及以后时期还分布着一些土墩墓，1985年，在上饶马鞍山清理了一座[8]，证明其文化性质与流行于皖南和浙闽地区的吴越墓葬相同，是属于土著文化系统的。近些年，闽北和浙南地区夏商西周时期土墩墓的发现，证明那里可能是土墩墓的发源地[9]，而赣东北地区应该仅为稍晚的波及地区，且可能并未继续向西深刻影响到鹰潭地区。

[1] 崔涛、刘薇：《江西瑞昌铜岭铜矿遗址新发现与初步研究》，《南方文物》2017年第4期。

[2] 见李家和、杨巨源、刘诗中：《江西万年类型商文化研究》，《东南文化》1990年第3期。

[3] 彭适凡等：《江西新干县的西周墓葬》，《文物》1983年第6期。

[4] 彭适凡：《赣鄱地区西周时期古文化的探讨》，《文物》1990年第9期。

[5] 近年有学者提出时代可能更早到安阳殷墟期。见李朝远：《江西新干中棱青铜器的再认识》，《长江流域青铜文化研究》，科学出版社，2002年。

[6] 郭沫若：《释应监甗》，《考古学报》1960年第1期。

[7] 彭适凡：《赣江流域出土商周铜铙和甬钟概述》，《南方文物》1998年第1期。

[8] 江西省上饶县博物馆：《上饶县马鞍山西周墓》，《东南文化》1989年增刊1。

[9] 杨楠：《江南土墩遗存研究》，民族出版社，1998年。杨琮、林繁德：《福建浦城县管九村土墩墓群》，《考古》2007年第7期。

第二章　江淮之间地区考古学文化格局研究

第一节　典型遗存分析

1. 寿县斗鸡台遗址

斗鸡台遗址位于安徽省六安市寿县县城西南 13.6 千米，西距颍河与淮河本流交汇点正阳关 10 余千米，为一高出周围地面 3 ～ 4 米的长方形土墩，面积约 1 万平方米。1982 年北京大学考古系对此遗址进行了发掘，开探方两个，其中 T1 共分 9 层，T2 分 8 层。根据此次发掘的情况，初步划分出新石器时代晚期和青铜时代的文化堆积以及年代相当于各个时期的地层单位和遗迹。因为江淮之间的新石器时代晚期文化同中原地区和山东地区的同时代文化有比较密切的关系，可能与青铜时代文化的形成关系也较重要，而这会直接影响到我们下文对于文化之间互动关系的研究，因此在这里我们也会对当地的龙山时代晚期文化有一个基本的表述。

斗鸡台遗址发掘面积不大，但堆积比较复杂。除 T2 缺第⑨层外，其他各层均一一对应。根据各小层和遗迹间的叠压打破关系，结合出土陶器的比较分析，我们可将斗鸡台遗址分为 5 组，其中第一组包括 T1 ⑦～⑨层、T2 ⑦、⑧层；第二组包括 T1 和 T2 的⑤～⑥层；第三组包括 T1 和 T2 的④层和 T1 中开口于④层下的 H2；第四组包括 T1 和 T2 的③层；第五组包括 T1 和 T2 的②层和 T1 ①层下的 H1（表4）。

表4　斗鸡台遗址地层单位分期表

分组　　　　单位	T1	T2	遗迹
一组（一段）	⑦～⑨	⑦、⑧	
二组（二段）	⑤、⑥	⑤、⑥	
三组（三段）	④	④	H2
四组（四段）	③	③	
五组（五段）	②	②	H1

从陶质陶色的变化来看，第一组以夹砂黑灰陶为主，其次是夹砂褐陶和红陶，泥质陶罕见；第二组仍以夹砂陶为主，夹砂黑灰褐陶较多，泥质陶的比例有所增加；第三组泥质陶比例继续增加，夹砂黑陶比例继续减少，而夹砂灰陶比例继续增加，其他陶色比例变化不大；第四组以夹砂的黑、褐、红陶为主，泥质褐陶和黑陶较多，而灰陶的比例大幅减少；第五组以夹砂黑褐陶为主，次为夹砂灰、红陶，泥质陶罕见，其中较多的是黑陶。

　　陶器纹饰在五组中也有明显差异。五组中的绳纹比例明显逐渐增加，而篮纹比例逐渐减少直至消失。第一组中亦有4%的磨光黑陶和3%的大方格纹以及少量的弦纹；第二组中新出现少量附加堆纹和指窝纹等，也有少量的磨光陶，方格纹有所增加；第三组素面磨光陶增多，绳纹多为细绳纹，弦纹、附加堆纹和指窝纹继续存在，新出现了拍印和刻划的云雷纹、双圈连珠纹和刷痕等。各主要纹饰的比例同第二组变化不大；第四组素面和绳纹大幅增加，并多为较粗的绳纹，篮纹基本消失，磨光陶数量增至10%，除少量的弦纹和附加堆纹外，其他纹饰少见；第五组器表装饰更加单纯，绳纹比例占器表装饰的大部分，并且主要为粗绳纹，其他仍仅见弦纹和附加堆纹（表5）。

表5　斗鸡台遗址陶系统计表

分类 组段	陶质（%）		陶色（%）				纹饰（%）			
	夹砂	泥质	黑	灰	红	褐	素面	绳纹	篮纹	其他
一组（一段）	98.8	1.2	45.5	39.2	5.5	9.8	32.13	19.16	40.47	8.24
二组（二段）	88	12	37	30.5	7	25.5	34.81	22.94	25.07	17.18
三组（三段）	82.5	17.5	24.5	39.5	11.5	24.5	30.39	25.78	21.59	22.26
四组（四段）	80	20	37	11	17	35	49	41		10
五组（五段）	97.5	2.5	41.8	21.6	12.5	24.1	26	64		10

　　从陶器总体特征上分析，第一组三足、平底内凹器较多，三足均为实足，跟部按窝纹较多见，袋足仅见鬶足一种，造型规整、棱角分明；第二组实心三足和平底内凹器仍较多，出现少量平底器，指窝纹更加盛行，并出现子母口器和器表饰突棱的作风；第三组实心三足器仍然较多，平底内凹器少见，平底器增多，指窝纹形式多样，子母口器和器表饰突棱的作风较盛行；第四组以三袋足器和平底器为多，厚胎突棱的作风仍较多见；第五组袋足器盛行，圈足器较多见。

　　五组单位中的陶器种类也明显不同。第一组单位主要有锥状或侧扁三角形足鼎、深垂腹罐、鸡冠耳盆、三矮足蛋形瓮、细柄浅腹豆及钵等，细高柄杯、高领罐也较具特色；第二组以鼎、罐最多，是主要的炊器和盛器，盆形和鬲式鼎较具特色，深腹罐的最大腹径偏中上，并新出现花边装饰，其次有鸡冠耳盆、三瓦足盘、豆、甗、鬶、觚形杯和尊形器等；第三组主要器类与第二组大同小异，但其子母口器、突棱尊形器、裆部和腰际堆贴绳切纹的甗等富有特色。第四组可辨器形有罐、鬲、甗、豆、盆、缸、爵等，尖锥状高实足尖的鬲足、带突棱的碗形豆较具特色；第五组器形较单纯，以鬲、罐为大宗，另有甗、盆、豆、簋等器形，鬲足以深袋足为多见，也见少量柱状实足尖。

　　即便是同类器物，在五组单位中的形态也不尽相同。

　　从以上对五组地层单位中陶器变化的分析来看，很清楚的可以分为五段，每一组单位对应一段。但段与段之间的关系并不相同：二、三段之间的关系有较多的一致性，虽然二段有较多的延续自一段的文化特征，但从器形、纹饰、陶质、陶色等方面总体来看，仍然是属于不同的两段，比如泥质陶器的大量增加，篮纹装饰的大量减少，以及罐类等深腹器最大腹径的不同，新的文化因素如突棱装饰和尊形器的出现等等；其他第四段和第五段均表现出诸多不同的文化因素，比如第四段鬲的大量出现，绳纹的大量增加和篮纹的绝迹，第五段泥质陶极少，绳纹装饰占绝大多数等等方面均表示它们代表了不同的文化（图6）。

一段的深腹罐、矮足罐形鼎、鸡冠耳盆、侈口夹砂罐等以及较多的绳纹、篮纹和方格纹的比例等均与河南龙山文化晚期的面貌相似，因此本期年代相当于夏代初期，晚期可能跨入二里头文化一期。

二段的鸡冠耳深腹盆、平底深腹罐、圆腹罐均与二里头文化早期同类器物相似，有明显领部的子母口罐与岳石文化的前期相似，说明此段的年代应约当二里头文化的早期，大致相当于二里头文化二期。

三段是第二段的自然延续和发展，是同一文化的不同发展阶段，其宽肩小口瓮和平折沿深腹盆等与二里头文化三期的同类器相似，同时子母口罐、平底尊形器又与岳石文化晚期遗存相同，此段大致相当于二里头文化第三期。

四段与第三段年代基本衔接，其浅盘豆、颈部饰附加堆纹的深腹罐、碗形豆和半月形穿孔石刀等器物与岳石文化晚期的同类器相同。从对分布在本地的商时期遗存的分析，本段的晚段年代可能已经进入早商，承接早商晚段开始出现于本地的商文化皖西类型。

根据陕西丰镐遗址所发掘的居址和墓葬的分期情况，第五段中的尖锥状高实足跟鬲足、大袋足矮锥状鬲足和锥柱状鬲足并存，浅盘敞口豆、敞口浅腹盆等特征和器物大致与西周文化早中期相似[1]。

2. 寿县青莲寺遗址

青莲寺遗址位于寿县县城南28千米，东12千米为瓦埠湖，为一高出地表3～4米的土墩，总面积约6万平方米。1982年发掘了两个探方。地层分为8层，除耕土外，T1的其余各层文化内涵一致，都属于新石器时代；T2文化内涵较复杂，包括了新石器时代、青铜时代和铁器时代初期等多个时代的堆积。这里我们根据地层叠压关系和出土物，将T2除耕土层的其他7层分为六组，这里重点介绍属于青铜时代的第二～五组（图7；表6）。

三段与斗鸡台遗存的第五段内涵相同，但绳纹比例和器形特征略有差异，应稍晚于斗鸡台遗址。

第四段与第三段有明显的演化关系，其直壁素面鬲、敛口钵、柱状实足鬲、浅盘豆、折腹豆等具有西周晚期同类文化的特征，因此青莲寺遗址的第三和第四段分别相当于西周中期和晚期[2]（表7）。

3. 含山大城墩遗址

大城墩遗址位于含山县城西北约15千米，为一高出周围平地3～6米的长方形台地，面积约2万平方米。1979～1982年进行的三次发掘发现自二里头文化时期至西周时期的8层文化

[1] 该部分内容参考北京大学考古系商周组、安徽省文物工作队：《安徽省霍邱、六安、寿县考古调查试掘报告》，《考古学研究（三）》，科学出版社，1997年；王迅：《东夷文化与淮夷文化研究》，第49页，北京大学出版社，1994年。

[2] 该部分内容参考北京大学考古系商周组、安徽省文物工作队：《安徽省霍邱、六安、寿县考古调查试掘报告》，《考古学研究（三）》，科学出版社，1997年。王迅：《东夷文化与淮夷文化研究》，第49页，北京大学出版社，1994年。

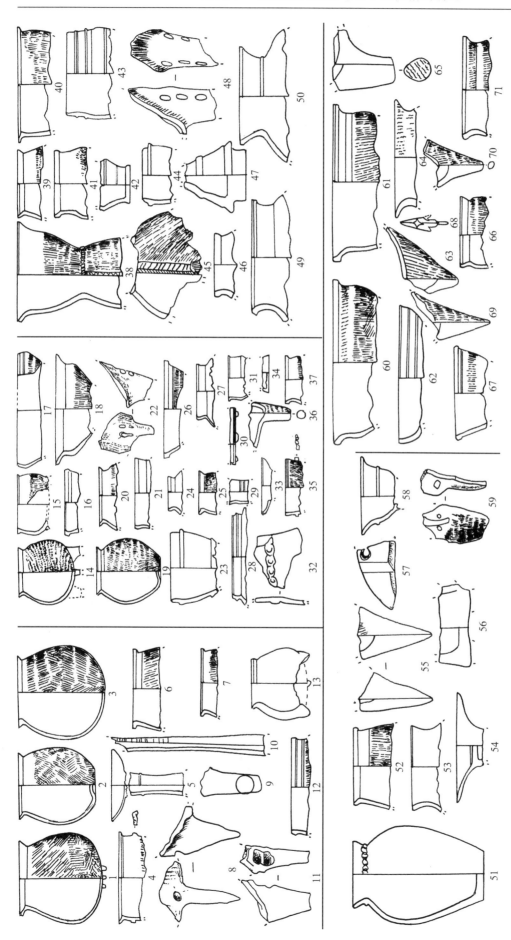

图6　斗鸡台遗址器物分期图

第一段：1.罐形鼎T1⑨：187　2.3.6.7.罐T1⑨：186,188,T1⑦：116,T1⑧：112　4.盆T1⑧：123　5.豆T1⑧：34　8,9,11.鼎足T1⑦：110,T1⑨：132,T2⑨：130　10.高柄杯T1⑧：128
12.高领罐T1⑦：117　13.小鼎T1⑤：183,T1⑤：112　盆形鼎T1⑤：184　15.盆形鼎T1⑥：22　16~18.26,31,35.盆T1⑤：72,T1⑤：71,T2⑥：27,T1⑤：70,T1⑤：74　19~21,
23~25.27,28,37.罐T1⑤：60,T1⑥：24,T1⑤：156,T1⑤：59,T1⑤：57,T2⑥：25,T1⑥：75,T2⑥：68　22,36.鼎足T1⑤：50,T1⑤：47　29.豆柄T1④：79　30.三足盘
T1⑤：190　32.瓿腰H2：104　39,41,43,44,46.罐T1④：37,39,H2：96,T1④：38,40　40.盆H2：95　42.尊T1④：35
45.瓿裆H2：181　47.器盖H2：103　48.豆盘T1⑤：77　33.瓿形杯底T1⑤：80　34.瓿形杯T1⑤：101
第二段：14.罐T1⑤：59,T1⑤：57,T2⑥：25,T1⑥：75,T2⑥：68　第三段：38.瓿形杯T1⑤：80　34.瓿形杯T1⑤：101
第四段：盆T1⑤：3,T1④：13　62.豆T1⑤：15　63.65,69,70.高足T2②：1,T1④：6,T1⑤：133,T1②：143
49.50.盉T1④：33　49,50.盉T1④：33　52.高T2②：6,T1④：15　52.高T2②：6,T1④：15　55.鬲足T2②：14　55.鬲足T2②：14
第五段：60,61.盆T1⑤：26　67.簋T2②：4　68.铜镞H1：189
64,71.罐T2②：5,T1②：10　57.T1⑤：10　66.高T1⑤：15　67.簋T2②：4　68.铜镞H1：189

表6　青莲寺遗址文化内涵演变表

内容 / 组别	包含单位	主要特征		
		陶质、陶色	纹饰	典型器类
二组（一段）	T2⑦	夹砂灰陶为主，占45%；夹砂黑陶和红褐陶各占21%和11%；泥质陶中黑陶最多，占全陶片的10%	除素面外，主要为篮纹，有少量绳纹、大小方格纹、弦纹、附加堆纹和鸡冠耳等	侧装三角形扁足盆形鼎、矮足罐形鼎、短沿粗陶缸、平折沿深腹罐、小口高领瓮等
三组（二段）	T2⑥	夹砂褐、红陶为主，各约占30%；泥质黑陶和夹砂灰陶各约占17%和21%；其余有泥质红陶、灰陶、夹砂黑陶等	主要饰绳纹，占64%，次为素面，占26%，有少量篮纹、绳切堆纹、弦纹、方格纹等	侧装三角形扁足较厚，足尖有按窝；缸、罐和盆的口沿及腹部多饰附加堆绳纹或突棱；斜壁大敞口瓿、蘑菇纽器盖、凹底觚形杯、尖锥状高实足跟鬲足等
四组（三段）	T2⑤、T2④	夹砂灰陶为主，约占51%；夹砂红褐陶和黑陶各占27%和9%；其余有泥质灰陶、红陶和黑陶等	主要绳纹，占67%，次为素面；有少量附加堆纹和指窝纹等	以鬲、罐为大宗，鬲足有矮锥状、锥柱状和柱状等；折腹浅盘豆；凹圜底鼓腹罐；盆、罐和瓮等类器上的附加堆绳纹较多见
五组（四段）	T2③a、T2③b	夹砂灰陶为主，约占60%；夹砂红褐陶和黑陶各占25%和9%；其余有泥质灰陶、红陶和黑陶	绝大部分饰绳纹，占94%，素面、附加堆纹、弦纹和指窝纹较少	鬲、罐为大宗，矮锥状鬲足不见，流行锥柱状和柱状；矮联裆素面鬲；折腹高圈足无柄豆等

表7　斗鸡台、青莲寺遗址陶器纹饰对照表

遗址	层位	纹饰（%）			
		素面	篮纹	绳纹	其他
斗鸡台	第⑦~⑨层	32.13	40.47	19.16	8.24
	第⑤、⑥层	34.81	25.07	22.94	17.18
	第④层	30.39	21.59	25.78	22.26
青莲寺	T2第⑥层	25.47	3.77	64.15	6.61

堆积，发掘者将其分为六期。1984年又进行了第四次发掘，发现了前三次发掘未见的新石器时代堆积，研究者将其分为五期，其中一、二期为新石器时代遗存，三期同于前三次发掘的一期，四期同于前三次发掘的二、三期，五期同于前三次发掘的四、五、六期。我们根据发掘及研究的情况，结合本文所研究的目的，将四次发掘进行合并分期，由于受到资料发表的限制，有些地层和遗迹单位无法进行排列对比，故从略（表8）。

从表8和表9的对比中我们可以看出，大城墩遗址的青铜时代遗存大致可以分为四期八段（图8）。

一段相当于新石器时代晚期。

第二段的盉、细体觚、盆形鼎、罐形鼎、瓦足鼎、深腹罐、带指窝的侧扁三角形鼎足、花边口沿罐均可在二里头文化中找到同类器。其中盉和觚在二里头文化中首先出现在二期，它们体型均较瘦削，觚有的在下腹部有一周凸棱，近底部的弧曲比较大，明显外撇，形成比较大的

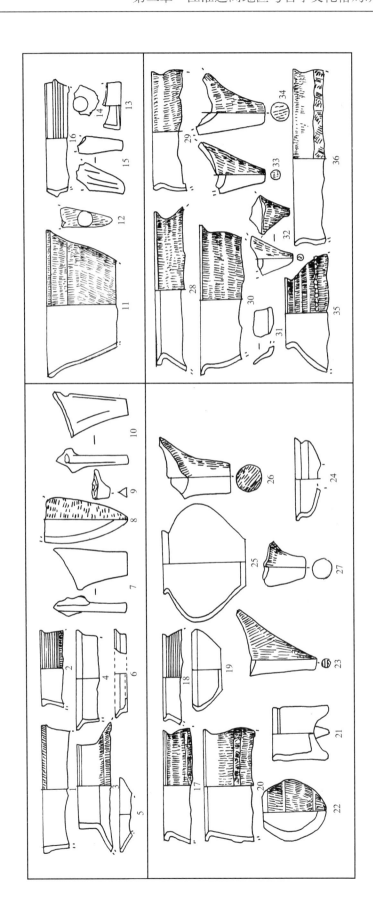

图7　青莲寺遗址器物分期图

第一段：1.缸T2⑦：80　2.罐T2⑦：80　3.高领盆T2⑦：64　4.盆T2⑦：74　5.豆T2⑦：74　6.平底盆T2⑦：73　7,9,10.鼎足T2⑦：64,65,68　8.罩足T2⑦：66　第二段：11.甗T2⑥：59　12.鬲足T2⑥：54　13.杯底T2⑥：56　14.器盖T2⑥：55　15.尊T2⑥：57　第三段：28,29.鬲T2④：96,20　30.甗T2④：38　31.豆T2④：33　32～34.鬲足T2⑤：55,T2④：51,T2④：52　35.盆T2④：24　36.罐T2④：39　第四段：17,21.鬲T2③b：27,28　18,22,25.罐T2③b：30,T2③b：31　19.钵T2④：25　20.盆T2③a：25　23,26,27.高足T2③a：17,48,11　24.豆T2③a：21

平底[1]，盉（或鬶）袋足瘦长，这些均同于二里头文化二期晚段的特征。但同时小口折肩瓮、瓦足盆、高柄豆等又与二里头文化三期的同类器相同，说明大城墩二段的时期跨越了二里头文化二期晚段到三期的阶段。

三段的陶器鬲、罐等与二里冈下层文化第二期相似；四段的陶器高领高尖锥状实足跟的鬲、小口折肩鼓腹瓮、深腹罐、撇口大口尊、假圈足曲柄镂孔豆等与偃师商城第三期晚段、二里冈上层文化第二期以及白家庄上层文化类似；五段与四段紧密衔接，其锥状实足大袋足分裆鬲、假腹豆、大口尊等与人民公园期文化相同。六段与五段时代衔接，从其鬲、圈足较高的簋、高圈足浅盘豆、卷沿深腹盆等看与殷墟三期遗存相似。但文化特征出现了较大的变化，地方特征逐渐浓厚。因此，三期四段的年代分别相当于早商二期、中商一、二期、中商三期和晚商一～三期。

七段的锥足联裆近方体鬲、细柄豆、矮圈足簋等与陕西沣西出土的西周早期器物相同，但有些器物与六段仍然具有较明显的演化关系，比如T4④：3和T1④：2两件鬲分别与T3④：17和T4④：20两件鬲相同，自新石器时代晚期以来即已经源源不断流传来的东夷文化因素比如素面鬲、素面甗、圈足簋等也迅速扩展。说明本段的年代相当于西周早期。八段的柱状平底鬲足、原始瓷折腹碗、原始瓷折腹豆、敛口钵等与中原和宁镇地区西周晚期的同类器相似，年代亦应相当。因此四期二段的年代分别相当于西周早期和西周晚期。

表8　大城墩遗址地层单位分期表

本文分期		相当于前三次发掘的分期及所包含的地层和遗迹	相当于第四次发掘的分期及所包含的地层和遗迹
一期	一段		第二期 T17⑪、⑩；T23⑯、⑮、⑭a、⑭b、⑬
二期	二段	第一期 T1⑥、T4⑥、T5⑧	第三期 T17⑨、T18⑰
三期	三段		第四期 T17⑧、T18⑯～⑭
	四段	第二期 T1⑤、T3⑤b、T4⑤、T5⑦	第四期 T17⑦、T17⑥、T18⑬～⑩、T23⑪～⑩、Y1
	五段	第三期 T3⑤a、T5⑥	第四期 T23⑨、T23⑧
	六段	第四期 T1④、T4④、T5～T8⑤	第五期 T17⑤b
四期	七段	第五期 T3④、T5～T8④	第五期 T17⑤a、T17④、T23⑤～②
	八段	第六期 T1③、T3～T8③	第五期 M12、T17③

4. 肥东古城吴大墩遗址

肥东古城吴大墩遗址位于县城东北 50 千米，为一高出周围平地约 2 米的长方形台地，面积约 4.4 万平方米。发掘者将青铜时代文化分为 5 期（表10），在各期的主要特征上均与含山大城墩遗址内涵一致，有较强的可比性。

---

[1]　中国社会科学院考古研究所：《二里头陶器集粹》，第33、74、80、162号器，中国社会科学出版社，1995年。

表9　大城墩遗址文化内涵演变表

分段 / 内容		主要特征		
		陶质、陶色	纹饰	典型器类
一期	一段	以夹砂灰陶为主，其次是红陶和黑陶。陶器火候较高，质较硬，胎较薄。黑陶一般胎薄发亮近似蛋壳陶	纹饰主要是篮纹，其次是斜方格纹	鼎的口部多以平折沿为主，足侧扁三角形，有的饰按窝。个别器物口部出现叠唇。平底器为主，有的器底饰以花边。羊角形鋬手
二期	二段	以夹砂灰陶为主，次为黄褐陶和磨光黑陶，还有少量的红陶和极少量的灰白陶、印纹硬陶。夹砂陶中往往也夹有蚌末	凸、凹弦纹和细绳纹为主。纹饰细密而较浅。次为附加堆纹、云雷纹和篮纹；另有素面磨光和镂孔装饰	以三足器为主，其次是圈足器、平底器和圜底器。鼎为主要的炊器，釜和罐较多。鼎足以扁三角形和扁圆锥形为主，足上有对称按窝，足尖有手捏痕。豆分为浅盘和深盘折腹，柄上常见圆形镂孔和模印的云雷纹。有瓦足器。制作不太规整，除有一部分器物的口沿、柄和底座经慢轮修整比较规整外，其余为手制和模制
三期	三段	以夹砂红陶为主，其次为夹砂灰陶，有少量的磨光黑陶和极少的印纹硬陶	以细绳纹为主，有少量的粗绳纹、弦纹、附加堆纹、素面等	鬲足为圆锥形瘦长实足，足下端较尖，袋足较小较浅，分裆，口沿作卷沿小方唇，胎较薄，腹饰细绳纹。宽斜沿盆口沿一般卷缘，小方唇。罐深腹，体瘦长，侈口，圆肩，平底
	四段	以夹砂灰陶为主，其次是泥质灰陶和黄褐陶，少量的泥质和夹砂红陶，有极少的硬陶和原始瓷。陶器的胎一般较薄	纹饰以绳纹为主，印痕较深；其次是弦纹和附加堆纹，素面的极少。另有素面磨光和镂孔装饰	不见鼎，鬲为主要炊器，鬲分裆较高，圆锥形实足根，根较高；豆为假腹，豆柄上多装饰镂孔。罐底内凹，大口尊敞口。其次还有双耳罍、月牙形双足器、瓮、直口缸、大口尊和小口圆肩尊等也较具特色。陶器一般的制法都是轮模合用，口部多为轮制，腹部多为模制
	五段	以夹砂灰陶为主，其次是泥质灰陶和泥质红陶，有少量黄褐陶。硬陶和原始瓷的比例增高	主要是绳纹，其次是弦纹和附加堆纹。硬陶纹饰有方格纹、席纹和编织纹等	仍不见鼎，鬲为主要炊器，分裆变矮，锥状实足根。制法主要是轮模合制，口部轮制，足和鋬都是手制粘接的，少量的平底器为轮制。豆为佳腹，粗柄上多装饰凹弦纹。云雷纹硬陶尊、大口尊、折沿和高领瓮、坩埚等较具特色
	六段	以夹砂灰陶为主，夹砂黄褐陶和泥质灰陶次之。烧制火候不高，少数器物陶色不纯。硬陶和原始瓷数量明显增多	纹饰以绳纹为主，占软陶器的绝大部分，绳纹的印痕较浅。硬陶纹饰包括回纹、云雷纹、席纹等	除口沿以外，其余多为模制和手制。器耳、足、把一般是制成后再安装。鬲除仍然存在少量的分裆袋足，但裆部变矮以外，主要以瘪裆鬲为主，空袋足较深，锥状实足根较矮。浅盘高柄豆、盆形圜底釜、盆形甑等较具特色
四期	七段	以夹砂红陶为主，其次是夹砂灰陶和泥质灰陶。一般较为粗糙，胎质较厚。印纹硬陶和原始瓷的数量大增	绳纹为主，弦纹、附加堆纹较多。印纹陶的纹饰主要有方格纹、席纹、叶脉纹、几何纹、折线纹等	制法仍以手制和模制为主，少数口部轮制。器物较大。鬲主要是瘪裆，体近扁方，三个矮圆锥状足，足根略平。典型器物有大口浅盘矮柄喇叭形圈足豆、碗形原始瓷豆、大口深腹盆、大口浅腹小平底盆、硬陶耸肩瓮等
	八段	以夹砂红陶为主，其次是夹砂灰陶和泥质灰陶。印纹硬陶和原始青瓷显著增多	以绳纹为主，其次是附加堆纹和弦纹	制法仍以模制和手制为主，制作粗糙。鬲仍为主要炊器，多为瘪裆，鬲足多为圆柱状平底，有的足根刮削成多边形。喇叭形圈足折壁浅腹豆、盅式碗、平底盆

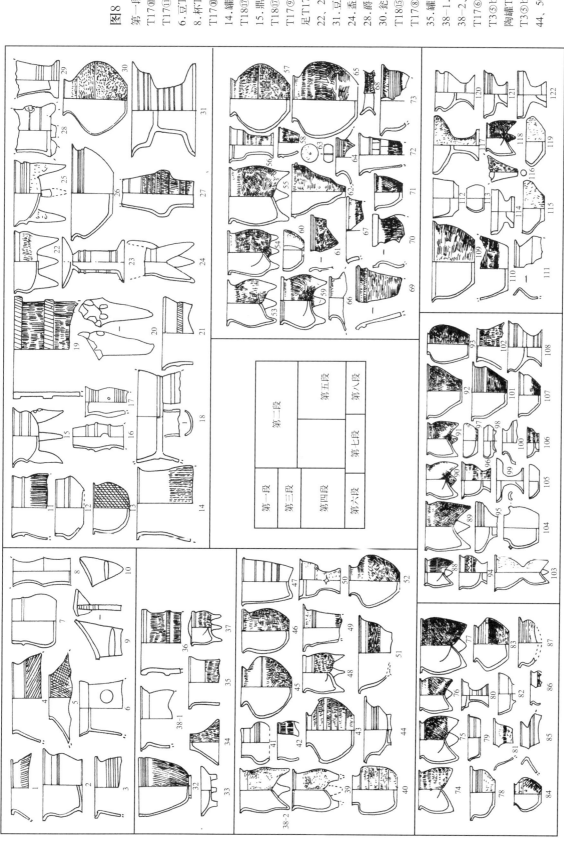

图8　大城墩遗址器物分期图

第一段：1.鼎T17⑪：151　2.尊T17⑪：154　4.罐T17⑪：152　5.盉T17⑪：150　6.豆T17⑪：164　7.尊T23⑭b：204　8.杯T17⑩：202　9、10.鼎足T17⑩：133、135　第二段：11、13、14.罐T18⑰：200、T17⑨：215、T18⑰：198　12.盆T18⑰：199　15.鼎T18⑰：216　16、17.豆柄T18⑮：196、T17⑨：184　18.瓦足器T17⑨：171　19.缸T17⑨：17520.鼎足T17⑨：173　21.大口尊T17⑨：181　22、25.鼎T1⑥：36、35　23、27.豆T5⑧：5、T1⑥：2、T5⑧：4　24.盉T4⑥：46　26.盆T4⑥：11　28.爵T4⑥：45　29.觚T1⑥：5　30.盉T5⑧：15　32、36.缸T18⑮：15、T17⑧：194　33.三足盘T17⑧：67　34.器盖T18⑮：227　35.罐T17⑧：187　37.高T18⑮：221　38-1.盆T17⑧：195　第四段：38-2、39、48.高T5⑧：1、T1⑥：3、T17⑥：222　40、46.罐T5⑧：3　41.壶T17⑥：22542.盉T4⑥：4、3、5、T1④：2　陶罐T17⑥：226　43、45、52.盒T35⑤b：9、25、T3⑤b：5　44、50.豆T17⑥：224、T3⑤：5　采10　47.双足器T3⑤b：21　49.大口尊T3⑤b：4　51.簋T4⑥：40　52、54、52、30　62.高T3⑤a：5　67、73.盆T3⑤a：35、57　68.瓿T3⑤a：60　69.缸T4④：10、T17⑤b：234　83～85.盉T3⑤：1、T4④：19、61　86.尊T4④：41　87.盒T4④：20、30　95、98、99.豆T3⑤：6　93、100.碗T3④：7　104.罐T3⑤：7　105.原始瓷T17⑤：12　106.原始瓷豆T3③：14　110.印纹硬陶坛T17③：216　111.罐T3⑤b：5　112.原始瓷盅T3③：42　118.高南M12：2　120.簋M12：1　第五段：53～55、59.高南T3⑤a：17、18　58.瓶T3⑤a：70　60.钵T3⑤a：67　61、64、66、70.罐T1⑤、T1④：5、T1④：2　第六段：74～77.高T17⑤a：231、T7④：2　第七段：88～91.高T17⑤a：231、T7④：2　94、96、108.簋T17⑤a：243　96.原始瓷豆T3③：8　117.豆T3③：41　第八段：109.盆T3⑤：11　116.高T3④：28、T3③：11　119.钵T3④：6　115、119.钵T3④：25

足器T3⑤b：21　49.大口尊T3⑤b：4　51.簋T4④：40　T3⑤a：53、54、52、30　62.高南采13　63.纺轮T3⑤a：5　67、73.盆T3⑤a：35、57　78、81.簋T4④：13、3779.盘T17⑤b：240　80、82.豆T4④：10、T5④：20、T6④：20、T5⑤：6　93、100.碗T3④：7　T3④：17、T5④：12　102、103.T17④：204、T7⑤：12　104.罐T3④：26　105.原始瓷T17④：26　T5③：7　113.盂T17③：1　114、121、122.原始瓷豆T3③：1　116.高南足T3④：28、T3③：8　118.高M12：2　120.簋M12：1　97.钵T5④：12　102、103.T17④：204　T7④：205、T7④：25

表10 古城吴大墩遗址文化内涵演变表

内容分期	包含的层位单位	主要特征		
		陶质、陶色	纹饰	典型器类
第一期	T2⑧	夹砂灰陶为主，占89.2%；其次是泥质磨光黑陶，占10.2%；还有少量的红陶和褐色陶	以素面为主，占51%；中绳纹占26.7%；粗绳纹占2.5%；弦纹、方格纹、附加堆纹、间断绳纹和篮纹分别占6.5%、2%、5.5%、4.5%和1%	罐形侧扁足带把鼎、细高柄浅盘豆、瓢形杯等
第二期	T1、T2⑦	泥质黑陶为主，占39.2%；夹砂红陶占33.3%；夹砂灰陶占27.2%	以中绳纹为主，占34.5%；素面占30.9%；粗绳纹占14.2%；间断绳纹、附加堆纹和弦纹分别占8.3%、7.1%和4.7%	尖锥状高实足根分裆鬲、大口尊、粗柄豆等
第三期	T1、T2⑥、T3⑧～⑥	夹砂灰陶为主，占72.5%；夹砂红陶占12.8%；泥质黑陶占14.6%	以中绳纹为主，占38.4%；素面占34.8%；粗绳纹、间断绳纹、附加堆纹、弦纹、指窝纹分别占13.8%、7.8%、4%、0.7%和0.7%	矮锥状或平尖足联裆或瘪裆鬲、高束柄浅盘折腹豆、小口高领瓮、矮圈足簋等
第四期	T1、T2、T3⑤、④和F1、H3、H9～H11	夹砂红陶为主，占68.2%；泥质黑陶占17.6%；夹砂灰陶占13.8%；印纹硬陶占0.4%	以中绳纹为主，占50.3%；素面占31.2%；粗绳纹占13.7%；弦纹和附加堆纹各占1.5%，印纹陶占3.3%	矮体圆锥形实足根瘪裆鬲，鬲足多数二次包制、开始出现素面鬲、敛口钵、原始青瓷高圈足碗、小口瓮等，还出有铸造镞的陶范
第五期	T1～T3③、②和H1、H2、H5、H7	以夹砂红陶为主，占71%；其次是夹砂灰陶占37.5%；泥质黑陶仅占6.1%	中绳纹为主，素面次之；有少量粗绳纹、附加堆纹、指窝纹和印纹陶等	印纹硬陶的数量明显增多；高实足平根鬲，口沿平折；盆沿平折；素面鬲较多，出现疙瘩鬲足；浅盘高柄豆等

第一期时代大致与大城墩第二段的时代相当，但从瓢比大城墩更细长，足底更显大来看，时代可能略早于大城墩遗址。第二期的器物与大城墩第四段相同，时代大致在早中商之际。第三到第五期与中原宗周文化的关系较密切，大致分别处于西周早、中、晚期（图9）。

5. 肥西塘岗遗址

塘岗遗址位于肥西县城北21.5千米，处于沘河南岸一片岛形岗地上。2005年发掘出了较丰富的新石器时代晚期和夏商周时代的遗存，其中文化层仅存在新石器时代晚期的，夏商周时代的遗存只保存在一些灰坑、灰沟和房址之中。发掘者将此遗址文化遗存分为三期，第一期为"新石器时代中期偏晚"期遗存；第二期为"新石器时代晚期偏晚"期遗存；第三期为"商、周时期"。排除新石器时代的文化堆积，为方便起见，我们将青铜时代遗存划分为早晚两期。

早期相当于岳石文化时期，没有发现文化层，仅有少量的房屋基址和灰坑，文化遗存属于较典型的岳石文化，几乎每件器物都可以在尹家城岳石文化遗存中找到同类。《中国考古学·夏商卷》中将尹家城岳石文化遗存在原报告的基础上分为四期（图10）[1]，即早晚各分为两期，塘

---

[1] 中国社会科学院考古研究所编：《中国考古学·夏商卷》，第445页，中国社会科学出版社，2003年。

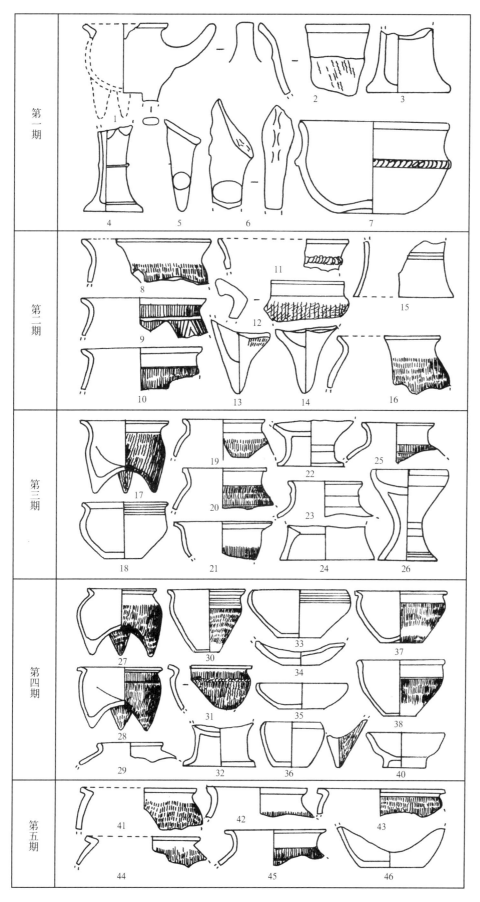

图9　古城吴大墩遗址
器物分期图

第一期:1.带把鼎T2⑧:69　2.尊
T2⑧:86　3、4.瓬T2⑧:84、
83　5、6.鼎足T2⑧:70、66　7.盆
T2⑧:75

第二期:8～10.鬲T2⑦:102、92、
93　11.大口尊T2⑦:107　12、
16.罐T1⑦:94、T2⑦:101　13、
14.鬲足T2⑦:104、103　15.豆圈足
T2⑦:59

第三期:17.鬲T1⑥:64　18.碗
T1⑥:13　19、20、23、25.瓮
T1⑥:83、T3⑥:58、T1⑥:76、
T1⑥:81　21、22、24.簋T1⑥:89、
86、T2⑥:49　26.豆T3⑦:19

第四期:27、28.鬲T3④:7、
T3⑤:15　29.瓮T3④:30　30、
37、38.盆T3④:8、T3⑤:36、
T3⑤:43　31.釜T3⑤:34　32.簋
T1⑤:54　33、35、36.钵T3⑤:37、
17、T3④:4　34.罐T2④:26
39.鬲足T1⑤:62　40.原始瓷碗
T3④:3

第五期:41、43、44.鬲T2②:11、
T3③:21、T2③:16　42、45.瓮
T3③:23、T1③:22　46.罐
T1②:18

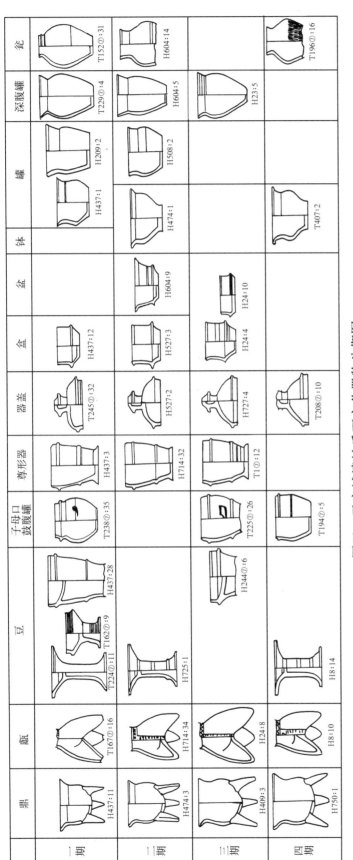

图10　尹家城遗址岳石文化器物分期图

（据《中国考古学·夏商卷》445页图改制，中国社会科学出版社，2003年）

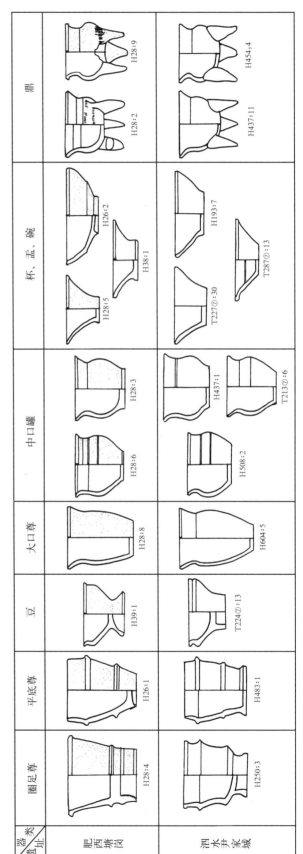

图11　塘岗遗址和尹家城遗址岳石文化早期器物对比图

岗遗址中的岳石文化遗存较早的相当于尹家城第一期,器物较少,代表性器物特征有大口斜腹罐、折腹豆、圈足尊等;较晚的相当于第二期,器物较多,代表性器物有中口罐、碗、鼎、平底尊等。不见相当于尹家城晚期的遗物。时代大约相当于二里头文化第二期早段。总体器物特征上,较早和较晚的时代相差不远(图 11)。

晚期遗物集中出土于坑、沟等遗迹中。以夹砂灰陶鬲、盆、罐以及泥质灰陶钵、盘、盂等为主,夹砂器表面的各类绳纹装饰,具有西周时期遗物器表的装饰特性(图 12)。从其平根足鬲的造型判断,这一时期大致相当于西周中晚期。

6. 六安堰墩遗址

堰墩遗址位于六安市区东 22 千米,处于大别山东麓的江淮分水岭区域,是一处面积约 3600 平方米的台地。2000 ~ 2001 年进行了发掘。发掘者认为堰墩遗址虽然文化堆积深厚,经历了较长的发展过程,但仍为联系紧密的同一性质的考古学文化。同时也发现在鬲等器物上存在着明显的演化过程,应存在着分期的可能。通过与周边同时期文化的对比分析,笔者认为堰墩遗址青铜时代遗存大致可以分为三段,分别代表了早、中、晚三期(表 11)。

表11　堰墩遗址地层单位分期表

分组 ＼ 单位	所包含的地层单位
第一段	F3、T609⑬、T1006⑧、T907⑩、T606⑦
第二段	T906⑤ ~ ⑧、T907⑨、T407⑨
第三段	T407⑤ ~ ⑦、T408⑤、T506②、T604⑥、T605⑤、T607⑤、T706③、T707②、③、T708⑦、T806④

第一段的矮柱足瘪裆鬲、矮锥足瘪弧裆鬲、浅盘粗柄豆、折腹簋等,二段的折腹罐、锥足联裆鬲、折腹罐、折腹豆和束腰觑等,三段的带耳罐、高柱足联裆鬲、蹄足素面鬲、饼形纽器盖、带把盉、折腹原始瓷豆、带把鬲、敛口钵等分别具有西周早、中、晚期文化遗存的风格(图 13)。

7. 枞阳汤家墩遗址

枞阳汤家墩遗址位于枞阳县城东北约 45 千米,为一高出地面约 3 米的台地,处于长江冲积平原与大别山—霍山余脉交界地带,面积约 6700 平方米。1989 年发掘了 8 个探方,发现了较丰富的青铜时代文化堆积。发掘者将所有的遗存分为两期,通过对遗物的进一步分析,笔者认为还可以进一步分期。8 个探方都存在各小层间互相叠压的层位关系,再加上一些灰坑、柱洞等与地层之间的叠压或打破关系,结合出土陶器的比较分析,可将其分为三组,列表如下(表 12)。

三组特征各不相同,具体来说,第一组以短斜沿高裆鬲、高领鬲、斜腹觑、折沿瓮、圆肩矮圈足簋、敛口高柄豆、罺等为代表;而第二组典型器物有短折沿鬲、素面折肩鬲、鼓腹觑、折肩罐、宽平沿素面瓮、宽平沿敛口豆等。第一组夹砂红陶略少于夹砂黑陶,而第二组相反;绳纹所占比例第二组略高于第一组,素面陶的比例第一组高于第二组;第三期中绳纹比例占绝大部分,出现柱状鬲足高弧裆鬲,印纹陶和原始瓷器第三组比前两组明显增多,并出现了拍印

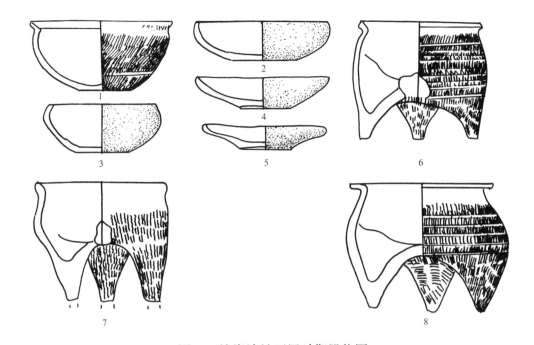

图12　塘岗遗址西周时期器物图
1.盆H55∶5　2、3.盂H55∶11、12　4、5.盘H55∶10、6　6～8.鬲H55∶7、9、8

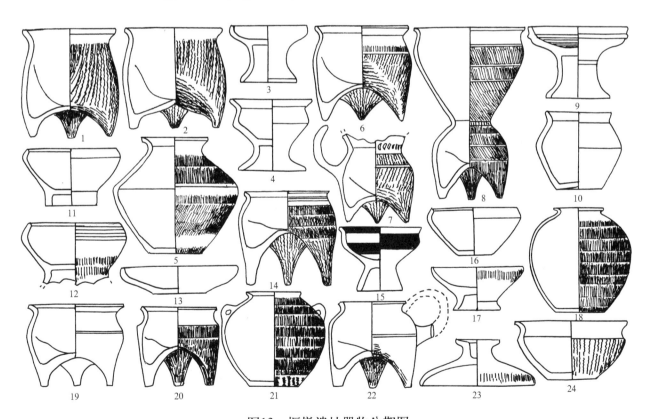

图13　堰墩遗址器物分期图

1、2、6、14、19、20、22.鬲F3∶3、11、T606⑦∶24、T506②∶1、T607⑤∶8、T604⑥∶6、T605⑤∶5　3、9、15、17.豆T609⑬∶3、T906⑤∶7、T707②∶3、T706③∶2　4.簋T1006⑧∶10　5、10、18、21.罐T907⑩∶51、T907⑨∶48、T707②∶38、T706③∶2　7、12.盂T906⑧∶8、T708⑦∶16　8.瓿T407⑨∶30　11.碗T407⑦∶6　13、16.钵T506②∶24、T407⑤∶5　23.器盖T707②∶2　24.盆T408⑤∶30　（1～6.为西周早期；7～10.为西周中期；11～24.为西周晚期）

表12　汤家墩遗址地层单位分期表

分组＼单位	T1	T2	T3	T4	T5	T6	T7	T8	遗迹
第一组	⑧	⑦	⑧	⑥	⑩～⑧	⑩～⑧	⑦	⑧	H5、D1～16
第二组	⑦、⑥	⑥、⑤	⑦、⑥	⑤	⑦、⑥	⑦、⑥	⑥、⑤	⑦、⑥	H1～H4
第三组	⑤～③	④、③	⑤～③	④、③	⑤～③	⑤～③	④、③	⑤～③	

复杂的米筛纹、席纹等纹饰，可以看出，以上所分三组明显的可以分为三段。第三段与第二段之间具有较多的共性，器物也具有明显的连续性，应是紧密衔接、连续发展的同一期中的两段，而第一段无论从鬲的形制，还是器类来看，均与后两段不同，因此，我们可以把汤家墩青铜时代遗存分成两期三段（图14）。第一段为商代晚期；第二段和第三段分别相当于西周中期和西周晚期。

8. 江浦曹王塍子、蒋城子遗址和仪征甘草山遗址

这三处遗址均位于长江以北的滁河流域，隔江与宁镇地区相对，地貌特征一致，外观均为台形土墩，分别高出周围地表5、5～8、10米。现存面积分别为16000、6000和3000平方米。

曹王塍子遗址于1983年发掘了两个探方，共分8个自然文化层，将其分为两个大的时期，即西周时期和春秋时期，各包含3层。相当于西周时期的3层文化遗存没有太大的变化，根据出土遗物的特征，比如高柱状鬲足、矮体折沿联裆鬲、敛口钵、折腹豆等，它们大致均相当于西周晚期（图15）。

蒋城子遗址于1983年进行了发掘，发现了丰富的西周时期文化堆积。我们依据发掘者的分期将其分为前段和后段。前段以矮锥柱状卷沿鬲、高圈足簋、高领圆肩罐、素面甗等为代表，时代大致相当于西周前期；后段以素面鬲、折沿近平袋足鬲、粗绳纹折腹甗、腰部有稀疏按窝纹的甗、矮圈足簋、敛口钵、原始瓷折腹圈足豆、原始瓷碗等为代表，时代大致相当于西周后期。前段以T106⑧A、⑧B、⑦和T201⑩、⑨、⑧、⑦为代表，陶器型制有AⅠ、AⅡ式鬲，AⅠ与B型甗，AⅠa、AⅠb、AⅡ、AⅢ与CⅠ、CⅡ盆，Ⅰ式簋，AⅠ、AⅡ式豆和Ⅰ式罍等；后段以T106⑥、⑤层和T201⑥、⑤层为代表，陶器型制有AⅢ、AⅣ与BⅠ、BⅡ式鬲，AⅡ与腰部有稀疏按窝纹甗，AⅣ与CⅢ式盆，Ⅱ式簋，AⅢ与BⅠ、BⅡ式豆，AⅠ、AⅡ式钵，AⅠ、AⅡ式罐和AⅠ式原始瓷碗等（图16）。

甘草山遗址1982年进行发掘，地层共分4层，相当于青铜时代的文化堆积是第④层和下面的灰坑。灰坑内的遗存与第④层存在较大区别，第④层陶器也可以分出两段。因此我们将其分成三段。第一段以H2为代表，主要陶器器形有细绳纹尖锥状实足分裆短颈鬲、平折沿浅盘高柄圈足豆等，纹饰只有梯格纹和细绳纹两种，短颈鬲和硬陶豆在含山大城墩遗址和镇江团山遗址中也有发现，可能它们之间有一定的联系，时代为商代中期。第二段主要器物有高弧裆空尖锥状足鬲、折沿盆、圆腹罐、高圈足敛口豆，时代为西周早期。第三段主要器物有敛口钵、原始瓷折腹豆等，时代相当于西周中晚期（图15）。

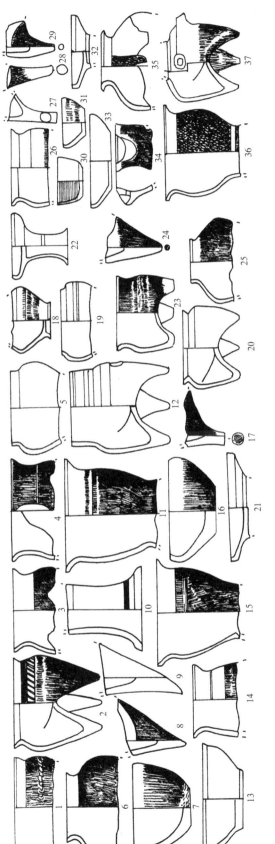

图14　汤家墩遗址器物分期图

1~4,20,23,26.鬲T4⑥：9,H5：6,T6⑨：9,H5：6,T6⑨：16,T3⑥：2,T6⑦：10,T1④：4　5,6,14,19,25,35.罐T7⑦：36,T8⑧：25,T6⑨：23,T6⑦：22,T2⑤：12,T7③：42　7,16,31.钵T7⑦：15,T4⑥：17,T4③：3　8,9,17,24,27~29.高足T4⑥：10,T6⑨：17,H3：8,T6⑥：20,T3③：12,T1③：7,T2④：11　10,21,22,32.豆T6⑨：24,T7⑤：8,T7③：41　11,15,34,36.甑T7⑦：18,H5：7,T4③：15,T7④：33　12.原始瓷碗T7⑦：13　13.盂T15：5　30.盆T15：1　33.盘T8③：14　37.盉采：6　(1~16.T7③：为一段；17~25.为二段；26~37.为三段)

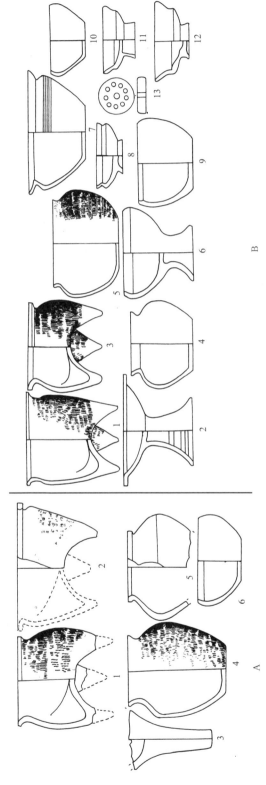

图15　曹王塍子和甘草山遗址器物分期图

A.曹王塍子：1,2.鬲T2④b：5,T2④b：9　3.高足T2④c：40　4,5.罐T2④b：4,T2④a：3　B.甘草山：(1,2.一段；3~8.二段；9~12.三段)　1,3.鬲H2,T202④：32　2.钵T2④a：42　6.钵T2④a：3　7.盆T202④：8　4,5.罐T202④：6　9,10.钵T202④：2,1　13.纺轮T202④：20　6,8,11,12.豆H2,T101④：51,48,T202④：12,T202④：4,18　7.盆T202④：8　4,5.罐T202④：6

图16　蒋城子遗址器物分期图

1、2、13～16.鬲T201⑨：2、T106⑧a：5、T102⑥：8、T108③：5、T01④：8、T10⑥：9　3.瓶T202⑧：1　4.罍T106⑧a：5　5、6、8、11.盆
T106⑦：1、T106⑧a：2、T202⑨：1、T206⑥：3　7、9、12、17、22、23.豆T106⑧a：3、T103⑧：2、T203⑧：2、T205④：2、T201⑤：3、
T107④：4　10、19.簋T106⑧a：4、T102⑥：6　18.原始瓷碗T206④：5　20、25.钵T102⑥：5、T02⑤：7　21、24.罐T103⑤：5、
T102⑥：7　（1～12.为早段；13～25.为晚段）

9. 高邮周邶墩遗址

　　周邶墩遗址发掘者认为有三类文化遗存存在，第一类是来源于豫东南地区龙山时代王油坊类型的南荡遗存；第二类遗存是来源于鲁东南地区岳石文化的尹家城类型。他们都是以后宁镇地区点将台文化的重要来源。第三类遗存与宁镇地区的春秋时代文化趋同，应该是吴文化向长江以北扩展的结果。第二类遗存深刻地影响着江淮之间的广大地区。第二类遗存中存在几组地层单位的叠压打破关系，发掘者虽然看出存在进行分期的可能性，但限于发掘材料的缺乏，发掘报告中并没有进行更详细的分期。近年来，在江淮之间新发现了肥西塘岗等几处包含有较典

型的岳石文化遗存的地点，为我们对江淮地区分布的岳石文化遗存提供了新的对比材料，使我们有可能对这些岳石文化遗存进行重新地对比分析。第二类遗存中虽然有两组层位关系：H3、H4打破T0421、T0521第③层；H10打破T0911、T1011、T1212第②层，②层下开口有H12。但是通过综合对比与泗水尹家城和兖州西吴寺典型岳石文化的遗物，我们发现这些遗存单位中既有相当于尹家城类型早期的遗物，也有晚期的遗物共存。因此不能以遗迹为单位进行分期。尹家城类型岳石文化早期和晚期的典型特征表现在：早期鼎足多三角形扁锥足，深腹略盆形；晚期多圆锥状足，深腹罐形，略呈尖圜底。子母口罐早期颈部较高，腹较深；晚期颈部很短，甚至消失，腹变直，变浅，底变大。甗早期裆部或腰部光素无装饰，晚期多饰附加堆纹；早期深腹罐体较瘦长，腹较直，晚期大口，斜腹较甚，小平底；早期平底尊敞口或略直口，晚期则敛口；早期蘑菇纽器盖多截首尖锥形，晚期多尖锥形；早期可见圈足尊、折腹盆、盘形纽器盖、折腹盖豆和假腹豆等，晚期则不见，但新出现盉、小口罐、鬲和斝等新器类（图17）[1]。时代自二里头文化二期一直延续到二里冈上层文化第一期。

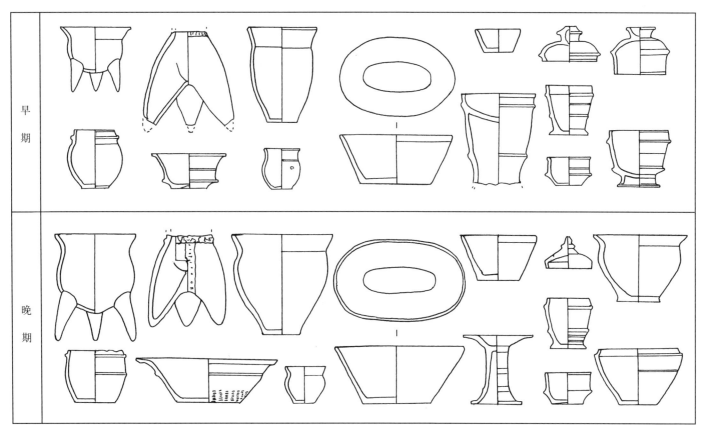

图17　岳石文化早晚期器物对比图
(引自《泗水尹家城》，文物出版社，1990年)

周邶墩遗址中所包含的第二类文化遗存与鲁南地区尹家城类型的岳石文化无论在器类、纹饰还是形制上都非常相似。仅指器物而言，周邶墩遗址中的岳石文化遗存可以分为早期和晚期

---

[1]　山东大学历史系考古专业教研室：《泗水尹家城》，第241～243页，文物出版社，1990年。

两个阶段，分别相当于尹家城报告中的早晚两期，早期的代表性特征如：圈足尊盛行，平底尊敞口，流行截首蘑菇纽器盖，深腹大口罐斜腹，高领罐领部较短，略直，似子母口，流行盘形纽器盖，三足器中的鼎、甗、盘等器物足部流行三角形侧扁足等。早期的器物特征与肥西塘岗岳石文化遗存的特征相同，时代大致相当或略晚，大约相当于二里头文化第二期。晚期遗存的年代则大约相当于二里头文化晚期（图18）。

10. 潜山薛家岗遗址

薛家岗遗址夏商周时期文化遗存较为丰富，是薛家岗遗址的一个重要文化内涵。文化堆积以地层为主，并发现了48个灰坑，此外还有1座墓葬、2座房址及1个红烧土坑等，其中前五次发掘的只有一大层该时期的地层，其他多为灰坑，灰坑间的叠压打破关系并不多见，完整器形也较少，并且遗物多有混杂情况。第六次发掘的该时期的遗存虽然有多层堆积，但主要属于周代，夏、商时期的遗存很少，虽然也存在几组叠压打破关系的遗迹单位，但所含遗物均较少，可供对比的材料更少，往往也存在不同期别的器物相互混杂的情况，不能进行细致的分期。我们根据出土遗物的对比和地层遗迹叠压打破的情况，将具有典型分期意义的几组单位进行初步分析。大致可以分为六个阶段的文化遗存。

第一阶段：以H25、H30、K2等为代表。陶器多为红色、土黄色夹砂陶，也有少量的饮食器为泥质陶。纹饰以绳纹为主，其次为附加堆纹、凹弦纹、篮纹、镂孔、网纹、乳丁纹等。制法以轮制为主，兼有模制和手制。器形规整，陶胎厚薄均匀。代表性器类有深腹罐、鼎式鬲、斝、豆等。此阶段大致相当于中原地区的二里头文化中晚期（图19）。

第二阶段：以H28、H31、H37等为代表。陶器多为夹砂红陶，其次为夹砂灰陶，黑陶最少。素面较多，纹饰以细绳纹居多，其次为粗绳纹、篮纹。前段的深腹罐、斝仍在流行，新出现鬲等。本阶段相当于中原商文化早期。

第三阶段：以M152、H15、H20、H35、T34③层、T38③层、T44③b层等为代表。陶器以夹砂灰、黑陶居多，红褐陶，灰黄陶次之。少量泥质黑、灰陶。纹饰以细绳纹和中绳纹较多，少量粗绳纹、附加堆纹。制法以轮制、模制为主，也有手制。新出现缸、钵、簋、鸟形器、碗、甗、甗形盉及少量印纹陶。本阶段相当于中原商文化中期。

第四阶段：以H11、H38等为代表。陶器中夹砂灰、黑陶的数量增多，红陶次之；泥质陶数量较少。纹饰以绳纹、抹断绳纹最多，另外还有拍印的方格纹、刻划纹、叶脉纹、雷纹、网纹、回纹等。本阶段相当于中原商文化晚期（第二～四段见图33）。

第五阶段：以T49、T50⑨、⑩层为代表。主要器类包括矮锥状足鬲、圆腹罐、矮柄豆、附耳甗形器等，时代约相当于西周早期。

第六阶段：以其他大部分灰坑为代表。代表性器类有柱状足弧裆或平裆鬲、折肩罐等。时代约相当于西周中期（第五、六段见图39）。

11. 安庆张四墩遗址

青铜时代的文化遗存主要包括第③和第④层以及H1、H2、H5、H6等。经过分析，这些遗存可以分为两期，H5和H6为二期，其他为一期。

第一期的陶器以夹砂灰陶和红褐陶最多，轮制为主，素面陶较多，纹饰流行弦断绳纹，并

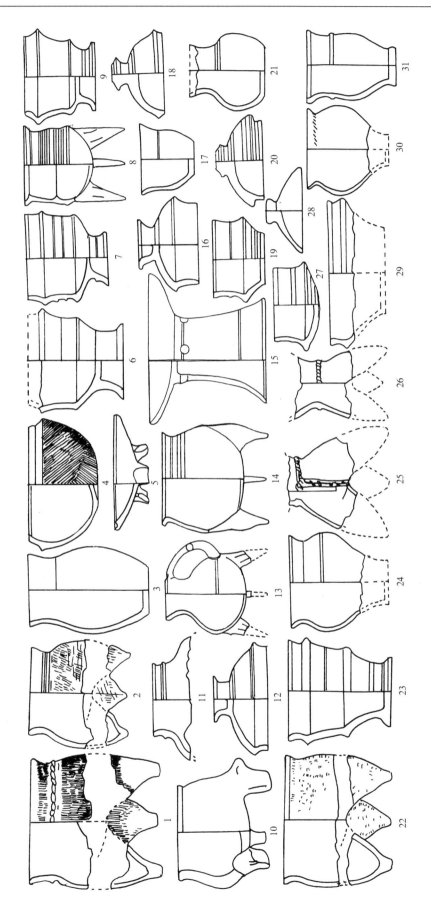

图18　周邶墩遗址器物分期图

1、2、22.鬲H10：23、25、H3：1　3.中口罐H10：3　4.盆H10：18　5.三足钵T1212②：10　6、7、9、23.尊H10：11、22、T0911②：2、H4：1　8、25、26.甗T1212②：5、采9、8　10、14.鼎H10：6、T1212②：7　11、21.高领罐H10：36、采02　12、16、18、20、28.器盖H10：8、4、H4：2、H10：13、采029　13.甑T1212②：11　15.豆T1011②：5　17、24、30、31.大口罐H10：7、H4：5、H12：3、采03　19、27.盆H10：12、T0911②：3　29.盂（采7）　（6、7、9、11、12、16～18、20、23.为早期，余为晚期）

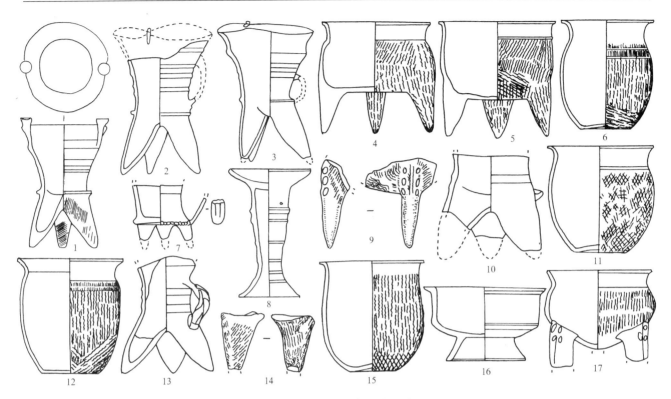

图19　薛家岗遗址第一段器物图

1～8、12.H25：90-1、90-3、90-2、111、88、113、100、93、101　9、17.H30：62、34　10.T35③：4　11.T7②：9　13.H37：3　14、15.H35：31、4　16.K2：2

有少量附加堆纹、弦纹等。器类包括鬲、甗、罐、豆等。时代约相当于西周中晚期。

　　第二期的器物组合及其形态基本同于一期，但绳纹陶的数量已超过素面陶，弦断绳纹不再流行，而多见中绳纹。时代约相当于西周晚期。

　　张四墩遗址中也包含有部分商代中期的遗物，比如高领宽沿鬲和假圈足豆等，和西周早期的遗物，比如鼎式鬲、圆腹罐等。因为没有具体的地层关系可供参考，不便进行具体的分期。从器物形态上看，其商代中期和西周早期的遗物与薛家岗遗址相同。

12. 怀宁跑马墩遗址

　　跑马墩遗址地层堆积关系简单，根据各文化层出土的陶片及陶器特征，可以分为两期。

　　第一期以⑤、⑥、⑦层和H2为代表。以夹砂黑皮陶为主。鼎为圆锥形短足无纹饰；甗形器较流行，足圆柱形平足；鬲侈口尖唇饰绳纹；印纹陶少见；罐、壶多流行圈足，盛行鸟形耳；纹饰方面流行细绳纹，缸、罐等在器物口沿内外都压印着规整的斜绳纹。代表性器物群有圆锥形足鼎、圈足钵、豆、盘、圈足罐等。时代大约相当于商代晚期，有的可能可以延伸到商周之际。

　　第二期以②、③、④层和H1为代表。以夹砂红陶为主。鼎足锥状较长且有绳纹；甗形器少见；鬲多折口方唇，有的有圆窝纹；印纹硬陶明显增多；罐、壶的圈足和平底并行，环耳盛行。代表性器物群有细柄钵形豆、环耳壶、圈足碗、平底罐以及圆锥状平尖实足绳纹鬲等，时代大致为西周中期。

13. 太湖王家墩遗址

　　王家墩遗址文化堆积包含有新石器时代和青铜时代两个阶段。青铜时代遗存为第②层。主要遗存特点是平底器盛行，乳丁状、圆柱状平足鬲以及贴耳、半环状立耳最具特征。纹饰上绳纹和间断绳纹特别流行。印纹硬陶的拍印纹饰有勾连雷纹、叶脉纹、网格纹和蕉叶纹等。年代大致相当于西周中晚期。

14. 其他遗址的分期

其他经过发掘并有资料公布的遗址还有六安西古城、众德寺、城都、霍邱扁担岗、绣鞋墩、含山孙家岗、肥西大墩子、庐江大神墩等。

六安西古城遗址地层共包括 7 层，青铜时代遗存可分为 3 段，一段包括第⑤、④层，二段包括第③、②层，三段包括第①b层。时代分别相当于龙山文化晚期—二里头文化早期、西周中期和晚期（图20）。

六安众德寺遗址地层分为 13 层，青铜时代遗存可分为 5 段，一段包括⑪层、二段包括⑩层，三段包括⑨、⑧层，四段包括⑦、⑥层和M1，五段包括⑤～②层和M2。时代分别相当于早商二期、早中商之际、中商三期、西周中期和西周晚期（图21）。

六安城都遗址包含有龙山文化晚期—二里头文化早期的文化堆积。

霍邱扁担岗遗址包含有西周晚期的文化堆积。

绣鞋墩遗址地层分为 6 层，可分为 4 段，一段包括第⑥层，二段包括第⑤层，三段包括④a、④b层，四段包括第③、②层。时代分别相当于商代中期偏晚、西周早、中、晚期（图22）。

含山孙家岗遗址包含有商代晚期和西周晚期的遗物。商代晚期的有陶鬲、陶罐等，与含山大城墩遗址第六段的时代相当，大致为晚商早期。西周晚期的有锥柱状鬲足、钵等。

肥西大墩子遗址文化层分为下、中和上层，发掘者将其分为三期，分别相当于二里头文化三期、商代早期和西周早期。

庐江大神墩遗址包含有西周中期偏晚和西周晚期的遗存。我们把其称为前后两期。前期主要包括第④～⑥层，后期包括第③、②层。包含物均以夹砂红陶为主，但夹砂灰陶的比例后期

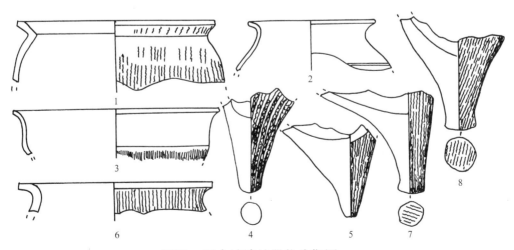

图20　西古城遗址器物分期图

1、6.鬲T1③：28、T1①b：18　2.罐T1③：23　3.盆T1③：26　4、5、7、8.鬲足T1③：40、39、T1①b：12、35　（1～5.为二段；6～8.为三段）

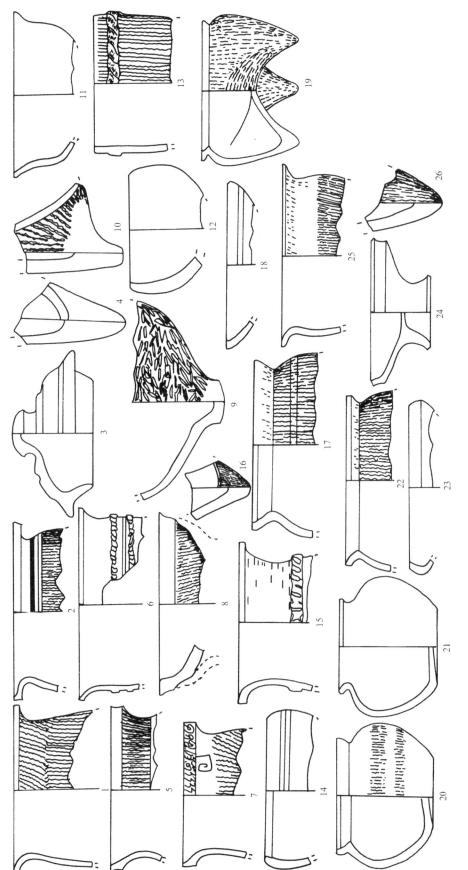

图21　众德寺遗址器物分期图

1、2、5、7、17、19、22. 鬲T1① : 22、70,T1① : 45,M1 : 2,T1⑤ : 53　4、10、16、26. 高足T1⑩ : 23,T1⑨ : 35,T1⑥ : 49,T1⑥ : 53　6、15. 尊T1① : 21、T1⑥ : 50　8. 假腹豆T1⑩ : 31　9、13. 缸T1⑩ : 64,T1⑨ : 36　11、25. 盆T1⑧ : 41,T1⑤ : 58　12、14、23. 钵T1⑧ : 39,T1⑦ : 48,T1⑤ : 59　18、24. 豆T1⑥ : 51,M2 : 1　20、21. 罐M1 : 2,M2 : 2　（1～3、6. 为一段；4、5、7～9. 为二段；10～13. 为三段；21～26. 为四段）

图22　绣鞋墩遗址器物图

1、7、15、16、19、21.高柄豆T1⑥：101，T1⑤：23，T1③：65　2、20.盆T1⑥：11，T1③：58　3、5、9、17、18.高足T1⑥：12，102，T1⑤：110，T1④b：24，T1②：48　4.假腹豆T1⑤：21　6.瓿T1⑥：63　8、10、22、23.豆T1②：9，T1④a：6，T1④b：100，T1②：9，T1③：105，T1⑥：60，T1②：1，T1③：76　11、12.折肩罐T1⑤：20，T1④a：35　13、14、24.盆T1④a：38，T1③：46　（1～5.为一段；6～11.为二段；12～17.为三段；18～24.为四段）

多于前期。前期的鬲斜折沿或卷沿，扁体，联裆，矮锥足或足根平齐；后期的鬲多平折沿，截首圆锥形足，有的足根部成兽蹄形平面；后期还出现角状把手甗形盉等。

　　盐城龙岗发现的是一座相当于商代时期的墓葬。从出土的陶器的组合及造型看均具有明显的商文化特征（图23），如夹砂陶饰绳纹、鬲、深腹罐、折肩罐、深腹盆、假腹豆、壶圈足上饰一对镂孔的特征等。其出土的尊形器、半月形双孔石刀则具有东夷文化的特征。其他器物则不见于中原或东夷文化中，当是具有特色的地方特征。假腹豆在中原地区主要流行于早商三期至晚商一期，并且龙岗的两种假腹豆与薛家岗遗址第三阶段和大城墩遗址第五段以及中原台西遗址的晚期居址的同类器相同，大致相当于中商文化偏晚的阶段。但其大袋足无实足尖的鬲、折肩罐的造型又与大城墩遗址第六段相同，后者的时代大致相当于晚商早期。因此，盐城龙岗这座商墓的时代大致处于中商晚期至晚商早期阶段。

　　其他经过试掘或发掘的遗址还有六安庙台、城墩、匡大墩、金陵塘；霍邱后花园、洪墩寺、王郢、堰台；合肥烟大古堆；肥东大陈墩、大城头、乌龟滩；肥西陡岗、单大墩、师古墩；滁

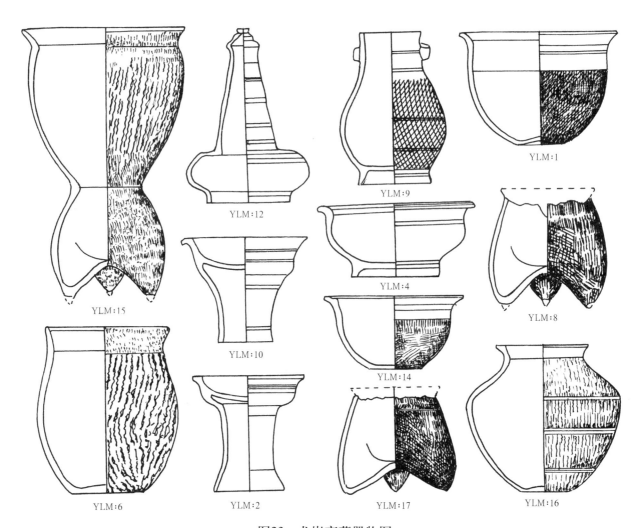

图23　龙岗商墓器物图

表13　江淮之间地区夏商西周时期遗存分期对应关系表

遗址 \ 分期		夏		商			西周		
		新砦期至夏代早期	夏代晚期	早期	中期	晚期	早期	中期	晚期
江淮之间地区中部	斗鸡台	一段 二段	三段	四段			五段		
	青莲寺	一段		二段				三段	四段
	大城墩		二段	三段四段五段六段			七段		八段
	吴大墩		一期	二期			三期	四期	五期
	塘岗	一段 二段							三段
	堰墩						一期	二期	三期
	曹王塍子								√
	蒋城子						前段		后段
	甘草山					一段	二段	三　段	
	牛头岗	√	√				√	√	√
	神墩						√	√	√
	西古城	一段						二段	三段
	众德寺			一段	二段			三段	四段
	绣鞋墩				一段		二段	三段	四段
	孙家岗					√			√
	大墩子		一期	二期			三期		
	庙台			√			√	√	√
	城墩					√	√	√	√
	烟大古堆					√	√		
	何郢					√	√		
	濮家墩						√	√	√
	巢湖大城墩		√				√	√	√
江淮东部	天目山						√	√	
	周邶墩	早期	晚期						
	六郎墩	√	√				√		
	万北	√	√			√			
江淮之间地区西部	薛家岗		一段	二段	三段	四段	五段	六段	
	张四墩			√				一期	二期
	跑马墩					一期		二期	
	王家墩							√	
	百林山			√				√	
	巴茅神墩					√		√	√
	岳西鼓墩		√					√	√
	汤家墩					一段		二段	三段
	大神墩							前期	后期
	赵士湾								√
	戴家院						√	√	√

州何郢[1]、来安顿丘、濮家墩；含山清溪中学[2]、半湖董城；巢湖庙集大城墩、槐林神墩；枞阳浮山；霍山赵士湾、戴家院；淮南大孤墩、青风岭、江浦转田村、牛头岗、仪征神墩；怀宁百林山，安庆沈店神墩、祠墩、芭茅神墩、饶家墩、纪龙嘴、黄山、岳西祠堂岗、鼓墩遗址等等，它们的遗存年代见附表一。

由于地域的临近，位置的重要，江淮之间在夏商西周时期均同中原地区的文化存在或多或少的交往，这些交往在文化遗存中的表现比较明显，因此我们有可能通过出土物与中原地区文化遗存的分析对比大致判定出这一地区文化遗存的相对年代。同时江淮地区东部的文化遗存与苏北山东地区的文化接近，而后者的研究成果已经比较丰富，我们也有可能做出较为合理的相对年代的判断。江淮西部文化遗存的可比性虽然不强，但由于处于鄂东南、赣东北等广大长江中下游文化的辐射范围之内，文化遗存难免会有周围文化的烙印，为我们初步判断其年代提供了条件。我们把经过发掘的各遗址进行比较列成表13，此表所列分期基本可代表江淮地区文化遗存的分期。

第二节　夏时期的考古学文化格局

一　文化分期

依据自然地理的分野和文化主体的不同，我们把江淮地区分为江淮东部区、江淮中部区和江淮西部区三个部分（图2）。

1. 江淮东部区

二里头文化时期是中国大陆高海面、高海侵的时期，其最大海侵线曾经一直西达今洪泽湖东岸一带[3]（图24），因此在江淮东部地区剩余的适合人类长期居住的地域并不大。在新石器时代晚期、末期，甚至是夏商时期，这里仅可作为文化的中介地带。目前这块地区发现的相当于二里头文化时期遗存仅有高邮周邶墩、盱眙六郎墩等少数遗址。由于这片地方与岳石文化的分布区域毗邻，而远离二里头文化分布区，基本不见二里头文化或其他文化因素的遗存，因此在文化归属上也应该属于岳石文化。

江淮东部地区岳石文化的遗存目前发现较少，那么其与分布位置偏北的岳石文化苏北类型有何关系。

苏北类型是王迅先生命名的，范围主要包括苏北黄淮地区，遗址有铜山丘湾、灌云大伊山、赣榆下庙墩、青墩寺等，主要是位于今苏北地区的遗址[4]。再早，严文明先生将沂沭河流域内，包括鲁南临沂和苏北区域统一命名为土城类型[5]。随着发掘和研究的深入，近年来发掘的连云港藤花落、梁王城、沭阳万北等遗址都发现了较为丰富的岳石文化遗存，为苏北地区的岳石文化

[1]　宫希成：《安徽滁州市何郢遗址发掘的主要收获》，《北京大学古代文明研究通讯》2002年12月第十五期。
[2]　张敬国：《略论江淮地区夏商周文化分期及族属》，《文物研究（第三期）》，黄山书社，1988年。
[3]　贺云翱：《夏商时代至唐以前江苏海岸线的变迁》，《东南文化》1990年第5期。吴建民：《苏北史前遗址的分布与海岸线变迁》，《东南文化》1990年第5期。
[4]　王迅：《东夷文化与淮夷文化研究》，第40页，北京大学出版社，1994年。
[5]　严文明：《东夷文化的探索》，《文物》1989年第9期。

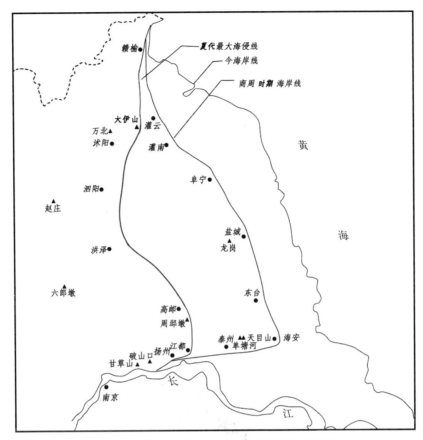

图24　江淮东部地区海岸线变迁示意图

增添了新的内容。同时，在更南的高邮周邶墩和盱眙六郎墩遗址中也发现了较典型的岳石文化遗存。据此，有学者提出原来的土城类型范围更大，南近抵长江北岸，北与尹家城类型为邻。不仅包括了原鲁南的岳石文化遗存，而且后来发现的周邶墩遗址、沭阳万北遗址都应包括在内，因此统一命名为万北类型[1]。

　　但是我们也应该注意到，当初所命名的土城类型或苏北类型主要分布于沂沭河流域，而周邶墩第二类遗存的文化面貌与分布于汶泗河流域的尹家城类型具有较多的共性[2]，但同时也存在明显的不同[3]，因此，我们赞同张敏先生提出的它是作为岳石文化和点将台文化之间的过渡遗存而存在的，暂时仍将其称为周邶墩第二类文化遗存，它应该还包括盱眙六郎墩遗址等。

　　从上文对周邶墩第二类遗存的分期可以看出，它延续的时间可能较长，既有相当于岳石文化尹家城类型早期的遗存，也有岳石文化晚期的遗存。只是由于周邶墩遗址材料的限制，对于其发展阶段和内涵均还不能进行细致的分析。但是，周邶墩遗址作为岳石文化尹家城类型南播的一处重要的中介地的地位不会改变。张敏先生将周邶墩第二类文化遗存的相对时代定为岳石

　　[1]　中国社会科学院考古研究所编著：《中国考古学·夏商卷》，第453页，中国社会科学出版社，2003年。
　　[2]　比如都有少量绳纹装饰，都多尊形器，盒、蘑菇纽或盘形纽器盖等。碗形豆、卷沿折腹盆、大口罐、中口罐、腰和裆部饰附加堆纹的袋足鬲、素面鬲等也都具有相似的特征。
　　[3]　比如周邶墩遗址存在少量的印纹硬陶，主要器形中的鼎式甗、匜、鬶、镂孔无沿弧腹豆均不见于尹家城类型，也不见于其他类型，在点将台文化中较多见。

文化晚期，即公元前 1700 年左右，认为是在商文化东进的过程中岳石文化被迫南迁江淮东部地区而形成的，并且对点将台文化的产生和发展产生了重要影响。既然我们认为周邶墩第二类文化遗存既包含有岳石文化早期的遗存，也包含岳石文化晚期的因素，其开始年代可能比张敏先生推测的要早一些（鲁西地区岳石文化的年代为公元前 1900～前 1600 年），那么对于尹家城类型南播的原因可能就得进行重新地考虑。这一点基于五方面的考虑，一是点将台文化的最终年代还没有确定，其文化因素存在的时空变迁也不清晰，因此，对于其文化重要组成部分的岳石文化因素开始介入点将台文化的时间也不确定，这样我们就不能从点将台文化的发展过程角度上去探讨周邶墩第二类文化遗存的开始时间了。第二，如果周邶墩第二类文化遗存的形成时间真是在商王朝开始东扩战略以后，甚至是先商文化时期，那么，它断不会对点将台文化产生影响，因为点将台文化大约在公元前 1600 年就消亡了。第三，周邶墩第二类文化遗存的文化面貌确实存在有相当于岳石文化早期的因素，但时代也不会太早，因为有不少器物类型都延续自尹家城类型。第四，从周边地区来看，斗鸡台文化早期中已经存在岳石文化因素，甚至在巢湖西岸也发现了与岳石文化有很大共性的塘岗遗存，说明岳石文化到达江淮地区的时间可能并不晚。第五，苏北地区的岳石文化遗址大多未经正式发掘，难以全面了解其特征，对于判断苏北类型和周邶墩第二类遗存之间的关系还存在相当大的困难，对于尹家城类型的南播路线也不清楚。但这些均不影响我们对于二里头文化与江淮东部地区文化关系的判断。可以肯定，江淮东部地区的文化归属应该是岳石文化，基本不见二里头文化的因素，苏北类型中少量的二里头文化因素也可能是通过江淮中部传播过来的。

2．江淮中部区

江淮中部区二里头文化时期的文化遗存，都有着共同的文化特征，那就是：陶器多夹砂黑灰陶和夹砂褐陶。素面陶较多，篮纹、绳纹、方格纹、附加堆纹较常见。都包含有河南龙山文化—二里头文化因素、当地文化因素、山东龙山文化—岳石文化因素。常见陶器器类有平沿罐、短沿粗陶缸、侧扁足和锥足盆形鼎、单把鼎、细柄浅盘豆、鸡冠耳盆、子母口鼓腹罐等。鼎为主要炊器。石器中石锛常见。根据约定俗成的观点，我们称其为斗鸡台文化。

本区能够看出演变轨迹的陶器主要有盆、觚形杯、侧扁足鼎、细柄豆、平沿罐、深腹罐、短沿粗陶缸、尊形器等。根据斗鸡台、青莲寺、大城墩、吴大墩等遗址的地层关系，可将斗鸡台文化综合分为四期（图 25）。

第一期以斗鸡台遗址 T1 ⑦～⑨层和 T2 ⑦、⑧层以及青莲寺 T2 ⑦层，西古城第一段和城都遗址为代表。陶器中多夹砂黑灰陶，纹饰以篮纹为主，次为素面，绳纹较少。有大方格纹、弦纹等。器类中鼎、罐、盆较多。罐形鼎垂腹侈口，鼎足矮短。平沿罐沿面有棱、槽，沿面较平齐，体型肥硕，凹底。深腹罐侈口，沿面上扬不高，垂腹，凹底。鸡冠耳盆、甑作侈口。折腹盆宽斜沿，折腹不明显。细柄豆柄中部较细。矮足罐形鼎、红陶鬶、鬼脸形鼎足、鸟首形鼎足仅见于本期。

据本期的深腹罐、矮足罐形鼎、鸡冠耳盆、侈口夹砂罐、红陶鬶等器物形态，结合纹饰、器类的特征判断，本期年代应相当于河南龙山文化和山东龙山文化晚期，并可能一直延续到二里头文化第一期时。相对于山东龙山文化来说，与河南龙山文化的关系更为密切些（图 26）。

第二期以斗鸡台 T1、T2 ⑤、⑥层和淮南市獐墩遗址等为代表。陶器中夹砂黑灰陶减少，夹

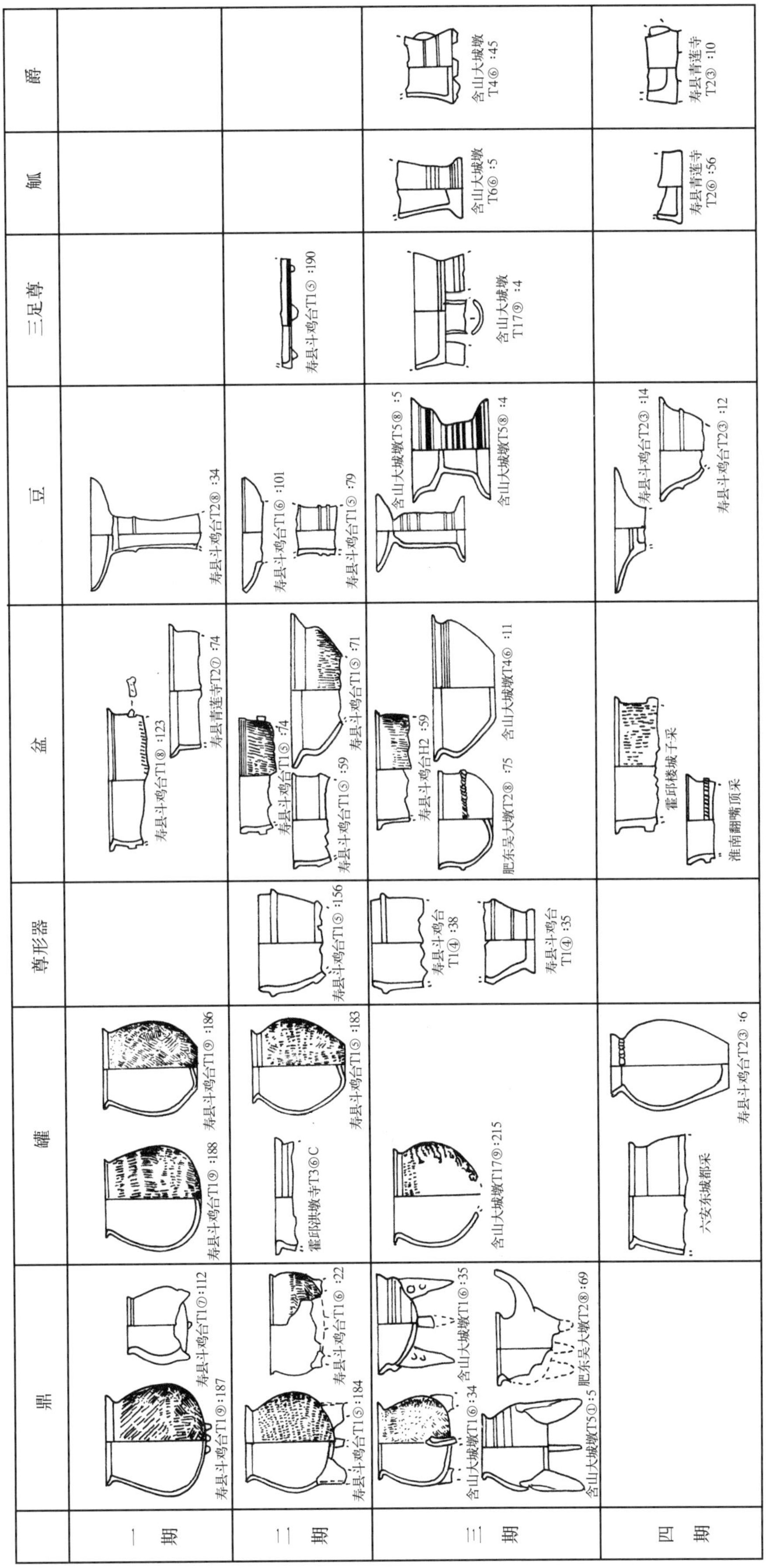

图25　斗鸡台文化分期图

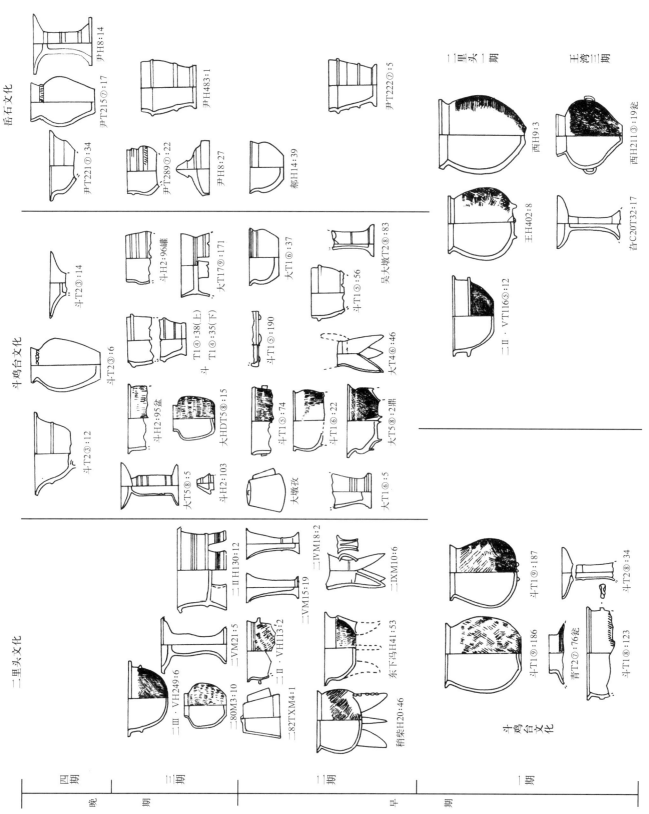

图26　斗鸡台文化与河南龙山文化、二里头文化和岳石文化器物对比图

（据段天璟《二里头文化时期的中国》321页图八一改制，社会科学文献出版社，2014年）

砂褐陶增加。纹饰以素面为主，篮纹锐减，绳纹略增。仍有大方格纹、弦纹，新出现花边装饰。器形中鼎、罐、盆仍较多。花边罐、短领尊、锥足绳纹鬲、子母口鼓腹罐、三足盘等器类出现。其中短领尊形器直口、弧壁，子母口鼓腹罐有明显颈部。本期罐形鼎鼎足以侧扁梯形的为主，出现盆形鼎，侈口微鼓腹。平沿罐沿面棱、槽不分明，平沿微斜上。深腹罐沿面斜上，最大腹径在中部。鸡冠耳盆、甗为敞口、厚唇。折腹盆宽斜沿，折腹明显，腹部内收较甚。新出现深腹盆，腹中部饰凸棱。细柄豆上端略细。甗腰部饰按窝，其余部位素面。三足盘环状足较矮。

值得注意的是属于本期的斗鸡台 T1 ⑤层层面还发现了一块长方体青石，附近放置大量卜骨和牛、羊、鹿骨角，表明当时当地有着进行宗教活动的一定场所和方式。卜骨皆只灼不钻。

从罐、盆、豆可以看出本期和第一期有明显的文化继承关系，但从鼎和鬲来看，也发生了不小的变异。本期的花边罐、鸡冠耳盆、甗等器都与二里头文化二期的同类器物相似，有明显领部的子母口罐（或尊形器）与岳石文化第一期者相似，凡此均说明本期年代应与二里头文化二期大体相当（图26）。

第三期以斗鸡台遗址 T1、T2 ④层和 H2，大城墩 T1、T4 ⑥层、T5 ⑧层和 T17 ⑨层、T18 ⑰层，以及肥东古城吴大墩 T2 ⑧层、肥西大墩子、巢湖庙集大城墩、半湖董城、含山清溪中学和江浦牛头岗遗址的二里头文化时期的遗存为代表。陶器中夹砂褐陶最多，夹砂黑灰陶略少。纹饰中仍以素面为主，绳纹较多，篮纹略少，出现了模糊不清的小方格纹、箍状堆纹、拍印云雷纹、菱形纹等。器类中除鼎、夹砂罐之外，盆、豆、甗也较多。宽肩瓮、附加堆纹及绳纹甗、斜十字划纹缸、瓢形杯、爵为新出现的器类。盆形鼎和罐形鼎继续存在，足由梯形逐渐演化为不规则三角形和翅形，鼎足多变厚。盆形鼎折腹，新出现锥状足带把罐形鼎。平沿罐沿面继续上扬，体仍较肥，最大腹径上移。尊形器微敛口，折壁。鸡冠耳盆沿近平，腹较直。折腹盆折腹更加明显。深腹盆中腹凸棱变成附加堆绳纹。短沿粗陶缸饰一周附加堆纹，斜直壁。有颈罐颈部较长。细柄豆上端急收，甚细。粗柄折腹豆体较矮胖，折腹较甚。三足盘瓦足变高，盘腹变深。

本期的宽肩瓮、盆形鼎等陶器与二里头文化三期同类器物形态相类。而肥西大墩子出土的铜铃[1]，与二里头二期晚段的同类器物形态相同，吴大墩和大城墩出土的细体甗、瘦长袋足的盉也均同于二里头文化二期晚段的同类器（图26），说明本期的年代处于二里头文化二期晚段到三期。此期江淮中部的斗鸡台文化分布东西贯通，西到肥西、六安，东抵滁河下游与长江的交汇处（图27），此期的岳石文化因素较弱。

第四期包括斗鸡台 T1、T2 ③层和青莲寺 T2 第⑥层以及霍丘县马家堌堆、楼城子、巢湖庙集大城墩、半湖董城等遗址。可以看出，本期含山大城墩遗址的二里头时期的文化遗存不再继续，仅在周边的遗址中发现少量斗鸡台文化的延续，可能说明斗鸡台文化经过上期的极大繁荣后已逐渐走向衰弱，发展的重心转向西部。本期陶器以夹砂褐陶为主，夹砂黑灰陶较少。纹饰以绳纹为主，素面次之，篮纹很少，出现了一些戳刺纹。器类中鼎足较厚，锥状足较高。平沿罐口沿外侧甚平，内侧微凹，体较瘦。深腹罐体瘦长，斜沿上扬较高，颈部饰堆纹装饰。尊形器领

[1]　安徽省博物馆：《遵循毛主席的指示，做好文物博物馆工作》，《文物》1978年第8期。胡悦谦：《试探肥西县大墩子商文化》，《安徽省考古学会成立会议会刊》，1979年。杨德标、杨立新：《安徽江淮地区的商周文化》，《中国考古学会第四次年会论文集》，文物出版社，1985年。

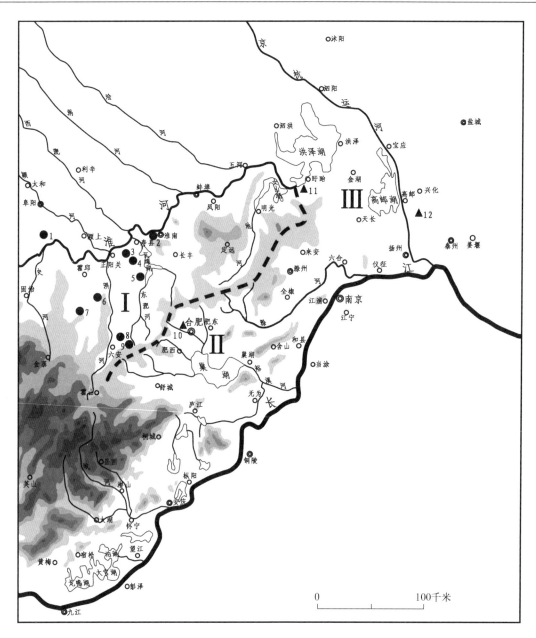

图27 江淮之间地区夏代早期遗存分布及分区图

1~9.阜南贺胜台、淮南獐墩、寿县斗鸡台、虸蜡庙、青莲寺、霍邱楼城子、红墩寺、六安西古城、城都遗址　10.肥西塘岗遗址　11、
12.盱眙六郎墩、高邮周邶墩遗址

部较高，敛口，短沿粗陶缸斜壁外倾，饰多周附加堆纹。鸡冠耳盆为平沿。深腹盆敞口，侈沿，
腹部堆纹装饰宽厚。出现饰凸棱的碗形豆。鬲足为圆锥形瘦长实足，足下端较尖，袋足较小较浅，
分档。口沿作卷沿小方唇，胎较薄，腹饰细绳纹。缸一种为大口、圆唇、深腹，小平底，矮圈足；
另一种为敞口、腹饰附加堆纹。本期还有少量花底器、平底爵等。

    根据浅盘豆、颈部饰附加堆纹的深腹罐、深腹盆、碗形豆、尊等的形制，均与岳石文化晚
期的同类器物相似[1]，鬲足的形制接近二里头文化第四期的同类器（图26）。因此，本期的年代

[1] 山东大学历史系考古教研室：《泗水尹家城》，文物出版社，1990年。

大约相当于二里头文化第四期。本期岳石文化的影响经过前期的衰弱后有所加强。

需要指出的是，岳石文化除了对斗鸡台文化的发展过程施加影响之外，本身也创立了独立的文化遗存，在江淮分水岭南侧的肥西塘岗遗址就可以见到较早期的岳石文化典型遗存，这类遗存不同于斗鸡台文化，也不同于本地的新石器时代晚期文化，姑且我们可以称之为塘岗遗存，从斗鸡台文化的第二期中就可以见到岳石文化的因素和塘岗遗存中有相当于岳石文化第一期的器物来看，岳石文化之初就已经开始与江淮地区建立了较密切的联系。塘岗遗存主要分布在巢湖周边地区，时代大约相当于二里头文化一期到二期的早段，自二里头文化二期晚段开始随着二里头文化因素的强势介入，即宣告消亡。

本区的文化主要包括三种文化因素，即来自中原地区的河南龙山文化—二里头文化因素，来自山东、苏北的山东龙山文化—岳石文化因素和当地文化因素。

当地文化因素主要有侧装扁足的盆形鼎、罐形鼎、深腹罐、平沿罐、细柄豆、短沿粗陶缸、附加堆纹深腹盆等。以深腹罐为主要炊器虽然也是二里头文化的主要特征，但折沿、鼓腹、凹圜底的作风与二里头文化明显不同，表明它们的文化系统有所不同。细柄豆盘部仍沿袭龙山时代无沿、弧腹、浅盘的特点，与二里头文化、岳石文化及先商文化都有明显的区别。短沿粗陶缸敞口、斜直壁，唇外加贴边形成短沿、方唇，与其他文化的缸类器物形态均有别。这些当地文化因素有的数量较多，有的数量虽然不多，但分布比较普遍。其中有些器类如深腹罐、平沿罐、大口折壁盆等可在当地更早的文化中找到渊源。平沿罐和短沿粗陶缸的数量既较多，存续时间又很长，在本地区商时期文化遗存中仍有发现，可以作为当地文化传统的代表。

陶器中的矮足罐形鼎、侈口夹砂罐、饰鸡冠耳的深腹盆和甗、圆腹罐（有的带有花边）、箍状堆纹鼎、锥状足绳纹鬲、觚形杯、宽肩小口瓮、箍状堆纹缸等以及铜铃，在斗鸡台文化中发现较少，这些器形均与河南龙山文化—二里头文化系统的同类器物类同，并且多见于斗鸡台文化西部地区，显然它们之间存在着密切的关系。斗鸡台文化与二里头文化的密切联系还表现在以下几个方面。

这两种文化的陶器纹饰都是篮纹、绳纹和方格纹并存，而且这三种纹饰都占一定的比例。器类中都有大量的鼎和夹砂罐，显然都是以这两种陶器为主要炊器的。鬲都很少见。两种文化的卜骨都只灼不钻。

以上情况表明，斗鸡台文化中确实存在着一定数量的河南龙山文化因素和二里头文化因素。并且，由于中原地区和安徽江淮地区某些相似文化因素出现或消失的顺序大体一致（如侈口夹砂罐出现较早，鬲出现稍晚，铜铃出现稍晚，矮足罐形鼎消失较早，早期陶器饰篮纹和方格纹的较多，晚期陶器饰绳纹的较多等），所以两地文化发展的进程也是相近的。在生活方式、审美情趣、占卜方式等方面，斗鸡台文化的使用者和河南龙山文化以至二里头文化的使用者都存在一致性，这种一致性在二里头文化时期达到最高，因此很有可能代表了一种文化传统不同基础上的文化附属和政治联盟关系。

另外，斗鸡台文化中也存在着山东龙山文化的影响因素。一期遗存中，有少量红陶鬶片、细密弦纹豆柄、鬼脸形鼎足、鸟首形鼎足等，均与山东龙山文化的某些典型陶器的局部相似。

在斗鸡台文化二期以后的遗存中，出现了较多的岳石文化因素，包括陶器和石器。陶器有尊形器、子母口鼓腹罐、舌状足三足罐、内壁饰凸棱的盘形豆、颈部饰堆纹的深腹罐、腹部饰凸棱的碗形豆、裆部和腰部饰附加堆纹的鬶等。石器有半月形双孔石刀。这些器物一般数量不甚多。形态特征与岳石文化的同类器物基本相同，有的器类的演变途径也与岳石文化的相似。但岳石文化因素同二里头文化因素是互为增减的，在三期二里头文化因素最强盛时期，岳石文化因素相对很少。四期时又有所增加。

斗鸡台文化中还有一定数量的印纹陶，其纹样有云雷纹、菱形纹、三角纹、同心圆圈纹、横人字纹等。这些纹样图案相当精美，而且有其自身特点，应是自南方引入之后，又经过了自身的发展。吴大墩遗址出土有单把鼎，在斗鸡台遗址中也出有羊角形单把，这种单把在点将台文化和湖熟文化中是比较常见的。斗鸡台文化中的锥足鼎、平沿罐等，则对宁镇地区以江宁点将台下层为代表的文化遗存和湖熟文化早期遗存产生了直接或间接影响[1]。

在以上各种文化因素中，当地文化因素所占比例较大，在此地形成了一套独具特色的器物群，并且占有优势地位，是斗鸡台文化的主要成分。二里头文化因素和岳石文化因素也占一定的分量，河南龙山文化和山东龙山文化因素很少，而且仅见于斗鸡台文化一期。因此，总体上看，江淮地区中部的文化在二里头文化时期主要是斗鸡台文化的分布区[2]。

虽然斗鸡台文化中以当地的文化因素为主，但这种当地文化因素是在中原龙山文化和二里头文化以及岳石文化的影响下产生的，并且即便是本地的文化因素也深深地打上了它们的烙印，大多数是对它们的文化因素的改进。与二里头文化器物同形制、同进化过程，甚至在审美情趣、生活方式和宗教占卜方式都具有同一性。但同时，含有的占有相当分量的岳石文化因素又说明了其文化的非单一接受性，说明了不能把本地的文化单纯的归属于以上的某一个文化类型，而仅能将其作为一个单独存在的又与以上文化都具有密切关系的地方文化。

3. 江淮西部区

江淮西部区相当于二里头文化时期的遗存以薛家岗遗址的某些遗迹和地层中的某些遗物为主，另外也包括周边几处经过调查的遗址。

这些遗迹和遗物包括：第六次发掘的 T48 中的 K2 出土的一件泥质红胎灰黄陶簋。H30 出土的侧装扁平根饰按窝的鼎足。H30 和 H35 中包含的锥状根饰按窝的鼎足。H25、H37 和 T35 ③层出土的斝，H25、H35 和 T7 ②层出土的绳纹凹底或平底罐、高柄豆等。绳纹深腹罐一般为敞口、束颈、深腹、腹部略鼓，底大多数为凹底，也有少数为平底，颈以下饰竖向中绳纹或交错绳纹。斝均较高，口部有两个立柱，有些口部还略微捏出流状，器体中部一侧有一宽鋬，下有 3 个圆锥状空心足。爵腹部较直，中间稍内收，平底，三个锥状足。一种陶豆为浅盘、高柄，柄上部稍鼓凸（图 19）。

通过与周边同时期遗存的对比，这里的高柄豆（图 19，8）与盘龙城 PWZT83 ⑦：3 豆相似[3]，与二里头二号宫殿遗址出土的二期陶豆 T1 ⑥：1、H4：1 等相似[4]；鼎（图 19，17）与

---

[1]　宁镇地区江宁点将台下层出有与斗鸡台文化锥足鼎相似的鼎片。句容城头山②A层出有平沿罐，见镇江市博物馆：《江苏句容城头山遗址试掘简报》，《考古》1985年第4期。

[2]　关于斗鸡台文化的分析参考了王迅：《东夷文化与淮夷文化研究》，第48～57页，北京大学出版社，1994年。

[3]　湖北省文物考古研究所编：《盘龙城——1963～1994年考古发掘报告》，第483页，文物出版社，2001年。

[4]　中国社会科学院考古研究所洛阳发掘队：《河南偃师二里头遗址发掘简报》，《考古》1965年第5期。

盘龙城 PWZT20 ⑨∶2 鼎近似 [1]，也与黄梅意生寺遗址相当于二里头文化晚期的同类器（图103，T7 ⑥∶5）几乎完全相同；爵（图 19，7）与二里头二、三期陶爵形似 [2]；斝（图 19，1）与盘龙城 PWZT25 ⑧∶15 斝特点相似 [3]；深腹罐（图 19，11）与盘龙城 79HP3TZ33 ⑨ B∶1 罐相似 [4]，与二里头文化晚期的Ⅷ T10 ⑦∶21 圆腹罐特征相似 [5]；斜直腹罐（图 19，15）与盘龙城79HP3TZ33 ⑨ A∶1 罐相似 [6]。以上盘龙城出土的器物均为盘龙城遗址第一和第三期时，相当于二里头文化二期之末～早商第一期（图 28），它们共同存在于同一个遗迹中，之间的界线无法区分 [7]，当是早商阶段继续延续了二里头文化时期的发展方向，主体文化特征没有改变而形成的现象。这与盘龙城遗址中早商时期的文化和二里头文化时期的文化分界明显的情况截然不同，当是存在有不同的历史背景。

薛家岗遗存除了与中原二里头文化和盘龙城早商遗存的相似特征外，也具有长江中下游地区同时代的文化特点，比如间断绳纹的使用，鼎式鬲的流行，三柱状足浅盘小鼎（盘）等 [8]。

因此，薛家岗遗址的夏时期遗存既有较多中原地区的文化因素，也有大量长江中下游地区的文化因素，同时还有部分具有小区域特点的文化因素，体现了南北交融的文化特点，总体上看，属于长江中下游地区为主的南方文化系统的因素占有较大的比例，尤其是鼎式鬲这种器形是湖北黄陂盘龙城遗址同时期文化中的典型器物，并且在其后的鄂东南地区广泛流行，成为当地夏商周时期标型器物，在江淮地区西部其后的遗址中也有极大发展，因此，我们可以说皖西南地区同鄂东南地区在二里头文化时期基本上是属于一个文化区。这个文化区有独具特色的器物群，有共同的二里头文化的影响为基础，与本地的土著文化系统都存在较大的缺环，可以看作是同一个文化区，由于两地目前可见的材料均较少，我们还不便以一个文化命名，暂时将皖西南地区的称为薛家岗遗存，将鄂东南的称为盘龙城遗存。

根据以上情况，薛家岗遗存的年代大约相当于二里头文化二期之末至早商一期，结合对当地商时期文化的分析，可能一直继续到早商一期之末。而盘龙城遗存的时代为二里头文化中晚期。

二　文化分区

受材料的限制，江淮东部区和西部区二里头文化时期的文化还不能进行细致的分区，江淮中部地区的文化面貌较丰富，发掘的遗址也比较典型，有利于我们考察二里头文化在此地发展的进程。

从江淮中部斗鸡台文化的总体面貌上可以把其分成两个小区，即西部沿淮区和东部沿江区，两者的分界并不明显，大致以江淮分水岭为界，西部属于淮河流域区，东部属于长江流域区，

[1] 湖北省文物考古研究所编：《盘龙城——1963～1994年考古发掘报告》，第83页，文物出版社，2001年。
[2] 中国社会科学院考古研究所二里头工作队：《1982年秋偃师二里头遗址九区发掘简报》，《考古》1985年第12期。
[3] 湖北省文物考古研究所编：《盘龙城——1963～1994年考古发掘报告》，第92页，文物出版社，2001年。
[4] 湖北省文物考古研究所编：《盘龙城——1963～1994年考古发掘报告》，第23页，文物出版社，2001年。
[5] 中国社会科学院考古研究所二里头工作队：《河南偃师二里头遗址三、八区发掘简报》，《考古》1975年第5期。
[6] 湖北省文物考古研究所编：《盘龙城——1963～1994年考古发掘报告》，第23页，文物出版社，2001年。
[7] 安徽省文物考古研究所：《潜山薛家岗》，第517～523页，文物出版社，2004年。
[8] 鼎式鬲底部较宽而平、圆锥状足，部分足与身结合处的内表面略凹等。此类器物在鄂东、鄂东南以及赣北一带都有较多的发现，延续时间也较长；三足盘在赣东北的万年文化中有发现。

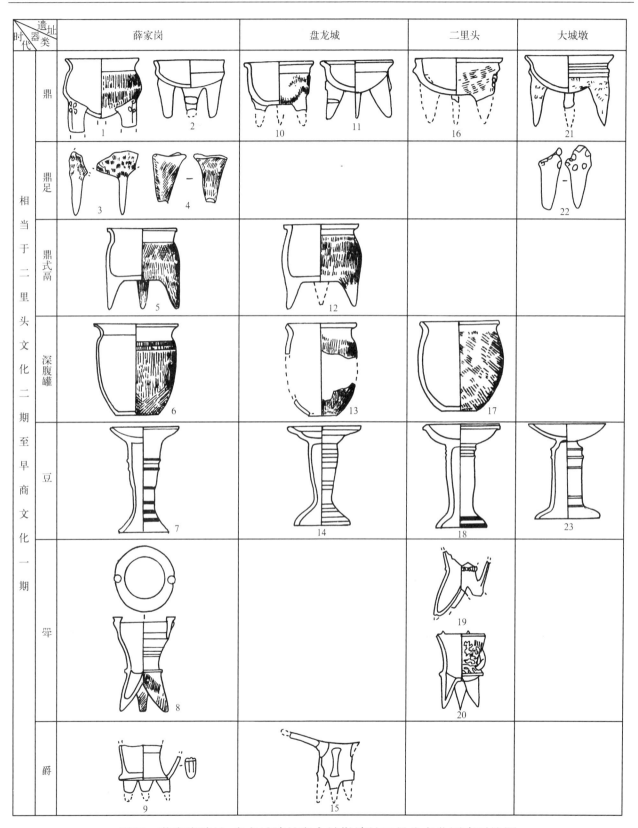

图28　薛家岗遗址、盘龙城遗址和大城墩遗址二里头文化因素对比图

1.H30：34　2.采4　3.H30：62　4.H35：31　5.H25：111　6.H25：101　7.H25：93　8.H25：9-1　9.H25：100　10.79HP3TZ33⑨a：7　11.PWZT31⑧：1　12.PWZT32⑧：21　13.79HP3TZ33⑨a：1　14.PWZT83⑦：3　15.PWZT84⑦：3　16.ⅢT14④：2　17.ⅠXT10⑦：1　18.81YLVM5：3　19.ⅤT13c⑤：2　20.二里头遗址采集　21.T1⑥：35　22.T17⑨：173　23.T5⑧：5

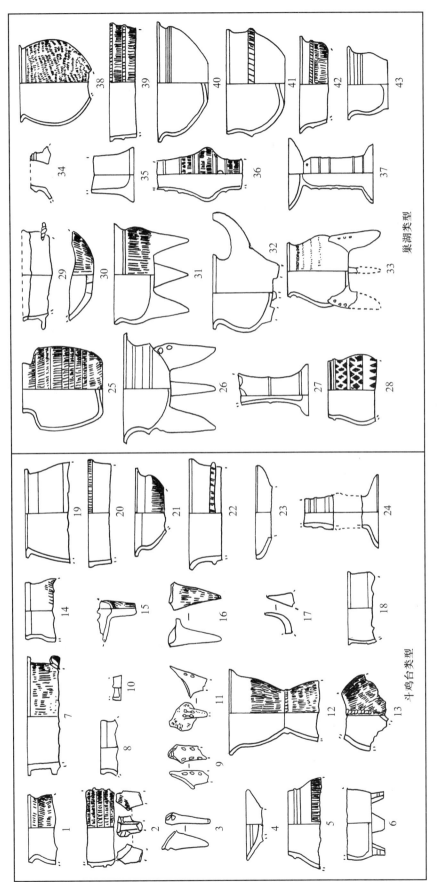

图29　斗鸡台文化诸类型器物图

1,3,8,9,11～15,17,18,21,23.寿县斗鸡台T1⑤:57,53,T1④:40,33,T1⑤:47,T1⑨,T1⑤:70,71,T1⑥:101　2.霍邱小埔堆　4,6.霍邱红墩寺 T1⑧,T33③C　5.淮南孙庙　7.霍邱楼城子　10,20.寿县青莲寺T2⑥:56,T2⑦:80　16.寿县孙⑷蜡庙顶　19.六安东城郜　22.淮南翻嘴顶　24.寿县钓鱼墩,小古城采　25,26,28～31, 33,34,36～40,42,43.含山大城墩T58⑪:15,T18⑰:216,T17⑥:226,T17⑨,T58⑨:3,1,T17⑨,T58⑧:5,T17⑨,T58⑨:2,T58⑧:5,T17⑨,T46⑥:11,T17⑨,T4⑥:201　27,32,35, 41.吴大墩T2⑧:83,69,84,75　(据王迅《东夷文化与淮夷文化研究》第66页图十六改制,北京大学出版社,1994年)

西部小区以斗鸡台遗址为代表，命名为斗鸡台类型，东部小区命名为巢湖类型。两个小区内的文化具有较大的共性，但两个小区文化发生、发展的进程并不相同，导致它们之间文化内涵也有所区别。如总体上看，虽然两个区域均以夹砂灰黑陶和夹砂褐陶为主，但巢湖地区有较多的夹砂红陶。中原二里头文化因素所占的比例也不相同，越往南与二里头文化因素的差别越大。在巢湖类型出现以前，巢湖地区还存在着较典型的岳石文化遗存[1]。另外，斗鸡台文化中的印纹陶因素大多都出自巢湖类型，斗鸡台类型流行的侧扁三角形鼎足和大口罐等在巢湖类型中基本不见，而巢湖类型流行的扁锥状鼎足和深腹平底鼎、觚形杯、釜等在斗鸡台类型中也基本未见[2]。相对于不同因素来讲，相同因素是主要的，比如都常见平沿罐、短沿粗陶缸、盆形鼎、单把鼎、三足盘、爵、觚等，且具有连续的演化过程。都以鼎为主要炊器，都具有二里头文化典型的鸡冠耳盆、岳石文化典型的子母口鼓腹罐等。纹饰上都以素面为主，常见篮纹、绳纹、方格纹和箍状堆纹等（图29）。

与以往不同的是，我们认为巢湖类型是斗鸡台类型的派生类型，是二里头文化在与岳石文化斗争的过程中，势力逐渐东扩而形成的。相当于二里头文化二期的时期，巢湖类型分布的区域内应该是岳石文化的分布区（见下文）。

江淮东部地区是属于岳石文化的周邺墩第二类文化遗存的分布范围，基本不见二里头文化因素的存在。

江淮西部地区是薛家岗遗存的分布范围，它同样也受到二里头文化的影响，但与斗鸡台文化中的二里头文化因素有较大的差异，当与斗鸡台文化中的二里头文化因素有不同的来源。文化内涵中更多的是接受了鄂东南地区盘龙城遗存的因素，可能是二里头文化经鄂东南地区才传入这里的。当是不同于斗鸡台文化和二里头文化的地方遗存。

三　时空变迁及与夏文化的互动

1. 龙山文化时期

由于三个小区内二里头文化时期的文化遗存与龙山时代的文化都有或多或少的联系，对于龙山时代文化的归纳也有益于我们更加全面的认识文化的动态演化过程，因此本节中我们加入对龙山时代文化的介绍。

江淮东部龙山时代的文化大致可归属三个文化传统。一是山东龙山文化，二是良渚文化，三是来源于河南龙山文化王油坊类型的南荡遗存，它们在江淮东部地区的扩展主要是在新石器时代晚期，因为在距今5500年前后的全新世最高海面以后的1000年中，这里不适合人类生存，是文化中断的时期。直到距今4500年以后，才开始逐渐有人涉足，但亦是作为文化走廊，延续时间都不长。

徐淮地区龙山文化时期的资料还比较缺乏。这里受到海侵的影响较南部为小，因此文化存在的时间也较长。从零星出土的器物看，丘湾出土的鸟首形鼎足，高皇庙出土的直筒杯、黑陶

[1]　安徽省文物考古研究所：《安徽肥西塘岗遗址发掘》，《东南文化》2007年第1期。

[2]　宫希成：《夏商时期安徽江淮地区的考古学文化》，《东南文化》1991年第2期。

带把罐、豆及"鬼脸式"鼎足，赵庄遗址出土的罐和盆，都属典型龙山文化中、晚期的遗物[1]。淮河下游三角洲地区龙山文化时期的遗存以连云港市朝阳遗址的 H1 为代表[2]，另外，连云港的藤花落、沭阳的臧墩、铁家岭[3]、赣榆的苏青墩、青庙墩、刘庄[4]皆发现有同类遗存，陶系中灰陶比例较大，黑陶稀少，夹砂红陶占有相当的比例。陶器以轮制为主，器形规整。陶器纹饰有篮纹、弦纹、绳纹、方格纹等。器形主要有盆形鼎、罐形鼎、折沿沿面内凹的侈口罐、白陶鬶、敞口斜腹盆、双腹盆、高柄豆、筒形杯、罐形杯等。鼎类器中鼎足以鸟嘴形常见，鬶的造型颈腹浑然一体，盆由平底、三足两种，豆的把上常见凸棱。本区这一时期的遗物特点与山东汶河、泗河流域的尹家城类型龙山文化内涵一致[5]。从目前情况看，以上两个区域都应该属于山东龙山文化的分布区域。

良渚文化传统的典型遗存以阜宁陆庄[6]、兴化蒋庄[7]、东台开庄[8]和海安青墩[9]遗址为代表，还包括阜宁胡庄、停翅港、东圆，宝应水泗[10]等遗址。陶器以夹砂红陶为主，还有泥质黑陶和灰陶、夹砂黄白陶。器形主要有鼎、鬶、盉、缸、盆、盘、豆等。遗存类别不仅包括高等级的墓葬，出土有与良渚文化核心区域一致的玉器和陶器等器物，也包括一般聚落。其中各类鼎足形态各异，具有鲜明的地方特点，发掘者认为这类遗存可能属于良渚文化的一个地方类型，是北上的良渚文化与本地文化因素融合后的产物。很明显，这类遗址主要沿海岸线的高地分布，与北方的大汶口文化建立起联系。

河南龙山文化传统的典型遗存在此地的出现较晚，以兴化南荡遗址[11]、高邮周邶墩遗址第一类文化遗存[12]和龙虬庄[13]以及唐王墩等遗址为代表，主要分布在古邗沟以东的地区。陶器主要为夹砂灰陶和泥质灰陶，泥质黑陶亦占一定比例。器形主要有鼎、甗、鬶、罐、杯、壶、豆、三足盘、盆、器盖等。纹饰主要有绳纹、篮纹、方格纹、羽状纹、梯格纹。鼎皆为罐形，多为三角形侧扁足，饰绳纹；甗上部为深腹盆形，下部为三个筒形大袋足，有实足尖；鬶前有流，后有把，下为三个大袋足加实足尖；豆多浅盘，高圈足；盆深腹，圜底，中部内凹，常饰篮纹；罐作高领、圆肩、圜底内凹，常饰篮纹或绳纹，并多有箍状附加堆纹；三足盘为浅盘加三个扁环环足。研究者将此类文化遗存称为"南荡遗存"，认为它是河南龙山文化王油坊类型的人群在豫东南地区与华夏集团的斗争失败后向南迁徙的落脚点，这些人群以后继续向南，并参与了点将台文化的创立[14]和

[1] 见邹厚本主编：《江苏考古五十年》，第68页，南京出版社，2000年。

[2] 南京博物院发掘资料。

[3] 江苏沭阳考古队：《淮阴沭阳县考古调查》，《东南文化》1988年第1期。

[4] 南京博物院：《江苏邳海地区考古调查》，《考古》1964年第1期。

[5] 见邹厚本主编：《江苏考古五十年》，第71页，南京出版社，2000年。

[6] 南京博物院考古研究所、盐城市文管会、盐城市博物馆：《江苏阜宁陆庄遗址》，《东方文明之光——良渚文化发现60周年纪念文集》，海南国际新闻出版中心出版，1996年。

[7] 南京博物院：《江苏兴化、东台市蒋庄遗址良渚文化遗存》，《考古》2016年第7期。

[8] 盐城市博物馆、东台市博物馆：《江苏东台市开庄新石器时代遗址》，《考古》2005年第4期。

[9] 南京博物院：《江苏海安青墩遗址》，《考古学报》1983年第2期。

[10] 南京博物院：《江苏射阳湖周围考古调查》，《考古》1964年第1期。

[11] 南京博物院考古研究所等：《江苏兴化戴家舍南荡遗址》，《文物》1995年第4期。

[12] 南京博物院考古研究所等：《江苏高邮周邶墩遗址发掘报告》，《考古学报》1997年第4期。

[13] 龙虬庄遗址考古队：《龙虬庄——江淮东部新石器时代遗址发掘报告》，第四章第五节"南荡文化遗存"，科学出版社，1999年。

[14] 张敏、韩明芳：《江淮东部地区古文化的初步认识》，《中国考古学会第九次年会论文集》，文物出版社，1997年。张敏：《宁镇地区青铜文化研究》，高崇文、安田喜宪主编：《长江流域青铜文化研究》，科学出版社，2002年。

太湖周边青铜时代文化的建设[1]。

江淮中部龙山时代的文化面貌较为复杂，文化面貌也不甚清晰。主要以寿县斗鸡台、青莲寺、含山董城遗址，以及大城墩遗址二期文化、肥西古埂遗址上层等为代表，出土陶器以罐形鼎、豆、深腹罐、平底碗、黑陶杯等最为常见；鼎足以侧扁足为主，亦有丁字形和鱼鳍形足；中晚期流行绳纹、方格纹装饰。从总体文化面貌上看，既有矮足鼎、单把三足杯、平折沿罐或鼎等自身的特点，又含有河南龙山文化王油坊类型、山东龙山文化以及良渚文化的因素。这一时期文化，虽然受到河南、山东以及江南较多文化的影响，但仍保持着自身个性。与河南和山东以及江南文化的交流和影响，充分体现了龙山时代江淮之间作为文化传播的中间地带的重要性。这一地区龙山时代末期开始，斗鸡台文化斗鸡台类型开始形成。龙山时代以至斗鸡台文化第一期时，本地的文化受到来自于河南和山东的龙山文化的影响，相比来说，与河南龙山文化的关系更为密切。

江淮西部地区的地理位置较为独特，从南北向看，这里处于自淮河中游南下进入长江中游和赣江下游的交通走廊的位置；从东西向看，是长江中游、下游之间交通的咽喉要道。若以长江为纽带来观察，则以皖西南和江西九江地区为中心可将整个长江中游、下游和淮河、赣江流域紧密联系起来，形成了东西方向上可沟通江汉平原与宁镇丘陵、太湖平原，南北方向上可沟通黄淮平原与赣北盆地乃至广大的华南地区的一个十字轴心[2]。处于以环太湖为中心的东南部、以鄱阳湖—珠江三角洲一线为中轴的南方、以环洞庭湖为中心的西部、以山东为中心的东方这样四个大的文化区系的中间地带。因此，它的文化自新石器时代中期开始就与周边文化建立了较为广泛的联系。到了龙山时代的张四墩类型时期[3]，文化分布范围更大，遗存更多，对外的交流也更为广泛。张四墩类型的产生与整个淮河中下游和长江中下游之间的大规模文化交流或冲突的背景有关，它是在薛家岗文化晚期受到淮河中游大汶口文化的较大冲击后，出现了衰变和变异，其后受西部石家河文化的较大影响和东部良渚文化的影响而形成的。

2. 二里头文化早期

这里我们以斗鸡台文化的发展进程为基础论述江淮地区文化的时空变迁。

斗鸡台文化第一期，即相当于龙山时代末期到二里头文化第一期。

从目前材料来看，江淮地区这个时期的遗存仅发现于江淮中部的偏西部地区，也就是斗鸡台文化斗鸡台类型分布的区域。如上所述，这一时期的文化表现出较强烈脱胎于土著文化和受到河南龙山文化以至二里头文化影响的面貌。斗鸡台文化应该主要是在河南龙山文化的影响之下，建立在本地文化传统之上的文化遗存，从它的建立之初，就决定了它与二里头文化之间有着千丝万缕的联系。二里头文化中的良渚文化因素就是经由江淮地区传播至中原腹地的。夏部族很可能在龙山文化晚期时就已经与江淮之间建立了"盟友"关系，由此，我们认为传说材料中所谓的"禹娶涂山"实不为虚说。

斗鸡台文化第二期，即相当于二里头文化第二期和岳石文化第一、二期。

[1]　赵东升：《虞舜南巡狩和太湖东南部平原》，《南方文物》2007年第4期。

[2]　朔知：《皖江区域考古的意义》，《文物研究（第十四辑）》，黄山书社，2005年。

[3]　朔知：《皖西南新石器时代文化的变迁》，《南方文物》2006年第2期。

相对于第一期来说，江淮地区文化首先在分布的范围上有所扩大，这种文化范围的扩大并不是仅仅表现为斗鸡台文化的分布范围，而是比较单纯的岳石文化遗存在江淮地区的出现，它以肥西塘岗遗址为代表，文化面貌也与尹家城类型岳石文化相似，与周邨墩第二类文化遗存情况相同，大致是与周邨墩第二类文化遗存同时出现的。这个时期，江淮地区的文化呈现出中原文化和东夷文化东西对峙的局面。其对峙的区域大致就在巢湖西部地区。其次是表现在斗鸡台文化与二里头文化的关系更为密切，并且文化内涵中也增加了不少岳石文化的因素。反映出斗鸡台文化在中原文化和东夷文化的对峙过程中所表现的交融，相比于岳石文化的影响来说，二里头文化不论在陶器形态，还是在意识形态，宗教信仰方面都给予了斗鸡台文化强大的影响。

岳石文化和二里头文化在江淮中部地区分布的格局说明，作为两支不同性质、不同族属的文化，都对这一地区投入了较多的关注，它们既共同对斗鸡台文化施加影响，同时，也寻求在更大程度和范围上的发展，二里头文化牢牢控制了对沿淮地区斗鸡台类型的主导权，而岳石文化要想取得更大的发展，只能继续向南和向东。大致在本期的晚段，二里头文化因素即开始深入到巢湖地区，塘岗遗存也随之消亡。

江淮西部地区二里头文化早期的文化内涵尚待继续探索（图29）。

3. 二里头文化晚期

斗鸡台文化第三期，即相当于二里头文化第三期。

本期是斗鸡台文化最为繁盛的时期，除了前期的斗鸡台类型之外，巢湖周边地区的巢湖类型也开始发展壮大。二里头文化不仅在器物形态和意识形态上，而且在生活方式、审美情趣、占卜方式以及对青铜礼器的使用和认知方面都对斗鸡台文化施加着更为强烈的影响，从二里头文化因素分布范围的变迁来看，斗鸡台文化的扩展很可能是在二里头文化的推动之下实现的，巢湖类型中二里头文化因素的比例更高。巢湖类型的形成过程同时也是岳石文化逐渐退出了巢湖地区的过程，塘岗遗存在巢湖地区仅存在于斗鸡台文化第二期一个较短的时间内，到第二期晚段时即消亡，岳石文化发展的重心转移到了江淮东部和江南宁镇地区，开始对点将台文化产生影响。甚至在更南的江淮地区西南部也发现了岳石文化因素，并有迹象表明它们还分布在赣鄱地区的新石器时代末期文化中，比如在广丰社山头遗址中就发现了少量岳石文化因素的凸棱器等[1]。不管如何，巢湖周边地区的岳石文化势力在此时是最弱的。二里头文化在此地的强势地位得以确立。

以上情况说明，二里头文化向巢湖地区的继续扩张，很可能是由二里头文化与岳石文化的关系所导致的。斗鸡台文化最强盛时，分布范围从沿淮地区一直到沿江地区，东西贯通，应该说这一时期二里头文化在与岳石文化的较量中是占据上风的。

斗鸡台文化巢湖类型的延续时间并不长，在斗鸡台文化第四期，即相当于二里头文化第四期时，巢湖类型即告衰亡，作为中心据点的大城墩遗址的斗鸡台文化不再延续，文化发展出现了缺环。斗鸡台文化的因素只是在周边的遗址中有少量发现。此时，也许是因为夏王朝内部出现了危机，也许是岳石文化势力重新强大起来，斗鸡台文化发展重心重新回到淮河流域区。

---

[1] 赣鄱地区的新石器时代末期文化相当于中原二里头文化时期，见下文论述。

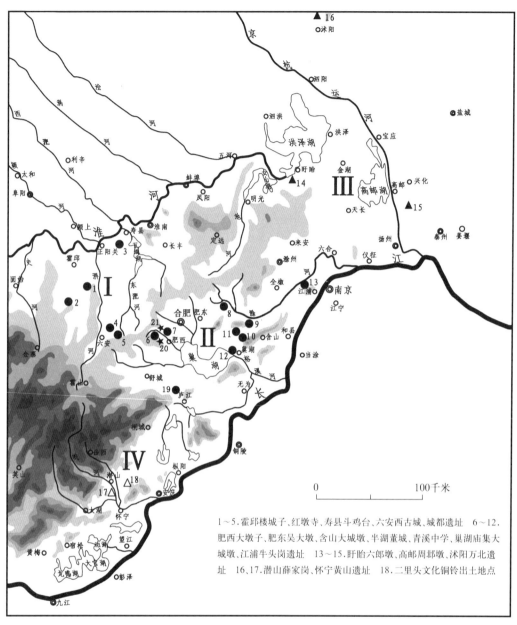

图30　江淮之间地区夏代晚期至早商一期遗存分布及分区图

1~5.霍邱楼城子、红墩寺、寿县斗鸡台、六安西古城、城都遗址　6~12.肥西大墩子、肥东吴大墩、含山大城墩、半湖董城、青溪中学、巢湖庙集大城墩、江浦牛头岗遗址　13~15.盱眙六郎墩、高邮周邶墩、沭阳万北遗址　16、17.潜山薛家岗、怀宁黄山遗址　18.二里头文化铜铃出土地点

　　江淮东部地区在二里头文化时期基本上是属于岳石文化周邶墩第二类遗存的控制范围，这一地区由于自然条件的限制，迫使岳石文化人群必须向西扩展发展空间，在与斗鸡台文化接触并失败之后，其向南跨过大江，对点将台文化的发展和湖熟文化的形成都产生了重要的作用[1]。

　　江淮西部地区在新石器时代晚期文化之后，出现了一定时期的缺环，一直到二里头文化二

---

　　[1]　岳石文化跨江进入宁镇地区可能经过了两条线路，一条是西线，即经古中江的路线。另一条是东线，它是在古邗沟一带跨江而南下镇江等地区的。近年来发掘的溧阳神墩遗址就包含二里头文化和岳石文化的因素，它位于古中江通道上，古中江起源于芜湖，向北可通过巢湖与淮河连通，它是古代一条重要的交通路线（可参见：蒙文通：《古中江》，《古地甄微》，第23~25页，巴蜀书社，1998年）。东线的镇江马迹山、断山墩、点将台、城头山等遗址中也都发现过岳石文化因素。溧阳神墩遗址的发掘情况见南京博物院、常州市博物馆等：《溧阳神墩》，文物出版社，2016年。第二条路线的表述详见田名利：《试论宁镇地区的岳石文化因素》，《东南文化》1996年第1期。

期晚段时，出现了薛家岗遗存，薛家岗遗存中出现了较多的二里头文化的因素。无论是二里头文化的因素还是土著文化因素都与鄂东南地区盘龙城遗存具有较多的相似性，比如鼎式鬲是两地独有的文化因素，鼎、深腹罐、豆、爵等与二里头文化相似的器形也与盘龙城遗存相同，说明两地之间的文化关系较为密切。近年来，在盘龙城遗址和薛家岗遗址的中间地带，比如阳新大路铺遗址中也发现了少量的二里头文化遗存因素，黄梅意生寺遗址的第一期遗存也大致属于二里头文化中晚期，这些都填补了两处地点之间的空白。与此同时，薛家岗遗存与江淮中部地区的斗鸡台文化巢湖类型之间关系就显得较为疏远（图27），说明薛家岗遗存的二里头文化因素可能来源于长江中游，它与斗鸡台文化之间并无联系（图30）。

也就是说，江淮地区的主体文化可以分为三种，一为斗鸡台文化，由西向东发展，可以分为西部淮河流域的斗鸡台类型和东部长江流域的巢湖类型；二为周邶墩第二类文化遗存，先向西后向南发展，早期分布于江淮东部以及巢湖周边地区，后期分布于江淮东部和江南宁镇地区；三为薛家岗遗存，分布在江淮西部地区，受到了来自鄂东南地区文化的强烈影响。其中的二里头文化因素在江淮地区的传播大致经历了两条路线：一为自沿淮地区向巢湖周边地区的由西向东的扩展。另一条即是自鄂东南向江淮之间西部的扩展。两条路线在二里头文化时期可能并未打通，因为在盘龙城遗存、薛家岗遗存和大城墩类型中二里头文化因素差别较大。江淮之间地区的二里头文化因素一直延续到早商时期，在薛家岗遗存和斗鸡台文化斗鸡台类型中均不见相当于早商一期时的商文化因素，说明商文化向江淮地区的扩展最早是在早商二期时才开始的。

第三节　商时期的考古学文化格局

一　文化分期

依据自然地理的分野和文化主体的不同，我们可以把江淮地区分为江淮东部区、江淮中部区、江淮西部区和江淮西部大别山区四个部分，只是文化面貌和性质都较二里头文化时期发生了较大的变化。

1. 江淮东部区

商代文化曾经广泛的影响到了苏北徐海地区，考古调查发现了不少商代文化遗址，如徐州铜山丘湾、高皇庙、蔡丘、贾汪焦庄、庙台子、子房、江庄、后郁；邳州黄楼、梁王城；新沂聂墩、钓台、洪墩；连云港二涧村、陶湾、尾矿壖、大村、土船顶、九龙口；东海县焦庄、钓鱼台、苏湖；赣榆下庙墩；沭阳万北、马墩等。1957年发掘的高皇庙遗址大约相当于商代晚期，但出土的陶器和卜骨的钻凿方式与中原殷墟所见的有较大不同。1965年铜山丘湾遗址发现了著名的商代社祭遗迹。有人认为是属于商代东夷族的祭祀遗址[1]。铜山丘湾商代遗存可以分为早商和晚商两期。苏北地区的商代文化遗存中，有铜器和陶器。铜器有斜直口、圆肩、鼓腹高领鬲[2]，三空足外撇，器身饰弦纹，与中原地区出土的同类鬲有很大不同。从铜鬲的腹与足交接处内凹、斜领等特征看，与

---

[1]　南京博物院：《江苏铜山丘湾遗址的发掘》，《考古》1973年第2期。

[2]　江苏师范大学历史系藏。

山东潍坊柿子行所出的素面鬲相似 [1]，二者可能有共同的渊源。陶器中商式典型陶器较少，主要有鬲、甗、簋等。商式变体陶器有宽边鬲、抹去绳纹的平裆素面鬲，斜沿、器体瘦长的绳纹鬲，细柄盘形豆、大口绳纹罐、直颈鼓腹瓮、折沿浅腹盆等都与典型商式陶器有很大的差异。万北遗址中发现了 11 座竖穴土坑墓，不仅随葬有鬲、罐、簋、豆、瓿等陶器，还有青铜戈、矛等兵器以及铲、锛等生产工具，其中的 M20 还殉葬有人，腰坑里殉葬有狗等。墓主人的头向均朝向东，与山东地区夷人墓葬的头向一致 [2]，随葬品中多见的高圈足簋也是东夷文化的典型器物，与殷墟不同。况且殉人和设置腰坑的行为也早就有学者论为东夷人的风俗 [3]。另外，南京博物院收藏的一批采集自万北遗址的商代撇足陶鬲，就与山东潍坊柿子行所出的素面鬲和徐州的铜鬲出于一源。因此，有学者将此地区商时期遗存称之为丘湾类型商代文化遗存，与其北的山东地区的东夷文化传统接近。以上说明商时期商文化势力对此地发生了影响，但东夷势力的影响也很大。近年来，有学者论述徐海地区在中商以后开始接受中原商文化的影响，并形成了以泗水河流域丘湾遗址、沂沭河流域万北遗址和连云港沿海地区大村遗址为中心的三个高等级聚落群，可能代表了中晚商时期商王朝在东夷地区的经略状况 [4]，但具体步骤和形式有待继续研究。

再往南，商时期的文化遗存只在泗洪赵庄和盐城龙岗有所发现，且时代均为商代晚期较早阶段。这些遗存仍然表现出东夷文化与商文化混合的特征 [5]。比如 1982 年发掘的赵庄遗址也与万北遗址具有类似的特征。而盐城龙岗发现的大约属商代晚期较早阶段的墓葬，则具有较多的本地文化因素，具体性质还有待材料的丰富。这一地区发现的大量的商代晚期遗存中商文化和东夷文化因素并存的现象表明，商文化和东夷文化在商代晚期都曾经对此地施加了较强烈的影响。

2. 江淮中部区

江淮中部地区商时期的文化遗址主要有：含山大城墩、孙家岗、肥东吴大墩、肥西大墩子、陡岗、仪征甘草山、江浦牛头岗、六安众德寺、绣鞋墩、庙台、城墩、枞阳汤家墩、合肥烟大古堆、滁州何郢、顿丘等。

主要依据大城墩和众德寺等遗址的地层叠压关系和单位中出土的典型器物，将江淮中部的商文化分为四期（图 31）。

第一期包括含山大城墩 T17 第⑧层，T18 第⑯～⑭层和六安众德寺遗址 T1 ⑪层等，近年来发掘的六安庙台遗址距离众德寺遗址不远，在环形房基的垫土层中，也发现了少量与二里冈下层相接近的陶器残片 [6]。陶质以夹砂红陶为主，其次为夹砂灰陶，有少量的磨光黑陶和极少的印纹硬陶。纹饰以细绳纹为主，有少量的粗绳纹、弦纹、附加堆纹、素面等。鬲为宽卷沿，瘦长体，鬲足为圆锥形瘦长实足，足下端较尖，袋足较小较浅，分裆，胎较薄，腹饰细绳纹。也有一种鬲扁体，口沿作卷沿小方唇，分裆，高实足尖。两种鬲的裆部和足部作风与中原二里冈下

[1]　王迅：《东夷文化与淮夷文化研究》，第 30 页，北京大学出版社，1994 年。

[2]　山东大学历史系考古专业教研室：《泗水尹家城》，文物出版社，1990 年。

[3]　王迅：《东夷文化与淮夷文化研究》，第 152 页，北京大学出版社，1994 年。

[4]　原丰：《徐海地区商文化遗存的发现与研究》，《淮海文博（第 1 辑）》，科学出版社，2018 年。

[5]　毛颖、张敏：《长江下游的徐舒和吴越》，第 15 页，湖北教育出版社，2005 年。

[6]　张钟云：《安徽六安发现西周遗址》，《中国文物报》2004 年 10 月 8 日第 1 版。

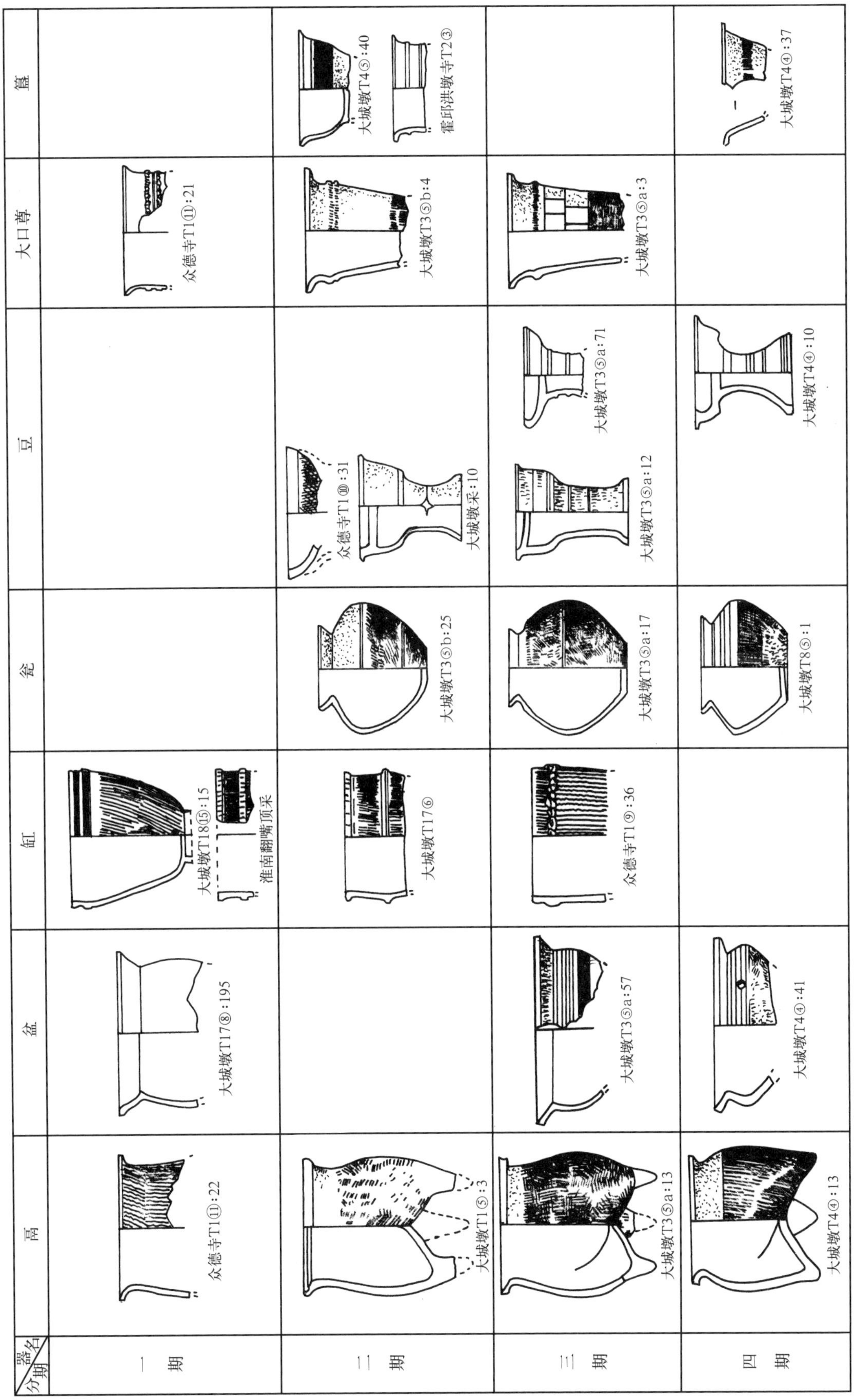

图31　江淮之间中部商时期文化分期图

分期\器名	鬲	盆	缸	瓮	豆	大口尊	簋
一期	众德寺T1①:22	大城墩T17⑧:195	大城墩T18⑤:15　淮南翻嘴顶采			众德寺T1①:21	
二期	大城墩T1⑤:3		大城墩T17⑥	大城墩T3⑤b:25	众德寺T1⑩:31　大城墩采:10	大城墩T3⑤b:4	大城墩T4⑤:40　霍邱洪墩寺T2③
三期	大城墩T3⑤a:13	大城墩T3⑤a:57	众德寺T1①:36	大城墩T3⑤a:17	大城墩T3⑤a:12　大城墩T3⑤a:71	大城墩T3⑤a:3	
四期	大城墩T4④:13	大城墩T4④:41		大城墩T8⑤:1	大城墩T4④:10		大城墩T4④:37

层的同类器相同。宽斜沿盆口沿一般折沿，小方唇。罐深腹，体瘦长，侈口，圆肩，平底。缸一般敛口，外壁口沿下装饰2道附加堆纹，小平底或圈足。大口尊壁较直，无肩或肩部不明显。在六安曾经征集到一件属于这一时期的弦纹斝[1]，与郑州黄河医院二里冈下层墓葬（C8M32）出土的相同[2]，均为敞口、立柱较矮，束腰、鼓腹、平底，下附三个三棱锥状足，腰部饰弦纹（图32）。早商特征的铜器还见于六安出土的觚、大口尊，霍山佛子岭出土的二里冈下层风格的斝，肥西出土的二里冈期的斝、爵、觚等（见附表一）。器物的总体特征与偃师商城早商文化第二期的同类器物相同，时代也应大致相当。

第二期包括大城墩遗址T1⑤、T3⑤b、T4⑤、T5⑦、T17⑦、T17⑥、T18⑬~⑩、T23⑪~⑩、Y1和众德寺遗址T1⑩，洪墩寺遗址T2③，吴大墩遗址T1、T2⑦以及大墩子中层和江浦牛头岗的早商遗存等。陶质以夹砂灰陶为主，其次是泥质灰陶和黄褐陶，少量的夹砂红陶，极少的印纹硬陶。纹饰以绳纹为主，其次是弦纹、素面、附加堆纹等。代表器形有鬲、罐、豆、大口尊、大口瓮、二足器、直口缸、盆、簋等。鬲口沿翻缘方唇，分裆，袋足肥大，实足瘦长，足表面光滑不饰纹饰。豆平折沿，浅盘平底，假腹，圈足粗而高，最细部偏上，中部饰十字形镂孔。罐侈口，折肩，最大径在肩部，肩以下缓收，深腹，凹圜底腹饰绳纹及弦纹。大口尊，体瘦长，喇叭形大敞口，微肩。缸平沿直壁，小圈足。从鬲、豆、罐、大口尊的形制来看，时代大致相当于早商文化第三期至中商文化第二期。这一期是商文化在江淮中部地区兴盛的时期。

另外，属于商代早期的商式青铜器，目前基本都发现于江淮分水岭西南端两侧，除了上面提到的斝和觚，还有含山孙家岗的爵、含山孙戚村的戈和觚等，证明了这块区域应该分别是东西两个小区形成和发展的中心区域。

江淮中部商文化第三期包括大城墩遗址T3⑤a、T5⑥、T23⑨、T23⑧，绣鞋墩遗址T1⑥，众德寺遗址T1⑨、T1⑧，以及泊岗遗址等。陶质以夹砂灰陶为主，其次是泥质灰陶和泥质红陶。有少量黄褐陶，印纹硬陶和原始瓷。纹饰中绳纹为主，其次是弦纹、附加堆纹、方格纹、编织纹、云雷纹等。代表性器形有鬲、豆、罐、瓮、大口尊、缸、簋、盆、甗等。鬲口沿外折，小方唇，足由上期瘦长变为略粗矮，袋足较深，器体近方形。豆浅圜腹，假圈足。罐侈口，宽沿，方唇，高颈，斜肩。缸直口，宽沿，深腹，口沿有绳抹痕迹。甗腰部饰一周附加堆纹。大口尊敞口，短颈，肩略突，腹深细长，肩部饰纽状附加堆纹一周，腹上部饰宽方格纹，下部饰绳纹。硬陶尊，大口，斜折沿，圆唇，深腹，小平底，矮圈足，腹饰云雷纹。本期的鬲、罐、豆、大口尊等的形制与中商文化第三期时代大致相当。

本期铜器目前发现有两批，包括商式礼器觚、爵、斝、罍等。其年代又略有早晚之别。如出土于明光市泊岗的一组，爵为扁腹，觚体短粗，纹饰结构较简单，与殷墟YM331的同类器相同，年代相当于早商铜器分期中的第Ⅶ组。而肥西馆驿糖坊出土的一组觚、爵、斝，觚略细高，爵腹变圆，器身瘦长，爵、斝的柱都较高，与殷墟YM232的同类器雷同，年代相当于早商铜器分期中的第Ⅷ组，因而它们的年代稍晚[3]（图32）。不过，这些铜器又有着基本一致的时代特征，

---

[1]　孟宪珉、赵力华：《全国拣选文物展览巡礼》，《文物》1985年第1期。中国青铜器全集编辑委员会：《中国青铜器全集》夏商1，文物出版社，1996年。

[2]　杨育彬等：《近几年来在郑州新发现的商代青铜器》，《中原文物》1981年第2期。

[3]　早商铜器分期参见邹衡：《夏商周考古学论文集》，第75页图三和第110页论述，文物出版社，1980年。

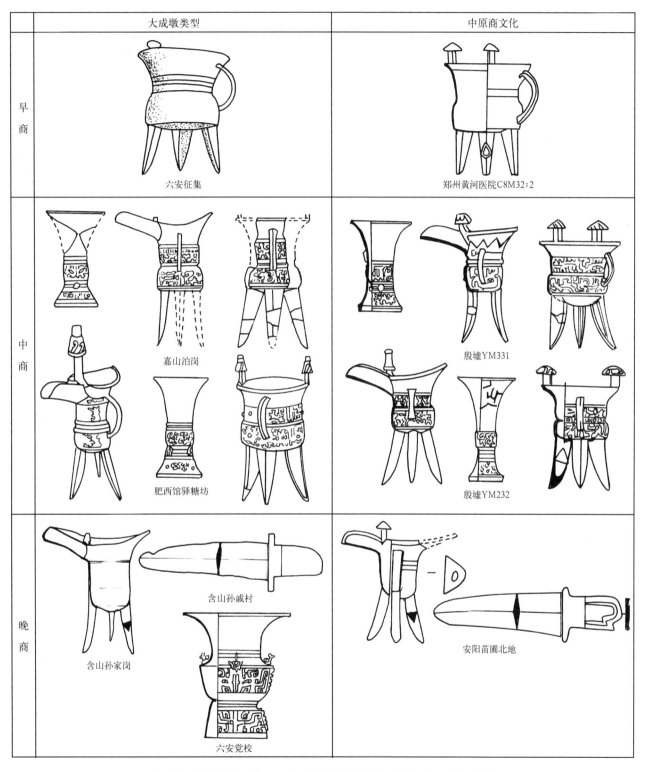

	大成墩类型	中原商文化
早商	六安征集	郑州黄河医院C8M32∶2
中商	嘉山泊岗 肥西馆驿糖坊	殷墟YM331 殷墟YM232
晚商	含山孙戚村 含山孙家岗 六安党校	安阳苗圃北地

图32　江淮之间中部商时期文化与中原商文化铜器对比图

如觚体与晚商的相比仍显稍粗，爵、斝器身都分两段，平底，主要纹饰都是饕餮纹，其结构正处于由简到繁的过渡状态。其时代也应稍早于晚商的时代，这与陶器所表现的时代特征相同。这些典型的商式青铜礼器的出现表明本期时商文化处于繁荣的大发展时期。

江淮中部商文化第四期包括大城墩遗址 T1 ④、T4 ④、T5 ~ T8 ⑤、T17 ⑤ b、T17 ⑤ a 等。其他遗址还有含山孙家岗、六安城墩、肥西陡岗、滁州卜家墩、来安顿丘等。本期的陶器陶质以夹砂灰陶为主，其次是磨光黑陶，有少量的夹砂红陶，印纹硬陶占有一定的比例。纹饰以中绳纹为主，其次是粗绳纹、弦纹、方格纹、附加堆纹等。代表器形有鬲、盆、豆、罐、簋、甗、瓮等。鬲扁体或近方体，折沿或卷沿矮颈，分裆或联裆大袋足，鬲足锥状，实足较矮，腹、足通体饰绳纹。罐有圆肩和折肩两种，侈口，平底。簋敞口，方唇，深腹，圜底，高圈足。甗大口，折沿，方唇，细腰，有的饰指窝纹。时代大致相当于晚商文化第一至第三期。

属于本期的铜器也有不少，主要见有六安市区出土的铜尊、寿县的铜斝、肥西的"父丁"铭瓿、"戈"铭爵、蚌埠的鼎和斝、明光的铜鬲以及斗鸡台遗址的镞等。这些铜器中既包括典型的商式，又出现了不同于商式器的南方文化传统。说明了本期江淮中部的商文化在扩展的同时也发生着变异。

江淮中部商文化在晚商三期衰亡以后，晚商第四期时的遗存极少，目前可以确定的比如滁州何郢遗址的商文化因素、仪征甘草山 H2 等，都分布在滁河北岸，且文化面貌都不典型。之所以存在文化面貌极度衰弱和文化区域由滁河南北变为滁河北岸的情况，可能与当时的社会背景有密切关系（详见下文）。

同任何文化一样，江淮中部商时期的文化也不是孤立形成的，它包含有三种不同的文化来源。

第一类即是决定其文化性质的商文化因素。江淮中部商文化的陶器以灰陶为主，外表多饰绳纹等情形，均同于二里冈类型。但夹砂陶远多于泥质陶，红褐陶所占比例较高，有一定数量篮纹却又与二里冈类型有别。器物组合与二里冈类型基本相同，但也有一定差别。以鬲为主要炊器，并兼用深腹罐、甗等类同于二里冈类型。二里冈类型常见的直壁深腹盆、捏口罐、刻槽盆、平口瓮等均不见或少见于江淮中部地区；而江淮中部地区的二足器、小口广折肩瓮等则不见于二里冈类型。器形上看，鬲、豆、簋、深腹盆、大口尊、小口瓮、斝、深腹罐、甑等都与二里冈类型相似，在数量上占有绝对优势，从而决定了江淮中部商文化的属性。不过，这些器物同二里冈类型的同类器又多少有些差别，如鬲的高宽比例、口部特征、外表纹饰等，大口尊不见特长颈、口径远大于肩径等。江淮中部商文化中还有一些当地文化因素，其中有的是由斗鸡台文化延续下来，如平沿罐、短沿粗陶缸等；有的可能是来自于岳石文化，如折腹饰凸棱的豆等。因此，江淮中部地区的商时期文化应该属于商文化的范畴，是商文化实际控制的区域。

第二类为当地文化因素，其主要来源于斗鸡台文化。有陶器平沿罐和短沿粗陶缸。这两种器物是斗鸡台文化中的典型器形，在商时期文化中数量较少。江淮中部商文化中的夹砂灰陶的比例远多于中原商文化，而泥质灰陶的比例却比中原商文化少得多。饰篮纹和附加堆纹的陶片都比中原商文化多，这些也显示了江淮中部商文化的地方特色。

第三类是来源于山东地区的岳石文化和岳石文化之后的东夷文化因素。这类文化因素较少，主要包括外壁凸棱的碗形豆，子母口的罐、高圈足簋等少数器类。

3. 江淮西部区

在薛家岗、跑马墩、百林山等遗址发现了商时期的地层及遗迹。发现商时期遗物的地点由太湖王家墩、安庆沈店神墩、张四墩、芭茅神墩等遗址。

综合江淮西南部各遗址的地层关系和罐、豆、鼎、鬲、钵、盆、盉、瓮、斝、爵等器物的演变过程，我们把此区的文化遗存分为三期（图33）。

第一期代表性单位有：薛家岗遗址 H28、H31、H37 等，也见于张四墩遗址的部分遗物。陶器多为夹砂红陶，其次为夹砂灰陶，黑陶最少。素面较多，纹饰以细绳纹居多，其次为粗绳纹、篮纹。代表性器物有矮体圆肩矮领瓮，侈口深直腹凹圜底罐，假圈足豆、斜直壁盆形鼎、敞口高领鼎和瘦长体尖锥状足鬲等。矮领瓮与盘龙城三期 PYWM6：5 陶罐相似[1]；盆形鼎与盘龙城三期采集小鼎 P：075 相似[2]；高领鼎与楼子湾盘龙城五期 PLWG2 ⑤：13 相似[3]；鬲与杨家嘴盘龙城五期 PYZT3 ⑤：8 折沿分裆鬲近似[4]；薛家岗 H28：10 豆与济南大辛庄采集的二里冈上层陶器类似[5]；也和荆南寺遗址早商期 T17 ④ B：131 豆相似[6]；薛家岗 H28：5 豆与郑州市北二七路 M4：4 出土的二里冈上层期陶豆相似[7]。盘龙城三期的年代大致相当于二里冈下层第二期，盘龙城五期的年代大致相当于二里冈上层一期偏晚阶段，郑州市北二七路 M4 的年代相当于二里冈上层时期，因此本期的年代大致相当于早商文化第二期至中商文化第一期。可以看出，本期是与二里头文化时期～早商一期的遗存相连续的，中间不存在缺环。但是，新的文化因素如分裆高尖锥足鬲和假腹豆的出现说明这里已经由以前主要受到二里头文化的影响而转变成以受商文化的影响为主。

第二期遗存较前期丰富，代表性单位有：薛家岗 M152、H15、H20、H35、T34 ③层、T38 ③层、T44 ③ b 层、百林山 H2 等。除上述遗址外，还见于桐城市丁家冲，安庆市芭茅神墩、祠墩等。陶器种类除第一期流行的以外，新出现的器形有缸、钵、簋、鸟形器、碗、甗、盉、高领罐、小口罐、少量原始瓷、印纹硬陶、青铜削、铜镞等。陶器以夹砂灰、黑陶居多，红褐陶、灰黄陶次之，少量泥质黑、灰陶。纹饰以细绳纹和中绳纹较多，少量粗绳纹、附加堆纹。代表性器物有高体圆肩高领瓮、高领罐、深弧腹罐、假圈足豆、侈口弧腹鼎、斜直壁盆形鼎、侈口高领鼎、锥状足深袋足分裆鬲、角状把手鼎式盉以及平底爵等。圆肩瓮与盘龙城七期 PLZH10：6 相似[8]；高领罐与郑州市木材公司出土的白家庄期 00H4：1 相似[9]；豆与德安石灰山二期豆相似[10]；罐形鼎与郑州二里冈 T17 Ⅲ 式鼎相似[11]。薛家岗 H17：89 小盆形鼎与二里冈 H17 出土的 Ⅱ 式鼎相同[12]；盘龙城七期和石灰山二期的年代大致相当于二里冈上层二期，即中商文化第一期，白家庄期相当于中商文化前期，因此本期年代大约相当于中商文化第一、二期。可以看出，本期不仅仍然包含有盘龙城类型和中原文化因素，还出现了赣鄱地区、宁镇地区和江淮地区之间的文化因素，

[1] 湖北省文物考古研究所编著：《盘龙城——1963～1994年考古发掘报告》，第222页，文物出版社，2001年。
[2] 湖北省文物考古研究所编著：《盘龙城——1963～1994年考古发掘报告》，第401页，文物出版社，2001年。
[3] 湖北省文物考古研究所编著：《盘龙城——1963～1994年考古发掘报告》，第376页，文物出版社，2001年。
[4] 湖北省文物考古研究所编著：《盘龙城——1963～1994年考古发掘报告》，第322页，文物出版社，2001年。
[5] 王迅：《东夷文化与淮夷文化研究》，第20页图三，26，北京大学出版社，1994年。
[6] 荆州地区博物馆等：《湖北江陵荆南寺遗址第一、二次发掘报告》图11，16，《考古》1989年第8期。
[7] 郑州市博物馆：《郑州商代遗址发掘简报》图14，1，《考古》1986年第4期。
[8] 湖北省文物考古研究所编著：《盘龙城——1963～1994年考古发掘报告》，第473页，文物出版社，2001年。
[9] 郑州市文物考古研究所：《郑州市木材公司1997及2000年商代遗址发掘简报》，《郑州文物考古与研究》，第577页，2003年第1辑。
[10] 彭明瀚：《吴城文化研究》，第32页，文物出版社，2005年。
[11] 河南省文化局文物工作队：《郑州二里冈》，图版贰，3，科学出版社，1959年。
[12] 河南省文化局文物工作队：《郑州二里冈》，图版贰，1，科学出版社，1959年。

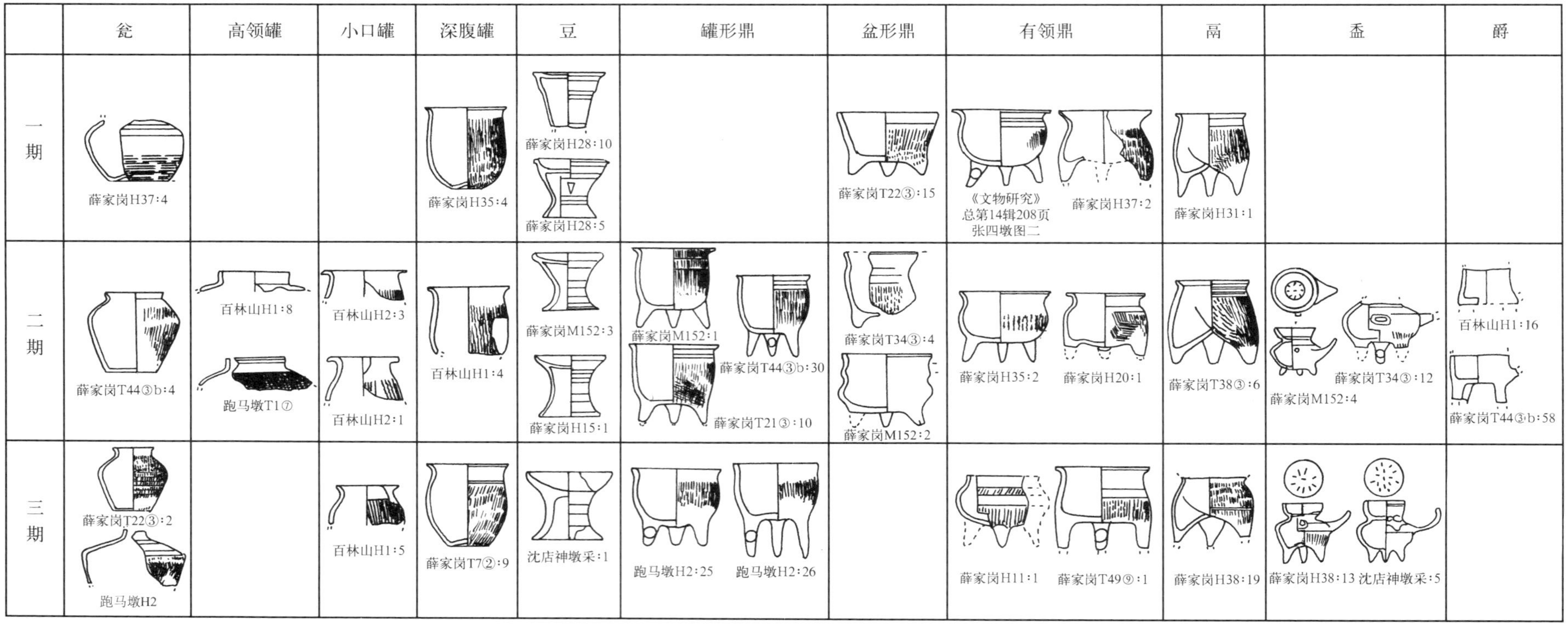

图33　江淮之间西部薛家岗商遗存器物分期图

说明文化复杂性逐渐增强。

第三期代表性单位有薛家岗 H11、H38，百林山 H1，跑马墩 H2、⑤层和⑥层等，还见于太湖王家墩上层，安庆市芭茅神墩以及张四墩遗址的部分遗存等。前期流行的爵、斝、盆形鼎、假腹豆等在本期基本不见。其他器形虽仍存在，除少数有演化关系外，大多数都发生了变化。比如罐和瓮等开始流行折肩，开始出现高弧裆鬲和附耳甗等，钵、壶、罐等多有圈足，亦有少量平底，新出现带流罐等。印纹陶和原始瓷明显增多，印纹陶主要为罐类，其次为豆和盆等。陶器中夹砂灰、黑陶的数量增多，红陶次之；泥质陶数量较少。纹饰以绳纹、抹断绳纹为多，另外还有拍印的方格纹、刻划纹、叶脉纹、雷纹、网纹、回纹等。薛家岗出土的折肩瓮与安阳殷墓出土的殷墟三期 I 式罐 M12：7 相似[1]；跑马墩出土的折肩瓮与吴城文化第四期折肩罐相同[2]；豆与含山孙家岗商代晚期圈足豆类似[3]，与殷墟 204D 豆类似[4]；鬲与江淮中部商文化第四期同类器相似。因此本期的年代大致为殷墟时期。本期文化复杂性继续存在，与赣鄱地区和鄂东南地区的关系较前期加强，除了继续保持盘龙城类型的特征外，鄂东南地区的土著遗存也开始影响到这一地区。本地文化因素如盘口带把鬲式盉继续存在并发展。

本期相对于前两期最大的不同点在于发现了不少的青铜器。有太湖的"父辛"铭爵、潜山的兽面纹铙、枞阳方彝、庐江的兽面纹铙以及舒城的"父辛"铭爵和瓿等。这些青铜器既包括中原商式，也有南方文化传统。这些商式青铜器和融合中原铸造技术的地方青铜器的出现，以及本期很少见到商文化陶器的情况说明商代晚期商文化与江淮西部的关系发生了变化，江淮西部已经由较低级的文化地区转变为商文化重视的地区，下文将谈到，这与晚商时期将江淮西部作为"南铜北运"的通道之一有关。

江淮西部地区发现的商时期的遗存较多，但大多缺乏典型的叠压打破关系，有些单位中的遗物也存在早晚混杂的情况，因此以上的分期只是初步的，即便如此，它仍然代表了本地区商时代的物质文化演变。本地区的文化具有较强的一致性，自新石器时代始就与邻近文化保持着密切的关系。中原王朝建立以后，中原文化因素虽大量介入，但并没有改变这里固有的文化性质，并且随着中原商文化的向北退缩，在商代晚期，江淮西部的商时期文化还可能扩展到了巢湖西部地区。

商代江淮西部的文化可以分为三个来源：一是来源于中原的商文化，比如夹砂灰黑陶稍占多数，泥质陶较少。纹饰以绳纹为主。比如绳纹深腹罐、假腹豆、斝、爵、鬲等的造型均具有商文化的诸多因素（图 34），但并不是简单的模仿，而是与当地文化融合后产生的一种变体。

二是来源于长江中游和下游交界地带的本地文化因素。夹砂红、褐陶的比例大于夹砂灰、黑陶，泥质陶较少。具有鼎式鬲、鸟形器、盉等。其中最具特点的当为盉和鸟形器，盉的上部呈钵形、钵底有镂孔、一侧有把手，把手尾部上翘呈弯曲角状，形制与毗邻的舒城至铜陵一带群舒故地出土的周代铜盉完全相同，考古界把其作为群舒的典型器之一。此地出土的大量陶盉

[1]　安阳市文物工作队：《安阳市殷代墓葬发掘简报》图七，10，《华夏考古》1995年第1期。

[2]　彭明瀚：《吴城文化研究》，第98页后附图，文物出版社，2005年。

[3]　安徽省展览博物馆：《安徽含山县孙家岗商代遗址调查与试掘》，《考古》1977年第3期。

[4]　梁思永：《殷代陶器》，《考古》，第950页，1988年第10期。

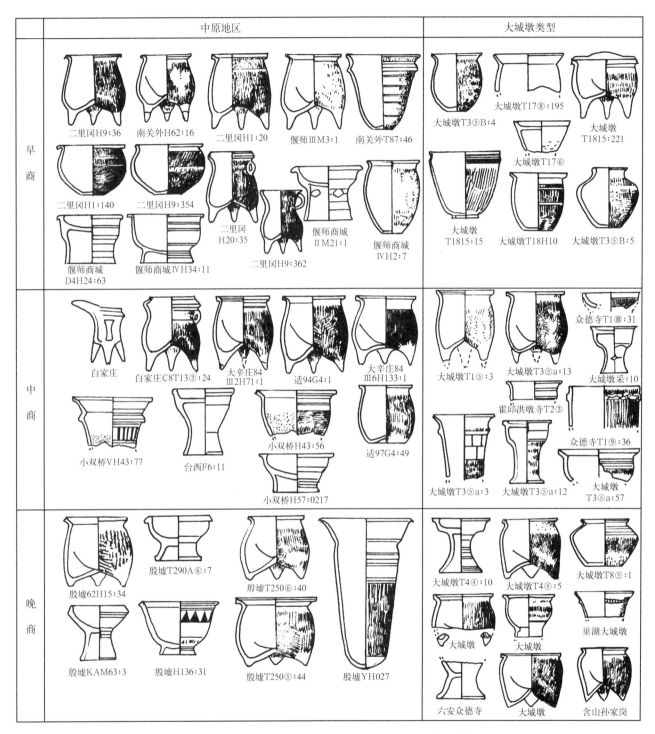

图34　大城墩类型、盘龙城类型、吴城类型、薛家岗商遗存和中原商文化器物对比图

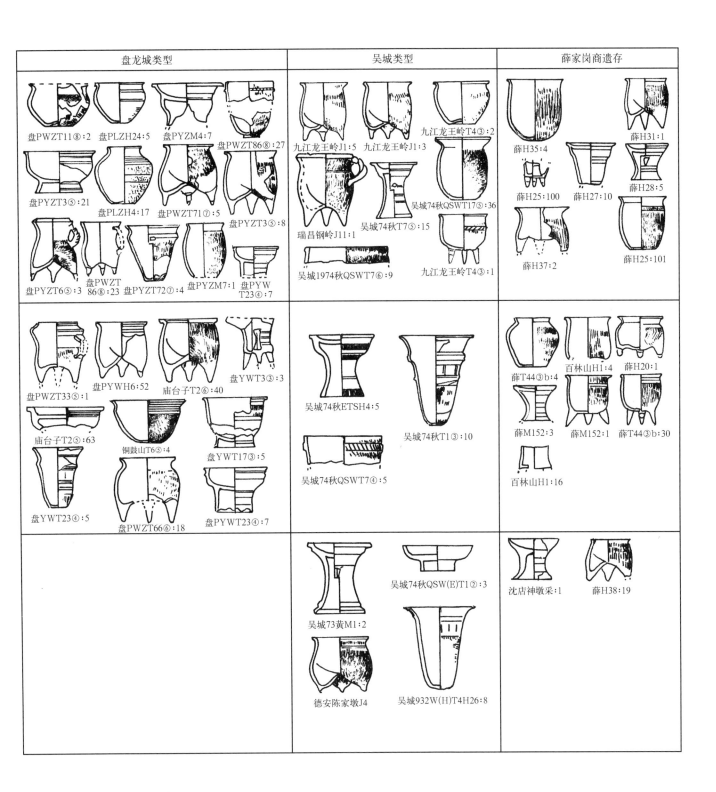

盘龙城类型	吴城类型	薛家岗商遗存
盘PWZT11⑧:2　盘PLZH24:5　盘PYZM4:7　盘PWZT86⑧:27 盘PYZT3⑤:21　盘PLZH4:17　盘PWZT71⑦:5　盘PYZT3⑤:8 盘PYZT6⑤:3　盘PWZT86⑧:23　盘PYZT72⑦:4　盘PYZM7:1　盘PYWT23④:7	九江龙王岭J1:5　九江龙王岭J1:3　九江龙王岭T4③:2 瑞昌钢岭J11:1　吴城74秋QSWT17⑤:36　吴城74秋T7⑤:15 吴城1974秋QSWT7⑥:9　九江龙王岭T4③:1	薛H35:4　薛H31:1 薛H25:100　薛H27:10　薛H28:5 薛H37:2　薛H25:101
盘PWZT33⑤:1　盘PYWH6:52　庙台子T2⑥:40　盘YWT3③:3 庙台子T2⑤:63　铜鼓山T6⑤:4　盘YWT17③:3 盘YWT23④:5　盘PWZT66⑥:18　盘PYWT23④:7	吴城74秋ETSH4:5　吴城74秋T1③:10 吴城74秋QSWT7④:5	薛T44③b:4　百林山H1:4　薛H20:1 薛M152:3　薛M152:1　薛T44③b:30 百林山H1:16
	吴城73黄M1:2　吴城74秋QSW(E)T1②:3 德安陈家墩J4　吴城932W(H)T4H26:8	沈店神墩采:1　薛H38:19

不见于其他地区，应是周代铜盉的祖型。另一种鸟形器也仅见于此地区，应当是具有本地小区域特点的文化因素。至于鼎式鬲则广泛分布于长江中下游的鄂东、赣北一带，其他地方少见。这类文化因素始终占据着文化的主导地位，是决定文化性质的一类。

第三种文化因素包括少量的印纹硬陶器和原始瓷器，是商周时期长江中下游地区文化的重要组成因素。数量逐渐增加，但最终也不占据文化的主导地位。

4. 江淮西部大别山区

需要注意的是，江淮之间除了以上的三种文化遗存之外，在大别山区尚有一个不同于中原的同期文化，也有别于江淮之间其他同期文化的文化独立区域。论者将其称为大别山土著遗存[1]，其中鼓墩遗址中甚至发现了二里头文化的因素，可能说明了薛家岗遗存在早商文化的驱使下逃亡深山的情形。由于本地域的材料多属调查和采集，而经过试掘的材料又没有发表，因此，在这里我们还不能进行详细的论述。

二　文化分区

根据以上的论述，我们大致可以将江淮西部商时期的文化遗存分为四个部分，从与中原商文化关系由密到疏的程度来看，依次为江淮中部的商文化、江淮西部的商时期文化、江淮东部的商时期遗存和大别山区的土著遗存。

江淮西部、江淮东部和大别山区的文化面貌比较单一，分布区域也较小，暂不存在分区的必要。

江淮中部的斗鸡台文化在偏西的斗鸡台类型中一直延续到早商时期，偏东的巢湖类型消亡后，巢湖地区经过了一段时间的沉寂。两区大约均从早商文化第二期开始受到中原地区商文化的强烈影响，并在本地形成一个以商文化为主体的新的地方类型。这个地方类型的商文化具有共同的特征：陶器以夹砂灰陶为主，夹砂红陶、褐陶也较多，器类以商式鬲、簋、盆、豆、罐（瓮）、大口尊等为主。还有一些平沿罐、短沿粗陶缸、高圈足簋等。铜器以商式礼器觚、爵、斝为多见。房屋为红烧土垫筑的地面建筑。因此他们都应该属于商文化。这个商文化地方类型的西部曾被归入二里冈类型[2]。后又被细分为"皖西类型"和"大城墩类型"[3]。后来又有学者将这两个类型归并为"大城墩类型"[4]。考虑到两地有江淮分水岭作为天然分界线，文化内涵中西部多商文化的典型器，而东部多商文化的变体器，铜器的分布态势也表明在东西部存在不同的发展中心。另外，更为重要的是，商文化的来源方向可能存在不一致[5]，对斗鸡台文化也存在一定的继承关系，因此，我们仍将其分为两个类型，沿用王迅先生所划分的皖西类型和大城墩类型的命名（图35）。

但与王迅先生不同的是，我们认为两个类型是以江淮分水岭为界的[6]，两个类型在不同的时

---

[1]　见《中国考古学年鉴》中对于岳西县鼓墩和祠堂墩遗址发掘的认识《中国考古学年鉴·1986》，第129页，文物出版社，1988年。

[2]　邹衡：《试论夏文化》，《夏商周考古学论文集》，第123～125页，文物出版社，1980年。

[3]　王迅：《东夷文化和淮夷文化研究》，第65～69页，北京大学出版社，1994年。

[4]　王立新：《早商文化研究》，第185～190页，高等教育出版社，1994年。

[5]　西部直接来源于中原，而东部可能是由中原商文化经盘龙城类型通过长江通道传播而来的，详见下。

[6]　王迅先生把肥西一带的遗址归入皖西类型，但在他所罗列的皖西类型的遗迹和遗物时，并没有用肥西的材料，笔者认为，肥西一带文化遗迹较多，可能是六安以外的另一个文化中心，因此将其归入大城墩类型。

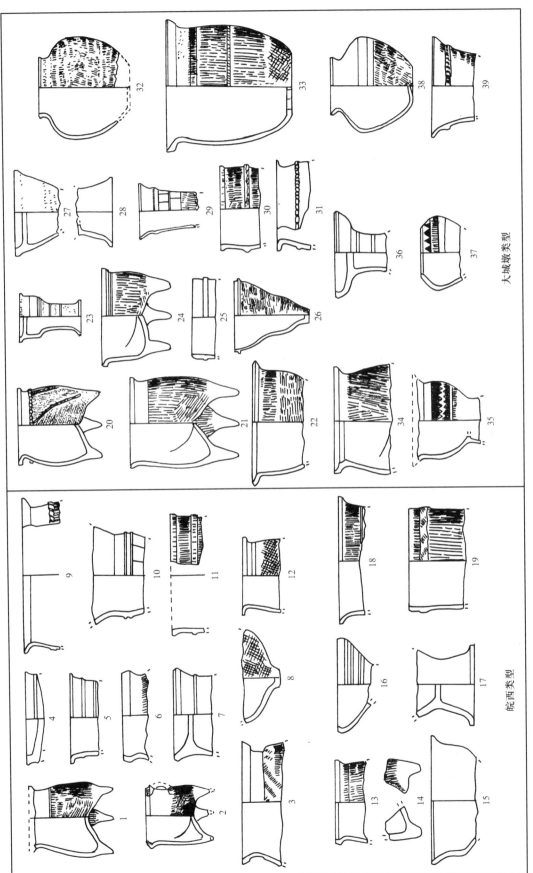

大城墩类型

皖西类型

图35　江淮之间中部商文化诸文化类型器物图

1、2.六安谢后大墩子　3、11.淮南翻嘴顶　4、9、13.霍邱绣鞋墩T1⑩：21、11、T1⑤：103　5、12.霍邱红墩寺T2③　6、8、14、15、17、18、19.六安众德寺T1⑩：29、64、T1⑨：35、T1⑧：41、采集、T1⑧：42、T1⑩：36　7.霍邱古城寺　10.六安东城郡　16.寿县禹临寺　20～36、38.含山大城墩T3⑤A：52、T3⑤A：12、T18⑤、T17⑧、采13、T17⑥、T17⑧、T3⑤A：3、T17⑥、T17⑧、T3⑤A：18、T18H10、T3⑤：54、T3⑤A：18、T17⑥、T3⑤：71、T3⑤：1　37.滁州濮家墩　39.巢湖庙集大城墩　（据王迅《东夷文化与淮夷文化研究》改制，北京大学出版社，1994年）

期分布范围也不同。两个小区大约是在同一个时期形成的，文化虽都来源于商文化，但来源的途径不同，这可能才是形成不同类型的根本原因。

江淮西部地区商时期的文化与二里头文化时期的文化之间除了所接受的中原文化因素发生变迁之外，其根本的文化内涵存在较大的一致性，这指的是自二里头文化时期即处于长江中下游之交的当地文化因素，包括附耳鬲、罐形鼎、折肩罐、带把盉等始终没有被融合，并且在中原文化因素减弱的时候，迅速发展。尤其是商代晚期是它们大发展的时期，这与整个鄂东南地区大路铺遗存的形成和发展基本上是同步的，但文化的内涵不尽相同。大路铺遗存中较多的刻槽鬲足、刻槽鼎足、双层包制鬲足等在江淮西部地区很少发现，而后者发现较多的带把盉在鄂东南地区也较少发现。因此，江淮西部地区的夏商时期文化都是以当地文化因素为主体，而接受了中原不同王朝的文化，此地商时期的文化遗存与二里头文化时期的遗存具有一脉相承性，据此，我们将商时期分布在江淮地区西部的文化命名为薛家岗商遗存，它在商代早中期受到了中原商文化的强烈影响，商代后期除铜器外地方复杂性明显增强。

三　时空变迁及与商文化的互动

结合江淮之间文化的发展进程和商文化因素的出现及变迁，大致可以将商文化对此地域的互动关系分为四个阶段，即早商二期～中商二期是江淮之间商时期文化开始出现并稳步发展的时期；中商三期商文化的发展重心向江淮下游转移，而江淮西部出现文化的衰弱；晚商文化一～三期商文化在江淮下游继续扩展的同时，江淮西部地区也出现了不少的商式青铜器；晚商四期商文化的主要势力在江淮西部地区基本消亡，在江淮中部也转向了滁河以北，而对江淮东部的偏北地区有过较强烈的影响。

1. 早商二期～中商二期

早商一期时，商文化还没有影响江淮之间地区。江淮中部的斗鸡台文化在偏西部的斗鸡台类型范围内一直延续到早商一期时，而偏东部巢湖类型范围内自二里头文化四期后目前也不见文化遗存的分布。江淮西部此时仍然继续二里头文化时期的薛家岗遗存。

自早商二期开始，商文化开始影响江淮地区，在江淮中部继承了斗鸡台文化两个小区的传统，可分别以众德寺和大城墩遗址为代表分为皖西淮河流域区和巢湖周边长江流域区。两个小区商文化形成之初，文化内涵不完全相同，皖西淮河流域区保留有与斗鸡台文化相似的大口尊等器形，典型商式器物也多于巢湖周边长江流域区，而长江流域区多见商文化的变体器，尤其是大口缸、折沿盆、深腹罐以及高领溜肩罐的造型特征与盘龙城遗址的商文化较相似，与黄梅意生寺遗址的早商遗存也有一定的相似性（图34）。说明两个地区的文化虽然都来自于中原，但可能有着不同的传播路线，其中巢湖周边长江流域区的商文化可能来自于长江中游的盘龙城类型，而沿淮地区的商文化应直接来自于中原。

自早商三期至中商二期，江淮中部商文化逐渐繁荣，两个小区范围均有扩大，均在原有的范围内向东扩展，文化内涵也很丰富，但仍然存在不少的区别。西部沿淮地区当地文化因素占有较大的比例，如高领鬲、卷沿侈口罐、平沿罐等。浅盘器、颈部饰附加堆纹的深腹平底罐等呈现出岳石文化早商时期的风格，二里冈期的文化特征则体现在锥足鬲等器上。东部巢湖地区则受商文化的影响较为明显，如瘦高体锥足鬲、假腹器、深腹罐、大口尊、簋等，地方特征亦保存了下来，如钵形三足鬲、广肩折沿罐、双足筒形器、敞口折沿盆、宽体鬲、曲壁坩埚、鸟首錾等，同时南方文化影响的势头亦有所增加，比如印纹硬陶菱形纹鼓腹罐、云雷纹尊等。但在文化面貌上这两个小区比二里头文化时期有了更多的共同点，文化同步性在逐渐增强。反映了两个小区的联系在逐渐加强，而巢湖类型与长江中游和江南的联系也在继续保持。

江淮西部地区，自早商二期开始与中原的商文化建立联系。这一地区作为长江中下游之间交流的重要的水上通道，含有不少周边文化的因素也在情理之中。在这些文化因素中，与同时期盘龙城类型商文化的关系最为密切，并且盘龙城类型中的典型器——鼎式鬲在这里的型式更为多样，这些盘龙城类型的因素一直延续到盘龙城类型商文化的消亡。同时与鄂东南之角的黄梅意生寺遗址也有一定的相似性。更为重要的是，江淮西部商时期的文化表现出与巢湖周边商文化更强烈的相似性，比如大口深腹罐、假腹豆形态基本一致。黄梅意生寺遗址与巢湖周边商文化的关系也较密切。比如第一期中的折沿深腹鼎（图103）与大城墩遗址中的"折沿深腹盆"[1]如出一辙；第二期中的束颈鼓腹鬲、侈口溜肩中口罐与大城墩遗址的同类器也相同。江淮西部与吴城类型鬲、深腹罐形态也基本一致，吴城类型的豆与大城墩遗址的豆几乎完全一致（图34）。所有以上这些似乎都说明了盘龙城类型和吴城类型商文化通过江淮西部地区对巢湖周边商文化施加了影响，并很可能是后者形成的直接起因，表明在早商时期长江中下游之间的长江水道是相通的。

江淮西部地区夏商文化与周边文化都有较大的差异，不应归属于其中任何一个考古学文化。江淮西部文化遗存中所包含的中原二里头文化和商文化的因素不是纯粹的，它们是在融合了长江中游的文化因素后的继续传播，虽然大体上与中原二里头文化和二里冈商文化的同类器形相同或相近，但这些器类却是经过吸收改造了的器形，或在陶质上有所差别，属于当地制作的产品。随着地区间的交流日益频繁，从第二期开始，不仅原来的临近的鄂东南和江淮之间，而且包括江南宁镇地区和赣鄱地区等广大南方百越地区的土著文化因素都在此交汇，文化面貌日益复杂。促使江淮西部地区夏、商文化既具有地方文化特点，又兼具周边文化元素。总体看来，该区域内夏代中晚期至商代二里冈下层一期时的文化遗物地方特点明显，文化面貌相对单一，为方便叙述，我们将其称为薛家岗遗存。自二里冈下层二期开始，地区间的交流往来频繁，薛家岗遗存的文化面貌发生变迁，文化面貌日益多样化，分布范围也大大增加，我们将其称为薛家岗商遗存（图36）。

2. 中商三期

中商三期时，商文化在江淮中部的势力范围继续扩大，不仅皖西类型沿淮河向下游扩展至苏皖交界地带，巢湖类型也跨过滁河向东北发展，在嘉山泊岗发现的商代中晚期的青铜器墓葬说明商文化对这里产生过较大影响。

但是商文化在江淮西部地区的影响此时却处于低谷，这里基本不见中商后期的商文化因素。相反，却与鄂东南地区以及赣鄱地区的同时期文化建立了较密切的联系。商文化通过江淮西部

---

[1] 此器很可能也是鼎，因为下部残缺，不确定。见含山大城墩遗址第三段陶器图8，38-1。

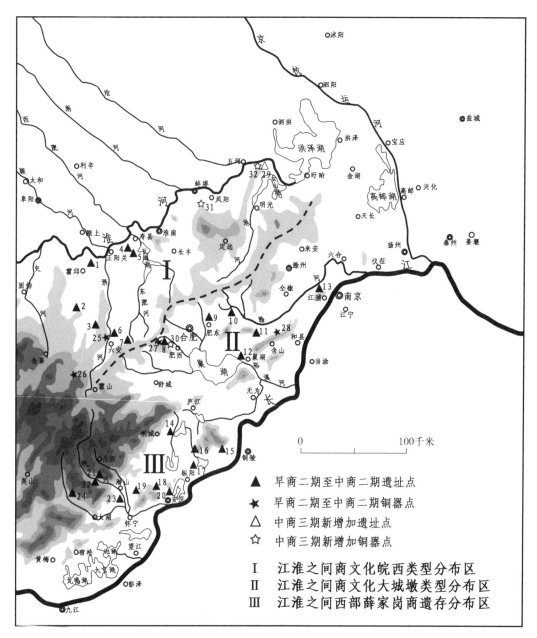

图36　江淮之间早中商时期遗存分布及分区图

1～24.霍邱绣鞋墩、霍邱红墩寺、六安谢后大墩子、寿县斗鸡台、寿县虮蜡庙、六安庙台、众德寺、肥西大墩子、乌龟滩、吴大墩、含山大城墩、巢湖庙集大城墩、江浦牛头岗、桐城丁家冲、枞阳汤家墩、小北墩、毛园神墩、怀宁跑马墩、百林山、安庆张四墩、岳西蟹形包、鼓形包、潜山薛家岗、岳西窑形包遗址　25～28.六安瓠、罍；霍山罍；肥西戈、罍；含山瓠、戈　29.明光泊岗遗址　30～32.肥西爵、瓠、罍；蚌埠爵；明光爵、瓠、罍、罍

与江淮中部地区的联系此时可能不再畅通（图36）。

3. 晚商一～三期

晚商早期，江淮中部的商文化继续发展，有证据表明，此时的商文化因素已分布到江淮东部地区。比如在沭阳万北发现有含有商文化因素的商代中晚期的墓葬、采集有中原风格的青铜鼎等，甚至在江淮东部的盐城龙岗商代墓葬中也发现有商文化因素的假腹豆等[1]等。但是，必须

[1]　毛颖、张敏：《长江下游的徐舒和吴越》，第15页，湖北教育出版社，2005年。

指出的是，无论是万北墓葬、还是龙岗墓葬中的出土物除了商文化因素外，还包括了东夷文化因素，比如万北遗址的出土物分为中原风格的绳纹陶和东夷风格的素面陶，龙岗墓葬中也出有岳石文化的半月形石刀等，说明中、晚商时期商文化向江淮东部地区的扩展是与东夷文化发生冲突的，它们共存于这一地区。

除了商文化在江淮东部地区的扩展外，此时的江淮西部地区也开始出现了不少的青铜器。正如上文所论，所发现的晚商时期的铜器，除了中原风格的外，也包括较多具有地方特征的。比如：六安出土的大口折肩尊[1]、庐江和潜山出土的兽面纹大铙等。其中铜尊是以长江为轴线的长江中上游地区的典型器形，六安的尊既承接了中原殷墟早期铜尊的特点，又兼具南方大口尊的地方特色，它的出现将这类器物的流传区域扩展到长江中下游地区，可能表明此时江淮北部地区的文化交流和文化面貌都发生着变化[2]。大铙多出于长江以南的湖南、浙江、福建、江苏等古越族分布区域，庐江、潜山等地出土的铙与湖南出土的象纹大铙相近，当是地方特征的反映。而中原商式铜器也不少，有太湖的"父辛"铭爵、枞阳的方彝以及舒城的"父辛"铭爵和瓿等。中原商式的铜器和地方特征铜器的出现表明这一时期商文化也加强过对江淮西部的渗透。

以上江淮之间商文化因素主要在偏东部和偏西部繁荣的情况表明，此时期商文化的重点影响地区在江淮东部和江淮西部地区（图37）。

4. 晚商四期

这一时期，商文化所控制的势力范围已经逐步退到淮河以北的地区，在淮北的阜阳、利辛、颍上、阜南等地出有大量的商式铜器。而江淮中部地区目前已报道的材料中可以确认为晚商末期的遗存很少，晚商陶器也大多为晚商早期。合肥烟大古堆、滁州何郢、仪征甘草山发现的商末周初的商文化因素表明商文化已经逐步退到滁河以北地区。相反，地方文化因素和岳石文化因素却大大增强。前期已经在巢湖西岸的庐江发现地方特征的铜器来看，此时的薛家岗商遗存可能已经扩展到了巢湖西部。商末周初的商文化因素除了在滁河北岸的遗留外，在淮河下游也继续存在，比如沭阳万北就有属于此时的商人墓葬，但分布范围已极有限，说明商人此时在江淮东部可能仅保留有少量的军事据点（图37）。

江淮地区的文化因素可以分为中原商文化、东夷文化和地方文化特征。在江淮中部地区，第一期时，已有商式陶器鬲、盆等。在第二期和第三期时，铜器全部与中原地区的商式同类器形态相同，商式陶器的种类、数量都比第一期增多，主要器形有翻缘方唇鬲、平沿直壁簋、假腹豆、深腹绳纹罐、大口尊、折沿深腹盆、瓮等，这些陶器占了全部陶器的绝大多数，形态多与中原地区早商二里冈上层至中商时期的同类陶器形态相同或相仿。第四期年代属于晚商，鬲、豆、簋等与商文化同类陶器相似。江淮中部商时期的上述文化因素，大部分是典型商式器物，这类器物包括全部铜器和大部分陶器鬲、簋、盆、大口尊、瓮、罐、甑等。但也有一些只能属于商式器物的变体，如有颈的鬲、宽体鬲、斜壁假腹豆、粗体大口尊等，赣鄱地区的吴城文化中也有类似的因素存在，表明它们之间此时可能存在着联系。晚商第四期时，商文化在江淮中部的影响已大大减弱。

---

[1] 安徽省皖西博物馆：《安徽六安出土一件大型商代铜尊》，《文物》2000年第12期。

[2] 李勇、程红：《安徽六安商代青铜尊浅释》，《中原文物》2004年第5期。

图37　江淮之间晚商时期遗存分布及分区图

1~12.霍邱绣鞋墩、六安谢后大墩子、城墩、众德寺、肥西陡岗、肥东大陈墩、大城头、含山孙家岗、大城墩、滁州卜家墩、来安顿丘、明光泊岗遗址　13~15.泗洪赵庄遗址、沭阳万北遗址和墓葬、盐城龙岗墓葬　16~23.枞阳汤家墩、毛园神墩、怀宁跑马墩、安庆张四墩、芭茅神墩、怀宁百林山、潜山薛家岗、太湖王家墩遗址　24~35.阜南龙虎尊、饕餮纹尊、鬲、兽面纹斝、觚、斝；颍上县"酉"铭爵、"月己"铭爵、"父丁"铭爵；寿县斝；蚌埠分裆铭文鼎、斝；明光鬲；沭阳万北戈、矛、铲、锛；金寨"父乙"铭鬲、"父癸"铭爵、尊；肥西"父丁"铭瓿、"戈"铭爵；舒城"父辛"铭爵、瓿；枞阳方彝；潜山1912年尊；太湖"父辛"铭爵　36~38.六安尊；庐江兽面纹铙；潜山兽面纹铙　39~43.合肥烟大古堆、滁州何郢、仪征甘草山、沭阳万北墓葬、姜堰天目山、单塘河遗址

　　岳石文化因素在江淮中部商文化中的第一期所占比例极小，第二~第三期时东夷文化因素继续存在，但数量都不多，包括少量的圈足簋、矮凸棱子母口器和折腹豆等。第四期时除圈足簋继续延续外，还有折肩鬲、素面鬲等东夷文化因素或者东夷文化的变体因素也开始出现，说明本地区与东夷文化的交流开始增多，预示了一个新的文化阶段即将到来。

　　江淮东部地区具有商文化和东夷文化的双重文化归属，总体面貌上也难分伯仲，是东夷文化和商文化争夺激烈的地区。

江淮西部地区在整个商文化时期鼎多鬲少，仅见少量商文化特征的变异，该区主要是承袭发展了土著文化，如锥足平底鼎、尖锥足平底斝、盘口折肩袋足带鋬及流的盉与鸟形壶等，与商文化的区别明显。

第四节　西周时期的考古学文化格局

一　文化分期

根据自然地理的分野和文化传统的传承关系，我们把江淮之间地区分为江淮北部淮河流域区、南部滁河流域区、西部长江流域区和古邗沟以东的江淮东部地区。南部滁河流域区和西部长江流域区大致以肥西—巢湖一线为界。

1. 江淮北部淮河流域区

北部淮河流域区的主要遗址包括霍邱绣鞋墩、洪墩寺、扁担岗，六安众德寺、西古城、堰墩[1]，寿县青莲寺、斗鸡台等遗址。近年来发掘的霍邱堰台周代聚落遗址遗存丰富，为年代分期提供了可资验证的确切信息。

根据已发掘遗址的地层关系，并参考大量的调查材料，可以对陶器进行归纳分析。其中霍邱绣鞋墩遗址包含西周早、中、晚三期遗存，并且地层关系明确，三期紧密衔接，可为分期提供可靠的依据。初步将本小区西周时期的文化遗存分为三期（图38）。

西周早期，以霍邱绣鞋墩二段、寿县斗鸡台五段为代表。陶器以夹砂灰陶和夹砂红褐陶为主，其次为夹砂黑陶，泥质陶数量较少，有灰、红、黑三种。纹饰以绳纹为主，素面陶次之，还有少量的附加堆纹、捺窝纹和弦纹。器类有鬲、罐、豆、盆、簋、甗、碗、瓮等，以鬲、罐数量最多。鬲侈口折沿束颈，弧裆略瘪，锥足，通体饰绳纹。罐型式多样，其中直领罐较典型，侈口圆唇，圆鼓腹，凹圜底，颈以下饰绳纹。盆多为敞口浅腹，亦饰绳纹。豆把较高，盘腹多饰凹弦纹，盘口沿较厚，方唇。

西周中期以霍邱绣鞋墩三段、六安众德寺三段和寿县青莲寺三段为代表。陶器以夹砂灰陶为主，其次为夹砂红褐陶和夹砂黑陶，泥质陶有灰、红、黑三种，数量极少。纹饰以绳纹为大宗，素面陶次之，有少量附加堆纹、弦纹和捺窝纹。器类以鬲、罐为主，还有盆、豆、甗、瓮、簋、尊等。鬲为折沿方唇，束颈，瘪裆，袋足较深，有柱足和锥足两种；罐侈口折沿，鼓腹，凹圈底；豆盘较浅；尊为大口，颈较高，多饰附加堆纹。

西周晚期以绣鞋墩四段、众德寺四段、青莲寺四段为代表。陶器以夹砂灰陶为主，其次为夹砂红陶和夹砂黑陶，泥质陶极少。纹饰仍以绳纹数量最多，有少量附加堆纹、弦纹和捺窝纹。器类主要有鬲、罐、豆、盆、甗、钵、瓮等，以鬲、罐数量最多。鬲侈口方唇，深袋足。鬲足多为柱状足，有些鬲足足端突出，似一疙瘩，应是将足端面蹾平时受力形成的。在青莲寺遗址中出现了一种素面鬲，口径10、高10.4厘米，形体较小，手捏制，侈口补沿，腹壁近直，足内

---

[1]　堰墩遗址位于江淮分水岭上，其西有堰墩河向北流入淮河，其文化内涵具有分水岭南北的共同特色，相比之下，与寿县区域的几处遗址的文化面貌更为接近，而与巢湖区域遗址的差别较大，因此我们把此遗址也放入这个区域进行介绍。

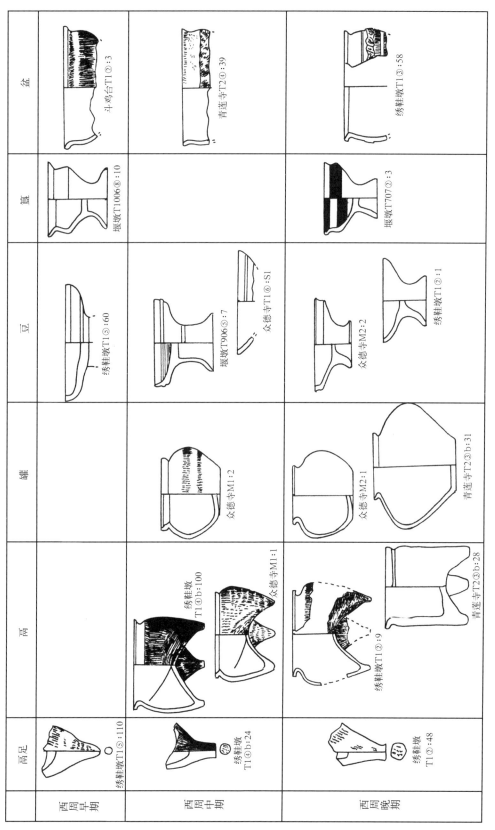

图38　江淮之间北部西周时期器物分期图

窝较浅，柱足。豆把较矮，豆盘中心明显下凹。罐除凹圜底鼓腹罐外，新出现一种平底罐，短折沿，斜肩，下腹壁斜收，最大径偏中上。钵均为敛口，平底。

淮南市的部分遗址商文化遗物很少，从青风岭遗址发现的方唇鬲口沿、假腹豆、素面锥状鬲足分析，时代为商代晚期。西周文化遗物采集较多，从部分鬲口沿、鬲足、罐、盆看，年代相当于西周中、晚期。其特征和风格与典型周文化有较密切关系[1]。

在众德寺和青莲寺遗址发掘属于中晚期的墓葬5座，均为竖穴土坑墓，葬式为仰身直肢，其中三座无随葬品，另两座各随葬2件陶器，分别是鬲、罐和豆、罐。

江淮中部淮河流域区西周时期文化三期间文化面貌大体一致，没有大的区别。陶器方面，均以夹砂灰陶为主，夹砂红褐陶和夹砂黑陶次之，泥质陶器只占极小的比例。纹饰以绳纹占绝大多数，素面陶次之，并有少量的附加堆纹、弦纹和捺窝纹等。陶器器类组合也基本相同，均以鬲、罐为主，还有豆、盆、甗、瓮、簋等。在器物形态特征上，总的来说早、中、晚三期之间也很接近，一些典型器物存在着明显的演化轨迹，反映出本地区西周时期文化是一脉相承连续发展下来的。

从总体文化面貌上观察，本地区西周时期陶器在陶质、陶色、纹饰方面均与中原地区西周文化具有相当大的共性，其主要器类组合鬲、罐、豆、甗、盆及其形制特征与中原地区也基本相同，很少见到具有地方特点的文化特征。仅晚期出现的素面鬲、折腹豆带有江淮地区南部同时期文化的因素[2]，因此，就目前已知的材料来看，安徽淮河流域西周时期文化应属于中原周文化范畴[3]。

2. 江淮西部长江流域区

西部长江流域区的西周时期遗址主要包括庐江大神墩、枞阳汤家墩、潜山薛家岗，安庆棋盘山、张四墩、跑马墩、百林山，太湖王家墩等。另外还有大量的遗址属于调查材料。

这一地区的文化面貌较为单一，许多文化因素都具有一脉相承性，大多数遗物尤其是铜器都具有地方特征，我们主要根据薛家岗、张四墩、跑马墩、百林山、王家墩和大神墩的材料，将江淮西部西周时期的文化分为早、中、晚三期（图39）。

西周早期的遗存以薛家岗遗址T49、T50⑨、⑩层，以及跑马墩、张四墩和百林山的部分遗物为代表。夏商时代流行的鼎式鬲在本期仍然可见，腹更直，但数量已大量减少。商代流行的鼎式盉在本区域还未发现。豆敞口浅盘矮圈足。高领罐瘦长体，最大腹径在中部。鬲联裆、高领、侈沿、腹较直、足流行矮锥状，也有少量敞口直腹鬲和侈口鼓腹鬲。罐侈口、鼓腹。硬陶和原始瓷较少。陶系以夹砂灰陶为主，器表素面为主，绳纹较多，也有少量方格纹、附加堆纹等。

西周中期的遗存以薛家岗遗址的大部分灰坑和跑马墩②层、张四墩H1、H2、枞阳汤家墩第二段和大神墩、王家墩晚期遗存中的部分遗物为代表。高领罐圆肩，最大腹径靠上部。浅盘豆豆腹变深、圈足变高，并出现折腹豆。鬲流行联裆折沿、鼓腹、矮扁体、三足内收，足流行矮锥状和柱状平足，也有少量的侈口折沿折肩鬲。罐侈口，折肩微卷较窄。甗折腰，腰部装饰宽

[1] 何长风：《淮南市古文化遗址调查》，《文物研究（第七辑）》，黄山书社，1991年。

[2] 尤其是众德寺遗址M2所出的1件折腹豆，侈口，方唇，矮圈足，与南方地区常见的硬陶或原始瓷豆形制非常接近。

[3] 宫希成：《安徽淮河流域西周时期文化试析》，《东南文化》1999年第5期。

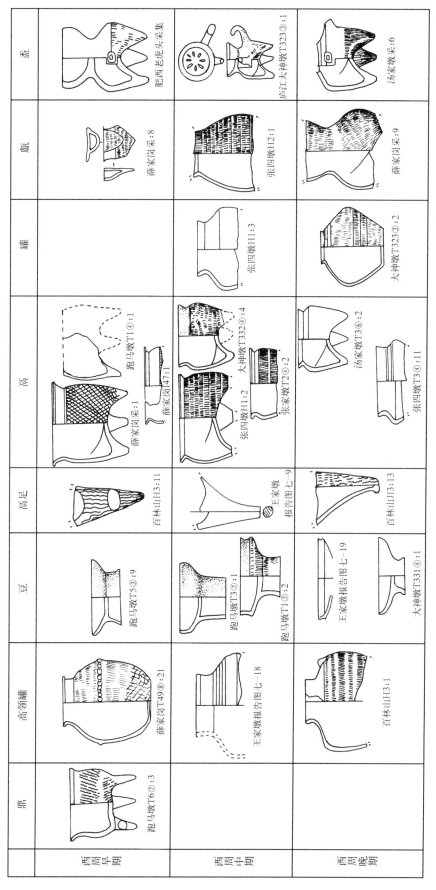

图39　江淮之间西部两周时期器物分期图

带状堆绳纹。带把盘口鬲式盉大量流行，与商代流行的鼎式盉不同，独具特色，这种盉甚至影响到了江淮分水岭北部的地区，在六安堰墩遗址就可见此类盉。陶系仍以夹砂灰陶为主，红褐陶较多。纹饰流行弦断绳纹，素面器大量增加，并有少量附加堆纹和弦纹等。

西周晚期遗存以百林山 H3、王家墩晚期遗存、张四墩 H5、H6、枞阳汤家墩第三段和大神墩、薛家岗部分遗物为代表。流行折肩折腹的作风。鬲弧裆近平，流行柱状底部蹾成疙瘩状平足。甗弧腰无装饰。弦断绳纹不再流行，绳纹比例超过素面，并且以中绳纹为主。陶器中最具时代特点的是在偏西部的地区出现了大量的带漏斗形附耳的甗，这类器物与中原的周文化存在较大的区别，但在鄂东、赣北地区的遗址中较为常见。

可以看出，相对于宗周文化和江淮分水岭以北地区的文化来说，本区的文化特征较为独特。这里的黑皮陶较多，流行三足器，鼎、鬲并存，盉形器独特，是承袭了本地商代的特征，尤其是在早期时这种承袭性更为明显。但自西周中期开始，素面器增多，陶鬲出现柱状足和疙瘩形足等的特征又与巢湖以北地区相同。相比来说，其东部与巢湖周边地区有较多的交流，西部则与鄂东南地区有相似性。就时间来看，其早期仍然延续着自夏商以来的土著文化，自中期开始，文化面貌发生变化，文化内涵增多，具有特征性的器物比如折肩鬲、带把盘口鬲式盉等大量出现，文化势力明显增强，而晚期时，又增加了较多的鄂东南和赣北地区的文化因素。

3. 江淮南部滁河流域区

本区的范围大致处于肥西—巢湖一线以北的滁河流域区。遗址主要包括含山大城墩、孙家岗、肥东吴大墩、江浦蒋城子、曹王塍子、牛头岗、滁州何郢、盱眙六郎墩、仪征甘草山、神墩以及合肥烟大古堆等。

宋建先生在 20 年前就已经将滁河流域的西周时期文化划为一个独立区域，说其既不同于江南的吴文化系统，也不同于江淮地区的西周时期文化，但与江淮地区同属于淮夷文化区系[1]。张敏先生将滁河流域东部蜀岗地带的几处遗址，比如仪征甘草山遗址划归江南吴文化系统[2]。根据对位于滁河流域几处遗址的具体分析，我们认为它们处于江淮分水岭北部宗周文化区、江淮东部夷人文化区和宁镇地区吴文化区的交汇地带，受到的文化影响在不同的时期表现出不同的强弱对比。

在整个西周时代，与长江南岸陶器和其他文化遗存方面的差异不难识别。总体上看，长江北岸的墓葬为竖穴土坑，有木质葬具，随葬较多的具有地方特征的铜礼器，比如素面鬲、几何纹瓿、盘口盉等。多数遗址西周陶器以灰陶为主，硬陶、原始瓷较少。陶器纹饰以绳纹为主，鬲、甗亦不例外，几何形印纹陶器较少。绳纹鬲或作瘪裆，也有折肩淮式鬲。周式盆、豆、罐、瓮较多。鼎和羊角形把手少见。长江南岸的吴文化流行具有高大土堆的土墩墓，铜礼器中足尖较细的撇足鼎最具特色，不见于江北，而江北的特色铜器也不见于江南。江南的西周时期陶器以红陶为主，硬陶、原始瓷的比例较大，几何形印纹陶较多，素面鬲、素面甗较江北为多，素面鬲或作袋足，瘦高体，与江北体较矮，袋足较肥的素面鬲型制不同。鼎和羊角形把手鬲较常见。可见，西周时期无论是江北因素在江南，还是江南因素在江北都不占据主导地位，两个地区文

[1] 宋建：《试论滁河流域的周代文化》，《东南文化》1990年第5期。

[2] 张敏：《宁镇地区青铜文化研究》，高崇文、安田喜宪主编：《长江流域青铜文化研究》，科学出版社，2000年。

化的界线是比较清楚的。但需注意的是宁镇地区文化因素尤其是陶器方面,在江北是逐渐增加的,到了西周晚期～春秋早期时,超过了宗周文化因素,占据了文化主导地位(表14)。

表14　何郢遗址各器物群分期统计表[1]

分期 ＼ 陶器群	宗周文化因素	宁镇地区文化因素	地方性因素	东夷文化因素
西周早期	18件(56.3%)	5件(15.6%)	7件(21.9%)	2件(6.8%)
西周中期	57件(36.5%)	32件(20.5%)	49件(31.4%)	18件(11.6%)
西周晚期至春秋早期	19件(23.5%)	36件(44.5%)	17件(21%)	9件(11%)

但是涉及与宗周文化和东夷文化的关系方面,就不是十分清楚了。

滁河流域区西周早期的遗存大多都发现有商代末期的文化因素,它们在地层关系上都较难区分。例如近年来发掘的滁州何郢、合肥烟大古堆、以及仪征甘草山遗址等都是商代末期的遗存与西周早期的遗存共存,都没有早于商代末期的遗存发现,这说明了商代晚期商文化大城墩类型消亡后,商文化因素的四散情况,也说明了此地的西周早期文化是通过对商文化大城墩类型的取代而确立的。滁州何郢遗址还发现了大量商末周初的动物祭祀坑遗迹[2],表明其在商代末期和西周早期的重要地位。有的发掘者和研究者认为滁州何郢遗址代表了西周时期一种新的文化类型[3]。

经研究,何郢遗址的西周时期遗存可以分为三期,包含有四组文化因素(图40),分别为宗周文化因素、宁镇地区文化因素、地方性因素和东夷文化因素。四组文化因素在不同时期的比重发生了较明显的变化,具体表现在早中期以宗周文化因素为主,晚期以宁镇地区文化因素占大宗,地方文化因素和东夷文化因素始终处于从属地位,它们虽然在中期时曾经有过明显增加,但晚期又明显减少。

我们将滁河流域区的大城墩遗址、吴大墩遗址、蒋城子遗址、曹王塍子遗址和甘草山遗址与何郢遗址进行对比,看它们之间文化的异同变化。

从大城墩的陶器分期来看,西周早期与晚期之间的文化面貌变化很大。西周早期的陶器大部分继承了中原地区周文化特点,如绳纹分裆鬲、折沿鼓腹弦纹簋、腹部有三角划纹的簋、绳纹卷沿盆、带两道弦纹的圆肩小罐等,这与何郢遗址的情况相同。部分陶器也继承了本地区晚商文化因素,如宽平沿平底细高柄豆、敛口圜底弦纹豆等,另外还有长江南岸湖熟文化的部分因素,如素面鬲、素面甗、原始瓷豆等。西周晚期,早期时的器形大多消失,大部分器形是新出现的,如素面折肩鬲、折沿平底素面盆、弧腹圜底细柄豆等,这组器物在滁河北岸的何郢遗

[1]　本表根据余建立:《何郢遗址出土陶器的初步分析——兼论滁州地区西周时期考古学文化编年谱系及其相关问题》,北京大学2006年硕士论文。

[2]　这些祭祀遗存的内涵与商周时期中原文化中心区的祭祀现象一致,但地位较低,代表了一种乡村规模的祭祀现象。可参考袁靖、宫希成:《安徽滁州何郢遗址出土动物遗骸研究》,《文物》2008年第5期。

[3]　宫希成:《安徽滁州市何郢遗址发掘的主要收获》,《古代文明研究通讯》总第十五期,2002年。

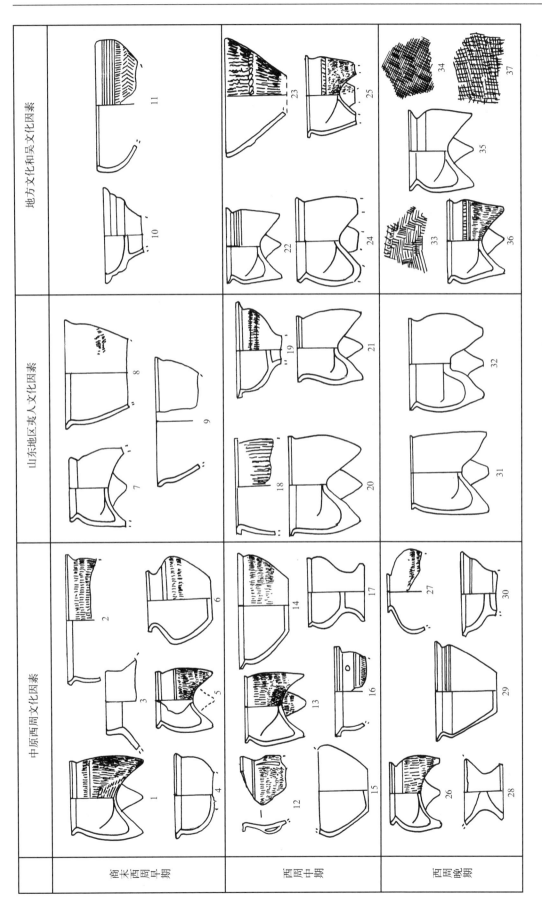

图40　何郢遗址器物分期与文化因素图

1、5、7、12、13、18、20、21、22、24～26、31、32、35、36.鬲(T1105⑫：40、T0805⑪：43、T0904⑨：57、T0904⑧：19、T1004⑧：30、T1005⑧：37、T0605⑥：26、T0905⑩：36、T1004⑥：45、T1005③：30、T0705②：9、T1005④：41、T1007⑥：10、T0805⑫：55、T1004⑪：61、T1004⑪：63)　3、6、27.罐(T0805⑫：14、T0805⑫：32、T0906④：25)　2、8、9.甗(T1104⑨：35、T0605⑩：30、T1105⑨：39、T0907②：25、T1005④：46)　10.豆(T0905⑪：39)　11、14、15、23、29.盆(T1004⑪：64、T0704⑨：14、T0804⑥：17、T0805⑨：24、T1005②：29)　33、34、37.硬陶纹饰(T0506②：11、T0905③：57、T0504④：31)

地方文化和吴文化因素　山东地区夷人文化因素　中原西周文化因素

商末西周早期　西周中期　西周晚期

址都能找到对应的器形，另外大城墩西周早期的陶器大多为夹砂灰陶，到了晚期夹砂红陶占据了绝对优势，这与宁镇地区和整个滁河流域的趋势也是一致的。可见在西周晚期滁河流域的文化特征已更为接近。

古城吴大墩遗址西周时期遗存的三个发展阶段发展序列明显，不存在较大的变异，如绳纹在整个遗址发展过程中始终占据主要地位，没有何郢遗址那样有数量较多的素面器等，吴大墩遗址的陶器更多地表现出了周文化因素对本地文化因素的影响，与大城墩类型相比，在西周早期两者的文化面貌较为接近，但晚期时继续保持与宗周文化的密切关系，这与其他地区有所差异。可能与其分布位置较为靠近淮河流域区的宗周文化区有关。

蒋城子西周时期遗存与大城墩的面貌较为相似，前期的陶器绳纹陶器较多，素面风格较少见，陶器多带有明显的中原地区周文化因素，后期有较大变异，素面器大量增加，与何郢遗址的文化面貌趋同。

曹王塍子西周文化层出土陶器以夹砂红陶为主，但是夹砂灰陶在整个陶系中所占比例在 40% 左右，而且纹饰以绳纹为主，素面比例较小，几何印纹陶的比例很小。从器物特征看，曹王塍子西周文化层受中原文化因素影响较大，从另个角度看，其特点与蒋城子遗址一样与大城墩遗址较为接近。

滁河以北的仪征甘草山遗址与滁州何郢遗址的文化面貌较为一致，甘草山遗址陶器以夹砂红陶为主，有少数绳纹、间断绳纹和捺窝纹，以及大量的红烧土遗迹等都与何郢遗址极为类似，并且鬲、盆等都具有相似的特征，需要特别指出的是：甘草山发现的一件纺轮，在一面的平面上饰有等距的 9 个小孔，而在何郢遗址中也发现一件，只不过孔的数量为 10 个；另外，甘草山遗址也出土了若干陶拍，其花纹与何郢遗址所出几乎完全一致。

根据以上的分析，我们可以看出，滁河流域区的文化大致经过了相同的发展过程，它们在西周时期应该属于同一个文化区。宗周文化主要是在滁河以北完成了对商文化的取代，并基本上重新恢复了商文化大城墩类型的滁河以南地域。从这个意义上说，实际上宗周文化在这一区域还是具有文化主导地位的，尤其是在早期，这种主导地位最为明显。但是随着地方文化因素的发展以及吴文化因素和东夷文化因素的强力介入，宗周文化的主导地位受到了严重消弱，中期时其他因素均强力发展，只有宗周因素大幅度下降，但总体文化面貌趋向一致。晚期晚段时最终沦为宁镇地区吴文化的附属区域。

我们根据以上几处遗址的叠压打破关系，把此地区的西周时期文化分为西周早、中、晚三期（图 41）。

西周早期以含山大城墩第七段、肥东吴大墩第三期、滁州何郢遗址一期、江浦蒋城子遗址的前段、仪征甘草山遗址的第一、二段等为代表。本期常见陶系以夹砂灰陶为主，泥质红陶、泥质黑陶和灰陶均较少。硬陶和原始瓷少见。纹饰以细绳纹为主，有填线三角纹、锯齿纹、网格纹、叶脉纹等，常见附加泥条和堆贴装饰。常见的陶器种类，炊器以鬲、甗为主，盛食器有盆、簋、豆、罐、钵等。鬲、甗均包括绳纹和素面两种，甗腰上多堆贴泥条，泥条上按捺密集的指窝。

西周中期以肥东吴大墩第四期、何郢遗址第二期等为代表。陶系以夹砂红褐陶为主，泥质黑陶、夹砂灰陶次之，有少量的印纹硬陶和原始瓷器。纹饰以中绳纹为主，还有粗绳纹、弦纹

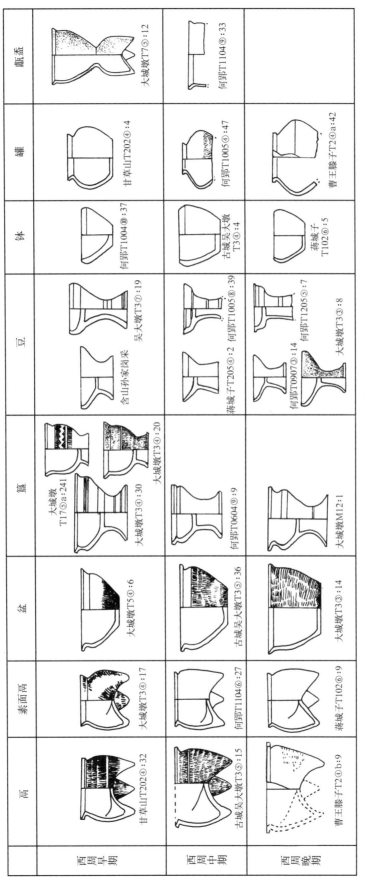

图41　江淮之间南部西周时期器物分期图

和附加堆纹等，堆贴装饰仍较多见。但甗腰部位已多不饰。常见陶器有鬲、甗、盆、罐、钵、豆、簋、瓮等。其中敛口钵、原始青瓷高圈足碗等属新出现的器形。

西周晚期以含山大城墩第八段、肥东吴大墩第五期、江浦蒋城子后段、曹王塍子、仪征市甘草山的第三段、浦口长山子西周墓葬、仪征破山口西周墓葬等为代表。仍以夹砂红褐陶为主，并且夹砂灰陶和泥质陶相比前期继续减少，硬陶和原始瓷器的数量有所增加。素面有所增加，但仍然以绳纹为主，出现了较多的印纹陶纹饰，比如席纹、折线纹、回纹、方格纹等。陶器种类与前期相近，但绳纹鬲和绳纹甗有所减少，素面鬲和甗多见。

此地的陶器种类存在明显的演化趋势。比如一种侈口折沿联裆绳纹鬲由稍高体向扁体，裆部逐渐变矮，口径略等于两足径向远大于足径演化，在中期出现的折肩鬲是江淮地区特有的一种器形，学者们多将其称为"淮式鬲"；一种素面鬲为弧腹向折肩和直腹演化，器形逐渐"明器化"；盆由侈口斜腹小平底向略直腹大平底演化，逐渐变深；簋由粗矮圈足向高圈足演化；豆由矮圈足平底向高圈足圜底下凹演化；钵由敛口较弱向敛口较甚演化；侈口鼓腹罐由弧腹向折腹演化等。

与中原地区的西周文化的共同点主要表现在大部分的绳纹鬲、盆、矮圈足簋、豆、部分罐、瓮的形态特征，都与周文化的同类器物特征大同小异。总体来看，此地区的陶器种类与北部沿淮地区多有相似，有些器物也存在相似的演化过程。

陶器中的印纹陶系罐和原始瓷豆、盅等器以及红陶逐渐增多的趋势都与江南吴文化分布区的特征相同。

4. 江淮东部区

从目前遗址的发现情况来看，江淮东部地区西周时期的文化遗存较少。时代可以早到西周早中期的遗址有姜堰天目山遗址[1]。时代可自西周早期一直延续到两周之际（图42）。

从包含物来看，大致可以分为两个阶段，西周早中期具有江淮地区周代文化的一些共性，既有宗周文化因素，也有商文化的遗留因素，同时包含有较多的夷人文化因素。比如簋、绳纹鬲、绳纹罐、曲柄豆、盆、罐等与含山大城墩、肥东吴大墩、江浦蒋城子、滁州何郢、仪征甘草山遗址都有相似性，相比来说，与偏东部的甘草山和何郢遗址的相似度较高，它们均以素面鬲为主要炊器。而与滁河南岸的文化面貌在存在共性的基础上又表现出一定的差异性，后者与宗周文化的面貌更为接近些，以绳纹鬲为主要炊器。

西周晚期的发现有姜堰市天目山遗址、单塘河遗址[2]、金湖磨盘墩遗址[3]、高邮周邶墩、唐王墩遗址[4]等，其最北可到达废黄河（淮河）南岸的阜宁北沙。西周晚期文化遗物的造型和纹饰与句容城头山遗址第三层、第二层，丹徒团山遗址第四层、第二层和丹徒断山墩遗址第三期等基本一致，可视为宁镇地区吴文化向江淮地区的外延[5]。西周晚期江淮东部和滁河流域的文化渐趋一致，到西周末期，基本上都成为宁镇地区文化的附属区域。

[1]　南京博物院、泰州市博物馆、姜堰市文物管理委员会：《江苏姜堰天目山西周城址发掘报告》，《考古学报》2009年第1期。
[2]　周煜、黄炳煜：《天目山、单塘河古遗址调查简报》，《东南文化》1987年第三辑。
[3]　南京博物院资料。
[4]　南京博物院考古研究所、扬州博物馆、高邮文管会：《江苏高邮周邶墩遗址发掘报告》，《考古学报》1997年第4期。
[5]　南京博物院资料。

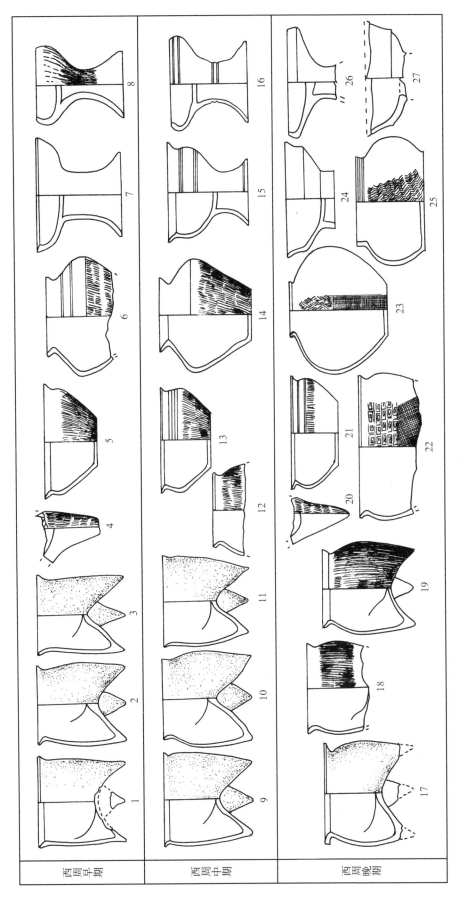

图42 天目山遗址器物分期图

1~3.9~11,17.素面鬲T4720⑫：1,T4624⑧：9,T4424⑧：9,T4623⑥：23,T4623⑥：21,T4623⑥：27.T4522④：11 4,12,18~20.绳纹鬲T4525⑧：25,T4525⑥：21,T4623⑤：28,T4623⑤：5,T4522④：25 5,13,21.绳纹盆T4623⑧：10,T4623⑥：8,T4522⑤：31 6,14.绳纹罐T4624⑧：17,T4625⑥：7 23.印纹罐T4522④：18 7,16.T4623⑤：5,T4522⑥：2,T4321③：5 8.绳纹豆T4623⑧：14 15.簋T4425①：2 24.硬陶豆T4522④：2 27.原始瓷豆T4424④：15 26.素面豆T4424⑫：7,T4525⑥：2,T4525⑥：24 22.印纹盆T4623⑤：2 25.印纹瓿T4623⑤：4 25.印纹瓿T4522④：4 25.印纹瓿T4623⑤：2

西周早期 西周中期 西周晚期

二　文化变迁及与西周文化的互动

以上我们把江淮之间地区分为了北部淮河流域区、南部滁河流域区、西部长江流域区和东部四个大的区域，通过分析，我们认为南部滁河流域区和江淮东部偏南的地区是属于一个大的文化区，它们有共同的文化来源，都属于中原和东夷的混合文化；又有着共同的去向，最终都融入江南吴文化之中。由于西周时期中原文化和东夷文化以及南方文化传统相互影响的力度较之夏商时期不同，文化性质和区域也发生了显著的变异。单就西周时代来说，由于地域势力集团的变迁，文化面貌在不同时期也表现出不同的特征。

1．西周早期

商代晚期大城墩类型商文化衰亡以后，商文化因素仅在滁河以北的少量地点有所发现，滁河南岸此时已基本不属于商文化的分布区。西周早期，宗周文化重新在滁河南岸地区确立了文化主导地位，滁河南岸的含山、肥东、肥西、江浦等地的文化面貌都表现出了较强烈的宗周文化因素。同时宗周文化势力也伸展到滁河下游区和江淮东部地区，只是这里的文化因素相对于滁河南岸来说，夷人文化特征更为强烈些。单从文化面貌上看，整个滁河流域区和江淮东部具有相当的共性，但也存在较明显的区别，此时大致可以以滁河为界分为两个小区。

此时江淮北部淮河流域区的面貌相对单一，与中原地区西周文化具有相当大的共性，其主要器类组合鬲、罐、豆、甗、盆及形制特征与中原地区也基本相同，演化序列也一致，很少见到具有地方特点的文化特征，宗周文化在这里占据了文化优势地位应无异议，并且这种优势地位在整个西周时代是一直保持的。

肥西—巢湖一线以西长江流域区的文化继续延续自商代以来的土著文化传统，与宗周文化的差异较大，互动关系不明显。但在肥西—巢湖一线的沿线附近地区与滁河流域的文化存在交流，比如在六安堰墩和肥西老虎头遗址中都发现了具有江淮西部土著风格的盘口鬲式陶盉（图13，7和图39），在巢湖北岸还发现了龙首上曲錾直流铜盉（见图43，69、70）等。

2．西周中期

西周中期时滁河流域和江淮东部地区的夷人文化因素明显增强，地方文化因素和江南宁镇地区文化因素都经历了一次较大规模的发展，甚至西部长江流域区的土著文化传统也开始影响这一地区，宗周文化在此地的分布受到了严峻挑战。但从滁州何郢遗址的文化因素分析结果来看，此时的宗周文化因素仍然占有较大的比例。滁河南北两岸的文化面貌在前期区别较为明显的情况下逐渐趋同。

此时西部长江流域区的文化经历了一次大发展的时期，早期的文化因素大部分都发生了变化，开始形成一套独具特色的器物群，包括甗形盉、折肩锥足素面鬲等，说明文化性质可能也发生了变化，这一文化群体不仅向东部扩展，还影响到了江淮分水岭以北的地区，六安堰墩遗址出土的甗形盉、滁河流域遗址中出土的折肩鬲以及巢湖出土的龙首纽直流铜盉都表明了这种扩展势头的存在。并且与鄂东南和赣北地区也建立了广泛的联系，后者地区流行的附耳甗、镂孔豆、刻槽足鬲已广泛出现（图43）。

3．西周晚期～春秋早期

西周晚期，江淮分水岭以北的地区继续为宗周文化所控制。

图43　江淮之间西周时期遗存分布与分区图

1~21.霍邱绣鞋墩、堰台、王郢、红墩寺、寿县斗鸡台、青莲寺、六安城墩、西古城、庙台、众德寺、匡大墩、堰墩、淮南孤堆寺、翻嘴顶、蚌埠梅古堆、丁家庙、明光赵府、盱眙六郎墩、明光竹墩、定远朱湾、九梓遗址　22~39.合肥烟大古堆、肥东乌龟滩、吴大墩、含山孙家岗、大城墩、巢湖庙集大城墩、江浦蒋城子、曹王塍子、牛头岗、转田村、全椒古城、滁州卜家墩、来安顿丘、仪征神墩、破山口、甘草山、姜堰单塘河、天目山遗址　40~58.肥西大墩子、老虎头、霍山戴家院、赵士湾、巢湖槐林神墩、庐江大神墩、朱家神墩、桐城丁家冲、枞阳浮山、毛园神墩、怀宁跑马墩、安庆沈店神墩、张四墩、棋盘山、怀宁百林山、黄龙、太湖王家墩、岳西黄泥古墩、鼓墩遗址　59.沭阳万北遗址　60~67.霍邱中晚期小型甬钟；含山晚期戈；巢湖中晚期窃曲纹鼎、夔凤纹簠；江浦晚期鼎、鬲、矛、戈、剑等；天长晚期三足匜；仪征四凤盘、鱼龙纹盘、饕餮纹甗、素面鼎、素面鬲、素面独耳鬲、云纹尊、鸟纹尊、方格纹瓿、凤纹盉、卷云纹铲；枞阳晚期重环纹鼎；枞阳晚期鼎　68~70.庐江晚期盘口盉、蝉纹鼎；巢湖早期铜盉；巢湖早期龙首纽直流盉　（Ⅰ.江淮之间北部西周文化区（六）　Ⅱ.江淮之间南部滁河流域区（在西周早期可以滁河为界分为两个小区，Ⅱ1区具有较多的东夷文化因素，Ⅱ2区具有较强烈的宗周文化因素，两者互有影响。西周中晚期两小区文化因素逐渐趋同，渐与江南宁镇地区文化同步。Ⅱ区是西周中晚期邗国的所在，而Ⅱ2区应是西周早期邗国的最初分封地）　Ⅲ.西周早期为当地薛家岗商遗存的延续，西周中晚期属于南淮夷的势力范围，其东部为巢国，西部为群舒等　Ⅳ.淮夷势力区）

　　江淮分水岭以南的江淮东部和滁河流域区文化面貌却发生了较大的变异，宗周文化势力明显减弱，优势地位逐渐丧失，滁河南岸的江浦、含山等地的文化遗存中也开始含有较多的夷人文化和江南吴文化的因素，与滁河北岸和江淮东部地区文化面貌一致。江浦和仪征发现的具有土著风格和中原风格混合的青铜器墓葬以及在巢湖南部枞阳发现的中原式青铜鼎表明宗周王朝也可能努力恢复其在此地的影响，但在文化面貌上这种优势地位已无法分辨。

　　西部长江流域区的文化因素在前期曾经向东发展至巢湖东部地区，本期仅在巢湖西部存在，表明它们的发展受到了较强烈的抑制（图43）。

　　从以上的文化分区和时空变迁来看，江淮西部地区受中原西周文化的影响一直都较弱，说明西周文化不可能是经过中下游之交的长江水道相互连通的，这与夏商时期不同。西周文化很可能是经过颍河、汝河等淮河的北部支流自中原地区进入江淮地区的。

第三章　江淮之间地区文化与势力变迁

第一节　夏代

夏代，江淮之间的考古学文化可以划分为三大文化传统，即中原二里头文化传统、岳石文化传统和土著文化传统。江淮东部以岳石文化传统为主，江淮西部以土著文化因素为主，而处于两地之间的江淮中部地区则是三种文化传统交互影响的区域，相对来说，沿淮地区的夏代文化自始至终受到二里头文化的影响较大。而巢湖周边地区在相当于二里头文化早期时曾受到岳石文化传统的强烈渗透，并建立了诸如肥西塘岗之类的文化据点，但在二里头文化第三期时，岳石文化传统就已经基本退出了这一地区，二里头文化传统强势进入该地区。到了二里头文化第四期，二里头文化传统在巢湖周边地区继续经营的同时，主要势力重新退回到沿淮地区，巢湖周边地区可能重新变成了二里头文化和岳石文化共同经营的区域（目前这一时期的文化遗存发现极少，具体文化面貌和性质尚不能做全面分析，我们仅是提出了一种可能性）。可见，巢湖周边是二里头文化和岳石文化重点争夺的地区。而在二里头文化因素自沿淮地区深入到巢湖地区的同时，在江淮西部地区也出现了深受二里头文化传统影响的薛家岗遗存，这支二里头文化的势力集团与江淮中部的同类文化相似度甚小，从文化面貌来看，很可能是来自于鄂东南地区的二里头文化时期的盘龙城遗存。不同于巢湖周边地区的是，薛家岗遗存一直延续到早商时期。

以上从考古学的角度对江淮之间考古学文化范围的划分，与文献记载的夏代史迹也能较好地契合。

首先是古国的存在，据文献记载，英、六等国在夏王朝时期就已经在江淮之间定居。《史记·夏本纪》中说："帝禹立而举皋陶荐之，且授政焉，而皋陶卒。封皋陶之后于英、六，或在许。"张守节《正义》引《帝王纪》："皋陶生于曲阜。曲阜偃地，故帝因之而以赐姓曰偃。英、六既为皋陶之后，故也姓偃。"《路史·国名记》夏后氏条："巢，南巢氏，桀之封。"六之地望，《春秋·文公五年》："秋，楚人灭六。"杜预注："六国，今庐江六县。"即今安徽省六安市一带。可见，早在夏代，这一地区便有英、六、巢等存在了。皖西六安县是英、六故地，这里的斗鸡台文化含有二里头文化早期因素；巢湖一带是巢的故地，这里的二里头文化均属二里头文化晚期[1]，这些情况与上述文献所载英、六在夏代初年即受封于禹，而巢在夏代晚期才为桀所封的情况大致相符。

另外，史籍中还有大量关于禹娶涂山女、禹会诸侯于涂山的记载。这些记载散见于《尚书·皋陶谟》《楚辞·天问》《吕氏春秋·季夏纪·音初》《吴越春秋·越王无余外传》《史记·夏本纪》《列

[1]　王迅：《东夷文化与淮夷文化研究》，第88页，北京大学出版社，1994年。

女传·母仪篇》《华阳国志·巴志》《左传·哀公七年》《淮南子·原道训》等中。这么多的文献记载，充分说明了它们是流传长久的历史记忆。至于涂山在何处，前人考证分歧很大，近年来学者多偏向于安徽怀远境的当涂山，这里的文献记载最早。始见于《吕氏春秋》，汉唐间多主所说。有杜预注、唐柳宗元《柳河东集涂山铭》、宋苏轼《东坡集涂山诗》等均主此说；考古学面貌上也可以看出二里头文化的势力此时明显已经抵达沿淮地区，并且建立了密切的关系。这可能与大禹治水和娶涂山氏女有关，它们之间很可能已经通过婚姻结成了联盟。后来夏桀逃南巢，也是与该地国族原是夏之联盟而打下的基础分不开的[1]。

但比较麻烦的是，这些古国的史实隐晦，所涉地望的考证又差异极大，很难同具体的考古学文化进行对照。我们只能根据文化面貌的不同划分为几个稍微大的区域。不过少数上层人物的变动或单纯军事征伐并不一定能显著地改变社会物质文化的特征，即使地望相合，也难以在考古遗存中得到验证。好在这点麻烦并不影响整个夷夏文化相互对峙、相互交融而又略分主次的基本格局。

其次是夏王朝与夷人的关系。有夏一代，夏王朝和东夷的关系是十分密切的，夷夏关系对夏王朝的存亡关系重大，它们之间大致经历了联合、纷争、相安无事再到商汤联合东夷灭夏三个阶段。早在大禹治水时，大禹即已同涂山氏联姻，《楚辞·天问》："禹之力献功，降省下土方，焉得彼涂山女，而通之于台桑"。在夏代建立以前，华夏与东夷的"轮流坐庄"可能是当时的大势所趋，它们的势力均衡，依靠互通婚姻和轮流"执政"的方式维持着彼此之间的地位[2]，因此，实际上，大禹在位前就已经与东夷族建立了密切的关系，而涂山氏的族属经学者研究正是属于东夷族系的，涂山氏活动的地望大致处于寿县东北怀远县境[3]，该类型发现的周围放置大量兽骨、卜骨的青石，可能是某些东系民族以石为自然崇拜或祖先崇拜对象的原始宗教遗迹。禹在位时确定皋陶、伯益为继承人。皋陶、伯益是嬴姓夷族部落的首领，因此这一时期，夷夏之间应该是一种联合的关系。而禹之后，启杀伯益夺权的行为，引起了一些东夷部落的反抗，首先反抗的是有扈氏。《史记·夏本纪》记载，启曰："嗟！六事之人，予誓告女：有扈氏威侮五行，怠弃三正，天用剿绝其命。今予维共行天之罚。左不攻于左，右不攻于右，女不共命。御非其马之政，女不共命。用命，赏于祖；不用命，僇于社，予则帑僇女。"遂灭有扈氏。天下咸朝。此后启及子太康湎于酒色田猎，太康兄弟争权夺利，夏民十分怨恨夏后氏的统治。这时东夷酋长后羿乘机崛起，出其不意的攻入夏都安邑，取而代之，史称太康失国。历经太康弟弟的儿子相及其子少康，在有虞氏、东夷有仍氏、有鬲氏等的支持下，才恢复了中断百年的夏朝统治。史称少康中兴。

那之后夷夏关系逐渐处于相安无事的状态，夏统治者可能依旧采用联姻、赏赐等手段与东夷部族保持密切关系，应该说这一时期是夏朝统治稳定发展的时期。

夏朝晚期各种社会矛盾激化，帝孔甲"好方鬼神，事淫乱"，民不聊生，诸侯叛之。《后汉书·东夷传》云："桀为暴虐，诸夷内侵"。《左传·昭公四年》云："夏桀为仍之会，有缗叛之"，有缗氏是东夷的一支。"《左传·昭公十一年》又云："桀克有缗，以丧其国"。以上可见东夷人开始

[1]　詹子庆：《走进夏代文明》，第135页，东北师范大学出版社，2006年。
[2]　张敏：《华夏文明起源的假说》，《东南文化》1990年第4期。
[3]　龚维英：《涂山氏的源流和变迁》，《中州学刊》1988年第5期。

反抗夏的统治。更为重要的是，桀娶有施氏女妹喜为妻，抛弃了传统的与东夷人的联姻，使夏与东夷人的亲密关系破裂，从而点燃了东夷族反抗的导火索，可见没有正确处理好同东夷大姓的关系是夏朝灭亡的原因之一。

当东夷大规模反抗夏朝统治的时候，商族乘机崛起，商联合东夷反夏势力，在鸣条击败夏军，桀奔南巢，夏亡。

江淮之间二里头文化传统和东夷文化传统的发展关系大致也正如文献中所显示的经历了以上所划分的几个阶段。二里头文化和岳石文化因素共存于斗鸡台文化斗鸡台类型中，表现出两者的关系甚为紧密。之后，斗鸡台文化向东南发展，逐渐排挤了原分布于此地的岳石文化塘岗遗存，而形成了斗鸡台文化巢湖类型。在二里头文化晚期，夷夏交恶的时候，巢湖类型即逐渐消亡。

再次是夏王朝的起源和消亡，正如上文所说，夏王朝的起源与沿淮地区的涂山氏应该有密切的关系。而涂山氏在考古学文化的表现很可能就是斗鸡台文化斗鸡台类型。而文献所记载的夏末"桀奔南巢"所在区域存在较大的争议，并不能确指。据研究，这支逃亡的夏人势力很可能是"浮江"而来，即自汉水至长江，顺江东下而至巢湖地区，"桀与其属五百人去居南巢"[1]。江淮西部发现的薛家岗遗存也许正是这条逃往线路上的重要遗留[2]。既然肯定桀曾奔南巢[3]，那么在南巢区域应该存在有二里头文化晚期的文化因素，目前，这类文化因素可见于薛家岗遗存和巢湖西岸的个别地点（肥西三官庙遗址），但在二里头文化四期时，巢湖周边已不属于二里头文化的控制区域，因此，夏桀们的主要活动区域应该在偏西的江淮西部，向东延伸到巢湖区域，但在后者应该逗留不久，即"俱去海外"[4]。那么，薛家岗遗存很可能就是夏桀所封的南巢的主要区域[5]，此遗存在江淮西部一直延续到早商一期时，随着商文化的进入而消亡。

第二节　商代

商代，江淮东部除了淮河以北的苏北地区有少量的商文化据点外，淮河以南此时的文化基本属于空白。江淮中部属于商文化的地方类型，可以分为北部的淮河流域小区和南部的长江流域小区，早期基本上继承了原斗鸡台文化的分布范围，中晚期继续向东部扩展。两个小区大约同时兴起，而文化内涵却有所区别，说明它们可能有不同的来源途径。江淮西部的薛家岗商遗存也受到了商文化的较大影响，但主要文化内涵仍然是属于地方性的。商文化在江淮之间地区的分布情形与商时期分布在此地的势力集团和商夷关系是密不可分的。

首先是文献中关于古国的记载。

---

[1]　见于《逸周书·殷祝解》。《国语·鲁语上》《古本竹书纪年》（《太平御览》卷八二引）亦有桀奔南巢之说。

[2]　杜金鹏先生认为夏桀奔南巢是先入汉水，再沿长江东下，绕过大别山后登上长江北岸，到达南巢的，见杜金鹏：《关于夏桀奔南巢的考古学探索及其意义》，《华夏考古》1991年第2期。

[3]　邹衡：《大城墩遗址与江淮地区的古代历史的关系》，《夏商周考古学论文集续集》，第244页，科学出版社，1998年。

[4]　见《尚书大传·殷传》（《太平御览》卷八三引）。

[5]　关于南巢的具体地望，郭沫若先生也认为在安徽桐城县南六十五里（见《郭沫若全集》（考古编）第五卷，第464页《卜辞通纂考释》574片），这里正是薛家岗遗存的分布范围，科学出版社，2002年。

同夏代时一样，文献中提到的商代古国也仅有"六""巢"，且比夏代时的记载更少，比如，曾有卜辞中提到过六：

己未卜，六？不六？ （《合集》二二二五九　一期七册）

……六圍？（《合集》二二三三三　一期七册）[1]

第一条是商人贞问（天帝）是否会降咎于六？第二条是贞问灾咎会否降临六的边陲？即敌国会否侵犯六的边境之意？从贞文来看，商人对六似乎颇为关心。说白了，六是商人在江淮之间的代理者，商人利益的实现有赖于六。因此，有学者认为"六"为商的封国[2]。

另据《书序》："巢伯来朝，芮伯作旅巢命"[3]，因此，有学者认为，巢和六在武王克商之前可能都是商王朝控制下的诸侯国[4]。虽然文献中的记载不多，但从地方性文化变成商文化的地方类型这点来看，商王朝比夏王朝更加有力的控制了这一地区，也证实了我们将江淮中部分为淮河流域区和长江流域区的可行性。

其次是关于商灭夏的途径和商夷关系的记述。从全国范围来看，商王朝对夏王朝的取代是沿夏文化发展的足迹进行的。夏桀向南巢地的败亡是巡汉江进入长江，穿过江淮西部而进入巢湖地区的。商王朝大致经过了这一线路，但从考古学文化面貌来看，商文化进入江淮地区的时间并不在早商第一期，早商第一期的遗存仅存在于鄂东南地区的盘龙城类型，商文化对此地进行了重点经略，并没有急于向江淮地区进发，虽然其最东部的势力已经抵达鄂皖交界的黄梅，但已是强弩之末。早商一期时商王朝并没有向江淮地区进发，这也正是包含有大量二里头文化因素的薛家岗遗存得以在江淮西部地区和斗鸡台文化斗鸡台类型在江淮中部沿淮地区一直延续存在到早商一期时的原因所在。当中原和盘龙城类型商势力稳固以后，它们才从不同的方向向江淮地区扩展。并在中商时期迅速扩展至整个江淮中部地区，晚期并把触角伸向江淮北部和东部地区。实际上，这种商文化向江淮地区势力扩展的趋势也是与商夷关系的变迁分不开的。

夏王朝晚期，夏与商族、东夷等东方诸部落的关系恶化，导致商族与东夷诸部族被迫联合反夏，从文献材料推知，夏代末年商夷联盟已经形成。早商时期，商夷关系仍然融洽，商夷联盟得以延续。仲丁以后，商夷之间军事冲突不断，商夷联盟终结，根据《史记》《古本竹书纪年》等书的记载，自仲丁开始到盘庚时期，商王朝内部发生了两件大事——"比九世乱"和四次迁都，从前人的研究成果来看，这些事件都可能与对夷人的控制有关[5]。考古材料为夏末早商存在商夷联盟的立论提供了佐证。豫东、郑州、偃师等地发掘表明，属于商族的下七垣文化与属十东夷的岳石文化，在夏末商初有共存和文化混合现象，说明此阶段商、夷关系融洽。商代早期，在商人国势强大的前提下，商文化范围存在着北、西、南扩展而唯独东方收缩或滞展的现象，这正是商、夷之间延续同盟关系的具体反映。但至早商晚期，商文化却东向大扩展，整个鲁西地区皆纳入商文化之分布范围，这种文化上的取代应与商、夷关系恶化及商夷联盟终结有直接关

[1] 郭沫若主编：《甲骨文合集》，第一期第七册，中华书局，1980年。

[2] 齐文心：《"六"为商之封国说》，《甲骨探史录》，生活·读书·新知三联书店，1982年。

[3] （汉）孔安国传，（唐）孔颖达疏：《尚书注疏》，阮刻十三经注疏本。

[4] 王迅：《东夷文化和淮夷文化研究》，第88页，北京大学出版社，1994年。

[5] 对此问题的详细论述可见王爱民：《商与东夷关系浅谈》，河北师范大学2006年硕士论文。

系 [1]。晚商时期，商夷交恶，甲骨卜辞多有记载，武丁以后的各王都曾经与东夷发生过大规模的战争，到商王帝辛时，规模更是巨大，最终导致"纣克东夷而陨其身"（《左传·昭公四年》）的结果，此时甲骨卜辞中记载最多的征人方，陈梦家先生就认为是属于淮泗流域的淮夷 [2]。商文化势力在江淮地区的扩展也同样体现了这种商夷关系变化的结果，早商时期，商夷联盟，商文化并没有过多的侵入江淮地区，早商晚段开始，商文化开始大举向江淮地区渗透，并将此地归为商文化的地方类型。到中商时期，更是继续向东，把原属夷人文化区的地域纳入到商文化的控制之下。伴随着商夷交恶，晚商时期的江淮中部地区的商文化极度衰落，此时，江淮西部的薛家岗商遗存很可能继续向东扩展一直到达滁河南岸地区 [3]，商文化因素目前仅在滁河北岸及附近的合肥烟大古堆、含山大城墩、滁州卜家墩和仪征甘草山等少数地点发现，可能表明商文化已向滁河北岸退却。而在更东和更北部的地区发现不少的晚商因素与东夷文化因素交融的遗存，则说明这里可能成为商王朝和夷人争夺的重要地区。整个商代，东夷文化因素在江淮中部地区的分布并不多，可见商王朝在此地对东夷势力的控制还是相当成功的。晚商时期，商王朝在南、北和西方均不同程度的存在势力收缩，而唯独在东方的分布有所扩展，看来商王朝在与东夷势力和淮夷势力的争夺中倾注了大量精力，严重消耗了商王朝的国力，这成为商王朝灭亡的真正诱因。之后，大批的东夷文化因素便开始出现于江淮中部地区了。

第三节　西周时期

西周时期，江淮地区的考古发现中，江淮分水岭以北的地区一直以宗周文化为主体。以南又可以分成两个小区——即东部滁河流域区和西部土著文化区（最大范围包括长江以北、肥西—巢湖一线以西的地区）。另外还有江淮东部区和西部大别山区。

滁河流域区是宗周文化和夷人文化交互作用的区域，宗周文化因素的主体地位起伏不定，在西周早期时，宗周文化因素主要在滁河南岸占据主导地位，而滁河北岸虽然也以宗周文化因素为主，但很明显，它们与滁河下游和江淮东部的文化具有较多的共性，当存在不同的势力集团。进入西周中期以后，夷人文化因素和吴文化因素大量增加，西周晚期，吴文化因素逐渐占据主导地位。西周中期时夷人文化因素和吴文化因素的增加并没有改变宗周文化的主体地位，虽然这种主体地位受到它们的严峻挑战。西周晚期宗周文化的优势地位逐渐丧失，虽然有迹象表明宗周王朝也曾经试图恢复对此地的控制，但从文化总体面貌上已较难分辨。可见，这个区域在西周中晚期时是宗周文化与地方文化争夺的重要地区。

西部土著文化区内宗周文化因素较少，而以地方文化因素为主。西周早期时，继承了商时期薛家岗遗存的文化特征，比如鼎式鬲仍存在，稍折肩、三足内聚、足尖较尖的"淮式鬲"还没有出现，西周中后期流行的条纹和间断绳纹极少，这些都与薛家岗遗存的特征相同。但是自西周中期开始，柱足或足端带疙瘩的鬲足开始大量流行，逐步取代了锥状鬲足，鬲也开始大量

[1]　张国硕：《论夏末早商的商夷联盟》，《郑州大学学报（哲社版）》2002年第35卷第2期。
[2]　陈梦家：《殷墟卜辞综述》，第301～308页，中华书局，1988年。
[3]　薛家岗商遗存是继承了薛家岗遗存的土著文化，代表了南巢的延续，从这个意义上说，南巢在商代末期曾经有过大范围的东向扩展。

流行折肩、三足内聚的造型，并流行饰间断条纹或绳纹的装饰风格，相应的，甗和甗形盉等也是同样的造型装饰特征。罐流行折肩。这些都是相对于以前未曾出现的文化因素，与周边地区的宗周文化和东夷文化以及大路铺遗存都有区别，这组器物特征一直延续存在到春秋时代，尤其是甗形盉极大发展，甚至演化出铜制甗形盉，它们是群舒文化的代表性器物。广泛分布于滁河南部地区，并在附近与宗周文化因素交汇。

从文献记载上（包括铭文资料）来看，分布在此地的势力集团包括有"英""六""桐""黄""江""巢""邗""徐""群舒""淮夷""南淮夷"等。西周王朝在江淮之间地区的经略与这些势力集团关系密切。这些势力集团与西周王朝相对应，属于广义的夷人集团。这些夷人集团与夏商时的夷人族属是一致的，只是在与夏商王朝的冲突中逐渐南迁，并分散在江淮地区。当各自为政时，对于王朝的威胁不大，而一旦联合，就形成了严重威胁王朝统治的力量。因此，这些势力集团在与西周王朝的"交往"中，时分时合，范围也不时变迁。

1．英、六

英、六在夏商时的情况已如上述，到了西周时期，英、六继续存在。并一直处于以现今六安为中心的一片地区。六安堰墩遗址是属于"六"国范围之内的一处地点，该遗址表现出的西周时期文化内涵说明在西周早期"六"国已经臣服于周。1997年，安徽考古工作者对六安东城进行了解剖，发现城内堆积除含新石器时代晚期堆积外，主要为西周时期，其城垣的构筑年代被定为西周[1]。该城年代的确定，为六在六安的文献记载多了一份来自考古学的支持和线索。六虽然也是"淮夷集团"的成员，但是从其相关史迹来看，六的身上很少体现出其他淮夷成员诸如徐、淮夷抗拒周、与周对立的情状来；相反，倒是有很多臣服、妥协的迹象。六的这种"反常"表现，归根结底，我们认为还是要从它所在的地理位置来分析，六的地望在今六安，六安位于皖西、大别山北麓，东邻肥西，北接寿县，西倚金寨，南靠霍山，地理位置极为重要。清顾祖禹曾形容它是"庐州之喉舌，淮西之要地"[2]。如此关键的一个位置，无怪乎那些觊觎江淮的中原势力如此看重六了，而偏偏六又是一个软弱的小国，在强大的北来势力面前，唯有臣服的份。六首封于夏时，夏亡后，从属于商，是夏、商王朝在江淮间的一个方国，已如前述。进入周代，虽然从传统文献、金文等资料来看，一支与周对立的势力"淮夷集团"已经凸显出来，但在很长一段时间内，至少在西周早期，像六这样的成员，依旧是从属于周的。穆王时代有录伯簋。铭文记载作器者录伯祖考有劳于周邦，王赏录伯一事。铭文中的"录"正是典籍中的"六"[3]。王赏赐作器者是因为其祖父有助周佑辟四方之功。但六既曾是商之属国，那么在六转而归顺周人之前显然有事发生。成王时器大保簋铭文有"王伐录子圣"的记载，看来，六国在周成王时曾遭周人挞伐。彭裕商更是将这场战事定在了成王平叛之后[4]。笔者认为，六臣服于周很可能是发生在前文提到的周公东征东夷前的南征时（详下节）。同时另有录卣铭文显示，有一个叫录的

[1]　安徽省文物局：《五十年来安徽省的文物考古工作》，《新中国考古五十年》，文物出版社，1999年。

[2]　顾祖禹：《读史方舆纪要》，中华书局，2005年。

[3]　郭沫若有云："录国，殆即《春秋》文五年'楚人灭六'之六。"郭沫若：《两周金文辞大系图录考释》，见《郭沫若全集》（考古编）第七卷第254页，第八卷第141～142页，科学出版社，2002年。

[4]　对大保簋年代的考订，可参见陈梦家：《西周铜器断代》，中华书局，2004年。郭沫若：《两周金文辞大系图录考释》，见《郭沫若全集》（考古编）第七卷205页，第八卷第71、72页，科学出版社，2002年。陈寿：《大保簋的复出和大保诸器》，《考古与文物》1980年第4期。彭裕商：《西周青铜器年代综合研究》，第218页，巴蜀书社，2003年。

人奉王命以成周师氏戍于古师，又云伯雍父蔑录历，易（赐）其贝十朋，而录也借此表达了他的感激，拜稽首，对扬白（伯）休[1]。通过这篇铭文，我们看到自录的先祖早年臣服于周并助后者开拓疆土，到穆王时代淮夷内侵，他本人从旁相助，录（六）国一直是站在周人的阵营里的。尽管无论是在血统上，抑或是地域上，它都与所谓的"淮夷"更为接近。由此，我们可以看出，六安地区，至少在西周早中期时，宗周王朝曾经具有主导地位。虽然我们不能确定对六这块地域周王朝是否也进行了分封，单从考古学文化面貌看，六安地区的北部（确切地说是江淮分水岭以北）已经属于宗周文化圈了，其南部属于文化交汇的区域，淮夷文化因素和宗周文化因素共存现象较为明显，是两者争夺的焦点地区。

　　至于英，一种看法认为，"英"又作"蓼"，是六的分支，属群舒[2]。《正义》中也说："英盖蓼也。"而蓼之地望，据《汉书·地理志》引《括地志》所言，在今河南固始，与六相近，俱在淮南。《读史方舆纪要》卷二十一"寿州霍邱县"条下："蓼县城，在县西北接固始县界，古蓼国，皋陶之后封此……汉置蓼县。"地处当今河南固始县之蓼成冈。文献中的记载，似也得到了考古学证据的支持，考古学者曾在河南固始县城及城北一带发现废弃的东周时期城墙，认为是蓼国故城[3]。但也有认为"英"并非"蓼"的。《左传·僖公十七年》："齐人为徐伐英氏。"《六安州志》谓州之西有英氏城，地当今安徽金寨东南。如何调和这两者间的矛盾？《括地志》中一段关于蓼的话语或是一种启发，"光州固始县，古蓼国，南蓼也。春秋时蓼国，偃姓，皋陶之后。又有北蓼城，在固始县北六十里。蓼国有南北二城。"这段话对于本问题虽然没有直接的帮助，但它提醒我们，"英"与"蓼"很可能是本为一支族群的两批人员在迁移过程中于相距不远的两地分别建立的，且各自有了名号，不过因为他们都是皋陶之后，又都姓偃，故后人谈及时仍以同族相视，不分彼此。事实上，"英"与"蓼"的情形在一个迫于战争、迫于生存而频繁发生族群迁徙的时代里是不奇怪的。更为明显的是，蓼国的一支曾南迁今安徽舒城与舒人结合，建立了舒蓼国，亦称"蓼国"，后为楚所灭。看来，英自夏开始就已经居于淮河上游南岸地区，西周时期可能向东南迁入巢湖西部地区。

　　2. 巢

　　古国名，偃姓。从以上的论述可以看出，巢在夏商时期曾经作为夏商王朝的属国而存在，传统文献中有大量关于"巢"的记载[4]，除传统文献中提到巢外，金文和甲骨文中也有记载，周原出土的周初甲骨文中有"征巢"的记载（H11∶110）[5]。《西清古鉴》中也有两件铜器记述了对巢的用兵。西周班簋铭文中有"秉繁、蜀、巢令"的记载，其中的"巢"就是巢伯国。而"秉"是执掌的意思，此铭所记内容是说毛公受周王之命管理繁、蜀、巢的事务[6]。而据一些学者的研究，

[1] 罗振玉编：《三代吉金文存》卷十三第四十三页，总第1409页，中华书局，1983年。唐兰：《"蔑历"新诂》，《文物》1979年第5期。

[2] 李修松：《徐夷迁徙考》，《历史研究》1996年第4期。陈秉新、李立芳：《出土夷族史料辑考》，安徽大学出版社，2005年。

[3] 詹汉清：《固始县北山口春秋战国古城址调查报告》，《中原文物》1983年特刊。

[4] 杜金鹏先生有详细的记述，参见杜金鹏：《关于夏桀奔南巢的考古学探索及其意义》，《华夏考古》1991年第2期。

[5] 陕西周原考古队：《陕西岐山凤雏村发现周初甲骨文》，《文物》1979年第10期。

[6] 对班簋铭文的考释，可参见陈秉新、李立芳：《出土夷族史料辑考》，第183~187页，安徽大学出版社，2005年。

班簋是穆王时器[1]。今本《竹书纪年》云武王十三年，"巢伯来宾"[2]。那么巢国的地域是在哪里呢？春秋时代，巢处于吴楚间的推测已为绝大部分的学者所接受[3]，巢被吴国灭亡以后，秦、汉、西晋在这一带设立了居巢县，唐、宋为巢县，皆在巢湖附近。汉唐以来学者多认为夏桀所奔南巢，即春秋之巢国，亦即秦汉之居巢、唐宋之巢县。1983年，在巢湖市庵门村西发现一合唐会昌二年墓志，志文中多次称当地为南巢[4]。可见，西周时期的巢国当大致位于巢湖一带。文献中的记载，可以看出巢同西周王朝的关系很密切，并同六一样在某种程度上受制于周人。结合这一地区的考古学文化面貌，以及我们下面讨论的邗国地界，我们倾向于认为西周时期的巢国处于巢湖周边地区，大致在芜湖—巢湖—肥西一线以南的地区。正如上文所述，夏桀所封的南巢指的是江淮西部，商代时势力扩展，到商代末期商文化大城墩类型衰落以后，一度向东扩展至滁河南岸一带，而在西周早期"征巢"的过程中，又退回到肥西—巢湖一线以西的地区，滁河南岸的西周时期文化表现出较强烈的宗周文化特征即是证明。西周中晚期，南淮夷势力兴起于江淮西部地区，至此巢国西与南淮夷属于一个大的文化区，彼此关系较为密切，东与邗国为邻，互有影响。

3. 邗

一般认为，邗国是江淮间的一个小国。张敏先生认为，邗国的范围大致与汉代的临淮郡相当，即在古邗沟（今京杭大运河江淮段）两岸，包括今天的扬州、仪征、江都、高邮、宝应等沿河市县，向东可能达泰州、姜堰一带[5]。笔者认为，从考古学文化面貌的相似程度看，邗国的地界可能还包括滁河南北、江淮分水岭以东的一块区域，只是在不同的时期存在着地域变迁。从考古学文化面貌看，西周早期滁河南岸的宗周文化因素较为浓烈，反映了其与宗周王朝的关系较为密切。到西周中晚期滁河南北地区的文化面貌渐为趋同，宗周文化因素的比例下降，地方因素和宁镇地区的因素逐渐增加，说明滁河南北地区很可能已经统一在一个大的政治集团之下了，我们即认为此为"邗"国。

文献上涉及西周时代的邗国的记载非常少，仅有关于其"开国"——《左传·僖公二十四年》提到"邗、晋、应、韩，武之穆也"和其"灭国"——《管子·小问》中记载："……昔者吴干战，未龀不得入军门。国子摋其齿，遂入，为干国多。"两段。如果这些记载属实，那么邗、宗周和淮夷三者之间的关系就比较明显了。邗为周初所封于滁河南岸一带。这是以西周早期周人的势力在此经略为前提的。但是邗国可能仅有很少的宗周贵族，在他们周围，应该是更大量的本土居民（夷族）。随着整个西周王朝与淮夷间的时战时合，处于"夹缝"中的邗国肯定也是风雨飘摇，要不为淮夷所灭，要不出现淮夷化，历史事实证明，邗国出现了"本土化"，这与隔江相望的亲族吴国可谓如出一辙。但是，笔者认为，邗国虽处于夷人势力的虎视眈眈之中，但毕竟是保留住了宗周王朝可以行使统治权的这块区域，并且利用这块区域，西控巢国和南淮夷，南连吴国，起到了很好的限制淮夷的发展和掠夺地方资源的目的。

---

[1] 班簋著录于《西清古鉴》，对班簋年代的研究，可参见唐兰：《西周青铜器铭文分代史征》，中华书局，1986年。杨树达：《积微居金文说》，中华书局，1997年。李学勤：《班簋续考》，《古文字研究（第十三辑）》，中华书局，1986年。

[2] 《今本竹书纪年》固已被证伪，但同一事件在《尚书序》中也有记载"巢伯来宾，芮伯作《旅巢命》"，结合以上所述其他证据，我们认为除了发生时期错误外，当有此事。

[3] 杜金鹏：《关于夏桀奔南巢的考古学探索及其意义》，《华夏考古》1991年第2期。

[4] 张宏明：《浅谈伍子胥后人墓志》，《文物研究（第一期）》，黄山书社，1985年。

[5] 毛颖、张敏：《长江下游的徐舒与吴越》，第57页，湖北教育出版社，2005年。

4. 徐

关于徐国的起源、迁徙、分布及主要历史事迹，顾颉刚和徐旭生先生都进行过较为深入的分析 [1]，笔者也曾借鉴他们的意见，提出了自己的一些看法 [2]。这里仅把结论摘录于下，以便其他问题的探讨。徐国属于东方夷族，嬴姓，它与淮夷、南淮夷等属于不同的政治力量。他们分布的地域有别，事迹也各有不同。单就徐国来说，他们大约在商周之际，已经活动于今鲁东南一带，在西周初年，徐戎叛乱，周公平叛之后，他们南逃到鲁西南、苏西北和皖东北地区。西周穆王时期，徐戎联合淮夷叛乱，叛乱被平叛后，穆王迁徐之宗亲跨过周王朝统治的势力区，将他们分散迁徙到或者逼迫到淮河上游（徐国中心支族）和巢湖西部群舒故地（徐国各分支族），"徐偃王"纠集了在淮河上游的江、黄和巢湖西部的群舒、巢等同系宗族，组成了"三十六国"集团，势力大增，成为西周中后期威胁王朝统治秩序的最强大力量之一——南淮夷。厉王和宣王的征伐又一次打败了徐的势力，徐在此时不得不进行又一次的迁徙，他们顺淮河而下，或者被迫归顺在淮夷的藩篱下，偏居在淮夷和西周王朝势力交界的今洪泽湖一带，以后或许略有迁徙，但处于吴、楚和齐的夹缝之中，始终没有大的作为，直到公元前 512 年被吴灭于盱眙县西南一带。

5. 群舒

所谓群舒，指的是一批以舒为名的淮夷小国，包括舒、舒庸、舒蓼、舒龙、舒鲍、舒鸠、舒龚等。一般认为，舒与徐有着密切关联，群舒系由徐方分迁出来的一些子爵小国，群舒即群徐。鉴于舒与徐的特殊关系，在涉及群舒的起源时，学界也多以为群舒与徐一样，来自山东境内。群舒主要分布在巢湖以西直到大别山的区域，而群舒下各小国的地望，据文献记载也可大致推出，学者们关于此方面的叙述很多 [3]，故不再赘述。关于春秋时代的群舒遗存相当丰富，在铜器组合、器形和纹饰上都表现出一定的特征。但是，西周时期群舒的遗存发现却较少，尤其是显示身份的青铜礼器更少，为我们判断西周时期群舒的面貌增加了困难。根据少量的遗存以及徐国和巢国的变迁，我们大致可以认为，在西周穆王之前，自新石器时代晚期到夏商时期一直源源不断而来的东夷因素在巢湖以西的势力集团还比较弱小，不成气候，并没有对王朝势力构成大的威胁。但是在徐国被穆王打败并分迁到这些地方后，徐国利用同姓宗亲和亲族的关系，迅速笼络并与周王朝为敌，到厉宣王时，他们已经形成一股强大的力量，位于巢湖西部地区的被称为群舒，即南淮夷的一部分（南淮夷还应包括巢国），而位于淮河上游地区的被称作徐夷。

而对于说明群舒故地就是宗周王朝所称的南淮夷之地的重要例证就是以下对于桐国的族属和地望的确定。

6. 桐

偃姓，有西周晚期厉王时器翏生盨铭文曰："王征南淮夷，伐角、津、伐桐、遹"，还有同时期的鄂侯驭方鼎铭文曰："王南征，伐角、遹" [4]。因知桐属淮夷集团，且是实力强悍的南淮夷

[1] 徐旭生：《中国古史的传说时代》，文物出版社，1960年。顾颉刚：《徐和淮夷的迁、留——周公东征史事考证四之五》，《文史》第三十二辑，中华书局，1989年。

[2] 赵东升：《徐国史迹钩沉》，《东南文化》2006年第1期。

[3] 可参考张钟云：《徐与舒关系简论》，《南方文物》2000年第3期。陈怀荃：《东方地区风、嬴、偃姓部落群发展概势》，《安徽师范大学学报》1983年第3期。

[4] 关于两器的年代和之间的关系，见马承源：《关于翏生盨和者减钟的几点意见》，《考古》1979年第1期。

之一员。桐乃一古国，《左传·定公二年》曰："桐叛楚。"杜预注："桐小国，庐江舒县西南有桐乡。"故地在今安徽桐城县西北，正位于上文中所圈定的群舒故地的中心位置。

7. 角、津、遹

由以上铭文可知，这三者亦可能为淮夷集团成员。铭文中角津与桐遹并称，则伐角与伐津当是有联系的战役，而伐桐、遹又是另有联系的战役，这联系也许是地域相近的缘故。据马承源先生考证，"角疑即角城"，《水经注·淮水》："淮泗之会，即角城也。"《太平寰宇记》："角城在宿迁县东南一百一十里。"津，疑即津湖就近的淮夷小邦，地在宝应县南六十里，与角毗邻。而遹，假为霉，即霉娄，是淮水上游的战略要地。《左传·襄公二十六年》"楚子秦人侵吴，及霉娄，闻吴有备而还"。《史记·吴太伯世家》余祭十一年"楚伐吴，至霉娄"。其地望据《太平寰宇记》在霍邱县西南八十里，一说在商城县东北，两者相差无远。关于角，陈秉新先生更进一步指出，角当在今江苏淮阴市西南古淮河与泗水交汇处[1]。

值得一提的是，商甲骨文中就曾提到过角，"丁卯卜：角其来？"[2]另有"庚寅卜，贞：以角女？二告。庚寅卜，贞：弗其以角女"？[3]看来，角在商代晚期时曾是商之属国。联系沭阳万北遗址出现的商代晚期的文化因素，很可能商人曾经统辖过"角"这个方国，这个方国扼东夷和商文化大城墩类型之股肱，地理位置非常重要。

可见，角、津大致位于江淮下游，而桐、遹则位于江淮上游，都处于江淮与中原的重要交通线上，那么角、津和桐、遹都是属于南淮夷区内的地名吗？笔者认为不一定如此，虽然翏生盨中提到是王征南淮夷，而鄂侯驭方鼎中又说是王南征，因此，虽然四地可能都是王南征的地点，但角、津属相邻地域，而桐、遹属另一个相邻地域，他们分别代表了淮河上、下游的重要战略要地。两地的文化面貌也不相同，前者属于淮夷区系，后者属于南淮夷区系。厉、宣王时期的铜器铭文中，已很少看到征"淮夷"的字眼，而被征"南淮夷"所取代，因此，这里的征角、津很可能是在王征桐、遹的过程中征伐的淮夷小邦。就像在鄂侯驭方鼎中，还记载了王征伐南淮夷的回程途中在"坏"接见了鄂侯，我们并不能就此认为坏也是南淮夷的地名一样。

8. 江、黄

如英、六一样，史籍中对江、黄二国多并举。江、黄既是小国、实力弱，且相距又近，故遇事常相伴而行。如《春秋·僖公二年》："秋九月，齐侯、宋公、江人、黄人盟于贯。"《春秋·僖公三年》：秋，"齐侯、宋公、江人、黄人会于阳谷。"《春秋·僖公四年》："秋，及江人、黄人伐陈。"江、黄皆嬴姓。江国地望，据杜预注，在河南汝南安阳县，即今正阳县西南，南临淮河。黄，《左传·桓公八年》："夏，楚子合诸侯于沈鹿，黄、随不会。"杜注："黄国，今弋阳县。"地处当今河南潢川县西，淮河南岸。近年考古发掘在河南潢川县城西6千米隆古乡发现了春秋黄国故城，并在城内发现有12处青铜冶铸作坊遗址，出土有礼器及镞、戈、矛、剑等兵器残片[4]。1983年6月，考古工作者又在潢川西光山宝相寺发掘出一座春秋早期的黄君

---

[1] 陈秉新、李立芳：《出土夷族史料辑考》，第23页，安徽大学出版社，2005年。

[2] 郭沫若主编：《甲骨文合集》，四六六五，中华书局，1980年。

[3] 郭沫若主编：《甲骨文合集》，六七一正一期，中华书局，1980年。

[4] 杨履选：《春秋黄国故城》，《中原文物》1986年第1期。

孟夫妇墓，出土大量精美青铜器和玉器[1]。江、黄均是淮河沿岸的小国，但并非土生土长，而是同样经历了迁徙，有学者以为，他们大约是在周公东征之后，由古泗水流域沿淮渐次西迁至河南南部淮河沿岸的[2]。在西周时期涉及淮夷反叛周王朝的金文资料中，对江、黄的记载所见不多，从他们的地理位置看，他们距离淮夷集团中反叛激烈的区域较远，而是恰好处在了南淮夷与周人的交界地段。这样的位置是很值得玩味的，简单来说，周人对之可能会有安抚、笼络之举，目的是令其充当周人御敌的屏障。金文资料证明了这种可能性，1977年山东沂水刘家店子营公墓中出土了两件铜盆，从铭文来看，为"黄太子白克"自作用器[3]，值得关注的是铭开头表示时间的用辞，"惟正月初吉丁亥"，黄人用的是周人的历法，而黄并非姬姓，黄人与周的密切关系由此可见一斑。后来在春秋时期，黄还曾与随结成同盟，担当周御楚的屏障。同时，西周王朝还在淮河上游地区设立了不少的姬姓封国，用来防范这些异姓诸侯（这些姬姓封国有蔡、蒋等），总的来说，江、黄等国虽然在传统上被当作是"淮夷集团"的一员，但在现实情形中，它可能却对周表现出了尊崇（六、蓼二国亦属此类性质），而这与徐、淮夷（作为单支的淮夷）这些抗周激烈分子的态度是大相径庭的。很可能，周穆王以后，徐偃王在汉东纠集36国集团对抗周王朝时，江、黄、六、蓼这些国家也都参加了[4]。

9. 淮夷、南淮夷、南夷

众所周知，淮夷、南淮夷和南夷集团都应该是具有泛称性质的称谓，淮夷和南淮夷族属一致，只是在地理分布上有所不同，他们也应该是在不同的时期活跃在历史舞台上的。张懋镕先生认为南夷代表着今湖北省东北部的人群，族属并不属于夷族[5]。笔者认为此说甚是，只是具体区域可能更广阔一些，泛指长江中游的南方族群。分布在淮河流域的夷人都可以称为是淮夷集团的一份子，包括我们上文论说的六、巢以及群舒、桐等国都在此列，甚至被西周王朝分封的邗国，其主要的民族构成也是夷族。这都是自新石器时代即已开始的民族迁徙造成的。淮夷集团始终是王朝控制的重点，尤其是江淮地区的淮河流域区历来都是中央王朝重点经略的地区，这里的斗鸡台文化中所含的二里头文化因素比岳石文化因素多，并且还包括夏部族意识形态方面的内容；商朝早中期，商文化控制了此地区，此地区成为商文化的一个类型，已被纳入了商王朝的版图，淮夷力量被大大的限制。商代晚期，商文化大城墩类型极度衰弱，巢湖周边的夷族势力经历了一次短暂的大发展时期。西周初年，王朝政府利用笼络、分封、征伐等手段，将江淮分水岭以北江淮西部的大部分地区都纳入到西周王朝的统治之下，江淮分水岭以南的巢、六等淮夷小国也归附于王朝政府，在巢湖以东地区还分封了邗国，作为王朝势力在淮夷地区的代言人。此时，西周王朝的势力范围达到了最大。西周中期开始，随着徐夷和淮夷势力的逐渐强大，他们屡犯周境，自此至周末，周王朝和淮夷之间的战事就没有停止过，淮夷集团的力量在频繁的打击下逐渐衰弱，江淮东部地区淮夷集团彻底失去了对周王朝的威胁。而一部分在江淮分水岭以南地

[1]　河南信阳地区文管会、光山县文管会：《春秋早期黄君孟夫妇墓发掘报告》，《考古》1984年第4期。

[2]　高广仁：《析中国文明主源之——淮系文化》，山东大学东方考古研究中心编：《东方考古（第1集）》，科学出版社，2004年。

[3]　山东省文物考古研究所、沂水县文物管理站：《山东沂水刘家店子春秋墓发掘简报》，《文物》1984年第9期。

[4]　以上关于古国的论述参考了徐峰：《西周时期的淮夷》，南京师范大学2007年硕士论文。赵燕姣：《西周时期的淮夷及相关族群》，《东岳论坛》2016年第1期。徐峰：《过渡带：两淮地区早期社会进程》，上海古籍出版社，2020年。

[5]　张懋镕：《西周南淮夷称名与军事考》，《人文杂志》1990年第4期。

区（江淮之间西部的长江流域区）的势力分布地域分散，一直未能形成统一的方国，被称为"群舒"，他们处于"金道锡行"的路线之上，时刻威胁着这条路线的安全，周人也一直对其征伐，西周中晚期的诸多金文资料中都提到西周王朝与南淮夷之间的战争。这块地区很可能即是被周王朝称为"南淮夷"的区域。下文（第四章）中仍会对此问题有所论述。

第四章　宁镇皖南地区考古学文化格局研究

第一节　典型遗存分析

1. 五担岗遗址

五担岗遗址位于马鞍山市霍里街道丰收行政村窑头自然村五亩山河南侧的台墩上，面积约20万平方米。2002年首次发掘，发掘面积3000平方米。2009年，安徽省文物考古研究所联合南京大学、南京师范大学和南京航空航天大学对该遗址再次发掘，发掘面积3800平方米。因第一次发掘材料未公布，本文的分期以第二次发掘材料为主进行。

五担岗遗址发现了自早商至春战时期的连续地层堆积，也在地层中发现了新石器时代晚期和夏代的少量遗物，说明附近应该存在该时期的遗存。发掘者并没有将早于夏代的遗物单列期别，只将具有地层的遗存划分为四期，一期2段，二期2段，三期3段，四期3段，其中一～三期为商至西周时期。本文为了研究的目的，从众多遗物中确认出少量的夏代遗物，并将报告中的典型单位列入各期段，从而将该遗址夏至西周时期遗存分为三期8段。遗存对应关系如表15。

第一段的鼎及鼎足可与二里头文化进行对比。二里头文化的鼎可分为盆形和罐形，而鼎足根部饰按窝的特征主要流行于新砦期～二里头文化早期，并延续至三期[1]，但早期按窝多单列施于鼎足背部，晚期多呈两列施于背部两侧。因此，该段遗存大致相当于新砦期～二里头文化早期。

第二段陶器大宽沿、斜方唇、外斜腹微鼓的特征与郑州二里冈上层一期的陶器相似，比如T11⑦：1绳纹鬲同于南关外C11H153：4；T11⑦：6弧腹瓮同于南关外C9.1T106②：34；T31⑨：10鼎同于南关外C5T92②：63；T31⑨：11盆同于南关外C9.1H142：58；T32⑩：1盆同于南关外C5H17：19[2]。出土的扁腹、矮直口的硬陶罐与昆山G1第五阶段钵相似[3]。T31⑨：5素面鬲与大城墩第三段[4]相同，同时也与九江龙王岭早期陶鬲相同。T31⑦：3甗与大辛庄第一期[5]相同。不少器类与中原商文化核心区可以对比的情况说明，此阶段商文化对此地的影响较大。综合来看，该段年代相当于早商二期至早商三期。

第三段陶鬲斜直腹不鼓的造型与吴城一期晚段、盘龙城商文化晚期、大城墩第四段、大辛庄二期相似。陶鼎微鼓腹、圜底、圆柱足，处于由深腹向浅腹、斜腹向弧腹过渡的阶段，与中商一期时的特征相同。其厚唇、翻贴沿的特点与铜山丘湾下层鬲、大城墩鬲的特征接近。此时

---

[1] 中国社会科学院考古研究所编著：《二里头（1999～2006）》，第62页，文物出版社，2014年。

[2] 河南省文物考古研究所编著：《郑州商城——1953～1985年考古发掘报告》，第624页图四二六，4，第649页图四四三，3，第720页图四八九，3，第772页图五二三，2，第662页图四五三，3，文物出版社，2001年。

[3] 浙江省文物考古研究所、湖州市博物馆编著：《昆山》，第360页图二四一，7、9，文物出版社，2006年。

[4] 安徽省文物考古研究所、含山县文物管理所：《安徽含山大城墩遗址第四次发掘报告》图八，1、10，《考古》1989年第2期。

[5] 山东大学历史系考古专业、山东省文物考古研究所等：《1984年秋大辛庄遗址试掘述要》图十七，3，《文物》1995年第6期。

三角纹、圆圈纹、乳丁纹开始流行的特征同于台西遗址。此阶段部分陶器颈部开始加长、鬲袋足足窝变深、足跟变粗的特征在大城墩、吴城和潘庙遗址中多见。总体上看，商文化因素有所减少，岳石文化因素增加。综上，本段时代大致相当于中商一期。

表15　五担岗遗址文化内涵演变表

分期	分段	典型单位	主要内涵
一期	一段	H77、T31⑨、T17④、T25②部分遗物	均为夹砂红褐陶，器类仅见鼎或鼎足，流行平底微内凹的罐形鼎，鼎足根部多见按窝
二期	二段	T11⑦、T28④、T31⑨、T32⑩、H125~H127等	未见青铜器。陶器以夹砂红褐陶为主，泥质陶次之，有少量硬陶。陶器多素面，纹饰以绳纹为主，少量梯格纹和网格纹。器形以鬲为主，罐次之，豆和鼎再次之，有少量甗、盆、刻槽盆和瓮等。典型器类有高实足根袋足鬲、深腹鼎、素面平底刻槽盆、大口宽沿盆、高领深弧腹瓮、浅盘子母口器盖和矮直口扁体硬陶罐等
	三段	T31⑧、T32⑨、G26、H78和H121等	出现青铜器镞。陶器仍以夹砂红褐陶为主，但夹砂灰陶和泥质陶的比例较前段有所增加，原始瓷开始出现。陶器多素面，比例较前段大幅上升，纹饰仍以绳纹为主，少量梯格纹和其他印纹。器形仍以鬲为主，罐和豆次之，但鼎的数量变少。鬲、鼎和盆的口部流行厚尖圆唇或厚圆唇的做法，出现圆柱足盆形鼎和大口直腹缸等
	四段	T7④、T17⑤、T24⑤、T28③、T29④、H73、H84、H89、H108~H110、H112等	该段遗存大幅增加。未见青铜器。陶器仍以夹砂红褐陶为主，但泥质陶和硬陶比例上升明显。陶器虽仍多为素面，但绳纹比例增加，梯格纹和其他印纹比例也有所增加，鬲、豆比例仍较多，但鼎和甗的比例上升，罐比例下降。带角把陶器和浅盘鼎多见。突出特点为部分陶器颈部变长，甚至出现颈部外斜的情况。典型器类有高实足根袋足鬲、浅盘鼎、刻槽盆、小口圆肩弧腹瓮、深斜腹盆和大口宽沿盆等
	五段	T7③、T8④、T31⑦、T32⑧、F2、H36、H46、H52、H56、H66、H70、H79、H87、H93、H100和M12等	该段遗存变少。青铜器有锥和镞。陶质陶色相比上段未见明显变化。绳纹比例增加，梯格纹等印纹流行。鬲和罐的数量增加，窄折沿鬲比例较大，足均为矮小粗壮的实足。浅盘鼎仍多见，但腹深更浅。新出现矮圈足簋。典型器类有大宽沿素面鬲、宽卷沿窄肩鬲、浅盘鼎、凸弦纹簋、高柄浅盘曲腹豆、斜腹盆、圜底刻槽盆等
三期	六段	T8③、T17④、T23④、T31⑥、T69③、H91、H102等	青铜器有锥、削刀和鱼钩。陶系较上段未见明显变化，说明继承性较强。但器类变化较大，鬲多联裆和瘪裆，微鼓腹，肩部略突出，大宽沿变窄，也有较多高体素面鬲，鼎多窄折沿、浅腹、圜底，簋鼓腹，圈足粗矮呈喇叭状，豆盘腹较深，豆柄粗矮，瓮、罐鼓腹者较多
	七段	T8②、T9②、T10③、T22②、T23③、T24③、H1、H94等	青铜器如上段。夹砂红陶比例降低，黑色和灰色陶系比例上升。纹饰中绳纹、各式印纹和复合纹饰继续增加。硬陶器类变大，变多，原始瓷比例变化不大，鬲和罐减少，鬲多为联裆，鼎和罐比例上升加大。典型器类有圆鼓腹鬲、斜腹外撇足甗、敛口钵、圆鼓腹盆、斜腹盆、圆鼓腹瓮和圆鼓腹罐等
	八段	T10②、G1、G23、H6、H7、H34等	陶系上未见较大变化，但未见原始瓷器。绳纹比例继续升高，其他纹饰明显下降，硬陶纹饰组合变少且趋于简单。鬲肩部突出、颈部更高，鼎多为鼓腹圜底，圈足豆盘多折腹。典型器类有窄肩斜弧腹鬲、宽折沿圜底鼎、矮圈足钵形豆、宽卷沿鼓腹瓮和罐等

第四段许多器类比如鬲、豆、盆、缸、瓮和罐等都可在大城墩遗址中找到类似者，大口宽沿盆、斜弧腹盆和小口圆肩弧腹瓮等器形几乎一致。此外，也有来自于马桥文化的浅盘鼎、细高柄豆、刻槽盆和硬陶小罐等。吴城文化因素在此段中也有较多反映。通过对比，此段遗存与宁镇地区的新浮遗址第 4 层、团山遗址 H9 和 H13、城头山遗址、北阴阳营遗址第三层等体现出较强烈的一致性。此段文化因素来源多元化，并且开始出现较多新的文化因素，包括浅盘鼎、大敞口突棱豆、高柄突棱豆柄、深弧腹刻槽盆等。综上，本段时代大致相当于中商二期～中商三期。

第五段时，继续保持与大城墩遗址第六段的强烈关系，这从鬲、罐、豆、瓮、簋等器形上都可以看出。另外有些器物如鬲、豆、罐等与团山第⑩层、仪征甘草山 H2、江浦蒋塍子早期遗存、罗山天湖晚商墓地等具有共同特征。但与殷墟有一定区别[1]。此段商文化因素继续减弱，地方性因素突出，文化复杂性较高。本段时代大致相当于晚商一期至周初。

第六段与大城墩遗址第七段关系仍较密切，鬲、豆、簋、盆、罐和原始瓷豆形态基本一致。T23 ④：1 和 T23 ④：5 原始瓷豆与下文寨花头器物分期的第二期至第三期相同，时代大致为西周早期偏晚至西周中期。

第七段与天目山第二期、堰墩第二期时代相当。原始瓷豆为敞口，折腹，矮圈足，与土墩墓中西周中期同类器一致。此段相当于西周中期。第八段与大城墩第八段时代相当，仿铜鼎造型与西周晚期铜鼎相同，也与下文寨花头分期的第三期一致，本段相当于为西周晚期至春秋早期。以上两段与宗周文化已相去甚远，地方特征明显（图 44）。

2. 点将台遗址

点将台遗址位于南京市栖霞区幸福村南，紧邻七乡河西侧。遗址海拔 12 ～ 13、高出周围地面 4 米，原面积约 4000 平方米。遗址于 1972 年发现，1973 年第二期文博干部培训班对其进行了发掘，发掘面积 130 平方米，发现灰坑、墓葬等遗迹，以及相互叠压的 3 层文化层。原报告并没有给出具体的年代判断，后期学者的整理及研究认为其分别相当于夏代、商代中期和商代晚期。笔者认为，遗存的年代应该更早些，可以达到新砦期，综合地层和器物特征，将其分为 3 段。

第一段：本段除简报中所列的所有第④层外，T208 第③层的鼎足、T402 第③层的半月形石刀也具有同时期的特点。本段黑陶比例较高，篮纹、方格纹盛行，属于龙山文化的因素，单柄杯、划纹扁鼎足既具有良渚文化的孑遗因素，又有着新砦期遗存的影子。尤其是折肩高领罐的造型与新砦期遗存基本相同[2]。鼎足脊背两侧施双排按窝的作风又与二里头文化早期相同。另外，曲腹盆、细高柄豆同于岳石文化早期器物。综合来看，本段遗存时代大致为新砦期～二里头文化早期。

第二段：即原报告的中文化层。本层纹饰以绳纹为主，有较多梯格纹，组合印纹基本不见。主要器形有绳纹鬲、扁足鼎、厚胎缸、刻槽盆、饕餮纹簋、圆圈纹瓿、梯格纹盆和罐、钵形豆等都与北阴阳营第③层特征一致。分析可见，此段包含两大类文化因素，一为来自中原的商文化因素，二为本地新创或与环太湖地区关系密切的印纹硬陶和原始瓷器以及带把器。从实足根较高、足尖较粗、裆较低的鬲的造型看，大致处于中商时期，罐卷沿、溜肩的造型同于大城墩

[1]　中国社会科学院考古研究所编：《殷墟的考古发现与研究》，科学出版社，2001年。

[2]　北京大学震旦古代文明研究中心、郑州市文物考古研究院：《新密新砦——1999～2000年田野考古发掘报告》，第241～389页，文物出版社，2008年。

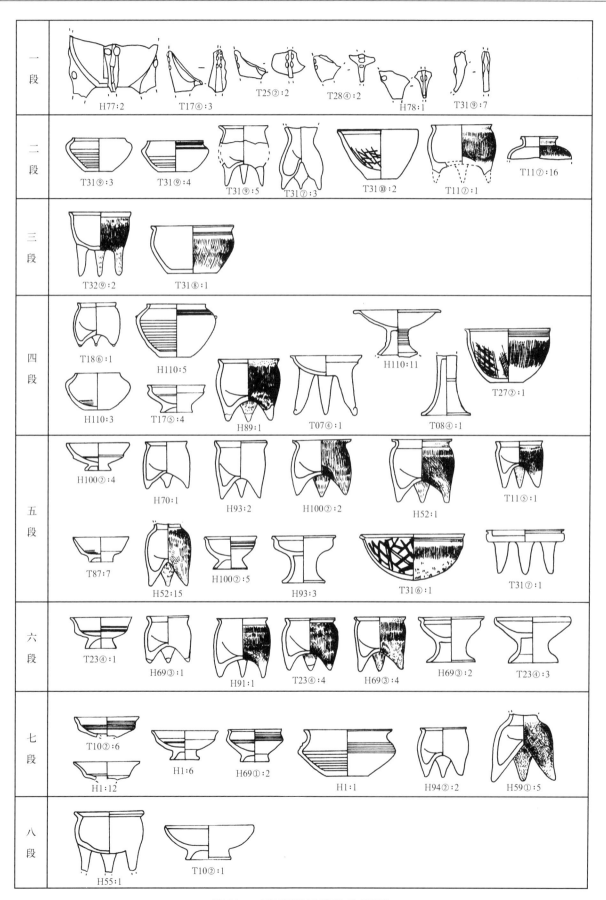

图44　五担岗遗址器物分期图

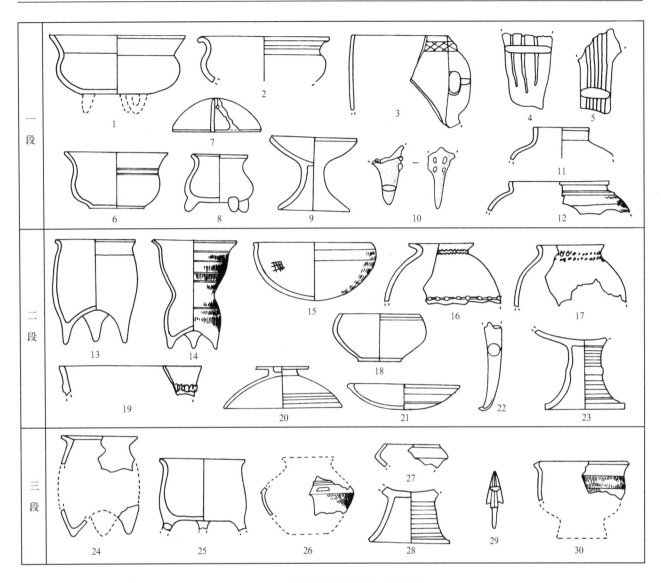

图45　点将台遗址器物分期图

1.环足盘T204④：11　2.盆T402④：8　3.杯T302④：13　4、5、10.鼎足T402④、T402④、T208③　6.尊形器T208④：10　7.石刀T402③：9
8.鼎T408④：10　9.豆T408④：12　11、12.罐T205④：12、13　13.鬲T408③：8　14.甗T302③：23　15.刻槽盆T302③：7　16、17.罐
T408③：13、T205③：13　18.钵T208③：9　19.缸T604③：11　20.器盖T402③：6　21.盂T408③：14　22.鼎足T205③　23.豆T605③：28
24.鬲T208②：16　25.鼎T305②：4　26.瓿T208②：18　27.罐T408②：17　28.豆T205②：16　29.铜镞T408②：3　30.簋T402②：10

第四段。综合看，此段时间大致相当于中商二期至中商三期。

第三段：即原报告的上文化层。本段以夹砂红陶为主，有少量的几何印纹硬陶和原始瓷。纹饰以绳纹为主，兼有梯格纹，少数组合印纹。空足鬲、折沿罐、矮圈足簋均具有大城墩第六段特征，同时也具有中原晚商文化特征。综合看，本段年代大致相当于晚商一期～晚商四期，从双翼铜镞、敞口厚唇簋和扁腹硬陶瓿、圈足盘等看，本段下限已进入西周初年（图45）。

3．北阴阳营遗址

北阴阳营遗址位于南京市鼓楼区云南路与北京西路交界处西北，现已不存。遗址西侧不远处为金川河支流，沿金川河可至长江，通往遗址附近的金川河支流现已不存。遗址是1954年进行基建工作时发现的，此后在 1955 ～ 1958 年间共进行了 4 次发掘，总计发掘 3100 平方米，发现了新石器时代至商周时期遗存。原报告将其中的商周时期遗存分为③层和②层两期，根据近些年新的发现和研究，可以进一步细分为四段。

第一段：以 H10 为代表，折沿鼓腹侧装扁三角形背部双侧按窝的鼎足是新砦期至二里头文化早期文化的特征，折沿鼓腹较甚同于二里头二期早段[1]，鼎足造型同于新砦期，因此本段年代大致相当于新砦期至二里头文化早期。

第二段：以 T43 ③、T273 ③、T373 ③、K9、H38、H55 等为代表，本段鬲侈口、高裆袋足、细实足尖、外沿下饰凸棱，甗上部卷沿大口、深腹盆形、中部束腰、下部分裆袋足带细高实足尖，刻槽盆稍敛口、深腹，盆敛口卷沿深腹凹底。以上特征都可以在二里冈下层二期至上层一期找到相同者[2]。细高柄的豆敞口、浅腹具有岳石文化风格。因此本段年代与五担岗遗址第二段相当，约为早商二期至中商一期。

第三段：以 T44 ③、T352 ③、T363 ③、T364 ③、T492 ③、T552 ③、T562 ③、T582 ③、T591 ③、H1、H45、H48、H57 等为代表，其鬲实足尖已渐粗，折沿方唇，袋足略瘦削。笔者曾经对浅盘鼎进行过排队，此段形制为中商器形[3]。刻槽盆由上期的敛口变为敞口，腹部并逐渐变浅，折沿深腹盆沿面上翘、腹深变浅，这也是中商时期的特征。梯格纹、叶脉纹、圆圈纹、云雷纹、水波纹等更为多见，复合纹饰也开始出现。附加鋬耳等附件的硬陶器大量出现。此段时代与团山遗址第二段相当，约为中商二期～中商三期，此段还可继续细分。

第四段：以第②层为代表，此段陶器特征与团山遗址第三段接近，瘪裆鬲、镂孔豆也具有西周早期的特征，后者与鄂东南地区的大路铺遗存可能有一定联系。时代当为晚商一期～晚商四期，并延伸至西周初期（图46）。

4．马迹山遗址

马迹山遗址位于镇江市京口区五凤桥高架与丁卯桥路交界处的东侧，金田花园的西侧，往北 200 米即为运河。遗址原为圆台形，海拔 14 米，高出地面 3 米左右，现已不存。该遗址经过 1980 年和 2014 年两次发掘，发掘面积 550 平方米，发现灰坑、墓葬、房址等遗迹。第一次发掘报告认为所有遗存应为商代晚期至西周初期，第二次发掘报告认为遗存可分为三期，第一期为龙山时代末期，第二期为夏代，第三期为西周晚期至春秋前期。笔者认为，似有进一步分析的必要。首先是第二次发掘确定的第一期遗存中虽可见类似崧泽或良渚的孑遗因素，但主要因素仍然偏向河南龙山文化末期，更多的来源应为长江以北。其次第二期包含有明确的岳石文化因素和马桥文化因素，仍有继续细分的可能。再次第二期和第三期遗存中有明确属于晚商～西周初的器物，西周晚期遗存并不明确。另外，未见早商和中商的因素，比如锥状足鬲、梯格纹等各式印纹、带附件的各种硬陶器等。说明本遗址与以上遗址内涵有较大区别，龙山末期至夏代初期，河南龙山文化～新砦期～二里头文化系统曾对此地有过影响。自二里头文化二期开始至早商，此地的主要文化因素来源于岳石文化—周邰墩类型系统。以后，此地有一段时期的文化

[1] 中国社会科学院考古研究所编著：《二里头（1999～2006）》，第63、64页，文物出版社，2014年。

[2] 河南省文物与考古研究所编著：《郑州商城——1953～1985年考古发掘报告》，第630～781页，文物出版社，2001年。

[3] 南京博物院编著：《溧阳神墩》，第568页，文物出版社，2016年。

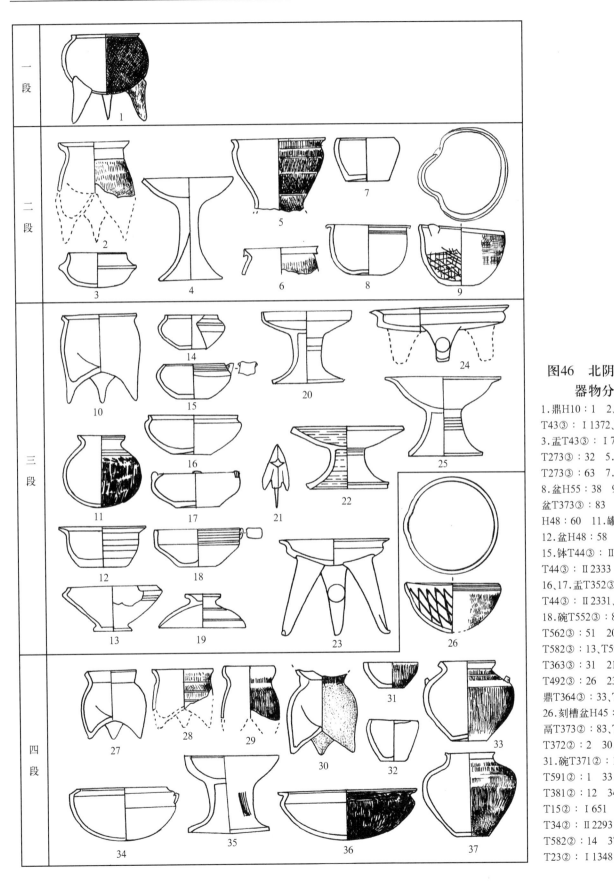

图46　北阴阳营遗址器物分期图

1.鼎H10：1　2、6.鬶 T43③：Ⅰ1372、K9：3　3.盂T43③：Ⅰ700　4.豆 T273③：32　5.瓶 T273③：63　7.钵T373③：5　8.盆H55：38　9.刻槽盆T373③：83　10.鬶 H48：60　11.罐Y1：47　12.盆H48：58　13、15.钵T44③：Ⅱ2332、T44③：Ⅱ2333　14、16、17.盂T352③：48、T44③：Ⅱ2331、H57：51　18.碗T552③：8　19.器盖 T562③：51　20、22、25.豆 T582③：13、T591③：19、T363③：31　21.铜镞 T492③：26　23、24.浅盘鼎T364③：33、T492③：27　26.刻槽盆H45：63　27～29.鬶T373②：83、T364②：3、T372②：2　30.瓶T384②：2　31.碗T371②：13　32.钵 T591②：1　33.瓶 T381②：12　34.盂 T15②：Ⅰ651　35.豆 T34②：Ⅱ2293　36.盆 T582②：14　37.罐 T23②：Ⅰ1348

空白期,晚商至西周初期遗存不是在本地文化基础上自然发展而来的。因为第一次发掘过程较粗,早晚期遗物均混为一层,第二次发掘虽然地层划分较细,但遗物有所混杂,对时代的判断也不准确。因此综上,本文将夏商西周时期遗存重新划分为二段。

第一段时代大致为新砦期至早商。陶器总体风格,与周邺墩第二期相同,尤其是偏早期更是如此。陶器多素面器,纹饰主要为凹凸棱饰。鼎折沿、鼓腹、圜底、腹径略大于口径、侧扁三角形鼎足、鼎足根部或经过刮削、侧面内凹,这种鼎多见于新砦期至二里头文化一期。此期时间较长,从部分器物也可以看出有继续细分的可能,比如岳石文化的折腹、凸棱盆、盒、大口罐、蘑菇纽器盖等岳石文化因素大多具有偏早期的特征,而浅盘鼎、凸棱豆等来自于环太湖地区的因素则具有偏晚期的特征,从浅盘鼎和刻槽盆的分期看,此段已延续至早商。

第二段大致为晚商四期至西周初期。此段中的鬲、簋、甗、器盖、带附耳的钵等器形具有中商时期某些因素的延续,但又不完全相同。鬲小口、最大径在足尖,袋足瘦削、无实足尖或实足尖矮小的特征与大城墩遗址第六段和第七段相似。簋同于先周文化第四期的同类器(碾子坡 H813:35 瓶[1])。有些器形,比如原始瓷豆等明确已进入西周时期。因此,本段时代大致为晚商四期至周初(图 47)。

两段的情况说明,该地在很长一段时间内由岳石文化占统治地位,一直延续到早商时期。早商后期,商文化进入宁镇地区时没有选择此地作为聚落或据点之一。直到晚商时期,湖熟文化才真正进入此地,并且很快即进入吴文化阶段。

5. 团山遗址

团山遗址位于镇江市丹徒区高资镇赵家窑村西南 70 米,北距长江 3 千米。平面呈椭圆形,高出周围地面约 7 米,面积约 3000 平方米。1957 年南京博物院对宁镇山脉进行的考古调查时发现。1987 年 11 月至次年 1 月,因修筑宁镇高速,南京博物院、镇江博物馆和南京大学历史系考古专业联合对该遗址进行了抢救性发掘。发掘地点位于遗址的中部和东部,共发掘 380 平方米。原报告将 11 层堆积分为 6 期,第⑪层为夏代;第⑩层及⑩层下的 H9、H13 为商代早中期;第⑨、⑧层及⑨层下 H11 为商晚至周初;第⑥、④层为西周时期;第②B 层和 H5 为春秋早期;第②A 层和 H7 为春秋中期。其中第③、⑤层为自然间歇层、第⑦层为人工二次堆积层,这三层未参与分期。本文基本同意这种大的分期结构,只是在具体时代判断上稍作修正。

第一期以⑪层为代表。所见陶器均为夹砂红陶,以素面器为主,鼎、瓷等流行口沿下饰按窝纹。圆锥形和按窝纹鼎足并存,后者为二里头文化二期的典型装饰,竖向刻槽纹饰延续了本地新石器时代末期的做法。因此,本期相当于夏代早期。

第二期以 H9 和 H13 为代表。本期的甗、鬲、鼎等的造型均与郑州二里冈下层二期相同[2]。除此之外,如果 H9 和 H13 发掘比较纯粹的话,本期也开始出现一些带附件錾或系的硬陶器形,对比其他遗址来看,可能预示着时代稍晚。因此,本期年代大致相当于早商二期至中商一期。

第三期以⑩层为代表。本期无鬲、甗等商文化因素器,但带附件錾、系或饰镂孔硬陶器鼎盛时期,与北阴阳营遗址第三段时代相当。此期时代大致相当于中商二期至中商三期。

[1] 中国社会科学院考古研究所编著:《中国考古学·两周卷》,第31页,中国社会科学出版社,2004年。

[2] 河南省文物与考古研究所编著:《郑州商城——1953~1985年考古发掘报告》,第624~631页,文物出版社,2001年。

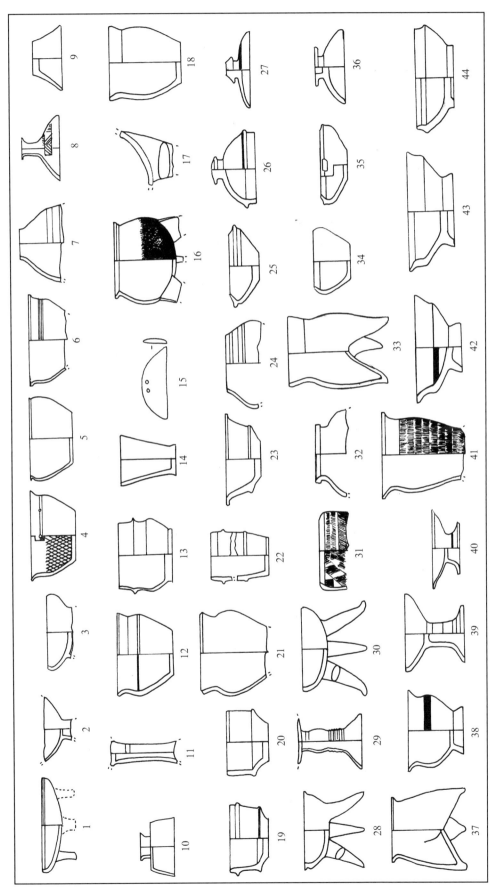

图47　马迹山遗址器物分期图

1、16.鼎 ⅡT0101⑥：22，ⅡT0301⑥：3　2、3、11、29.豆 ⅡT0101⑥：16、20，ⅠT0201⑤：2　4～6.盆 ⅡT0101⑥：8、6、7　7.釜 ⅡT0101⑥：12　8～10.器盖 ⅡT0101⑥：10、9，ⅡT0303⑥：1　12.盆 ⅡT0201⑥：1　13.盆 ⅠT0202⑥：2　14.杯 ⅠT0202⑥：5　17.鼎足 ⅠT0202⑥：5　15.石刀 ⅠT0202⑥：3　15.石刀 ⅠT0203⑤：1　18.罐T2②：47　19、20.盆H1：10、13　21.24.罐H15：2，T3②：9　22.尊T3②：39　23.盆H2：25　25.钵H15：1　26、27.器盖T1②：19，T3②：21　28、30.浅盘鼎H1：14　32.釜T4②：32　33.37.高H1：15，ⅡT0202⑤：4　34、35.钵H1：14，T4②：31　36.器盖T2②：46　38.簋 ⅠT0303②B：1　39、40、42～44.豆H2：24，ⅡT0201⑤：4，H1：2，T4②：14，T4②：17　41.瓶ⅡT0203⑤：1　（1～31.为一段；32～44.为二段）

第四期以⑨、⑧层和H11为代表。本期遗存与马迹山遗址第二段，北阴阳营遗址第四段以及大城墩遗址第六和第七段遗存相同，素面鬲基本取代了绳纹鬲，说明地方性更加突出。本期相当于晚商四期至周初。

第五期以第⑥层为代表。根据对原始瓷豆的分期排队，本期年代应为西周早期偏晚（见下文寨花头土墩墓群分期），另外，硬陶纹饰回纹布局粗犷不规整、单体较大，也具有这一时期的特点。

第六期以第④层和H5为代表。根据寨花头土墩墓群原始瓷豆的分期，本期年代相当于西周中晚期（图48）。

需要说明的是，此遗址中西周时期遗存虽然非常丰富，但仍然存在遗物混杂的情况，使得根据发掘报告很难再进行更为详细的分期，因此本文的分期仅是粗略的。

6. 断山墩遗址

断山墩遗址位于镇江市京口区丁岗镇平昌村东侧，有小河自遗址南流过。遗址海拔15～19米，面积约2万平方米。1957年，对宁镇山脉一线调查时发现。1981年由南京博物院、南京大学、厦门大学联合对其进行了发掘，发掘面积750平方米。陶器主要为红、灰陶，红陶比例自始至终都在70%～80%之间。除此之外，还有一定数量的硬陶和原始瓷。陶器器类主要有鬲、甗、簋、豆、壶、盘、盆、瓮、罐、钵等。硬陶器有瓮、罐、瓿等。原始瓷器有豆、碗等。总体来看素面器为多，纹饰主要有绳纹、折线纹、梯格纹、云雷纹、回纹、叶脉纹及组合纹饰等。原报告将断山墩遗存分为四期，年代分别定为西周前期、西周晚期、西周晚期至春秋前期和春末战初。本文基本同意其分期，但其中有些遗物也具有偏早的特征，比如T302⑦：1的罐形鼎，应为河南龙山文化系统的器物，时代与点将台第一段相当，为新砦期至二里头文化早期阶段。H36：1和T607④：14的鬲器形有些类似于北阴阳营遗址第三段中商时期的同类器，但他们均为素面，可能是受到附近马迹山遗址岳石文化传统的影响，因此不能以商文化的视角判断它们的年代，本文将他们仍然按照报告中的分期叙述。综上，本遗址主要的遗存时代是西周至春秋时代，在夏代前期曾有中原文化因素侵入，商代晚期可能也有人在此居住，还需进一步工作证实。本文将该遗存分为四期。第二至第四期大致相当于西周前期、西周中期和西周晚期至春秋前期（图49）。

7. 城头山遗址

城头山遗址现位于镇江句容市东北的句容水库内，光里庙村的南侧。遗址平面近椭圆形，海拔25～27米，面积约3万平方米。1957年，南京博物院对宁镇山脉一线地区进行调查时发现。1981年试掘探方一个，面积42平方米。以后又经多次发掘，资料未发表。在之后的研究性文章中，曾公布少数资料。鉴于该遗址的重要性，笔者尝试从零碎资料中对该遗址进行分期。该遗址从崧泽晚期延续到春秋时期，与团山遗址时代相当。本文将其分为7段。

第一段与北阴阳营第一段、点将台第一段、断山墩第一段和团山第一段有较多相似性，时代也应相当，鼎式甗、尊形器在周邺墩遗址中有类似者，直口高柄豆和盆与新砦期遗存相同，施按窝的鼎足与二里头文化二期类似，因此本段年代大致相当于新砦期至二里头文化早期。

第二段的鬲、盆、刻槽盆和缸等器形与二里冈下层二期接近，本段大致相当于早商二期至中商一期。

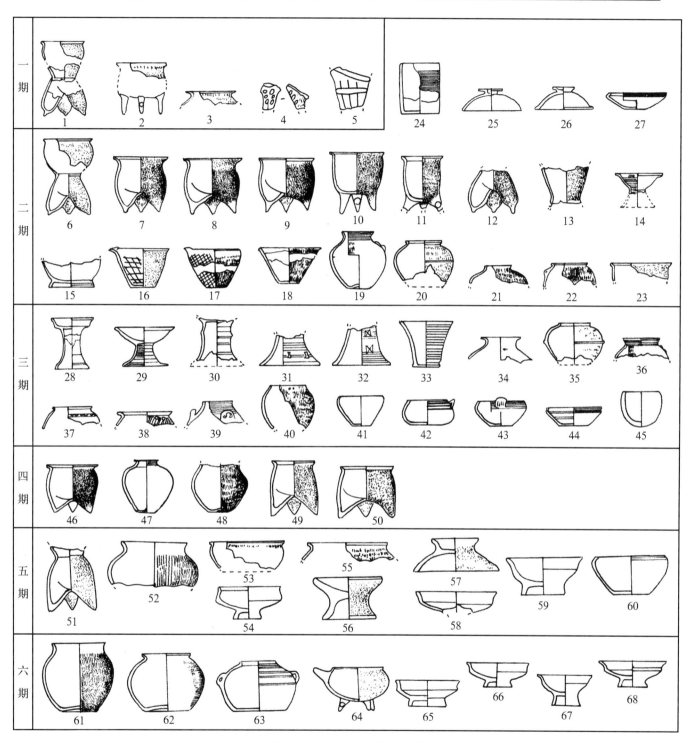

图48　团山遗址器物分期图

1.甑T1404⑪：11　2.鬲T1404⑪：17　3.瓮T1404⑪：12　4、5.鼎足T1404⑪：14、T305⑪：32　6.甑H13：25　7～11.鬲H13：17、1、8、H9：2、H13：9　12、13.甑H9：3、H13：11　14.豆H13：12　15.瓿H13：23　16～18.刻槽盆H13：3、15、20　19、21.瓮H9：1、H13：14　20、22.罐H9：6、H13：21　23.盆H13：26　24.杯H13：16　25、26.器盖H9：4、H13：5　27.钵H13：2　28～32.豆T605⑩：22、T405⑩：26、T203⑪：17、T406⑩：22、T506⑩：11　33.杯T205⑩：21　34、36.瓮T406⑩：21、T406⑩：25　35.罐T406⑩：24　37～40.罐T1404⑩：11、T506⑩：13、T204⑩：15、T505⑩：13　41～45.钵T204⑩：18、T405⑩：22、T203⑩：10、T405⑩：23、T506⑩：8　46.鬲H11：1　47.瓮H11：2　48.罐H11：3　49、50.鬲T506⑧：5、T1404⑧：1　51.甑T305⑥：26　52、55.罐T205⑥：15、T204⑥：8　53.盆T204⑥：6　54、56、58、59.豆T305⑥：20、T204⑥：2、7、T305⑥：22　57.器盖T204⑥：1　60.钵T305⑥：21　61～63.罐T305④：16、H5③：65、T305④：9　64.鼎H5②：49　65～68.豆H5①：21、H5③：52、H5①：25、H5③：56

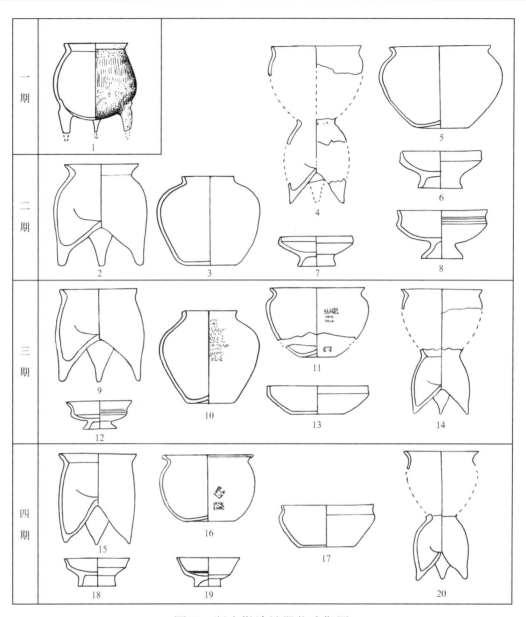

图49　断山墩遗址器物分期图

1.鼎T302⑦　2.鬲H36　3、5.罐T205⑥：20、?　4.甗H27　6~8.豆T106⑥　9.鬲T607⑥：14　10、11.罐T606器D、T205⑥
12.豆?　13.盆?　14.甗T205⑥　15.鬲T607③：1　16.罐T506?　17.盆T605?　18、19.豆T605、T206③：9　20.甗T207

　　第三段中的鬲颈部明显，折沿，并出现素面鬲和素面甗，带附件的硬陶器形较为丰富，刻槽盆腹部变浅，这些特征均与中商时期相同，因此本段年代大致相当于中商二期至中商三期。

　　第四段中的鬲实足尖已基本退化，但仍然分裆，刻槽盆演变为盆形，簋和豆都有殷墟期同类器的影子，比如簋圈足较矮，豆粗柄敞口等，但无论是口沿还是腹部都与典型殷墟期有较大区别，相比来说，与大城墩类型第六段有更多相似性。鬲、簋、豆有些更接近先周文化第四期时的同类器[1]，因此本段大致相当于晚商一期至周初，本段遗存应该与关中地区的先周文化有所交流。

---

[1]　中国社会科学院考古研究所编著：《中国考古学·两周卷》，第31页，中国社会科学出版社，2004年。

第五段的鬲虽然在中原找不到类似者，但整体器形向宽扁发展，与西周早期偏晚阶段的造型相同，本段时代应该相当于西周早期偏晚。

根据下文寨花头遗址器物分期，第六段大致相当于西周中期。第七段大致相当于西周晚期至春秋早期（图50）。

8. 东岗头遗址

东岗头遗址位于镇江市句容市郭庄镇甲山村东岗头村南170米，秦淮河支流自遗址东、南、西三侧流过。遗址海拔11～13米，高出周围地面3米左右，总面积约4.5万平方米。遗址于1957年发现，2005年由南京博物院、镇江博物馆和句容文管会联合发掘，发掘面积3000平方米。该遗址最主要的遗存是G2，G2共分为6层，按照原报告的分期，G2为西周中期。但本文对比江淮之间的何郢遗址和宁镇地区的北阴阳营遗址、团山遗址发现，原报告分期似乎较晚，本文认为时代可以早至晚商时期。G2中出土的绳纹鬲颇具先周四期时的风格，分两种，均为夹砂黑褐陶，一为侈口、方唇、卷沿、弧壁、浅腹、联弧裆较矮、袋足，有柱状实足根；二为侈口、方唇、折沿、弧壁、深腹、瘪弧裆较高、锥状袋足。此两种鬲均可在先周文化第三期和第四期遗存中找到类似者[1]，大致相当于殷墟文化第二期至第三期。除少量绳纹鬲外，该遗迹内占绝大部分的为素面鬲，素面鬲还没有专门的研究，结合团山和何郢遗址的分期，它们大致相当于殷墟第四期至周初。综上，本文将G2分为两段，分别以G2第②～⑥层和G2第①层为代表，时代分别相当于晚商一至三期和晚商四期至西周初期（图51）。

9. 白蟒台遗址

白蟒台遗址位于句容市葛村镇小前村南的虬山水库内，有秦淮河支流从遗址旁注入水库。遗址海拔13.2米左右，平面呈长条形，面积约1300平方米。1981年3月，镇江博物馆对遗址进行了试掘，发掘面积近40平方米。原简报将遗址堆积分为三大文化层，其中下文化层定为商代中期，中文化层定为商晚周初，上文化层定为西周早期。经与以上遗址的对比，本文基本同意原报告的期段划分，只在具体年代上有所调整。

第一段以下文化层为代表，与其他遗址相比，本段未见商代中期本地区常见的施附加鋬等装饰的硬陶器物，其器物类型与东岗头遗址第一段相同，同时绳纹鬲、豆、簋等也可在北阴阳营第四段和五担岗遗址第五段中找到类似者，本段时代大致相当于晚商一期至三期。

第二段以中文化层为代表，与东岗头遗址第二段器形相同，大致相当于晚商四期至周初。

以上两段在点将台遗址、北阴阳营遗址、五担岗遗址和团山遗址等遗址中均合并为一段，没有进行细分。从本遗址看，似乎两段的划分应该是成立的，限于资料的缺乏，只能尽可能为之。

第三段的素面鬲、原始瓷豆、浅盘鼎大致相当于下文中寨花头墓群的分期中的第一期，时代为西周早期偏晚（图52）。

10. 丹阳凤凰山遗址

凤凰山遗址位于丹阳市城南偏西3.5千米，西南距西附村500米，1988年调查发现。遗址高出周围地表4～5米，面积8.75万平方米。源于北部宁镇山脉的简渎河和源于西部茅山山脉

---

[1]　中国社会科学院考古研究所编著：《中国考古学·两周卷》，第30、31页，中国社会科学出版社，2004年。

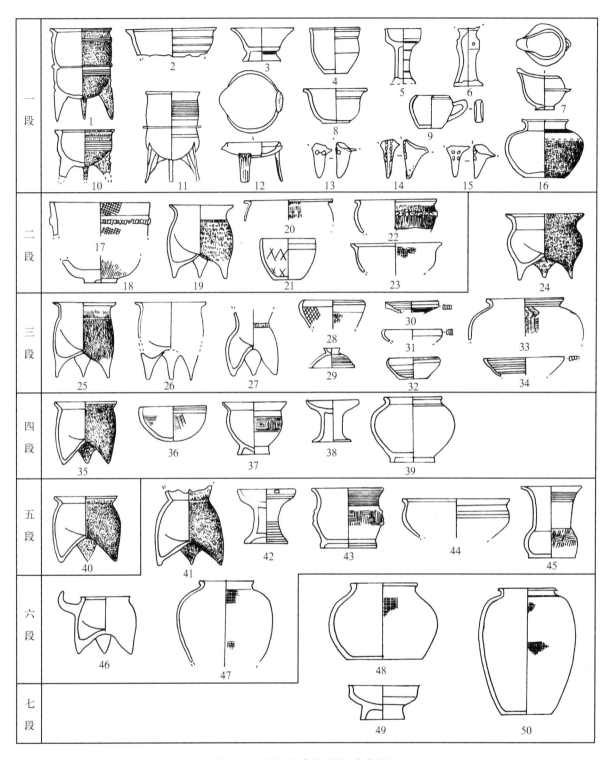

图50　城头山遗址器物分期图

1、11.鼎式甗T16⑥：28、H4：1　2.盆1981H4：5　3.簋T13⑥：19　4.尊T6⑥：27　5、6.豆T6⑥：28、T6⑥：27　7.匜T15⑥：25　8.尊形器T18⑥：25　9.罐形杯T18⑥：27　10.鼎T16⑥：13　12.三足匜T15⑥：27　13~15.鼎足T1②　16.罐M33：1　17、18.缸T1②A：4、H2：7　19.鬲T1②A：108　20.盆T1②A：8　21.刻槽盆T1②A：49　22.盆T1②A：5　23.盆H2：10　24.鬲T18⑤：22　25、26.鬲H2：3、T1②A：60　27.甑H2：5　28.刻槽盆T1②A：73　29.器盖T1②A：15　30、31、32、34.钵T1②：33、T1②：40、T1②：19、T1②：30　33.罐H2：15　35.鬲T15④：11　36.刻槽盆H2：14　37.簋M15：2　38.豆M15：1　39.罐M15：6　40.鬲M6：1　41.甗M5：2　42.豆T16③：7　43、45.尊T3③：11、T3③：12　44.盆T1①：22　46.带把鬲H1：3　47.罐T1①：8　48.瓿H1：2　49.豆H1：14　50.瓮H1：9

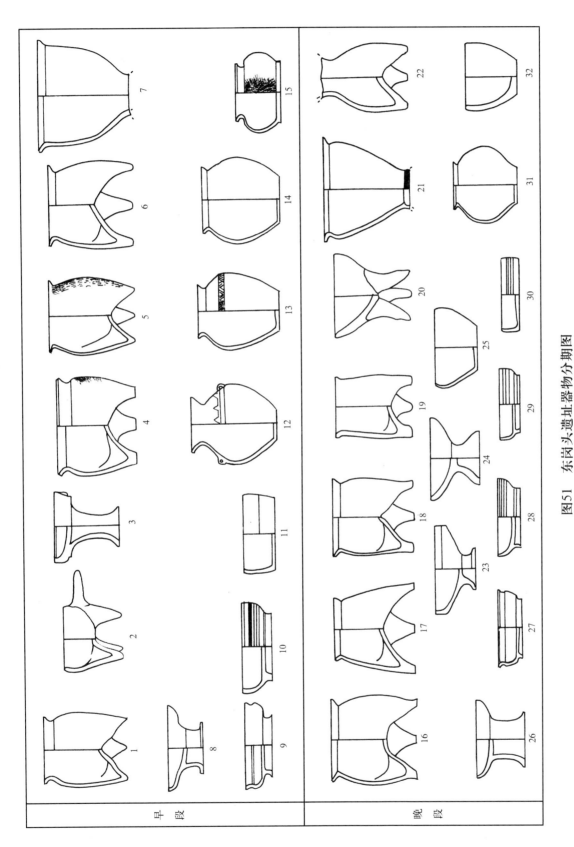

图51　东岗头遗址器物分期图

1、2、4～6.鬲G2⑤：321,329,G2④：310,296,G2③：239　3、8.豆T1215②：1,G2④：280　7.甗G2④：289,G2④：242,G2④：298　12～14.罐G2④：258、308,287　15.瓿G2④：279　16～19.鬲G2①：98,97,95,160　20.鼎G2①：105　21、22.瓿G2①：696,784　23、24、26.豆G2①：167,65,187　25、32.钵G2①：12,156　27～30.盘G2①：155,80,193,171　31.罐G2①：62　9～11.盘G2④：553

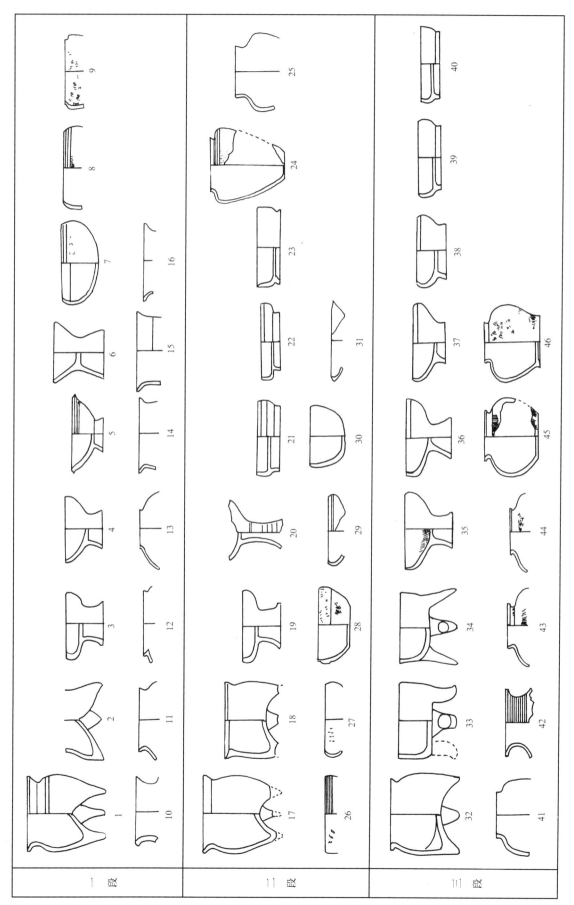

图52　白蟒台遗址器物分期图

1.鬲T1③：19　2.甗T1③：21　3～6.豆T2②：2,15,5,T1③：9　7～9.刻槽盆T1③：27,29,T2②：25　10～13.盆T1③：6,1,17,10　14,15.盆T1③：7,8　16.鼎T1③：35　17,18.鬲T1②：2,T2②：6　19,20.豆T2②：4,T1②：9　21～23.盘T2②：15,17,7　24.鉴T2②：18　28,29.钵T2②：3,T1②：7　30.碗T2②：3,T1②：7　31.钵T1②：27　32.鬲T2①：9　33,34.鼎T1③：11,14,T1①：16,T2①：6,T2①：5,T2①：2,T1①：10,T2①：7　45.鼎T1③：11,14,T1①：16,T2①：6　39,40.盘T2①：15　35,38.豆T2①：10,T2①：5,T2①：2,T1①：10,T2①：7　45.甑T2①：10,T2①：5,T2①：2,T1①：10,T2①：7　41～44.鬲T1①：5,T2①：2,T1①：10,T2①：7　45.盆T1①：16,T2①：6,T2①：16　46.罐T2②：4,13

的香草河从遗址东西两侧流过。1989 年，镇江博物馆和南京大学联合对遗址中部偏东位置进行了第一次发掘，发掘面积 679 平方米，发现了比较丰富的马家浜文化晚期、西周早期、西周晚期和春秋前期和春秋后期遗存；2001 年，镇江博物馆又对遗址东南边缘进行了第二次发掘，发掘面积 300 平方米，因位于边缘，只发现了西周前期和西周后期地层；2010 年，镇江博物馆又对遗址西北部进行了第三次发掘，发掘面积 800 平方米，发现了马家浜文化晚期、西周早期、西周晚期和春秋早期遗存，未见春秋晚期遗存。可见，在遗址的不同区域，文化的堆积内容也不相同。但综合看三次的发掘成果，可以明确该遗址主体的内涵和延续时间。马家浜文化遗存连同周边三城巷遗址、马迹山遗址崧泽时期遗存的发现，证明在新石器时代，此区域（宁镇山脉以东）应该属于广义的环太湖文化区系，这一文化传统虽然对宁镇山脉以西地区有所渗透，但主体只能以宁镇山脉为界。但进入青铜时代后，此区域却进入了一段文化空白期，一直到西周前期广泛分布于宁镇地区的文化传统才进入。说明了此地作为宁镇地区和环太湖地区中间地带的特殊性。这片区域在夏商西周时期来自北方东夷传统的素面器和折腹器发达，早期偏北以马迹山遗址为代表，晚期偏南，以凤凰山遗址为代表。这可能诠释了不同人群的不同分布区域。经综合分析，本遗址的文化内涵与断山墩遗址基本相同，比如都有少量新砦期至二里头文化早期的遗物，都包含少量晚商文化因素，都有丰富的西周时期遗存等。综上，本文把凤凰山遗址分为四段。

一段新砦期至二里头文化早期，以地层中的少量遗物为代表。

二段晚商四期至西周初，以第一次发掘的第⑦层和少量第⑥层遗物以及第三次发掘的第⑦层为代表，该段年代大致相当于东岗头晚段。

三段西周前期，以第一次发掘的第⑤层和⑥层部分遗物、第二次发掘的⑥～⑧层和第三次发掘的第⑤～⑥层为代表。

四段西周中后期，以第一次发掘的第④层、第二次发掘的③～⑤层和第三次发掘的第④层为代表（图 53）。

11. 二塘头遗址

二塘头遗址位于南京市溧水区白马镇二塘头村东北侧，宁杭铁路线路上，往东 15 米为通往老鸦坝水库的小河。遗址处于由丘陵向平原过渡区，往东 1300 米为茅山山脉落步山。遗址海拔 41～43 米，高出周围地面 1～2 米，平面呈长圆形，面积 4400 平方米。遗址是 2008 年调查时发现，2009 年 5～8 月，徐州博物馆对遗址进行了发掘，发掘面积 790 平方米。原报告将该遗址分为两期，第一期相当于商代早期，第二期相当于西周时期。作者认为其早期遗存中的 T0507 ⑤：12 陶鬲与二里冈下层者相似，本文认为这件鬲折沿、斜鼓腹、腹径大于口径且最大腹径偏下、矮分裆、粗壮实足根的特征不能早至二里冈下层，而接近晚商早期的风格。作者认为第③层为西周时期，但简报中发表的③ B 层的遗物并不见典型的西周时期遗物，其陶鬲宽卷沿、最大腹径于肩的特征也是晚商早期的造型。另外，该遗址以绳纹鬲为主，基本不见素面鬲，从上文中遗址的分析中可以看出素面鬲大发展的时期是在晚商三期以后，绳纹鬲为主的特征一定早于晚商三期。遗存中可见到较多的带鋬手等附件的硬陶器，都与北阴阳营遗址第三段特征一致。简报中只发表了 2 件③ A 层的遗物，1 件罐口和 1 件罐底，无法判定具体年代。综上，本文将二塘头遗址遗存时代定为晚商一期至晚商三期（图 54）。

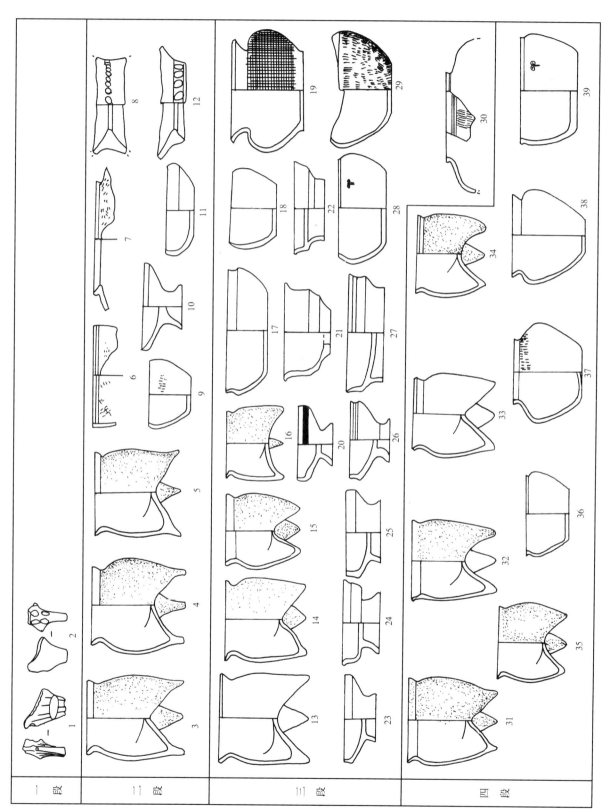

图53　凤凰山遗址器物分期图

1,2.鼎足T2③：41,T5③：55　3～5.鬲T5②：5,T505⑥：36,3　6.刻槽盆T507⑦：6　7.罐T405⑦：37　8,12.甑腰T4⑦：19,52　9.钵T507⑦：5　10.豆T402⑦：12　11.钵T402⑦：9　13～16.鬲T5⑤：2,T305⑥：2,T503⑥：10,T501⑥：1　17.盆T400⑥：6　18.钵T205⑥：6　19.甗T6⑥：1　20,23～26.豆T5⑥：5,T402⑥：11,T5⑤：34,T503⑥：15,T5⑤：35　21.尊形器T2⑤：1　22,27.钵T603⑧：1,T404⑥：14　28.钵T601⑥：1　29.罐底T5⑤：11　30.坛口T604⑥：3　31～35.鬲T306⑥：2,T109⑤：6,T507⑤：5,T109⑤：7,T306⑤：14　36.T603⑤：4　37,38.罐M3：1,T601⑤：8　39.盆M3：2

图54　二塘头遗址器物图

1、2、15～18、29.豆H15①：6，H19：1，T0507⑤：3，T0606⑤：5，T0507③B：1　3.鼎H16①：6　4、5、12、19.罐H15①：13，H16①：3，H16①：8，T0605⑤：9　6.钵H15②：4　7.盘H15①：5，7、4，T0506⑤：1，T0505⑤：3　12、19.罐13、14.器盖H15①：10，T0507⑤：10　21、22.盘T0704⑤：1，T0804⑤：8　24、28、32.盆T0705⑤：4，T0804⑤：1，TG1③B：13　25～27、31.盆T0505⑤：2，T0704⑤：2，T0804⑤：3，T0507④：3　33、34.器盖T0507⑤：11，T0507⑤：10　35.碗TG1③B：5

8.刻槽盆H15②：3　9～11、20、23、30.豆H15①：5，7、4，T0506⑤：1，T0505⑤：3

12. 溧阳神墩遗址

神墩遗址位于溧阳市社渚镇孔村行政村下坟头自然村东 30 米，处于宜溧低山丘陵和茅山山脉丘陵向太湖平原逐渐过渡的平原地带，海拔高度约 5 米。20 世纪 70 年代即已发现大量的古代遗物，1982 年全国第二次文物普查时确认。2003 年公布为溧阳市级文物保护单位。该遗址高出周围地面 1～2 米，呈东西约 150、南北长 200 米，总面积约 3 万平方米的不规则长条形。南部和西南部被溧梅支河环绕，该河向东 200 米注入发源于宜溧低山丘陵、由南向北流淌的梅渚河并在三尖嘴附近汇入南河，南河向东经宜兴荆溪河可入太湖，向西经高淳胥河、固城湖、石臼湖通过水阳江、青弋江水系可达长江。2004 年 12 月至 2006 年 8 月，南京博物院主持对该遗址进行了三次发掘，共发掘 1002.5 平方米。发现了新石器时代和夏商时期的文化遗存。

夏商时期遗存主要包括 G1、H1、H13、H28、H29、H30、H31、H33、H37、H91。遗存虽然比较丰富，但因同时期的地层没有保存下来，故叠压打破关系相对比较简单，尤其是灰坑基本是孤立的个体，并没有典型的分组关系。故主要根据 G1 的地层关系，将整个夏商时期遗存分为三段。

第一段为 G1 ⑥层中出土的部分遗物，本段中带按窝和饰竖向刻槽的鼎足具有新砦期至二里头文化早期的特点，同点将台、团山、北阴阳营、断山墩等遗址第一段时代遗址。

第二段为 G1 ⑥～④层，此段遗存表现出与马桥遗址和昆山遗址早期相同的特征，比如舌形鼎足和鸭形壶、斜柄石刀等都属于马桥文化的典型因素。凸棱、折腹的作风在马桥文化中也非常流行。而基本不见以北地区所常见的早商时期因素。T1230 等四方 G1 ⑥:102，泥质灰陶豆，豆盘侈口，卷沿，沿面平，圆唇，折腹，喇叭口形圈足，足端外撇近平，此形制同于马桥遗址 Ab 亚型陶豆。T1230 等四方 G1 ⑤:4 和 T1230 等四方 ④:17 陶尊分别与马桥遗址 Ⅱ T1133 ③ D:6 和 Ⅱ T1121 ③ D:6 相同 [1]。因此，本段时代大致相当于夏代晚期。

第三段为 G1 ③～①层，此段遗存仍然具有较多的马桥文化和高祭台类型早期因素，但同时在以北地区遗存中常见的中商一期至晚商一期流行的带附件的硬陶器也大量流行，这些硬陶器的来源应在南方，很可能与马桥文化也有密切的关系，在马桥文化昆山遗址中就曾经发现属于商初的同类器 [2]，时代明显早于在宁镇地区腹地流行的时间。大袋足鬲、深腹圜底锥足鼎、高领硬陶罐、梯格纹广肩罐、口沿下饰泥片錾的硬陶钵、盆形刻槽盆、宽沿盆、宽沿盘形豆等，也都与团山遗址第二期相同。T1230 等 G1 ③:9，泥质灰陶盆，侈口、弧腹、腹上部有数道凸棱，此形制与马桥遗址 Ⅱ T921 ③ E:13 相同，也同于点将台文化的丙组尊形器。T1230 等 G1 ①:33，泥质红褐色硬陶罐。尖圆唇，唇面有凹槽 2 周。高领，领部饰数周弦纹，肩部饰折线纹，纹饰细密，拍印不规整。与团山遗址 H9:1 硬陶罐基本相同。G1 ①层三足盘（T1232 等 G1 ①:2），据以前的研究，此类器物在宁镇地区出现于中商时代，而以前发现的三足盘与神墩遗址所出的又有较大差别，具体表现在后者敞口，方唇，浅斜弧腹，平底。而前者斜折沿，折腹，圜底。已经发现的湖熟文化三足盘发展趋势是腹部由斜折腹到平折腹，而神墩遗址发现的三足盘则具有了更早的风格，说明以前发现的三足盘应是由神墩遗址发现的这

[1]　上海市文物管理委员会编著：《马桥——1993～1997年发掘报告》，第182、224页，上海书画出版社，2002年。

[2]　上海市文物管理委员会编著：《马桥——1993～1997年发掘报告》，第189、298页，上海书画出版社，2002年。

器形\阶段	三足盘	豆
二里头文化晚期		
夏末商初		
商代早中期		
商代中晚期		

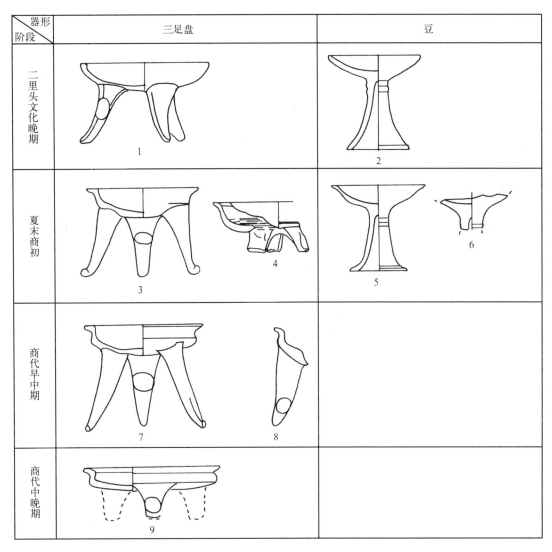

图55 神墩遗址与昆山、邱城遗址浅盘鼎、凸节豆对比图

1.神墩T1232等G1①：2 2.神墩T1230等G1⑥：103 3.邱城遗址H23 4.昆山遗址高祭台类型早期阶段G1③：89 5.邱城遗址H23 6.昆山遗址高祭台类型早期阶段G1③：29 7.北阴阳营T364③：33 8.神墩H1：2 9.北阴阳营T492③：27

种三足盘演变而来的。浙江昆山遗址[1]和邱城遗址[2]也出过与神墩遗址类似的三足盘，唯唇缘外出，联系邱城遗址 H23 与同类三足盘共存的陶器中有与神墩夏商遗存第一段所出的细高柄中上部带凸节的浅盘敞口豆（T1230 等 G1 ⑥：103）一致的器形，可以推定神墩遗址第一段应该早于邱城遗址 H23 和昆山遗址高祭台类型早期阶段。另外灰坑出土的一件三足盘（H1：2）相对于 G1 ①层三足盘对于邱城 H23 和昆山遗址来说具有更为明显的演化关系，具体表现在口沿方唇出缘—卷沿—折沿；折腹，上腹较直—折沿，折腹，上腹内曲的变化（图55）。

[1] 浙江省文物考古研究所等编著：《昆山》，第336页，文物出版社，2006年。

[2] 浙江省文物考古研究所等编著：《昆山》，第466页，文物出版社，2006年。梅福根：《江苏吴兴邱城遗址发掘简介》，《考古》1959年第9期。浙江省文物考古研究所：《湖州市邱城遗址第三、四次的发掘报告》，《浙江省文物考古研究所学刊（第七辑）》，科学出版社，2005年。浙江省文物管理委员会：《浙江省吴兴县邱城遗址1957年发掘报告初稿》，《浙江省文物考古研究所学刊（第七辑）》，科学出版社，2005年。

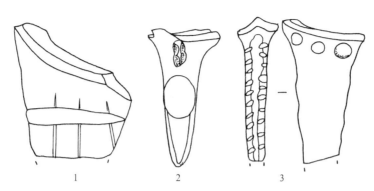

图56　神墩遗址第一段器物图
1~3.鼎足T1230等G1⑥：144、8、145

另外，在 G1 外的 H1 中，还出土一件夹砂红陶鬲，方唇，唇面内凹，窄折沿，沿面内凹，短颈，颈、腹间转折不明显，鼓腹，分裆，大袋足，颈部绳纹被抹平。这些特征与商文化大城墩类型第六段中的同类器一致，时代大致为晚商一期至三期。

综合以上分析，神墩遗址夏商时期遗存可以分为四段，第一段大致为新砦期至二里头文化早期；第二段大致为二里头文化晚期；第三段大致为商代早中期（图 56 ~ 58）；第四段为晚商一期至三期。此遗址很可能是作为环太湖地区文化与宁镇地区文化的中介地带存在的，它们的文化主源有别，但又有着密切的关系。

13. 师姑墩遗址

师姑墩遗址位于铜陵市义安区钟鸣镇长龙村，南近黄浒河支流闸河，北邻鲶鱼山，南面数千米的山区即为长江下游最大的铜矿带。遗址所处为丘陵向平原过渡带，平面近椭圆形，海拔 15 ~ 17 米，高出周围地面 1 ~ 3 米，面积近 7500 平方米。遗址为 2009 年安徽省第三次文物普查时发现，2010 年 3 月至 8 月，安徽省文物考古研究所对其进行了发掘，发掘面积近 1300 平方米，发现了夏商至春秋时期丰富的遗存。原简报将遗址分为三期，并认为早期相当于斗鸡台文化三、四期，中期相当于殷墟一期和二期，晚期相当于西周至春秋。本文基本同意原简报的期段划分，只是在具体年代上稍做调整。

一期的鼎足扁锥形带按窝，高领罐深鼓腹、侈口，深腹盆带鸡冠錾，豆盘略折腹、细高柄带镂孔、镂孔处凸起、圈足较矮，大口尊直口、带一周附加堆纹。以上器物特征均与二里头文化第二期晚段至第三期早段的特征相同[1]。陶铃器形特殊，二里头文化二期时有铜铃存在。因此，本期年代应该为二里头文化二期至三期，相当于夏代早晚期之交，这一年代比原简报确定的三期至四期之间要早。

原简报认为二期的鬲、假腹豆和真腹豆都可以在吴城遗址中找到同类[2]，但在江北的大城墩类型第五段和江淮西部的薛家岗商遗存中也有类似者，器形与后者更为接近。因此，该假腹豆的来源最有可能是赣北和鄂东南地区。从鬲的形制看，其明显卷沿、高实足的风格与薛家岗商遗存第二期的鼎式鬲更为接近，而与宁镇地区和江淮中部皖西类型和大城墩类型区别较为明显。因此，

[1]　中国社会科学院考古研究所编著：《二里头（1999~2006）》，第一册第28~29页间插页，文物出版社，2014年。

[2]　江西省文物考古研究所、樟树市博物馆：《吴城——1973~2002年考古发掘报告》，第392~401页，科学出版社，2005年。

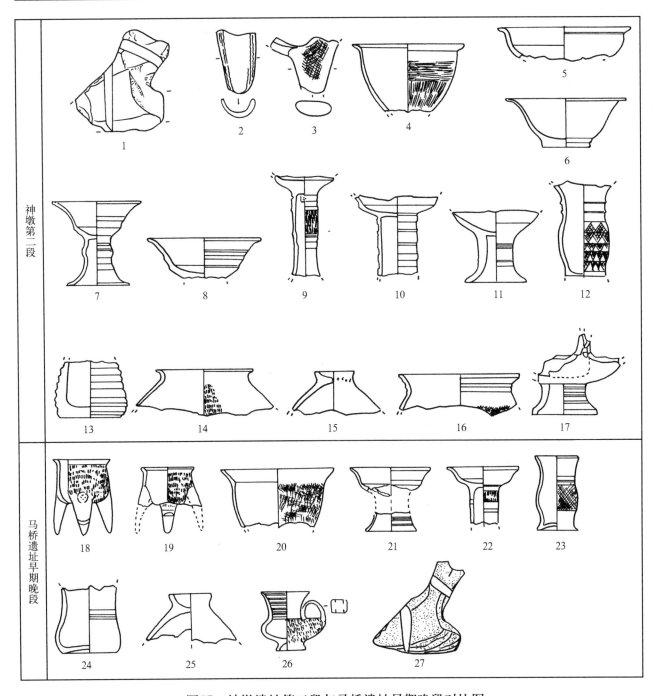

图57　神墩遗址第二段与马桥遗址早期晚段对比图

1.斜柄石刀T1230等四方G1⑥：78　2、3鼎足.T1230等四方G1⑥：23、T1232等四方G1④：9　4.瓿T1232等四方G1④：15　5、6.盆T1230
等四方G1⑥：18、T1230等四方G1⑥：127　7~11.豆T1230等四方G1⑥：102、121、123、T1232等四方G1⑤：4、T1232等四方G1④：16
12、13.尊T1230等四方G1⑤：4、T1230等四方④：17　14.大罐T1230等四方G1⑥：36　15.器盖T1232等四方G1⑥：7　16.小罐T1230
等四方G1⑥：143　17.鸭形壶T1230等四方G1⑥：124　18.凹弧足鼎ⅡTD101：11　19.舌形足鼎ⅠTD4：22　20.瓿ⅡH212：7　21、
22.豆ⅡH114：7、ⅡH148：2　23、24.尊ⅡT1121③D：6、ⅡT1133③D：6　25.鸭形壶ⅡH252：1　26.器盖ⅡH212：17　27.斜柄石刀
ⅡT721③B：5

本期年代大致与薛家岗商遗存第二期晚段和第三期早段相当，大致处于晚商一期至晚商三期。

　　三期延续自二期，其豆和鬲均同于城头山遗址第五段，鬲和豆的宗周文化因素较为明显。
瓿形盉与鄂东南和江淮之间西部地区有交流。此期时代大致相当于西周早期偏晚。

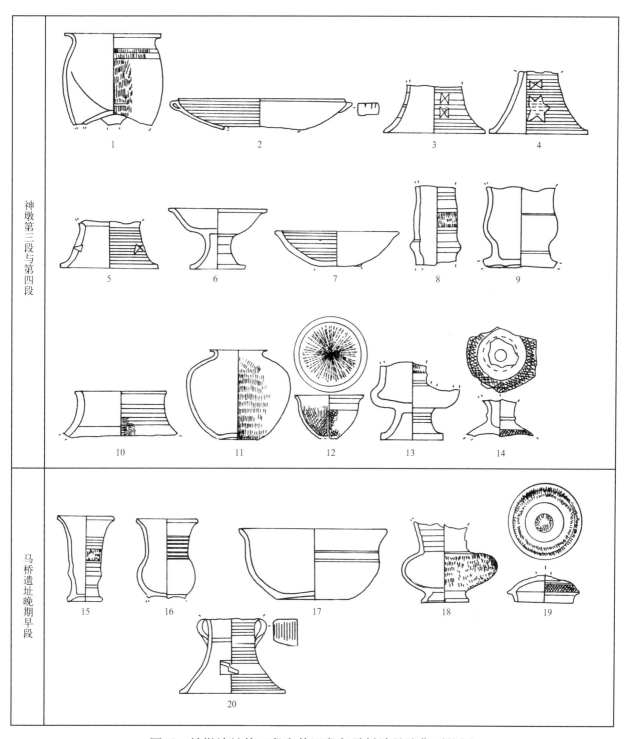

图58　神墩遗址第三段和第四段与马桥遗址晚期对比图

1.鬲H1：9　2.钵T1232等四方G1①：9　3～8.豆T1230等四方G1③：5、T1230等四方G1①：23、T1130等四方G1①：4、T1232等四方G1①：5、T1230等四方G1①：26、T1230等四方G1③：11　9.尊T1230等四方G1①：56　10、11.罐T1230等四方G1①：33、25　12.刻槽盆T1230等四方G1③：2　13.鸭形壶T1230等四方G1①：3　14.器盖H29：6　15、16尊.ⅡT920③E：1、ⅠT1208③B：6　17.盆ⅡT921③E：13　18.鸭形壶ⅡT625③B：8　19.器盖ⅡT624③C：4　20.硬陶豆ⅡH107：9

　　根据江淮之间地区堰墩遗址的分期，第四期和第五期分别相当于西周中期和西周晚期至春秋早期（图59）。

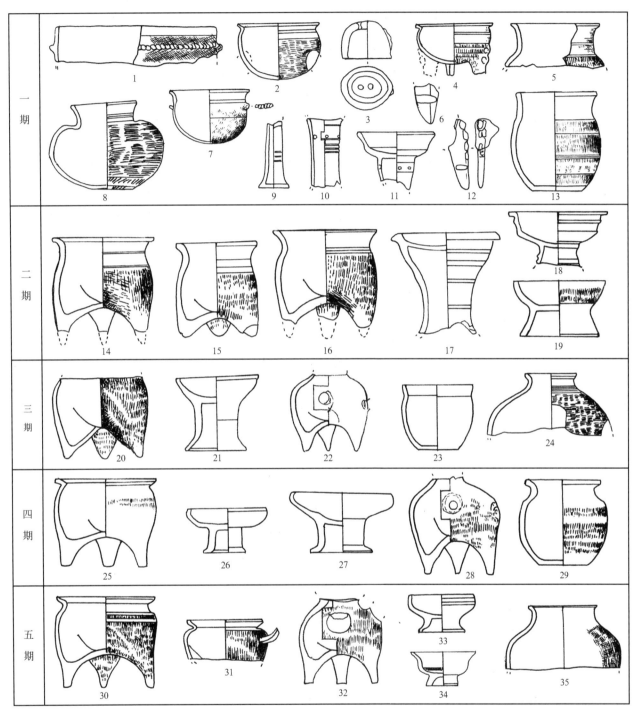

图59　师姑墩遗址器物分期图

1.大口尊T6⑫：37　2、4.鼎T6⑪：4、T8⑩：2　3.陶铃T9⑪：3　5、8、13.高领罐T6⑪：23、H8：2、H8：1　6、12.鼎足T6⑪：84、T6⑫：27
7.盆H9：3　9～11.豆T7⑫：24、T6⑪：61、T7⑫：1　14～16.鬲T37⑦：10、T5⑭：1、T37⑦：5　17～19.豆T37⑦：6、T37⑦：8、
T37⑦：3　20.鬲T6⑧：2　21.豆F2：4　22.盉T7⑩：1　23.罐T16⑥：1　24.瓮T4⑦：4-1　25.鬲T41⑤：6　26、27.豆T9⑥：2、
T4⑧：20　28.盉F2：1　29.罐T7⑤：2　30、31.鬲T4⑧：21、T6⑤：91　32.盉T8⑧：1　33、34.豆T29③：2、T6⑤：4　35.瓮T8③：2

14．句容寨花头、周岗土墩墓群

寨花头土墩墓群位于句容市天王镇农林行政村寨花头自然村西和北 300 ～ 600 米范围内，周岗土墩墓群位于句容市天王镇浮山行政村周岗自然村西和南 20 ～ 100 米范围内。寨花头和周岗土墩墓群均属于浮山果园土墩墓群的重要组成部分，浮山果园土墩墓群是 20 世纪 70 年代所确立的一处重要的土墩墓分布区域，大致处于浮山之北麓，天王镇至甸岗（浮山果园所在地）之西长 6 ～ 7 千米的冈峦起伏的丘陵之地。1974、1975、1977 年南京博物院、镇江博物馆分三次发掘了 7 座，并在浮山果园东南约 4 平方千米的范围内，调查确认了 150 多座土墩墓。寨花头和周岗土墩墓群西侧紧邻浮山果园。相对来说，西侧的寨花头土墩墓地势稍高，处于浮山北面的岗丘和高地之上；东侧的周岗土墩墓地势较低，处于浮山东北部的平原地带之上。2005 年，南京博物院为主导在寨花头共发掘土墩墓 6 座，周岗发掘了 2 座，其中寨花头 D1、D3 和 D6、周岗 D1 和 D2 包含西周时期的遗存[1]。

寨花头 D1 内有 2 座墓葬，10 组祭祀器物群，含 1 组打破关系：M2 打破 Q3。Q3 中出有几何印纹硬陶坛，颈短，整体显矮胖，平底较大。M2 中的同类器颈高，中腹外鼓较甚，平底较小。故这两个单位可以分成两组。M2 中除坛外，其他器物包括夹砂陶鼎、瓿、罐、原始瓷豆、原始瓷碗、黑陶盆、泥质器盖等，原始瓷豆和原始瓷碗共出，且原始瓷碗的开口较大，圈足较矮。与 Q3 中几何印纹硬陶坛器形相同，且原始瓷豆开口较小，圈足较高，而不见原始瓷碗的单位还包括 Q1、Q5、Q8。与 M2 出土同类器物的遗迹单位还包括 Q4、Q6、Q7、Q9。M1 中出土有夹砂陶鬲，墓底有石床，均不同于其他遗迹。在土墩墓中，一般土墩中心底部墓葬的年代最早，以后的墓都分布在其四周，最后形成一个大土墩，M1 正好出土土墩中部，从位置上看，它也是土墩中年代最早的一座墓。由上可知，寨花头 1 号墩的遗迹可以分为三组。

寨花头 D3 内有 5 座墓葬，2 组祭祀器物群，含 1 组打破关系：M2 打破 M4。M1 ～ M4 均有石床，M5 为竖穴土坑。从层位上看，M5 开口于②层下，其他墓葬开口于①层下，表示 M5 可能早于其他遗迹。器物特征上，所有均以原始瓷豆为主，不见原始瓷碗，豆盘腹壁中部均内曲。硬陶坛颈均较高，中腹部外鼓较甚。只是 M5 中瓷豆的腹部内曲更甚，坛中腹部平缓，底部也较大。表示 M5 可能早于其他墓葬。大致相当于以上所划分的第二组偏晚，此组还包括 Q1 和 Q2。其他遗迹可归入第三组，相当于第三组偏早。

寨花头 D6 内有 1 座墓葬和 1 座灰坑，无打破关系。墓葬和灰坑中出土有鬲和瓿，原始瓷豆圈足高，浅腹，盘壁直，且基本无沿。鼎腹较深。以上特征均同于第一组。

周岗 D1 破坏较为严重，未发现明确的墓葬，只编号了 26 组祭祀器物群。根据以上的分组标准，此墩可分为两组，相当于第三组和第四组。

周岗 D2 内有 31 座墓葬，1 组祭祀器物群，有两组打破关系：M2 打破 M3，M29 打破 M30。根据以上的分组标准，此墩可分为三组，分别相当于以上的第三组、第四组和第五组（表16）。

[1]　南京博物院：《江苏句容寨花头土墩墓 D2、D6 发掘简报》，《文物》2007 年第 7 期。南京博物院等：《句容寨花头土墩墓群发掘报告》，文物出版社，2019 年；南京博物院等：《句容浮山果园土墩墓群发掘报告》，文物出版社，2019 年；南京博物院等：《金坛薛埠土墩墓群发掘报告》，文物出版社，2019 年。

表16　寨花头和周岗土墩墓群各单位分期表

时代／单位	第一期 西周前期（康王到穆王前期）	第二期 西周中期（穆王后期到夷王）	第三期 西周后期～春秋前期（厉王到寿梦）
寨花头D1	M1、Q2、Q10	Q1、Q3、Q5、Q8	M2、Q4、Q6、Q7、Q9
寨花头D3		M5、Q1、Q2（均西周中期偏晚）	M1～M4（均偏西周晚期）
寨花头D6	M1、H1		
周岗D1			Q2～Q5、Q7～Q9、Q13、Q16～Q18、Q19（最早）、Q21、Q22、Q24、Q26
周岗D2			M21、M23～M26

以上各个墓葬情况基本相同，随葬品的组合规律比较明确和一致。因此，根据以上的分组情况可以将寨花头和周岗的土墩墓分为五期，其中第一至第三期相当于西周时期。

第一期墓葬有石床。夹砂陶中有鬲，部分墓有鼎和甗。鼎为浅腹，圜底，锥足根部多带角状饰，口沿近无。泥质陶主要为黑皮陶，多罐、瓿，有少量灰陶坛和瓿。硬陶坛矮胖，大平底，矮颈，最大腹径偏上。原始瓷主要为豆，豆圈足较高，豆盘壁弧曲较甚，口微敛。或盘壁竖直，基本无沿。纹饰有折线纹及其与回字纹、口字纹、变体云纹、羽状纹等组合纹饰，印纹一般较为粗深、规整。参考溧水乌山、浮山果园和南陵千峰山土墩墓的年代，本期年代大致处于西周前期后段。

第二期仍有大部分墓葬有石床。夹砂陶中没有鬲，鼎最多，有的鼎足根部已无角饰，略卷沿，沿较小。泥质陶多黑皮陶，硬陶比一期多，有坛、罐、瓿等，泥质陶的坛和瓿少见。坛体仍较矮胖，口略大，颈近无。原始瓷豆盘壁弧曲仍较甚，但已敞口。纹饰盛行折线纹以及回字纹与折线纹的组合纹，另外还有席纹与方格纹、席纹与回字纹、复线菱形纹与回字纹、变体云纹与回字纹等组合纹饰。参考浮山果园和南陵千峰山土墩墓的年代，本期年代大致处于西周中期。

第三期墓葬多数已无石床，或近简易石床。夹砂陶鼎少量仍有角状饰，卷沿较前期为大。新出大量泥质陶钵、盆和器盖、硬陶盉和原始瓷碗，器盖大纽，盖壁较直。盆、盘、钵均有平底，体较高胖，口径小于腹径。原始瓷豆和原始瓷碗共存，豆盘壁仍弧曲，但已较前期程度浅，圈足也变矮。碗假圈足较高，沿面内低外高，形成子母口。硬陶器比例较大，仍以坛、瓿和罐为主，坛口较小，颈较高，中腹外鼓，平底较小。纹饰多大方格纹、填线方格纹、编织篮眼纹、窗格纹、对称瓣形纹、S纹、Z形纹、叶状纹、羽状纹，折线纹和回字纹的组合纹饰仍是本期的主要纹饰。参考浮山果园和高淳顾陇、永宁、金坛鳖墩和溧水宽广墩土墩墓的年代，本期年代大致处于西周晚期～春秋早期。本期延续时间较长，其中有些遗存存在偏早和偏晚的现象，由于器物往往早晚杂处，不便细分，暂均归入一期（图60）。

寨花头周岗土墩墓群连同周边的金坛薛埠土墩墓群、浮山果园土墩墓群是近年来土墩墓发掘规模最大的一次，共发掘了40座土墩墓，丰富了西周时期土墩墓的类型，进一步廓清了土墩墓的营建过程、内涵和时代，其性质与广泛分布于宁镇皖南地区的土墩墓具有共同性。本文选择这一处土墩墓群进行分析，以小见大，共同构成宁镇皖南地区西周时期土墩墓的时代特征。

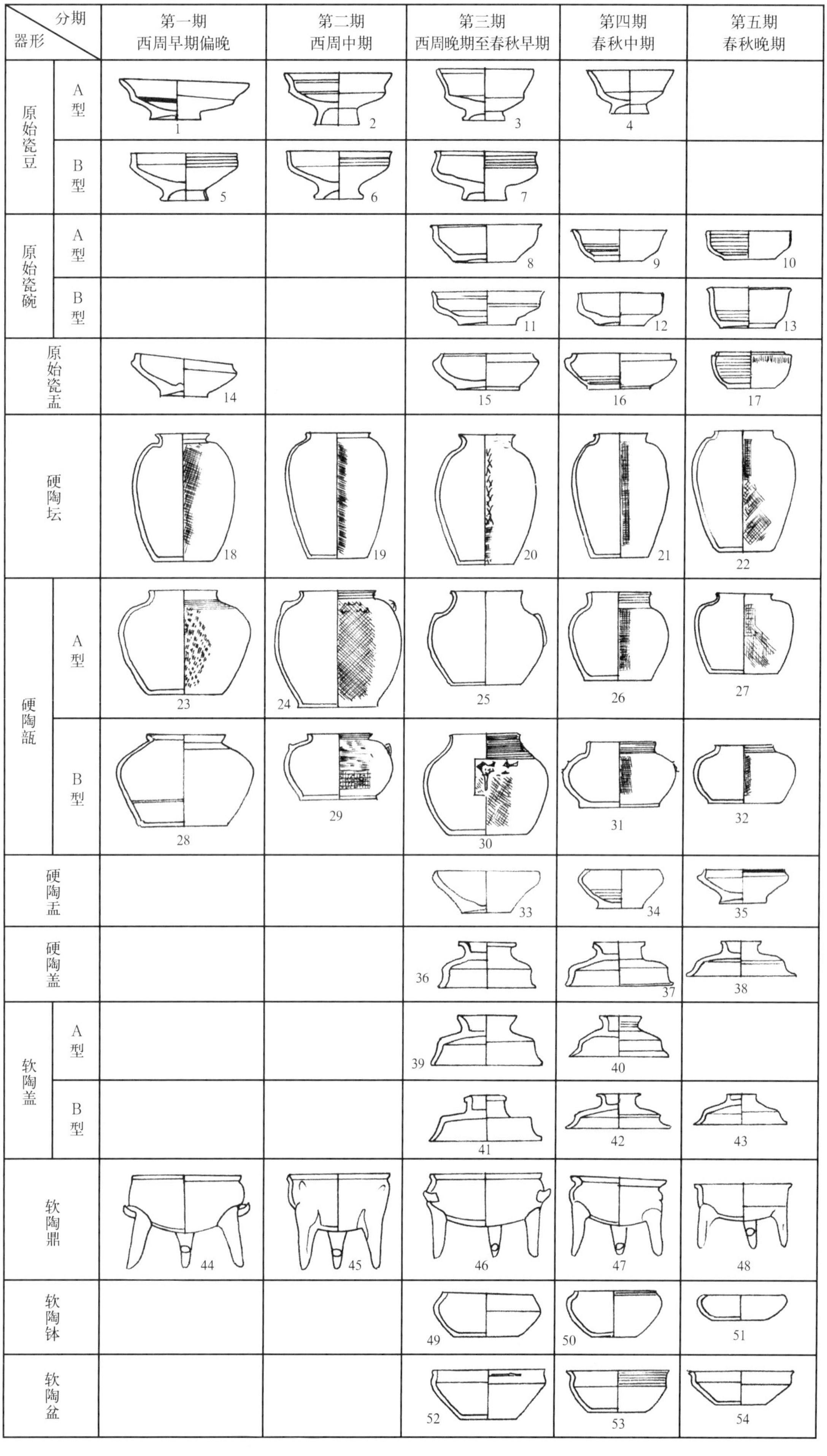

分期 器形		第一期 西周早期偏晚	第二期 西周中期	第三期 西周晚期至春秋早期	第四期 春秋中期	第五期 春秋晚期
原始瓷豆	A型	1	2	3	4	
	B型	5	6	7		
原始瓷碗	A型			8	9	10
	B型			11	12	13
原始瓷盂		14		15	16	17
硬陶坛		18	19	20	21	22
硬陶瓿	A型	23	24	25	26	27
	B型	28	29	30	31	32
硬陶盂				33	34	35
硬陶盖				36	37	38
软陶盖	A型			39	40	
	B型			41	42	43
软陶鼎		44	45	46	47	48
软陶钵				49	50	51
软陶盆				52	53	54

图60 寨花头和周岗土墩墓群器物分期图

1~7.寨花头D1M1：6、寨花头D1Q5：1、寨花头D3M3：2、寨花头D4M21：6、寨花头D6M1：7、寨花头D1Q1：2、寨花头D2M24：2 8~13.寨花头D1M2：10、周岗D1Q14：5、寨花头D2M1：5、周岗D1Q13：4、寨花头D2M3：1、寨花头D4M16：1 14~17.寨花头D1M1：5、周岗D1Q9：3、周岗D1Q25：3、寨花头D2M22：20 18~22.寨花头D1M1：2、寨花头D1Q3：1、寨花头D1M2：5、周岗D2M4：2、寨花头D2M23：1 23~32.寨花头D6M1：1、寨花头D3M2：5、寨花头D1M2：2、寨花头D4M4：1、寨花头D2M23：12、寨花头D1M1：3、寨花头D3M1：1、寨花头D4M9：2、周岗D2M4：9、寨花头D2M23：19 33~35.寨花头D4M21：8、周岗D2M10：11、周岗D2M6：1 36~38.寨花头D1M2：16、寨花头D4M3：4、寨花头D2M23：22 39~43.寨花头D1M2：12、寨花头D4M4：6、寨花头D2M22：14、寨花头D2M22：25、寨花头D2M23：11 44~48.寨花头D3M1：6、寨花头D2M24：4、寨花头D5M1：9、寨花头D2M22：27、寨花头D2M23：15 49~51.寨花头D5M7：2、寨花头D5M6：2、寨花头D2M14：2 52~54.寨花头D5M5：10、寨花头D4M7：3、寨花头D2M23：17

15. 镇江谏壁乌龟山遗址

乌龟山遗址位于谏壁镇月湖行政村李严村东南，遗址高出周围地面 5～6 米，平面形状不规则，面积约 4000 平方米。该遗址是南京博物院在 1957 年调查时发现的，1998～1999 年镇江博物馆对其进行了发掘，发掘面积 140 平方米。

该遗址文化层共分 7 层，原报告将其分为三期，第⑦层定为商代早期；第⑤、⑥和 H1、G2 定为商代末期至西周前期；第③、④和 L1、L2 定为西周后期至春秋早期。根据遗址的地层叠压关系和上文遗址的分期，笔者同意这一划分方案，但具体年代稍作调整。

第一期：该期遗物极少，素面陶比例占 97%，与左湖遗址下层近似。原简报中仅发表了一件泥质红陶盆，时代大致应为晚商一期至晚商三期。

第二期：本期的鬲与凤凰山遗址第二段相同，时代也应大体相当。原始瓷器很少，简报中仅发表 1 件，为敛口，斜腹，圜底造型，与其他遗址确定的西周早期以后的原始瓷豆明显不同，但似乎也具有演化关系。但本期中的一些泥质陶豆却有着西周早期以后当地原始瓷豆的器形特征，说明原始瓷豆很可能是来自于同类的泥质陶豆。此期特征与第一期明显有别，文化性质当在发生变化。本期年代大致相当于晚商四期至西周初期。

第三期：本期的原始瓷器数量较多，从豆、碗和盂的器形可知此期相当于西周晚期至春秋早期（图 61）。

16. 镇江大港乌龟墩遗址

乌龟墩遗址位于大港镇东南约 1 千米，北距长江 2 千米。遗址南北长 116、东西宽 48、高 7 米左右。1993 年，镇江博物馆对其进行了发掘，发掘面积 200 平方米。该遗址地层堆积较简单，文化层仅有第②层，但出土遗物较丰富。原简报认为遗存时代为西周晚期至春秋早期。与偏西部遗址不同的是，该遗址炊器以素面器为主，素面鬲较多，原始瓷器形制也有一定区别。另外，偏西部遗址多包含有商代早中期遗存，而偏东部少见。总体特征与凤凰山遗址第三段和第四段较为一致，因此应该也可以分为两段。经过比较，本文将②层下的遗迹划为第一段，②层划为第二段，时代大致分别相当于西周中期和晚期（图 62）。

17. 南陵千峰山土墩墓群

千峰山土墩墓群位于县城东南 9 千米，葛林乡千峰、官洲及沿着漳河向南 6 千米的范围内分布着大大小小许多土墩。1985 年春夏之交，安徽省文物考古研究所发掘了 18 座，清理墓葬 19 座。其中 D16 包含两座墓葬。原简报将这些遗存分为两段，本文基本同意。

第一段：以 D16M2、D6、D8、D15 为代表。这四座墓葬出土的遗物主要是印纹硬陶坛、罐、印纹软陶鼎、鬲、甗、瓿，以及原始青瓷豆等，它同 D16M1 等墓出土的印纹硬陶坛、罐及原始瓷豆等相比较，能够看出这两期遗物在器形与纹饰等风格上均有较明显的不同。如 D16M2 出土的炊器鬲、甗、M6 出土的盂、M8 出土的鼎、M15 出土的鼎、盂等，均是印纹软陶。陶色呈橙黄色，腹饰细绳纹，纹饰到足根部。足有圆锥与圆柱形两种，均为包制法。这些都具有西周中期的特点。鼎、鬲又与江苏句容县浮山果园西周墓所出的鼎。同样，含山大城墩西周中期出土的甗同 D16M2 所出的甗也基本近似。它们共同特征是甑鬲连体，圆柱形足，足尖平钝。其次从印纹硬陶罐、坛等纹饰看，这一期四座墓出土的印纹硬陶罐、坛等，纹饰都是以雷纹为主体而

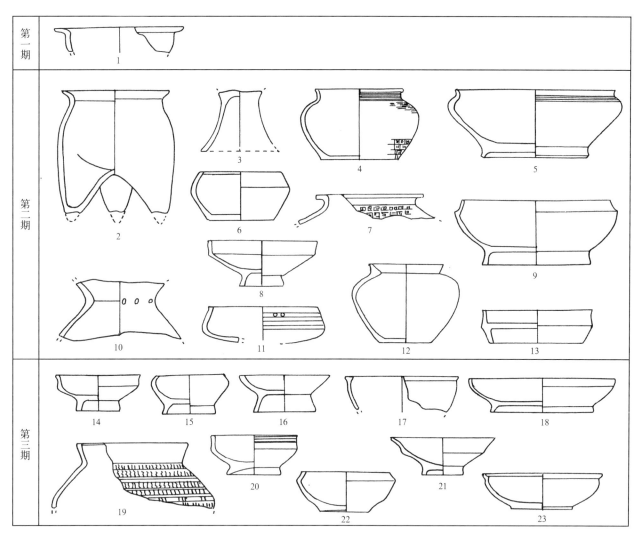

图61　乌龟山遗址器物分期图

1.盆T102⑦：3　2.鬲G2：2　3.夹砂陶豆G2：8　4.硬陶瓿T102扩⑤：2　5、9.盂T102⑥：1、4　6.钵G2：3　7.坛G2：6　8.泥质陶豆T101⑤：7　10.　腰G2：5　11.原始瓷豆G2：7　12.陶罐T102⑤：2　13.盘T101⑤：8　14～16.泥质陶豆T102④：13、L2：4、5　17.陶盆T102④：23　18.泥质陶盘T102④：17　19.泥质陶罐H1：1　20、21.原始瓷豆T102③：1、T102④：6　22.原始瓷盂T102④：9　23.原始瓷碗T102④：5

间以折线纹，印纹规整，印痕深凹清晰。腹饰细绳纹的印纹软陶甗、鬲等，印纹极细密，印痕细浅，它有别于中原西周中期炊器上所饰绳纹粗细不等的现象，这应是这一地区土著文化的特点。原始青瓷碗也具有西周中期特色。综合看，本段时代应该相当于西周中期或偏早。

　　第二段：以 D16M1、D1、D3、D4、D10 ～ D14 为代表。一、二期能够比较而又能看出器形变化的是坛和豆；一期的坛外卷沿较短，沿上面有凹凸不平的数道弦纹；二期的坛卷沿似近平，沿上面无凹凸弦纹。它们的器腹深长，最大腹径都在腹上部。豆的圈足都是由较高向较矮的方面发展。这些特征，与上文寨花头的器物演变具有相似性。因此本段年代大致应为西周中晚期至春秋前期（图63）。

　　以上两段的分期还可以从当地出土的青铜器上得到证实（图64），这里出土的两件青铜鼎具有明显的西周中期和晚期的特点，虽然在整体器形和装饰风格上与宗周有一定区别。

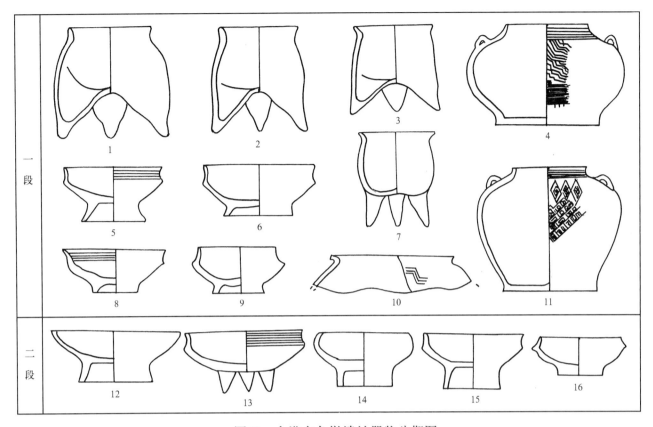

图62　大港乌龟墩遗址器物分期图

1～3.鬲 H2：12、13、H6：6　4.硬陶瓿 H6：8　5、6.陶豆 H2：10、H3：14　7.鼎 H6：6　8.原始瓷豆 H2：9　9.硬陶盂 H2：1　10.坛 H2：22
11.硬陶罐 H3：6　12.陶豆 T1②：5　13.鼎 T1②：6　14、15.陶豆 T1②：2、7　16.硬陶盂 T1②：1

　　千峰山土墩墓群出土的器物与宁镇地区既有较大区别又有明显联系，比如该遗存可见来自鄂东南和皖西南地区的盂、瓿形器，这同偏西的铜陵地区一致，说明两地之间应该存在一定联系。其次是大量罐形器的出现，这在周边其他遗址中较少见到，与马鞍山五担岗地区春秋时期的遗存应该有一定关系。这类器物的文化归属目前并不清楚，尚待继续分析。

18. 郎溪磨盘山遗址

　　郎溪磨盘山遗址位于郎溪县飞鲤镇幸福社区新法村磨盘山自然村，村子整体即坐落于遗址上。该遗址包含自马家浜文化晚期至春秋时期的文化堆积，其中夏代的文化因素可见岳石文化风格的小陶罐和半月形石刀，商代文化因素可见大口长颈绳纹鬲、肥袋足矮实足尖绳纹鬲、圆柱足深腹鼎、带鋬的硬陶钵、原始瓷罐、铜镞等，西周时期的遗物可见原始瓷盂、罐和铜斧等。该遗址青铜时代内涵丰富，因报告尚在整理中，这里仅指出大致的遗存时代应该相当于夏代至春秋早期，夏代时期，二里头文化因素少见，可见到少量岳石文化晚期因素；商代时期，商文化因素、马桥文化或高祭台类型或后马桥文化因素、湖熟文化因素均在此交汇。深腹罐形鼎口沿外翻的形态晚于团山第二期和五担岗第三期和绳纹鬲，带鋬的硬陶钵直口，也属于晚商时期形制，袋足鬲与神墩遗址 H1：9 的鬲近似，均同于大城墩类型第六段，因此时代大致为晚商一期至三期。西周时期基本上与宁镇地区类同，大致处于西周中晚期，只是原始瓷碗和豆的数量明显较少（图 65）。这一地区的文化遗存自新石器时代即表现出文化与周边文化的融合状态，某

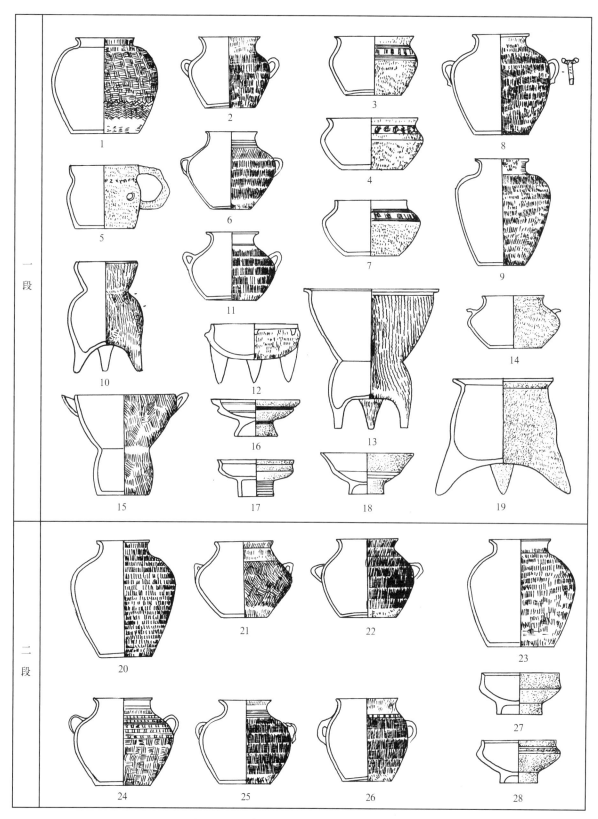

图63　千峰山土墩墓群器物分期图

1、2、6、8、9、11.罐D16M2：6、D8：2、D15：2、D6：6、D15：1、D6：5　3、4、7.瓿D8：1、D15：8、D16M2：5　5、10.盉D15：4、D6：4　12.鼎D15：5　13、15.瓶D16M2：2、7　14.盂D15：3　16、18.原始瓷豆D16M2：4、D15：6　17.D6：1　19.鬲D16M2：4　20~26.罐D16M1：1、2、D3：2、D11：1、D14：1、D12：1、D4：5　27、28.原始瓷豆D3：3、D4：1

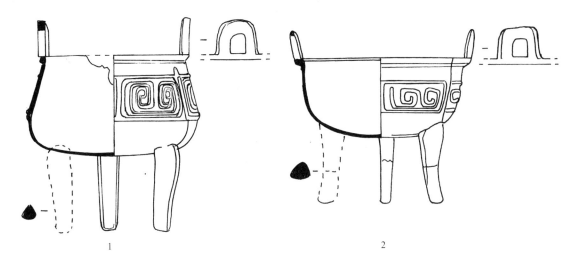

图64　南陵千峰山地区出土青铜鼎

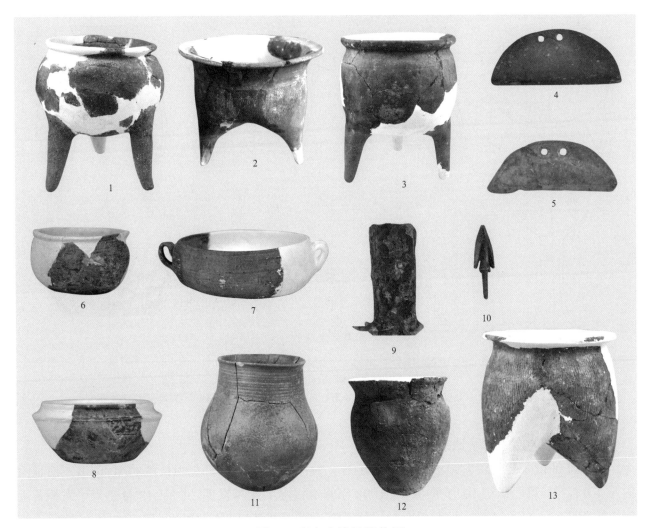

图65　磨盘山遗址器物图

1、3.夹砂红陶鼎H43：19、H12：18　2.鬲M106：4　4、5.石刀F7②：1、H53：5　6.原始瓷罐TN8W39③c：8　7.硬陶钵TN4W43③b：8
8.原始瓷盂TN8W39③c：9　9.青铜斧H4：1　10.青铜镞TN3W38③b：12　11.原始瓷罐H46：2　12.夹砂红陶罐M103：1　13.夹砂红陶鬲
H36：1　（1～3、7、10、11、13.商代早期至周初；4、5、12.夏代；6、8、9.西周前期至春秋早期）

种程度上也表明其处于过渡地带的地位。

19. 朝墩头遗址

朝墩头遗址位于南京市高淳区固城镇檀村，通往固城湖的胥溪自遗址东流过。遗址海拔11～13米，高出周围地面3米左右，面积约1万平方米。1989年9～12月，南京博物院、高淳县文保所对其进行了发掘，发掘面积500平方米。发掘者将堆积主要分为四层，并认为第⑤、④层为良渚早期，第③层为龙山晚期，第②层为周代。笔者在后来的一些研究性文章中见到了第③、②层遗物[1]，在对所见的扁鼓腹罐形鼎、深鼓腹罐形鼎、分裆袋足鬹、凹凸棱细高柄浅腹碗形豆、弧腹盆等进行分析后，基本赞同将第③层定为龙山晚期的认识，只是后两者可能已经进入新砦期至二里头文化早期。但第②层出土的浅盘鼎、刻槽盆等，与神墩遗址第一期的同类器一致，年代应为二里头文化晚期。另外，本遗址西周时期遗存应大致相当于西周中期（图66）。

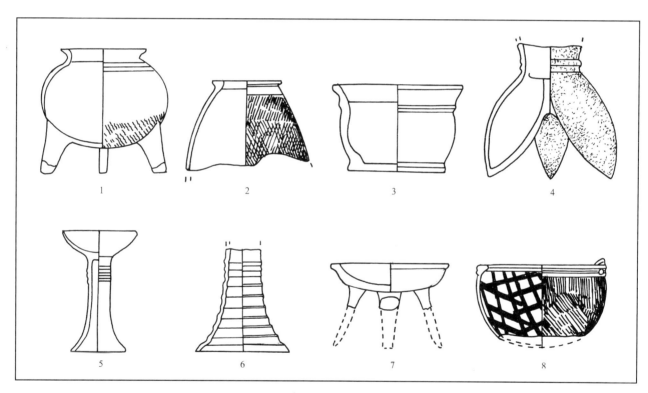

图66　朝墩头遗址器物图

1.扁鼓腹罐形鼎　2.深鼓腹罐形鼎　3.弧腹盆　4.分裆袋足鬹　5、6.凹凸棱高柄豆　7.浅盘鼎　8.刻槽盆

20. 江阴花山、佘城遗址

花山遗址位于无锡江阴市云亭镇的花山村，西侧紧邻花山，西北距长江约10千米。遗址海拔5～17米，总面积约10万平方米。1998年修筑锡澄高速时发现，同年12月进行了发掘，总计揭露面积约500平方米，地层仅有一层扰乱层，以后即开口灰坑12个，灰沟2条。

---

[1] 谷建祥、申宪：《王油坊类型龙山文化去向初探——江苏境内王油坊类型龙山文化遗存分析》，《南京大学历史系考古专业成立三十周年纪念文集》，第44～48页，天津人民出版社，2002年。

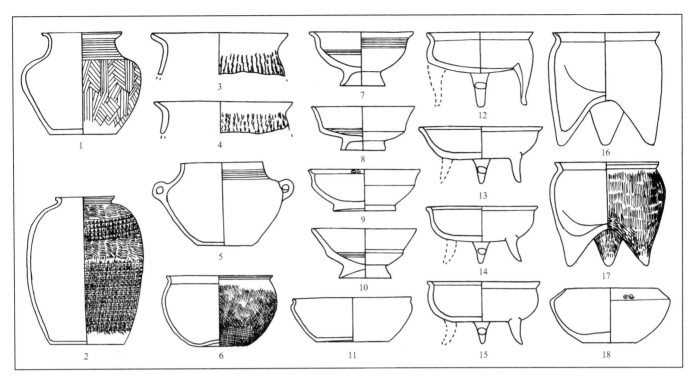

图67　淹城遗址器物图

1.瓿南10：4399　2.坛淹WY：32　3、4.釜T3940⑦：45、46　5.罐DⅣ③A：1　6、11.盆T3940⑦：8、DⅥ：59　7、8、10.原始瓷豆T3936⑥：4、DⅥ：25、T3937⑦：9　9.原始瓷碗T3441⑦：19　12～15.浅盘鼎T3937⑦：11、DⅥ：63、64、65　16、17.鬲T3341④：4、T1⑨：4　18.钵T2④A：15

　　佘城遗址位于江苏省无锡江阴市云亭镇花山村的高家墩自然村，西侧隔一条小河与花山遗址紧邻。遗址海拔 6～8 米，高出周围地面 4～5 米，总面积近 30 万平方米。遗址于 1998 年修筑锡澄高速时发现，2000 年 2～4 月因修筑江太公路对其进行试掘，发掘探沟 2 条，共揭露面积 180 平方米。TG1 共 10 层，其中①～③层为晚期地层，第④层为商周地层，⑤～⑩层为城墙堆积层；TG2 共④层，相当于 TG1 的①～④层。

　　发现商周时期遗存以陶器为主，包含一部分硬陶和少量原始瓷、铜器等。器类主要有鼎、釜、豆、刻槽盆、罐、钵、铜镞、铜锛等；纹饰有绳纹、弦纹、指捺纹和梯格纹。

　　两处遗址一为聚落，二为城址，城与聚落的结合为大聚落格局研究提供了难得资料。两处遗址均以釜、鼎、瓿等炊器为主，而鬲极少见，更多的具有与环太湖地区青铜时代文化的风格。发掘者将两处遗址的时代定为夏商时期，本文认为，这两处遗存与淹城遗址内的发现有诸多相似之处，比如三足浅盘鼎、釜、绳纹和素面鬲、泥质陶盆、双耳陶罐、泥质陶罐等都可以在淹城遗址早段遗存中找到类似者[1]（图 67），尤其是在其他遗址中少见的浅盘鼎和带耳罐的同时存在，说明两处遗址有着较为密切的关系。但花山、佘城遗址内见有较多的刻槽盆，刻槽盆为宁镇地区商时期文化的最晚一期形制，与北阴阳营遗址第四段形同。而又不见如淹城遗址那么多的硬陶器和原始瓷器，因此它们的时代应该早于淹城遗址。从相似器物看，也可以看出演变的

───────────────
　　[1] 南京博物院等编著：《淹城——1958～2000年考古发掘报告》，第40～50页，科学出版社，2014年。

趋势，比如浅盘鼎腹部相似，但鼎足普遍变矮，与青铜越式鼎极为相似[1]。釜形器口沿相同，但从大口斜腹变为小口鼓腹；鬲腹部相似，但口沿由束颈大卷沿变为小折沿；泥质陶盆的口沿也变小；双耳罐口沿变矮，双环系由高耸变为正圆形；铜镞双翼并拢的形制与淹城相同，唯器身更长，时代应稍早于后者等等。这些相同和区别表明花山、佘城遗址的时代大致应为晚商至西周中期，其中佘城城址内的时代稍晚于城址外的花山遗址，可能为商末周初。虽然两处遗址中可见部分宁镇地区西区典型的硬陶器、鬲和梯格纹饰等，但总体文化归属仍然与环太湖地区一致（图68）。同时仍需指出，虽然与环太湖地区文化归属应一致，但也有内涵的区别，比如不见马桥文化和后马桥文化中常见的鸭形尊等典型器物，浅盘鼎、甗、罐、豆等器形也不完全一致，说明环太湖地区的青铜时代文化也有分区的可能。

　　另外经过发掘的重要遗址还有：

　　老鼠墩遗址位于南京市江宁区湖熟镇曹家边村南，南临秦淮河支流句容河。西距湖熟文化老鼠墩遗址约270米。遗址海拔12～14米，高出周围地面1～2米，面积1100平方米；1951年由南京博物院进行发掘；2010年，又对往东270米处的遗址进行发掘[2]；两处应属同一遗址。遗址堆积厚0.4～1.2、最深2.5米。遗物主要为陶器，多为夹砂红陶；多素面器，纹饰有绳纹、云雷纹、梯格纹、方格纹、回纹等，器类有鬲、鼎、羊角形器、甗、罐、盆、纺轮等。其中折沿垂腹的罐形鼎，根部一侧有简单按窝的侧扁三角形鼎足，同新砦期至二里头文化早期者；卷沿鼓腹的鬲、足窝不深的鬲足、足尖很矮的甗的鬲部等，应为晚商一期至三期遗物（图69）。

　　癞鼋墩遗址位于镇江市丹徒区西葛村西，遗址南有注入长江的小河流过。遗址海拔14～16米，高出周围地面4米左右，面积约1.2万平方米。1956年4月，由南京博物院对其进行了发掘，共揭露面积155平方米。发掘者将遗址堆积分为三大层，上层为汉代层，中层、下层具体区别不明，但可知出土陶器以夹砂红陶为主，并存在硬陶器。从所公布的材料看，应为西周中期偏晚至晚期。陶器如矮束颈梯格纹深腹罐与句容鹅毛岗D2M21的形制完全一致，只是外表纹饰变成了席纹；斜颈的弧腹罐为大口、圆肩、高领，此多为西周晚期器形；圆锥形实足的浅盘鼎与江阴花山、佘城同类器类似，但从卷沿变为直口，应稍晚；宽裆折肩鬲与凤凰山遗址第三至第四段相同。综合以上来看，该遗存的年代应为商末至西周晚期（图70）。

　　丁沙地遗址位于镇江句容市宝华丁沙地村北，北距长江3500米，西侧400米有小河流过，可通长江。海拔10～13米，面积5万平方米。1988和1998年，由南京博物院对遗址各进行一次发掘，共揭露面积约530平方米。在1998年的发掘中，于第③层现少量灰陶器，具有岳石文化作风；如子母口盒、菌形纽的器盖、长柄器盖等，应为二里头三、四期遗物（图71）。

　　太岗寺遗址南京市雨花台区西善桥村南，西距长江6千米。遗址海拔20米，高出周围地面8米，面积约2万平方米。1957年发现，1960年进行发掘，共揭露面积220平方米。发掘者将遗址堆积分为两大文化层，陶器以夹砂红陶为主，占38%；泥质红陶次之，占21%；夹砂灰陶

　　[1]　1976年在淹城遗址的内城河淤泥内出土一件青铜鼎，是越式鼎的代表。见南京博物院等编著：《淹城——1958～2000年考古发掘报告》，第172页，科学出版社，2014年。

　　[2]　南京博物院：《江宁湖熟曹家边遗址考古发掘报告》，《穿越宜溧山地——宁杭高铁江苏段考古发掘报告》，第1～31页，科学出版社，2013年。

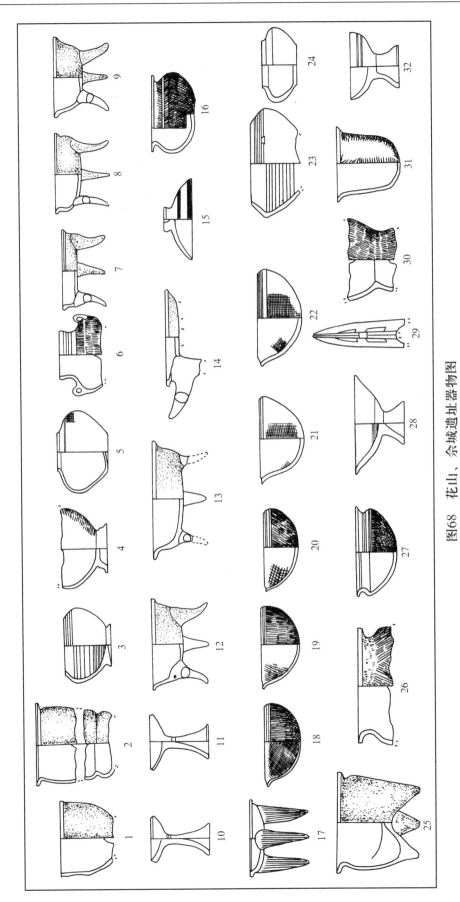

图68　花山、佘城遗址器物图

1、2．G1：b1，b4　3、10、11.豆G2：70，H1：4，G1：1　4.簋形器H7：b3　5、6、24.罐C：15，H7：b1，G2：15　7～9、12～14.三足盘H1：1，G2：27、28，TG1④：11、13、
12、15.器盖G2：29　16、27.盆H7：9，G2：9　17.浅盘鼎G2：67　18～22.刻槽盆G2：18、19、65，TG1④：27、28　23.硬陶罐TG2④：4　25、26.高陶H7：3，G2：b7　28、32.硬陶
豆TG1④：1，G2：4　29.铜镞H1：28　30.　G2：b103　31.釜G2：68

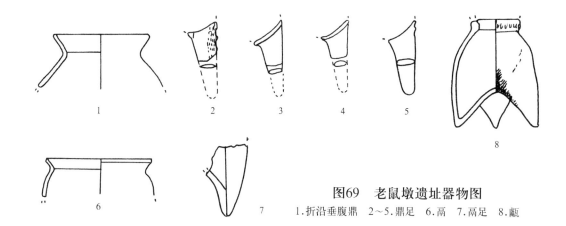

图69　老鼠墩遗址器物图
1.折沿垂腹鼎　2~5.鼎足　6.鬲　7.鬲足　8.甗

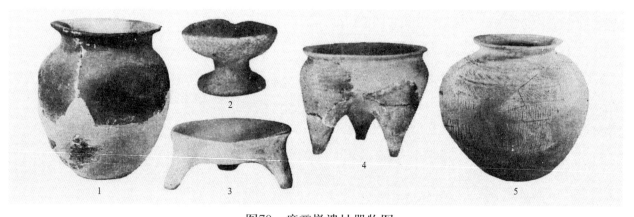

图70　癞鼋墩遗址器物图
1.矮束颈梯格纹深腹罐　2.斜颈弧腹罐　3.浅盘鼎　4.粗柄豆

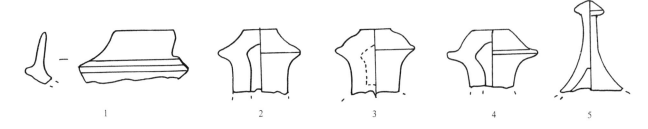

图71　丁沙地遗址器物图
1.盒T0103③:3h　2~5.器盖T0102③:1、3、4、2

　　再次，占 18%；但未分层统计。从公布资料看，两大文化层中出土有龙山晚期、商时期的遗物。
如高颈捏口盉、内曲壁带把杯、敛口折腹盆、腹径大于口径的折沿鼓腹鼎、长颈的扁鼓腹壶、
大敛口的圆肩鼓腹罐等，年代应为新砦期至二里头文化早期；商遗物则有扁鼓腹硬陶甗、素面鬲、
半月形双孔石刀等，甗的印纹大而不规则，素面鬲与东岗头第二段同类器相同，故其时代应为
晚商一期至西周初期（图 72）。

　　锁金村遗址位于南京市玄武区锁金村，西南侧靠玄武湖，北距紫金山 1000 米。遗址原高
出周围地面约 4 米，面积约 1.5 万平方米，现已不存。1955 年发现，采集到许多商时期遗物；
1956 ~ 1957 年，前后进行两次发掘，发掘面积 544 平方米，发现良渚、商周时期的遗存。两

图72　太岗寺遗址器物图

1.鼎　2.盉　3.壶　4.杯　5.盆　6.罐　7.石刀　8.硬陶瓿　9.鬲

件折沿鼓腹鼎与磨盘山遗址相同。粗壮的圆锥形实足外撇，折沿斜鼓腹、腹径大于口径、最大腹径居中、足尖外斜的鼓腹鬲，多见于殷墟二期，与大城墩第6段者同。所见到豆，有浅斜盘假腹豆、粗柄碗形豆、束腰的敛口豆等，有的豆柄上长方形镂孔，这种情况多见于中晚商至周初时期。硬陶钵为敛口，扁平耳缘至肩之间有明显的抹平加工迹象，这种形态多见于晚商早期。铜环首刀和双翼张开的铜镞是晚商时期的典型器形，而双翼渐并拢的铜镞又是西周初期的形制，因此本遗址的年代应为晚商一期至西周初期（图73）。

安怀村遗址位于南京市玄武区安怀村附近的柴山，西北距长江约3千米，南距玄武湖1700米。1956年南京博物院对其进行了发掘，揭露面积约1200平方米。出土遗物有陶器和石器等，陶器多为夹砂红陶，器类有鬲、鼎、甗、豆、盘、罐、钵等。所见的鼎式甗、半月形石刀等应为新砦期至夏代遗物；硬陶钵、深腹罐、带把鬲、双翼张开的铜镞等，应为晚商时期遗物，而双翼并拢、铤部较长的铜镞应为西周初期特征。其他如鲤鱼山遗址的鼓腹袋足鬲、鼓腹罐、双孔石刀等和毕家山遗址所见的袋足甗等，均应为同时期遗物（图74）。

新浮遗址位于常州金坛市薛埠镇新浮村的南侧，北距上水村土墩墓群约500米。遗址西距茅山山脉约2000、南距高河约1000米，沿高河南下可至荆溪再至太湖。遗址为长方形，高出周围地面1.5～2米，面积原近2万平方米，被破坏后仅存2000平方米左右。因修筑宁常高速，南京博物院于2005年6月至7月间对其进行了抢救性发掘，共计揭露面积150平方米，发现灰坑、沟等遗迹。发掘者判定第④层陶器特征与团山H13、H9、第⑩层及中原二里冈下所见者相似，并认为其年代为商代早期，属湖熟文化。本文认为其器物特征与团山第⑩层和昆山遗址高祭台类型的晚期遗存大体一致，有较多的带附件的硬陶、原始瓷器，刻槽盆敛口、器腹较深，时代大致相当于中商二、三期，同时也包含较多的不同于宁镇腹心地区同时期的鬲、甗等器形，因

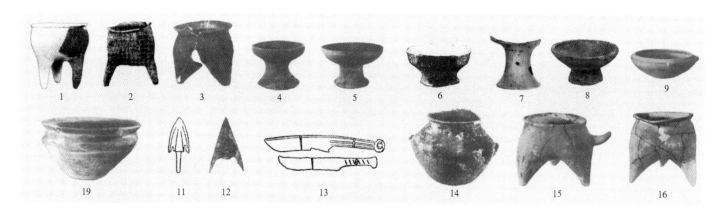

图73　锁金村遗址器物图
1、2.鼎　3、15、16.鬲　4~8.豆　9.硬陶钵　10.盆　11、12.铜镞　13.环首铜刀　14.瓿

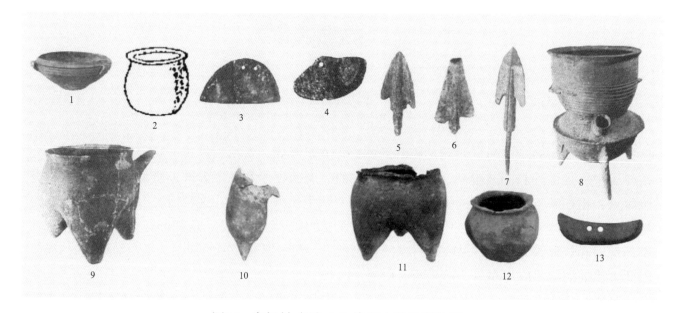

图74　安怀村、鲤鱼山和毕家山遗址器物图
1.硬陶钵　2、12.罐　3、4、13.石刀　5~7.铜镞　8.鼎式甗　9、11.鬲　10.瓿　（1~9.为安怀村；10.为毕家山；11~13.为鲤鱼山）

此时代应为中商二期至晚商一期（图75）。

淹城遗址位于常州市武进区区政府所在地湖塘镇境内，西南距滆湖5千米。城内地表海拔约5米，城墙海拔约7~10米，城东西长约850、宽约750米，总面积约65万平方米。1958年开始，历年来对淹城遗址都有过调查和采集活动，获得了丰富的遗物，尤其是1958年在内城壕内底层淤泥中出土的青铜尊、三足盘、三轮盘、牺匜、勾鑃、铜镞等具有西周中晚期铜器风格，也具有越族风格的青铜精品。此后又出土了越式鼎、独木舟等西周至春秋中期的器物。1986年至1991年，南京博物院等先后对该遗址进行了5次发掘，对子城、内城、外城三道城墙及外城外的干家墩、外城内的头墩和子城内都进行了发掘。确定淹城城墙建筑年代为西周晚期，主要使用于西周晚期至春秋中期。但从内城河中出土的独木舟的测年数据看，该遗址的存在年代可能早至西周中期（图68）。淹城城址内出土的器物中原始瓷器占有较大比例，这与宁镇西区的情况大不相同，其主要以鼎和釜为炊器的传统也不相同，总体上看，这里与花山、佘城遗址的性

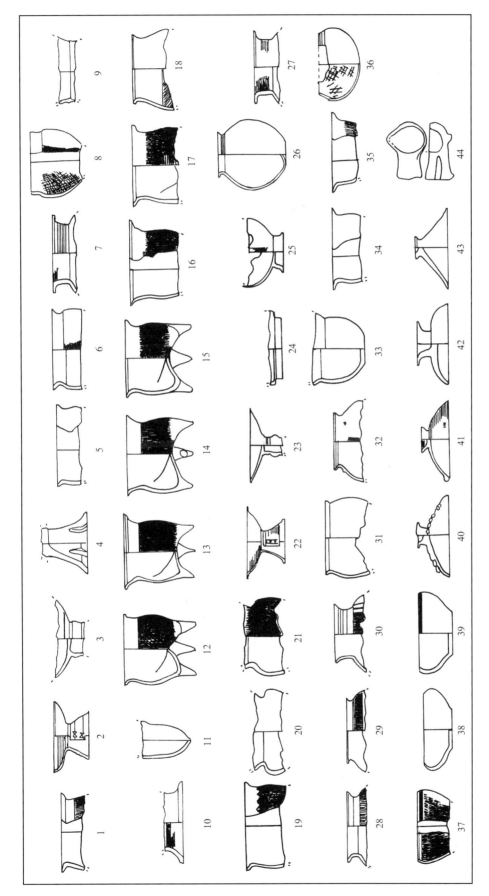

图75　新浮遗址器物图

1、12～18.鬲T1⑤：20、H13：2、T1④：7、28、10、21、29、63　2、22.硬陶豆T1⑤：9、T1④：21、T1④：30　4.原始瓷豆T1⑤：36　5、33～35.盆T1⑤：43、T2④：6、T1④：41、40　6、9、11、19、21、31.甗T1⑤：46、72、71、T1④：62、73、74　7、27.硬陶盆T1⑤：53、T1④：49　8.尊T1⑤：76　20、30.泥质罐T1④：64、58　24.盘16：1　25.瓿T1④：75　26、28、29、32.瓮T1④：19、51、100、H13：3　36、37.刻槽盆T1⑤：3　38、39.钵H15：9、T1④：18　40、41.硬陶器盖T1⑤：5、6　42、43.器盖T1④：14、16　44.勺T2④：7

质相同，都属于环太湖地区青铜时代文化的范畴。

宁国官山遗址位于河沥溪镇罗溪村，水阳江从遗址东面 600 米处流过，1993 年对其进行了发掘，发掘面积 45 平方米。青铜时代遗存为第②和③层，两层的陶质、陶色和纹饰基本相同，均是夹砂红陶和绳纹占主导地位。不同的是，③层的印纹硬陶和原始瓷比例略高。宽沿罐形鬲③层时口径大于腹径，溜肩；②层时则口径小于腹径，圆肩。原始瓷豆③层时形体瘦高，深腹；②层时形体宽矮，似碗。原始瓷盂③层时直口、圆唇，而②层时变为侈口、尖唇。另外，包耳甗与南陵千峰山土墩墓第一段近似，平裆鬲的裆部也相同，这两种器类都与鄂东南和皖西南地区有关联。与后者不同的是，官山缺少带耳的罐。另外，硬陶器和原始瓷器多具有寨花头序列中第二期和第三期的特征。因此，该遗存文化内涵应该归属于皖南西部地区，只是为千峰山地区有所区别一个小区。综合来看，官山遗址的年代大致相当于西周中晚期（图 76）。

除以上各个地理小单元中的典型遗址外，尚有以下已发表资料的较典型遗址（见附表）。溧水乌山土墩墓群、高淳顾陇、永宁土墩墓群、镇江左湖遗址和土墩墓、镇江孙家村吴国铸铜遗址、镇江马脊墩吴国高等级土墩墓、镇江丁家村遗址、镇江松子头遗址、镇江东神墩遗址、镇江龙脉团山遗址、镇江四脚墩土墩墓、丹阳葛城吴国城址、丹阳马家双墩土墩墓、句容浮山果园土墩墓群、句容鹅毛岗土墩墓群、南陵龙头山土墩墓群、铜陵神墩、夏家墩遗址等。

由于地域的邻近，位置的重要，宁镇皖南地区在夏商西周时期均同中原地区的文化存在或多或少的交往，这些交往在文化遗存中的表现比较明显，因此我们有可能通过出土物与中原地区文化遗存的对比分析大致判定这一地区文化遗存的相对年代。同时，这一地区北接江淮、南通环太湖，处于南北文化的辐射范围之内，文化遗存难免会有周围文化的烙印，这也为我们确定它们的相对年代提供了线索。我们把经过发掘的各遗址进行比较列成表 17，此表所列分期基本可代表宁镇皖南地区考古学文化的分期。墓葬和土墩墓分期可见附表二。

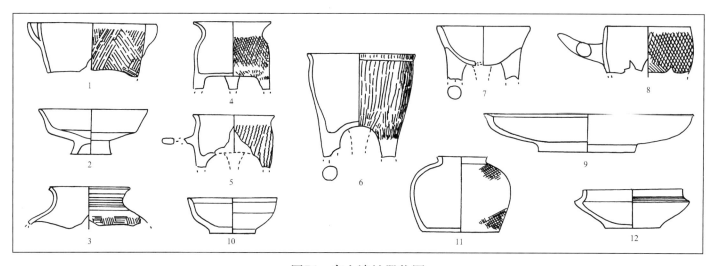

图76　官山遗址器物图

1.包耳甗T611③：23　2.原始瓷豆T612②：5　3.硬陶坛T612③：41　4～6.鬲T612③：13、16、14　7.鼎T612③：18　8.带把鬲H1：1
9.原始瓷盘T612③：20　10.原始瓷碗T612③：9　11.硬陶瓴T611③：14　12.原始瓷盂T611③：9

表17　宁镇皖南地区夏商西周时期遗存分期对应关系表

遗址 ＼ 分期		第一阶段		第二阶段					第三阶段		
				第一期		第二期	第三期				
		新砦期至夏代早期	夏代晚期至早商一期	早商二、三期	中商一期	中商二、三期	晚商一期至晚商三期	晚商四期至西周初期	西周前期	西周中期	西周后期至春秋初期
宁镇西区	北阴阳营	第一段		第二段		第三段	第四段				
	点将台	√				第二段	第三段				
	二塘头						√				
	丁家村	√			√	√	√	√	√	√	
	松子头					√	√	√	√	√	
	团山	第一期		第二期		第三期		第四期	第五期	第六期	
	龙脉团山							√	√	√	√
	城头山	第一段		第二段		第三段	第四段		第五段	第六段	第七段
	白蟒台						第一段	第二段	第三段		
	东岗头						第一段	第二段			
	五担岗	第一段		第二段	第三段	第四段	第五段		第六段	第七段	第八段
	船里山	√									√
宁镇东区	左湖							√	√	√	√
	孙家村								√	√	√
	东神墩									√	√
	马迹山	第一段						第二段			
	乌龟山						第一期	第二期			第三期
	磨盘墩							√	√	√	
	断山墩	第一期							第二期	第三期	第四期
	四脚墩							√	√	√	√
	葛城									√	√
	神河头									√	√
	凤凰山	第一段						第二段	第三段	第四段	
	新浮				√	√					
	淹城									√	√
	花山						√	√	√	√	
	佘城							√	√		
皖南东区	神墩	第一段	第二段					√			
	磨盘山		√					√		√	√
	欧墩		√					√		√	√
	莫村									√	√
皖南西区	牯牛山									√	√
	南陵铜矿									√	√
	师姑墩	第一期				第二期			第三期	第四期	第五期
	夏家墩、神墩								√	√	√
	铜陵铜矿								√	√	√
	官山									√	√

第二节　夏时期的考古学文化格局

一　文化面貌与分区

宁镇皖南地区的青铜文化，有着悠久的历史渊源。它是由宁镇皖南地区新石器时代文化的发展和演进，同时吸收和融合了北方的某些文化或文化因素，在宁镇地区这样一个相对独立的地理单元内，几乎与中原地区同时进入了青铜时代。但宁镇皖南地区的青铜文化产生之初并不像中原地区一样有着独特的文化面貌，其分布地域、文化内涵、文化性质似乎都不具备统一性。

从表17及前文对典型遗址的讨论中可以看出，宁镇皖南地区包含新砦期至夏代的文化遗存虽然有多处，但大多数时代不具备延续性，遗存内涵也存在较大的区别。因此可能并不存在一个统一的文化。

四个区的文化都不能排列出演变序列，文化因素、文化演进各有特点，时代也不尽相同。因此此节内容我们从文化因素入手。

夏时期宁镇皖南地区的青铜文化大致可以区分为五种文化来源（图77）。

A群：以侈口扁鼓腹横篮纹罐、直腹小口细高柄豆、曲壁圈足盘、带把敛口杯、敛口圈足钵等为代表，年代上大致处于新砦期至二里头文化一期偏早阶段。这类陶器与之前影响本地的龙山晚期遗存文化面貌不同，陶器在器类、形制上有较大区别。另外，以对称按窝侧扁三角足鼎、折沿短颈绳纹鼓腹罐、卷沿矮束颈绳纹鼓腹罐、矮三足盘、柄部凹凸的高柄豆、刻槽盆为代表的一类器物，时代应稍晚于上述器物，大致处于二里头文化一、二期。师姑墩遗址出土的器物则更晚至二里头文化二、三期。通过与新砦遗址、二里头遗址和斗鸡台文化的对比，本文认为以上器类均来自江淮之间的斗鸡台文化。王迅先生认为斗鸡台文化的第二期为新砦期，第三期为二里头文化早期，并认为东淝河流域、滁河流域均有分布，笔者进一步认为，斗鸡台文化的此类器物应该是来自双洎河流域和伊洛河流域同期遗存，即均来自中原新砦—二里头文化区域。此类文化因素在宁镇地区分布广泛，主要集中于宁镇西区和皖南西区，宁镇东区和皖南东区也有零星分布，时代相当于新砦期至二里头文化早期。

B群：以施加凹凸棱的素面器为代表，如斜腹尊、子母口盒、双腹盆、敛口罐、折沿深鼓腹罐、菌状纽器盖等。该类器物特征明显、典型，应与岳石文化关系密切，当来源于江淮之间地区的周邘墩第二类遗存。此类因素对宁镇地区影响深远，至迟自二里头文化二期开始到达本地，持续影响至商周时期。主要分布于宁镇东部地区。

C群：以折沿盆形翅形足鼎、锥状足鼎、匜形器等为代表的一类器物，应来自于当地新石器时代末期文化。比如鼎有口径逐渐变大的趋势，三足匜的足亦同于新石器时代的鼎足等。

D群：以侧扁三角足扁鼓腹鼎、侧扁三角足罐形鼎、袋足鬲、觚形杯等，此类器物具有河南龙山文化王油坊类型特色，当来自于江淮之间东部的南荡遗存。

以上两类因素在宁镇皖南地区分布零散、不集中，不占据本地文化的主体地位，它们主要分布于宁镇西区和古中江区域。

E群：以敞口折盘凹凸柄的中粗柄镂孔豆、浅盘鼎、带柄石刀、舌形鼎足、鸭形壶、实足

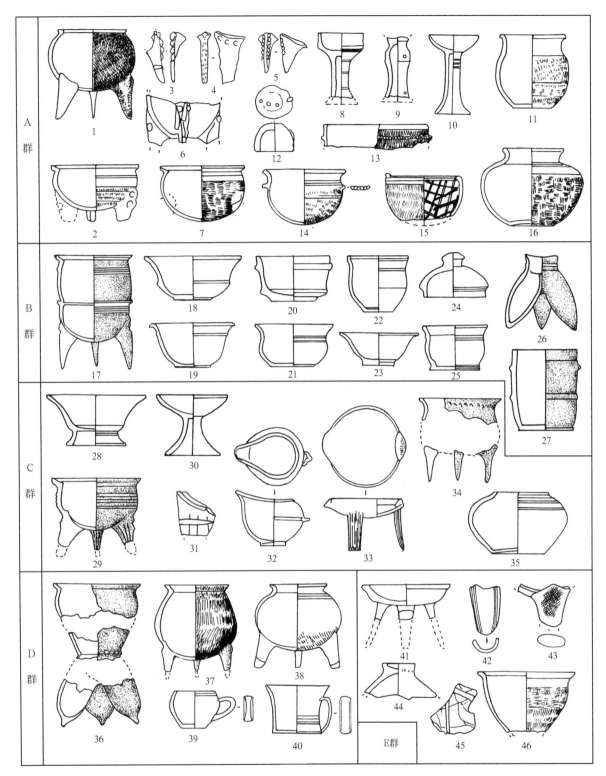

图77 宁镇皖南地区夏时期文化因素分群图

A群:1～7.鼎(北阴阳营H10:1、师姑墩T8⑩:2、师姑墩T6⑫:27、神墩T1230等G1⑥:145、马迹山T1②、五担岗H77:2、师姑墩T6⑪:4) 8～10.豆(城头山T6⑥:28、27、朝墩头) 11、16.罐(师姑墩H8:1、城头山M33:1) 12.陶铃(师姑墩T9⑪:3) 13.缸(师姑墩T6⑫:37) 14.盆(师姑墩H9:3) 15.刻槽盆(朝墩头) B群:17.鼎式甗(城头山T16⑥:28) 18.折腹盆(马迹山H2:25) 19、23.盆(城头山T18⑥:25、神墩T1230等G1⑥:127) 20、21.尊形器(马迹山H1:10、点将台T208④:10) 22、25.尊(城头山T6⑥:27、朝墩头) 24.器盖(马迹山T1②:19) 26.甗(朝墩头) 27.缸形器(马迹山T3②:39) C群:28.簋(城头山T13⑥:19) 29、31、34.鼎(城头山T6⑥:13、神墩T1230等G1⑥:144、团山T1404⑪:17) 30.豆(点将台T208④:10) 32.匜(城头山T15⑥:25) 33.三足匜(城头山T15⑥:27) 35.罐(太岗寺T1:46) D群:36.甗(团山T1404⑪:11) 37、38.鼎(断山墩T302⑦、朝墩头) 39.罐形杯(城头山T18⑥:27) 40.杯(太岗寺T1:47) E群:41.浅盘鼎(朝墩头) 42.舌形鼎足(神墩T1230等G1⑥:23) 43.甗足(T1232等G1④:9) 44.器盖(神墩T1232等G1⑥:7) 45.斜柄石刀(神墩T1230等四方G1⑥:78) 46.甗(神墩T1232等G1④:15)

甗等为代表，此类因素来源于太湖地区的马桥文化，主要见于朝墩头遗址和溧阳神墩遗址，时代偏晚。

以上五种文化因素在宁镇皖南地区的时代各有早晚，影响区域也各有不同，具体表现在以下的时空格局中。

宁镇皖南地区夏时期考古学文化的产生是在本地龙山文化遗存存在的背景下产生的，在本地夏时期遗存的初期，仍可见到龙山末期文化的影响。本地龙山文化遗存既包括根植于本地崧泽、良渚等文化的因素，又包含来自于河南龙山文化经江淮之间东部传播来的南荡遗存因素，两种因素在本地融合，并继续南传至环太湖地区，形成广富林文化。他们的主体时代稍早于新砦期，而时代下限应该已进入新砦期。此种文化势力的分布范围主要在宁镇西区，在宁镇东区有零星分布。

中原双洎河流域的新砦期遗存，经由江淮地带抵达宁镇地区，是最早的夏时期遗存。随后，来自伊洛河流域的二里头文化因素同样经由江淮地带进入宁镇皖南地区，此时时代已进入二里头文化早期。新砦期至二里头文化早期的文化势力继续沿中江东下，抵达太湖东部，此时的文化传播方向主要是自西往东，及至二里头文化晚期时，中江周边可见明显的自东向西传播的文化因素。此种文化势力的分布范围早期主要在宁镇西区，宁镇东区和皖南东区有零星分布。晚期主要在皖南西区。

岳石文化广泛分布于江淮东部地区，并且在二里头文化二期时势力范围达到鼎盛，此时的岳石文化影响已至江淮中部地区（见上文），但这种突进持续时间并不长，随着二里头文化在此地势力的加强，二里头文化二、三期之交又重新夺回了对此地的控制权，文化延伸到皖南地区的铜陵一带。但岳石文化在江淮东部地区一直占据着统治地位，以周邘墩第二期遗存为代表。自二里头文化二期，也即岳石文化第一期时，即已经开始渗透入宁镇皖南地区，并一直持续到西周时期。此种文化势力的分布范围主要在宁镇东区，宁镇西区和皖南东区也有零星分布，但时代稍晚。

太湖东部地区马桥文化的影响自二里头文化晚期开始，最明显地体现在皖南东区的神墩遗址中，在朝墩头遗址中也较明显，甚至在师姑墩遗址中也可见其踪影。它们的时代大致均处于二里头文化三期偏晚至四期时。此种文化势力也成为宁镇皖南地区后期湖熟文化的重要促进因素。

1. 点将台文化

以往学者已把宁镇地区的夏时期遗存命名为"点将台文化"，并对其分布范围、文化来源、文化特征及文化性质进行了讨论，认为点将台文化分布于水阳江以东以北的姑孰溪流域、石臼湖和固城湖周围、秦淮河流域以及宁镇山脉一带，大致包括了安徽省的马鞍山市、当涂县、芜湖县、江苏省的南京市、江宁区、溧水区、高淳区、镇江市、句容市、丹徒区等。它是宁镇地区夏代的遗存，包含本地土著因素、王油坊类型因素和岳石文化因素三种文化来源[1]。本文赞同将宁镇西区夏时期的遗存命名为"点将台文化"的提法，但对其时间、范围和内涵尚有部分修正。

---

[1]　张敏：《试论点将台文化》，《东南文化》1989年第3期。张敏：《宁镇地区青铜文化研究》，南京博物院编：《张敏文集·考古卷》（中），第556～568页，文物出版社，2013年，对于宁镇地区青铜时代文化研究的内容集中体现在这套著作中。

　　早在 20 世纪 50 年代，在宁镇山脉及秦淮河地区的考古学调查[1]和南京安怀村、太岗寺等遗址的发掘中，就已经发现了点将台文化遗存，但当时没能辨认出来。1973 年南京博物院在对江宁点将台遗址的发掘中辨识出了此类文化，称为"点将台下层文化"。

　　20 世纪 80 年代后，在南京昝庙、句容城头山等遗址均发现了点将台文化的同类遗存。1987～1988 年发掘的丹徒赵家窑"团山一期"遗存，"再次证实了宁镇地区确实存在一种早于湖熟文化的以点将台下层文化为代表的文化遗存"，发掘者指出"对于这一文化，似可命名为'点将台下层文化'，或暂称之为前湖熟文化"。实际上，"前湖熟文化"，这样的考古学文化命名容易引起混淆。另外，点将台遗址中、上层遗存分别属于湖熟文化和西周时期文化的范畴，均具有明确的文化内涵。因此，根据考古学文化命名的原则，使用"点将台文化"来命名该类遗存，更为合理。近年来，随着田野考古工作的不断深入，以马鞍山五担岗为典型遗址的采石河流域[2]和姑孰溪流域[3]等地也发现了点将台文化遗存。对于点将台文化，也有不同意见，刘建国先生将点将台下层和赵家窑团山第十一层归入湖熟文化传统，而不将其命名为点将台文化，他认为，城头山等遗址中相当于良渚文化早期和崧泽文化晚期的一部分器物群，被"点将台文化"命名者笼统的归并到点将台下层文化的范畴中，混淆了两种文化的性质和时代……"首先要将人为附加的东西甄别和剔除出来，还它本来的历史面貌，这应是探讨、研究早期湖熟文化的必要前提和重要途径"，基于此，他把相当于夏时期的遗存归入了早期湖熟文化范畴[4]。本文同意刘先生提出的部分新石器时代遗物应从点将台文化中剔除出来的意见，同时也对其将夏时期遗存归入湖熟文化的观点持反对意见，毕竟夏时期的遗存与商时期的遗存存在着明显的区别，比如炊器组合已从鼎、甗为主发展为鬲为主，匜、杯等器形已消失，岳石文化因素已大部不见等。

　　从点将台下层、城头山 H4、H3 和团山一期遗存来看，点将台文化的构成大致可以分为四个部分，首先，团山遗址发现的甗、鼎、点将台下层的尊形器、钵、三足器、盆、鼎等陶器，具有鲜明的岳石文化特征。其次，点将台下层的绳纹罐、附加堆纹瓮、高领罐，城头山的高柄直口豆等，与新砦期至二里头文化早期的同类器物相同。再次，还有表面有凹槽或刻划纹的器足等为代表的土著因素。最后，环足盘、单把杯、垂腹侧扁足罐等，似应为山东或河南龙山文化的孑遗。

　　含有以上文化因素的文化遗存主要分布于宁镇西区，而宁镇东区自始至终均以岳石文化的 B 群因素为主，皖南地区则少见自新石器末期以来延续的 C 和 D 群因素。

　　从以上这些特征总结来看，点将台主要分布于宁镇西区，东不过镇江南山，向南沿茅山山脉抵达古中江（即胥溪、南溪），然后向西沿胥溪、水阳江抵芜湖长江，西、北以长江为界。其延续时间应从新砦期始至早商一期（下文将会论及鬲因素最早出现于早商二期）。

2. 马迹山类遗存

　　镇江市区东北部的马迹山遗址以出土大量典型的岳石文化因素为特征，此类文化因素大致

[1] 尹焕章、张正祥：《宁镇山脉及秦淮河地区新石器时代遗址普查报告》，《考古学报》1959年第1期。
[2] 中国科技大学科技史与科技考古系等：《马鞍山采石河流域区域系统调查初步报告》，《东南文化》2010年第1期。
[3] 中国国家博物馆、安徽省文物考古研究所：《安徽省当涂县姑溪河流域区域系统调查简报》，《东南文化》2014年第5期。
[4] 刘建国：《论早期湖熟文化的形成及其特征》，《文物研究（第七辑）》，黄山书社，1991年。

在二里头文化二期时抵达此地，并迅速成为宁镇东区的代表性遗存，其素面传统在此区域甚至一直延续到西周时期。此类遗存应来源于江淮东部的周邶墩第二类遗存，过江后首先于此地落脚，并以此地为出发地，向西进入宁镇西区和向南与环太湖区域发生交流，皖南东区也可见部分因素[1]。这类遗存在该地一直延续到商代早期。直到商代晚期，宁镇西区的湖熟文化系统才进入本区域。

3. 师姑墩类遗存

皖南西区目前发现的夏时期遗存，仅见师姑墩遗址一处，它位于沿江地带黄浒河水系，距离长江仅 10 千米。该类遗存时代大致处于二里头文化二期至三期，未见更早遗存。其晚期可见部分马桥文化因素。此类遗存文化面貌清晰，具有典型的斗鸡台文化特色，是二里头文化经由江淮地带传播来的。年代要稍晚于分布于宁镇地区的新砦期～二里头文化遗存。应该与分布于宁镇地区的夏文化背景有别、路线有别。

4. 神墩类遗存

皖南东区以神墩遗址为代表的夏代晚期文化与马桥文化有所联系，其舌形足鼎、刮削纹的鼎和甗足、鸭形壶、斜柄石刀、曲腹和凸棱豆、云雷纹尊、觚、夹砂陶器盖等与马桥文化早期晚段极为相似。时代大致为二里头文化四期。作为联系环太湖地区和宁镇地区的中间地带，其中的许多文化因素对以后形成的湖熟文化产生重大影响。

二　时空变迁及与夏文化的互动

以上论述可以看出，夏文化至迟在新砦期已经进入宁镇皖南地区，主要分布于宁镇地区和皖南东区，但它们在这里是与本地土著、南荡遗存孑遗共同存在的，并没有形成独特的文化或类型，包含此类文化因素的遗存分布范围也较广，但均为零星分布。稍晚进入的岳石文化势力明显强于它们，也是在岳石文化进入不久，此类因素即告消亡。殆至二里头文化二期后段，来自伊洛河流域的夏文化才经由斗鸡台文化对皖南西区开始了新一轮的渗透，终于整个夏时期，也未能继续向东扩展。因此，我们将夏时期分为两个阶段来论述夏时期文化的时空变迁及与夏文化的互动关系。

1. 新砦期至二里头文化二期偏早

本阶段主要包含 A 群、C 群和 D 群器物。A 群器物群通过对 C 群和 D 群的器物群的渗透完成了本地青铜时代化的进程。自夏王朝建立之初，新砦期遗存即已影响本地区，包含 A 群早期文化因素的遗存可见南京点将台、北阴阳营、太岗寺、安怀村、昝庙、老鼠墩、曹家边、朝墩头、镇江团山、句容城头山、三台阁、丁沙地、孙山头、城上村、马鞍山五担岗、邓家山、烟墩山、釜山、毕家山、申东、当涂船里山、汤家楼窑墩、杨塘坟、溧阳神墩、丹阳王家山、凤凰山、镇江断山墩、马迹山、芜湖凤凰嘴等，它们主要沿江分布。这些遗址中大部分是三群器物共存，少量只有一类文化因素（比如断山墩只有 D 群）。说明新砦期～二里头早期文化所经过之地相当广泛（图 78）。

[1] 田名利：《试论宁镇地区的岳石文化因素》，《东南文化》1996年第1期。

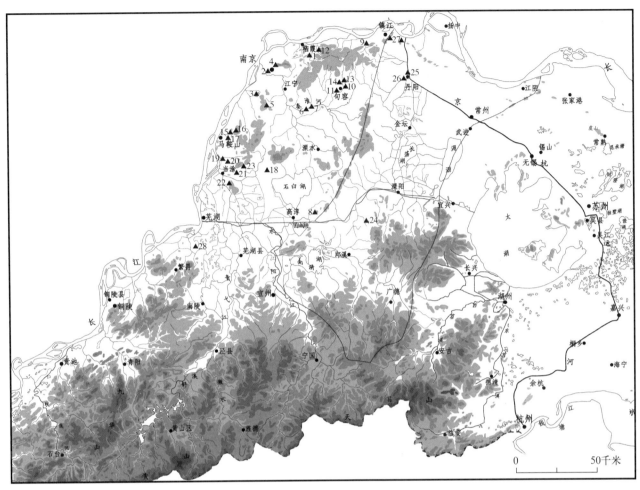

图78　宁镇皖南地区夏代早期遗存分布图

1.南京点将台　2.北阴阳营　3.太岗寺　4.安怀村　5.昝庙　6.老鼠墩　7.曹家边　8.朝墩头　9.镇江团山　10.句容城头山　11.三台阁　12.丁沙地　13.孙山头　14.城上村　15.马鞍山五担岗　16.邓家山　17.烟墩山　18.釜山　19.毕家山　20.申东　21.当涂船里山　22.汤家楼窑墩　23.杨塘坟　24.溧阳神墩　25.丹阳王家山　26.凤凰山　27.马迹山　28.芜湖凤凰嘴

2. 二里头文化二期偏晚至早商一期

本阶段主要包含 A 群、B 群和 E 群器物。相比于上一期，本期的文化面貌发生了较大的变化。本期的 A 群器物由偏东分布演变为偏西的皖南西区分布。B 群器物出现并呈现出繁盛状态，扩展至除皖南西区以外的大部分地区。E 群器物也越过太湖分布到太湖西部的皖南东区。点将台文化区的文化面貌由 A、C、D 群器物的混合因素变为以 B 群因素为主，因为遗存量发现的较少，尚无法判断此时点将台文化的文化性质是否已发生变化（图79）。我们可以做如此推断：新砦期至二里头文化早期，来自中原地区的夏族势力经过长江中游和江淮之间地区强势进入宁镇皖南地区，并经中江流域东下直到太湖东部地区，使得太湖东部的马桥文化具有了夏文化的因素。宁镇地区出现了几种文化因素的混合文化，可能在宁镇地区还形成了点将台文化，但二里头文化二期之末三期之初，夏族势力却基本退出了宁镇和太湖地区，仅在皖南西区的师姑墩类遗存中保留有较纯粹的夏文化因素，但好景不长，至二里头三期之中，夏文化势力即退出了宁镇皖南地区。与此同时，太湖东部的马桥文化开始大范围向北和向西扩张，向西抵达了师姑墩类遗存，向北抵达到了茅山山脉东麓。

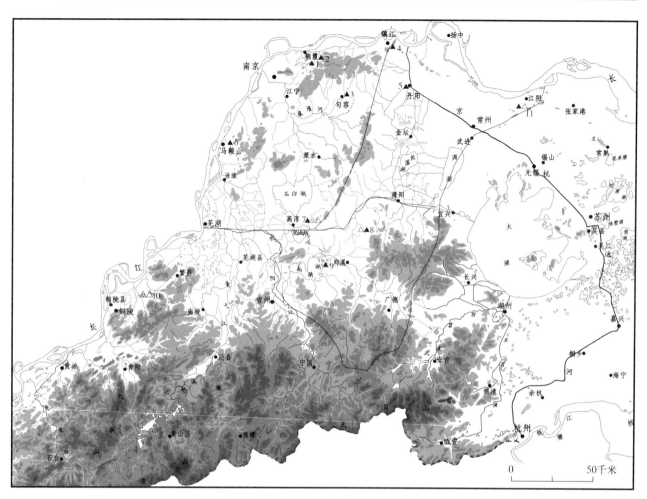

图79　宁镇皖南地区夏代晚期至早商一期遗存分布图

1.江宁点将台　2.句容丁沙地　3.句容城头山　4.镇江马迹山　5.丹阳凤凰山　6.马鞍山烟墩山　7.高淳朝墩头　8.溧阳神墩　9.郎溪磨盘山　10.铜陵师姑墩　11.江阴花山、佘城　（▲代表岳石文化因素，△代表二里头文化因素，△代表马桥文化因素）

第三节　商时期的考古学文化格局

一　文化分期与分区

　　商时期，由于商文化的东进与南下，以及环太湖地区马桥文化的影响，本地区的文化面貌呈现出较为复杂的面貌，形成了独特的文化类型。从上文对遗址的分期来看，商文化最早进入本地的时间是早商二期，与此同时，马桥文化对此地的影响也开始加强，从而形成了独具特色的湖熟文化，这种独特的文化已经过数辈先贤的研究，取得了重大的成果，对于其延续的时间和内涵逐渐取得了一致。本文赞同湖熟文化的下限应在商末周初的观点[1]。诚然，宁镇皖南地区地域广阔，不仅仅存在湖熟文化，还有介于宁镇和环太湖之间地区的遗存以及皖南西区的商代遗存，它们也各具特色，在不同历史时期表现出与周边地区或近或远的关系。下面，我们依然

[1]　张敏：《宁镇地区青铜文化研究》，《长江流域青铜文化研究》，第248～297页，科学出版社，2002年。

从分析整个宁镇皖南地区存在的文化因素入手，探讨各文化因素的分布和演变，从而达到认识时空变迁的目的。

近年来，镇江马迹山的第二和第三次发掘、金坛新浮遗址、溧水二塘头遗址、丹阳凤凰山遗址第二、第三次发掘、句容东岗头遗址、马鞍山五担岗遗址、镇江丁家村遗址、郎溪磨盘山遗址、铜陵师姑墩等遗址的发掘，进一步丰富了宁镇皖南地区商时期的材料。为我们更全面的分析探讨本地商时期的考古学文化结构提供了新思路。

A群：为湖熟文化特有的器物群，该群器物分两类，一类为继承自点将台文化的因素，包括甗、侈口鼓肩罐、直口罐、敞口高柄豆等，陶系中的泥质黑陶和泥质黑皮陶这两种比较少见的陶系可能也是继承自点将台文化，除此之外，也有继承自点将台文化中的南荡遗存和周邶墩第二类遗存的因素，该类器物主要存在于湖熟文化早期。第二类器物为湖熟文化独创或改造的器物，包括鼎式鬲、深腹鼎、敛口罐、刻槽盆、尊形器、圈足盉、圈足盘以及大量的带直高领或外斜高领的绳纹和素面鬲等，纹饰方面的梯格纹也应该属于独创。本组器物与第一类器物差别明显，是前期未见的器物类型，但同类器物在西部的商文化盘龙城类型、薛家岗商遗存、商文化大城墩类型中都可以见到，只是形制发生了较大的变化，可以看作是湖熟文化本身改造的文化因素。比如带流斜壁刻槽盆，既不同于点将台文化和中原商文化时期的卷沿弧腹，也不同于盘龙城类型的带流弧腹；比如大敞口高领高体锥足鬲，既不同于商文化的卷沿袋足，也不同于盘龙城类型的斜领袋足矮体鬲；比如鼎式鬲，器类虽来自于长江中游，但器形却发生了较大的变化。本群器物来自于本地土著因素或改造自外来的因素，代表了宁镇地区商时代的文化特征，是当时当地主要的文化因素。

B群：来自于商文化系统的商文化盘龙城类型、薛家岗商遗存、中原商文化、吴城文化和商文化大城墩类型的因素。此组器物主要包括绳纹鬲、直口深腹盆、深腹罐、圆肩罐等各类罐、细腰甗、粗腰甗、深腹锥足鼎、刻槽盆、假腹豆、侈口斜腹缸、陶瓮、陶斝、敛口深腹盆等等。湖熟文化的绳纹鬲非常有特色，大多为敞口、折沿、高领、弧腹、分裆、锥状足，这种形制的绳纹鬲常见于商文化之中，与郑州商城、小双桥和大辛庄的同类器多可比较。同时早期更多地体现出与商文化盘龙城类型的相似性，而晚期则与大城墩类型趋同。另外，垂唇的鬲应来自于中原商文化，在北阴阳营有极少发现。敛口深腹盆是商文化及其类型普遍存在的器物，宁镇地区出土的盆敛口、略鼓腹，小平底内凹，而郑州商城的同类器上直腹，下腹斜收，圜底或小平底，它们整体形制略有不同，相比较来说，宁镇地区的此类盆与盘龙城类型更为相似。深腹罐也是商文化系统的典型器物，目前除郑州商城外，盘龙城、意生寺、薛家岗、师姑墩、大城墩等遗址也发现了类似的器物，宁镇地区相对较少，应该从西部传来。细腰甗不见于中原地区，中原地区仅见粗腰甗，而盘龙城的甗分为细腰和粗腰两种，湖熟文化中的甗也可以分为细腰和粗腰两种，且在器形上十分相似，但湖熟文化中的甗类也有一种继承自点将台文化的圆鼓腹甗，应是本地特色。鼎类器物在中原商文化中较少见，并且基本为浅盘三角形足，而长江中游地区是鼎类器流行的地区，甚至由此将商文化的鬲改造为鼎式鬲，薛家岗商遗存中甚至出现了完全不同于中原地区的深腹锥形鼎，此种鼎不见于大城墩类型，宁镇地区此种鼎的出现应与薛家岗商遗存有关。刻槽盆最早产生于中原龙山时代，二里头文化和商文化中都有大量存在，但它们多为带卷沿无流的形制，外表饰绳纹，盘龙城类型中虽然发现的也较少，但均为敛口或敞口弧腹带流的造型，外表饰方格纹，宁镇地区的刻槽盆形制和纹饰更接近盘龙城。除此之外，宁镇地区还有不少斜直腹的造型，应为本地改造的。此类器物可能是直接来源于中原，或是本地在继承二里头文化的传统上继续发展的。假腹豆在中原、盘龙城、薛家岗和大城墩均有发现，在薛家岗甚至还有相对完整的序列存在，师姑墩遗址出土的同类器物应该与此相关。侈口斜腹缸在城头山遗址有发现，此类器物更多的与盘龙城遗址的同类器相同。另外，与盘龙城类型相似的器物特征还体现在鬲、甗、罐、盆等的口沿部位往往设计为斜折高领，往往有沿面，并在沿面上装饰凹槽。这种特征也在宁镇地区和吴城文化中表现明显，但在其他文化类型中却少见。可见，对一些文化因素的借鉴和吸收完全是根据当时当地的社会背景、环境特征而改变的。盘龙城类型是自早商一期一直延续到中商一期时的文化类型，宁镇地区发现的以上器物在盘龙城类型中的存在时间主要集中在早商一期至中商一期偏早阶段，从时间逻辑上分析，他们在宁镇地区的时间应该主要集中在早商二期至中商一期。这也大致与我们对宁镇地区主要遗存的分期吻合。湖熟文化吸收西来的盘龙城类型商文化因素可以说是非常明显的，但是一些器类，比如青铜器、陶斝、陶簋、陶爵、陶大口尊、陶缸、鼎式鬲等并没有或极少在湖熟文化中发现，可能与生产方式、等级有关系。进入中商二期以后，宁镇地区的地方因素和来自环太湖区域的印纹陶迅速扩张，大大削弱了商文化因素在此地的存在空间。殷墟二期以后，商文化大城墩类型明显加强了对此地的经略，这也与整个江淮东部地区商晚期文化的扩张密切相关。但好景不长，随着商文化势力在中原的减弱和先周文化的介入，宁镇地区在商末西周初期重新陷入了文化混杂局面，素面器大量增加，已基本不见商系统的文化因素。

C群：此群为受马桥文化影响的器物，可资对比的马桥文化遗址包括马桥遗址、钱山漾遗址[1]和昆山遗址[2]等。陶器中很多陶罐、陶盆和少量的陶豆、钵等都与马桥文化相同。除以上软陶外，受马桥文化影响最深的当属硬陶器和原始瓷器，这类器物更多的具有与昆山遗址相似的特征，比如肩上带系或带鋬和圈足饰镂孔的传统、浅盘鼎的流行、包括叶脉纹等各类印纹的大量出现、斜柄石刀的使用等。虽然同属马桥文化，但马桥遗址、昆山遗址和钱山漾遗址文化面貌各有特色，马桥遗址中泥质和夹砂红陶最多，软陶大大多于硬陶和原始瓷，因此昆山遗址所特有的带装饰风格和附件的大量硬陶、原始瓷器在马桥遗址中较少见到。钱山漾遗址介于两者之间，原始瓷器较少，浅盘鼎数量最多。硬陶器在马桥文化早期即已出现，而大约同时的点将台文化中却不见，那么湖熟文化中出现的硬陶器肯定与马桥文化的传播有关。最早传入的地点应该以溧阳神墩遗址为代表，时代大致为中商一期。

D群：来自东夷文化系统的素面器。此类器物以鬲为主。在中商一期时即已少量存在于大部分遗址中，但主要是在晚商二期以后大量出现，成为宁镇地区晚商至西周时期最主要的炊器。在此之前，仅有绳纹鬲。陶鬲在宁镇地区似无渊源可寻，因而极有可能是受到某种外来文化因素的影响而产生的一种突变。素面陶鬲最早出现在山东的龙山文化晚期，但在海岱龙山文化中并不占主要地位，分布也极不平衡。龙山文化之后，这一地区是岳石文化的分布区，陶鬲在这

---

[1] 浙江省文物考古研究所等编：《钱山漾——第三、四次发掘报告》，文物出版社，2014年。

[2] 浙江省文物考古研究所等编：《昆山》，文物出版社，2006年。

一区域内了无踪迹，并没有在岳石文化的任何地方类型中出现。而在山东地区再度出现，则是相当于中原地区的商王朝时期，而且基本是商文化东进的结果[1]。大致在商代早期晚段鲁中南地区和鲁北西部地区的夷人很可能已被商王朝所征服，东夷文化的大部分已被商文化所同化，仅保留了少量以素面鬲为代表的夷人土著文化，而胶东地区和鲁北东部地区以素面鬲为代表的土著夷人文化却十分突出，一直延续到战国时期。及至西周时期，分封的齐国和鲁国继续对土著夷人势力进行统治，但统治方式有别，齐国为"因其俗，简其礼"，鲁国为"变其俗，革其礼"，因此，以鲁国为中心的鲁东南地区的素面鬲传统基本消失殆尽，而以齐国为中心的地区和胶东地区素面鬲传统却表现出强大的生命力[2]，并成为西周春秋时期胶东半岛周边最具代表性的器类之一。素面陶鬲在山东地区的演进过程，也深深地影响着宁镇地区，宁镇地区出现素面陶鬲的时间大致即在早商时期，而最繁荣的时期则是在商末周初，且在宁镇地区一直延续到春战时期，与山东地区相始终。但宁镇地区的素面鬲除了可能与山东地区的传播有关，也有可能是在吸收了商文化绳纹鬲的基础上的改造，比如五担岗遗址经过复原的素面鬲可以早到早商时期，早于山东地区目前最早的商代中期素面鬲，虽然五担岗的鬲是复原器，但保存部分均为素面，至少提供了这种可能。另外，宁镇地区的素面鬲与山东地区的素面鬲形制上还有不少差别，是多种因素融合下的产物。即使如此，素面鬲的传统来自于山东地区，因此宁镇地区与山东地区夷人文化的关系毋庸置疑，尤其是在商代晚期素面鬲的兴盛器，可能也与山东地区的势力变迁有关。素面鬲在晚商周初主要分布在宁镇东区。

E群：此群器物较少，可见较明显的先周文化风格，主要出现于殷墟三期前后至西周初期，有些因素与江淮地区的商文化大城墩类型和滁河流域的晚商时期遗存以及江淮东部的遗存关系密切，可能表明此群因素的来源。典型器物包括簋、鬲和豆等（图80）。

宁镇皖南范围内的商时期遗存主要分布在宁镇东区和宁镇西区，它们大致经历了相同的发展阶段，基于上文对各遗址所处时间段的论述，我们把宁镇皖南地区商时期的考古学文化分为三期五段。第一期为早商二期至中商一期，可细分为早商二期至早商三期的第一段和中商一期的第二段；第二期为中商二期至中商三期；第三期为晚商一期至西周初期，可细分为晚商一期至晚商三期的第一段和晚商四期至周初的第五段。各器物的形态及演变见图（图81）。

从整个宁镇皖南地区的文化面貌来看，与夏时期的地域分布相同，商时期仍然可以分为宁镇东区、宁镇西区、皖南东区和皖南西区。

其中宁镇西区是商时期文化的主体区域，自早商二期开始一直延续到周初，沿用约定俗成的概念，仍然命名为湖熟文化，湖熟文化是受到来自于西部盘龙城类型商文化极大影响的独立于宁镇西区的一支商时期文化遗存，中商一期前受盘龙城类型商文化的影响较大，而中商二期和中商三期时受环太湖地区的马桥文化影响增强，晚商前期受大城墩类型商文化的影响，晚商末期至周初仍然受到来自于江淮之间文化的强烈影响。

宁镇东区至早在中商二期时湖熟文化才出现，且与环太湖地区的马桥文化联系密切，可能不是湖熟文化主动扩张的结果，有可能主动扩张的遗址是位于宁镇东西区交界地点的乌龟山遗

[1] 杨晶主编：《中国陶鬲谱系研究》，第438页，故宫出版社，2014年。
[2] 王锡平：《试论山东地区的素面陶鬲》，《中国考古学会第九次年会论文集》，文物出版社，1997年。

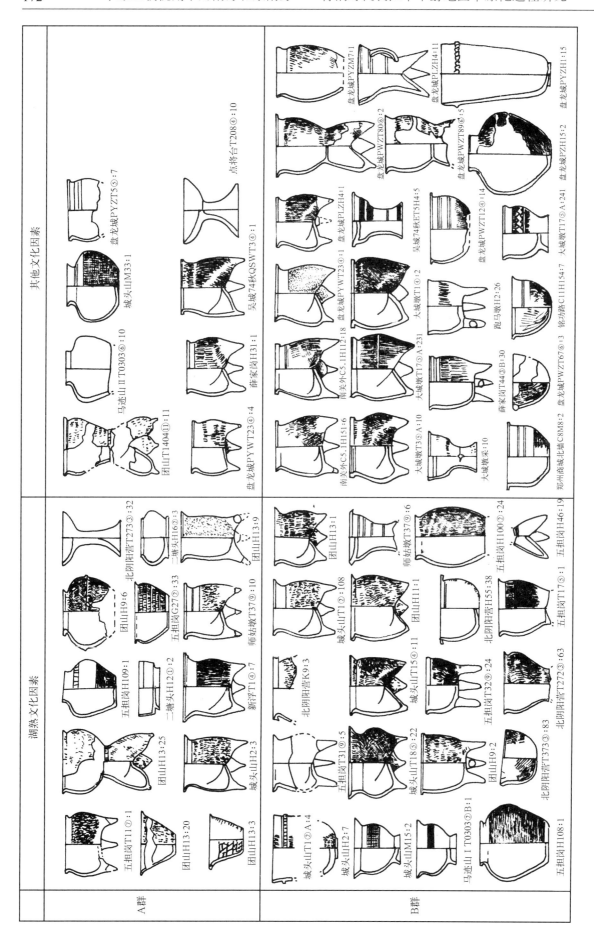

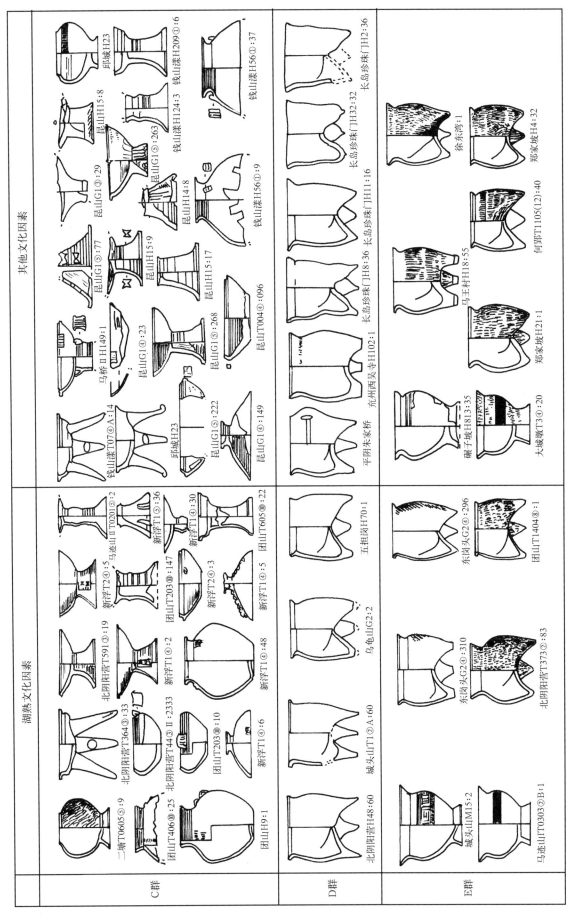

图80　湖熟文化文化因素对比及分群图

分期		第一期		第二期	第三期	
器形		早商二～三期	中商一期	中商二～三期	晚商一～三期	晚商四期～西周初期
鬲	素面鬲	五担岗T31⑨:5		北阴阳营H48:50	五担岗H93:2	团山T506⑧:5
	绳纹鬲	团山H13:1	团山H13:17	城头山T18⑤:22	新浮T1④:28	东岗头G2④:310
		城头山T1⑦:108	北阴阳营143③:1	城头山H2:3	新浮T1④:7	东岗头G2④:296
甗	粗腰甗	五担岗T07④:4	五担岗T17⑤:1		占将台T302③:6	马迹山JIT0203⑤:1
	细腰甗	五担岗T07④:3	北阴阳营T273③:63	丁家村G2②:111	丁家村TN06W06②B:3	北阴阳营T384②:2
鼎	深腹鼎	团山H9:2		五担岗T32⑨:2		点将台T305②:4
	浅盘鼎	马迹山H1:19	五担岗T07④:1	北阴阳营T364③:33	北阴阳营T492③:27	五担岗T31⑦:1
刻槽盆	斜腹盆	团山H13:3	丁家村TN06W05⑥B:2	五担岗T32⑩:2	松子头T107⑨:12	
	弧腹盆	北阴阳营T373③:83	北阴阳营T582③:26	五担岗T27②:1	城头山H2:14	五担岗T31⑥:1
罐		五担岗T11⑦:6	五担岗H108:1	丁家村TN06W02⑦A:8	五担岗T24⑤:11	癞鼋墩
盆		北阴阳营H55:38	五担岗T3⑧:1	丁家村TN05W01 (11) :2	花山G2:9	北阴阳营T582②:14
豆	软陶豆	北阴阳营T273③:32		团山T605⑩:22	马迹山H2:24	北阴阳营T34②:Ⅱ2293
	硬陶豆		北阴阳营T363③:31	新浮T1④:2		五迹山Ⅱ T0201⑤:4
簋		团山H13:23		丁家村G2②:5	五迹山 IT0303②B:1	五担岗H100②:5

图81　宁镇皖南地区商时期器物分期图

图82　宁镇皖南地区出土商代青铜器

址，仅此一处。而宁镇东区最主要的商时期文化遗存集中在商末至西周初年，不见早中商时期的遗存。

皖南东区出现的商时期遗存主要在晚商早期，总体上应该属于环太湖地区马桥文化的分布范围，但也见到较多的湖熟文化因素，属于东西文化的过渡地带。

皖南西区的商时期文化不同于湖熟文化，可称为师姑墩遗存，大致自中商三期开始出现，延续到晚商前期，它的出现与薛家岗商遗存和吴城文化有一定联系。

宁镇皖南地区所见青铜器不多，除铜镞、铜刀等小件生产工具和兵器外，礼器类包括南京江宁铜井三羊罍1，南京江宁横溪东村大铙1，马鞍山开发区勾连云纹铙1，句容葛村铜钺1，句容赤山湖和后白各有戈1，铜陵西湖镇童墩村饕餮纹爵1、饕餮纹斝1，宣城市宣州区石山村云纹铙1，郎溪宣郎广茶场绳耳云纹鼎1（图82）。三羊罍为直口、短颈、折肩、腹相对较浅，圜底近平，短斜圈足、圈足上有圆方孔，肩部饰三羊首，腹部以三条扉棱分割成三部分，每部分均以饕餮纹为主体纹饰，肩部则以夔纹组成与主体纹饰相错的饕餮纹，皆以细密云雷纹为地纹，饕餮纹脊背上单支羽翅，尾部自中间开始上卷，以上形态为晚商二期中原铜器典型特征，看不出有什么地方特色。东村、马鞍山出土铙形态相似，器宽均大于器高（不含甬部），正、背面均无枚，夔纹或云雷纹铺地，饕餮纹凸目或作长方形，年代亦应属殷墟二期前后，但来源应为长江中游的湖南江西之地。宣州出土的铙无地纹，时代应早于前两者，大致处于殷墟一期。句容出土的戈细长援、直内、带上阑和下阑而较矮侧阑、无胡、内部有一穿或无穿，属晚商一期偏晚时的形制。钺大致与戈的年代相同而略晚，为晚商二期。郎溪出土鼎盆形、浅腹、腹部和足外侧均饰扉棱，形态接近殷墟遗址晚商一期早段的同类器[1]。铜陵出土的爵和斝不施地纹，平底，伞形柱不均衡，具有中商时期的特点。

二 时空变迁及与商文化的互动

1. 第一期：早商二期至中商一期

此区域夏时期的文化遗存一直延续到早商一期时才告结束，商时期的文化遗存自早商二期开始取代夏时期的点将台文化因素，出现鬲等独特的文化因素。

商时期的文化遗存主要分布在宁镇西区，文化因素主体来自于西边的盘龙城类型商文化和受其影响的薛家岗商遗存，各类器物表现出了极大的相似度，尤其是早商二至三期时更是如此，自中商一期时，具有强烈自身特征的器物开始大量出现，比如素面器、红陶器、浅盘鼎、斜腹器、硬陶器等。这大概与盘龙城类型商文化的存在时间一致，随着盘龙城类型在鄂东南地区的式微，其势力也较难再抵达宁镇地区，本地文化中的素面器传统，来自于环太湖区域的硬陶传统才开始逐渐出现并繁荣于宁镇西部地区。

此时的宁镇东区、皖南地区情况不明。

2. 第二期：中商二、三期

此时宁镇西区的湖熟文化依然延续，并且触角也少量延伸入宁镇东区，在那里表现出与马桥文化的密切关系。总体看，湖熟文化因素更为独特，同时环太湖地区的马桥文化因素开始对本地区产生重大影响，而典型的商文化因素基本不见，处于极度衰落的时期。盘龙城类型的式微可能是产生此种现象的原因。

皖南西区开始出现师姑墩类商遗存，与前期接受盘龙城类型的情况不同，师姑墩类商遗存更多地表现出来自薛家岗商遗存的因素，同时吴城文化也对此地文化有所影响（宣州铙）。另外，铜陵见到的典型中商文化的青铜爵和斝也说明，中原商人也对此区域有所经略。但师姑墩类商遗存未能继续向东传播，宁镇地区不见假腹豆、鬲的形制也完全不同，皖南东区也不见此时期遗存即可证明（图83）。

3. 第三期：晚商一期至西周初期

此期湖熟文化最明显的特征是来自于江淮之间地区的大城墩类型商文化的因素明显增强，鬲、簋、豆、盆表现出明显的相似性。另外，来自于江淮地区东部的遗存在商末至周初时开始增强，包括大量的素面器、簋等。这也是我们把这一期分为两段的原因，晚商四期至西周初期文化的遗存的划出，无疑对于探讨湖熟文化的发展进程和吴文化的形成具有重要意义。相比于前两期来说，此期的文化遗存由宁镇西区向宁镇东区大规模扩展，尤其是商末至西周初期更为强烈。还有一个特点是宁镇西区此时的文化遗存往往从晚商一期一直延续到西周初期，中间很难再分期，而宁镇东区往往可以再分期，可见，宁镇东区的文化发展此期的阶段性表现更为明显，而且宁镇东区在晚商三期以前文化存在和影响非常薄弱。再有，宁镇东区此时素面器传统尤其繁盛，几乎占整个遗存比例的90%以上。第四，宁镇东区此时在与太湖区交界的江阴佘城遗址

---

[1] 中国社会科学院考古研究所编著：《殷墟的发现与研究》，第269～312页，科学出版社，2001年。

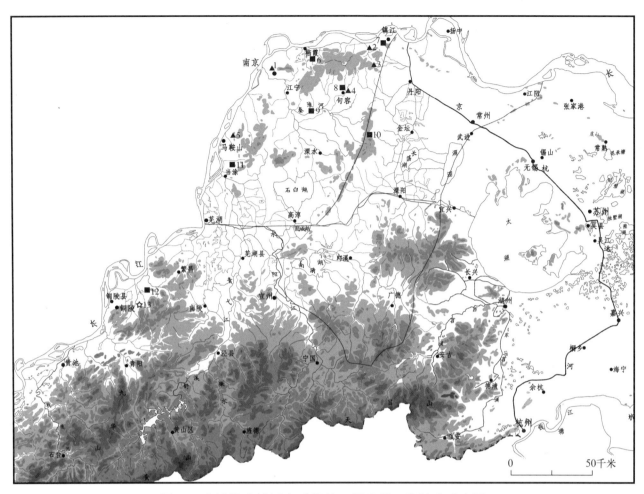

图83　宁镇皖南地区商时期第一期和第二期遗存分布图

1.北阴阳营　2.赵家窑团山　3.丁家村　4.城头山　5.五担岗　6.点将台　7.松子头　8.城上村　9.前岗　10.新浮　11.申东　12.师姑墩
13.童墩　　（1~5.为第一期；6~12.为第二期新增遗址点；13.为第二期新增加铜器地点）

建造了城址，虽然面貌偏太湖区系统，但明显的宁镇湖熟文化因素和素面器传统也是十分需要注意的情况。以上这些都可能与此时重要的政治事件有关。

皖南西区的师姑墩类商遗存只发展到晚商早期即告结束，未能延续到商末，商末周初时期文化势力的经略重点已不在此区域。

皖南东区此时期的遗存主要在晚商早期，同皖南西区一样，也未能延续到商末。两个小区存在时代虽然一致，但文化面貌有所不同，皖南东区更倾向于与后马桥文化的联系，而皖南西区则倾向于与薛家岗商遗存（瓿形盉）和大城墩类型（鬲）的联系。

此期来自中原和长江中游的青铜器开始较前为多，但主要分布于马鞍山、江宁和句容一带，典型来自中原的礼器和兵器的出现，说明此时中原王朝可能加强了对此地的经略。另外，溧阳神墩遗址晚商前期文化的发展和郎溪发现的晚商早期的青铜礼器也说明商人的势力不仅在宁镇地区，也有向环太湖地区扩展的趋势[1]（图84）。

_____

[1]　目前在太湖西岸和宜溧山地之间的狭长地带以长兴港为中心发现了大量的商代青铜兵器，在安吉周家湾发现了典型的商人贵族墓葬，出土文物基本处于晚商一期至二期时，与宁镇皖南地区青铜器兴起的时间大体一致，应为商人南下经略的遗留。参考浙江安吉县博物馆：《浙江安吉出土商代铜器》，《文物》1986年第2期。毛波：《长兴出土的青铜戈与镞》，《东方博物》2013年第4期。夏星南：《浙江长兴出土五件商周铜器》，《文物》1979年第11期。

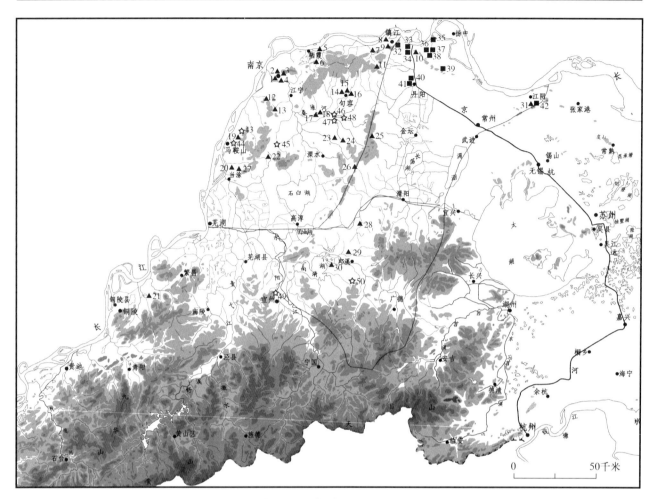

图84 宁镇皖南地区商时期第三期遗存分布图

1.北阴阳营 2.安怀村 3.锁金村 4.窖子山 5.鲤鱼山 6.点将台 7.赵家窑团山 8.龙脉团山 9.松子头 10.乌龟山 11.丁家村 12.太岗寺 13.昝庙 14.城上村 15.孙山头 16.城头山 17.老鼠墩 18.曹家边 19.五担岗 20.毕家山 21.申东 22.小丹阳镇大小埂头 23.东岗头 24.白蟒台 25.新浮 26.二塘头 27.师姑墩 28.神墩 29.欧墩 30.磨盘山 31.花山 32.马迹山 33.四脚墩 34.左湖 35.磨盘墩 36.癞鼋墩 37.断山墩 38.文昌阁 39.王家山 40.凤凰山 41.佘城 42.南京铜井三羊罍 43.马鞍山经开区勾连云纹铙 44.句容赤山湖戈 45.句容葛村钺 46.句容后白戈 47.江宁横溪大铙 48.郎溪茶场绳耳鼎 49.宣城云纹铙 （1~31.为第三期前段和后段共有遗址点；32~42.为第三期后段新增加遗址点；43~50.为第三期前段铜器地点）

第四节 西周时期的考古学文化格局

一 文化分期与分区

　　本阶段的考古材料比较丰富，既有各遗址的不同层位，亦有较多的土墩墓。土墩墓的时代一般比较单纯，因而各遗址的不同层位，为确立土墩墓的相对年代提供了可靠的基础；而土墩墓中叠压与打破关系，又为文化遗物的分期更加细致化提供了翔实的依据。

　　宁镇皖南区的文化分期主要以赵家窑团山第五期和第六期、乌龟墩第一段和第二段、城头山遗址第五至第七段、五担岗遗址第六至第八段、断山墩遗址第二至第四期、凤凰山遗址第三、第四段、白蟒台遗址第三段、师姑墩遗址第三至第五期进行分期，对文化遗物的综合分析，可以分为三期。各遗址分期与三期的对应关系如下表（表18）。

表18　宁镇皖南地区主要遗址分期对应关系表

分期＼遗址	赵家窑团山	乌龟墩	城头山	五担岗	断山墩	凤凰山	白蟒台	师姑墩
一	第五期	第一段	第五段	第六段	第二期	第三段	第三段	第三期
二	第六期	第二段	第六段	第七段	第三期	第四段		第四期
三			第七段	第八段	第四期			第五期

土墩墓的情况比遗址要复杂，归纳起来大致有以下几种：

1.依墓葬规模可分为大型墓、中型墓和小型墓，大型墓不仅以随葬青铜器为主，原始瓷器和硬陶器的规格也高，同时还有人殉和祭祀。

2.依祭祀情况可分为同时祭祀，即祭祀器物在封土内；不同时祭祀，即二次或三次封土，祭祀器物在两层之交。

3.依墓葬数量可分为一墩一墓和一墩多墓，祭祀器物置于多次封土内的不同位置，多墓者主墓位于土墩中心，其他墓葬呈向心式分列周边，多有规划，少有叠压打破关系。

4.依埋藏情况可分为有土坑、有石床和无坑无床三种。在 20 世纪初期以前，土墩墓往往被认为平地掩埋，堆土成墩。近 20 年来，无数的发掘证实以前的判断有误，土坑是确实存在的，只是可分为堆土成坑和土台挖坑两种情况。宁镇皖南地区的土墩墓均不存在石室土墩的形制，本文将其列为环太湖地区及黄山—天台山以南地区的葬俗范畴。

以上情况既有时间和空间上的差异，也有等级上的差异。但是以上的差异与文化遗物的分期关系不大，因此仅从分期出发，仍可将其合在一起进行分期。

本文结合遗址的不同层位，将以往发掘的土墩墓重新整理后可按相对集中的地层分成若干组，再按时间早晚分成期。

京口区大港谏壁组，分为三期，包括马脊墩、磨盘墩、四脚墩、烟墩山、母子墩、大港双墩、大港上聂家村馒儿墩、华山大小笆斗、大港横山馒儿墩等。

句容浮山组，分为三期，包括浮山果园、寨花头、东边上、鹅毛岗等。

溧水乌山柘塘组，分为三期，包括溧水乌山、蔡家山等。

丹阳城区周边组，分为三期，石家墩、薛家村大墩、边墩、泰山溢洪河一、二号、大夫墩、青墩山、大仙墩、马家双墩等。

高淳顾陇永宁组，分为二期，包括马粟、永宁苗圃等。

繁昌平铺南陵千峰山组，分为二期，包括千峰山、龙头山、牌楼、棋盘崔村、平铺、万牛墩、宁国安友等。

武进淹城组，分为二期，包括淹城龙墩、头墩等。

溧水洪蓝和凤组，合为一期，包括宽广墩等。

溧阳南渡组，合为二期，包括庙山、水西等。

金坛薛埠组，合为一期，包括鳌墩、上水、茅东林场、许家沟等。

郎溪宣州组，合为一期，包括郎溪建平、崔村等。

综合以上十一组，可分为三期（表19）。

西周时期，宁镇皖南地区的考古学文化发生了较大的变化。西周前期宁镇西区南京、江宁周边的大部分遗址宣告消亡，而代之而起的是溧水、高淳以东宁镇山脉和茅山山脉周边的遗址和土墩墓的兴起。宁镇东区偏北地带成为此时期遗存的主要分布区，高等级墓葬和遗址主要集中在此区域，两区的文化面貌具有较强的一致性。皖南西区的遗存以师姑墩遗址为中心，面貌上仍然具有极强的江淮之间地区风格。而皖南东部此时的面貌不清晰。西周中晚期，整个宁镇

表19　宁镇皖南地区土墩墓分区及分期对应关系表

县（市）	溧水区		高淳区	京口区	句容县	丹阳市	溧阳市	武进区	金坛市	南陵繁昌县	郎溪宣州区
土墩墓分期	乌山柘塘	洪蓝和凤	顾陇永宁	大港谏壁	浮山	丹阳城区周边	南渡	淹城	薛埠	平铺千峰山	建平赵联
一	√			√	√	√					
二	√		√	√	√	√	√	√		√	
三	√	√	√	√	√	√	√	√	√	√	√

皖南地区文化出现繁荣的局面，尤其是西周晚期至春秋早期时更是如此，且文化面貌逐渐趋同。土墩墓大量出现，共同的文化因素迅速向外扩张是此时期的主要文化动向。

从上文的论述可以看出，西周时期本地文化的开始时间应为西周前期偏晚。主要的证据是土墩墓的大量出现，因为目前还未发现西周初期的土墩墓。根据遗址和土墩墓（非石室土墩墓）的分布情况，本阶段文化遗存的分布范围较夏商时期均有明显扩大。宁镇西区和宁镇东区偏北偏西地区除素面与绳纹传统继续延续商末时期以外，其他因素自始至终比较一致，而与宁镇东区偏南和偏东地区有所区别；而皖南地区西周时期文化除铜陵师姑墩外，其他地区均兴起略晚。师姑墩遗存文化面貌更接近江淮之间地区群舒文化，而师姑墩以东的地区包括皖南东区大致均以南陵千峰山土墩墓遗存为主要因素，文化面貌趋同。如此看来，西周时期，宁镇皖南地区的文化遗存仍然可以分为四个区，只是四个区的界限有明显变化。以前的宁镇西区范围继续向东北方向移动，使得宁镇东区的北部融入宁镇西区范畴；而宁镇东区的东部和南部生成了一支具有独特文化内涵的文化遗存；皖南地区原来的地域界限被打破，铜陵周边地区始终与江北群舒文化相同，而其余地区则在西周中晚期形成一个统一的文化区。

遗址的分期与土墩墓的分期基本是一致的。这两者虽互相独立，文化内涵上却又相互联系，因而资料显得异常丰富。遗址中的不同层位为文化遗物的分期提供了可靠的依据，也为土墩墓的分期建立了可靠的基础。虽然遗址中文化遗物的种类多于土墩墓，然而土墩墓中的文化遗物则多为完整器，由于两者文化面貌上的一致，因而在文化遗物上的分期上可互为补充。

因此，下文我们将按照以上所述的区域变化分区域进行分期。

首先来看宁镇西区的分期。

陶器按陶质可分为夹砂红褐陶，泥质红陶、灰陶、黑陶和硬陶等。在遗址中，夹砂红褐陶约占 50% 左右；其次为泥质红陶，约占 20% 左右；泥质灰陶、黑陶各占 10%，硬陶约占 5%。从一至三期，硬陶有上升的趋势，而泥质灰陶、黑陶下降。土墩墓中则相反，硬陶占 56% 左右，泥质陶占 20% 左右，夹砂陶占 10% 左右。

陶器纹饰多为拍印，以硬陶器为多，其次为泥质陶器，夹砂陶器多为素面。遗址中有纹饰的陶器占 20%～30%，土墩墓中约占 70% 以上。各期流行的纹饰不尽相同，且各有特色。

一期主要流行凹回纹，并与大单元的云雷纹构成组合纹饰，此外还有绳纹、间断绳纹、羽状纹、复线菱形纹等，且多与回纹构成组合纹饰。

二期主要为折线纹与回纹的组合，此外还有大席纹与回纹、复线菱形纹和回纹的组合。

三期流行席纹与菱形纹，并常与方格纹、凸回纹构成组合纹饰[1]。

陶器的主要器形软陶有鬲、甗、鼎、豆、盆、钵等，硬陶主要有坛、瓿、盂等，原始瓷器主要有豆、碗、盂、罐等（图 85、86）。

接下来再看宁镇东区的分期。

宁镇东区在西周时期主要包括以下几处遗址和土墩墓：武进乌墩遗址、武进淹城遗址、江阴花山遗址、江阴佘城遗址、溧阳水西土墩墓、溧阳庙山土墩墓、金坛鳖墩土墩墓、淹城龙墩土墩墓等。这几处地点所处的位置正是环太湖文化区和宁镇文化区的过渡地带，出土遗物含有两个区域的特点，比如原始瓷豆、硬陶瓿等器形。上文已提到，武进淹城与江阴花山、佘城存在比较密切的关系，它们的炊器均以釜和浅盘撇足鼎为主，而鬲少见（花山佘城仅有 2 件鬲，淹城仅有 8 件鬲），可能为同一群人前后相继的居留之所。在其他几处遗址中也能看到同样的特点。它们硬陶、原始瓷比例都较高，尤其是硬陶比例在乌墩遗址中几乎占一半比例。一些原始瓷器的器形与环太湖区域更为接近，比如鳖墩和淹城都可见到原始瓷盖罐，口沿外侧饰假泥条系，器盖顶部置鸟形捉手，原始青瓷盂形鼎也是两地共存的器物。鳖墩墓葬发现 70 千克的青铜块，与淹城遗址出土的青铜器时代接近，它们之间应该存在一定关系。

再看皖南地区的分期。

皖南地区在西周时期主要包括以下几处遗址和土墩墓：南陵千峰山土墩墓群、南陵龙头山土墩墓、繁昌平铺土墩墓、宣州棋盘崔村土墩墓、郎溪磨盘山遗址等。这几处地点出土的器物具有自己独特的因素，比如双耳罐在宁镇区极少见到，而在此区域广泛可见。偏西地区的繁昌、南陵地区还可见到来自江淮和鄂东南地区的甗形盉、包耳甗等，还有一个共同特点是它们都不见鬲等中原文化因素，硬陶坛和瓿的形制也与宁镇、环太湖地区有别，独具特色。

最后看铜陵师姑墩周边的分期。

这一区域包括铜陵师姑墩遗址、夏家墩遗址和神墩遗址。三处遗址有共同的特点，鬲、豆、罐等中原宗周文化因素，甗形盉、折肩鬲等江淮地区群舒文化因素多见，而宁镇、环太湖地区的硬陶、原始瓷器形少见。说明此处与江淮地区关系密切。

[1]　张敏：《宁镇地区青铜文化研究》，南京博物院编：《张敏文集·考古卷》（中），第584页，文物出版社，2013年。

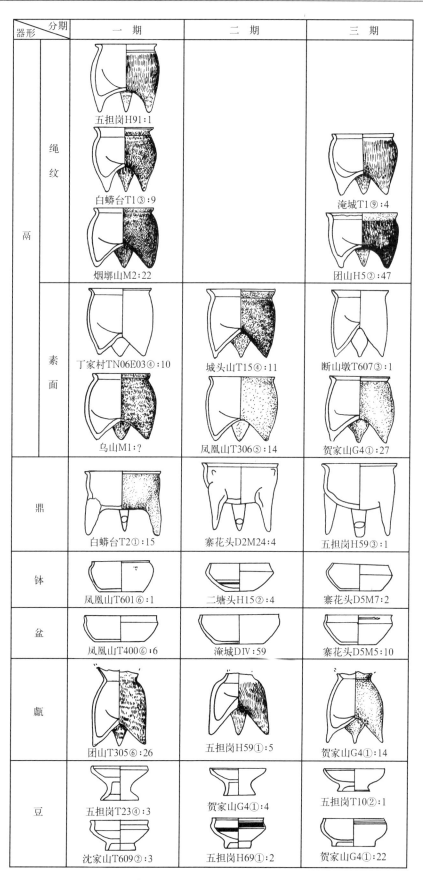

器形	分期	一 期	二 期	三 期
鬲	绳纹	五担岗H91:1 / 白蟒台T1③:9 / 烟墩山M2:22		淹城T1⑨:4 / 团山H5②:47
	素面	丁家村TN06E03④:10 / 乌山M1:?	城头山T15④:11 / 凤凰山T306⑤:14	断山墩T607③:1 / 贺家山G4①:27
鼎		白蟒台T2①:15	寨花头D2M24:4	五担岗H59③:1
钵		凤凰山T601⑥:1	二塘头H15②:4	寨花头D5M7:2
盆		凤凰山T400⑥:6	淹城DIV:59	寨花头D5M5:10
甗		团山T305⑥:26	五担岗H59①:5	贺家山G4①:14
豆		五担岗T23④:3 / 沈家山T609②:3	贺家山G4①:4 / 五担岗H69①:2	五担岗T10②:1 / 贺家山G4①:22

图85　宁镇西区西周时期软陶器分期图

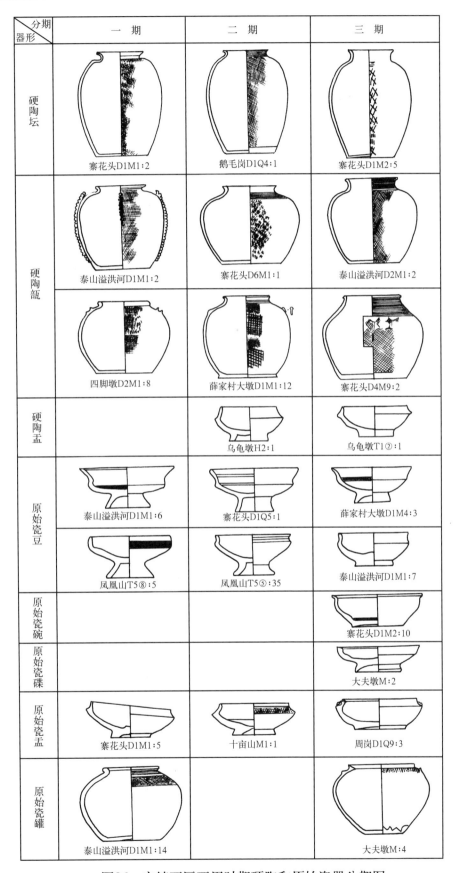

分期器形	一 期	二 期	三 期
硬陶坛	寨花头D1M1:2	鹅毛岗D1Q4:1	寨花头D1M2:5
硬陶瓿	泰山溢洪河D1M1:2	寨花头D6M1:1	泰山溢洪河D2M1:2
	四脚墩D2M1:8	薛家村大墩D1M1:12	寨花头D4M9:2
硬陶盂		乌龟墩H2:1	乌龟墩T1②:1
原始瓷豆	泰山溢洪河D1M1:6	寨花头D1Q5:1	薛家村大墩D1M4:3
	凤凰山T5⑧:5	凤凰山T5⑤:35	泰山溢洪河D1M1:7
原始瓷碗			寨花头D1M2:10
原始瓷碟			大夫墩M:2
原始瓷盂	寨花头D1M1:5	十亩山M1:1	周岗D1Q9:3
原始瓷罐	泰山溢洪河D1M1:14		大夫墩M:4

图86　宁镇西区西周时期硬陶和原始瓷器分期图

综上所述，整个西周时代，我们可以把宁镇皖南地区分成四个区域，四个区域既相互联系，又有着各自的特点，分别代表了不同的势力集团。

二　文化的时空变迁

1. 第一期：西周早期偏晚阶段

此期的遗存主要分布在三个地区，大港谏壁一带的沿江山脉区域延续自商末周初来的局势，遗存最为丰富，且文化内涵继续保持与江淮地区的大城墩、何郢等西周早期文化的相似性。宁镇西区遗存分布零散，文化内涵多延续自湖熟文化时期。宁镇西区的土墩墓遗存虽然大部分因素与宁镇山脉一带相似，但仍有自身特色，这里多一墩多墓的家族墓葬，而大港谏壁一带则多以一墩一墓的形式存在，且规格较高。宁镇东区与环太湖地区交界的地方出现了佘城城址，文化内涵兼有东西面貌。皖南西区铜陵周边遗存面貌不同于以上两区，内涵多来自于江淮地区，与江北的群舒地带内涵一致，从本期开始，铜陵地区的铜矿开始大规模开采，但本地铸造的迹象并不明显（图87）。

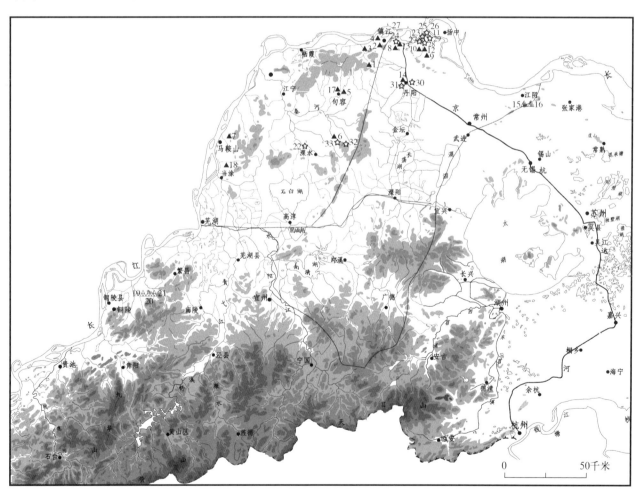

图87　宁镇皖南地区西周第一期遗存分布图

遗址：1.丁家村　2.松子头　3.赵家窑团山　4.龙脉团山　5.城头山　6.白蟒台　7.五担岗　8.左湖　9.孙家村　10.癞鼋墩　11.磨盘墩　12.断山墩　13.四脚墩　14.凤凰山　15.花山　16.佘城　17.孙山头　18.申东　19.师姑墩　20.夏家墩　21.神墩　土墩墓：22.乌山　23.磨盘墩　24.四脚墩　25.烟墩山　26.东烟墩山　27.母子墩　28.大港双墩　29.华山小笆斗　30.泰山溢洪河　31.大仙墩　32.寨花头　33.浮山果园　（不同形状的三角形符号代表不同的文化因素和文化关系）

2．第二期：西周中期

此期的遗存较上期丰富，除以上三区外，新增加了皖南东区。大港谏壁一带的遗存范围向南扩展，并在南部出现了葛城城址和神河头祭祀遗址，沿江山脉仍然有随着青铜器的高等级墓葬存在，但已大不如前期。文化面貌延续前期。宁镇西区仍然延续前期，物质文化因素渐与东北部趋同，但土墩墓葬俗仍然保持自身特色，宁镇东区以花山、佘城为代表的文化遗存向南扩展，代表了一支融合有东西文化内涵的独特类型。皖南地区大部分为以南陵千峰山文化因素为代表的遗存分布，面貌独特，并且南陵、繁昌等地大规模的铜矿开采开始于本期，虽然有郎溪、南陵等地少量的青铜容器出现，但它们属于本地铸造的可能性仍然较小。皖南西区以师姑墩为代表的遗存继续延续前期，并与江淮之间和鄂东南地区都有密切的联系（图88）。

3．第三期：西周晚期至春秋早期

此期的文化格局基本延续前期。宁镇北部主要遗存分布从大港谏壁一带向南转移，丹阳周边地区成为文化遗存分布的核心区域。宁镇东区的佘城城址消失，主要文化内涵转移到以淹城

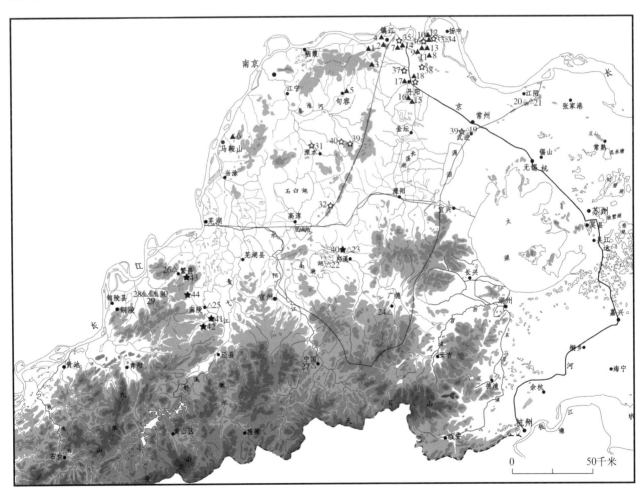

图88　宁镇皖南地区西周第二期遗存分布图

遗址:1.赵家窑团山　2.松子头　3.丁家村　4.龙脉团山　5.城头山　6.五担岗　7.左湖　8.孙家村　9.东神河　10.乌龟墩　11.癞鼋墩　12.磨盘墩　13.断山墩　14.四脚墩　15.葛村　16.神河头　17.凤凰山　18.贺家山　19.淹城　20.花山　21.佘城　22.磨盘山　23.欧塘　24.莫村　25.牯牛山城　26.瓜墩　27.官山　28.师姑墩　29.夏家墩　30.神墩　土墩墓:31.乌山　32.顾陇永宁　33.马脊墩　34.上聂家村馒儿墩　35.四脚墩　36.大港双墩　37.石家墩　38.马家双墩　39.寨花头　40.浮山果园　41.龙墩　42.建平　43.千峰山　44.龙头山　（不同形状的三角形和五星符号代表不同的文化因素和文化关系）

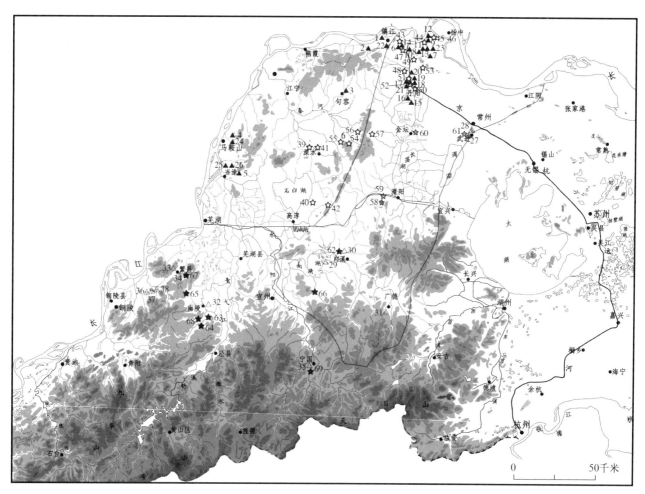

图89　宁镇皖南地区西周第三期遗存分布图

遗址:1.龙脉团山　2.赵家窑团山　3.城头山　4.五担岗　5.船里山　6.四脚墩7.孙家村　7.孙家村　8.东神墩　9.乌龟墩　10.乌龟山　11.癞鼋墩　12.磨盘墩　13.断山墩　14.四脚墩　15.葛城　16.神河头　17.凤凰山　18.三城巷　19.贺家山　20.沈家山　21.墩头山　22.鬼山　23.十亩山　24.烟墩山　25.毕家山　26.申东　27.淹城　28.乌墩　29.磨盘山　30.欧墩　31.莫村　32.牡牛山城　33.瓜墩　34.鹭鸶墩　35.官山　36.师姑墩　37.夏家墩　38.神墩　土墩墓:39.乌山　40.宽广墩　41.蔡家山　42.顾陇永宁　43.四脚墩　44.大港双墩　45.大港上聂家村馒儿墩　46.石桥华山大笆斗墩　47.横山馒儿墩　48.石家墩　49.薛家村大墩、边墩　50.泰山溢洪河D2　51.大夫墩　52.青墩山　53.马家双墩　54.寨花头　55.浮山果园　56.鹅毛岗　57.上水　58.庙山　59.水西　60.鳖墩　61.龙墩、头墩　62.建平　63.千峰山　64.龙头山　65.万牛墩　66.棋盘崔村　67.平铺　68.牌楼　69.安友　（不同形状的三角形和五星符号代表不同的文化因素和文化关系）

城址为中心的地区，并继续向南扩展至溧阳一带，作为与宁镇西区中间地带的金坛东侧出现随葬青铜块的高等级土墩墓。宁镇西区的传统文化因素开始向东越过茅山，与北侧和东侧的文化集团逐渐融合。皖南地区仍然保持上一期的文化面貌，但开始更多地包含宁镇地区的文化因素，尤其是偏东部地区自身文化因素相对弱化（图89）。

第五章　宁镇皖南地区文化与势力变迁

本文所论的宁镇皖南地区东至茅山以东的江阴—武进—溧阳—广德一线，西至长江—九华山脉，南倚黄山—天目山脉。与传统所划分的东倚茅山有所区别，主要原因是为了更好地考察这一地区与环太湖地区文化之间的关系。这一区域西高东低、河湖纵横，其间分布有众多河流和山脉，由于气候、地貌、土壤、植被等诸多差异，导致生产方式和生活方式也有所不同，从而在不同时期形成不同的文化小区系。青铜时代在这个相对封闭的区域内，文化面貌既表现出与周边太湖流域区、钱塘江流域区和赣鄱流域区的明显差异，又由于受到来自北方淮河流域和黄河流域以及沿长江而来的西侧诸考古学文化势力的影响，从而表现出许多共同的特点和文化进程。

第一节　文化的变迁及特点

由于处于一个相对封闭的区域内，宁镇皖南地区自新石器时代早期开始文化面貌就独具一格，自成系统。到北阴阳营文化时期，宁镇地区的文化达到了第一个高峰，周边虽然有马家浜文化和崧泽文化遗存，但仅分布到宁镇东区的水网地带，未能过多渗入宁镇腹心地区。皖南地区至迟在马家浜文化晚期开始接受来自太湖地区的文化因素，之后崧泽文化、良渚文化源源不断融入当地文化的发展之中。皖南地区成为沟通太湖和江淮之间的重要通道。

新石器时代晚期，由于其东邻良渚文化的结束，太湖区域陷入较为混乱的局面，先后有根植于本地的钱山漾文化和主要来源于北方系统龙山文化的介入，这两种文化同样部分深入到了皖南地区，而在宁镇地区少见。但与前期不同的是，由于以南荡遗存为代表的北方系统的龙山文化是经过宁镇区域才向南传入太湖区域的，因此自此开始，宁镇地区的封闭性率先开始向北打开，主要接受了来自龙山末期的南荡遗存和青铜时代早期的周邺墩第二类遗存的进入。随着新砦期至夏代早期文化从皖南地区的介入，随后也开始向南敞开，并在夏代晚期开始逐渐加强了与太湖地区的联系，文明化进程开始加快，这一时间开始的节点大致即在龙山末期至夏代早期，这一时期这一地域的文化面貌相当复杂。综合来讲，夏代时期的文化，宁镇地区以南荡遗存、周邺墩第二类遗存和本地新石器时代末期文化的共融为主体，而皖南地区则主要是以广富林文化、新砦期至二里头文化和马桥文化的共融为主体，其中新砦～二里头文化因素在两地均留下了足迹，证实了中原王朝介入本地文化发展的过程，其中原因下文会有详细分析。

相比于皖南地区来说，宁镇地区作为文化走廊的地位明显偏弱，无论是夏代的点将台文化，还是商代的湖熟文化都强烈的延续着自己的区域传统，除了接收来自外界的因素外，很少过多向周边扩散。

以上的特殊性使得宁镇地区的新石器时代晚期遗存受到了比之更为先进的河南及山东龙山文化的强烈影响，从而在文化上发生变异而产生了以点将台下文化层为代表的文化遗存。可以说以此为契机，中原的先进文化从此打开了宁镇走廊的大门，而某一种先进文化一旦输入到比之较落后的地区，其输进与引导功能往往具有不可逆性。正是因为这一点，自新石器时代晚期以后，宁镇地区的文化面貌的兴衰皆与中原文化因素的输入和输出密切相关，同时与太湖地区的关系也逐渐加强和融合，而"吴越不分"。

受外界影响最明显的一点反映在炊器种类的不断更替上，北阴阳营文化时的鼎是本土的，而点将台文化遗存的甗从本地则无源可寻。商周时期的鬲与春秋时代釜的引进，无疑都程度不同地改变了人们的饮食习惯，对当地的文化发展起了强有力的促进作用，皖南地区也大致经历着相似的进程。

但另一方面，宁镇地区的文化面貌虽然从某种意义上讲是在外来因素的主导下壮大起来的，但其本地的母体文化从整体上讲仍具有连贯性和系统性，这主要表现在有一组比较稳定的以鼎、鬲、瓮、罐、盆、钵、豆等为基本组合的器物群，它们在各个时期的演变序列是明确的，另外陶系中夹砂红陶为主的现象贯彻始终，器表亦一直以素面为主，而作为外来的文化因素，往往只是起一种引导作用。随之即为本地母体文化所吸收融合，如本地的素面鬲就是一种最典型的吸收外来文化因素而改造成具有自身特点的一种器物，而绳纹鬲无论是商代还是西周都不能在本地扎根并形成自身的序列，它们作为外来的输入品一直处于依附的地位。太湖地区向宁镇地区的文化渗透也仅仅反映在几何印纹陶和原始瓷技术的输出上，说宁镇地区文化被太湖区域文化系统同化的观点显然也是站不住脚的。皖南地区作为文化走廊地带，一直受到外来文化的左右，也看不出有自己独具系统的文化，皖南地区文化的繁荣一直到了西周中期才出现，遗存主要分布在山前地带，以土墩墓为主，并出现了一组受周边影响但有自身特色的器物群。皖南山地北侧一直到宁镇丘陵地带，以现存的南漪湖、石臼湖和固城湖为中心的区域在古代可能是汪洋一片，被称为丹阳大泽[1]，丹阳大泽的存在一定程度上阻碍了宁镇皖南之间的文化交流，也造成了遗址多分布在土台和山前地带的面貌。

宁镇皖南地区在新石器时代末期受到了自江淮地区而来的河南龙山文化王油坊类型、山东龙山文化、江淮土著遗存以及环太湖流域良渚文化—钱山漾文化系统、广富林文化的影响。到了夏时期，新砦期—二里头文化、岳石文化南下成为影响宁镇皖南地区的重要历史事件，催生了本地土著文化因素，同时还传承了部分良渚文化传统，构成了点将台文化的主体。但也保留了龙山时代的部分遗存，从而表现出了错综复杂的考古学文化结构。

夏时期，这一地区发现了明确的新砦期至夏代早期遗存，说明该地区的考古学文化很早就受到了来自中原王朝的影响。但除此之外，中原文化并没有对此地形成绝对性的优势，本地文

---

[1]　史书记载："丹阳古地，江湖相连。丹阳，旧多红杨，一望皆丹，故曰丹杨，杨与阳同音，遂称丹阳湖。"据唐元和年间（806～820年）编的《郡县志》记载："丹阳湖，周三百余里。"丹阳湖，汇聚皖南水阳江、青弋江之水，古称"巨浸"。巨浸，大泽也。到春秋晚期至秦汉，丹阳湖由于气候变迁和自然淤积等原因，逐渐形成诸湖相连的湖荡水泊。北宋太平兴国年间（976～983年）编的国家地理总志《太平寰宇记》，有丹阳、石臼、固城三湖名称的记载。可见，至少在北宋初期，丹阳湖已演变成了丹阳、石臼、固城三湖。固城，是春秋时吴国濑渚邑治所，固城南临的湖荡，因固城而名湖。南宋景定年间周应合纂《建康志》记载："固城湖，周围百里，深三丈，南北三十里，东西二十五里，环楚王故城有四条支流。"固城湖，在丹阳、石臼湖以南，西连长江。

化仍然延续自新石器时代末期以来的趋势，保持着自己的文化传统和特色，既保留着本地的土著文化因素，又继承了许多来自环太湖流域新石器时代晚期的文化因素和来自江淮地区的河南龙山文化因素，以及稍晚进入的岳石文化因素。虽然如此，中原青铜时代文化的进入，也直接促成了本地较早地进入了青铜时代，在朝墩头遗址和城头山遗址中就曾发现了这一时期的青铜炼渣。

夏时期宁镇皖南区域考古学文化的面貌，得益于江淮地区考古学文化的变迁。这包括江淮地区的南荡遗存、斗鸡台文化、周邶墩第二类遗存等，它们在江淮地区分布范围的变迁和文化面貌的变化对宁镇皖南地区产生了重要的影响。夏时期的点将台文化中就可见到诸多来自它们的因素。

通过上文论述，我们认为，这一区域夏代时期的考古学文化并不典型，各种因素的混杂实际上看不出哪种文化因素占主体，虽确定已进入青铜时代，但国家文明的复杂化程度不高，文明因素也不明显，尤其是遗存的数量以及夏代晚期遗存的确认十分不清晰，无法提供一个系统的分期。这从点将台文化的确认过程以及历年来所存在的争议上可见一斑。邹衡先生早在《江南地区诸印纹陶遗址与夏商文化的关系》一文中指出，点将台的龙山文化层材料较少，大致和安徽巢湖地区的龙山文化相似，"点将台遗址中，湖熟文化与其下层的龙山文化特征接近，其在年代上似已不存在多大距离。因而宁镇地区的夏代遗址应该是包含在该地区的龙山文化之中"[1]。也有学者将点将台文化阶段统一划归早期湖熟文化[2]。经过多年的发现和研究，邹衡先生的提法虽然被后面所命名的点将台文化所取代，但本文认为，其说法仍然具有现实意义，因为到目前为止，各个遗址发现的点将台文化遗存相对较薄，缺少确切的地层叠压和打破关系，也很少发现点将台文化的遗迹。如果仅仅通过类型学的方法对点将台文化进行分期，或仅仅通过文化因素的区别断定点将台文化的性质和社会形态，似乎并不妥当。

但作为夏代时期的宁镇皖南地区一定有其自身的文化面貌，点将台文化的命名无疑填补了新石器时代文化和湖熟文化之间的缺环，这一阶段的面貌毕竟与新石器时代和商时期均不同，通过与周边文化的对比而划分出不同阶段的各种文化因素，无疑对于本地文化进程以及与周边文化和势力的关系提供了深入研究的条件。在没有更好的名称确认前，本文仍然使用点将台文化的概念，这个概念更多的是代表时间概念，而非文化概念。

目前可见的五种文化因素各有时空变迁，它们先后进入本地，或分布于不同的区域，表明此时的宁镇皖南地区作为文化和势力过渡地带的重要地位。

本区域商时期的文化命名为湖熟文化，这一考古学文化已得到绝大多数学者的认同。本文认为，既然本区域夏时期的遗存无法做到准确分期，湖熟文化的年代上限就存在不确定性，尤其是本地发现的夏时期遗存除岳石文化因素和马桥文化因素具有夏代晚期的特点外，其他因素都偏早，而岳石文化因素主要分布在宁镇东区、马桥因素在皖南东区，该区域核心地区的宁镇西区下限并不清晰。因此，本文采取的方案是以出现具有典型特征的商文化因素为界标，将早商二期作为湖熟文化的起始时间。与前人观点不同的是，本文认为商文化因素并不是直接来自

[1] 邹衡：《江南地区诸印纹陶遗址与夏商文化的关系》，《文物集刊·3》，文物出版社，1981年。
[2] 刘建国：《论早期湖熟文化的形成及其特征》，《文物研究（第七辑）》，黄山书社，1991年。

中原，甚至是江淮地区，而主要是自鄂东南地区沿江东下的[1]。只是在商代中晚期，随着鄂东南盘龙城类型商文化的消亡，才更多地出现来自江北和中原地区的商文化因素，而与此同时，太湖区域的马桥文化也开始大规模的融入宁镇皖南地区，形成了以后商末两周时期与环太湖区域文化面貌逐渐趋同的趋势。

本文还在前人把湖熟文化分为三期的基础上，进行了更细的期段划分，把中商二期至三期和晚商四期至周初作为单独的期段划出[2]，从而窥见这两个时期独特的区域面貌和特征。

湖熟文化的下限到什么时候，也一直是学术界相持不下的问题。关键在于湖熟文化与吴文化的关系。萧梦龙先生认为湖熟文化与吴文化为一个整体。把湖熟文化的上下限定在夏商之际至春秋战国之交，并主张以吴国诞生为界，将湖熟文化分成前后两期，前期又可称为先吴文化时期，后期为吴文化时期。林华东在《对湖熟文化正名、分期及其他》一文中认为：《史记·吴世家》有周武王克商，"求太伯、仲雍之后，得周章。周章以君吴，因而封之。"的确切记载，那么自西周以后的所谓湖熟文化遗存，再采用史前考古学的文化命名，显然已不合适，而应代之以历史学中诸如方国或族称来命名较为妥当[3]。也就是说，湖熟文化的下限至战国时期的主张必须修正。尽管这一时期的文化面貌与早期有许多共性，同时又保持着文化整体的连续性，但实际上西周以降，以前的所谓湖熟文化确有新的突变：土墩墓出现，带角状把手的夹砂陶鬲和鼎的流行，刻槽盆、杯、钵、盂、簋的逐渐消失，几何印纹硬陶和原始瓷激增，陶器纹饰中各种组合纹空前繁荣和盛行等。因此，本文同意把以土墩墓出现为标志的西周以后的所谓湖熟文化划分出来，直接纳入吴文化的研究范畴，而把相当于中原商代的文化遗存称之为湖熟文化。把土墩墓的出现作为湖熟文化和吴文化的界限，并不是否认它们之间的共性，吴文化继承了湖熟文化的诸多因素，恰恰说明了湖熟文化是吴文化的主要来源。需要强调的是，土墩墓在宁镇皖南地区的出现，绝不是吴文化产生的因，而是吴文化继承了来自太湖区域的土墩墓葬俗，继续在宁镇地区发扬光大的果。且吴国贵族墓葬与典型的一墩多墓的土墩墓形制有着明显区别，也就是说，典型的吴国文化应该只是存在于这一地区，其势力范围应该存在着时空变迁。

宁镇皖南地区商时期的遗址主要以台形遗址的形态存在，虽然台形遗址广泛分布在秦淮河流域、茅山以东河网地带和宁镇山脉沿江地带，但可资命名的湖熟文化分布区仍然主要集中茅山以西的秦淮河流域和姑溪河流域，晚商末期以前向外扩张的不大。只是在晚商末期至周初时，才向东北扩展至宁镇山脉东侧。

宁镇东区的河网地带和皖南东区介于宁镇和太湖区域之间，商时期的文化面貌具有两者的共同特征。皖南西区则有着更强烈的独特性，商文化因素的出现比宁镇地区晚，且来源不同。

在宁镇西区为中心的区域，无论是点将台文化、湖熟文化还是西周时期的文化都具有文化的独特性和延续性，之所以造成对各时间阶段文化归属和文化性质的差异，是因为将宁镇东区

---

[1]　赵东升：《青铜时代江淮、鄂东南和赣鄱地区中原化进程研究》，花木兰文化出版集团，2009年。豆海锋：《试论安徽沿江平原商代遗存及与周边地区的文化联系》，《江汉考古》2012年第3期。

[2]　关于晚商四期至周初阶段存在的证据，可以参考本文江淮之间地区的论述内容和以下文章，刘绪：《商文化在北方的进退》，"周边与中心：殷墟时期安阳及安阳以外地区的考古发现与研究"学术研讨会论文，2006年。燕生东：《江苏地区的商文化》，《东南文化》2011年第6期。

[3]　林华东：《对湖熟文化的正名、分期及其他》，《东南文化》1990年第5期。

和皖南地区统一划分为一个大的区域，从而造成了不同文化因素和势力集团的纠葛，出现了文化的混杂局面。本文研究的核心即是把整个区域的分区划分的更细，从而更明确的洞见不同的文化集团面貌和互动关系。

值得注意的是，长江北岸滁河流域商周时期文化面貌，从南京牛头岗遗址和何郢遗址发掘证明其岳石文化、商文化和周时期文化几乎与中原地区主体文化发展序列相一致，很少受宁镇区域文化因素的影响。

宁镇地区的湖熟文化在商末时期分布范围有所扩展，而与此同时，来自南方的文化因素也大量出现在宁镇核心地区，尤其是土墩墓的传入。土墩墓遗存在宁镇地区的出现标志着这一区域的青铜文化进入到了一个新的发展阶段。这一发展阶段是与新的文化势力的介入密不可分的。

相比于商时期，继承自商末周初时的形势，这一时期的文化重心向东北区域偏离，在整个西周时代皆是如此，并有着继续南下扩展的趋势。同时皖南地区的文化面貌也发生了极大的变化，其文化因素除硬陶、原始瓷技术外，无论从形制还是器类都与宁镇地区不同。宁镇西区的文化极度衰落，文化遗存多分布在山地丘陵之中，且多以土墩墓为主。

文化面貌的第二个变化是大量青铜礼器的出现，主要分布在宁镇区的土墩墓遗存中，基本器类中的礼器有鼎、鬲、簋、尊、卣、盘、壶、盉、觥等，它们之中中原系统、本地系统和二者混合系统的东西多共生在一起，可以将它们分成三个组属[1]，这对于我们判断宁镇皖南地区的文化面貌和势力集团无疑具有启发作用。

文化面貌的第三个变化是土墩墓的大量出现。土墩墓是江南地区青铜时代一种独有的葬俗，目前来看最早产生于黄山天目山以南地区或闽浙赣交界地区[2]。宁镇地区最早的土墩墓时代大致在西周前期康昭王时期，盛行于西周和春秋时期，至战国早期逐渐消失。只是对镇江及其周围地区的遥感技术普查，就发现了3000多座[3]，分布范围广且密，以上区域是土墩墓分布的中心地区，其他地点则散点分布，一般仅一二十座。20世纪70～90年代，曾对土墩墓形制、分期及其分布规律进行了众多探讨。21世纪以来，对土墩墓的认识已达到一个较高的水平，对其营造方法、文化内涵、性质年代等都有了新的认识，比如一墩一墓与一墩多墓并存（这可能与家族是否兴旺有关），向心结构的土墩墓和复杂的祭祀行为，石床及木构的人字形窝棚式墓上建筑等，尤其是大量土坑的发现，证明大多数的土墩墓并不是平地掩埋的[4]。镇江大港沿江山脉贵族土墩墓的发现是这一时期最重大的收获，自1954年烟墩山出土宜侯矢簋的一号墓之后，又清理了西周时期的荞麦山母子墩、磨盘墩、马脊墩等出土青铜器的高等级墓葬。这批墓葬一般营建在山顶部，背山面江，一山多为一墓，并有高大的封土堆。大多有较深的墓坑，最深达5米以上，与宁镇地区平地起封，浅坑的土墩墓判然有别。土墩墓在宁镇皖南地区开始于西周前期，盛行于西周后期和春秋时期，至战国早期逐渐消失。从土墩墓存在的时空分析，与吴国的崛起和强盛以及吴国的疆域大致相符。尤其是大型高规格土墩墓的存在为我们认识西周时期的国家文明

[1] 邹厚本：《江苏南部土墩墓》，《文物资料丛刊·6》，文物出版社，1982年。《宁镇地区出土周代青铜容器的初步认识》，《中国考古学会第四次年会论文集》，文物出版社，1985年。

[2] 杨楠：《江南土墩遗存研究》，民族出版社，1998年。

[3] 陆九皋、肖梦龙等：《镇江商周台形遗址与土墩墓分布规律遥感研究》，《东南文化》1993年第1期。

[4] 南京博物院等：《江苏句容及金坛市周代土墩墓》，《考古》2006年第7期。

提供了线索。土墩墓和大型土墩墓的形制类型为本区域开展族属、文化性质的研究提供了绝好的素材。

<h2 style="text-align:center">第二节　势力集团的变迁</h2>

通过上文的分析可以看出,我们将宁镇皖南地区作为一个区域进行分析,但并不表明这一区域有共同的文化来源和发展脉络。相反,由于地域环境和所处位置的不同,它们各有自己的文化特色和演进过程。青铜时代伴随着中原势力的介入,它们都或多或少的打上了中原文化的烙印。

夏商西周文化因素在宁镇皖南地区的分布情形与中原王朝自身的势力变迁和经略方式、统治策略都有密切的关系,同时也受到当时分布在宁镇皖南地区及周边地区的势力集团的强力制约。

宁镇皖南地区的新石器时代晚期文化都不典型,不具备作为一个单独文化集团的条件,它们或分散,或短暂,极不统一。一直到新石器时代末期,这一局面才有所变化。这首先得益于中原王朝因素的介入。

首先是以南荡遗存为代表的河南龙山文化造律台类型。造律台类型龙山文化分布在豫东、皖西北和鲁西南一带,在龙山时代晚期至夏代前后这一国家文明形成的阵痛时期,这一地区分布着的却是二里头文化和岳石文化。李伯谦先生在《论造律台类型》一文中指出:"比较大的可能是,造律台类型一直延续下来,直到二里头三期文化开始出现为止"[1]。邹衡先生则认为,豫东的商邱地区,"未必是二里头文化的分布区,由于同鲁西南地区接壤,也有可能是岳石文化的分布范围"[2]。然而不论是二里头文化,还是岳石文化,都不是造律台类型龙山文化的后继文化,它们之间的关系,正如李伯谦先生所指出的"是取代,不是继承"。徐旭升先生对中国古史传说时代进行研究之后明确指出有虞氏的活动范围在豫东[3];李伯谦先生在对造律台类型研究之后指出"史载有虞氏部族由盛而衰的历史与碳-14测定的造律台类型存在的时间基本一致,其与造律台类型的分布范围大体相同,造律台类型确有不少因素是来自原居地东夷族创造的大汶口文化,因此,从年代、分布地域和文化特征分析,造律台类型可能就是传说中的有虞氏文化"[4];田昌五先生认为"把姚姓有虞氏恢复起来,它只活动于今豫东地区"[5]。张敏先生从文献和考古两方面进行了更为深入的探讨,不仅分析了当时的社会背景,虞舜迁徙的原因,虞舜迁徙的路线,甚至是具体的生活场景,而且对与当地文化交往之后形成的新的文化也进行了深入的研究[6],可

[1] 李伯谦:《论造律台类型》,《文物》1983年第4期。

[2] 邹衡:《论菏泽(曹州)地区的岳石文化》,《文物与考古论集》,第114~136页,文物出版社,1986年。

[3] 徐旭升:《中国古史的传说时代》,第99~100页注1,广西师范大学出版社,2003年。

[4] 李伯谦:《论造律台类型》,《文物》1983年第4期。

[5] 田昌五:《中国古代社会发展史论》,齐鲁书社,1992年。

[6] 张敏:《华夏文明起源的假说》,《东南文化》1990年第4期。张敏、韩明芳:《江淮东部地区原始文化的初步认识》,《中国考古学会第九次年会论文集》,第108~124页,文物出版社,1997年。张敏:《试论点将台文化》,《东南文化》1989年第3期。张敏:《宁镇地区青铜文化谱系与族属研究》,《南京博物院建院60周年纪念文集》,第119~177页,1992年。张敏:《南荡遗存的发现及其意义》,《华夏文明的形成与发展——河南省文物考古研究所建所五十周年庆祝会暨华夏文明的形成与发展学术讨论会论文集》,大象出版社,2003年。

称为有虞氏的研究集大成者。据此，可以认为，有虞氏部族在河南东部受到来自华夏集团的挤压，被迫向南迁徙，江淮之间东部地区的南荡遗存即为其最初迁徙之地。但由于江淮东部地区自然环境恶劣，他们在此地未能长久下去，继续过江经宁镇地区停留。宁镇地区点将台文化中所包含的南荡遗存因素即为这种局势的反映。有虞氏在此地的居留，为此地留下了"吴地"的命名，甚至是勾吴族的形成。商代的甲骨文中，有"王越于上𠫤""在上𠫤""涉（漏）于"等记载。郭沫若说："上当是国名……疑即上虞"。"𣲏即水名，疑是漏字。𠫤乃地名，上𠫤如果为上虞，则疑即吴也。"[1]甲骨文中又有"吴于……供王臣""吴弗其以王臣"的记述[2]，说的是吴向商王朝供奉王臣，联系到吴地出生的巫咸、巫贤父子皆曾为商之贤臣，则甲骨文中所言之"吴"很可能就是指的太湖地区的吴地、吴人。《史记·吴太伯世家》："太伯已君吴"，说明"吴"之名称在商代就已经存在，太伯只是栖居于此，并没有对其再命新名。

　　其次是以周邺墩第二类遗存为代表的岳石文化。此类文化因素主要来源于山东鲁西南地区，与有虞氏的迁徙原因大致相同，岳石文化至迟在二里头文化二期也进入江淮和宁镇地区，势力不容小觑。以马迹山遗址为代表的宁镇地区遗存全面地反映了这一过程，它们主要分布在宁镇地区东北部的沿江山脉一带，并一直延续到春秋时代仍然可见孑遗，对当地文化的演进起到了重要的影响作用。

　　再次是新砦期～二里头文化为代表的夏代遗存。尧舜禹所处的时代，是我国历史上一个经过反复争夺而最终确立世袭制的时代，"世袭继承制凡是在最初出现的地方，都是暴力篡夺的结果，而不是人民的自由许可"[3]。以上有虞氏部族和岳石文化的南迁，显然都应该是"禹逼舜"的结果，是华夏集团在中原地区取得统治地位的必然结局。我们从江淮地区、鄂东南地区和赣鄱地区的论述中可以看出，夏代中原王朝对南方的诸多区域都进行了一定的经略，且时代偏早，可能都与夏代国家最初急于确立统治地位，对苗蛮集团、东夷集团等的讨伐有关。因此对于宁镇地区来说，由于有虞氏和岳石文化为代表的两支东夷势力均集中在宁镇地区，华夏集团就不得不将此地作为重要的经略之地了。新砦期至夏代早期文化因素在宁镇地区的出现即应该与此背景相关。需要进一步指出的是，有虞氏部族在夏禹部族的持续讨伐下，不得不离开宁镇地区继续向南迁徙，最终落脚于太湖东部，创建了广富林文化，广富林文化最终被来自于闽浙赣地区的马桥文化所取代，也仍然得益于夏禹部族与马桥集团的联合，即史书所载大禹诛防风氏，这也是为什么马桥文化中拥有众多二里头文化因素且多为礼器的原因，也是后代越国认为自己为"少康之苗裔"的前缘。关于钱山漾文化、广富林文化、马桥文化和夏王朝、越国的关系笔者在另文中已有详细论述，兹不赘述[4]。由于点将台文化最初是由三种文化因素组成的，其中的南荡遗存因素只是在早期存在于这一地区，而新砦期至夏代早期的中原文化在南荡遗存离开后也没有继续在此停留，只是在皖南西部的师姑墩类遗存中继续停留下来，也为时不长。因此造成了宁镇地区夏代晚期的文化面貌甚不清晰，只有偏东北部的岳石文化因素继续存在。南部的

---

[1]　郭沫若：《卜辞通纂》，《郭沫若全集》（考古编）第二卷，第475、480页，科学出版社，2002年。

[2]　《甲骨文合集》5566、5567。

[3]　马克思：《摩尔根〈古代社会〉一书摘要》，人民出版社，1978年。

[4]　赵东升：《虞舜南巡狩与太湖东南部平原》，《南方文物》2007年第4期。赵东升：《再论越国的族属及相关问题》，《南方文物》2017年第1期。

马桥文化在夏代晚期也得以进入宁镇皖南地区的边缘地带。这一局面一直到早商文化的进入才发生变化。

第四是商人势力。商人对南方地区的经略最先是从长江中游开始的，鄂东南地区分布的商文化盘龙城类型势力可见一斑。对鄂东南地区的论述我们已经得出结论，商人已经利用长江东下，从而对大城墩类型产生重要影响，其间在鄂东南和江淮地区西南部也催生了意生寺遗存和薛家岗遗存。宁镇地区的文化面貌也证明他们继续东下抵达了这片地区，直接促成了湖熟文化的形成。我们将宁镇地区商时期的湖熟文化分为三期五段，第一期的时代与盘龙城类型大致相当，受到盘龙城类型的影响较大。但随着盘龙城类型在中商一期时在鄂东南地区的消亡，湖熟文化也就失去了商势力的强势地位，中商二期和中商三期时是湖熟文化自身因素和来自于马桥文化因素大发展的时期，印纹硬陶器、素面陶器大多兴盛于这一时期，湖熟文化的分布范围也向东、向南略有扩张。此时的皖南西部地区出现了商势力影响下的师姑墩类遗存，主要因素来自于薛家岗商遗存和吴城文化，它与江北地区的大城墩类型商文化之间有较密切的关系，并且出现了典型的商式青铜器，说明虽然商势力暂时离开了宁镇地区，但仍然没有完全退出江南地区，并试图通过青铜器的馈赠继续保持与此地的关系。正如我们上文对青铜器在鄂东南和江淮地区出现的情况相似，到晚商时期，通过青铜器的馈赠已无法完成对这些地区的控制，只能通过更为直接的青铜技术的传播才能继续维持这一关系。宁镇皖南地区出土的青铜器基本为晚商二期前后，且出现了地方特色浓厚的铜铙，其他物质文化遗存中也又一次体现出与商文化的联系，与前期不同的是，此时的联系主要来自于江淮地区的大城墩类型。此期联系的加强与鄂东南、江淮地区情况一样都跟"武丁中兴"的局面吻合，这种"中兴"不仅仅体现在宁镇皖南地区，甚至通过这里继续通过皖南和太湖西岸向南延伸，最终出现在太湖南部安吉县的群山之中，从而建立起了与高祭台类型或后马桥文化的联系。好景不长，在晚商四期时，商王朝的势力已大不如前，各地的商势力都在后撤，尤其是江淮地区所剩无几，且大多与淮夷文化和周文化因素共存。而唯在东夷地区扩张。此时的宁镇地区湖熟文化的发展重点也向东北转移，晚商四期至周初的遗存基本都发现于宁镇山脉的东部，这一区域自马迹山夏时期遗存消亡后基本一直都是文化的空白地带，新的区域的开拓可能与重要的政治事件有关。这一政治事件一为先周文化的介入，二为东夷地区部族的南迁。

第五为马桥文化势力。马桥文化势力是在夏人的扶持下逐渐走上历史舞台，并称雄太湖周边地区的。在夏代前期，马桥文化并没有向外扩张的迹象，在夏文化因素撤离宁镇皖南地区以后，马桥文化才开始了向外扩张的步伐，在皖南西区的师姑墩遗存、宁镇区的南部、皖南东部地区都可以见到马桥文化因素。

第六为商末周初时的东夷文化势力。江淮之间地区在晚商四期时遗存极少，且商文化因素都不典型，目前仅见在大城墩遗址、何郢遗址、仪征甘草山遗址等少数遗存。有学者将这些遗存单独划分为殷墟四期至西周初期，并指出这一时期的文化"不是原本地文化的延续或者外来文化与本地文化的混合体，而是一种替代关系"[1]。本文江淮地区的论述也已提到，此时的江淮

---

[1]　燕生东：《江苏地区的商文化》，《东南文化》2011年第6期。

东部更多的是偏向东夷因素为主体，商人和山东地区的东夷族都对此地的影响增加。所谓"纣克东夷而陨其身"，商朝与东夷族在商代末期的争斗在江淮东部地区可能是集中表现地之一。这一情况反映在宁镇地区仍然存在，新的文化因素在宁镇东北部地区的集中出现，可能即代表了文化势力开始发生变化。山东地区的东夷因素在商人的打击下持续南迁，时代进入到西周初年，周公东征继续迫使鲁中南一带的夷人南迁。顾颉刚先生已论述过徐人、奄人大致都是在西周初期南迁的[1]。南迁的最终落脚之地，现在看来似乎正是宁镇东区的北部，这里处于宁镇和太湖区域的中间地带，文化势力本就薄弱，又有着夏时期马迹山遗存所传承下来的传统，过江迁来本地最为妥当。

第七为先周文化势力。前文已论述过，湖熟文化因素中包含先周文化因素，且主要集中在殷墟三期以后的宁镇东区北部。虽然数量不多，但结合江淮地区的形势，先周文化曾经借商夷战争之际乘虚而入也不是没有可能的。另外一个证据是甲骨文的记载。1977年在周原遗址的一个窖穴内发现西周先王时的甲骨17000多片，其中带字甲骨170片，这批甲骨文字都在武王克商之前[2]，其中"征巢"的记载表明先周势力曾经到过江淮地区。至于这支先周势力如何抵达江淮东部，继而又过江到达宁镇东区北部，本文在第七章第三节会有详细论述，简单来说，应该是自西循商人开辟的老路沿长江而来，先抵达江淮之间地区东部[3]，进而又过江抵达宁镇地区，宁镇西区因为是湖熟文化的核心分布区域，周人不便占有，而宁镇东区势力基本为空白。宁镇地区分布的主体民族是自夏后期形成的勾吴族，而周人的到来和吴国的政权设立是代表宗周利益的统治者对当地土著勾吴族的统治。

第八为淹国势力。从目前的证据看，此淹国与山东地区南迁的奄国之间是否存在联系尚不得而知。因为花山遗址和佘城城址中出土的器物与西周中期后的淹城遗址出土物有着极强的延续性，并且淹城城址在西周中期出现以后，周边也分布着与其有共同文化面貌的其他遗址，它们共同构成了一个小区域，其文化面貌与周边地区的宁镇、皖南都有所区别，虽然与后马桥文化有共同的使用釜和鼎的传统，但内涵也存在较大区别，因此我们把这一区域归入淹国。淹国是在吴国和后马桥势力的夹缝中生存的，从青铜器、青铜块和高标准的城址设置来看，淹国很可能与吴国有着青铜贸易。但随着吴国势力的扩张，它的消亡也在所难免了。从淹城的使用年代，D1的时代等方面分析，所谓淹君可能就是春秋早期左右被吴所灭的小方国的君主，《越绝书》的记载可能符合史实[4]。而这个小国有学者论述可能就是自山东迁来的奄族[5]。

第九为吴国。吴国得名于本地自有虞氏流传下来的地名，是由周人太伯、仲雍建立的国家，其统治的人民为勾吴族，其最初设立的区域应为宁镇东区的北部，并把大港谏壁一带的沿江山脉作为自己的王陵区。最初设立时，地域狭小，处世低调，不与人争，靠着周王朝雄厚的势力，

[1] 顾颉刚：《三监及东方诸国的反周行动和周公的对策——周公东征史事考证之三》，《文史》第二十六辑，中华书局，1986年。《奄和薄姑的南迁——周公东征史事考证四之四》，《文史》第三十一辑，中华书局，1963年。《徐和淮夷的迁、留——周公东征史事考证四之五》，《文史》第三十二辑，中华书局，1989年。

[2] 陕西周原考古队：《陕西岐山凤雏村发现周初甲骨文》，《文物》1979年第10期。

[3] 在江淮之间地区的大城墩遗址、何郢遗址、天目山城址中都可以见到相当于周初时期的文化遗存，比如大城墩和何郢的鬲、罐，天目山的豆、盆等。

[4] 南京博物院等编：《淹城——1958~2000年考古发掘报告》，第194页，科学出版社，2014年。

[5] 林志方：《淹城遗址探源》，徐湖平主编：《东方文明之韵——吴文化国家学术研讨会论文集》，岭南美术出版社，2000年。

逐渐发展壮大，继而向外扩张。

以上六～九四种文化因素在商末周初至西周中期共同存在于宁镇东区的北部，正是太伯、仲雍"文身断发，示不可用"的策略，才使得他们相安无事，共同发展。文化面貌也各具特色。尤其是先周时期，宗周文化因素非常薄弱，直到西周早期偏晚时，才出现了高等级的贵族墓，也才真正体现出吴国作为主导的地位，但其分布范围此时仍然偏狭。西周中期时开始向外扩张，先是赶跑了淹国。二是势力范围继续向南扩张，设置了葛城城址、神河头祭祀遗址和孙家村铸铜遗址。三是甚至越过长江，在江北地区设置了天目山城址等。

第十为南淮夷集团。从西周中晚期宁镇皖南地区文化遗存分布图中可以看出，在皖南的大部分地区分布着一支独特的力量，除了与师姑墩和鄂东南地区的大路铺遗存的一些共同因素外（甗形盉、包耳甗等），主体因素是独特的带双耳的硬陶罐。这支文化分布范围较广，并且设置了牯牛山城址、也有较多的青铜器发现，还有随葬青铜器的高等级汤家山墓等，说明此实力不容小觑。翻阅古籍，我们认为其最有可能与南淮夷有关，但只是广义南淮夷集团的一个分支而已。这里就需要对文献尤其是金文中关于南淮夷和南夷的材料进行爬梳。

就传世文献而言，未见"南淮夷"称呼，"南夷"也只见于《诗经·鲁颂·閟宫》："至于海邦，淮夷蛮貊，及彼南夷，莫不率从"[1]。最常见的是"淮夷"。可见文献中可能并不知有"南淮夷"的存在，"南夷"也很可能只是一种泛称。

金文中的"南淮夷"的称呼相对较多，"南夷"也有少量，甚至还有"淮南夷"的称法，但学者多认为"淮南夷"是误写[2]。

敔簋：南淮夷迁及入伐；

虢仲盨：虢仲以王南征，伐南淮夷；

驹父盨：命驹父就南诸侯率高父见南淮夷，厥取厥服；

禹鼎：佳噩侯驭方率南淮夷、东夷，广伐南国、东国；

史密簋：王令师俗史密曰束夷，欿南夷卢虎会杞夷舟夷；

竞卣：命伐南夷；

宗周钟：南夷、东夷俱见；

无㠱簋：王征南淮夷；

敔生盨：王征南淮夷……俘戎器，俘金；

仲偁父鼎：及仲偁父伐南淮夷，俘金；

师袁簋：淮夷旧我畮臣……征淮夷……休既又工，折首执迅，无谋徒驭，是俘士女牛羊，俘吉金；

兮甲盘：王令甲政（征）司（治）成周四方责（积），至于南淮夷，淮夷旧我帛畮（贿）人……

　　[1]　朱凤瀚、徐勇：《先秦史研究概要》，第41～46页，天津教育出版社，1996年。《毛诗正义》卷二〇之二，影印阮刻《十三经注疏》本第617页，上海古籍出版社，1997年。

　　[2]　见于"应侯视工簋"。韩巍：《读〈首阳吉金〉琐记六则》，朱凤瀚主编：《新出金文与西周历史》，第219页，上海古籍出版社，2011年。

无□簋[1]：王征南夷；

　　默钟：南夷、东夷具见廿又六邦……

　　应侯视工鼎：用南夷毛敢作非良，广伐南国……

　　曾伯霥簠：克狄淮夷，印燮繁汤。金道锡行，具既卑方。

　　江淮东部地区称为淮夷，已为多数学者所接受。而南夷和南淮夷的指代一直存在争论。黄盛璋先生认为，穆王之后称淮夷，厉王宣王时期称南淮夷，是同一族属不同时间的不同称谓[2]。其实，两者应该所指不同，因为南系方位概念，非时间概念。据考证，宁镇皖南地区的秦淮河、青弋江、水阳江、漳河等在历史上都曾被称作是淮水、淮河等[3]。而皖南西部又是铜矿的重要出产地，很可能自商代晚期即已开始了开采活动，大规模的开采始于西周早期偏晚至西周中期之时，因此与南淮夷的战事多为获取吉金。综合江淮之间地区考古学文化格局的认识和历史上"淮水"的认识，本书认为皖南地区具有独特文化面貌的这类遗存也可能被宗周王朝称为南淮夷，但只是作为江淮之间西部的南淮夷的分支而存在，因为皖南地区的考古学文化面貌无法证实这里曾经是周王朝重点经略的地区（而江淮之间西部却较为明显）。而皖南出产的铜锭需要经过江淮西部北运至中原，因此，某种程度上说，这两个地区又具有密切的关系，周人与他们的纠葛多与赋税管理和"俘金"有关。

　　至于南夷和东夷，可能均为泛称，已如上述。

---

　　[1] 马承源主编：《商周青铜器铭文选》第3册，第211页，文物出版社，1988年。刘启益：《再谈西周金文中的月相与西周铜器断代》，《古文字研究（第十三辑）》，第422页，中华书局，1986年。黄盛璋：《淮夷新考》，《文物研究（第五辑）》，黄山书社，1989年。

　　[2] 黄盛璋：《淮夷新考》，《文物研究（第五辑）》，黄山书社，1989年。

　　[3] 张敏：《宁镇地区青铜时代文化谱系与族属的研究》，南京博物院编：《南京博物院建院60周年纪念文集》，1992年。

第六章　鄂东南地区考古学文化格局研究

第一节　典型遗存分析

1. 黄陂盘龙城遗址

盘龙城遗址位于武汉市黄陂区滠口街道办事处叶店村盘龙湖南，由盘龙城城址、李家嘴遗址、杨家湾遗址、楼子湾遗址、王家嘴遗址、杨家嘴遗址组成。从布局看，盘龙城是一处以城址为中心、外围分布有不同类型遗址的聚落群。盘龙城遗址 1954 年发现[1]，20 世纪 60 年代初开始发掘[2]，之后断断续续做了大量工作。1963 年对楼子湾遗址发掘后，简报作者认为"盘龙城遗址的时代大约属于商代二里冈期，最迟也不晚于安阳小屯早期"[3]。1974 年对盘龙城城址发掘后，发掘者认为城墙的修筑年代应在二里冈期，并在对其周边各种遗存分析后认为：盘龙城的二里冈期商文化同黄河流域商文化存在高度的一致性，不同于吴城遗址的商文化面貌[4]。1980 年邹衡先生在《试论夏文化》中首次将盘龙城二里冈期商文化作为早商文化的一个地方类型即盘龙城类型，确定了其文化归属。之后学者对盘龙城出土铜器、城墙结构、宫殿建筑、城址性质及作用和兴衰的原因等诸多方面进行了有益的探索。有多位学者著文说明王家嘴下层和城垣基部存在相当于二里头文化时期的遗存，并详细分析了盘龙城遗址的期别、族属以及年代[5]。2001 年出版的《盘龙城——1963 ～ 1994 年考古发掘报告》对其发现和发掘以及研究成果作了全面的介绍，明确其具有二里头文化时期和早中商文化时期的文化，但是关于期别的划分以及各期别所具体代表的年代问题，却存在较大的歧异。

盘龙城报告中将所有遗存统一划分为七期，大致相当于二里头文化二期或三期偏早至二里冈上层二期晚段，其中第一期相当于二里头文化二期或三期偏早，第二期相当于二里头文化三期，第三期相当于二里头文化四期偏晚或二里冈下层一期偏早，第四、五期的时代相当于二里冈上层一期偏晚阶段，第六期时代相当于二里冈上层二期偏早，第七期时代相当于二里冈上层二期晚段。对于这一分期结果，有学者提出了不同的意见，比如王立新依据盘龙城楼子湾的典型地层关系和器物的形制与组合，将以杨家嘴 M6 为代表的文化遗存（也就是发掘者所认为的盘龙城遗址第一至三期遗存）定为盘龙城遗址早商文化第 1 组，相当于其划分的早商文化第 2 组[6]，而依据发掘报告，楼子湾遗址并没有该时期的文化堆积，因此这种分法实际上并没有确实

[1] 蓝蔚：《湖北黄陂县盘龙城发现古城遗址及石器等》，《文物参考资料》1955年第4期。郭冰廉：《湖北黄陂杨家湾的古遗址调查》，《考古通讯》1958年第1期。
[2] 郭德维、陈贤一：《湖北黄陂县盘龙城商代遗址和墓葬》，《考古》1964年第8期。
[3] 湖北省博物馆：《1963年湖北黄陂盘龙城商代遗址的发掘》，《文物》1976年第1期。
[4] 湖北省博物馆、北京大学考古专业：《盘龙城一九七四年度田野考古纪要》，《文物》1976年第2期。
[5] 陈贤一：《江汉地区的商文化》，《中国考古学会第二次年会论文集》，文物出版社，1982年。
[6] 王立新：《早商文化研究》，第67页，高等教育出版社，1998年。

的地层根据。蒋刚依据盘龙城遗址墓葬出土器物的形制特征将墓葬分为四期，其第一期的年代（以 PYZM6、M8 为代表）相当于早商文化第一期第 1 段，实际上相当于王立新所划分的早商文化第一期第 2 段，第四期的时代相当于早商文化第二期 4 段，即中商第一期[1]。然后，他根据除墓葬之外的其他遗存将盘龙城遗址分为四期五段，第一段相当于《盘龙城》报告中的第一、二期，第 2 段相当于报告中的三期，第 3 段相当于报告中的四期，第 4 段相当于报告中的五、六期，第 5 段相当于报告中的七期，时代分别相当于二里冈下层早段偏早，二里冈下层早段偏晚，二里冈下层晚段，二里冈上层早段，二里冈上层晚段，即相当于本文所划分的早商第一期到中商第一期[2]。可见，蒋文根据两类遗存所划分的时期是相同的。李丽娜对《盘龙城》报告中第一至第三期文化遗存的年代和性质进行了重新分析，结果与蒋文大同小异[3]。蒋文和李文的一个共同特点是将盘龙城遗址二里头时期的文化遗存限定在原报告中城垣部分的第一期，即南城垣东段的⑨、⑨A、⑨B、⑨C、⑨D 层，而把周围遗址中王家嘴第⑨层为代表的第一期与第二期合并，和其他遗存一并归入早商时期。

我们根据报告中的资料，并参考以往的分期意见，将盘龙城遗址的遗存分为六期七段。

以上所引文章认为原报告中王家嘴遗址的第一期和第二期出土的平裆鬲形制相似，器物组合也相同，应该大致属于同时期的遗存。笔者认为，固然都存在平裆鬲等一些相似的器形，但器类已发生了不小的变化，第二期中出现了高分裆袋足鬲、甗、斝、盉、有肩大口尊等风格明显不同的器物，并且由平裆鬲新演化出联裆和分裆的形态，说明了本期受到了以分裆鬲为代表的文化因素的影响，固不应将这两期合并，并且还应该将它们看作文化性质已经发生改变的两个阶段。同时这两个阶段由于存在相似的平裆鬲等器形，相对时代上应该相差不远。

盘龙城城址部分的第一期和王家嘴第一期也有所不同，具体表现在两者的器类不同，相比来看，城址部分第一期的文化特征具有较多的二里头文化因素，而王家嘴第一期中则更多的是当地文化因素，比如平裆鬲、夹砂红陶缸等。从相似器类豆和大口尊来看，器形发生了较大的变化，豆已经变为高细柄，一期尊颈部饰凸棱，二期不见。似乎看来，二里头文化在此地的影响在减弱，本地文化因素势力有所上升。因此，我们把盘龙城城址部分的第一期和王家嘴第一期划分为文化性质有所变化的两期。

第一段即第一期以城垣和城门叠压或打破的第一期（南城垣东段的⑨、⑨A、⑨B、⑨C、⑨D 层）为代表。陶器多为夹砂灰陶，少量灰黑陶、红胎黑皮陶和极少褐黄陶，纹样以绳纹为主，还有弦纹、附加堆纹和划纹。器类有鼎、中口深腹罐、花边口沿罐、瓮、尊等。炊器有鼎和罐，不见鬲。其中侧扁足盆形鼎、深腹罐和带花边的深腹罐、小口圆肩瓮、大口尊等，形制和纹饰带有显著的二里头文化风格。其盆形鼎（79HP3TZ33⑨A：7）（图 90，1）与驻马店杨庄一件陶鼎相似，但在杨庄遗址中同一件陶鼎却存在两个编号（JZ1：17 和 T22②：14）[4]（图 90，6），并且分属于二里头文化第二和第三期，也说明了此种形制的鼎大致应该属于二里头

[1] 蒋刚：《湖北盘龙城遗址群商代墓葬再探讨》，《四川文物》2005 年第 3 期。

[2] 蒋刚：《盘龙城遗址群出土商代遗存的几个问题》，《考古与文物》2008 年第 1 期。

[3] 李丽娜：《试析湖北盘龙城遗址第一至三期文化遗存的年代和性质》，《江汉考古》2008 年第 1 期。

[4] 北京大学考古系、驻马店文物保护管理所：《驻马店杨庄——中全新世淮河上游的文化遗存与环境信息》，第 111 页图七〇，7 和第 112 页图七一，4，科学出版社，1998 年。这两件鼎也有可能属于报告编著者的疏忽，但无疑都与二里头文化二、三期的时代相当。

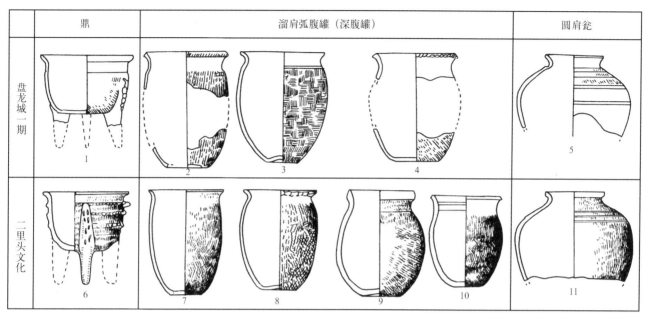

图90　盘龙城遗址一期器物与二里头文化器物对比图

文化第二期或第三期。而出土的花边溜肩弧腹罐（79HP3TZ33 ⑨ A∶1）（图 90，2）与东下冯遗址二里头文化三期的同类器（H9∶121）[1]（图 90，7），79HP3TZ33 ⑨ A∶2 溜肩弧腹罐（图 90，3）与东下冯遗址二里头文化三期的同类期（T5532 ④∶8）[2]（图 90，8）风格相似，小口圆肩瓮（79HP3TZ33 ⑨ B∶5）（图 90，5）与杨庄第三期三段遗存Ⅳ式小口陶瓮（T19 ②∶47）[3]（图 90，11）类似。79HP3TZ33 ⑨ B∶1 罐（图 90，4）与二里头文化早期的二里头Ⅱ·VT104 ⑤∶17 花边圆腹罐[4]（图 90，10）和驻马店杨庄 T11 ②∶2 小口瓮[5]（图 90，9）相似。杨庄第三期第三段的时代报告定为二里头文化二、三期之交或已进入第三期[6]。综合以上，我们同意《盘龙城》报告中所确定的第一期相当于二里头文化二期或三期的结论，大致处于二里头文化二期至三期偏早。

第二段即第二期以报告中王家嘴第一期为代表。本期在陶质、陶色和纹饰上与第一期的变化不大，但在器形和器类上发生了较大的变化，炊器变为以鬲为主，仅见一种折沿平裆型，大口尊肩部很不明显，豆柄较细高，中部饰凸棱，大口缸形制多样。其中折沿平裆鬲和夹砂红陶缸在王家嘴二期中被延续，器形变化不大。说明第二段的年代下限相当于二里头文化晚期。结合王家嘴第二期年代为二里冈文化早期来看，本期的年代似应定在二里头文化第四期比较恰当（图 91）。

[1]　中国社会科学院考古研究所、中国历史博物馆、山西省考古研究所：《夏县东下冯》，第90页图八六，5，文物出版社，1988年。

[2]　中国社会科学院考古研究所、中国历史博物馆、山西省考古研究所：《夏县东下冯》，第90页图八六，1，文物出版社，1988年。

[3]　北京大学考古系、驻马店文物保护管理所：《驻马店杨庄——中全新世淮河上游的文化遗存与环境信息》，第169页图一一一，14，科学出版社，1998年。

[4]　中国社会科学院考古研究所编著：《偃师二里头——1959～1978年考古发掘报告》，第51页图24，4，中国大百科全书出版社，1999年。

[5]　北京大学考古系、驻马店文物保护管理所：《驻马店杨庄——中全新世淮河上游的文化遗存与环境信息》，第171页图一一二，2，科学出版社，1998年。

[6]　北京大学考古系、驻马店文物保护管理所：《驻马店杨庄——中全新世淮河上游的文化遗存与环境信息》，第204页，科学出版社，1998年。

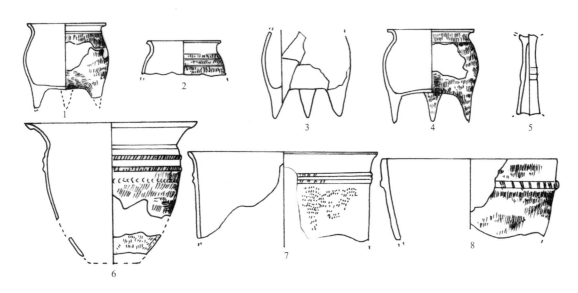

图91　盘龙城遗址二期器物图

1～3.罐形鼎PWZT20⑨：2，PWZT20⑨：7，PWZT32⑨：10　4.折沿平裆鬲PWZT20⑨：1　5.细柄豆PWZT20⑨：3　6.短颈有肩大口尊PWZT20⑨：5　7.侈口直腹缸PWZT32⑨：13　8.直口斜腹缸PWZT32⑨：9

　　第三段以王家嘴遗址第二期、城垣和城门叠压或打破的第二期、李家嘴第二期和杨家嘴第二期墓葬（各期包含的具体遗迹单位与原报告有所出入，但不影响总体特征的描述）等为代表。陶器以夹砂灰陶为主，黑陶、红陶也占有一定比例。除素面外，以细绳纹为主，另外有少量方格纹、附加堆纹、弦纹、条纹、雷纹、席纹等。炊器以鬲为主，鼎和中口深腹罐也占有一定比例。其中平裆鬲多于分裆鬲。卷沿、垂腹、分裆甚高的薄胎鬲与先商文化鹿台岗类型的鬲形态较一致，但微折沿、足稍外撇的作风又与二里冈早商第一期的鬲接近，当介于先商文化和早商文化第一期之间。同样，敛口瓮是流行于先商文化和早商文化时期的一种器形，其肩较斜的作风也介于先商文化和早商文化之间[1]。鬲、大口尊、缸等颈部明显内收，陶胎较薄。陶鬲、甗和鬲式斝袋足肥硕，多圆唇，分裆较高，实足根细高。平裆鬲实足根细长，腹较浅。鬲式斝敞口、领部斜直且较高，领腹交接处较细而且转折比较明显，口径稍大于最大腹径。大口尊宽肩，矮领，口径等于或稍大于肩径，器体较粗矮。以上这些特征均与二里冈遗址 H9 和郑州电校 H6 的特征相同，而浅腹盆形鼎的形制与郑州二里冈 H17 所出陶鼎（H17：132）仅足部外撇程度略有不同。敛口弧腹盆的形制与郑州商城 C8T62 夯土上覆文化层（与 H17 年代一致）中出土的颇类似，因此，与原报告作者意见不同的是，笔者认为，本期的年代已经进入早商，大致介于二里冈 H9 和 H17 代表的年代之间，相当于二里冈下层一期偏早，即早商文化第一期略偏早。

　　第四段以报告中的城垣和城门叠压或打破的第三期、王家嘴遗址第三期、杨家湾第三期和杨家嘴第三期文化遗存为代表。本期陶器以夹砂和泥质灰陶为主，红褐陶仍有一定数量，由上期延续下来的几类文化因素仍依稀可辨。同上期相比，陶鬲、甗和鬲式斝敞口，袋足稍瘦，实

[1]　郑州大学文博学院、开封市文物工作队：《豫东杞县发掘报告》，第88～116、254～259页，科学出版社，2000年。

足根稍粗矮，裆略低，绳纹略变粗。鬲唇部有凹槽或榫状凸起者颇为常见。鼓腹盆口径增大，腹变深。爵体形粗壮。大口尊肩稍宽，领稍高，口径与肩径之比增大，器体稍细高。侈口或直口缸的数量明显增多，种类更加丰富。鼎的作用明显减弱，中口深腹罐已不再是重要的炊器。鬲、大口尊、缸等颈部内收情况比上一期减弱。本期特征与二里冈 H17 出土物大多相同，时代大致相当于二里冈下层一期偏晚，即早商文化第一期略偏晚。

以上第三段和第四段合并为第三期，大致相当于二里冈下层文化第一期，即早商文化第一期。

第五段即第四期以报告中的城垣和城门叠压或打破的第四期、王家嘴遗址第四期、李家湾第四期、杨家湾第四期、杨家嘴第四期和楼子湾第四期文化遗存为代表。在陶质、陶色、纹饰、种类上与第三段差不多。本段鬲已成为最主要的炊器，鬲式鼎、鼎和中口深腹罐少见。鬲、大口尊、缸等典型器物的颈部内收程度进一步减弱。出现用较粗附加堆纹装饰的圜络纹鬲（如 PWZT80 ⑥:8）。分裆鬲袋足变瘦，变浅。甗、盆口沿明显上抬，盆腹变深。鬲式斝颈部弧曲，较前期变粗。爵体显得更加粗壮。大口尊肩部外突较上段为弱，腹部也变瘦，变深。缸口沿开始外张。本期年代大致相当于二里冈下层文化第二期，即早商文化第二期。这个时期是郑州商城开始兴盛的时期，盘龙城的城址和宫殿也在本期末开始修建。

第六段即第五期，包括原报告中的第五期和第六期，因为无论在器物形制还是器物组合上这两期都没有明显的区别。本段陶器不但器类丰富多样，而且每类陶器的形态也多种多样。本段鬲作为炊器的比重进一步加强，缸的数量大量增加，浅盘假腹豆、罍等新器形的出现，硬（釉）陶器的增多，纹样中素面增多，绳纹中粗绳纹增多，都说明了与前段的不同特征。能表明时代特征的器形主要有鬲、爵、鬲式斝、盆、甗、大口尊、缸等。鬲口沿有一到三周凹槽者较多，有的为方唇，卷沿减少，折沿增多。分裆鬲裆部变低，平裆鬲腹进一步加深，实足根变粗变矮。爵平口、短流尾，尾部趋于消失，敛口爵大量出现，大多口部内折，无尾，稍晚者唇部稍上翻。鬲式斝基本都是敛口者，口径小于最大腹径，稍晚者唇部上翻，领部内曲而较细高。陶鼓腹盆口径约等于最大腹径，李家嘴一件（PLZH24:5）与二里冈 H1:40 一件极相似，时代亦应相当。出现粗腰甗。大口尊作大敞口、高领、口径远大于肩径，窄肩。缸口明显外敞。上述特征与二里冈上层文化第一期的偏晚段相似，大致相当于早商文化第三期偏晚。

第七段即第六期，即原报告中的第七期。第七期的遗存数量大量减少，是盘龙城城址使用并逐渐废弃的时期。本期夹砂陶占绝大多数，陶色以红陶为主，纹饰除素面外，粗绳纹最多。本期的陶器和纹饰种类都比上段有所减少。炊器基本上全为鬲，分裆鬲占绝对优势，鬲折沿方唇占绝大多数，裆进一步变矮，实足根粗矮，厚胎，粗绳纹。甗、盆腹部进一步变深，平折沿、小平底，口径稍大于最大腹径。豆和假腹豆均为平沿。陶簋窄沿、高圈足、深腹。鬲式斝口径接近最大腹径，唇部上翻部分较高，领部缓折而较矮。爵尾基本消失，鼓腹很浅。大口尊和缸的口沿已是大敞口，大口尊口径增大到极限，肩部亦窄到极限，至偏晚阶段发生了转折，口径开始变小，肩部开始加宽，腹部不再斜敞，而变为筒腹。此期特征与二里冈上层文化第二期相似，即相当于中商文化第一期（图 92）。

从以上分析来看，盘龙城遗址的七段除第一、二段外是连续发展的 5 个阶段，之间不存在缺环。

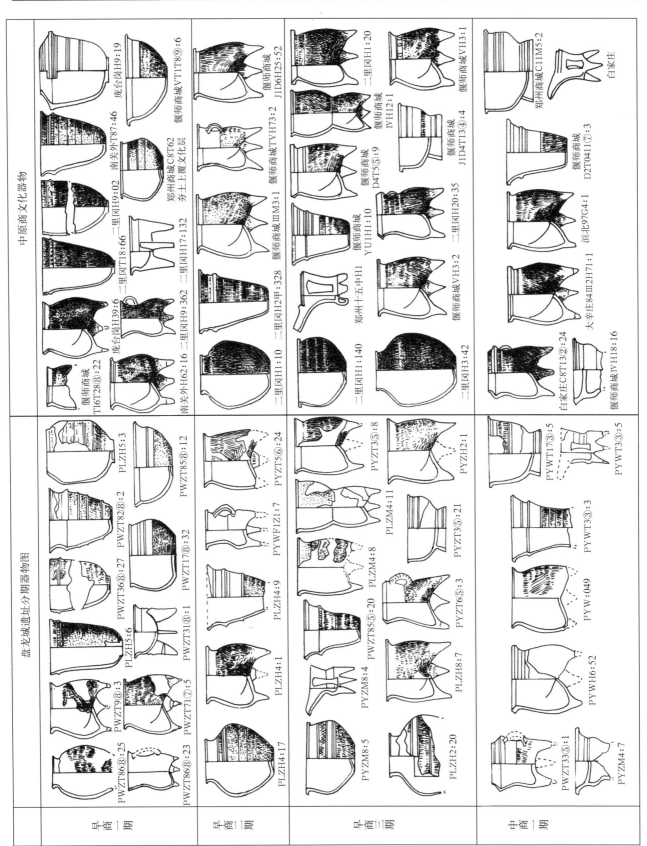

图92　盘龙城遗址器物及与商文化的对比图

表20　　盘龙城遗址本文分期与原报告分期对比表

本书分期		典型遗存	相对年代	相当于原报告分期	原报告相对年代
一期一段		南城垣东段的⑨、⑨A、⑨B、⑨C、⑨D	二里头文化二期偏晚或三期偏早	一期	二里头文化二期或三期偏早
二期二段		王家嘴第一期（⑨）	二里头文化四期	一期	二里头文化二期或三期偏早
三期	三段	王家嘴、城垣和城门叠压或打破、李家嘴第二期和杨家嘴第二期墓葬	二里头文化四期偏晚至早商文化一期偏早	二期	二里头文化三期
	四段	城垣和城门叠压或打破、王家嘴、杨家湾和杨家嘴第三期	早商文化一期偏晚	三期	二里头文化四期偏晚或二里冈下层一期（即早商文化一期）偏早
四期五段		城垣和城门叠压或打破、王家嘴、李家湾、杨家湾、杨家嘴和楼子湾第四期	早商文化二期	四期	二里冈上层一期（早商文化三期）偏晚
五期六段		所有地点的第五期和第六期	早商文化三期偏晚	第五期和第六期	二里冈上层一期（早商文化三期）偏晚至二里冈上层二期（中商文化一期）偏早
六期七段		所有地点的第七期	中商文化一期	第七期	二里冈上层二期（中商文化一期）晚段

　　我们把其整合为六期七段（表20）。其中第一段，第三~第七段的绝对时间与江陵荆南寺遗址[1]有较强烈的对应关系，说明两者文化面貌的形成有着密切的相关性。

　　其第一期包含较多的二里头文化因素，其文化性质应是南下的夏文化。第二期二里头文化势力有所下降，地方文化因素比例上升。而第三至第六期是南下的商文化，它们继承了当地的二里头文化因素，并且重新成功控制了盘龙城地区，并向外扩展。关于这一点，多数学者已经进行过详细的研究，兹不赘述。关于各期文化所包含的文化因素及其发展过程，过去曾进行过很好的研究[2]，但限于资料的缺乏，没能就文化因素的变化过程进行详细的论述。《盘龙城》报告中也对文化因素进行了较为详细的分析，将文化分成5个来源，一是来源于郑州商文化；二是来源于本地的土著文化；三是来源于江西万年类型商文化；四是来源于湖熟文化；五是来源于吴城类型商文化。如果再加上二里头文化的影响，则共有6种来源（图93）。另外还有对中原文化和其他文化因素的改进，比如鬲平裆、弧裆、联裆的作风等。

　　盘龙城遗址6种文化因素的变化表现在二里头文化因素逐渐减少，商文化因素逐渐增加。本地文化因素始终存在，但比例有所变化，从二里头文化晚期占有优势地位，到商文化时期逐渐减少，并仅有缸等少数器形长期存在。赣鄱地区的文化因素在商文化时期一直存在，并且比例有所增加。湖熟文化因素所占比例极小，并且出现较晚，大致出现在早商文化第二期以后。

　　[1]　荆州地区博物馆、北京大学考古系：《湖北江陵荆南寺遗址第一、二次发掘简报》，《考古》1989年第8期。此报告中将荆南寺遗址夏~早商时期遗存分为七期，分别相当于二里头文化二期、二里头文化四期~二里冈下层早段、二里冈下层晚段、二里冈上层偏早、二里冈上层偏晚、中商二~三期和殷墟一期。其中第一~五期均可在盘龙城遗址中找到相对应的遗存。另外何驽将夏商时期的遗存分为六期，年代分别相当于二里头四期、二里冈下层晚段、二里冈上层偏早、二里冈上层、二里冈上层晚段、殷墟一期，见何驽：《荆南寺遗址夏商遗存分析》，《考古学研究（二）》，北京大学出版社，1994年。从对盘龙城遗址的分析来看，我们较偏向于原报告中的分期结论。

　　[2]　陈贤一：《盘龙城商代二里冈墓葬陶器初探》，《中国考古学会第四次年会论文集》，第48~54页，文物出版社，1985年。王立新：《早商文化研究》，第194~196页，高等教育出版社，1998年。

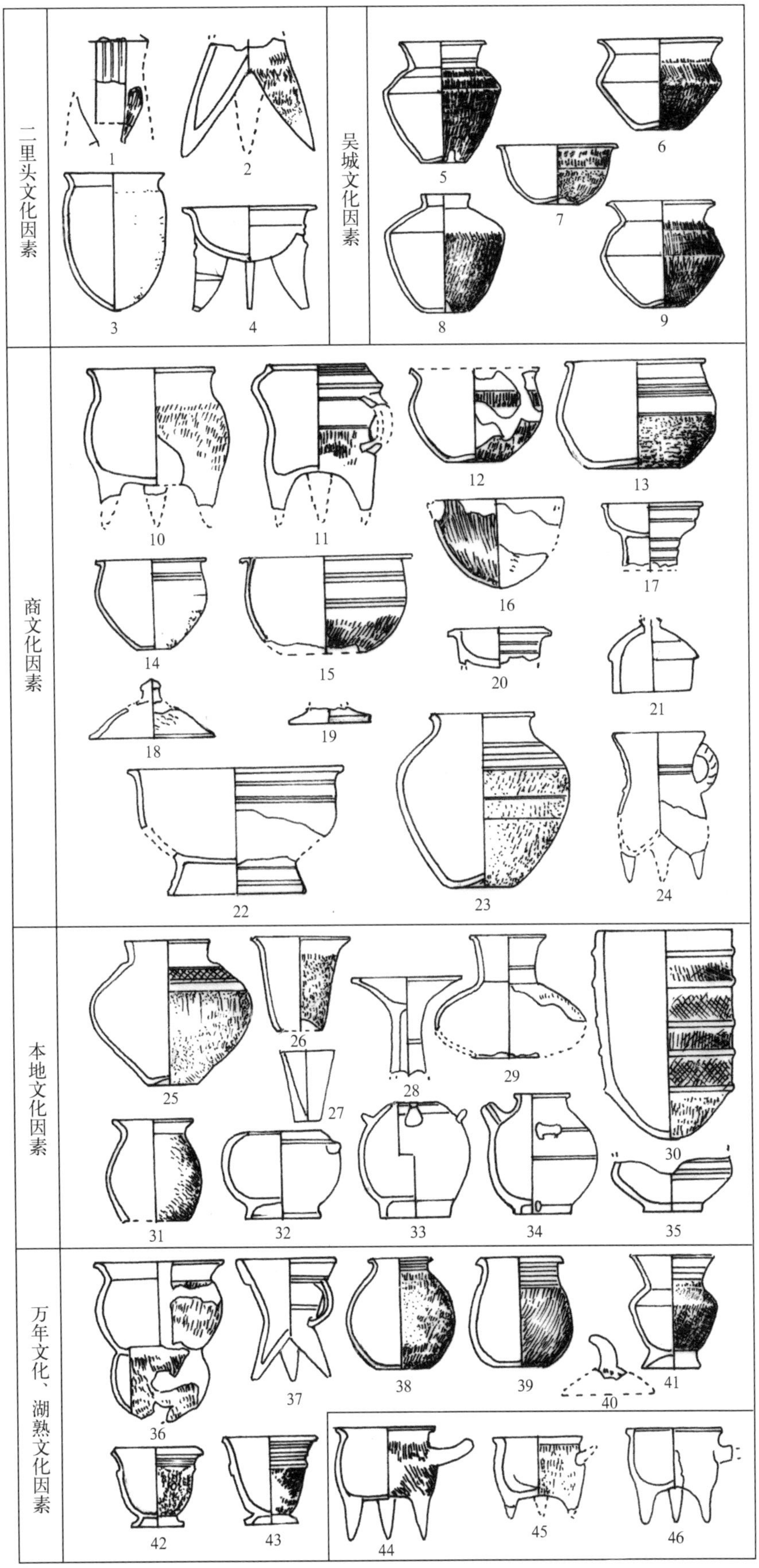

图93　盘龙城遗址文化因素分群图

二里头文化因素：1.盉残片PWZT39⑧：1　2.鬶残片PWZT85⑧：12　3.罐PLZH16：5　4.鼎PWZT31⑧：1　吴城文化因素：5、6、8、9.硬陶折肩斜腹尊PQZT82⑧：4、PWZM1：12、PLZH10：6、P：091　7.直口弧腹尊PYZT9⑤：9　商文化因素：10.鼎式鬲PWZT67⑦：11　11、24.斝PWZT33⑤：1、PYZT9⑤：2　12～15.盆PWZT11⑧：2、PWZT17⑧：32、PLZH24：5、PWZT12⑦：14　16.刻槽盆PWZT67⑥：3　17、20.豆PYWT23④：7、PYWT6④：19　18、19、21.器盖PYZT3⑤：20、PWZT75⑥：4、PWZT32⑧：19　22.簋PYZT3⑤：21　23.罐PLZH4：17　本地文化因素：25.广肩罐PYZT19④：3　26.筒形器PYWH5：1　27.杯PYZ：064　28.豆PWZT83⑧：3　29.壶PWZT36⑧：20　30.粗体缸PLWG2⑤：3　31.溜肩弧腹罐PLZM2：47　32.瓿PLZM1：31　33、34.带流壶PYZH1：6、PLZM2：60　35.碗PLWT2⑤：1　万年文化和湖熟文化因素（36～43为万年文化因素；余为湖熟文化因素）：36.甗PLZM8：10　37.斝PLZM4：11　38.圆腹罐PLZM2：49　39.高领罐PLZM1：15　40.器盖P：098　41～43.尊PLWM1：8、PYWM9：5、PYZT3⑤：29　44～46.鬲PYZM1：10、PWZT72⑥：12、PWZT12⑤：11

盘龙城二里头文化时期的文化遗存虽然有盆形鼎、花边口沿罐、深腹盆、陶爵、铜斝和卷沿、束颈、圆腹、分裆不明显的高实足根陶鬲，以及个别大口尊同二里头文化同类器相似，但缺乏或不见二里头文化典型的深腹罐、圆腹罐、卷沿盆、三足器、捏口罐等。大口尊数量甚多，有的形态发生变异，且口径普遍大于肩径。平裆或弧裆高实足根鬲也显出与二里头遗址迥然不同的特点。因此，盘龙城遗址二里头文化时期的遗存应该属于吸收二里头文化因素的一支当地土著文化。

盘龙城遗址商时期的文化性质，总体上来看，是以一支南下的中原商文化为主体，融合本地域石家河文化，吸收了江南印纹陶及湖熟文化因素，而形成的一个商文化边缘地区的新类型[1]。从文化因素的变迁情况来看，商文化来到此地的时间较早，稍晚于商族进占郑州的时间，说明了此地对于商王朝政权的重要性。但是，扩张程度显然还比较有限。第4段时商文化因素大量增加，本地文化因素渐渐消失，而独有缸数量大增[2]，可能被商王朝用来作为冶炼铜矿或其他用途，具有重要的意义。说明在第4段时商人在巩固了对夏人故地的统治之后，已经着力投入到盘龙城的扩张上。5段时中原商文化因素的比例已经占到69%[3]，本地因素和其他文化因素更加减少，并且出现了较高等级的商人墓葬，本段末还建立了城址，说明了商人此时已经完成了对盘龙城的扩张，已经把其作为了掠夺资源[4]和继续对外扩张的前沿阵地。6段时中原文化因素比例继续增加，城址和宫殿的使用达到鼎盛，随葬大量精美青铜器的高等级墓葬大量出现充分说明了此阶段盘龙城类型的平稳繁盛局面。7段早期仍然比较繁盛，但偏晚时突然废弃，之后也没能重建。

2. 黄陂鲁台山遗址和墓葬

鲁台山遗址位于黄陂区城关镇东，长江北岸的滠水东岸。1977～1978年清理了5座西周时期的墓葬（M28、M30、M31、M34、M36）和1座西周时期的灰坑。

H1出土陶器主要有鬲、甗、簋、罐等。总体上看，少见殷商时期盛行的爵、斝等；未见西周晚期常见的大口平底盆，柄上饰有凸棱的浅盘豆等。出土数量最多的陶鬲，瘪裆圆柱足，根底削平，未见晚期所出的平裆或足尖作疙瘩状的鬲。出土的陶罐，小口折肩，多饰绳纹，未见晚期的"弦纹罐""篦纹罐"等。陶器纹饰以细绳纹为主，少见西周晚期的粗绳纹，划纹及素面。因此，H1的时代应为西周前期。但是H1具有7层堆积，有进一步分期的可能。

鲁台山西周墓葬，随葬品以青铜器为主。器类有鼎、甗、簋、爵、觯、觚、尊、卣等，少见殷商盛行的斝、鬲等，未见西周晚期流行的簠、盨、盘、匜等。器形的总体特征为：鼎立耳圆柱足，未见晚期盛行的附耳兽足鼎；簋双耳无盖，未见加盖或带器座；戈作长援，中胡二至三穿。铜器花纹趋向图案化，不如殷商时期规整，并多作窄条状装饰。铜簋耳上兽角耸出器口。爵上的饕餮仅具兽面，或在素地上饰弦纹。铭辞简短，笔道波磔明显。以上特征可以看出，这批墓葬的时代均在西周前期（图94）。

[1] 邹衡：《试论夏文化》，《夏商周考古学论文集》，第126页，文物出版社，1980年。
[2] 向桃初：《湖南岳阳铜鼓山商代遗址试析》，《南方文物》1993年第3期。
[3] 蒋刚：《盘龙城遗址群出土商代遗存的几个问题》，《考古与文物》2008年第1期。
[4] 刘莉、陈星灿：《城：夏商时期对自然资源的控制问题》，《东南文化》2000年第3期。俞伟超：《长江流域青铜文化发展背景的新思考》，高崇文、安田喜宪主编：《长江流域青铜文化研究》，科学出版社，2002年。

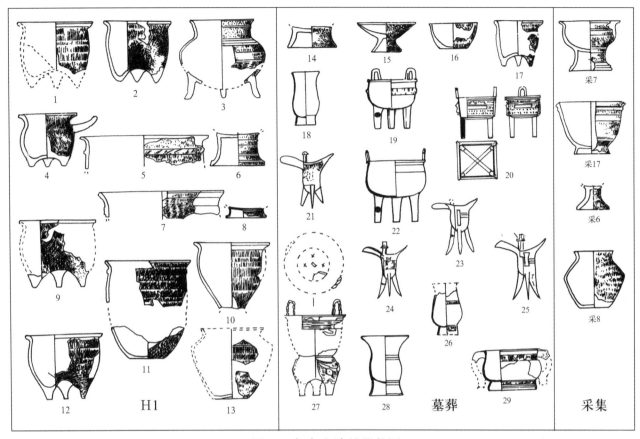

图94　鲁台山遗址器物图

1、2、4、9、12、17.鬲⑦：2、⑦：1、⑤：11、④：1、③：1、M34：4　3.壶⑥：8　5、7.缸⑤：2、④：13　6、8、14.簋⑤：1、④：16、M28：2　10.甑④：1　11、13.罐③：14、③：15　15.瓷豆M36：3　16.碗M34：5　18、26.铜觯M28：6、M36：8　19、20、22.铜鼎M28：1、M30：6、M30：1　21、23～25.铜爵M30：10、M31：1、M36：7、M34：1　27.铜甗M36：18　28.铜尊M36：9　29.铜簋M30：8

　　简报发表后，不少学者对这一遗址和五座西周墓的年代及族属展开过讨论[1]。经过努力，西周时期遗存的年代问题已渐趋一致，而对于族属或国别问题则存在不同的看法。

　　关于年代问题，对比陈贤一和张亚初的意见（表21），并参考其他研究者的成果，通过对出土器物的类型学排比，我们较偏向于陈的意见。陶器方面来看，陶鬲从较瘦高体向方体、腹部从鼓腹向斜弧腹演化，簋由矮圈足向高圈足演化，缸由平卷沿向斜卷沿演化。

表21　鲁台山遗址遗迹年代划分意见对比表

学者　　　　单位	M28	M30	M31	M34	M36	H1下层（⑤～⑦）	H1中层（②～④）
陈贤一	成王前后	康王	昭穆之际	成王前后	成王前后	成王前后	康王
张亚初	成康之际	昭王	昭王	康王	康王		

[1]　陈贤一：《黄陂鲁台山西周文化剖析》，《江汉考古》1982年第2期。王光镐：《黄陂鲁台山西周遗存国属初论》，《江汉考古》1983年第4期。刘启益：《黄陂鲁台山M30与西周康王时期的铜器墓》，《江汉考古》1984年第1期。张亚初：《论鲁台山西周墓的年代与族属》，《江汉考古》1984年第2期。刘彬徽：《湖北出土两周金文国别年代考述》，《古文字研究（第十三辑）》，中华书局，1986年。胡顺利：《论鲁台山西周"公大史"铜器铭文》，《江汉考古》1988年第1期。黄锡全：《黄陂鲁台山遗址为"长子"国都蠡测》，《江汉考古》1992年第4期。

关于文化性质问题，鲁台山西周时期的遗存，与黄河地区相比，共同性大于地域性。出土的 28 件青铜礼器，与中原相同的几乎占 90％。出土的陶器，其主要器类及特征，也存在很大的一致性。H1 复原的 14 件陶器，与中原类同的有 9 件，可见，西周初年，西周文化在这一带已经占据主导地位。但是，这些与中原相似的文化因素大多打上了殷商文化的烙印，是经西周早期的人们对商文化的改造和变体形式，而周人单一的自身固有特色的文化因素，在这里并不多见。比如：在墓制方面，未见长安地区常见的长、宽相差悬殊的窄长形墓，或头端宽，脚端窄的梯形墓；或墓口小于墓底，墓壁作凹腰形的覆斗形墓，未见岐山地区出现的头前壁龛；也未见中原地区墓底有积石及椁室有帷幕等特征。在青铜器方面：未见关中地区具有周文化特色的四耳簋、带方座簋、有盖簋；未见铜器纹饰上的张口短身、躯体卷回的团龙式夔纹。

而继承殷商文化的因素，或殷、周文化融合的特点却十分突出。比如：墓制方面的长方形墓坑，长方形的腰坑，墓室设二层台，墓底铺朱砂。铜器的主要器类：鼎、甗、簋、觚、爵、尊、卣、戈、矛。主要花纹：云雷纹、饕餮纹、夔龙纹、圆窝纹等，均见于盘龙城的早商文化及鄂东地区的晚商文化。铜器铭文上的"以日为名"的作风也见于鄂城出土的晚商铜爵。可见鲁台山西周时期的文化也与中原西周文化一样，继承着商文化而向前发展。有些青铜器的年代甚至也可以早到殷末周初，比如 M36 的铜尊 [1]，以及有"父某"之类铭记的铭文等。不管如何，从鲁台山西周遗址的面积，墓葬的规格，都可以得出这里应是周王朝初年控制南方的一处重要的统治据点或军事重地，也有可能是方国的政治中心。关于这个方国政权，大部分学者根据铜器上的铭文"长子狗作文父乙尊彝"，认为应是"长"国 [2]。但是关于这个"长"国的族属，以及与西周王朝的关系则存在分歧。有的学者认为其为周初分封的"汉阳诸姬"之一 [3]。也有学者根据"公大史"的铭文，推论 M30 中至少有 3 件方鼎和 1 件簋是公大史 [4]（西周毕公高之子或召公奭之子）为其女儿所作的媵器，证明了"长"国与西周王朝关系紧密，这一点在出土器物上也可以明白地表现出来。

有学者认为，长氏铜器在陕西普渡村也有发现，西周长氏可能是殷箕子的后人，其始封地在山西一带，他们的铜器出现在鲁台山可能是随昭王南征而来的 [5]。随着近年来的考古发现，尤其是 1997 年河南鹿邑太清宫发现的一座西周初年带两条墓道的大墓 [6]，该墓出土的 235 件具有商代晚期风格和西周初年特征的青铜器，其中就有 39 件礼器有"长子口"铭文，另外还有 9 件带有"子"和"子口"铭。大墓的发掘者认为"长子口"应是生活在商末周初的殷人，在商为高级贵族，在周则为一地的封君；根据大墓的情况等又进一步推断，"长子口"为东夷后裔，受商王册封在鹿邑一带，商亡后又被周封于鲁台山一带。不管如何，鲁台山一带在西周初年，是继承了商王朝对此地的控制而成为周王朝势力控制区的。

除了中原文化因素的影响和对当地文化因素的继承之外，鲁台山西周文化也与江南地区印纹陶文化有一定的关系。在遗址中发现有少量的印纹陶，如雷纹、方格纹等。雷纹纹样较大，

[1]　陈梦家：《西周铜器断代（二）》，《考古学报》第九册，1955 年。

[2]　黄锡全：《黄陂鲁台山遗址为"长子"国都蠡测》，《江汉考古》1992 年第 4 期。

[3]　陈贤一：《黄陂鲁台山西周文化剖析》，《江汉考古》1982 年第 2 期。

[4]　张亚初：《论鲁台山西周墓的年代与族属》，《江汉考古》1984 年第 2 期。

[5]　张亚初：《论鲁台山西周墓的年代与族属》，《江汉考古》1984 年第 2 期。

[6]　河南省文物考古研究所、周口市文化局：《鹿邑太清宫长子口墓》，中州古籍出版社，2000 年。

与江西地区西周时期同类纹饰相似[1]；方格纹在南方很流行，可是在中原西周时期却很少见，而鲁台山出土的陶鼎、盆上的方格纹比例占纹饰总数的 6.2%，显然是受到南方强烈的影响。墓葬中发现了 2 件瓷豆，形制均为敛口，浅盘折腹、喇叭状圈足，唇缘上饰三个对称的扁圆状乳丁，表涂黄釉，与安徽屯溪出土的同类器物几乎一致[2]，显然是南方文化的交流。H1 中发现了一件陶鬲残片，肩部有附把手痕迹，器形为大口，卷沿，沿上有一凹弦纹，腹部略内陷，这种带把手的鬲，见于江苏的湖熟文化，可见在商周时期的湖熟文化也给予鄂东一定的影响。

3. 新洲香炉山遗址

香炉山遗址位于武汉市新洲区阳逻镇西北约 5 千米处的香炉山，南距长江约 2 千米。香炉山遗址发现了丰富的新石器时代和商周时期的文化遗存。遗址发掘分为南、中和北三区，中区破坏严重，遗存较少。主要的发现在南、北两区。

商代文化堆积在南区和北区均有发现，南区第②层和北区第⑪层以及 H45、H98、H130、H138 和 H140 属于此时的堆积，但文化层较薄，发现的遗迹遗物也较少，陶器以夹砂灰陶为主，纹饰以绳纹多见。器形可见尖锥状分裆高实足根鬲、分裆矮锥足鬲、侈口高领折沿罐、假腹豆、敞口深腹漏斗形底缸等。陶鬲分两种，一种呈折沿方唇，沿面有凹槽一周，直腹无颈，下部略鼓，分裆袋足，与郑州等地所出中商时期第一期文化的陶鬲具有相同的特征（郑州小双桥 VT108④:6）[3]；另一种为矮锥足，分裆较低，形制与殷墟晚商文化第一期的同类器相同（殷墟苗圃北地 M22:1）[4]。假腹豆一种浅盘，斜腹，平沿，唇内勾外折呈"T"形，圈足内曲，较矮，盘与圈足交接处无明显分界，与中商文化第一期时的小双桥 H57:110[5] 和偃师商城Ⅳ H18:16[6] 的假腹豆形制相同；另一种敞口，圈足内弧，足底呈喇叭形，与台西中商文化第三期 F6:11[7] 相同，红陶深腹缸（将军盔）敞口，下腹急收成漏斗状，小平底如平根柱足，与大城墩遗址中商时期和荆南寺遗址二里冈上层的陶缸相似。罐卷沿，高领；瓮折沿，广肩的作风分别与中商文化第一期（小双桥 VG3:80）[8] 和第三期（台西 F6:53）[9] 的同类器相同（图 95）。因此，我们判断，香炉山商代遗存的时代大约相当于中商第一期至晚商第一期时，大约开始于盘龙城遗址废弃之后。

但是南区和北区的商代遗存殊有差异，发掘简报认为，"南区商代遗存表现了浓重中原文化色彩。如灰褐陶较多，器壁一般稍厚，绳纹略粗，高的实足根较长，裆亦较高，部分鬲的器高大于器宽，或两者相等。有的器表有仿铜的饕餮纹、云雷纹、圆圈纹等装饰。年代与盘龙城相当或稍晚，为二里冈上层阶段。北区商代遗存则与遗址上的西周早期遗存有着一些不可忽视的

[1] 江西省博物馆：《江西地区陶瓷器几何形拍印纹样综述》，《文物》1977年第9期。
[2] 李国梁主编：《屯溪土墩墓发掘报告》，彩版9～39，安徽人民出版社，2006年。
[3] 河南省文物考古研究所、郑州大学文博学院考古系、南开大学历史系博物馆学专业：《1995年郑州小双桥遗址的发掘》图二十，6，《华夏考古》1996年第3期。
[4] 中国社会科学院考古研究所编著：《殷墟的发现与研究》，第32页图八，1，科学出版社，2001年。
[5] 河南省文物考古研究所、郑州大学文博学院考古系、南开大学历史系博物馆学专业：《1995年郑州小双桥遗址的发掘》图二十八，3，《华夏考古》1996年第3期。
[6] 转引自中国社会科学院考古研究所编著：《中国考古学·夏商卷》，第183页图4-2（之八），88，中国社会科学出版社，2003年。
[7] 河北省文物研究所编：《藁城台西商代遗址》，第48页图三二，4，文物出版社，1985年。
[8] 河南省文物考古研究所、郑州大学文博学院考古系、南开大学历史系博物馆学专业：《1995年郑州小双桥遗址的发掘》图二二，2，《华夏考古》1996年第3期。
[9] 河北省文物研究所编：《藁城台西商代遗址》，第48页图三八，1，文物出版社，1985年。

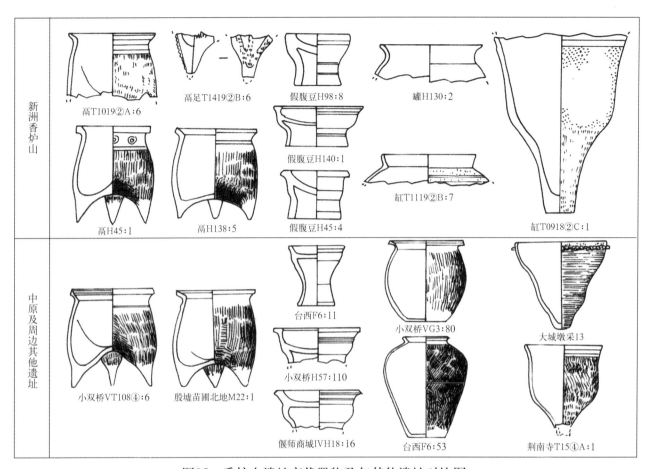

图95　香炉山遗址商代器物及与其他遗址对比图

相似性。如红陶占绝大多数，切绳纹粗且深，鬲有若干袋状足，有一些拍印叶脉纹或几何纹样的原始瓷器，部分瓮、缸的口部和器身残片与这里的早周同类器颇难区分。年代大体在殷墟阶段"[1]。发掘者认为南区和北区商代遗存的不同面貌，除了有时间早晚的原因外，应该是分别代表了不同的文化谱系。由于正式的发掘报告还没有出版，发掘简报中仅公布了少量的遗物，对于北区中商代遗存的相对年代和与西周时期遗存的关系还不明确，但有一点是可以肯定的，即商时期和西周时期文化发展区域的侧重点应该是不同的，它们代表了不同的文化传统。

西周时期文化堆积较厚，但只分布在北区一片高亢台地的第④至第⑩层。发掘简报将西周时期遗存分为西周早、中和晚期三期。西周早期夹砂红褐陶为大宗，也有夹砂红陶、泥质灰陶和灰褐陶。器表以纹道粗且深的切绳纹居首，另有弦纹、刻划纹和镂孔等。文化面貌与本遗址的晚商遗存有近似之处。但瘪裆鬲与商文化的分裆鬲区别明显。鬲为锥足，少数鬲、甗的足部依稀可辨刮削痕。另有盆、钵、簋、豆等器，豆圈足矮粗，豆盘较深，沿外有折棱。几个器种均与周原沣西张家坡所出同类器相近。另外，尚见零星长方形镂孔圈足豆和原始瓷等。

西周中期红陶急剧减少，灰褐陶跃居首位，次为灰陶。相当一部分绳纹变细变浅。鬲为柱足，绝大部分鬲、甗的足部有较明显刮削痕。豆圈足较第一段显得略瘦且长，豆盘稍浅，弧壁，未

---

[1]　香炉山考古队：《湖北武汉市阳逻香炉山遗址考古发掘纪要》，《南方文物》1993年第1期。

有折棱。圈足豆上的长方形镂孔演变为长三角形。该段器类与器形增加甚多。最耐人寻味的是出现一组极富特色的深褐色陶缸。形制为侈口、鼓腹、斜溜肩、小平底。器身上部分别饰凹弦纹、水波纹、锯齿纹、圆圈纹、戳印圆点纹或由上述弦纹中的两到三种构成的组合图案。这组器形在中原和江汉地区从未见过，而位于湘西北边陲桑植县、澧水上游朱家台商代遗址，出土了与之有惊人一致性的一组器形[1]。

西周晚期仍以灰褐陶居多，但纯灰陶的比例有了较大幅度的增加。部分绳纹更趋细而浅，几近线纹。鬲足大多呈蹄状，鬲、甗的足部习见棱角分明的刮削痕。豆圈足更加细长，豆盘益浅，盘壁斜直。各种陶容器由早、中期的溜肩、弧肩发展到这时的耸肩，并出现折棱。该段长江下游文化的陶豆消失，中期出现的深褐色陶罐仍存但稍有变化。本期最有意味的是出现一种瘦长且略外撇的陶鬲足[2]，这种鬲可能与庙山岗遗址中的 D 型鬲相同。

香炉山遗址西周时期遗存的文化面貌早期与中原地区西周文化较接近（图96），除瘪裆鬲和柄部镂孔的豆外，几个主要器种均与沣西张家坡所出同类器大体一致。中、晚期虽然总体风貌保留了周文化传统，但自身文化个性和多元结构已鲜明显出，该时期除发现具有西周文化风格的遗物外，还发现了一组具有南方文化风格的器物，以器身上部饰凹弦纹、水波纹、锯齿纹、圆圈纹、戳印圆点纹或由其中两到三种构成组合图案的陶缸为代表。另外还发现了一种瘦长且略外撇的鬲足，基本同于当阳赵家湖乙 B 类楚墓中出土的西周后期和两周之际的陶鬲，这种变化的主要线条是，中原的陶鬲是由瘪裆鬲朝疙瘩足鬲发展，这里的陶鬲则由瘪裆鬲向柱足鬲发展。出现了柄部镂孔的豆和鼓腹微折，三足微外撇作风的鬲等。这可能与长江以南大路铺遗存的发展和楚文化的发展密切相关。近年，在汉水东部和随枣走廊的汉阳纱帽山、大悟吕王城[3]、黄陂鲁台山、安陆晒书台[4]、枣阳毛狗洞[5]和随州庙台子[6]、罗田庙山岗等地，也陆续发现一些同性质的遗存，说明楚文化因素自西向东逐渐取代宗周文化对本地的主导地位。

4. 红安县金盆遗址

金盆遗址位于红安县城西 15 千米新寨乡。发现了新石器时代和西周时代的遗存。西周时期遗存可以分为三层，时代大致相当。出土物包括陶器、青铜器、石器和骨器，青铜器包括较多的小型青铜工具和青铜兵器，也有铜范。有较多的生产用石器。还发现了红烧土建筑遗迹及黄灰土建筑遗迹和墓葬一座。陶器以夹砂灰陶为主，绳纹占纹饰的绝大部分，有少量的划纹、弦纹等。器形有鬲、豆、罐、坛、鼎、盂等。一种鬲呈扁体，折沿，沿面较宽，直腹微鼓，弧裆较平，圆柱状实足较高，足根有刮削痕；另有一种鬲敛口，鼓腹，圆柱形足底部已形成疙瘩状平面。对比周边文化同时期的鬲，可以看出这种鬲既有中原文化的因素，也带有较多的春秋时代楚文化的风格。盂侈口，折沿，鼓腹，平底，这种盂，在长安张家坡西周晚期居址中有较多

---

[1] 湖南省文物考古研究所等：《湖南桑植县朱家台商代遗址调查与发掘》，《江汉考古》1989年第2期。

[2] 高应勤、王光镐：《当阳赵家湖楚墓的分类与分期》，《中国考古学会第二次年会论文集》，文物出版社，1982年。

[3] 吴泽明：《大悟县吕王城遗址调查》，《江汉考古》1980年第3期。孝感地区博物馆：《大悟吕王城重点调查简报》，《江汉考古》1985年第3期。孝感地区博物馆：《湖北大悟吕王城遗址》，《江汉考古》1990年第2期。

[4] 余从新：《安陆县晒书台商周遗址试掘》，《江汉考古》1980年第1期。孝感地区博物馆：《湖北安陆市商周遗址调查》，《考古》1993年第6期。

[5] 襄樊市博物馆：《湖北枣阳毛狗洞遗址调查》，《江汉考古》1988年第3期。

[6] 武汉大学历史系考古学专业等：《随州庙台子遗址试掘简报》，《江汉考古》1993年第2期。

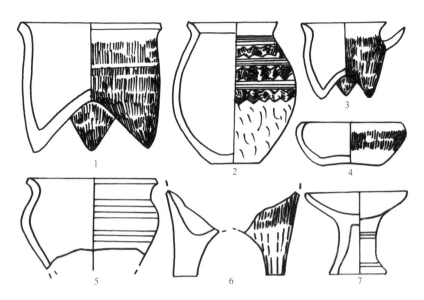

图96　香炉山遗址西周时期器物图

1、3、6.鬲F4：1、F3：1、T1841⑦A：9　2.罐H64：2　4.钵T1941⑧A：6　5.簋H53：4　7.豆T2041⑧C：15

发现，形制完全相同。根据西周时期陶器的演化序列，西周早期流行簋，而盂是西周晚期才开始流行。根据以上特征，我们认为，红安金盆遗址的西周时期文化遗存大致相当于西周中晚期（图97）。它的文化与宗周文化的特征一致，后期逐渐增加了楚文化的因素。

5. 麻城吊尖遗址

吊尖遗址位于南湖办事处凡固垸村，大别山南部丘陵倒水河的支流孙家河东岸。包含新石器时代和西周两个时期的文化遗存。西周时期的地层包括②B层～⑦层，遗迹多为灰坑、灰沟，另有少量房基、烧土遗迹。发掘报告中详细介绍了G2、G3、H5、H16和H31共5个单位。这5个单位存在一组叠压打破关系，即H5→G2-G3-H16。从器物形制上判断，H16的鬲与H31的鬲形制相同，大致同期，而G3的罐侈口、卷沿、颈部内曲较甚、鼓腹的风格与H16的侈口、卷沿、直腹的风格不同。G3的小口鼓腹广肩瓮与H31的小口溜肩瓮风格也不同，因此，我们认为，H16和H31应该大致同时，而G3与G2和H5的器物特点均不相同，G2的鬲与H5的鬲基本一致。根据以上分析，我们将吊尖遗址西周时期遗存分为三组（图98）。

第一组以H16和H31为代表。出土陶器以夹砂灰陶和夹砂黑陶为主，有少量的夹砂红陶。器形有鬲、罐、豆等。鬲为侈口、卷沿、鼓腹、联裆或弧裆、圆柱状高实足平根，高体或方体。豆为深腹钵形，细柄。罐侈口宽沿，溜肩弧腹。时代相当于西周中期。

第二组以G3为代表。鬲为侈口、卷折沿、腹部较直。罐侈口折沿，广肩折弧腹；或高领，广肩，弧腹，凹圜底。时代相当于西周中晚期之交。

第三组以G2和H5为代表。鬲为侈口、折沿、有的有明显的肩部，扁体柱足。钵敛口较甚，折弧腹。时代相当于西周晚期。

6. 罗田庙山岗遗址

庙山岗遗址位于三里畈镇张家湾村，位于长江支流巴水西岸200米。该遗址包含新石器时代晚期、西周和春秋三个时期的遗存。其中⑥～④层及H3和H4为西周时期堆积。西周时期陶

图97　金盆遗址器物图（采集品）

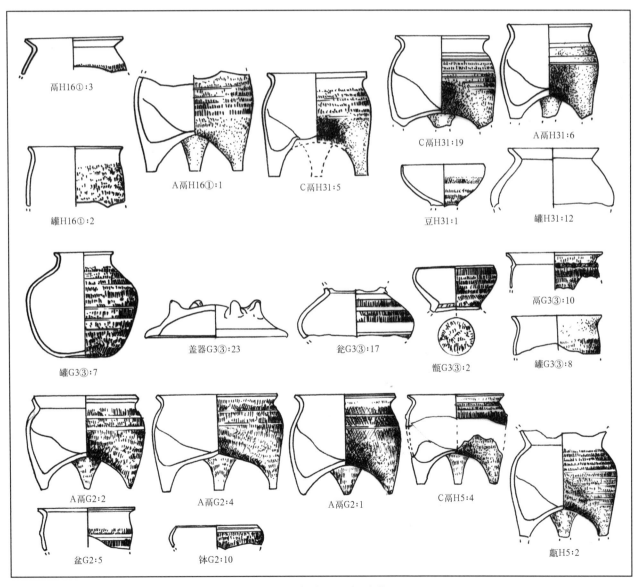

图98　吊尖遗址器物分期图

器组合以鬲、甗、罐、盆、盂、豆、钵为主体器类。

从器物形制特征来看，庙山岗遗址的西周时期遗物与麻城吊尖遗址具有相似的特征和演化轨迹。也可以分为三组。

第一组以⑥层和 H4 为代表。第二组以⑤层为代表。第三组以④层和 H3 为代表。时代分别相当于西周中期、中晚期和晚期（图 99）。

西周时期，特别是中期（⑤、⑥）陶器无论是陶质、陶色纹饰、制法、器物特征都反映出当时鄂东地区与鄂东北、鄂东南、江西地区有着极为密切联系，同时又受到中原、宗周文化影响，值得注意的是该遗址⑤、⑥层出土了一群如长方形镂孔粗柄豆、刻槽鬲、三足钵，绳纹粗而深的鬲、罐、尊、缸、瓮、牛鼻形甗附耳、扁状罐耳等器物组合，这与鄂东南的大冶、阳新、黄石、江西赣都地区北部极为接近，这足以说明，西周中期长江南北两岸有着频繁的交往，这种影响到西周晚期（④）以后随着楚文化的兴起除了刻槽鬲以外慢慢减弱，到春秋时期才彻底消失。

以上三处遗址的时代相近，再加上新洲香炉山遗址的第二、三期遗存，都处于西周中晚期，文化内涵相似，就出土数量最多的鬲来说，都流行瘪裆（图 98 和图 99 中的 A 型鬲）和弧裆微瘪（图 97 中 1、2 和图 99 中的 B、C 型以及图 98 中的 C 型鬲）的造型。瘪裆是周式鬲的传统[1]，弧裆微瘪型鬲是公认的"楚式鬲"的本源[2]。而罗田庙山岗和新洲香炉山除了以上两种鬲之外，还有一种鼓腹微折，三足微外撇作风的鬲（图 99 中 D 型鬲），这种类型的鬲在蕲春毛家嘴（图 100, 1～3、6）和江西樊城堆、九江神墩遗址中能够寻的渊源。并且庙山岗遗址中还出土有大量外侧带刻槽的包制高鬲足，这种鬲足明显不同于中原的样式，它系由矮向高发展，广泛分布在鄂东南和赣北地区，曾被认为是古越族文化的特点[3]。庙山岗遗址除了带刻槽的鬲足之外，还发现有不少的长方形镂孔粗柄豆（新洲香炉山遗址中也有少量发现）、牛鼻形甗附耳等特殊器形[4]，这种样式的豆和甗，再加上刻槽足鬲是属于比罗田更南的鄂东南和赣北地区的文化因素，说明罗田一带与其北部的麻城、红安和其西部的新洲一带的文化性质不同，而与长江以南的同时期文化属于一个文化圈。麻城、红安和新洲一带属于与鄂东南类型文化不同的另一个文化圈[5]。以上看来，西周中晚期麻城和罗田一带至少有三种文化因素在此交融，且越往南，宗周文化因素比例越小，影响也越小，而被称为越族文化的因素越重。西周晚期以后，楚式器物群数量大增，而代表南方越族文化的因素逐渐减少，以至消失。

7. 蕲春毛家嘴西周木构建筑和新屋塆铜器窖藏

毛家嘴遗址位于县城东北 30 千米，新屋塆铜器窖藏东距毛家嘴遗址仅 600 米。新屋塆窖藏

---

[1] 这里的瘪裆鬲除瘪裆的风格与中原周文化相似以外，其他特征相差甚大，尤其是周文化的鬲足由高向矮发展，这里的鬲足却甚高，可以作为周式鬲在鄂东南地区的变体。

[2] 北大考古专业商周组等：《晋豫鄂三省考古调查简报》，《文物》1982 年第 7 期。周厚强：《孝感地区西周时期文化初析》，《江汉考古》1985 年第 4 期。《湖北西周陶器的分期》，《考古》1992 年第 3 期。熊卜发：《孝感地区陶鬲剖析》，《江汉考古》1987 年第 4 期。《鄂东北地区西周文化初探》，《考古与文物》1991 年第 1 期。杨权喜：《楚向鄂东的发展与鄂东的楚文化》，《考古与文物》1989 年第 4 期。

[3] 张潮：《古越族文化初探》，《江汉考古》1984 年第 4 期。

[4] 在发掘简报中未见报道这类器形。关于这类器形的描述，可以参见发掘简述，见周国平：《罗田庙山岗遗址发掘》，《江汉考古》1991 年第 4 期。

[5] 相比来说，虽然与宗周文化也有较大区别，表现出较多的与西周晚期以后的楚文化相似的风格特征，但仍然可以归入"姬周集团文化"的范畴。

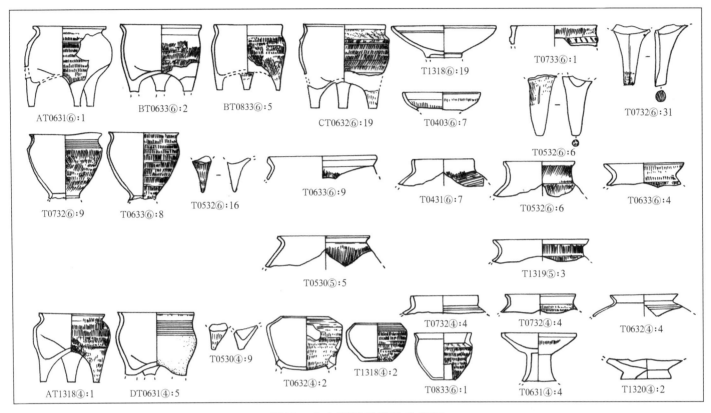

图99　庙山岗遗址器物分期图

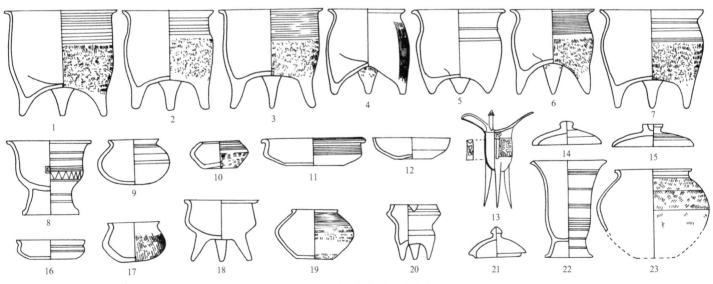

图100　毛家嘴遗址器物图

1~7.鬲Ⅲ8/1：3：3、Ⅲ9/1：3：1、Ⅱ12/2：3：10、Ⅱ7/1：3：27、Ⅰ4/5：3：36、Ⅰ24/3：3：28、Ⅲ9/1：3：4　8.簋Ⅲ9/1：3：33
9、19、23.罐Ⅲ3/1：3：11、Ⅰ24/1：1A：12、Ⅱ11/1：3：34　10、17.盂Ⅰ24/3：3：14、Ⅰ23/2：2F：3　11、12、16.盘Ⅱ9/5：3：17、
Ⅱ5/6：3：15、Ⅲ12/2：3：16　13.铜爵(采集)　14、15、21.器盖Ⅱ8/1：3：20、Ⅱ8/1：3：22、Ⅱ12/3：3：22　18.鼎Ⅱ9/5：3：7
20.罂Ⅱ2/2：2B：30　22.尊Ⅱ9/5：3：32

出土的铜方鼎和毛家嘴遗址出土的铜爵上都有铭文"酉"字。新屋塆窖藏和毛家嘴遗址不仅地域相近，文化内涵也相关，是属于同一文化内涵相关联的遗迹与遗址。所以，新屋塆窖藏是从属于毛家嘴遗址的，遗址与窖藏应统一考虑。

　　毛家嘴遗址中出土了大量的木构干阑式建筑，规模宏大。干阑式建筑建于三个水塘内，水塘是在遗址形成之后挖成的，并没有破坏与木构建筑同时的第三层～西周时期文化层。在建筑遗迹中发现了许多遗物，主要有青铜器、陶器、木器和石器等。青铜器中最重要的是 1 件爵，形制为长流，长尾，靠流处有带菌状纽的柱，腹较深，一侧有鋬，圜底，三锥形足直而高。爵腹部饰回纹，鋬上有兽头纹，鋬内侧有铭文"酉"。此外，还出土铜镞、斧、锛、刀。陶器以泥质黑陶居多，也有泥质黄陶、褐陶、灰陶和夹砂灰陶。以鬲为多，其他器形有鼎、簋、爵、盘、尊、罐、器盖、纺轮等。陶器纹饰以细绳纹为主，附加堆纹和弦纹也较普遍（图 100）。石器主要是斧。另有漆杯、木瓢、骨锥以及竹席等物的残迹。还出土有卜骨和卜甲，上面有钻、凿和灼痕。其中素面矮足绳纹鬲、簋、尊、罍的形制与殷墟四期的同类器物相近。弦纹柱足外撇微鼓腹联裆鬲（口沿至腹上部饰平行弦纹若干道，腹下部饰绳纹，柱足联裆，图 100，1 ～ 3、6、7）为鄂东南和赣北地区西周早期常见的鬲，这种鬲应该是受到商周文化鬲的影响而产生的[1]。分裆绳纹鬲（图 100，4）具有商代晚期鬲的风格。素面弧腹矮锥状足联裆鬲（图 100，5）和簋（图 100，8）、罐、尊、铜爵等与河南罗山天湖晚商墓地[2]以及长安马王村先周之末的 H18[3]和长安张家坡西周早期居址出土的同类器物相同[4]（图 101）。因此，根据典型陶器形制分析，毛家嘴遗存的年代应在西周初年，许多器物保留有晚商文化的风格。

　　新屋塆青铜器窖藏共出土 7 件青铜器，有 5 件方鼎、圆鼎和斗各 1 件（图 102），简报作者认为铜器的时代为西周早期，不会晚于康王之世。发掘者推定铜器窖藏的主人应为周王朝的方国国君或高级贵族，并认为以毛家嘴木构建筑及铜器窖藏为代表的西周前期文化遗存说明，蕲春地区既是周王朝在越人区域内的政治、军事据点，又是保留了当地文化与风俗的越人聚居区[5]。有学者着重论证了这批青铜器中的盂方鼎，并认为这是文丁之子盂向文帝母日辛奉祀所用

　　[1]　程平山：《蕲春毛家嘴和新屋塆西周遗存性质略析》，《江汉考古》2000 年第 4 期。

　　[2]　河南罗山天湖晚商墓地是商代晚期镇守在商王朝南大门的息氏家族的墓地，墓地的使用一直延续使用到西周初期，说明息氏家族的军事占领在周灭商后仍然持续了一段时间（见信阳地区文管会、罗山县文化馆：《河南罗山县蟒张商代墓地第一次发掘简报》，《考古》1981 年第 2 期。《罗山县蟒张后李商周墓地第二次发掘简报》，《中原文物》1981 年第 4 期。河南省信阳地区文管会、河南省罗山县文化馆：《罗山天湖商周墓地》，《考古学报》1986 年第 2 期。信阳地区文管会、罗山县文管会：《罗山蟒张后李商周墓地第三次发掘简报》，《中原文物》1988 年第 1 期）。位于荆楚腹地作为商王朝军事据点的盘龙城在中商二期消亡以后，商王朝的势力便北迁至今河南南部，作为连接中原和荆楚之地的中间地带，息氏家族在此统治了 200 多年，文化交融在所难免。尤其是西周初期，随着西周王朝统治的强化，息氏家族即被迫外迁，其很可能的迁徙之地之一可能就是荆楚，当然荆楚之地迁来的晚商贵族并不止息族一家，还有"酉"族、"长子"族等，他们在此地的"苟延残喘"一方面传播了先进文化，促进了当地文化的发展，但同时也为以后昭王南征埋下了伏笔。昭王南征的一个重要目标很可能就是分布在荆楚地的殷商贵族，诸如蕲春毛家嘴等遗址的存在时间仅在西周初期的一段时间，就很可能是由于昭王南征的结果。西周初期，王朝内勾心斗角，无暇顾及荆楚之地，但由于先周时期即已经开始了对此地的势力扩展，并且从黄陂鲁台山遗址的年代和墓地的规模来看，西周初期也有西周王朝的势力集团驻扎在此地，因此使得这里西周初期的文化表现出与西周文化的相似性。因此，西周初期，大约在昭王以前，荆楚之地可能存在着三种文化因素，即西周文化因素、商文化因素和当地文化因素。

　　[3]　H18 中弧裆矮锥足鬲、柱足联裆鬲、高圈足簋的造型风格与蕲春毛家嘴的器物作风极其相似。见中国社会科学院考古研究所丰镐工作队：《1997 年沣西发掘报告》，《考古学报》2000 年第 2 期。

　　[4]　相同因素仅有矮锥足弧裆鬲一种。见中国科学院考古研究所：《沣西发掘报告》，文物出版社，1962 年。

　　[5]　吴晓松、洪刚：《湖北蕲春达城新屋塆窖藏青铜器及相关问题的研究》，《文物》1997 年第 12 期。

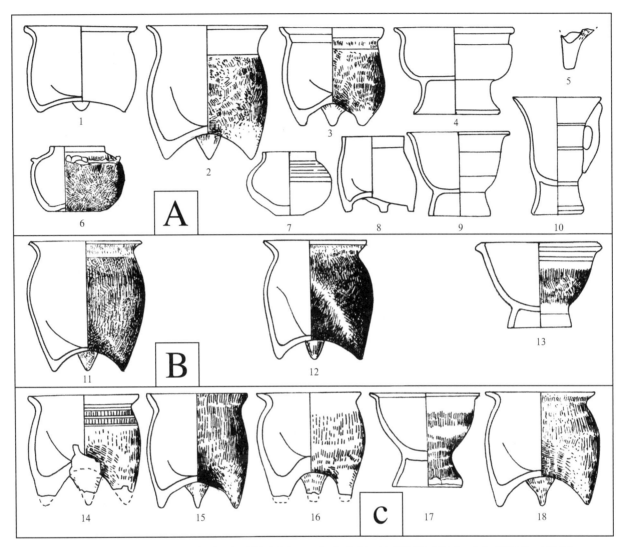

图101　罗山天湖墓地、长安马王村先周H18和张家坡西周早期居址与毛家嘴器物对比图

A.天湖:1~3、5、8.鬲M42:2,M18:18,M11:15,M6:4,M40:2　4、9.簋M39:3,M12:27　6、7.罐M8:12,M40:4　10.尊M18:11

B.张家坡:11、12.鬲T174④A、H301　13.簋H301　C.马王村H18:14~16、18.鬲54、49、55、50　17.簋44

之器,这批铜器的年代不晚于商周之际,埋藏年代距此也不会太远[1]。有学者已经就每件青铜器造型和纹饰特征与中原同期的青铜器进行对比,得出这批铜器均属于中原系统,时代均为商代晚期,但埋藏铜器的年代相对要晚一些,或许在西周早期[2]。

可见,两处遗存的年代和性质与黄陂鲁台山遗址有诸多相似,都属于继承商文化传统,并接受西周文化因素和当地土著文化因素的混合体,又以殷商文化传统为主。持续时间都较短,仅在西周初期。遗址的规格均较高,前期都没有直接叠压年代相继的同类遗存。这些情况均说明这类遗存与殷商文化关系密切,与西周文化和当地土著文化也存在密切的关系,可能正是商代末年逃奔或被分封到此地的商代贵族,他们或被西周王朝所征服,或被当地居民所赶跑。

另外,木构建筑形式除在毛家嘴发现外,在其西北3~4千米处和湖北荆门县等地,也都

[1]　李学勤:《谈盂方鼎及其他》,《文物》1997年第12期。

[2]　中国社会科学院考古研究所编著:《中国考古学·两周卷》,第133~136页,中国社会科学出版社,2004年。

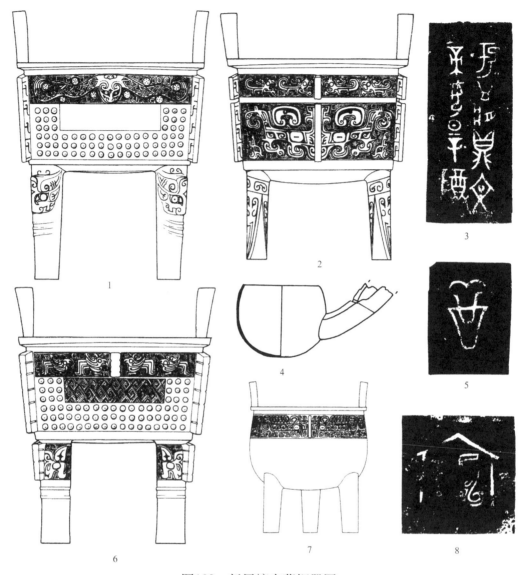

图102　新屋塆窖藏铜器图
1、3.“盂”方鼎　2、5.“酉”方鼎　4.斗　6、8.“宠”方鼎　7.鼎

有类似遗迹，说明其是西周初年代表一个人群一种传统的居住形式。

8.黄梅意生寺遗址

意生寺遗址位于鄂东南、江淮和赣鄱地区的中间地带，是三地文化之间交流的必经区域。遗址地层共有六层，遗迹包括 F1、H1～H8。报告中将其分为 4 期，第一期为龙山晚期到二里头文化第一期，第二期至第四期一脉相承，一直延续到早商时期。发掘者也认为，"由于发掘面积较小，各期中的器物形态难以找到确切的对应关系，其具体年代尚待进一步研究"，在对年代的推断上，虽然认为第一期相当于龙山晚期到二里头文化早期，第四期推断为商代前期，但对第二期和第三期都没有确切的年代认识。基于此，我们在发掘报告对遗存进行分期的基础上，重新对器物进行对比。

笔者认为，意生寺遗址四期的总体文化特征与盘龙城遗址极为相似，大致都经历了自二里头文化中晚期至早商时期，一至四期的文化内涵具有一脉相承性，无论是器类、纹饰、器形的变化都不大，它们的时代也不会相隔太远。发掘报告所推断的年代上限可能稍早。具体来说，其第一期的器物特征与盘龙城遗址第二期二段较为相似，比如罐形鼎、弧裆鬲等形制相同，T7⑥：4的罐与二里头遗址二里头文化第四期的捏口罐（86Ⅵ H3：2）[1]和杨庄遗址的J2：3[2]罐形制相同，T2⑥：1盆与下王岗遗址二里头文化晚期的H290：1[3]盆形同，T7⑥：1鼎式鬲和T7⑥：5、T7⑥：6的罐形鼎与荆南寺遗址二里头文化晚期的H17：3和H4：1[4]相同，本期年代大致相当于二里头文化晚期。

相对于第一期来说，第二期至第四期，无论在鬲、斝、盆、甗、罐、瓮等器形上具有更强的一致性，一期时常见的鼎少见，弧裆鬲大量增加。从形态上看，与郑州南关外遗址下层和中层相同，也有部分器物同于盘龙城遗址和东下冯遗址的早商时期遗存，而第四期中的敛口钵、器盖、簋等器形与湖熟文化第一期具有较一致的特征，分裆鬲与盘龙城王家嘴第三期的同类器相同，大致亦相当于早商文化第一期时，因此，我们认为意生寺遗址第二～四期的时代均相当于早商文化第一期，第二期的年代稍早，第三和第四期的年代可能晚至早商第一期偏晚或第二期偏早阶段。

以上是对未经扰乱文化层进行的分期，实际上，在扰乱层中也发现了不少商代时期的遗物，这些遗物也部分地表明本遗址所经历的年代。比如②层中发现的假腹豆、爵等，就与早商文化第二期和第三期的同类器相同（图103），证明意生寺遗址盘龙城类型的年代可能自二里头文化晚期开始一直延续到早商文化第三期时。

9. 大冶铜绿山矿冶遗址和阳新港下古矿井遗址

大冶和阳新位于鄂东丘陵地带，从古到今是我国重要的铜铁产地。1973年大冶铜绿山古矿冶遗址的发现及随后十余年的考古发掘，把大冶矿业开发的历史上溯到商周时期。1985年发掘的阳新港下古铜矿遗址把此地的采矿业也提前到西周时期。

从大冶市和阳新县的古矿业遗址的分布图中（图104）可以看出，这一带集中分布着众多的采矿和冶炼遗址，冶炼遗址遍布长江南岸的广大地区，而采矿由于受到自然条件的限制，主要分布在铜绿山镇、大箕铺镇和港下镇几个富集铜矿的地点。

铜绿山古矿业遗址发现并确认的商、西周时期的遗址包括7号和11号采矿遗址和11号冶炼遗址。7号采矿遗址中未出土陶器，从井巷支护结构的发展过程和碳-14的测年结果来看，其开采时间可能可以上溯到商代晚期。11号采矿遗址地层共分6层，4～6层为西周时期堆积，陶卷沿圆唇鬲、卷沿圆唇双护耳甗、泥质折沿罐和印纹硬陶折肩大口尊等多具有西周早中期风格的陶器。地层的情况还表明，采用井采以前有过露天采矿，从碳-14测年结果来看，有可能早到商代晚期。11号冶炼遗址地层共分7层，其中第⑥、⑦层为西周中晚期的文化层，以夹砂褐陶为主，少量夹砂红陶和泥质陶。纹饰以间断绳纹为主，其间有间断压印条纹，次为绳纹、素面和篮纹。器物有鬲、甗、豆、罐和瓮等（图105）。圆尖唇矮锥足甗、微折腹的浅盘豆和直

[1] 转引自中国社会科学院考古研究所编著：《中国考古学·夏商卷》，第75页图2-5（之四），57，中国社会科学出版社，2003年。
[2] 北京大学考古系、驻马店市文物保护管理所编著：《驻马店杨庄——中全新世淮河上游的文化遗存与环境信息》，第130页图八四，5，科学出版社，1998年。
[3] 河南省文物研究所、长江流域规划办公室考古队河南分队：《淅川下王岗》图二九○，2，文物出版社，1989年。
[4] 荆州地区博物馆、北京大学考古系：《湖北江陵荆南寺遗址第一、二次发掘简报》图一一，1、3，《考古》1989年第8期。

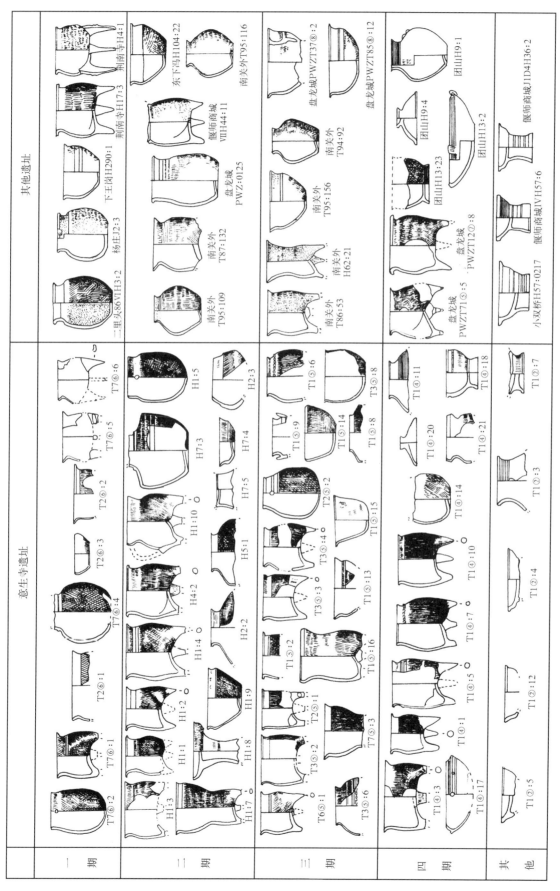

图103　意生寺遗址器物分期及与其他遗址对比图

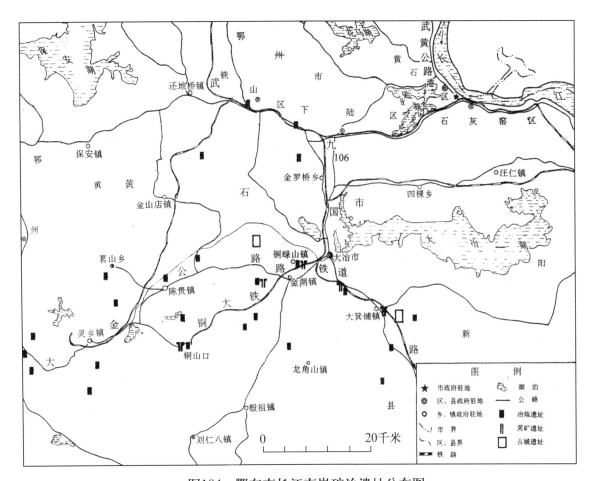

图104 鄂东南长江南岸矿冶遗址分布图

（根据黄石市博物馆：《铜绿山古矿冶遗址》图一改绘，文物出版社，1999年）

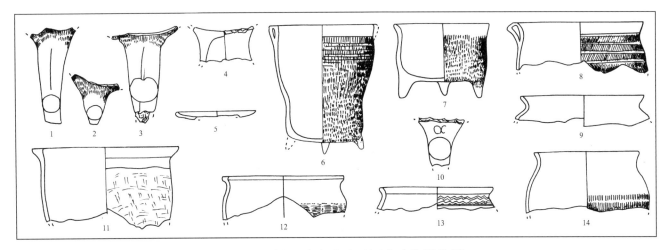

图105 铜绿山矿冶遗址西周中晚期器物图

XI号矿体冶炼遗址：1、3.鬲足T27⑥：2、T35⑥：1 2.甗足T27⑥：3 4、5.豆T27⑥：4、5 XI号矿体采矿遗址：6、8.甗 T1⑥：11、T1⑤：12 7.鬲T1④：9 9.大口尊T1⑥：14 11～14.罐T1⑤：19、T1⑥：22、T1⑥：18、T1⑥：20

口尖唇泥质灰陶罐均与大冶上罗村和罗田庙山岗西周中晚期的同类器物相似，11号冶炼炉正是坐落在第⑦层淤积土之上，与第⑥层的年代相当，时代大约处于西周中晚期。

阳新港下采矿遗址因为没有出土具有显著年代特征的陶器，只发现了一些带有印纹的陶器碎片，结合与大冶铜绿山古矿冶遗址的技术对比，时代大约在西周中晚期。

10. 大冶五里界城周围遗址

五里界城位于大冶市东南 10 千米，经研究，五里界城是属于春秋时期的城址，可能与管理周边地区的矿业有关。实际上，在城址建筑之前的很长一段时期内，尤其是西周时，这里的矿业已经比较发达。分布在城址周围的遗址除了有许多与矿冶有关的外，也有不少同时期的人类居住遗址，说明了此地在当时已经人口密集，这些遗址大部分属于西周时期的，而属于商代的遗址很少，且大都是商代晚期的。

通过对周边遗址的综合考察，可以将五里界城周围的遗址分为三期。

西周早期的遗址有三角桥遗址、葫芦山遗址、老猪林遗址、马益先遗址、鼓墩垴遗址。其中三角桥遗址的时代较早，为商末周初，其陶器特征是以夹砂褐灰陶为主，夹砂褐黄陶次之，纹饰以短、浅间断较密的细绳纹、压印条纹为主，代表性器形有尖锥状、足根部有小圆窝的鬲足、鼎足，鬲足外侧无竖向刻槽，甗的双附耳明显高于口沿。除三里桥以外的西周早期的鬲则整体形态横宽，腹部圆鼓，沿微向外弧翻斜仰，尖唇，沿下肩上内弧束成短颈，圆鼓腹，裆部下坠连弧，羊角形尖锥足足尖微外撇，颈以下至足跟部饰中粗间断绳纹。

西周中期的遗址有葫芦山遗址、老猪林遗址、马益先遗址、鼓垴墩遗址、江洪后背山遗址、梁家垴遗址、铁铺山遗址、吕四龙遗址。陶质陶色以夹砂褐黄陶、褐灰陶为主。纹饰以间断较密的压印条纹、间断绳纹为主。鼎足、鬲足仍为尖锥足，开始出现竖向刻槽，鬲沿面平仰，唇部尖圆，腹最大径靠上部，裆部连弧近平，尖锥足微外撇。甗的双附耳与口沿齐平，甗腰微内收。豆柄较粗。

西周晚期的遗址有葫芦山遗址、老猪林遗址、马益先遗址、江洪后背山遗址、梁家垴遗址、铁铺山遗址、大谷垴遗址、马家山遗址。陶质陶色以夹砂褐黄陶为主，开始出现褐红陶。纹饰以间断绳纹为主，压印条纹变长显深。鼎足、鬲足普遍有竖向刻槽，尖锥足开始出现截尖现象，鬲足尖变平，三足外侧有竖向刻槽，器表饰间断绳纹。鼎、鬲唇部为圆唇显尖斜。甗的双附耳明显低于口沿，腰部内束，三足向底部内移（图 106）。

五里界城及周边地区自商代末期开始，一直到春秋晚期，有着一群独具特征的陶质生活用具，其陶质陶色以夹砂褐灰陶、夹砂褐黄陶、夹砂褐红陶为主。纹饰以间断压印绳纹、压印条纹为主。器类则变化不大，自商代晚期到西周晚期一直以刻槽足外撇微弧连裆或平裆鬲、双（或单）护耳甗、高粗柄长方形镂孔豆、直口折肩罐、鼓腹小罐、乳饼瓮为主。说明了这里当时应该是存在一个独立的文化区的。

11. 阳新大路铺及和尚垴遗址

大路铺遗址位于县城西北 19 千米，距铜绿山和港下等古矿冶遗址和五里界城很近，直线距离在 25 千米以内。发掘报告认为，大路铺遗址包括新石器时代中晚期、商代、西周和东周时期文化遗存。其中⑤层为商代文化遗存，④层为西周时期文化遗存。

第⑤层文化遗存陶质以夹砂为主，次为泥质陶；陶色多为褐陶、褐红陶，灰陶较多，还有几片白陶，纹饰以粗细绳纹（或间断绳纹）和压印或拍印细间断条纹为主，同时附加堆纹、凹弦纹、镂孔、刻划纹发达，"S"形纹，圆窝纹，刻槽，辐射状纹常见；制法多为轮制，辅以手制，器形有鬲、鼎、罐、豆、甗、滤酒器等。印纹硬陶数量较多，均为泥质灰陶，火候很高，纹饰较多，包括刻划条纹、树枝纹、燕尾纹、器形多为罐类。

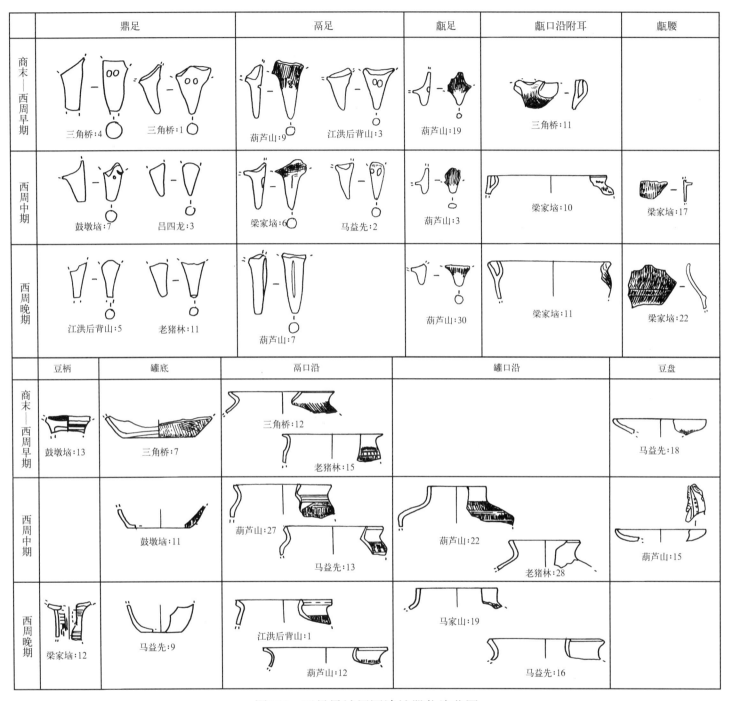

图106　五里界城周围遗址器物演化图

第④层文化遗存以夹砂红陶占绝大多数，少量泥质灰陶；纹饰以压印条纹或间断条纹为主体，还有凹弦纹、刻划纹、镂孔、方格纹等，绳纹极少，刻槽风格用于鼎、鬲足部。制法仍以轮制为主，手制为辅。罐肩部出现鸡冠状、喙状耳装饰，瓮腹部加附乳丁。器形有鬲、鼎、罐、甗、瓮、豆、器盖、瓿等。印纹硬陶少见，纹饰种类多样，但趋于简单，器形仍多为罐。

和尚垴遗址位于大路铺遗址的西北侧3千米，遗址上采集了较多的遗物。总体上看，大路铺商周时代遗存和和尚垴采集的遗物无论从器类上，还是器形纹饰上看，都与五里界城周围遗址的内涵相同，甚至有些器类完全一致。因此，我们认为，大路铺遗址与大冶地区的遗址应该是属于同一个文化的，并且它们的发展阶段和过程也是一致的。而大路铺遗址中出土的一批较完整的器形，对于我们全面分析此地区的文化内涵的演进提供了更多的证据。

通过与五里界城周边遗址、罗田庙山岗遗址、蕲春毛家嘴遗址以及江西九江神墩等遗址出土器物的综合对比，我们认为大路铺遗址和和尚垴遗址遗存包含的商和西周时期的遗存均为商代晚期～西周晚期。其中大路铺遗址的第⑤层包含自商末周初一直到西周中期时代的遗存，第④层的时代为西周晚期（图107）。

本文讨论的鄂东南地区包括江汉平原东部一部分的目的一是为了能更加全面的分析此地所分布的文化遗址和类型，二是能更好地对比当地土著文化和中原王朝文化的影响和交流，使当地文化类型的年代和性质判断能得出更加合理的结果。以上对分布在本地区不同地点10余处典

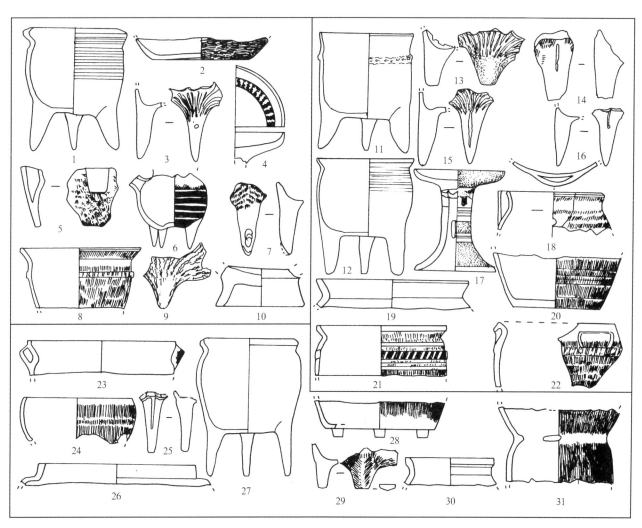

图107　大路铺及和尚垴遗址器物分期图

1、11、12、21、27.鬲（大路铺F2：7、T217⑤：16、T233⑤：19、64、T272④：1）　2、20.罐底（大路铺T233⑤：60、T233④：84）　3、7、15、16.鬲足（和尚垴采、大路铺T233⑤：70、和尚垴采、和尚垴采3）　4、17.豆（和尚垴采76、75）　5、8、18、23、28、31.瓿（大路铺T233⑤：65、66、和尚垴采、大路铺T233④：75、76、和尚垴采）　10.簋（大路铺T233⑤：19）　9、13、29.甗足（和尚垴采39、和尚垴采51）　14、25.鼎足（大路铺T233⑤：71、T233④：82）　19、26、30.罐（大路铺T233⑤：14、T233④：81、88）　22.鼎（大路铺T233⑤：59）　24.钵（和尚垴采69）　6.盉（和尚垴采）　（1～10.为商代晚期～西周早期；11～22.为西周中期；23～31.为西周晚期）

型遗址的年代分析和性质判断能较好的概括本地区所有文化遗存的年代问题，使我们有可能以此为依据判断其他非典型遗址的内涵。

通过以上遗址的对比分析，我们可以看出，无论是夏商还是西周时期，中原王朝都对此地进行了经营，所有的遗址中都或多或少的含有中原文化的因素，这对于我们判断各遗址的年代提供了必要的条件。

目前为止，鄂东南地区已经发现的夏商周时代的遗址和墓葬有 70 余处，表 22 中所列是经过发掘的所有遗址的年代对应关系，其他有调查材料的遗址年代判断见附表三。

表22　鄂东南地区夏商西周时期遗存分期对应关系表

遗址 ＼ 分期	二里头文化时期		商文化时期			西周文化时期		
	早期	晚期	早期	中期	晚期	早期	中期	晚期
黄陂盘龙城		一期	二～四期	五期				
黄陂鲁台山						√		
新洲香炉山				√	√			
红安金盆								√
麻城吊尖							√	√
麻城罗家墩							√	√
团风下窑嘴				√				
黄冈螺蛳山							√	√
罗田庙山岗							√	√
蕲春易家山							√	√
蕲春毛家嘴						√		
黄梅意生寺	√	√						
黄梅焦墩	√	√					√	
大冶铜绿山					√	√	√	√
大冶上罗村							√	√
阳新和尚垴					√	√	√	√
阳新大路铺					√	√	√	√
阳新大港							√	√

第二节　夏时期的考古学文化格局

在探讨鄂东南地区夏商西周时期的文化分区和文化性质之前，首先应该对本地区的新石器时代晚期以来的文化有一个初步的交待。因为鄂东南地区在新石器时代，尤其是晚期是一个文化相对比较复杂的地区，这种复杂性一直延续，并对后期的文化产生了重要的影响。

鄂东南地区处于长江中游江汉文化区与长江下游江淮文化区交汇地带，尤其是蕲春—浠水—罗田一线正处于两大文化区的中间地带，这里的文化较强烈的显示出两大文化区文化交融的情况。陆墩文化时期，这里属于江淮文化区，石家河文化时期，这里又归入江汉文化区。并且在整个新石器时代，这里的文化归属一直就处于这种变换过程中。在这个地区经过发掘的新石器时代晚期遗址有麻城栗山岗、罗田庙山岗、蕲春易家山遗址等。

栗山岗遗址绝大多数器类见于江汉地区石家河文化，器形也基本相同，其中有不少是石家河文化的典型器物。如凸棱宽扁足盆形鼎（报告称Ⅰ式釜形鼎）、麻面宽扁足盆形鼎（报告称Ⅲ式釜形鼎）、腰鼓形罐（Ⅰ式折沿罐）、厚胎喇叭形杯（Ⅰ式平底杯）、高柄杯（Ⅰ、Ⅱ式）、喇叭口筒形擂钵（Ⅱ式）、筒形尖底缸（Ⅴ式）、长颈平底壶（Ⅳ式）、镂孔涡纹大器座（Ⅳ式）等均属石家河文化典型器物。此外，侧扁三角形足罐形鼎（Ⅰ式）、高领罐、盆形甑、罐形甑、宽沿平底盆、鬶、碗、钵、斜壁深腹碗形豆、弧壁盘形豆，圈足杯，尖纽与圈纽器盖等也是石家河文化常见的器物。栗山岗遗址也有明显的地方特色，如陶系方面，江汉地区石家河文化以灰陶为主，栗山岗遗址以黑陶（包括红胎黑皮陶和黑灰陶）为主。器形方面，栗山岗遗址出较多侧扁三角形足罐形鼎，在江汉地区石家河文化中少见（地处鄂东南的通城尧家林遗址也出较多侧扁三角形足罐形鼎）。作为主要器类的高领罐（Ⅰ、Ⅱ式）最大腹径在肩部，肩部常饰凸宽带或凸弦纹一周，有别于江汉地区石家河文化高领罐。栗山岗遗址的壶、杯式样较多，带流壶、长颈折腹壶、短颈圈足壶（Ⅲ式）、圜底杯、折肩折腹圈足杯（Ⅲ式）、壶形圈足杯（Ⅱ式、Ⅳ式）在江汉地区石家河文化中不见。栗山岗遗址的弧壁圈足盘（Ⅱ、Ⅲ式），圈足相当高，基本上可以归入豆类，短圈足盘罕见。江汉地区石家河文化弧壁圈足盘常见矮圈足，不见栗山岗Ⅰ式直口折腹圈足盘。子母口瓮、瓠形器造型比较独特。这些地方特征在整个文化内涵中居于次要地位，所以在文化性质上，栗山岗遗存属于石家河文化，其突出的地方特征可视为石家河文化在鄂东的一个地方类型[1]。

易家山遗址的下层文化层包括了两个小层，报告认为两小层出土物大致相同。但我们从报告中的出土物观察，至少有周代和新石器时代两个时期的文化，如图版壹，2、3的两件鬲，圆柱足，饰绳纹和凹弦纹，便是周代典型的鼎式鬲。由于发表的器物线图极少，以照片为主，而照片多不清晰，很难将每一件器物的时代辨认出来，但从报告的文字说明，结合线图和照片，可以肯定已发表的器物多是新石器时代晚期的，其文化性质初步可以确定为石家河文化。如有麻面宽扁足鼎（图四，3，鼎足饰刻划纹）、鸭嘴形足鼎（图版壹，4）、深腹碗形豆（图版壹，7）、平底与圈足壶（图版壹，11、12）、高柄杯（图版壹，9、24）、喇叭状杯（图版壹，18）、尖纽器盖（图四，6）、袋足鬶（图四，2、5）等。这些器物均见于麻城栗山岗遗址，似乎表明石家河文化向东发展到了蕲春境内。

而罗田庙山岗遗址中新石器时代晚期的文化遗存却比较复杂，根据发掘报告中的说法，虽然它的典型器物群在鄂东南地区的栗山岗、黄梅陆墩、窑墩、通城尧家林等遗址中都可见到，但发

---

[1] 张绪球：《长江中游新石器时代文化概论》，湖北科学技术出版社，1992年。

掘者认为它应该不属于石家河文化传统，应该是土著文化自身发展的产物。我们通过对比鄂东南地区的相当于这一时期的出土物，认为，虽然它相对于其西的栗山岗和易家山来说，石家河文化的传统因素少了些，而相对来说多了些江淮地区的薛家岗遗址三期文化因素，并且还受到樊城堆文化和中原地区龙山时代晚期文化的影响，但是在总体上仍然是属于石家河文化传统的[1]。

以上可以看出，鄂东南地区相当于石家河文化阶段的文化，学者们基本都同意蕲春及以西的大部分地区属于石家河文化传统。而黄梅地区则由于缺少这一时期的资料，无法对其进行文化的归属[2]。但从调查的材料上基本都认为，此时的文化发展趋势应该是江汉文化势力向东扩张，而江淮文化势力在向东退缩[3]。这种文化的扩展势头一直延续到了二里头文化时期，二里头文化因素可能就是通过鄂东南地区传播至江淮地区西部的（这一点在上文对江淮地区西南部二里头时期的文化性质的叙述中已有所涉及）。

一　文化分期

石家河文化时期，长江中游无论是汉东地区、鄂西北地区，还是峡江地区、环洞庭湖地区、鄂东南地区，除了各具地域特征外，都具有明显的共性，并相互发生着影响。但是之后的后石家河文化阶段，这种传统特征却越来越少，除少量因素如红陶杯、钵等有所保留外，大量遗存却与石家河文化传统并无关联。如石家河文化时期非长江中游文化传统的矮领瓮、浅盘圈足豆、刻槽盆、夹砂深腹罐、鬶等有了进一步的发展，新出现了盉、鬲，流行瓮棺葬和玉器等。说明了此时长江中游地区的文化传统已被打破，出现了新的变革[4]。孟华平将后石家河文化分为三个类型，一是峡江西部的白庙类型，一是峡江东部的石板巷子类型，一是鄂西北地区的乱石滩类型，它们均与中原的龙山—二里头文化有联系，并且接受了龙山—二里头文化的若干因素，年代大约相当于二里头文化一、二期[5]。这类遗存多分布在江汉平原的西部和北部，比如钟祥六合、天门石家河、丹江口乱石滩、随州西花园、枝城石板巷子、宜昌白庙等遗址，很明显，鄂东南地区并不包括在孟华平所界定的后石家河文化传统中。我们认为，鄂东南地区目前发现的相当于后石家河文化阶段的遗存很少，对于这一阶段的性质还不好判断，从目前的材料来看，在夏代初期夏文化似乎还没有抵达鄂东南地区。

从鄂东南地区盘龙城遗址的二里头文化因素和其他遗址出土的二里头文化因素（附表三）判断，在二里头文化早期以后，这里已经开始受到了二里头文化的强烈影响，似乎已经成为二里头文化的势力范围，是二里头文化直接传播的结果，应是二里头文化在长江中游的一个地方类型[6]。但是，正如我们上文对盘龙城遗址二里头文化时期的遗存分析的那样，盘龙城遗址二里

[1] 孟华平：《长江中游史前文化结构》，长江文艺出版社，1997年。在孟华平的论述中，他把鄂东南地区，包括上面提到的栗山岗、易家山、庙山岗、通城尧家林等遗址统称为石家河文化尧家林类型，典型陶器是侧装三角形足鼎。也就是并不同意上面提到的栗山岗可能存在新类型的观点。

[2] 实际上，通过对黄梅塞墩和陆墩的发掘，证明这一地区在石家河文化之前文化是比较兴盛的，但一直基本上都属于江淮文化区的范畴。

[3] 向绪成：《试论黄冈地区新石器时代文化》，吴晓松主编：《鄂东考古发现与研究》，湖北科学技术出版社，1999年。

[4] 孟华平：《长江中游史前文化结构》，第159页，长江文艺出版社，1997年。

[5] 三峡考古队：《湖北宜昌白庙遗址1993年发掘简报》，《江汉考古》1994年第1期。

[6] 张昌平：《夏商时期中原与长江中游地区的文化联系》，《华夏考古》2006年第3期。

头文化时期的遗存应该属于吸收二里头文化因素的一支当地土著文化。尽管如此，我们也认为二里头文化已经在这支土著文化的分布范围内建立了诸如盘龙城一类的文化据点。并且可以肯定的是，二里头文化通过盘龙城这个据点与长江以南地区和江淮西部建立了较为密切的联系，二里头文化末期，随着商文化的兴起和向鄂东南地区的扩张，二里头文化逐渐消亡。

鄂东南地区所见到的夏文化遗存极不丰富，除了在一些地点偶见有这一阶段的遗物外，夏文化遗存主要分布在长江以北沿线和鄂北地区。盘龙城遗址作为夏文化在鄂东南地区的集中分布地，文化内涵并不丰富，似乎也不具有延续性。盘龙城在二里冈文化时期已成为一个重要的地点，但在二里头文化时期聚落的规模并不大。仅在南城垣、王家嘴等地点发现二里头文化阶段遗存，从二里头文化因素的传播时间、传播内涵来看，似乎二里头文化对江汉地区西部和北部的传播与对鄂东南地区的传播经过的是不同的路线（见后文论述）。

总体来看，鄂东南地区二里头文化中晚期的文化性质是受到二里头文化影响的土著文化，二里头文化对偏西部地区影响较大，似乎已经进行了有效的控制，而东部目前发现的资料缺乏，虽然有的学者论说在长江以南的大冶地区发现了一些二里头文化遗址，并且就分布在铜矿附近[1]。但是，目前的资料还不能说明当时所认定的尖锥状的高档鬲足、鼎足、鬲足上带指窝的作风、带长方形镂孔的豆属于二里头文化的因素，并且，近年来已有多位学者认为这类因素是属于商代晚期文化因素和当地土著文化因素的[2]。

至于二里头文化来到此地的目的是否真是如有些学者所论述的是为了当地丰富的铜矿资源，我们将在下文中详细论述。

二　文化的时空变迁及与二里头文化的互动

1. 二里头文化早期

江汉地区相当于二里头文化早期的文化，大多可能仍然是石家河文化的延续[3]。鄂东南地区的相当于夏代初期和早期的文化遗存基本不见，此时中原的夏文化可能还未进入这一地区。

2. 二里头文化晚期

大约接近于二里头文化二期之末，夏文化势力迅速进入盘龙城、荆南寺[4]，并对三峡地区文化产生强烈影响，这种文化格局一直延续到商代二里冈文化时期。盘龙城与荆南寺两处遗址这一时期文化面貌表现出较多的内在联系，如二者都以典型的中原文化因素及其变体为主体，从二里头文化第四期阶段开始出现较多以红陶缸为代表的土著文化因素等。

鄂东南地区二里头晚期时的文化是与江汉平原地区二里头文化时期的文化格局密切相关的，要想全面的认识鄂东南地区的文化，必须对江汉地区的二里头时期文化有一个全面的认识，才能得出较为符合实际的结论。

---

[1]　黄石市博物馆：《大冶古文化遗址考古调查》，《江汉考古》1984年第4期。刘莉、陈星灿：《中国早期国家的形成——从二里头和二里冈时期的中心和边缘之间的关系谈起》，《古代文明（第1卷）》，文物出版社，2002年。

[2]　湖北省文物考古研究所编：《大冶五里界——春秋城址与周围遗址考古报告》，科学出版社，2006年。

[3]　杨权喜：《江汉夏代文化探讨》，《中国文物报》1998年7月29日第3版。

[4]　荆州地区博物馆等：《湖北江陵荆南寺遗址第一、二次试掘简报》，《考古》1989年第8期。何驽：《荆南寺遗址夏商时期遗存分析》，《考古学研究（二）》，文物出版社，1994年。

　　除鄂东地区及长江沿线之外，江汉地区分析的二里头文化遗存目前还只见于钟祥乱葬岗[1]、襄阳王树岗[2]与枣阳墓子坡和随州西花园遗址，年代均属二里头文化三期前后。这与盘龙城遗址和荆南寺遗址二里头文化因素出现的时间大致同时。但乱葬岗和王树岗遗址所反映的特征有所不同。出土陶器主要有鼎、鬲、尊、盆、盘、豆等，各器类几乎在二里头文化都可以找到可比器，发掘者认为是属于二里头文化性质的遗存。但器物特征又与二里头文化存在一定区别，如陶器陶色呈浅灰色、罐类器少见、器口多卷沿侈口、尊长颈折腹不明显、不出某些二里头文化常见的器类等。此外也不出荆南寺常见的红陶缸及其他非中原文化因素的器物，看来乱葬岗和王树岗遗址与其南的荆南寺遗址并未发生直接联系。枣阳墓子坡遗址[3]和随州西花园遗址与此情形类似。这些遗址为调查时发现，采集陶器以夹砂灰陶为主，夹砂红陶次之。所见器类有鼎、鬲、尊、盆、罐等。从鬲的时代特征看，遗址延续时间可至二里冈文化时期。遗物总的特征与二里头文化接近，但陶器中鼎的按窝纹作法较特别，一些器形特征亦与二里头文化有所不同，不见红陶缸。以上四处遗址性质较单纯，所表现出的文化特征似可认为是二里头文化的地方变体，它们与包含复杂文化因素的长江沿线遗存有所区别。

　　一般认为，夏商文化南进江汉地区线路有两条，一是经南阳盆地南下入沮漳河或东进随枣走廊，一是沿今京广线到达鄂东、长江岸边[4]。由上述几处遗存分布及文化特征，有的学者就认为，江汉平原北部和西部的文化遗存中所含的二里头文化因素与东部和南部文化遗存中的二里头文化因素可能来自不同的途径，前者是系二里头文化自汉江东下，或延伸至随枣走廊；后者是自现京广铁路一线南下，首先到达盘龙城地区后再沿江向东和向西进行传播的[5]。但是在今京广线附近，还没有发现典型的二里头文化时期的遗存，中原文化经京广线南下的路线似乎在二里头文化时期并未开通。

　　基于我们对后石家河文化的分布区域和盘龙城遗址以及分布在随枣走廊和江陵地区二里头文化因素年代的分析，我们认为，二里头文化是利用出南阳盆地经汉江和随枣走廊的路线向江汉平原扩展的，这里的后石家河文化中出现的二里头文化因素表明在二里头文化早期中原文化已经与江汉平原的西部和北部有所接触，但此时这些地方仍然是以传统文化因素为主的地方文化，还没有发现纯粹的二里头文化遗存。二里头文化因素此时更未见于长江沿岸和鄂东南地区。

　　随着中原文化势力的稳固和增强，至迟在二里头文化二期之末，单纯的二里头文化遗存已出现于钟祥乱葬岗等地点中[6]，二里头文化因素也开始在长江沿岸和鄂东南地区广泛传播，只不过在与地方文化的接触中文化面貌也发生了一定的变异。二里头文化在鄂东南地区以盘龙城遗址为中心和出发点，向西发展到江陵，甚至三峡地区；向东发展到江淮西部地区而形成了薛家岗遗存；向南跨过长江进入赣都地区，影响了那里的文明化进程（图108）。

　　[1]　荆州博物馆：《钟祥乱葬岗夏文化遗存清理简报》，《江汉考古》2001年第3期。

　　[2]　襄石复线襄樊考古队：《湖北襄阳法龙王树岗遗址二里头文化灰坑清理简报》，《江汉考古》2002年第4期。

　　[3]　叶植：《襄樊市文物史迹普查实录》，第131、132页，今日中国出版社，1995年。

　　[4]　何介钧：《商文化在南方的传播》，《湖南先秦考古学研究》，岳麓书社，1996年。

　　[5]　拓古：《二里头文化时期的江汉地区》，《江汉考古》2002年第1期。

　　[6]　中原文化经南阳盆地向南施加的影响自夏代早期即已开始，属于后石家河文化时期的诸多因素和王树岗、乱葬岗等遗址应是二里头文化经由南阳盆地，顺汉水向南传播的结果。见：李龙章：《下王岗晚二期文化性质及相关问题探讨》，《考古》1988年第7期。

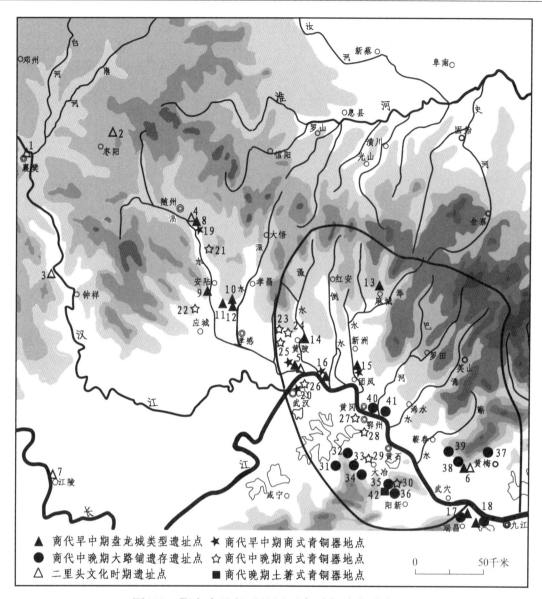

图108　鄂东南及邻近地区夏商时期遗存分布图

1~7.襄阳王树岗、枣阳墓子坡、钟祥乱葬岗、随州西花园、黄陂盘龙城、黄梅意生寺、江陵荆南寺遗址　5、6、8~18.黄陂盘龙城、黄梅意生寺、随州庙台子、安陆晒书台、孝感殷家墩、云梦好石桥、孝感聂家寨、麻城栗山岗、黄陂鲁台山、团风下窑嘴、新洲香炉山、瑞昌铜岭、九江龙王岭遗址　5、15、16、19、20.黄陂盘龙城墓葬；团风下窑嘴墓葬；新洲香炉山遗址鼎；随州淅河窖藏瓿、爵、斝；汉阳纱帽山窖藏尊　21~30.广水乌龟山窖藏鼎；应城吴祠窖藏斝、爵、鸮卣；黄陂红进村窖藏瓿、爵；夏店村窖藏鼎；袁李湾窖藏斝；汉阳竹林寨窖藏方彝；鄂州陈林寨瓿、爵、斝；沙窝碧石爵；大冶港湖夔纹提梁卣；阳新铜镜　17、18、31~41.瑞昌铜岭、九江龙王岭遗址、大冶古塘墩、李河、眠羊地、三角桥、阳新大路铺、和尚垴、黄梅柳塘、乌龟山、钓鱼嘴、霸城山、砚池山遗址　42.阳新白沙铙

第三节　商时期的考古学文化格局

一　文化分区

　　鄂东南地区发现的商时期的文化遗存，文化面貌比较清楚的大体可归为两种，即以偏西的盘龙城遗址为代表的盘龙城类型商文化遗存和以阳新和尚垴和大路铺遗址为代表的鄂东南土著文化遗存。

　　传统观点认为商朝领土南不逾桐柏、大别二山，王国维据卜辞所载地名推测商朝活动范围"大抵在大河南北数百里内"[1]。1974年黄陂盘龙城商代城址的发掘，改变了商朝领土范围不大的传统观点[2]，人们的视野扩展到了长江之滨。继黄陂盘龙城发现之后，鄂东南地区商文化遗迹、遗物不断出土，为商朝"南土"的研究提供了许多新的实物证据。

　　盘龙城类型以湖北黄陂盘龙城早商遗址群为代表。此类型最早由邹衡先生所划出。至于其分布范围，邹先生在《试论夏文化》一文中说："据以往调查材料得知，盘龙城类型的分布主要是在湖北省的偏东部长江沿岸一带。最西已达江陵地区；最东直到皖、鄂交界的英山。而在英山以南的蕲春易家山遗址和黄石市的东方乡遗址中也发现了早商文化遗物。看来，盘龙城型遗址的分布面可能延及安徽省的西南部和江西省的西北部，东西跨度可达七八百里。[3]"随着江陵荆南寺、九江神墩、九江龙王岭、安徽潜山薛家岗、黄梅意生寺、阳新和尚垴、大路铺等重点遗址的发掘，使得学者注意到，在邹先生当年据调查材料所推测的盘龙城类型的分布范围之内，也还分布着一些同期[4]但整体文化面貌不清的遗址。这些面貌不清的遗址在长江以南的大冶、阳新和黄石以及赣北的部分商代中晚期遗址中表现出的不同于盘龙城类型商文化的文化特征比较明显，尤其是近年来大规模发掘的阳新大路铺遗址包含石家河文化、商代一直到周代的文化遗存，其商代的文化所表现出的特征含有极少的中原商文化的因素，其包含大量鼎式鬲的特征虽然与盘龙城类型商文化有相似之处，但其鬲足外侧多见刻槽的作风又不见于盘龙城，并且其主体文化内涵中的柄部带镂孔的豆、带附耳的甗均不见于盘龙城类型商文化中[5]。大冶五里界城周围的遗址和和尚垴遗址中也多见这种独特的文化因素。因此，我们认为至迟在晚商时期分布在长江南岸鄂东南地区的文化遗存是不同于盘龙城类型商文化的文化遗存。长江北岸的商代遗存分布以巴河为界，巴河以西遗址较为密集，且均与中原商文化的关系密切，不仅可见到类似的陶器组合，也可见到众多的青铜重器。而巴河以东除了上面所提到的少量早商因素之外，文化面貌还极不清晰。近年来发掘的长江沿岸的黄梅意生寺遗址和焦墩遗址文化因素和时代特征与周边文化遗存均有一定的差别，但相对来说，少见鄂东南地区长江南岸的文化因素，而与盘龙城遗址和吴城遗址表现出一定的相似性，这与其处的位置相关，可能属于盘龙城类型和吴城文化之间的过渡类型，由于同类文化遗存较少，对其文化归属不宜遽断，从其所包含的盘龙城类型的文化因素来看，至少表明盘龙城类型已经抵达鄂皖交界地带，长江沿岸地带是其经略的重点，并通过此地与赣北和皖西南地区建立了联系。由于商文化在长江沿岸的存在，使得长江南岸的文化很难跨过长江延伸到长江以北的地区，这种情况一直持续到晚商早期。因此，我们认为鄂东南长江以北的商时期文化遗存在晚商早期以前应该都属于盘龙城类型的分布范围，而江南至

　　[1]　王国维：《观堂集林》卷十二，《说亳》，中华书局，1959年。

　　[2]　江鸿：《盘龙城与商朝的南土》，《文物》1976年第2期。

　　[3]　邹衡：《试论夏文化》，《夏商周考古学论文集》，第126、127页，文物出版社，1980年。

　　[4]　目前鄂皖邻境地区的英山、蕲春及鄂东长江以南的黄石市、大冶、阳新等地都曾采集过早商文化陶片。王善才：《湖北英山、浠水东周遗址的调查》，《考古》1963年第12期，第660页图二，3。湖北省文物管理委员会：《湖北蕲春易家山新石器时代遗址调查见报》，《考古通讯》1956年第3期，图版伍，15。高应勤、周抱权：《湖北黄石市六处古遗址调查纪要》，《文物参考资料》1956年第12期，第50页图4。黄石市博物馆：《大冶古文化遗址考古调查》，《江汉考古》1984年第4期，第9页，蟹子地遗址，图一，17、18，第13页，古塘墩遗址，图三：4、12、21。咸宁地区博物馆、阳新县博物馆：《阳新县和尚垴遗址调查简报》，《江汉考古》1984年第4期，图二，3、5、9、10、11，图三，26，图四，2、3、6、7，图六，1。引自王立新：《早商文化研究》，第192页，高等教育出版社，1998年。

　　[5]　湖北省文物考古研究所等编著：《阳新大路铺》，文物出版社，2013年。

迟在晚商早期不属于商文化分布范围。而皖西南地区薛家岗遗址商时期文化遗存内涵远不如盘龙城遗址丰富，也不如意生寺遗址与盘龙城遗址的关系密切，因此，当是盘龙城类型经长江向东发展并与当地文化融合的产物。

从上面的论述可以看出，盘龙城类型主要是指晚商早期以前的地方类型，它分布在长江北岸、并沿长江向东一直延伸到鄂、皖交界的黄梅诸地，向北不过桐柏山、大别山，向西的范围已经越出了鄂东南的范围，大致以大洪山为界。长江南岸在商代早中期也应该属于盘龙城类型的分布范围，至少是受盘龙城文化势力制约的地区。但在商代晚期即被地方性文化所取代，这时此地以大路铺遗址的内涵最为丰富，我们暂以大路铺遗存命名，其范围在晚商晚期时已跨过长江抵达黄梅和江淮西部诸地。

二　文化分期及与商文化的互动

鄂东南地区商文化时期可以分为盘龙城类型和大路铺遗存。关于盘龙城类型我们主要根据对盘龙城遗址、香炉山遗址、意生寺遗址和团风下窑嘴墓葬的出土器物进行分期，由于鄂东南地区仅包含了盘龙城类型的一部分地区，因此在总体文化内涵上我们也参考了盘龙城类型的其他重要遗址，比如随州庙台子、黄陂郭袁嘴（下层）[1]、安陆晒书台、孝感聂家寨、汉阳纱帽山、岳阳铜鼓山等遗址的资料，以及不少的商代青铜器出土地点。从目前的资料来看，盘龙城类型的延续时间大约是在早商文化第一期开始一直延续到晚商文化第一期止，而繁荣期主要是在早商到中商第一期的一段时间，中商第一期后仅在香炉山发现了少量遗存，商文化势力已大范围的向北退缩，殷墟文化第一期后，商文化的主体基本退出了鄂东南地区。

对于大路铺遗存，目前的资料还不能表明时代可以早到早商时期，中商时期的文化面貌也不清晰，但到了晚商时期，特征性的文化遗存已比较丰富，足带刻槽的鬲、附耳甗、柄带镂孔的豆等不仅在长江以南的鄂东南地区集中分布，而且也已经深入到长江以北和赣北的部分地区，说明大路铺遗存很可能主要是在晚商时期开始出现并繁荣的。

自二里冈下层文化阶段开始，商文化就已经开始深刻地影响到了鄂东南地区。盘龙城遗址的商代遗存和团风县下窑嘴的商代中期墓葬清楚地表明此时的鄂东南西部地区已经属于商文化的势力范围，很明显的商文化势力更东进至黄梅意生寺遗址[2]。但是，从时间上来看，商代早期是商文化势力在鄂东南地区的繁荣时期，这一时期商文化不仅在长江北岸迅速扩展，还通过长江水道迅速的与赣江下游通道地区和江淮西部以及宁镇地区建立了联系。而自盘龙城商代城址在中商文化第一期废弃之后，商文化势力在鄂东南地区的势力有所下降。到了晚商早期，即相当于殷墟二期阶段，长江流域广大地区已基本为地方性考古学文化所覆盖[3]。因此，我们把鄂东南地区商时期的文化遗存分为早商～中商早期、中商中期～晚商一期和晚期二～四期三个阶段进行论述。

[1]　资料未正式公布。参见熊卜发、宋焕义：《浅谈鄂东北地区古代文化》，《湖北省考古学会论文选集（一）》，武汉大学学报编辑部出版，1987年，第54页。
[2]　湖北省文物考古研究所：《五十年来湖北省文物考古工作》，第281页，《新中国考古五十年》，文物出版社，1999年。
[3]　中国社会科学院考古研究所编著：《中国考古学·夏商卷》，第266页，中国社会科学出版社，2003年。

1. 早商～中商早期

是商文化在鄂东南地区扩张的繁盛时期，这一时期的遗址目前可见盘龙城遗址和意生寺遗址，它们的商文化遗存可以早到早商一期，甚至还存在部分先商文化南关外类型的因素。说明商文化向这一地区扩展的时间是比较早的。另外，在黄陂分湾、袁李湾也发现了这一时期的铜器。可见，商代早期商文化的重点经略地区是巴水以西和长江沿线地区，并有证据表明，至迟在早商晚段开始，商文化已经沿江深入到了赣北地区和江淮地区西南部，赣江下游的瑞昌铜岭遗址年代可以上迄早商晚期或中商早期，江淮西南部的薛家岗商遗存也大致开始于这个时期。但这种深入似乎只是以据点的形式，比如巴水以东的广大地区和长江南岸的大冶、阳新等地似乎都不见典型商文化的分布。这些地区似乎并没有成为商文化重点经略的地区，但由于地方文化的特征也不明显，因此，整个鄂东南地区在这一时期可能都应是盘龙城类型商文化的分布或辐射范围。

盘龙城商城是目前发现位置最偏南的一座早商文化城址，它大约始建于早商二期的晚段，它作为商人在南方的重要军事据点[1]，延续使用了较长的一段时间，建设和布局都是经过了严密的规划，该城从营造方法、墙体结构到城内外布局都与郑州商城非常相似。如城墙均系采用分段版筑、墙体都分为城墙和护城坡两部分、宫殿基址都位于城内东北部及城外都有手工业作坊和墓地等现象都是一致的。说明盘龙城商城的建造技术和布局方式都应是从二里冈类型学习来的。不同的是，盘龙城商城所在的地势比较起伏，地形多变，因而城墙的修建就不能不考虑到地势的因素而有所起伏和曲折。而盘龙城商城墙外有壕沟围护的现象却有别于郑州商城，而与东下冯类型的东下冯商城相似。说明盘龙城商城与东下冯商城相同，其军事防御的目的体现得很强[2]。这可能正和它们处于早商文化分布范围内的南、北边缘地带有关。

盘龙城商城内的宫殿同郑州商城、偃师商城所见者相同，都是修建在夯土台基之上的"四阿重屋"式建筑。

盘龙城商城附近发现的墓葬均为长方形竖穴土坑墓，多有二层台和腰坑，腰坑内殉狗。使用木质棺椁、随葬铜礼器加兵器等现象也都与二里冈类型相同。

此外，盘龙城类型也见有与二里冈类型相似的深窖穴。

从陶器上看，盘龙城类型与二里冈类型的共性和差异都比较明显。盘龙城类型中的鬲、甗、爵、斝、簋、假腹豆、深腹盆、中腹盆、刻槽盆、单把圈足杯、大口尊、小口瓮、瘦长体大口缸等器类的形态与二里冈类型的同类器相似，说明该类型与二里冈类型在主要陶器组合上是一致的。这组陶器在盘龙城商城中占已复原陶器的60%，显然在整个陶器群中占有主导地位。鬲是盘龙城类型的主要炊器，它在盘龙城约占已复原陶器的20%[3]。盘龙城类型与二里冈类型在陶器方面的差异主要表现在：一，陶系上，红陶比例大，约占50%～60%，而泥质灰陶十分少见。

[1] 卢本珊、刘诗中：《瑞昌市铜岭古铜矿遗址发掘简报》，《铜岭古铜矿遗址发现与研究》，江西科学技术出版社，1997年。

[2] 王劲、陈贤一：《试论商代盘龙城早期城市的形态与特征》，《湖北省考古学会论文选集（一）》，第70～77页，武汉大学学报编辑部出版，1987年。宋焕文：《从盘龙城考古发现试谈商楚关系》，《江汉考古》1983年第2期。

[3] 陈贤一、李桃元、傅守平、陈春：《论湖北地区早商文化》，《长江文化论集》第一辑，湖北教育出版社，1995年。

另外还有一定数量的硬陶和釉陶，约占2%～7%[1]。陶器的制法以手制为主。纹饰虽然与二里冈类型一样以绳纹为主，但方格纹的比例较高而少见素面陶和磨光陶的现象又不同于二里冈类型，而与当地二里头期的文化遗存和江汉平原地区早商遗存的面貌有一定的相似之处。第二，二里冈类型的某些器类罕见或不见于盘龙城类型。例如深腹罐、盆形鼎、平口瓮、捏口罐、带流壶、矮体大平底罐、粗体大口缸及釉陶和硬陶中的筒形尊、折腹尊等；另外，有些与二里冈类型相似的器物上也表现一些地方特色，例如陶鬲作弧裆、平裆者为数较多，鬲沿下少见同心圆纹，又如中腹盆多有领等。第三，红褐色的瘦长体的厚胎粗陶大口缸数量明显多于二里冈类型，是主要器类之一。第四，鄂东南地区偏东部的遗存与二里冈类型的相似因素明显少于偏西部地区，但以平裆或弧裆的鬲、甗、斝、爵、深腹罐和小口瓮为特色的器物群组合与盘龙城遗址一致，当是盘龙城类型商文化向东发展过程中的一种变异。

盘龙城类型发现有大量的青铜容器、兵器和工具等。包括盘龙城出土的鼎、爵、斝、觚、鬲、甗、簋、罍、盉、盘、尊、卣等，这个时期的青铜器除了甗、簋等少数几种尚未见于二里冈类型之外，其余在组合、器形、纹饰诸方面均与郑州所出商代铜器基本相同，不过盘龙城类型青铜容器的独特之处也很明显。例如有的觚细腰处外鼓、有的斝足断面为圆形、鬲大多为平裆等。兵器有钺、戈、矛、镞等；工具有锸、镬、斧、锛、凿、刀、鱼钩等。其中的矛和锸尚未见于二里冈类型。除了人字纹和菱形纹外，大多数铜器纹饰均同于二里冈类型。

综上所述，盘龙城类型与二里冈类型表现了很大的一致性，归属为同一文化系统是不成问题的。不过，陶系中红陶较多、纹饰中方格纹比例较高的现象，则说明土著文化因素依然保留，且与来自二里冈类型的文化因素发生了较高程度的融合。与此同时，该类型又受到了长江下游和江南几何形印纹硬陶流行地区文化遗存的影响。正是因为此地处于三大文化区交汇的中间区域，是商文化向长江以南地区传播的必经区域，因此，该类型才会出现复杂的特征。盘龙城遗址作为商文化在长江中下游地区的重要军事据点，其对于商文化在这一地域的扩展具有重要意义，研究表明，江淮西部的薛家岗商遗存、江淮中部的大城墩类型商文化、宁镇皖南地区的湖熟文化、赣鄱区域的吴城文化和湖南长江南岸的商代文化等都是以这一据点为媒介进行传播的（图108）。

2. 中商中期～晚商一期

早商时期，商文化发展到长江流域，形成早商文化盘龙城类型。中商时期，不仅湖北境内汉水以东及汉水下游地区为商文化占据，长江南岸的湘江、澧水下游[2]，以及赣江下游的通道地带，也出现了商文化的若干据点[3]。因此盘龙城类型中商文化虽然是对盘龙城类型早商文化的继承发展，由于这时的盘龙城城址已经废弃，文化势力已较前减弱，但商文化因素的分布范围却大大扩展，影响所及已大大超过了其前身。典型的中商时期的文化遗存以新洲香炉山遗址为代表。

---

[1] 邹衡：《试论夏文化》，《夏商周考古学论文集》，第127页，文物出版社，1980年。陈贤一：《江汉地区的商文化》，《中国考古学会第二次年会论文集》，文物出版社，1982年。

[2] 何介钧：《试论湖南出土商代青铜器及商文化向南传播的几个问题》，《中国商文化国际学术讨论会论文集》，中国大百科全书出版社，1998年。

[3] 个别据点可以早到早商文化，比如瑞昌铜岭遗址，年代可至早商。《瑞昌铜岭矿冶遗址发掘获重大成果》，《中国文物报》1992年1月19日。江西省文物考古研究所铜岭遗址发掘队：《江西瑞昌铜岭商周矿冶遗址第一期发掘简报》，《江西文物》1990年第3期。

其他，在黄陂官家寨、钟家岗 [1]、红进村 [2]、团风下窑嘴等地点都发现了这一时期的墓葬和青铜器。官家寨和钟家岗出土了觚、爵等铜器，红进村出土了觚、爵、斝等铜器。1992 年团风下窑嘴商代墓葬出土铜器 16 件，陶器 4 件，原始瓷器 1 件，石器 1 件。铜器有鬲、觚、爵、斝、小口折肩尊、戈、斧、锛、凿、镞等；陶器有鬲、簋、涂朱圆陶片等残片。这个时期发现的青铜器显然是属于中原系统的，与中原商代中期的青铜器没什么两样（图 108）。

武汉市新洲县香炉山遗址，是一处典型的中商文化遗址，出土折沿方唇高裆高足根长方体鬲、假腹豆、将军盔等，年代为中商第一期至晚商第一期。

鄂东南地区的中商时期遗存，陶鬲分袋足、平裆、弧裆三型，前者属商式鬲、特点是口部大都较宽且外敞，足根内收；后两型则与中原商式鬲差别较大。敛口斝肩部突出，上腹腹径明显大于下腹，与中原同类器略有差异。甗和簋的形态均与中原商器一致。陶豆中，当地早期的细柄豆已不见，代之浅盘圈足豆和假腹豆，亦与中原商文化豆的形态一致。而所出夹粗石英砂的大口缸、印纹硬陶器、原始瓷器等，均表现出地方特色。

还有一点需要注意的是，自二里头文化来到鄂东南地区，中原地区适应当地传统而产生的平裆或弧裆的鬲等就沿长江向东一直分布到江淮西部地区，并且这种因素一直与商文化和平共处，但是平裆鼎式鬲的比例却不断下降，到盘龙城第六期时，分裆和高弧裆的联裆鬲占了绝对优势，平裆鼎式鬲已极少见。自商代中期偏晚阶段开始，随着商文化势力的衰落，鄂东南远离商文化核心区域的地区，比如阳新、大冶等地不同于商文化的地方势力开始抬头，具体表现在大冶、阳新等一些遗址中出现的尖锥状高裆鬲足、鼎足以及带指窝的作风等特征均不同于商文化，并且这些文化因素有的一直延续到春秋时期。实际上鼎作为石家河文化时期的重要特征，其足部按窝或刻槽的作风早已有之。这些因素在商文化衰落后重新出现在阳新等地，但地域并不广阔。同时，这些调查的遗址中也可见到一部分鬲袋足有实足根，反映出与中原商文化仍然存在某种联系。以上这些都说明商文化势力已经开始失去对这些地区的控制。但是这些地方因素的大发展还是在晚商中后期。

3. 晚商二～四期

约当于殷墟文化第一期，商文化实力开始在南方大范围退缩。不仅鄂东南地区在此时不见典型的商文化遗存，即使在鄂东北曾经为商文化势力范围的地区也仅发现了随州庙台子 [3]、孝感聂家寨等不多的地点。庙台子发现了 5 座可能属于商文化的墓葬，均未见随葬品。该遗址陶器见鬲、甗、折肩罐、假腹豆、红陶缸，时代属于殷墟一、二期。而到了商代末期，不仅在鄂东南，在鄂东北地区商文化都几乎变成了空白。

与此同时，土著文化势力在上一期出现在鄂东南东端的基础上开始大范围扩展，在鄂东南地区除了上期的遗址外，新增加的有大冶三角桥、铜绿山、眠羊地、古塘墩、李河、阳新大路铺、和尚垴、黄梅焦墩、浠水砚池山、英山胡家墩、团风马坳等遗址。这批遗址中最大的特色就是出现了带双附耳的甗和开始流行间断绳纹和条纹，足根部带小圆窝的尖锥状鬲足、鼎足常见。

[1]　熊卜发：《湖北孝感地区商周古文化调查》，《考古》1988 年第 4 期。

[2]　熊卜发、鲍方铎：《黄陂出土的商代晚期青铜器》，《江汉考古》1986 年第 4 期。

[3]　武汉大学历史系考古教研室：《西花园与庙台子》，武汉大学出版社，1993 年。

其陶器特征是以夹砂褐灰陶为主，夹砂褐黄陶次之，甗的双附耳明显高于口沿，鼎足、鬲足足尖外撇，横截面多扁圆形，这些文化特征一直延续到西周乃至春秋时期，成为商代晚期到西周晚期鄂东南地区的最有代表性的地方性文化遗存，我们将之称为大路铺遗存，它应该是随着商文化的衰弱和逐渐退出本地域而逐渐兴起和繁荣的。

这时期的青铜器在黄陂、大冶和阳新县都有发现。黄陂柏木港发现的斝、大冶罗桥发现的卣、鄂城出土的爵等与中原地区发现的相比，在器形和纹饰方面没有什么不同。但也出现了不同于中原传统的，在阳新白沙刘荣山发现的两件铜铙，并排放在小山顶部，铙身两面都有兽面纹，一件以圆圈纹为地纹，一件为素地[1]。另外，在距离鄂东南不远的咸宁市崇阳县汪家嘴发现了一件铜鼓，鼓身与今之鼓相似，鼓竖放，下有俎形座，上有一枕状饰物。鼓面素面无纹，鼓身有以流散云雷纹为地纹的兽面纹，外侧为三周乳丁纹。这两批器物以流散云雷纹和圆圈纹为地纹的装饰风格与殷墟出土的青铜器不同，这种纹饰常见于长江流域商周时期的陶器上，因此它们已经具有了南方的地域特征。

总体来看，晚商时期，中原商文化已经基本退出了鄂东南地区，而商式青铜器的存在，仍然表明商文化与此地的联系并没有完全消失，只是像早中商时期那种大规模的军事与文化交往已不再存在。当地被土著文化所占据，并在商代末期有过一次较大规模的北向扩展（图108）。

第四节　西周时期的考古学文化格局

一　文化分组

周灭商后，西周王朝继续把鄂东南地区作为重点经略的地区，不论是毛家嘴的木构建筑、新屋塆的铜器窖藏、鲁台山的贵族墓葬、香炉山的大型聚落，以及红安、麻城等地的西周时期遗存都证明了西周文化确实已经抵达了此地，并且控制了较大的地区。同时大冶、阳新、罗田、英山、团风、浠水、黄梅、武穴等地也存在一种不同于西周文化的地方文化，当是延续自商代中晚期在黄梅、大冶等地开始抬头的地方文化。这两种文化在鄂东南地区的存在是有着不同的地域范围的。同时也存在着一批赣鄱地区的文化因素和湖南澧水流域的文化因素，都各自具有自己的分布范围。下面我们具体分析。

我们依据陶器的主要特征，试将鄂东南地区西周时期文化遗址出土的器物分解为甲、乙、丙、丁、戊、己六组文化因素。

甲组包括瘪裆鬲、甗、盆、罐、盂、钵、豆和簋等。甲组器物的主要特点是，在鲁台山、香炉山等主要西周遗址中出土的数量多，延续的时间长，陶器早期多红陶，中晚期以灰陶为主。纹饰则以绳纹占统治地位，次为凹弦纹、附加堆纹等。其中最具特征的器物为瘪裆鬲、甗、簋和粗柄豆。上述器物皆为中原地区西周文化中所常见，且与中原地区西周遗址和墓葬中所出同类器物相同或者相近似。例如香炉山西周文化第一期和鲁台山 H1 所出敛口瘪裆陶鬲与长安张家坡西周早期墓葬所出 V 式鬲形制特征基本相同。鲁台山所出 I 式簋与张家坡 V 式簋相近似。鲁

[1]　咸博：《湖北阳新县出土两件青铜铙》，《文物》1981年第1期。

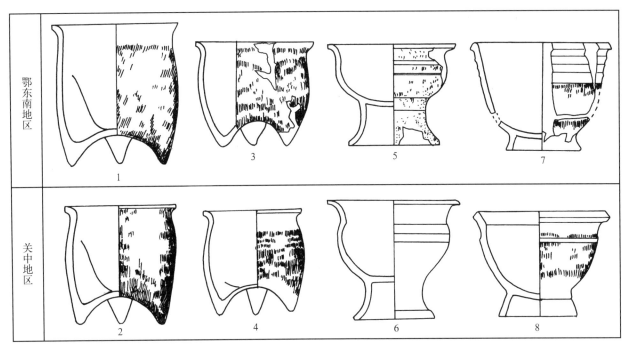

图109　鄂东南地区西周时期甲组器物对比图

1～4.鬲（毛狗洞H1：6、北吕Y1：1、鲁台山H1⑦：1、张家坡56：3）　5～8.簋（鲁台山采：7、张家坡72：2、鲁台山采：17、张家坡M178：1）

台山采集的深腹矮圈足簋与张家坡西周早期陶簋形制相似。香炉山遗址所出陶豆与洛阳东郊西周早期M167[1]和沣西KM69、KM145所出陶豆[2]形制接近。香炉山遗址西周文化第三期所出陶盆、钵亦可以在沣西张家坡西周晚期灰坑所出器物中见到相同的器形。小型生产工具中的铜斧、铜锛、铜镞、铜刀等，两地区所见到的形制也基本相同（图109）。显而易见，甲组器物所代表的是中原地区西周文化因素。

甲组器物中还包括一种在鄂东南西周文化中流行的折肩鬲，这种折肩鬲，特征比较突出，为扁体、小口折沿，折肩直腹或弧腹、柱足、瘪裆。饰绳纹和凹弦纹。主要流行于鄂东南地区西周文化中晚期，早期未见。从目前资料来看，香炉山遗址较多见，麻城吊尖、罗田庙山岗（图98和图99中A类鬲）遗址有较多发现，随枣走廊的庙台子遗址也有少量发现。这种折肩瘪裆鬲不见于中原地区西周文化，更与商文化陶鬲有明显的区别，与周围地区同时代文化也均不相同，为鄂东南地区西周时期文化所独有。可能是周式鬲进入鄂东地区之后产生的地方变体，因其仍为瘪裆，虽不同于中原地区周式鬲，却是受周式鬲的影响而产生，所以不妨将折肩瘪裆鬲也划归甲组器物。

乙组器物包括联裆高锥足鬲、浅腹平底钵、高柄豆等。本组器物亦具有十分突出的形制特征，如鬲作盆形腹，大口微敛，裆部近平（微凸或微凹），三个锥状实足，足内窝很浅，饰绳纹和凹弦纹。因其形制特征颇似陶鼎，故有人称之为"鼎式鬲"，又因其明显有别于商式和周式陶鬲而见于江汉地区，亦被称之为"早期楚式鬲"。该式陶鬲近年在鄂东地区多处发现。除香炉山之外，

[1]　图见邹衡：《夏商周考古学论文集》，第68页图二，文物出版社，1980年。

[2]　图见《沣西发掘报告》，第131页图八六，文物出版社，1962年。

大冶眠羊地[1]、罗田庙山岗、麻城吊尖等遗址（图98和图99中B、C型鬲）中亦有出土。虽有些差别，但基本特征是相同的。鼎式鬲的存在时代皆较早，其最早形态在盘龙城遗址二里头时期文化中已见，在安徽含山大城墩遗址二里头文化晚期[2]和薛家岗遗址相当于二里头文化时期也已存在，可见其不仅出现的时代早，而且分布范围亦较广，是一种广泛分布在长江中下游地区的文化因素。高柄豆泥质陶，浅盘、高柄呈喇叭形圈足状，饰有多道弦纹，有的饰长方形镂孔，盘内有的饰辐射状或漩涡状暗纹。除此之外，乙组器物还包括带圆窝或刻槽足陶鬲，圆窝纹足鼎、带有护耳的陶甗等。生产工具则主要有算珠状陶纺轮等。其中带刻槽足的鬲，特征是三足略外撇，足外侧饰按窝纹或有一道纵向刻槽（亦有"↓"状，"√"状刻槽）。槽深约1厘米，并且有变深的趋势。联裆，裆底近平，器腹与器足为分制，然后对接裹制而成[3]。带有护耳的陶甗，口沿外壁有护耳，系捏合而成。耳所在处的口沿下有一圆形穿孔，甗腰较粗。

　　上述鄂东南地区西周遗址中的乙组器物中的各器都可以在长江中下游地区同时期文化遗址中找到器形特征相同或相似的标本。特别是在赣鄱地区的九江神墩遗址中有集中的发现[4]。

　　乙组器物中的鼎式鬲，刻槽足鬲，镂孔或弦纹高圈足浅盘豆，带护耳甗等器在鄂东南地区长江南北有较集中的发现，在江北的英山、蕲春等县，江南的黄石大冶地区和阳新等县，甚至更东面的江西九江沙河磨盘墩[5]、神墩和江淮西部薛家岗、汤家墩等两周时期遗址中，乙组器物占有较大的比重或者居主导地位（图110）。

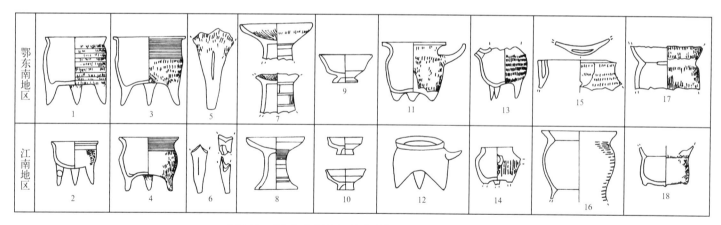

图110　鄂东南地区西周时期乙组器物对比图

1～4、11、12.鬲（大冶眠羊地：10、九江神墩85T1②B：2、毛家嘴Ⅱ12/2：3：10、九江神墩84T1②C·1、鲁台山H1⑤：11、南京锁金村）　　5、6.鬲足（英山白云坳、神墩T4①）　　7～10.豆（香炉山F5③：31、T5③：32、神墩84T2②B：4、吕王城T2⑥：157、筑卫城上层、神墩T12②A）　　13、14.盉（和尚坳采、神墩84T1②B：16）　　15～18.甗（和尚坳采：66、神墩T4②A：56、和尚坳采：87、神墩T2②B：55）

　　通过与商代晚期已经出现的部分乙组器物进行对比，我们认为，乙组器物应该首先产生于鄂东南地区的东南部，然后扩展至整个鄂东南地区的，并影响到了江淮地区、皖南、宁镇地区和赣鄱地区。它属于代表了南方文化传统的土著文化因素。

[1]　黄石市博物馆：《大冶古文化遗址考古调查》，《江汉考古》1984年第4期。
[2]　张敬国：《略论江淮地区夏商周文化分期及族属》，《文物研究（第三期）》，黄山书社，1988年。
[3]　张潮：《古越族文化初探》，《江汉考古》1984年第4期。
[4]　江西省文物工作队、九江市博物馆：《江西九江神墩遗址发掘简报》，《江西历史文物》1987年第2期。
[5]　江西省博物馆、九江县文化工作站：《九江县沙河街遗址发掘简报》，《考古学集刊·2》，中国社会科学出版社，1982年。

丙组器物以大口深腹缸为代表，还包括陶尊、陶爵、陶鬲和小口折肩瓮等一批带有较明显的晚商文化作风的器物。本组陶器中的缸、鬲、瓮多为夹砂红陶，饰间断绳纹，绳纹多错乱。大口深腹缸，筒形腹，唇外翻，圜底或小平底，颈部常施有附加堆纹一周。在鄂东南西周早期遗址中发现较普通，与江汉地区殷商遗址中的同类型的缸形制十分接近。毛家嘴遗址中所出的陶尊和陶爵从形制到纹饰都与中原地区殷商文化中的同类器相似。作为酒器，尊和爵本来就是殷商文化器物组合，在鄂东南地区出土的西周时期青铜器中，有些器类，如铜爵、觚、鼎等器显然也源于殷商文化。学者们在论及蕲春毛家嘴和新屋垸，以及黄陂鲁台山等西周早期出土的陶器和铜器时，多认为有些器类和器形明显沿袭了商代陶器的作风[1]。

但是鄂东南地区西周文化中的商文化因素并非完全源于中原，有些是直接继承了本地区商文化的传统。如前文谈到的乙组器物中的鼎式鬲，早在二里头文化晚期就已在江汉地区出现[2]，经历商代发展至西周仍然保持基本的形态特征。丙组器物中的大口缸就占陶器总数的一半左右，西周早期在这一地区仍流行。

鄂东南地区西周文化与本地区商文化的继承和发展关系还可以从地层关系得到证明，如新洲香炉山遗址西周早期某些陶器如陶鬲与下层商文化层中所出的陶鬲在陶质陶色、纹饰和形制方面都有一些共同的特征，陶质以红陶或褐陶为主。纹饰除绳纹之外，方格纹占有一定的比例，是本地区商周文化的共有特征，也是区别于中原地区商周文化的地方特征。

从卜骨卜甲的发现来看，则可以说明商文化和西周文化曾先后对鄂东南地区产生的影响。鄂东南地区已发现的西周时期卜甲和卜骨，有的只钻无凿，有的有凿而无钻，有的则钻凿灼兼施。其钻凿形态多样，有的将肩胛骨反面刻成平整的凹槽，施排列密集的方凿，有的钻作半圆形，在旁边凿成枣核形。卜甲有的施圆钻，有的则在圆钻中心加一竖槽，呈所谓"猫眼状"，或在圆钻中心加十字凿。还有的卜甲施长圆形钻，中心加一竖凿。从鄂东地区所出西周卜骨卜甲的形态所反映的不是单一继承殷文化的传统，也不是完全相同于西周占卜风格[3]，而是殷周两种文化因素的兼容并收，多种钻凿形态并存即是明证。

与江淮地区有关的器形主要有罐形盉、带流罐等，在和尚垴遗址发现一件，弇口，圆腹，肩部有一管状流，腹下有三高锥状足，饰间断条纹（图107，6）。罐形盉在江淮地区西南部产生于商代中期，是当地富有特色的文化因素，具有明显的演化趋势（图33），而这种器物在鄂东南地区的分布并不普遍，因此，它很可能是来自于江淮地区的文化因素。两地共存的鼎式鬲的传统也证明两地之间确实存在着联系。这类器物我们将其归为受到江淮地区西南部文化影响的丁组。

鄂东南西周时期文化中还可见较多的带把器，包括带把鬲，在鬲形器之肩腹部位有一角状把手，在鲁台山、香炉山等遗址都有发现，同样风格的器物还有带把盆、带把鼎等，分布范围很广，主要在长江中下游地区。这与宁镇地区湖熟文化的传统相似，应是来源于宁镇地区的文化因素。同样来源于宁镇地区的还有折腹碗[4]、浅折腹平底钵、算珠状陶纺轮等。本组器物中还

[1]　陈贤一：《江汉地区的商文化》，《中国考古学会第二次年会论文集》，文物出版社，1982年。

[2]　杨权喜：《江汉地区楚式鬲的初步分析》，《楚文化研究论集（第一集）》，荆楚书社，1987年。

[3]　殷商和西周时期的占卜风格是不同的，可见段渝：《卜用甲骨钻凿的起源及其形态》，《文史知识》1991年第7期。

[4]　在宁镇地区多见原始瓷器，但在鄂东南地区主要是泥质陶。

包括一定数量的原始青瓷器和几何印纹陶器，器形主要有豆、罐、瓮、器盖等，纹饰则以云雷纹、S纹、水波纹、刻划纹等为主。原始青瓷器和印纹硬陶是反映南方文化传统的最有特色的文化遗物，我们将这组器物称为戊组。

己组器物以长颈壶和喇叭口器盖为代表，明显的特点是，该组器物皆为夹粗砂陶，陶质疏松，陶色不纯，主要呈褐色，或灰色、黑灰色。另外还有一种敛口钵，因陶质陶色和纹饰与上述两器相同，亦归入此组（图111）。

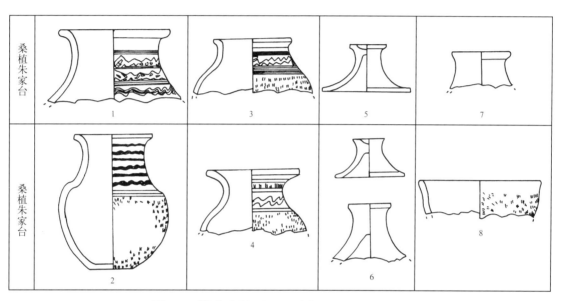

图111　鄂东南地区西周时期己组器物对比图

1.庙湾采集A型罐　2.H42②：2　3.吴家旁T2④：4　4.T1943④C：1　5.吴家旁T2⑤：11　6.T1941⑤C：36、T2043⑨：1　7.吴家旁T2⑤：3　8.T1940⑧C：20

己组陶器无论陶质陶色和纹饰方面，还是形制特征方面都与其他几组器物不同。这种风格的陶器不见于中原，也不见于江汉地区及其以东长江中下游地区，却在澧水上游的湖南桑植县朱家台遗址中存在[1]。该遗址的陶器以夹砂陶为主，70%以上陶片为夹砂褐陶，陶色多不纯正，质较软，结构疏松。陶器纹饰除素面之外，主要有水波纹、弦纹、方格纹，其次有戳印纹、绳纹等。纹饰多不规整，弦纹以手工刻划为多，以弦纹、水波纹组成的组合纹多饰于器物颈部，是这里陶器纹饰的一大特色，这一特征与鄂东南西周时期的己组器物的装饰风格相同。器物种类方面，夹砂陶罐占整个遗址出土器物的80%以上，其次是陶豆和器盖。其中夹砂陶器盖的形制特点与鄂东南所出己组器物中的器盖相同，盖纽都有凹顶和平顶2式。

己组器物代表着澧水上游地区商周时期一种土著文化类型，目前在鄂东南地区仅在新洲香炉山遗址和武昌放鹰台遗址中有所发现，分布范围较小，文化势力也较弱，但无论如何，这两处遗址之间应当存在着某种文化联系。己组器物所代表的一种文化因素有可能源于南方的澧水流域。

上述具有不同文化特征的六组陶器在鄂东南地区西周时期文化遗址中存在的情况是比较复杂的，有的遗址中四种器物并存，而更多遗址的情况是只出现其中的三组或二组。各组器物的

---

[1]　湖南省文物考古研究所、桑植县文物管理所：《湖南桑植县朱家台商代遗址的调查与发掘》，《江汉考古》1989年第2期。

存在情况不仅与某一具体遗址的时代有关，而且与其所处的地域有关。任何一种文化或是其中包括的各种文化因素，在其发展过程中，其自身特征到一定阶段时是会发生变化的，即文化始终处于动态的发展过程中。鄂东南地区西周时期的文化存在和发展历经数百年，不同文化因素的构成情况在不同发展阶段自然也有很大的区别，不仅有量的变化，也可能产生质的变化。这种变化可以是文化本身随生产力的进步，生活方式的改变而产生，也可以是因为不同文化之间的相互影响和交流，导致新因素的产生，出现新的文化特征，甚至可能是因为某一种文化的扩展，导致另一种文化衰落或消亡所致。总的看来，鄂东南地区西周时期的文化遗存总是以甲组或乙组文化因素占主导地位，而丙、丁、戊、己四组文化因素从来只居次要地位，分布地域也有限[1]。

二　文化的时空变迁

我们对甲组和乙组器物的时空变迁作重点探讨，而兼及其他文化因素。

甲组器物有的是独自的宗周文化因素，这种文化遗存主要分布在偏北的地区，延续的时间也较长，比如随州毛狗洞、庙台子等等；而有的则是通过丙组器物以达到占据文化优势地位的目的，这种文化遗存则主要分布在偏南的地区，比如蕲春毛家嘴、黄陂鲁台山等，并且仅在西周早期流行。进入西周中期以后，鄂东和鄂东北地区的文化性质则主要是以甲组器物的变体形式来体现，比如折肩瘪裆和弧裆微瘪型鬲，它们在罗田庙山岗、麻城吊尖、黄陂香炉山等遗址中都有较多的分布，说明自西周中期开始，鄂东和鄂东北地区的甲组文化因素曾经发生过变迁。而乙组器物自商代中晚期开始产生以来，一直是随着中原文化的进退而退进，其最北到达罗田境内，而其西最远到达了武昌，武昌放鹰台遗址就存在较多的乙组文化因素。最南到达赣北地区，主要的活动区域在巴水以东和江南地区并没有大的改变。因此，对于鄂东南地区的西周时期文化，我们可以分为西周早期、中晚期两个阶段进行论述。

总体上看，甲组器物的分布范围的东界大致可以划在巴河一线（巴河以东也有发现，但是不占主导地位），分布最密集的地区是在随枣走廊的涢水、溠水、㴉水、倒水和举水流域。乙组器物的分布范围主要在江北的巴河以东地区和江南的黄石、大冶、阳新等市县。其西界在长江南岸可延伸到武昌县的豹澥、湖泗、放鹰台等地。典型遗址有团风陈家墩、霸城山、浠水片街、蕲春易家山、田家塆、毛家嘴（是甲组和乙组混合的遗址）、黄梅柳塘、金城寨、英山白石坳、武穴涂万山、雨山垴、黄梅意生寺、罗田庙山岗、大冶铜绿山、眠羊地、上罗村和阳新和尚垴、大路铺、江西九江磨盘墩、神墩等。乙组器物分布区的东界已达到赣北的鄱阳湖地区。这类遗存的时代自商代中晚期一直延续到春秋时代，而以西周时期最为兴盛[2]。需要指出的是，甲乙两组因素在巴水两岸存在交融，互有渗透，但往北，乙组文化因素北至罗田（庙山岗遗址），鄂东北地区的麻城（吊尖遗址）和红安（金盆）等地的文化遗存中基本上未见乙组器物，而以甲组为主体。

具体来看，西周初年，周人在南阳盆地、随枣走廊分封诸侯以统治南方，即历史上的"汉

[1]　本节论述参考了李克能：《鄂东地区西周文化分析》，《东南文化》1994年第3期。

[2]　李克能：《鄂东地区西周文化分析》，《东南文化》1994年第3期。

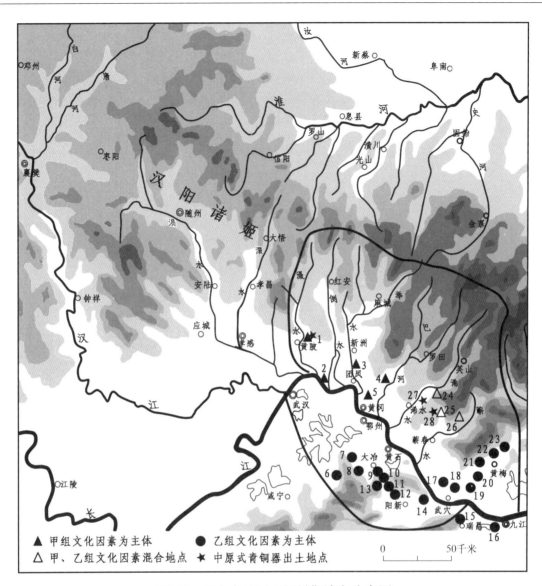

图112　鄂东南地区西周早期遗存分布图

1～5.黄陂鲁台山、新洲香炉山、黄冈果儿山、笼子山遗址、螺蛳山遗址　6～23.大冶古塘墩、铜绿山、眠羊地、三角桥、鼓墩垴、阳新和尚垴、大路铺、大冶老猪林、阳新大港、瑞昌铜岭、九江磨盘墩、武穴四方地、苏壠、李木港、黄梅意生寺、柳塘、张山、柯墩遗址　24～26.浠水安山、蕲春毛家嘴、蕲春苏湾遗址　27、28.黄陂鲁台山墓葬;浠水星光村甗、斝;蕲春新屋塆窖藏

阳诸姬",鄂东地区发现的西周时期甲组遗存的分布即体现了这一政治格局的影响。

　　在西周早期,甲组文化遗存不仅广泛分布在巴河以西的地区,在巴河以东的沿江北岸也有少量分布,比如蕲春的毛家嘴遗址、达城新屋塆铜器窖藏、苏湾、浠水安山遗址等,但并不占主导地位,存在的时间也不长。巴河以西经正式发掘的有代表性的遗址包括黄陂鲁台山和新洲香炉山等,虽然鲁台山遗址的延续时间也不长,但从香炉山遗址长时段的丰厚文化内涵来看,西周文化已经牢牢控制了巴河以西的地区。此外,还有不少未经正式发掘但文化内涵较清晰的以甲组器物为主体的遗址,包括团风笼子山、墩子山、黄冈螺蛳山等。虽然在香炉山遗址西周早期的遗存中也发现了少量的乙组文化因素存在,但数量极少,当是交流所得(图112)。

　　从新洲香炉山遗址西周时期遗存的内涵变化可以看出,西周中期以后以甲组因素为主体的

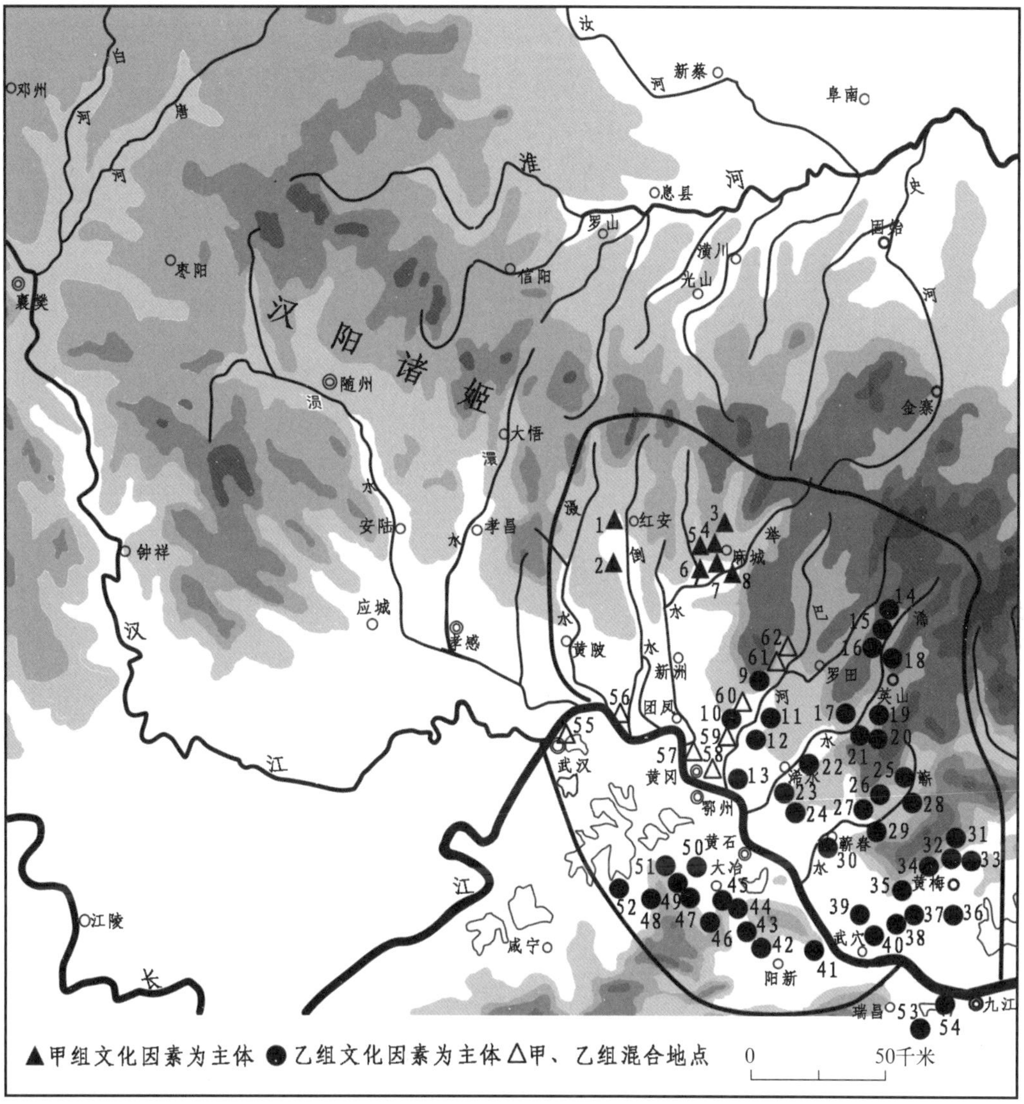

图113　鄂东南地区西周中晚期遗存分布图

1～8.红安金盆、张家河寨墩、麻城栗山岗、梅家墩、桃园岗、罗家墩、吊尖、岐亭镇遗址　9～54.团风马坳、陈家墩、浠水黄山、寨山、砚池山、英山子垅畈、大旗畈、郭家湾、罗田李家嘴、英山胡家墩、白石坳、溜儿湾、大地坪、浠水黄龙寨、片街、龟金山、蕲春回龙塆、胡坝街、田家塆、樟树嘴、有蟠龙、易家山、黄梅杨家垅、荷叶山、张山、金城寨、柳塘、焦墩、方家墩、武穴李木港、苏懂、四方地、大港、阳新大路铺、和尚垴、大谷垴、大冶鼓墩垴、老猪林、上罗村、眠羊地、摇罗山、铜绿山、蝌子地、古塘墩、九江磨盘墩、神墩遗址　55～62.武昌放鹰台、新洲香炉山、黄冈螺蛳山、霸城山、胡家寨、团风寨上、罗田庙山岗、罗田榨山遗址

遗存开始发生了变迁，文化构成趋向更加复杂，不再是以典型的宗周文化因素为主体，而变成以宗周文化的变体因素为主体。总体上看，这种变体的甲组文化因素仍然广泛分布在巴水以西的地区，说明这里仍然属于“姬周集团文化”。但可以看出，甲组文化的主体地位逐渐减弱，因为，这种变体的甲组文化因素极少分布到巴水以东地区，而相反，乙组文化因素则向西一直深入到长江南岸的武昌地区，在放鹰台等遗址中都发现了较大量典型的乙组文化因素，比如带錾鬲、刻槽鼎足、护耳甗、厚胎豆柄、长方形镂孔豆、枣核形纺轮等[1]。另外在团风的陈家墩、霸城山

[1]　据研究，武昌放鹰台遗址西周时期遗存可以分为连续发展的三组，其年代大致为西周中期偏早到西周晚期偏早阶段。放鹰台西周文化遗存与关中地区及江汉平原同期遗存有诸多共性，应该纳入周文化系统。同时，它也具有较多的乙组文化因素和己组文化因素，除乙组文化因素较多之外，大致与长江北岸香炉山遗址的西周时期文化遗存类似。见武汉市博物馆：《洪山放鹰台遗址97年度发掘报告》，《江汉考古》1998年第3期。湖北省文物考古研究所：《武昌放鹰台》，文物出版社，2003年。

等地乙组文化因素也很典型。巴水西岸 200 米的罗田庙山岗遗址西周文化中晚期遗存，此时就表现为乙组文化因素占主体地位。但到了西周晚期，乙组文化因素在巴水以西地区退缩，放鹰台遗址消亡，庙山岗遗址乙组文化因素中的刻槽鬲从西周中期时占所有陶鬲的 20% 逐渐减少到春秋早期只占 10%。说明乙组文化因素在长江北岸巴水以西的分布受到甲组文化的较大制约。

丙组器物所代表的商文化因素，在时间上只在西周早期遗址中有明显的存在，中晚期基本上消失或被逐渐融合。在地域上则呈据点式分布，比如黄陂鲁台山遗址和蕲春毛家嘴遗址、新屋塆青铜器窖藏等地点。西周中晚期这种类型的遗存基本不见。

丁组和戊组器物虽然分布较为广泛，但数量较少；己组器物仅在鄂东南地区的新洲香炉山遗址和武昌放鹰台遗址中发现，虽有一定数量，但不占支配地位。这些只说明江淮地区和宁镇地区以及澧水流域的文化类型曾与鄂东南西周时期文化有过一些交流和影响（图 113）。

第七章　鄂东南地区的文化与势力变迁

第一节　文化的变迁及特点

鄂东南地区继新石器时代石家河文化以后，在夏文化时期继续受到中原文化的影响，但早期影响的重点地区似乎在江汉平原的偏北和偏西部，而鄂东南地区相当于夏文化早期的遗存尚未辨认，可以肯定的是，原来分别在这些地区的屈家岭、石家河等土著文化已经衰落，出现了文化中断现象。直到夏文化中晚期时，中原地区的文化因素才又开始进入鄂东南地区，盘龙城遗存的二里头文化因素较明显地表现出与中原二里头文化的关系比较密切。

商文化时期中原文化的影响更加强烈，与二里头文化时期不同的是，商文化的扩展似乎是沿着二里头文化所开拓的路径多头并进，在鄂西北和鄂东南都发现了相当于二里冈文化早期的遗存，但似乎是更偏重对江汉平原东部的扩张，这里发现了较大规模的遗址和大量的青铜器。二里头文化时期鄂东南地区的文化内涵主要承袭土著文化，商文化时期虽然商王朝在此地建立了大规模的居址，甚至是军事据点，把长江以北地区均纳入到商文化的势力范围，但文化内涵中也仍然存在较多的土著文化因素，土著文化的势力在商文化分布中心地点之外的地区仍然十分强大，并没有建立完善的文明体制。这些都反映出在夏代和商代该地域的文明发展阶段相对还落后于中原[1]。这一过程直接影响到江汉地区夏周文明的成长和分布，并在文化属性上决定了夏周时期江汉地区的文明成为中原文明的一个支流，它的地域特点也可以看成中原主流文化进入这一地区之后适应环境的体现。以商周时期江汉地区的陶器类型和功能的变化为例，在新石器时代，江汉地区日用炊器主要为罐形鼎，到夏代晚期，汉水以东的地方罐形鼎已被中原的鬲所取代，并演变成鼎式鬲。中原鬲所具有的硕大袋足在鼎式鬲中渐成实心，仅剩下浅浅的足窝。这种变化是南北方炊煮饭食品种不同所致，因为在鬲的袋足中清理黏性的稻米要比粟米困难，鬲的鼎形化就能解决这一问题。在文化适应的意义上，这也是中原文化与当地土著文化融合的产物[2]。在江汉地区商文化遗存中常见中原文化遗存中的一种用于酿造、冶铸或盛水的大口缸，但用途却是盛放粮食以防潮，这是很典型的环境变化引起的器物功能上的变化[3]。

鄂东地区曾为殷人所大力经营，商文化在这里有深厚的根基。西周早期文化在这里的发展与中原西周文化的发展模式大体相同，无论是黄陂鲁台山、新洲香炉山、蕲春毛家嘴遗址，还是蕲春新屋塆的铜器窖藏的文化内涵都是商周文化的融合，其中商文化因素尤为突出。这些均说明西周早期的文化是在继承商文化的基础上发展起来的。西周中期开始，兴起于长江南岸的

[1]　张绪球：《长江中游新石器时代文化概论》，第323页，湖北科学技术出版社，1992年。

[2]　杨权喜：《江汉地区楚式鬲的初步研究》，《楚文化研究论集（第一辑）》，第195～205页，荆楚书社，1987年。

[3]　熊传新等：《长江中游商时期大口缸的探讨》，《中国考古学会第七次年会论文集》，第89～101页，文物出版社，1992年。

原土著文化经过了西周早期的稳定后，重新开始活跃，它们在商代晚期即已跨过长江的基础上，继续沿江向东和向西扩展，向东影响到了江淮西部和皖南地区，向西到达巴河沿线与宗周文化对峙，向南继续对赣鄱地区施加了强烈的影响，文化因素遍及鄱阳湖西岸。虽然我们在文化面貌上已很难看出宗周文化对鄂东地区和长江南岸的文化产生了多大影响，但有一点是可以肯定的，即这里的青铜文化明显落后于中原地区，这一点在青铜器的发现和分布上表现最为明显。青铜器最早出现在鄂东地区，渐次从东向西，由北向南扩展。商代和西周早期的青铜器多出在鄂东北和长江沿岸，长江南岸少见。西周中晚期到春秋早期多在汉水以东，春秋中期以后则在汉水以西，战国就集中在江汉平原。鄂东南地区虽富有铜矿资源，自身的青铜文化却一直都较薄弱。

传统上把文明看成是人类为适应生存，在改进技术、进行贸易的环境中形成的。其动力来源于生存危机，它使人类摆脱了自然的原始状态，正如科林·伦福儒所说："文明是人类自己创造出来的环境"[1]。鄂东南地区尽管在新石器时代有众多的原始文化，但文明的真正开始是在商周时期。文明的一种重要标志，如国家和文字的出现，城市的兴起，青铜铸造技术，伟大艺术品等的出现都产生于这一时期。由于鄂东南地区优越的生存条件决定了该地区原有文明缺乏继续成长的动力，只能靠中原文化的传入和引导。《汉书·地理志》指出："楚有江汉川泽山林之饶，江南地广，或火耕水褥，民食鱼稻，以渔猎山伐为业，果蓏蠃蛤，食物常足，故啙窳偷生，而亡积聚，饮食还给，不忧冻饿，亦亡千金之家。[2]"这一状况导致了三个后果：一是决定鄂东南地区文明发展缓慢，在绝对年代上要晚于中原；二是当地文明的成长必然要受到先进的中原文化的影响和制约；三是丰富的铜矿资源是中原王朝觊觎的对象，使鄂东南地区成为中原王朝经略的重要地区，客观上促进了当地的文明化进程。

1. 城市文明

江汉地区的城址在大溪文化晚期即已出现，屈家岭文化阶段大量出现，到了石家河文化阶段，城址数量没有增加，但人口密度加大，出现了专业性的手工业作坊，社会分层已经产生[3]。但目前还未能发现中央权力存在的证据，它们是城市的雏形，这些雏形能否顺利成长为城市文明，因石家河文化的中断而无法推论，更何况在鄂东南地区的早期城市的迹象还不明显。二里头文化时期的城址至今也未发现。鄂东南地区城市的真正出现是在商代。在黄陂盘龙城发现的商代二里冈时期的城址已完全具备了中国早期城市两个最基本的特征：大规模的夯土城墙和"宫殿式建筑"。之后，在汉水以东和鄂东地区也发现了西周时期类似城市的大规模居住遗存。城市文明的兴起和发展成为江汉地区文明成长的一项重要内容。

从考古材料的分析来看，盘龙城的文化遗存与郑州二里冈商代文化基本一致，如两者的城垣及宫殿建筑的营造方法相同，葬俗一致，制陶、制玉和铸铜的工艺风格大体相近，铜礼器的组合为觚、爵、鼎、斝、鬲等，也是中原商文化常见的组合形式、只是陶器的地方特色较为明显，一是红陶比例比中原大，如以红胎陶制作的高领或矮领的鬲占陶鬲总数的70%，二是硬陶和釉

[1]　Colin Renfrew. The Emergence of Civilization:The Cyclades and the Angean in the Third Millennium BC, Methucn, 1972, p11.

[2]　（汉）班固著，（唐）颜师古注：《汉书》卷二十八下，第1666页，中华书局，1979年。

[3]　郭立新：《长江中游地区初期社会复杂化研究》，上海古籍出版社，2005年。

陶在墓葬中（李家嘴二号墓）接近 30% [1]，这些反映出中原商文化与当地土著文化融合和南方印纹陶在当地的影响。

由于中国早期城市不是单纯的经济贸易的产物，而是政治军事的中心，统治者又必须用青铜器来体现政治权威，因此，城市的主要功能如手工业分工、贸易等都与青铜器的制作、青铜原料的贸易有关，对青铜资源贸易的控制与否甚至影响到夏商周三代都城的频繁迁徙 [2]。濒临长江的盘龙城遗址距盛产铜矿的大冶铜绿山不远，运输便利，它的建立是为了有效地控制青铜资源。这一军事据点的建立导致了中原商文化进入鄂东南地区，成为该地区城市文明成长的起点。中原商人的生活习俗、青铜制作技术和政治军事制度也必然会影响到当地文明的发展。从考古发掘材料看，这种影响开始于鄂东和汉水以东地区。如在新洲香炉山、随州庙台子、安陆晒书台就相继找到盘龙城类型的商文化遗址 [3]。1977 年，在随州淅河一次就发现略晚于二里冈上层时期的青铜器 13 件 [4]，1993 年在团风县下窑嘴发现了商代早期的青铜器墓葬，无论是青铜礼器的组合还是规模都表明此墓的主人是属于殷人的贵族。黄梅意生寺遗址的发掘表明商文化势力在早商较早阶段即已抵达鄂皖交界地区，并通过这里与赣北和江淮西部地区发生关系。随着中商时期盘龙城城址的衰亡，一般性的聚落已难以维系商文化在此地的统治地位。因此自商代中晚期开始，原来仅分布于长江南岸的土著遗存开始发展，并越过长江进入到盘龙城类型商文化的分布区。

鄂东南地区最早发现的西周时期遗址是 1957 年发现的红安金盆遗址和 1958 年发现的蕲春毛家嘴遗址。前者为半穴居式的遗址，陶器受中原周文化强烈的影响 [5]。后者为大型聚邑遗址，面积在 20000 平方米以上，其中大规模的干栏式建筑面积就有 5000 平方米之多，此为明显的南方建筑特色 [6]。从出土的铜器、陶器、兵器、卜骨、聚集的稻壳和密集的人口规模来看，它已具有城市的规模。对金盆和毛家嘴建筑遗址的比较研究发现，西周早中期鄂东地区社会分层已非常普遍，较其他地区深刻得多。1977 年发掘的大悟吕王城遗址包含了新石器、西周、春秋和战国四个时期的文化堆积，其西周的城址规模已超过了毛家嘴遗址 [7]。这种城市的出现还只是西周时期的某一方国城址，随着西周中后期鄂东南地区土著文化势力的逐渐强盛，周文化在此地的分布范围相当狭小，于是周人加强了对汉水以东和随枣走廊一带的控制，该区域姬姓方国纷纷建立，我们在此发现了众多的姬姓方国的文化遗存。西周王朝对鄂东南地区的控制主要就是通过这些方国来实现的。

2. 青铜文化

青铜器是中国古代文明的一个主要特点。商朝时期鄂东南地区青铜文化的兴衰比较准确地反映了这一时期该地区文明发展的走向和特点。长江北岸的青铜文化内涵基本上是属于中原系

[1] 陈贤一：《盘龙城商代二里冈期墓葬陶器初探》，《中国考古学会第四次年会论文集》，第48～56页，文物出版社，1985年。

[2] 张光直：《关于中国初期"城市"这个概念》，《中国青铜时代二集》，第8页，生活·读书·新知三联书店，1990年。

[3] 杨宝成：《湖北考古发现与研究》，第125页，武汉大学出版社，1995年。

[4] 随州市博物馆：《湖北随县发现商代青铜器》，《文物》1981年第8期。

[5] 湖北省文物管理处：《湖北红安金盆遗址的探掘》，《考古》1960年第4期。

[6] 中国科学院考古研究所湖北发掘队：《湖北蕲春毛家嘴西周木构建筑》，《考古》1962年第1期。

[7] 孝感地区博物馆：《湖北大悟吕王城遗址》，《江汉考古》1990年第2期。

统，在发展过程中，土著文化的濡化，周边文化如吴越、巴蜀文化的影响也对它的成长起了作用，形成地方特色。

鄂东南地区商代和西周时期的青铜器多出自长江沿岸和随（州）枣（阳）走廊一线，这恰好是此地区与中原相连的重要通道。除在黄陂盘龙城、随州淅河发现商代早中期的青铜器之外，还在黄陂、团山、鄂城、崇阳、阳新等鄂东地区和枣阳、随州、应山、安陆、应城等随枣走廊一线发现商代青铜器[1]。这些可能是商人"挞彼殷武，奋发荆楚"（《诗·商颂·殷武》），大规模南进的产物（这里的荆楚应是"居国南乡"的南方土著的统称）。前者体现了商人对鄂东南地区铜矿资源的控制，其活动从鄂东一直延伸至赣北的瑞昌、九江、吴城一带，其青铜器的特点也表现出愈接近铜矿资源地区，中原文化色彩也愈纯粹[2]。后者与商人的南侵和移民有关，武丁以后达到高峰[3]，并进入了洞庭湖周围及澧水，湘江一带。洞庭湖以北的江陵、沙市、石门、岳阳和以南的宁乡、湘乡都有遗迹可寻，其青铜器的制作技术、有铭器物的族属都来自中原商人，有当地特色的青铜器，如铜铙、仿动物的牺尊、铜鼓等，其纹样风格也受到中原的影响，但愈往南这种影响也愈弱[4]。

西周早期，中原青铜文化广泛利用以上的两条路线向江汉地区渗透。1961年在江陵万城出土青铜器17件，其中有"邶子◈"的铭文。湖南宁乡也出现了两件有单字"◈"的铭文铜器，其他在中原地区和东北地区都有出土。关于"◈"的族徽，邹衡先生有详细的论述，他认为邶子属◈族之分支，都为共工氏的后代，太行山东麓是其分布的中心地区，以后逐渐四方迁徙[5]。也有学者认为其是商代后期一个氏族的徽记，原在河南淇县，或在西周早期迁入江汉地区[6]，无论哪种说法，都说明了◈族与中原地区有密切关系。1993年在江陵江北农场发现西周昭、穆时期的铜虎尊，作风同于湖南出土的同类牺尊，器身纹样却类似陕西茹家庄姬周墓葬。这些在江汉地区南部发现的商晚西周时期的青铜器或许都与移民活动有关[7]。这时鄂东和随枣走廊仍是受中原文化影响的主要地方。1977年黄陂鲁台山出土了47件西周铜器，据对10件有铭铜器的分析，该地原有的商人方国已臣属于周[8]，蕲春新屋塆出土的带"酉"字铭文的铜器，还见于中原地区出土的酉父甲觶、酉乙罍[9]，也见于陕西先周文化中的酉父辛爵[10]、酉父癸簋[11]，在安阳地区也出土过酉父辛卣和亚酉尊[12]等。1971年，淮北颍上县赵集王拐村淮河堤上也发现了一件带"酉"

[1]　张昌平：《夏商时期中原与长江中游的文化联系》，《华夏考古》2006年第3期。

[2]　彭明瀚：《铜与青铜时代中原王朝的南侵》，《江汉考古》1992年第3期。

[3]　武丁以前商人进入鄂东南地区的主要途径可能是巡今京广铁路一线，而利用经南阳盆地通过随枣走廊进入鄂东南地区的途径并不是主要的。

[4]　高至喜：《论中国南方出土的商代青铜器》，《中国考古学会第七次年会论文集》，第83页，文物出版社，1992年。王恩田：《湖南出土商周铜器与殷人南迁》，《中国考古学会第七次年会论文集》，第123页，文物出版社，1992年

[5]　邹衡：《夏商周考古学论文集》，第284~291页，文物出版社，1980年。

[6]　王毓彤：《江陵发现西周铜器》，《文物》1963年第2期。

[7]　何驽：《湖北江陵江北农场出土商周青铜器》，《文物》1994年第9期。许倬云：《西周史》，第202页，生活·读书·新知三联书店，2001年。

[8]　黄陂县文化馆等：《湖北黄陂鲁台山西周遗址与墓葬》，《江汉考古》1982年第2期。

[9]　罗振玉编：《三代吉金文存》第十三卷四十九页，总第1421页，第十四卷四十一页，总第1520页，中华书局，1983年。

[10]　罗振玉编：《三代吉金文存》第十六卷十九页，总第1680页，中华书局，1983年。

[11]　《中华人民共和国古代青铜器展》，说明11，日本经济新闻社，1976年。

[12]　黄濬辑：《邺中片羽初集》上卷19；《邺中片羽三集》上卷18，北平遵古斋琉璃厂通古斋，1935、1942年影印本。

字的铜爵。邹衡先生认为,酉族应该是居于殷墟的商人(或是夏的遗民)[1]。表明周人在鄂东南的活动偏重于继承商人的遗产,或派遣商遗民进入该地区。而在随枣走廊一带则以巩固和扩大他们在江汉地区的势力范围为主。

　　而西周中后期的铜器就仅仅分布在随枣走廊一带,在鄂东南地区并不多见,说明西周王朝可能已经放弃了对此地的觊觎,而把获取铜矿的目标转移到了江淮地区(详下)。

第二节　势力集团的变迁

1. 龙山时代至夏文化时期的三苗

　　中华文明化的进程,是与中国古代存在的不同文化区系和势力集团之间的纠葛密切相关的,而在文明社会形成之初这种纠葛主要表现在华夏集团同东夷集团和苗蛮集团之间的联合与分化,控制与反控制。在东方,主要是华夏集团与东夷集团的争夺,而在广大的南方,则主要是与苗蛮集团和百越集团的争夺。

　　鄂东南地区是苗蛮集团、东夷集团和百越集团的交汇区,据文献记载,在龙山时代末期至夏文化时期,与这一地区有关的主要是华夏集团同苗蛮集团之间的战争,这里发现的夏文化时期的遗存很可能即表明两者之间确实发生过关系。

　　三苗是南方苗蛮集团的一支[2]。三苗的活动区域,在《战国策·魏策一》中有较为具体的记载:"昔者三苗之居,左彭蠡之波,右有洞庭之水,文山在其南,而衡山在其北,恃此险也,为政不善,而禹放逐之。"关于其中涉及的地名和相对应的考古学文化学者多有争议,不能确指。而大致的活动范围在长江中游的两湖流域之间,江汉地区可能正是三苗的腹地。同时,三苗的活动范围存在着变迁。这从尧舜禹对其的征伐过程中即可看出。

　　《吕氏春秋·召类》记载:"尧战于丹水之浦,以服南蛮。"《六韬逸文》:"其与有苗战丹水之浦"[3]。郭璞注《山海经·海外南经》:"昔尧以天下让舜,三苗之君非之,帝杀之。"可见,此时的战场是位于南阳地区,而三苗的主要势力范围也当距此不远。

　　而到虞舜时期与三苗斗争更为激烈。《左传·昭公元年》记:"虞有三苗"之患。《战国策·秦策》记:"舜伐三苗。"《孟子·万章上》:"杀三苗于三危。"《尚书·尧典》:"窜三苗于三危。""分北三苗"。可见,虞舜时开始了瓦解三苗的进程。而结果却是"舜葬于苍梧之野"——"舜征有苗而死,因留葬焉"(《礼记·檀弓下》及郑注)。"苍梧"有很多学者研究是在湖南零陵、宁远县境。近年来,在宁远县境的九嶷山进行的考古发掘发现了目前所知最早的舜帝陵庙[4],也为这种推测提供了一定的证据。可见,虞舜时三苗的活动范围较前可能已偏南。

　　华夏族对三苗的征服高潮是在大禹时。《墨子·非攻下》记载:"昔者三苗大乱,天命殛之……禹亲把天之瑞令,以征有苗……后乃遂几……天下乃静。"《国语·周语下》:"人夷其宗庙,火

[1] 邹衡:《夏商周考古学论文集》,第319页,文物出版社,1980年。

[2] (汉)司马迁著,〔日〕泷川资言考证,〔日〕水泽利忠校补:《史记会注考证附校补·五帝本纪》,第11页,上海古籍出版社,1986年。

[3] (清)孙同元辑:《六韬逸文》,《清史稿·艺文志》著录,中华书局,2006年。

[4] 《考古发掘证实传世文献——九嶷山舜帝陵庙遗址经专家论证确认》,《中国文物报》2004年8月18日第1版。

焚其彝器，子孙为隶，下夷为民。"似乎经过这场战争，三苗即一蹶不振了。

考古学界一般认为大概从中原龙山文化前后之交，以王湾三期文化为主体的中原龙山文化大幅度向南扩张，进入南阳盆地、鄂北地区，这里的石家河文化遗址中出现了中原龙山文化后期的类型器物（如罐形鼎、深腹罐等），此地的石家河文化即开始逐渐式微。而到夏文化初期，中原文化更以强劲势头向南推进，从伊洛河平原、中岳嵩山周围南下到丹江、淅川河、湍河、唐河、白河流域，在南阳盆地形成带有一定地方特色的夏文化，更沿汉水南渐，越过伏牛山，其影响波及长江之滨。而当地的石家河文化则从豫西南、鄂西北逐渐后缩，并形成了与夏文化关系密切的后石家河文化。这些可能与尧舜禹大败三苗的传说相符[1]。

对于三苗的征伐是夏文化深入江汉平原乃至鄂东南地区的关键，它打通了南下的道路。不仅有夏一代日益南渐，而且也为商周时期的扩张打下了基础。夏文化沿着尧舜禹时代开辟的道路，一路向南，在二里头文化一期时抵达鄂西和鄂北一带，至迟在二期晚段时即抵达了鄂东南地区，并渐次向东和向南扩展。而二里头文化晚期时夏文化在随枣走廊一带的经营也为商周时期将此地作为南下扩张的重镇埋下了伏笔。

2. 商周时期的鄂国与扬越

《史记·殷本纪》载，纣"以西伯昌、九侯、鄂侯为三公。九侯有好女，入之纣，九侯女不喜淫，纣怒，杀之，而醢九侯。鄂侯争之强，辨之疾，并脯鄂侯。"[2] 由此看来，至迟在商代末年，鄂国即已存在，并且在商代晚期的政治中具有举足轻重的地位。

西周曾有姞姓鄂国，金文作"噩"。鄂侯在西周晚期曾与王室通婚，于厉王用兵南方归途中觐见纳礼，得到厚赏，但不久叛变，成为南淮夷、东夷侵犯王朝境土的带头人，结果被王师攻灭[3]。关于鄂国的有铭青铜器目前可见21件，大多数均为西周早期之时[4]，可见商末的鄂侯世系于周朝建立后得以继续。兹将所见主要鄂国青铜器列于下，并根据铭文内容和出土地点推定鄂国的地望和变迁以及可能的与考古学文化的对应关系。

西周早期器，共15件。

噩（鄂）叔簋　上海博物馆藏，铭文"噩叔作宝尊彝"[5]。

噩（鄂）季奞父簋　上海博物馆藏，铭文"噩季奞父，作宝尊彝"[6]。

噩（鄂）侯弟厤季卣　上海博物馆藏，铭文"噩侯弟厤季作旅彝"[7]。

噩（鄂）侯弟厤季尊　1975年，湖北随州羊子山有一簋一尊同出，器内底铸铭文："噩（鄂）季

[1]　罗琨：《二里头文化南渐与伐三苗史籍索隐》，中国先秦史学会等编：《夏文化研究论集》，第197～204页，中华书局，1996年。杨新改、韩建业：《禹征三苗探索》，《中原文物》1995年第2期。刘彬徽：《关于三苗与三苗文化的讨论》，《江汉考古》2003年第4期。

[2]　（汉）司马迁著：《史记》卷三，第106页，中华书局，1959年。

[3]　事见"鄂侯驭方鼎"和"禹鼎"，参见李学勤：《谈西周厉王时器伯父簋》，《安作璋先生史学研究六十周年纪念文集》，齐鲁书社，2007年。郭沫若：《禹鼎跋》，《郭沫若全集》（考古编）第六卷，第70～76页，科学出版社，2002年。

[4]　陈荣军：《鄂国金文综考》，王晖编著：《西周金文与西周史研究暨第10届中国先秦史学会年会论文集》，第135～143页，三秦出版社，2018年。

[5]　上海市文物保管委员会：《近年来上海市从废铜中抢救出的重要文物》，《文物》1959年第10期。

[6]　马承源：《记上海博物馆新收集的青铜器》，《文物》1964年第7期。

[7]　马承源：《记上海博物馆新收集的青铜器》，《文物》1964年第7期。陈佩芬：《夏商周青铜器研究·西周篇上》，第192～193页，上海古籍出版社，2004年。

侯弟厝季作旅彝”[1]。

噩（鄂）侯弟厝季簋　洛阳市出土。铭文“噩侯弟厝季自作簋”[2]。

噩（鄂）侯鼎　澳门拍卖会流散文物。铭文“鄂侯作宝尊彝”[3]。

另外，2007年在随州安居羊子山发现了一批西周早期鄂国的青铜器，公布的M4中的20件青铜器中，有5件带有“鄂”字铭文，分别为鄂仲鼎、鄂侯卣、鄂侯罍、鄂侯方罍、鄂侯盘[4]。

西周晚期器，共6件。

噩（鄂）侯驭方鼎　为周厉王时器，记载了王征南国，在回程的途中于坏接见了鄂侯之事[5]。

禹鼎　宝鸡岐山出土，为周厉王时器，稍晚于鄂侯驭方鼎。记载了南淮夷和东夷在鄂侯的带领下广伐南国、东国，并一直进占到了伊洛地区，王命禹帅王师攻伐，并将鄂灭国的事迹[6]。

鄂姜簋　河南南阳夏响铺M1出土，西周晚期器。记载了鄂国与宗周贵族的联姻关系[7]。

那么，这个在商末和周初便相当显赫的鄂国位于什么地方，学者们主要有三种意见。

第一种意见源于王国维和郭沫若先生认为鄂在“今河南沁阳县西北”[8]。而据“禹鼎”铭文可以看出，鄂应在南方，此说尚可斟酌。

第二种意见的代表是徐中舒先生。他提出东鄂和西鄂的说法。西鄂在南阳盆地，东鄂在湖北武昌[9]。后来学者多从此说[10]。

按《汉书·地理志上》南阳郡有西鄂，颜师古注引应劭云：“江夏有鄂，故加西云。”[11]，楚是否有“西鄂”之称，没有证据。读《史记·楚世家》，周夷王时楚熊渠“甚得江汉间民和”，兴兵伐庸、扬粤（越），至于鄂，“乃立其长子康为句亶王，中子红为鄂王，少子执疵为越章王，皆在江上楚蛮之地”说明夷王时的鄂肯定是江夏的鄂，今湖北鄂城。《楚世家》接着讲：“及周厉王之时，暴虐，熊渠畏其伐楚，亦去其王”[12]，可证厉王时鄂侯只能在鄂城。

[1] 随州市博物馆：《湖北随县发现商周青铜器》，《考古》1984年第6期。

[2] 洛阳师范学院、洛阳市文物局：《洛阳出土青铜器》，紫禁城出版社，2006年。

[3] 崇源国际2008年春季艺术品拍卖会：《中国古董》，38，2008年4月。

[4] 湖北省文物考古研究所、随州市博物馆：《湖北随州叶家山西周墓地发掘简报》，《文物》2011年第11期。随州市博物馆：《随州出土文物精粹》，文物出版社，2009年。张昌平：《论随州羊子山新出噩国青铜器》，《文物》2011年第11期。李学勤：《由新见青铜器看西周早期的鄂、曾、楚》，《文物》2010年第1期。

[5] 铭文较长，不再摘录，可见《殷周金文集成》，第2810号，中华书局，1984～1994年。《王国维遗书》（四）《观堂别集》卷二《鄂侯驭方鼎跋》，上海古籍书店影印，1983年，页集二-三。

[6] 可见《殷周金文集成》第2834号，中华书局，1984～1994年。徐中舒：《禹鼎的年代及相关问题》，《考古学报》1959年第3期。

[7] 吴镇烽编著：《商周青铜器铭文暨图像集成续编》，第2卷第205页0479号器，上海古籍出版社，2016年。

[8] 《王国维遗书》（四）《观堂别集》卷二《鄂侯驭方鼎跋》，上海古籍书店影印，1983年，页集二-三。《郭沫若全集》（考古编）第七卷第330页，第八卷第231～234页，科学出版社，2002年。黄尚明：《从考古新材料看鄂国的历史变迁》，《华中师范大学学报（人文社科版）》，2015年54卷1期。

[9] 徐中舒：《禹鼎的年代及相关问题》，《考古学报》1959年第3期。

[10] 杨宝成：《鄂器与鄂国》，《洛阳考古四十年》，科学出版社，1996年。李峰：《西周的灭亡——中国早期国家的地理和政治危机》，第120页，上海古籍出版社，2007年。只是后者不同意东鄂之说。另外，近些年配合南水北调工程而发掘的南阳夏响铺墓群实际上已经基本解决了东鄂和西鄂的论争，并且与禹鼎的记载完全相符，即：厉王时期宗周王朝攻灭了位于东部的鄂国，而将其迁到了南阳盆地继续延续到春秋时期。文献中记载的东、西鄂实际上是对不同时期鄂国地望的误读。参见：崔本信、王巍：《南水北调中线工程南阳夏响铺鄂国贵族墓地发掘成果——对西周晚期到春秋早期鄂国研究将是一个突破》，《中国文物报》2013年1月4日第8版。

[11] （东汉）班固：《汉书》卷二八上，第1564、1565页，中华书局，1962年。

[12] （汉）司马迁：《史记》卷四十，1692页，中华书局，1959年。

第三种意见以陈梦家先生为代表。陈先生在《西周铜器断代》曾几次论及鄂的位置。他说：
"上海博物馆所藏'鄂叔''鄂侯弟''鄂季'三器，都是西周初期器，可能属于成王。后二器据
说出于湖北，则有可能属于武昌之鄂，那么楚地之有'鄂侯'，远在西周之初。"[1]。陈说的特点，
在于考虑到青铜器的出土地，当是最接近实际情况的。

另外，著名的"安州六器"[2] 和静方鼎 [3] 中都提到了鄂，这些青铜器都属于周昭王伐楚和南巡
时期 [4]，李学勤先生认为"静方鼎"中提到的"在曾、鄂师"，是指驻留在两国的王师，因而昭王
命静统辖；中甗中提到的"在鄂师"也是屯驻鄂国的王师。中在曾即今随州受命出使诸侯，由
方、邓开始省察，途中到了"在鄂师"的驻所，这时有伯买父来，率众戍守汉水中间的两块土地。
由此很容易看出，鄂国就是在汉水当地 [5]。

另外，从对上文中鄂东地区的考古学文化分析中，我们也可以看出与商文化和西周文化关系
密切的文化遗存主要分布在巴水以西地区 [6]。而巴水以东则以地方土著文化为主，有着一套独特的
器物群，与商周文化的关系不大，但其与巴水以西的文化遗存是存在较密切的关系的，尤其是鼎
式鬲这种器形是两地共有的文化特征。联系到商末和西周初期中原王朝和鄂国的关系，以及鄂国
存在于商代晚期和西周时期的情况，我们倾向于认为鄂国主要活动范围应分布在巴水以东包括长
江南岸的地域范围内，即我们所提出的大路铺遗存。大路铺遗存自商代晚期开始出现，在商代末
期时分布范围跨过长江，西周时期与周王朝和东夷、南淮夷的关系均较密切，这一切均同文献记
载中的鄂国相符。商代晚期，鄂是中原王朝势力在随枣走廊南部的重要代言，是其与东方和南方
联系的重要渠道，也是取得铜矿资源的保障，因此鄂公位列三公之一。西周早期，宗周与鄂的关
系较紧密，西周文化和大路铺遗存的混合遗存一度越过巴水抵达到了蕲春一带。西周中晚期，宗
周文化势力逐渐减弱，西周文化因素随之大量减少，大路铺遗存又一度越过巴水而分布到随枣走
廊的南缘。大路铺遗存还自商代晚期开始就与江淮西部地区保持着较密切的关系，西周时期关系
更为密切。鄂国在西周时期所处位置的重要之处还在于，它能为王朝取得丰富的铜矿资源，并且
保证长江中下游之间运输路线的畅通。因此这也决定了它能通过长江和淮河上游方便的与南方和
东方地区联系，从而可以联合南淮夷和东夷集团联合反周（此处的东夷指南淮夷以东的夷族，并
非指鄂国与其相邻。东夷、南夷均为泛指，见第二章和第四章的相关论述），周王亲征南淮夷后也
能借道鄂国返回中原。这些都与铭文资料和文献记载的情况是吻合的 [7]。

---

[1] 陈梦家：《西周铜器断代》，第71页，中华书局，2004年。

[2] 它们发现于北宋宣和年间，埋藏在距离周都遥远的南交通要道随枣走廊的南部出口处，这些青铜器铭文中提到了周人对长江中
游的战争。见《殷周金文集成》949、2751～2752、2785号，中华书局，1984～1994年。另见《郭沫若全集》（考古编）第八卷，第49～57
页，科学出版社，2002年。

[3] 见李学勤：《夏商周年代学札记》第22～30、76～78页，辽宁大学出版社，1999年。

[4] 李学勤：《论周初的鄂国》，《中华文化论丛》，2008年总第92辑，上海古籍出版社，2008年。李峰也认为它们属于西周早期
末，见《西周的灭亡——中国早期国家的地理和政治危机》，上海古籍出版社，2007年。

[5] 李学勤：《论周初的鄂国》，《中华文化论丛》，2008年总第92辑，上海古籍出版社，2008年。李学勤：《湖北叶家山西周墓地
笔谈》，《文物》2011年第11期。曹淑琴：《噩器初探》，《江汉考古》1993年第2期。

[6] 有学者论说巴水以西孝感地区西周时期的文化遗存，认为这里实际上也是存在文化复杂性的。既不同于中原西周文化，又不同于
鄂西和鄂东南地区西周时期文化。但相对于鄂西和鄂东南地区来说，这里的文化受到中原商周文化的影响要明显强于以上两地，实际的考
古学文化面貌上也证明了这一点。它们实际上就是位于商王朝和西周王朝边界地区的方国，是中原王朝的实际控制区域。参见：周厚强：
《孝感地区西周时期文化初析》，《江汉考古》1985年第4期。

[7] 此说也部分得到其他学者的支持，如杜勇：《新出金文与鄂国史地问题考辨》，《宝鸡文理学院学报（社科版）》2018年38卷2期。

但是，鄂国作为商周王朝的重要方国，与商周王朝均不同族。有论者据考古发现并结合文献资料，将英山至岳阳一线划归古越族北界，并将北至英山、南至通城，东至黄梅和九江，西至武昌的范围内所发现的数十处上起新石器时代，下至春秋时期的古遗址归于古越族文化遗存，而鄂城至黄石一带为古越族的一支——扬越居地。上文所论鄂东南地区西周时期的乙组器物中的刻槽足鬲、长方形镂孔豆、带耳甗为代表的古文化即属扬越文化[1]。也有论者认为长江中游鄂东南—赣西北—赣北（鄱阳湖以西）这一广阔地区表现出的考古学文化面貌，"既与宗周文化不尽一致，与鄂西江汉地区的楚文化也明显不同，而是一种有着浓厚地区特色的新的文化区系类型"[2]，这种非周、非楚的文化区系类型，无疑就是古越族文化，而且是扬越文化。西周文献中出现的扬越，"虽泛指一定地域及江汉地区的扬越族人，但当时扬越的地望不仅包括江汉地区，而且还分布在鄂东南以及湖南和江西的大片地区，其东界大体以鄱阳湖为界，鄱阳湖以西的赣北、赣西北及赣江西岸都系古扬越人的分布范围"[3]。实际上，以上两者的论述并不矛盾，从鄂东南和赣北地区的文化面貌来看，大路铺遗存首先是在商代晚期开始于鄂东南地区的大冶、黄石一带地区的，到西周时期，逐渐延续到赣北地区，并向北跨过长江，向东进入江淮西部地区。相对应的扬越集团的势力范围也逐渐扩展至更广大的地区。

扬越是百越的一支，关于百越的来源和族属主要有两种观点，一是认为其族属应为土著越族[4]；二是认为其是三苗的后裔[5]。笔者认为，在中国古史中往往是华夏、东夷和苗蛮并列，而很少在三大势力集团中提及百越。近年来虽然有学者根据对江南文化和越文化的研究，认为三大集团之外，应该还有一个百越集团存在，它的代表性特征即为几何印纹硬陶，笔者认为此说极有见地。但是，百越集团并不与其他三个集团同时活跃，而是在三苗集团衰落之后才正式立于历史舞台的，因此它的兴起当与三苗集团的衰落有着密切的关系[6]。也就是说，中原王朝的向南进取，联合更南的百越集团以形成对东夷和三苗集团的夹击之势，而三苗集团也向南进入百越地区，从而促进了百越集团的崛起，这一过程应在夏代之初即已开始，在二里头文化二期时达到最强。比如赣鄱地区东部万年文化的形成就是这一介入过程的体现。

商周时期的古越族，与古史传说中的三苗一样，种姓繁多，向有"百越"之称。地域分布很广，正如《汉书·地理志》引臣瓒的话所说"自交趾至会稽七八千里，百越杂处，各有种姓"。不同种姓的物质文化和风俗亦可能存在差异。鄂东南地区是百越民族居地的西北边缘地带，与中原文化区接壤，相互间的影响和交流是必然的，故其文化面貌呈现出多样性的特征，与东南地区的百越文化相比有所不同。例如作为百越文化主要标志之一的几何印纹陶和原始瓷在鄂东南地区虽有出土，但并不突出，而受鄂东姬周文化的影响却比较明显。说明其虽然与宗周王朝的地方封国之间存在地域纷争，但在一定程度上还是受到宗周王朝的制约的。

4．其他诸侯国和势力集团
长子

[1] 刘玉堂：《扬越与楚国》，《江汉论坛》专刊《楚学论丛》，1990年。
[2] 彭适凡等：《"吴头楚尾"地带古铜矿年代及其族属考》，《百越民族研究》，江西教育出版社，1990年。
[3] 彭适凡等：《江西瑞昌商周矿冶遗存与古扬越族》，《江西文物》1990年第3期。
[4] 陈国强：《百越民族史》，中国社会科学出版社，1988年。
[5] 侯哲安：《三苗考》，《贵州民族研究》1979年第1期。
[6] 彭适凡：《中国南方古代印纹陶》，文物出版社，1987年。

长子国无文献无载，只见于考古资料。1977～1978 年，考古工作者在鲁台山遗址发掘了 5 座西周贵族墓，在出土的一件青铜圆鼎上，有"长子狗作文父乙尊彝" 9 字铭文。黄锡全以为，器铭"长子狗'，之"长子"即商代甲骨文"长子惟龟至"之"长子"。"长子"曾向商王朝贡龟，说明它是在商代已建立于南方江汉二水汇合处并臣服于商的一个方国。鲁台山遗址西周墓的填土中出土有商代的陶鬲足等器物，说明此地西周前曾有商人活动过。离鲁台山不远的盘龙城、袁李湾等处，以及孝感、安陆、应城等地都发现有商周遗址，并且有西周早期文化层叠压在商代文化层之上的地层关系，证实这一带西周文化的前身是商文化[1]。又据与"长子狗"圆鼎同出的"公大史"方鼎有铭"公大史作姬夆宝尊彝"分析，长子已与周室联姻，表明周灭商后长子又臣服于周，而且同周的关系非同一般[2]。

举

举于文献无载，仅见于甲骨卜辞。《殷契佚存》498 是一版武丁时期的卜骨，刻有数行同文卜辞，内容为："贞，令望乘眔舉乏虎方？十一月。"望乘是商朝经常率军出征的武将，"眔义为及，"乏"为犯；"舉"即举，这条卜辞是记载武丁命令望乘和舉侵伐虎方。与此有关的同时期卜辞有《掇续》62："乙未（卜）贞，立事于南，右比□，中比舉，左比幽？"这条卜辞中的右、中、左，应指商朝的三军。卜辞里商军同诸侯的武装力量相配合，都称为"比"，这里是三军各与一国的武装配合。舉和《佚存》498 的舉显然是同一国名，为汉东举水流域方国，与"虎方"相邻[3]。按举水经麻城、新洲、团风等市县入长江，举立国于举水中游今麻城、新洲交界处的可能性较大[4]。

从地理上看，江汉地区出入中原的道路有三条：一是经汉水过襄（阳）邓（城）沿唐、白河而上进入南阳盆地；二是经随（州）枣（阳）走廊出大别山口，向北下南阳，向东可抵江淮；三是沿滠水北过大别山"义阳三关"，依靠淮河支流进入中原。前两条路线是二里头文化南进的主要路线，而并不为商文化所重点利用[5]。商人主要利用的是第三条路线，商文化的遗址也主要分布在第三条路线的沿线。周人的政治中心在关中，对于汉江和随枣走廊的战略地位尤为关注，有资料表明，在克商之前周人势力就已到达这里建立据点[6]。北宋时期，安陆出土"安州六器"中就有周昭王南征虎方的记载，证实这是周人南进的主要路线。目前湖北发现 70 余件西周有铭铜器绝大部分也分布在这条走廊上，所代表的既有南迁的氏族，如戈（戈父辛爵）、子（子父癸觯）[7]、鱼（鱼父乙爵）[8] 等族，也有原来的方国和土著，如大族（大爵）[9] 等，但大多数是被周人封在汉

[1] 陈贤乙：《江汉地区的商文化》，《中国考古学会第二次年会论文集》，文物出版社，1982年。

[2] 黄锡全：《黄陂鲁台山遗址为"长子"国都蠡测》，《江汉考古》1992年第4期。

[3] 江鸿：《盘龙城与商朝的南土》，《文物》1976年第2期。

[4] 刘玉堂、李安清：《西周时期湖北地区的封国和方国》，《襄樊学院学报》2000年第21卷第4期。

[5] 拓古先生认为，从盘龙城、岳阳铜鼓山和荆南寺诸遗址分析，二里冈文化时期商人势力是由北进入盘龙城，再逆江而上至荆南寺，并与三峡地区交互影响的。因为在整个商文化时期，难以找到商人通过南阳盆地进入长江一线的证据，甚至迄今为止，在南阳盆地及襄樊地区，典型商文化遗存的发现也寥寥无几。见拓古：《二里头文化时期的江汉地区》，《江汉考古》2002年第1期。我们认为，商人对于随枣走廊南缘也是倾注了较大精力的，而这主要是在商代晚期，即大致在商王武丁以后。这里在应城、大悟、孝感、安陆、随州等地发现的大量商代晚期的商式青铜器。见张昌平：《夏商时期中原与长江中游地区的文化联系》，《华夏考古》2006年第3期。

[6] 许倬云：《西周史》，第89、90页，生活·读书·新知三联书店，2001年。

[7] 随州市博物馆：《湖北随县安居出土青铜器》，《文物》1982年第12期。

[8] 随州市博物馆：《湖北随县发现商周青铜器》，《考古》1984年第6期。

[9] 襄樊市博物馆等：《襄樊市谷城县馆藏青铜器》，《文物》1986年第4期。

水以东，随枣走廊一带的异姓国，如邓（曼姓，邓公牧簋）[1]、黄（嬴姓，黄季嬴鼎）[2]和姬姓国，如鄀（鄀公汤鼎、鄀公伯盭簋）[3]、蔡（蔡大善夫簠）[4]。而其中以曾国为最大，出土的青铜器也最多。这些所反映的史实是：江汉、江淮这些铜矿资源重地的势力集团叛服无常，周人连年征伐难以为继，在昭王南征死于汉水之后，就主要靠所封同姓方国来保持控制，从穆王开始，到共、懿、孝、夷诸世，基本不变，这些姬姓方国中最大的就是随国。《左传·桓公六年》称："汉东之国随为大"。李学勤指出，随国就是曾国[5]。从出土铜器铭文可知它是穆王嫡支，因此可以说，在春秋以前，与宗周关系密切的方国青铜文化是鄂东地区青铜文化的主流。

　　史籍记载，西周时期的南阳盆地和随枣走廊地区是所谓的"汉阳诸姬"所在地。以上诸国在东周时期先后被楚国所灭[6]，但是其立国时间却史无明载，作为"汉阳诸姬"的组成部分，应当是在周初两次分封诸侯时立国的。宋代出于孝感的安州六器中的"中甗"铭记周王南巡时，涉及唐、曾等地，多数学者认为曾即随，安州六器被认为是昭王或成王时器[7]，这说明随（曾）、唐在西周前期已在南方立国，很可能在成王时期的大分封中进入江汉地区。考古发掘资料为这一推测提供了证据，特别是枣阳毛狗洞、随州庙台子、安陆晒书台等遗址都发现有西周早期的文化遗存，其文化面貌与关中地区西周文化非常接近，说明这些地区已被纳入姬周文化圈之内。但是，甲组器物在鄂东南地区的分布实际上大大超过了随枣走廊的范围，如果说甲组器物代表的是姬周集团文化，那么从汉水以东到巴河以西，长江以北的鄂东北广大地区都是这一文化的分布范围[8]。这一区域与鄂国毗邻，文化因素互有渗透，但总体上鄂国的文化势力似乎表现的更为强烈一些，尤其是在西周中晚期，鄂国势力一度分布到随枣走廊南缘和巴水以西地区，而宗周文化因素并不占主导地位，反映了西周王朝在鄂东南地区的经略在很大程度上是依赖鄂国的。至于近些年随州羊子山鄂国贵族墓的发现并不能证明这里即是鄂国的中心地带，也许正是宗周王朝控制鄂东南地区的一种策略，即使其方国势力范围与王族居住区域分开，以达到鄂国为中央王朝服从的目的。

---

[1]　襄樊市文物管理处：《湖北襄樊拣选的商周青铜器》，《文物》1982年第9期。

[2]　鄂兵：《湖北随县发现曾国铜器》，《文物》1973年第5期。

[3]　随州市博物馆：《湖北随县新发现古代青铜器》，《考古》1982年第2期。

[4]　襄樊市博物馆：《湖北宜城出土蔡国铜器》，《考古》1989年第11期。

[5]　李学勤：《曾国之谜》，《光明日报》1978年10月4日。

[6]　叶植：《汉淮间诸侯国及其与楚的关系》，《东南文化》1994年第3期。

[7]　唐兰：《西周青铜器铭文分代史征》，第285页，中华书局，1986年。

[8]　这一"姬周集团文化"泛指西周时期与中原西周文化面貌相同或相近的考古学文化，其国属有可能是姬姓，也可能是异姓。由于在随枣走廊以东的鄂东和鄂东北地区相当于西周早期的遗存目前很少发现，其族属情况不敢遽断，但从西周中晚期开始这片地区兴盛的是包含宗周文化和楚文化因素的文化遗存，与乙组文化因素并不相同，因此，我们推测在西周早期这片地方也应该属于"姬周集团文化"，只是族属可能并不属于姬姓，很可能是宗周所分封的异姓诸侯。

第八章　赣鄱地区考古学文化格局研究

第一节　典型遗址的分期

1. 樟树筑卫城遗址

筑卫城遗址位于樟树市大桥乡，是赣鄱乃至江西地区发现较早也是较为典型的新石器时代晚期至青铜时代的遗址。

遗址分别于 1974 年和 1977 年进行了两次发掘，第一次发掘将遗存分为下层和上层，分别相当于新石器时代晚期和东周时期，东周时期的地层中包括有商和东周时期的遗物，但未能从地层上进行区分，其中商时期遗物与同时期的吴城文化有较多的相似，应该属于同一个文化系统。第二次发掘在第一次发掘的基础上，进一步将下层文化分为下层和中层两个阶段，分别相当于新石器时代晚期和末期，有学者已经将新石器时代晚期的文化命名为"筑卫城文化"[1]，末期的年代已经进入中原夏代纪年；上层的商周文化仍然没能在层位上分出，但发现了除吴城文化因素和东周文化因素之外的西周时期文化遗物，说明自新石器时代晚期开始，一直到东周时期，筑卫城地区就一直有人类生存和居住。

筑卫城中层文化与下层文化是一脉相承的同一系统文化，虽然从文化的发展阶段来看，两者都属于新石器时代文化[2]，但相对于下层文化来说，中层文化中出现了一些与中原夏文化相似的因素，比如细高柄豆、侧装鼎足等（图 114，7、9）。因此可以说，筑卫城中层文化在时代上已经进入了中原的青铜时代。

上层文化包括商、西周、东周三个时期的遗物，其中，属于商代的遗物有长颈、方唇、颈腹间折度明显的分裆鬲、折肩尊、折肩罐、大口尊、双腹束腰甗、器盖、折肩罍、圈点纹粗柄豆和纺轮等，与吴城遗址的同类器物较为接近，是典型的吴城文化遗物。几何印纹陶的纹样，如圈点纹、云雷纹、凸方块纹、叶脉纹、锯齿状附加堆纹、刻划纹及篦点纹等，与吴城二期接近，一直延续到吴城遗址三期。

属于西周时代的遗物有束腰联裆乳丁状足甗、带护耳甗、敞口折腹高圈足豆、肩腹部饰竖向扉棱的罐等，其器形和纹饰既具有西周时期南方系统共同的文化因素，比如豆、罐等，与宁镇区域的基本相同；又延续了本地域独有的文化传统，比如甗等，其时代大约在西周中晚期。

[1] 江西省博物馆、江西省文物考古研究所：《十年来江西的文物考古发现与研究》，《文物考古工作十年（1979~1989）》，文物出版社，1990年。也有学者将其命名为樊城堆类型，考虑到筑卫城遗址发现和发掘较早，地层堆积分的更清楚，按照考古学命名的通例，笔者认为用筑卫城文化较好。

[2] 邹衡先生说："在夏代，江南广大地区似乎还处于新石器时代的末期。"邹衡：《江南地区诸印纹陶遗址与夏商周文化的关系》，《文物集刊·3》，文物出版社，1981年。

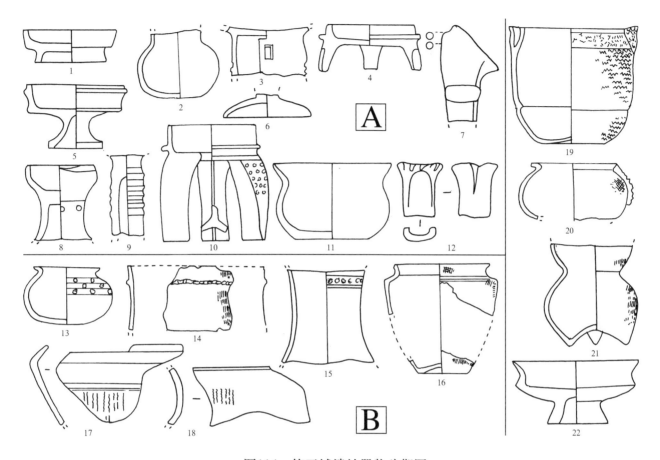

图114　筑卫城遗址器物分期图

1.盘T24③：22　2、13、16、17、20.罐T23③：31、T18①：3、T26①B：8、13、T5②：1　3、5、8、9、15、22.豆T25①B：112、T25③：54、T24③：21、T26①B：22、9、T24②：19　4、10.鼎T24③：96、20　6.器盖T25①B：126　7、12.鼎足T20③：28、T25③：85　11.釜T25③：55　14.缸T2②：2　18.鬲T25①B：115　19、21.瓿T14②：14、T21①B：15　（A.夏文化时期；B.商代中晚期；C.西周中晚期）

2.萍乡禁山下遗址

禁山下遗址位于赣西罗霄山谷赣江支流袁水的源头芦溪县。1998年发掘了125平方米。发掘者将3层遗存分为三期，第一期相当于新石器时代晚期，与上面提到的筑卫城文化为同一系统。第二期仅见H5和H7两个灰坑，陶器以夹砂为主、颜色以灰色最多，器表多素面，纹饰主要为刻划纹和戳印纹，器类有鼎、罐、盆、钵、盘、盉、器盖等。从陶器的形制分析，其第二期大多为本地筑卫城文化传统的延续，与筑卫城遗址中层器物较多相同。并且，同筑卫城中层一样，也发现了少量夏文化的因素，比如盉、深腹盆、瓦足盘、敛口瓮、侧装扁鼎足和报告中归入第三期的中部鼓出的豆柄、鬶足、细颈壶等（图115，2、3、5、6、9～12）。可见，第二期文化亦相当于中原夏文化时期。

第三期文化遗存中的罐、盆、豆等器物虽然与第二期有些许的继承关系，但文化性质无疑已经发生了改变。比如器物组合中瓿形器取代了鼎成为最主要的炊器，烧制温度极高的原始瓷、釉陶器常见，拍印几何纹种类较多。折肩罐、豆、尊、瓿形器等器形与吴城文化有继承关系，但占吴城文化主体地位的鬲等器形不见。矮圈足簋与中原商代晚期的同类器相似，饰圆窝纹和刻槽的鼎足与鄂东南地区西周早期文化相似。综合以上因素，我们认为禁山下遗址第三期文化

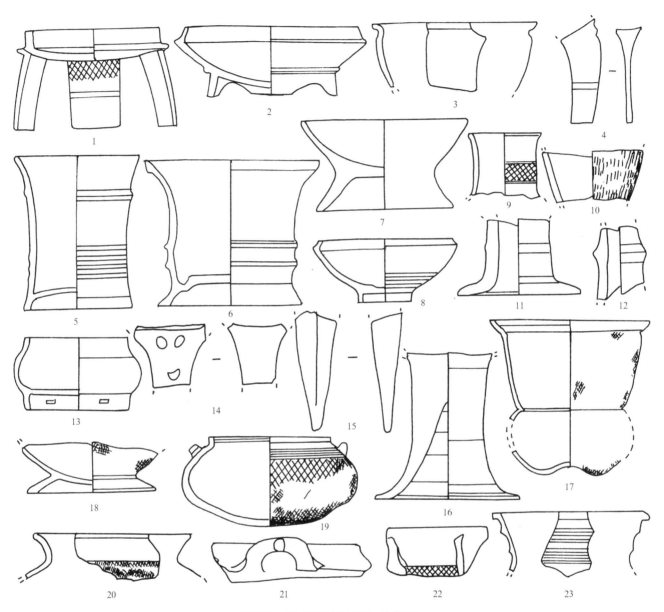

图115　禁山下遗址器物分期图

1.鼎H7：2　2.盘H7：13　3.盆H7：48　4、14、15.鼎足H7：9、T3①：7、T1②：15　5、6.瓢H7：57、56　7、11、12、16.豆H7：17、
T5①：50、T5②：55、T1③：19　8.钵H7：58　9.细颈壶H6：30　10.鬶足T2③：6　13.盂T1③：3　17、21、22.甗G1：2、T5①：12、
T2②：5　18.簋T5①：61　19、20.罐T5①：41、T3②：4　23.尊T1③：23　（1～12.夏文化时期；13～23.西周早期）

遗存大致相当于西周早期（图115）。

3. 樟树吴城遗址、新干大洋洲商墓和牛城遗址

吴城遗址位于樟树市吴城乡萧江二级台地的山前地带，是长江以南地区第一个发现的年代明确的青铜时代遗址。也是中原地区之外较重要的一处商代时期的城址遗存。自1973～2002年，在城内和城墙处共进行了10次发掘，发现了大量的文化遗物。基本弄清了城址的范围、功能区的分布、始建及延续使用的年代、与周边文化，尤其是与中原商文化的关系等诸多问题。

前三次的发掘确定了吴城遗址一共经历了三期的发展，分别相当于二里冈上层、殷墟早中期、商代末期至西周初期[1]，1981年李伯谦先生进一步将其绝对年代修订为商代二里冈上层、殷墟早期和殷墟晚期[2]，发掘报告将吴城遗址进行了更为完整、细密的分期，建立了三期七段的分期标尺。将原来的第一期分为2段、第二期分为3段、第三期分为2段，七段的年代分别相当于二里冈上层一期、二里冈上层二期、殷墟一期（盘庚～武丁早期）、殷墟二期早段（武丁晚期）、殷墟二期晚段（祖庚～祖甲）、殷墟三期（廪辛、康丁、武乙、文丁）、殷墟四期（帝乙、帝辛）。根据绪论中对商文化时间范围的把握，吴城遗址延续使用的年代自早商三期，一直到晚商四期，但这之中缺了一段中商第二期。

城址建筑依地形和水文环境，平面呈不规则的圆角方形，北宽南窄，北城垣长约1000、南城垣长约740、东城垣长约666、西城垣长约554米，城内南北最宽处约800米，周长约2960米，城内面积约61.3万平方米。城内可以分为制陶、居住区、铸铜区和祭祀区几个大的功能区（图116）。依据以上的分期标尺，我们知道，吴城城址城垣的修建始于第一期晚段，而城垣规模和体量的确定是在吴城二期一段，自本段开始，吴城的各项功能逐渐完善，包括了城壕的修筑、制陶区的兴盛和冶铸遗址的出现都在本期开始。而自二期中段开始至三期早段，出现了大型的宗教祭祀区，代表了吴城开始进入发展的繁盛期。三期晚段开始，整个吴城遗址开始衰落，其衰落的原因，发掘者根据城垣壕沟中发现的大量被砍伐的头颅，认为是受到了一场大规模战争的洗劫[3]。

关于吴城遗址的文化性质，从一开始就存在不同的看法。一种意见认为，吴城遗址是受到商文化的影响、包含一定的商文化因素而以土著因素为主的一支地方性土著文化；另一种意见认为，它虽有一些当地特征但仍然属于商文化传统，是商文化的一个地方类型[4]。报告运用文化因素分析方法在将吴城遗址的构成因素分为六组的基础上，结合其文化分期推定吴城遗址一期早段仅有甲、乙、丙、丁四组因素，其中甲组是由中原地区商文化传播来的因素，乙组"是来自中原商文化一支的人群来到吴城地区后，综合多种器物特征，因地制宜而独创出来的具有自身特点的"因素，以大口缸为主的丙组是来自商文化盘龙城类型的因素，丁组是"赣西地区真正的土著文化因素"。在四组因素中占主导地位的是甲、乙、丙三种因素，而这三种因素均与中原地区的商文化有密切关系，因而"吴城期早段文化"应是来源于中原商文化的一支。只是"这人群来到吴城地区后，其文化内涵自身与其母体产生了一定的变异，并对其母体文化进行了一定的创新"，通过以后的逐步发展，并吸收周邻地区的文化因素（戊组为赣东地区的万年类型文化因素；己组为宁镇地区的湖熟文化因素）从而构成了吴城遗址不同于中原的独具特色的文化内涵和面貌。

笔者认为，探讨一个文化的性质归属，必须要对此文化本身有一个前因后果的全面研究。即吴城文化是如何兴起的？其自身的文化因素和外来的商文化因素之间是何种关系？究竟是本地土生土长的因素先发展到一定程度之后，再受到外来因素的影响，还是反之？对早期文明的探索应解决原生和次生的问题[5]。笔者认为：第一期文化中，不见赣鄱地区的土著特点，

[1]　江西省博物馆、北京大学历史系考古专业、清江县博物馆：《江西清江吴城商代遗址发掘简报》，《文物》1975年第7期。

[2]　李伯谦：《试论吴城文化》，《文物集刊·3》，文物出版社，1981年。

[3]　江西省文物考古研究所、樟树市博物馆：《吴城——1973～2002年考古发掘报告》，第416页，科学出版社，2005年。

[4]　李昆：《试论吴城遗址文化类型与分布》，《东南文化》1993年第3期。李玉林：《吴城类型文化新探》，《东南文化》1991年第6期。

[5]　参见李政：《发现吴城、探索吴城——〈吴城〉报告首发式暨"长江中下游地区早期文明演进"座谈会实录》中宋建先生语，《南方文物》2006年第1期。

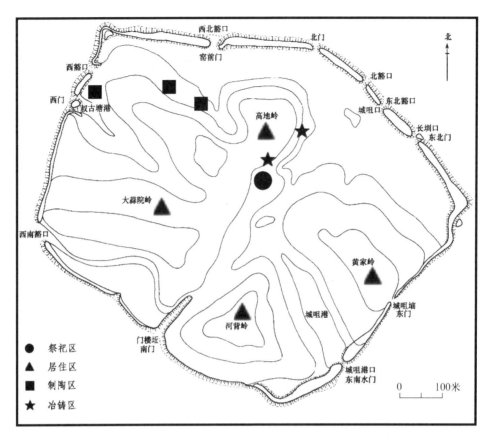

图116　吴城城址功能分区图
(根据《吴城——1973~2002年考古发掘报告》图二〇改绘，科学出版社，2005年)

表现为一种完全独立于土著文化内涵之外的文化类型，其文化特点与中原商周时期的文化极其相似，以商为代表的中原文化因素不但带来了标准的殷式鬲形器，而且使得赣鄱地区以吴城遗址为中心的地区铜器铸造业突然蓬勃起来，与当地的土著文化内涵泾渭分明，相重合文化因素极少。以此可以确定吴城文化的来源并非本地。进入商代中晚期阶段，随着中原商文化影响力的减弱，吴城二、三期内涵显然开始融合大量的土著文化因素，陶器中甚至出现了土著甗形器代替鬲形器的趋势，但至少在周初，吴城文化中的鬲形器因素仍属于大宗而与甗形器并存。使万年类型文化的文化水平相形见绌。这样的文化扩展速度，笔者以为已经超越了辐射扩散的概念，似乎可以称之为文化和思想意识方面的"侵入"了。并且从吴城遗址的发展过程来看，可以说是与商文化荣损与共，文化的发展过程保持了与商文化的高度一致性，在任何一个遗址或文化发展的过程中，总避免不了与周边文化的交流，出现某些地方文化因素是情理之中的。但是从其陶器和青铜器的时代感上来看，又落后于中原地区，其大量的青铜容器似乎并不是在本地所铸造，毕竟遗址中见到的基本上都是铸造青铜农具和兵器的石质范，因此，笔者认为吴城遗址在发展过程中始终未曾失去与商文化的联系，即使在商代晚期商王朝势力极度衰落的时候也是如此，比如殷墟早期的大洋洲器物群就表明吴城文化与商文化之间的密切关系。因此，吴城文化代表的是一个受商王朝控制的地方方国政权，只是与商王朝的关系时远时近而已。

1989 年，新干大洋洲器物群的发掘是有益于吴城遗址时代和性质判断的一次重大发现，它出土了青铜器 480 件、玉器 1072 件、陶器 356 件，其中，青铜器包括容器 10 种 50 件、乐器 2 种 4 件、兵器 10 种 273 件、手工工具 5 种 74 件和农具 11 种 53 件。

关于大洋洲器物群的性质，主要存在两种观点，一种主张墓葬说[1]，另一种主张祭祀说[2]。笔者以为同意为墓葬说不外以下几点：第一，出土器物附近的遗迹现象：有漆皮痕迹；椁室和棺室的范围和分界明显；椁室的东西两端各有宽 1.2 米的二层台；棺内还有分属三个个体的 24 枚人牙。第二，随葬品的种类：除出土较多的青铜器和玉器之外，还出土了 300 多件陶器，包括原始瓷器、硬陶器等。第三，相对于青铜器和玉器来说，陶器的时代性更为强烈，大致均处于吴城遗址的第二期。但是并不代表没有别的可能，因为，它埋葬的地点在赣江边并不适合做墓葬的沙洲上；其次，青铜器时代不同，形制各异，又没有一定的排列和规制，并且还有大量的青铜生产工具和手工业工具。乐器有 1 件镈和 3 件铙，江南地区铙多见于青铜器窖藏或是单独出土，像大洋洲这样与其他器物伴出的情况并不多见[3]，有学者专门研究认为南方出土的铜铙和北方出土的铜铙性质并不一样，南方的铙为祭祀山川或河流用器[4]；再次，在赣鄱地区，乃至长江以南的广大地区，一次性出土如此多的器物很少见，且多为窖藏或祭祀坑，用不同时代的青铜器随葬在北方中原地区不见，恰恰说明了大洋洲青铜器器物群应该代表的不是一朝一代的财富积累，而是经过了多年。一方面说明了青铜器的珍贵，另一方面也表明大洋洲器物群应该代表了一种特殊的意义，而不仅仅是某一个权威者的墓葬。第四，大洋洲器物群的时代大致与四川广汉三星堆祭祀坑相同，都处于武丁中晚期，认为可能与商王武丁对其的征伐有关[5]，但不同的是，大洋洲的器物群比三星堆的器物群少了些"强迫"的性质，它们似乎是很从容的被埋下的，火烧、毁坏的情况不多。因此，通过以上四点，我们认为，大洋洲器物群的被埋藏很可能代表的是一种宗教礼仪性质的祭祀行为，这种祭祀行为不同于三星堆祭祀坑的改朝换代性质，可能更多地体现了一种势力范围扩展行为。

大洋洲器物群的埋藏年代大致处于吴城遗址所分的第二期，即殷墟文化一期至殷墟文化二期。当然，也有不少学者根据陶器或青铜器的研究，认为时代可能早至二里冈上层[6]，或者晚至殷墟文化三、四期[7]，商末周初[8]，西周中期[9]，春秋早期[10]等诸说。大部分学者都认为应该属于殷

[1] 江西省文物考古研究所、江西省新干县博物馆：《江西新干大洋洲商墓发掘简报》，《文物》1991 年第 10 期。江西省文物考古研究所等：《新干商代大墓》，第 184～188 页，文物出版社，1997 年。彭适凡：《新干青铜器群研究中的几个问题》，《文物世界》2000 年第 1 期。

[2] 吴之邨：《三把伞得名考》，《南方文物》1994 年第 2 期。唐嘉弘：《关于江西大洋洲商周遗存性质的问题》，《中原文物》1994 年第 3 期。李家和：《江西商文化遗存的发现与研究——兼论大洋洲遗存之性质》，《中国商文化国际学术讨论会论文集》，中国大百科全书出版社，1998 年。彭明翰：《江西新干大洋洲商代遗存性质新探》，《中原文物》1994 年第 1 期。

[3] 施劲松：《我国南方出土铜铙及甬钟研究》，《考古》1997 年第 10 期。

[4] 王俊：《试论马鞍山青铜大铙的年代及其性质》，《东南文化》2006 年第 3 期。

[5] 赵殿增：《三星堆祭祀坑文物研究》，《三星堆与巴蜀文化》，第 90 页，巴蜀书社，1993 年。

[6] 安金槐：《新干青铜器的重大发现、揭开江南商代考古新篇章》，《中国文物报》1990 年 12 月 6 日。

[7] 陈旭、李友谋：《新干大洋洲商墓的年代和性质》，《南方文物》1994 年第 1 期。杨宝成：《试论新干大墓》，北京大学考古系编：《迎接二十一世纪的中国考古学国际学术讨论会论文集》，科学出版社，1998 年。李家和：《江西商文化遗存的发现与研究——兼论大洋洲遗存之性质》，《中国商文化国际学术讨论会论文集》，中国大百科全书出版社，1998 年。

[8] 高西省：《论周原地区出土的几种异形青铜兵器——兼论新干大墓的年代》，《文博》1994 年第 1 期。高西省：《初论江西新干大墓出土的三件镈》，《华夏考古》1998 年第 3 期。

[9] 林巳奈夫：《新干大洋洲出土青铜器的年代刍议》，《南方文物》1994 年第 1 期。

[10] 马承源：《吴越文化青铜器研究》，《吴越地区青铜器研究论文集》，两木出版社，1997 年。

墟早期[1]。笔者认为之所以存在时代判断出入较大的情况，与墓中出土的相当于中原地区不同时代的青铜器密切相关，这完全不同于中原地区墓葬中随葬品时代较单一的情况。而新干大洋洲墓中的青铜器时代不相同应该是客观存在的实际情况，笔者认为，这与它处于边远地区，青铜器较珍贵，甚至保留了很长一个时间段的青铜器同时在使用，更新速率相对于中原来说相当的慢有关[2]。但尽管如此，其时代也断不会晚至西周，因为那就是伴随了时代的变迁，王朝的更迭，随葬品中将会出现完全不同类的文化现象。笔者认真比较了墓葬中和吴城遗址出土的陶器，比如无论是陶、硬陶或原始瓷器都普遍的装饰圈点纹，带领器均高领，有沿器均折沿。联裆鬲体瘦高、折沿、直口微侈、腹部略鼓，原始瓷尊细高体、大口、高领、窄肩、凹圜底，小口折肩罐高领、折沿、鼓腹、凹圜底，深腹盆高领、折沿、颈腹间折、鼓腹、凹圜底，真腹豆浅腹、喇叭形圈足装饰"十"字形镂孔。以上这些特征均介于吴城遗址二期早段和中段之间，因此，笔者认为大洋洲器物群的被埋藏时代大致介于武丁早期和武丁晚期之间。

关于大洋洲器物群的文化归属，我们认为其是非土著的，但是大洋洲器物群不是孤立存在的遗存，它的器物特点可以说明该时期吴城文化的文化取向，却并不一定可以有效地说明吴城文化的文化来源是土著还是外来。另外，大洋洲器物群处于吴城遗址分期的第二期，也不能代表吴城遗址第一期的文化性质，毕竟发展过程中已经吸收了大量的土著文化因素。

但是相对于吴城来说，大洋洲器物群出土的陶器与新干牛城遗址出土的陶器具有更多的一致性（图117）。比如联裆鬲的裆部均窄而高，空足较深、实足根较矮，普遍的装饰有圈点纹，器盖整体扁宽而顶部下凹等。这使我们相信后两者之间存在着更为密切的关系，并且时代可能相差不远。

牛城遗址位于新干县的东北部，西北5千米处即为大洋洲器物群，西越赣江25千米就是吴城商代遗址。自1976年开始，牛城遗址经过了多次调查和发掘，初步证实其为商周时期的古城址，该城因地势而建，北面依山，东西南三面有护城河，结构复杂，内外城相套。在城外部西南方的山坡上发现了商末周初的青铜器墓葬一座[3]。从城内调查和发掘出土的遗物分析，牛城遗址含有少量吴城遗址第一期的遗物，说明同吴城一起就已经有人在此居住，但从对比图中可以看出，牛城出土和采集的绝大部分器物具有吴城二期中段及以后的特征，说明至早在吴城城址的繁荣兴盛期开始，牛城城址才开始存在，它晚于吴城兴建的时代，也略晚于大洋洲器物群的埋藏年代，因为联裆鬲体更加扁矮，盆腹更浅，器盖子口更矮等。从出土器物的相似程度来看，可能与大洋洲器物群的埋藏有着比较紧密的联系，也许大洋洲器物群的埋藏就是为牛城城址而进行的一次宗教祭祀行为。

[1]　孙华：《新干大洋洲大墓年代简论》，《南方文物》1992年第2期。孙华：《关于新干大洋洲大墓的几个问题》，《文物》1993年第7期。彭适凡、刘林：《关于新干商墓年代的探讨》，《文物》1991年第10期。邹衡：《有关新干出土青铜器的几个问题》，《中国文物报》1990年12月6日。李学勤：《发现新干商墓的重大意义》，《中国文物报》1990年11月29日。李学勤：《新干大洋洲商墓的若干问题》，《文物》1991年第10期。

[2]　可参见杜金鹏：《试论江西商代文化的几个问题》，《南方文物》1994年第2期。

[3]　关于年代，目前主要有两种看法，一种为商代晚期说，代表作为：李朝远：《江西新干中棱青铜的再认识》，《长江流域青铜文化研究》，科学出版社，2002年。另一种为西周早期说，代表作为：彭适凡、李玉林：《江西新干县的西周墓葬》，《文物》1983年第6期。彭适凡：《赣鄱地区西周时期古文化的探索》，《文物》1990年第9期。笔者认为，墓中出土的青铜圆鼎与邹衡先生所划分的殷墟文化第四期第七组的圆鼎（见邹衡：《试论殷墟文化分期》，《夏商周考古学论文集》，第75页，文物出版社，1980年）相同，比如鼎足出现两头粗，中间细的样式，并向内撇足，足根和腹部对应饰扉棱的风格，腹部相对较浅等，时代应为商代末期。

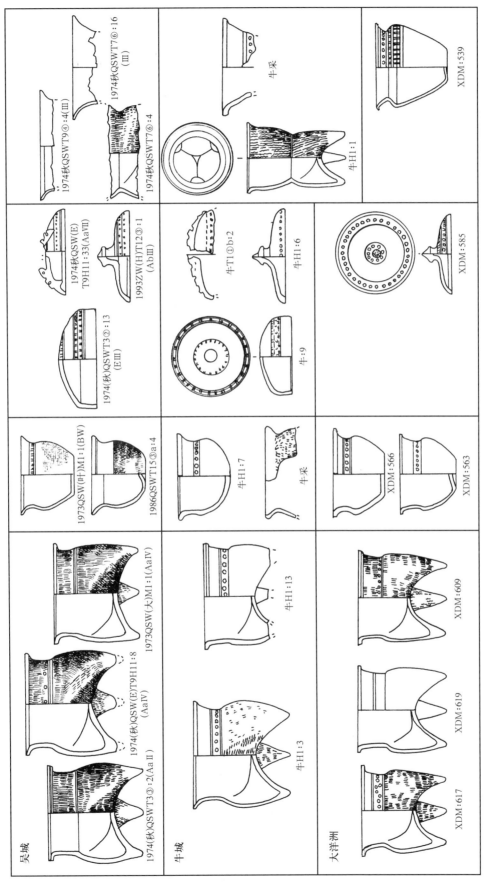

图117　吴城、大洋洲和牛城同类器物对比图

牛城遗址中除了发现商代中晚期的遗存之外，也发现了一些西周时期的文化遗物，但有些简报中定为西周时期的器物明显属于商代晚期，比如 1988 年调查采集的一件假腹豆[1]，豆盘和豆柄间弧连，转折不明显，是属于吴城遗址三期晚段的形制。但也有明显属于西周时期的遗物，比如足端平钝的高实足根鬲等，从形态上看，似属于西周中期。但由于牛城遗址多为调查、试掘材料，正式发掘材料也还没有公布，对于具体判定牛城遗址商～西周时期的文化面貌还有待材料的丰富。

4. 新余赵家山、拾年山遗址

赵家山遗址位于新余市东南 45 千米，是一处西周时期赣中地区非常重要的古文化遗址。赵家山遗址地层堆积关系简单，表土层下即为西周时期文化堆积，未见早于西周的堆积。遗迹有房址、灰坑和灰沟三类，时代与地层时代也一致。

出土的陶器多碎片，完整器物少。以灰色硬陶占绝大部分，有一定数量的釉陶，另外有少量的泥质灰陶和红陶以及极少量的夹砂灰陶和黑皮陶。可辨器形有壶、罐、盆、豆、钵、纺轮等，以罐和壶的数量居多。纹饰见有划线纹、网结纹、菱形填线纹、菱线凸点纹、云雷纹、方格纹、波浪纹、弦纹等，以划线纹、网结纹、菱形填线和凸点纹居多，云雷纹相对较少。部分罐带鋬或纽。器类上，多平底器或凹平底圈足器，极少见三足器和圜底器，基本未见鬲，多折肩和凸棱的作风，以及拍印细方格纹、网结纹、菱形（或方格）填线纹等纹饰，均不同于此前分布于本地区的吴城文化，当是代表了吴城文化之后分布于本地区的西周时期文化，而遗址中未见西周中晚期常见的带附耳的甗和米字纹和蕉叶纹等装饰，因此时代大致处于西周早期（图 118）。

拾年山遗址位于新余市北 20 千米，地层共分为 4 层，第③、④层为新石器时代遗存，第②层为商周时期文化遗存。新石器时代文化遗存分为三期，其中第三期包括第③ A 层和③ A 层下的墓葬、房址和灰坑等单位。陶器以夹砂红陶和灰陶为主，也有少量黄褐陶，泥质黑衣灰陶较多见。比较有特色的器类包括鼎、鬶、带流壶、扁腹罐、折腹小罐、带把钵等，其中鼎流行浅钵形，多见折棱和镂孔装饰。纹饰较简单，多见凹窝纹、叶脉纹，有少量绳纹和弦纹等。第三期的文化特征与筑卫城遗址下层出土器物一致，时代上应该早于夏文化。

商周时期文化遗存包括第②层和其下的灰坑 9 个。陶器以夹砂灰陶为主，夹砂红陶和泥质红陶次之，硬陶多见，原始瓷器较少。纹饰以拍印纹为主，也有压印和刻划纹，种类有网结纹、方格纹、云雷纹、曲折纹、篮纹、席纹、米字纹、回字纹、蕉叶纹等。器类有鬲、甗、鼎、豆、壶、罐、盆、缸、器盖等。从陶器来看，包括了商、西周和东周各个时期的遗物。其中商时期的文化遗物垂腹罐、小口折肩罐、饰圈点纹的斗笠式器盖等的形制与吴城遗址的第二期中段同类器物相似，而高领罐等器形又同于吴城遗址第三期的同类器物，因此，拾年山遗址商代遗存大致处于商代中晚期。西周时期遗存中带附耳的甗与鄂东南地区西周中期同类器相似，米字纹、蕉叶纹等纹饰为西周晚期的典型纹饰，这里的西周时期遗存属于西周中晚期（图 118）。

5. 九江神墩、龙王岭遗址

神墩遗址位于九江县西北 16 千米，有一条小溪与长江相通。发掘者将遗址分为上、下两层，

---

[1] 李家河、杨日新、徐长青：《江西省新干县牛头城遗址调查与试掘》，图五，14，《东南文化》1989年第1期。

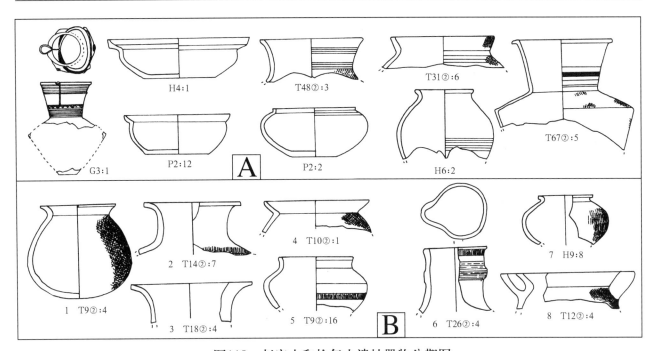

图118　赵家山和拾年山遗址器物分期图

A.赵家山遗址西周早期器物　　B.拾年山遗址器物（1～5.为商代中晚期；6～8.为西周中晚期）

上层文化堆积包括第②层，含②A、②B、②C三个小层，属于商周时期文化堆积。出土遗物早晚演变关系明显，代表了早、中、晚三段，早段的鬲尖锥状实足根较圆钝、弧裆略瘪、甗大口、隔较平直、簋圈足较矮，器盖较扁平、无子口，这些特征均同于吴城遗址三期晚段的作风，并有一定的演化趋势；而鼎式鬲与鄂东南蕲春毛家嘴遗址所出极其相似，说明其时代已经跨入西周早期。中段的尖锥状带刻槽或柱状鬲足、矮锥状乳突状足的甗、锥柱状足的鼎式鬲、浅盘内饰辐射纹高圈足的豆等的作风均同于鄂东南地区同期文化特征，大致相当于西周中期。晚段的足尖平钝带刻槽的鬲足、原始瓷折腹豆、带附耳的甗形器、矮直领鼓腹瓿与鄂东南地区同类器以及江南同时代器物形制均相同，时代为西周晚期。另外，叠压在84T2②B层下的2号水井，出土物早于②C层，其鬲高和宽大致相等、颈腹分界较明显、裆部略底，瓿形器颈部较高、折肩部较高、弧腹、圈足的作风分别与吴城遗址AⅢ式分裆鬲和AⅠ式瓿形器相同而又略早于它们（图119），它们的时代为第二期早段，则神墩2号水井的年代大致相当于吴城遗址第一期晚段和第二期早段之间，即中商文化第二期。下层文化堆积为新石器时代晚期。

　　龙王岭遗址位于九江县西南25千米。层次堆积比较简单。文化层包括②A、②B和③层。发掘简报将该遗址分为三期，第一期为第③层和开口于②B层下的J1，第二期为②B层，第三期为②A层。二、三期无可复原陶器，根据器物风格及其装饰风格，初步可以将时代推定在吴城遗址一至三期的范围之内。第一期文化有完整和可复原的陶器7件，包括鬲、鼎、盘、折腹罐、盆等，质地以泥质灰陶为主，夹砂灰陶次之，还有少量硬陶和原始瓷。纹饰以细绳纹为主，另有少量弦纹、附加堆纹、方格纹、云雷纹、叶脉纹等，素面陶不多。从这些陶器的器形和纹饰来看，与二里冈下层二期的同类器相近。比如袋足鬲两件，呈器高大于器宽的深腹型，卷沿、尖唇、束颈、高分裆、尖锥状实足尖、颈腹分界不明显，足与腹部的结合处内收，比吴城遗址第一期早段

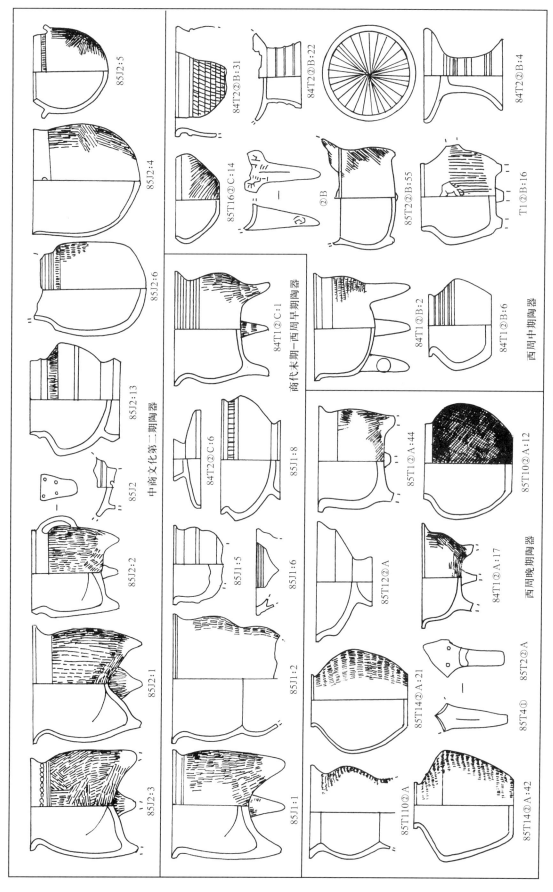

图119　九江神墩遗址器物分期图

的鬲更接近于二里冈商文化,风格介于二里头遗址第四期文化的Ⅱ式卷沿鬲（Ⅴ T126③∶11）[1] 和二里头遗址二里冈下层文化的卷沿鬲（Ⅴ H73∶26）[2] 之间,同二里冈遗址下层文化二期的卷沿鬲（H17∶118）[3] 和偃师商城第一期一段的卷沿鬲（97YS Ⅶ T32⑨B∶1）[4] 相同,也同于偃师商城第五号宫殿区相当于二里冈下层二期的J1D5④∶1[5]鬲,也同郑州二里冈下层[6] 和湖南[7] 出土的相类似；T4③出土的陶鼎,夹砂红陶,卷沿、尖圆唇、深腹、圜底、锥状足,器形与二里头遗址第四期文化的Ⅳ式盆形鼎（Ⅴ T202③B∶11）[8] 相近,也具有二里冈Ⅰ型盆形鼎 H17∶39[9] 的作风；曲腹盆和深腹盆,在河南、山西[10]、湖南[11] 等地早商文化遗存中,都是常见之物。深腹盆1件,卷沿、尖圆唇、束颈、凹底,风格与二里头遗址二里冈下层文化的Ⅰ式侈口盆（Ⅴ H11∶19）[12] 相同（图120）。以上可以看出,龙王岭遗址的商代遗存大致自二里冈下层二期一直延续到殷墟晚期。但有一点需注意的是,龙王岭商代遗存除了与吴城遗址文化面貌相似之外,也有一些不同的方面,比如有较多的挂黑衣或黑皮磨光陶,自第一期一直延续到第三期,但数量逐渐减少。同时,本遗址中也含有较多的属于赣东北和鄂东南地区土著文化的因素,比如高领罐,甗形器、鼎式鬲以及较多的印纹硬陶,并且随着商文化因素的减弱,而逐渐增多。

以上两处遗址与赣东地区和鄂东南地区的关系密切,与鄂东南建立的关系较早,它们的联系应该是通过商文化的南进实现的。并一直都没有失去与赣东和鄂东南地区的联系。

6. 瑞昌铜岭、檀树嘴遗址

铜岭矿冶遗址位于瑞昌市西北34千米,向北5千米有陆路和水路相通可达长江。从出土遗物判断,铜岭矿冶遗址的开采年代自商代一直延续到春秋,文化层共分为十层,其中⑨D、⑩A、⑩B层及开口于此三层下的遗迹为商代,⑨B、⑨C及开口于此两层下的遗迹为西周时期,两个时期均发现了较多的采矿遗迹。

就遗物来说,开口于⑩B层下的J11较早,J11出土的器物有夹砂灰陶挂黑衣、敛口、方唇、卷沿、折肩、分裆、矮锥状袋足、捏流、麻花形把、粗绳纹为特征的陶斝和夹砂灰陶挂黑衣、翻缘方唇、圆弧腹为特征的陶鬲。斝的形制与郑州商城出土的二里冈上层一期的斝相似[13],也同于偃师商城相当于二里冈上层一期的斝[14]。鬲也是二里冈上层早段常见的器形。时代即为早商三

---

[1] 中国社会科学院考古研究所等：《偃师二里头——1959年~1978年考古发掘报告》图206,4,中国大百科全书出版社,1999年。

[2] 中国社会科学院考古研究所等：《偃师二里头——1959年~1978年考古发掘报告》图251,15,中国大百科全书出版社,1999年。

[3] 河南省文化局文物工作队：《郑州二里冈》图壹,2,科学出版社,1959年。

[4] 中国社会科学院考古研究所河南二队：《河南偃师商城宫城北部"大灰沟"发掘简报》图六,4,《考古》2000年第7期。

[5] 中国社会科学院考古研究所河南第二工作队：《河南偃师尸乡沟商城第五号宫殿基址发掘简报》图三,3,《考古》1988年第2期。

[6] 河南省文化局文物工作队：《郑州二里冈》,图版壹,1、3,科学出版社,1959年。

[7] 湖南省文物考古研究所、岳阳市文物工作队：《岳阳市郊铜鼓山商代遗址与东周墓发掘报告》图四,2、7,《湖南考古辑刊（五）》,1989年。

[8] 中国社会科学院考古研究所：《偃师二里头——1959年~1978年考古发掘报告》图204,5,中国大百科全书出版社,1999年。

[9] 河南省文化局文物工作队：《郑州二里冈》,图版贰,2,科学出版社,1959年。

[10] 晋中考古队：《山西太谷白燕遗址第一地点发掘简报》图十二,8,《文物》1989年第3期。

[11] 湖南省文物考古研究所、岳阳市文物工作队：《岳阳市郊铜鼓山商代遗址与东周墓发掘报告》图五,29、30,《湖南考古辑刊（五）》,1989年。

[12] 中国社会科学院考古研究所：《偃师二里头——1959年~1978年考古发掘报告》图252,4,中国大百科全书出版社,1999年。

[13] 二里冈H20∶35,H2乙∶35和H2乙∶232。见河南省文化局文物工作队：《郑州二里冈》图五,5、6,科学出版社,1959年。

[14] ⅣT12④∶2,中国社会科学院考古研究所编著：《中国考古学·夏商卷》,第179页图4-2,40,T1H1∶1。中国社会科学院考古研究所洛阳汉魏故城考古队：《偃师商城的初步勘探与发掘》图一一,2,《考古》1984年第6期。

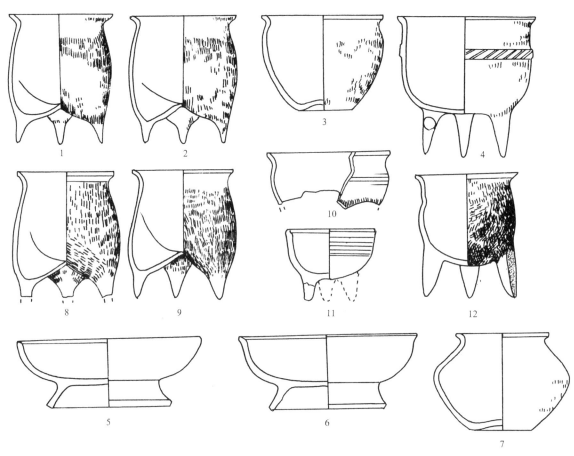

图120　九江龙王岭遗址第一期器物及与中原文化对比图

1～7.龙王岭（1、2.J1：5、3鬲；3.T4③：2深腹盆；4.T4③：1鼎；5、6.J1：1、2圈足盘；J1：4折腹罐）　8～12.中原文化（8、9.偃师商城J1D5④：1、二里头VH73：26鬲；10.二里头VH11：19深腹盆；11、12.二里头VT202③B：11、二里冈H17：19）

期，与吴城遗址第一期早段的时代相当。

　　⑩B层出土的罐为赣东北地区土著文化常见的器形，其中T10⑩B：4和T14⑩B：2罐分别与神墩J2：4和6罐相同而略有先后。鬲也与神墩J2出土的相同，鬲足具有中商文化的尖锥状外撇特征。器盖子口较高，与吴城遗址一期晚段和二期早段一致。但T14⑩B：4鬲与上期J11：2鬲相同，说明两期之间年代相差不远。本层也没有出现如吴城遗址第二期颈腹分明的特征，说明其与吴城遗址第一期的时代相当。另外，地层情况不明的J54出土的尖锥状足尖外撇的鬲足与台西早期墓葬[1]出土的相似。从以上可以看出，⑩B层的年代大致相当于吴城一期晚段，大致处于中商文化一、二期。

　　⑩A层下1号工棚出土的圜底罐泥质灰色硬陶、翻缘方唇、侈口、高颈、颈肩分明、直腹圜底、腹上部饰错乱云雷纹，下部饰交错叶脉纹的特征与九江神墩遗址85J2：6的造型相同但器体更为矮胖，且折肩较宽，应较晚。⑨D层下的6号工棚出土的尖锥状鬲足较上期为矮且直，已接近中原殷墟文化第一期的同类器形，因此，以上两件器物代表了吴城遗址二期早段偏晚的特征，大致处于中商三期。

---

　　[1]　河南省文物考古研究所编：《藁城台西商代遗址》，第114页图一M14：7，文物出版社，1985年。

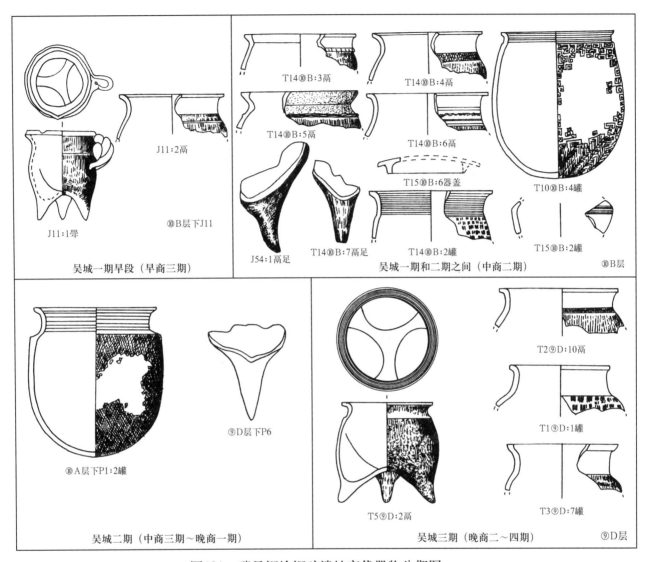

图121　瑞昌铜岭铜矿遗址商代器物分期图

⑨D层出土的鬲颈腹分界明显、器体扁方、平折沿是吴城遗址商文化晚期的特征；罐口部更小，并出现盘口的特征，饰大回字纹晚于上期的同类器物。本层时代应该代表了吴城遗址第二期中段至第三期的时代，即殷墟文化时期（图121）。

⑨B、⑨C及开口于此两层下的遗迹为西周时期，发现了较多的此时期的采矿遗迹，但出土遗物不多，总体来看，两层的遗物具有早晚之分，⑨C层带附耳的甗，侈口、卷沿、附耳略高于口沿，总体上与大冶三角桥商代晚期至西周早期采：11（图106）的特征相同，只是附耳的高度不如三角桥高，时代应略晚，鼎盆形深腹、卷沿、足圆柱状、外侧刻竖向刻槽、罐平底、底腹间折，罐侈口、方唇、卷沿、溜肩的作风均与大冶五里界城周围遗址所出土的西周中期器物相同，因此此期的时代当为西周早中期。⑨B层出土的罐尖唇、束颈、溜肩、圜凹底的作风是南方地区西周晚期常见特征，瓿形罐扁鼓腹、最大腹径偏上、矮领的作风与宁镇地区吴文化第三期西周晚期～春秋早期的同类器物极为相似[1]，因此，本层的年代应该相当于西周晚期～春

[1]　张敏：《宁镇地区青铜文化研究》，第286页图九（五），60、67，高崇文、安田喜宪主编：《长江流域青铜文化研究》，科学出版社，2000年。

秋早期（图122）。

　　檀树嘴遗址位于瑞昌市西北30千米，铜岭矿冶遗址东2千米，北距长江5千米。1992年清理了两座灰坑，1999年，发掘了254平方米。根据地层堆积和各层出土遗物的演变规律，可以分为两期文化，上层文化堆积为第③层，为春秋时期，下层文化堆积包括④层和③层下的大部分遗迹，时代为商代。下层文化出土物均为陶器，陶质可以分为夹砂陶、泥质陶、印纹硬陶、黑皮磨光陶四类。软陶数量较多，次为印纹硬陶，有一定数量的黑皮磨光陶。器形有鬲、豆、罐、甗、尊、钵、盘、缸等，以鬲为大宗，次为豆。鬲多为夹砂陶，豆多为黑皮磨光陶，罐多为印纹硬陶，尊、钵、盘为泥质陶。纹饰以绳纹为主，其他还有云雷纹、附加堆纹、指甲纹、席纹、刻划纹、方格纹、弦纹、曲折纹等。绳纹多见于鬲，附加堆纹施于器物肩部，云雷纹、方格纹多见于罐。简报认为与吴城第二期时代相当或略早，笔者认为有再分析的必要。

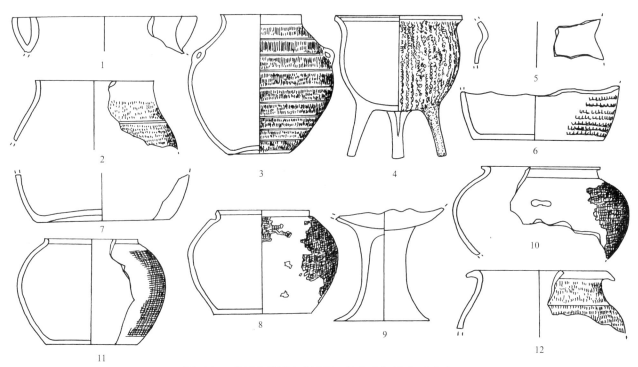

图122　瑞昌铜岭铜矿遗址西周时期器物分期图

1、5.甗T5⑨C：3、T2⑨C：5　2、3、6~8、10~12.罐T2⑨C：10、7、T3⑨C：5、X11：2、选1、T8⑨R：1、T2⑨B：4、9
4.鼎T2⑨C：4　9.豆T3⑨B：4　　（1~6.为西周早中期；7~12.为西周晚期~春秋早期）

　　从遗迹登记表可以看到，地层与遗迹间有三组打破关系：③-H5→G2→M3→④；③-F1→G1→④；③-M1→M2→④。由于墓葬和H5中均不见随葬品，因此典型关系可以简略为：③-G2→④和③-F1→G1→④两组。F1的鬲与G1和④层出土的鬲具有相同的特征，均卷沿、方唇、束颈、颈腹分界明显，仅从口沿看，G2的罐也与以上的鬲一致。具体来看。G1、H2和F4出土的豆虽形制略有差别，但盘与柄间已弧连，豆盘较深的特征均是吴城遗址第三期的特征，G1柄部弧曲较大，当稍早于H2和F4。F1的鬲与铜岭P1：2的鬲基本相同，但领部较铜岭的鬲为矮，当稍早。H1的鬲方唇、直口、束颈与铜岭遗址T3⑨D：7的口沿相似，与铜岭 P1：2 的鬲时代相当。④层出土的折肩尊与吴城遗址相当于三期早段的 Aa Ⅲ 式矮领窄折肩尊[1] 相同。F3 出土的钵矮领、折肩偏上的作风与吴城遗址相当于二期的 C Ⅱ 式钵（1974QSWT4 ③：4）[2] 相同，铜岭的鬲时代相当于吴城遗址第三期晚段。根据以上分析，我们可以将檀树嘴遗址商代遗存分为两组，第一组为 F1、G1、④层、G2、F3 等单位，第二组包括 H1、H2、F4、F5 等单位，分别相当于吴城遗址第三期早段和晚段，即晚商文化第三期和第四期（图 123）。

7. 德安石灰山、陈家墩—黄牛岭遗址群

三处遗址均位于德安县，相对距离较近，其中商代文化遗存具有相对早晚关系，后两处遗址中的西周文化遗存较丰富，对于探讨本地区商和西周时期文化关系以及与其他地区商和西周时期文化的异同具有典型性。

石灰山遗址位于县城西 13 千米，1982 年和 1998 年进行了两次发掘。第一次发掘文化层共包括两大层、五个小层，包括遗迹分为前后两期，④ B、④ A、③ C 层、J1 为第一期，③ B、③ A 层、F1、F2 为第二期。第二次发掘文化层包括②和③层，包括遗迹分为两期，③层和 G 为第一期，②层为第二期。从两次发掘所划分的两期来看，无论从器形、纹饰、陶质、陶色等诸方面，都具有一致的特征。这里我们将它们合并为两期。

两期的陶系没有太大的变化，都以泥质灰陶为大宗，且大部分都挂黑衣或黑皮，打磨光亮，其次为夹砂灰陶和夹砂红陶、泥质红陶，而印纹硬陶、釉陶和原始瓷出土甚少。就装饰纹样看，盛行绳纹和堆纹，其他有席纹、云雷纹、锯齿状堆纹、篦纹、篦点纹、叶脉纹、曲折纹、菱形纹、方格纹、凸方点纹、S 形纹、波浪形刻划纹等，第二期新见篮纹、剔刺纹、方格凸方点纹、细碎云雷纹等。两期的陶器器形大体一致，都有鬲、豆、罐、盆、钵、尊、器盖、甗形器及缸、捉手等，且以鬲为主要炊器，可见两期同属于一个考古学文化。通过与吴城遗址的对比可以看出，石灰山遗址表现出较早的特征，与吴城遗址有较大的区别。比如挂黑衣或打磨光亮的泥质陶比吴城盛行（这一点也是本区域的一个共同特点）；印纹陶、釉陶和原始瓷比吴城少得多；陶鬲的造型作风比吴城更接近中原地区，并且按照吴城陶鬲的演化序列，石灰山的鬲不见颈腹分明、弧裆或瘪裆的二期以后形制，具有较早期的特征。石灰山不见吴城常见的马鞍形陶刀。却出土有矮粗把大盘豆、扁管式陶垫、扁管三角形陶垫和鼎等吴城不见的因素，侈口卷沿深腹盆也不同于吴城的同类器。而这些又都具有中原和本地以及鄂东南地区龙山晚期的特征。比如 J1：4 深腹盆与河南龙山文化后冈类型的深腹盆[3] 相似；T10③B：1 鬲与下七垣文化鹿台岗类型的鬲[4] 相似；矮粗把圈足盘与鄂东南地区通城尧家林遗址[5] 的相同。这些都显示了石灰山遗址的时代较早[6]。具体来看，第一期文化中的鬲、深腹盆、矮粗把圈足豆与九江龙王岭遗址早商二期的同类器均相同，第二期文化中的两件鬲（T10③B：1 和 T11③B：5）分别与九江神墩遗址相当于吴城一期和二期

---

[1]　1974QSWT10B③A：19，见《吴城》报告第271页图一六五，6。

[2]　见《吴城》报告第310页图一八九，14。

[3]　河北省文物管理处：《磁县下潘汪遗址发掘报告》图一三，5，F1：77，《考古学报》1975年第1期。

[4]　郑州大学文博学院、开封市文物工作队：《豫东杞县发掘报告》鹿台岗 H39：6，科学出版社，2000年。

[5]　武汉大学历史系考古专业、咸宁地区博物馆、通城县文化馆：《湖北通城尧家林遗址的试掘》图八，6、7，《江汉考古》1983年第3期。

[6]　李家河：《江西德安县石灰山遗址文化分析》，《江西文物》1989年第3期。

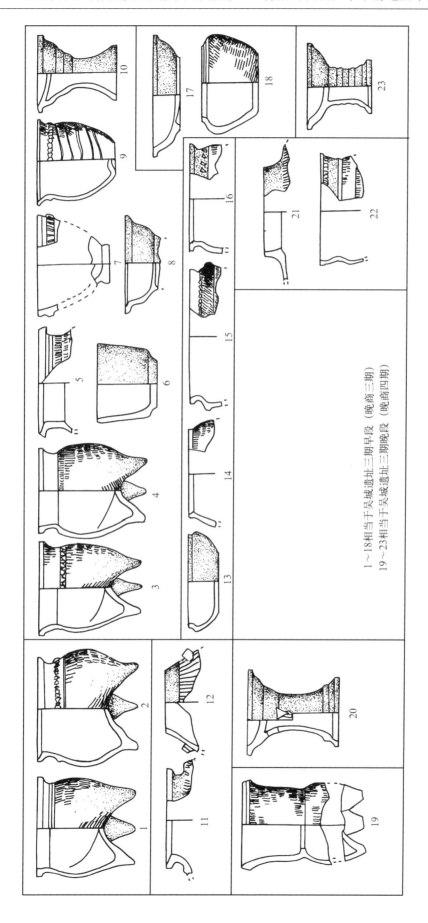

1～18相当于吴城遗址三期早段（晚商三期）
19～23相当于吴城遗址三期晚段（晚商四期）

图123　樟树嘴遗址器物分期图

1～4,16,22.鬲F1：1,3,G1：2,4,T2④：2,H1：1　5,11,12,21.罐G1：11,G2：5,4,H1：3　6.杯G1：7　7.缸G1：8　8,10,20,23.豆G1：6,5,H2：1,F4：1　9,15.尊G1：1,T7④：1
13,14,18.钵T4④：1,T7④：2,F3：1　17.盘F3：2　19.瓿F5：1

之间的 85J2∶1 和 85J2∶3 两件鬲相似，唯石灰山的实足跟更高，当略早于神墩遗址，高子口的器盖与吴城遗址一期晚段的器盖相同[1]，出土的折肩罐肩部较龙王岭的靠上，也当晚于早商二期。通过以上分析，我们认为，石灰山遗址第一期文化早于吴城遗址，大致相当于二里冈下层二期，即早商二期，而第二期文化大致相当于吴城遗址一期晚段，即二里冈上层二期（图 124）。

陈家墩—黄牛岭遗址群包括有陈家墩遗址、刘家畈遗址、黄家咀遗址、新界遗址、袁山遗址、界牌岭遗址、前山猪山垅遗址、黄牛岭遗址等。这一个遗址群形成了一个相对独立的文化区，时代大致是从商代中晚期一直延续到西周晚期，其中以商代晚期～西周早期的文化最为兴盛。这一时期的文化内涵既是本地商时期文化的延续，又掺入了大量鄂东南、赣东和宁镇地区新的文化因素，后者并逐渐取得主导地位。

陈家墩遗址内涵最为丰富，能全面的代表本地区文化的一般特征。陈家墩遗址位于县城南5 千米米粮铺乡东西 2 千米范围内，西北距石灰山遗址约 15 千米。两处遗址间有敷阳河相通。1993 年和 1994 年进行了两次发掘。根据地层堆积和各层出土遗物的演变规律，可以分为早晚两期，早期文化堆积包括第一次发掘的 J3 ～ J5 和第二次发掘 J10 等四口水井，时代为商代，晚期文化堆积包括第一次发掘的第②～⑤层、J6 ～ J8 和第二次发掘的 T31 等，时代为商代晚期至西周。

J10 中出土的细高柄浅盘豆与吴城遗址 Aa 型Ⅵ式真腹豆[2]相同，圆腹罐与吴城 1974 秋QSW（E）T5H4∶2 的 V 式同类器[3]相似，在演化序列上应该更晚，直口尊与吴城 Aa 型Ⅵ式矮领窄折肩尊[4]相同，折肩罐与吴城遗址 Bb 型Ⅵ式小口折肩罐[5]相同，以上吴城遗址的同类器物均属于吴城遗址三期晚段的典型器形，因此，J10 的年代大致处于晚商文化第四期。

J3 中出土的小口折肩罐、圆腹罐、矮领窄折肩尊、深腹盆等均与吴城遗址二期早段的同类器相同[6]，年代也应大致相当。

J4 中出土的器物中罐、瓮或尊的肩部普遍较 J3 同类器为高，根据吴城遗址的分期依据，应该是晚于 J3 的。尖锥状矮实足根的鬲也属于商文化晚期的作风，大致处于吴城遗址二期晚段～三期早段。

J5 仅一件垂腹罐，与吴城遗址二期中段的Ⅲ式垂腹罐[7]完全相同。

通过上面的分析，我们可以看出，陈家墩遗址的早期文化遗存自吴城遗址二期中段开始一直延续到三期晚段，包括整个晚商阶段，是一个连续发展的过程（图 125）。

J6 ～ J8 中可供对比的材料不多，从总体上看，与吴城文化相去较远，而与鄂东南地区商代晚期～西周时期的文化因素具有较多的相似性，比如带附耳的瓿形器、鼎和圈足盘等，时代也应大体相当。

---

[1] 1974秋QSWT7⑤∶47，见《吴城》报告第318页图一九三A，1。

[2] 1974秋QSW（E）T6H2∶3，见《吴城》报告第297页图一八一，1。

[3] 见《吴城》报告第236页图一四四，11。

[4] 1979QSWT4H1∶1，见《吴城》报告第271页图一六五，12。

[5] 1975QSW（律）M2∶1，见《吴城》报告第225页图一三七，6。

[6] Bb型Ⅱ式小口折肩罐，1993ZWT15③B∶1，见《吴城》报告第225页图一三七，2；Ⅱ式圆腹罐，1993ZW（H）T15④∶2，见《吴城》报告第236页图一四四，11；Aa型Ⅱ式矮领窄折肩尊，1974QSWT9（D）④∶6，见《吴城》报告第272页图一六六，1；B型Ⅱ式深腹盆，1974QSWT4H1∶33，见《吴城》报告第215页图一三一，5。

[7] 1974QSWT4H1∶5，见《吴城》报告第234页图一四三，4。

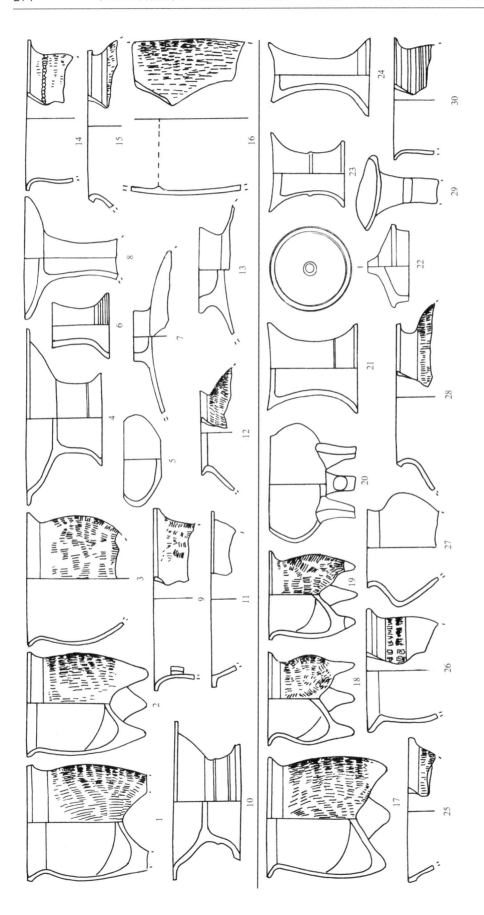

图124 石灰山遗址器物分期图

1、2.鬲T10③C：3、4 3.敛腹盆J1：4 4、6、8、10.豆J1：2、T3④A：2、T4④ 5.钵J1：1 5.器盖T9④A：4、T7④A：5 9、16.罐形器T9③C：36、J1：6 11、14.盆 T2③C：42、T9③C：43 12、15.罐T1④A：11、T10③C：10 17～19.鬲T11③B：8、T4③：9、T3③A：7 20、29.鼎T1③：46 27、28.罐T10③B：31、45 （1～16.为第一期；17～30.为第二期） T3③A：7 22.器盖T1③B：11 25、26、30.盆T10③B：40、T1③：40、T2③：41 21、23、24.豆T10③B：8、T4③：9、 T9③A：7

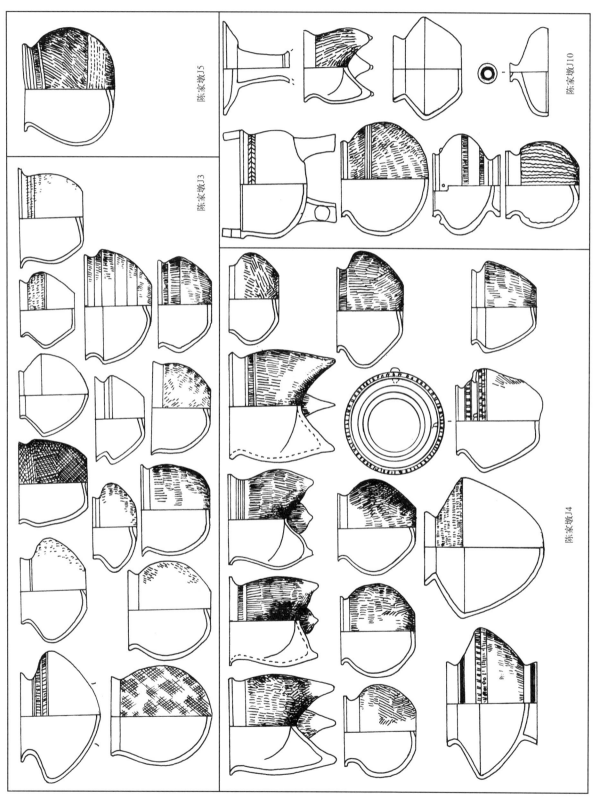

图125　陈家墩遗址商代器物图

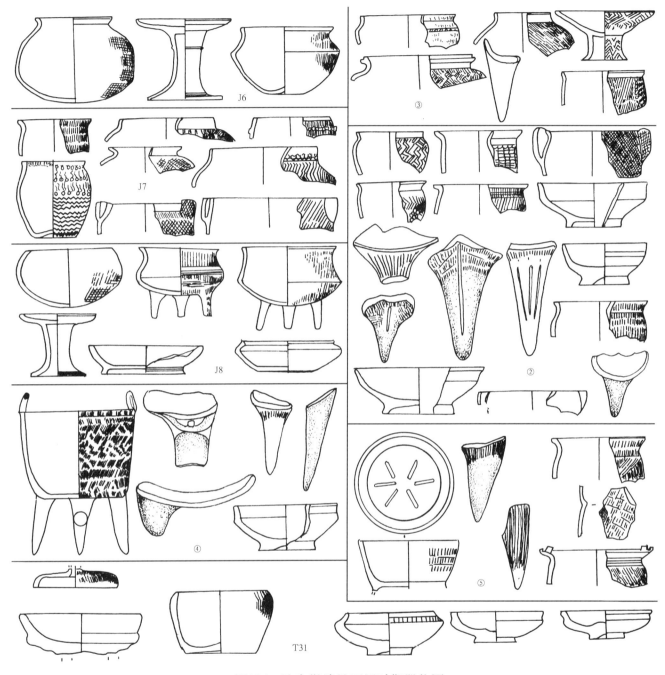

图126　陈家墩遗址西周时期器物图

　　地层堆积遗物中，第一次发掘的第②层和第二次发掘的 T31 中的甑形器和带刻槽的鼎足（或鬲足）与鄂东南地区西周中期的遗物特征相同，原始瓷豆的造型同宁镇地区吴文化分期中的第二～三期的器形特征相同[1]，第②层时代大致为西周中期，T31 的更晚一些，大致相当于西周晚期。

　　第③～⑤层中出土的锥状鼎足（或鬲足）与鄂东南地区西周早期的同类器物相同，原始瓷豆的形制也同于宁镇地区吴文化分期的第一期，因此，时代大致相当于西周早期（图 126）。

　　[1]　张敏：《宁镇地区青铜文化研究》，高崇文、安田喜宪主编：《长江流域青铜文化研究》，科学出版社，2000年。

　　由此可以看出，陈家墩遗址的晚期文化大致从商代晚期一直延续到西周晚期，是同一个文化的连续发展的过程，同时又以商代晚期～西周早期的文化最为兴盛，但是这种文化与本遗址的早期文化之间存在差异，与以吴城遗址为代表的文化并不同类，可能代表了一种根植于本地，吸纳了鄂东南、赣东和宁镇地区文化因素的新的文化。早期文化和晚期文化在商代晚期有过一段时间的并存时期，之后晚期文化逐渐占据主导地位。

　　除陈家墩遗址外分布在周围的其他遗址，时代大致都同于或稍晚于陈家墩遗址，并且大部分在商代晚期～西周早期为兴盛期，具有两个时代不同文化因素相互取代的情况。比如黄牛岭遗址就发现了分别属于商代晚期和西周早期的黄土台叠压打破的情况，表明文化在延续，文化性质发生了改变。

8. 广丰社山头遗址

　　广丰社山头遗址位于信江上游与浙江省交界的赣东北地区，自 1983～1995 年共进行了 3 次发掘。3 次发掘的地层堆积大致相同。根据地层关系及出土器物的形制演变，发掘报告将社山头遗址分为下层和上层文化堆积，下层文化堆积为新石器时代文化，可分为三期，三期是同一文化连续发展的三个不同阶段，并且同樊城堆—筑卫城文化基本上是平行发展的关系[1]，其常见的盘形鼎、有棱座豆、圈足壶、鬶等，均是拾年山、筑卫城、樊城堆、尹家坪、神墩等遗址的典型器物，在陶质、陶色和纹饰诸方面，均有较强的同一性。

　　第三期发现的房址被上层商代残破文化层所打破，被具有早商风格陶器的灰坑所叠压，因此，时代已进入中原夏代纪年。陶器以泥质红陶为主，次为泥质灰陶、夹砂灰陶，硬陶占 18%，有少量的泥质黄陶和白陶。纹饰以绳纹、篮纹为主，还有方格纹、曲折纹、叶脉纹、席纹、镂孔和按窝等。器类有罐、豆、钵、鼎、盆、鬶、釜、壶、簋、盂、瓮、缸、器盖、纺轮等。从陶器器形观察，各式罐、豆、钵、鼎等都与本遗址一、二期龙山期文化有明显的继承关系，其中封口盉与中原禹州市瓦店遗址[2]出土的煤山类型文化和闽北地区[3]的同类器极为相似，说明当时三地可能即已存在联系。其他器类如鬶鋬、鬶足、带按窝的侧装扁圆鼎足、细柄浅盘豆也具有夏代较早的特征（图 127）。其中折沿深腹盆与二里头文化二期的同类器物[4]相同，时代应大致相当。

　　第三期发现的众多的罐类器（侈口罐、高领罐、小口罐、中口罐等）和纹饰（饰篮纹、沿内装饰凹槽和凹弦纹等），与周边地区的江山肩头弄期、马桥文化以及福建和广东诸南方地区的同时期文化具有较多的共性，各类罐形器是万年类型文化的代表性因素，但尚未出现甗形器等，说明处于万年类型文化的较早阶段。

　　本期时代大致相当于夏代初期至夏代早期（煤山类型文化～二里头文化二期）。此时期夏文

　　[1]　对于社山头遗址的下层文化，简报中将其分为三期，但也有研究者认为其可以分为六期（吴春明：《中国东南土著民族历史与文化的考古学观察》，第85页，厦门大学出版社，1999年），也有研究者认为六期的划分太过复杂，而提出了四期的划分方案（李宁：《赣鄱地区早期古文化研究》，厦门大学2002年硕士论文，第9页）。以上三种划分方法，虽然有所不同，但区别主要是在新石器时代的中晚期，而对于最后相当于新石器时代末期的文化划分并没有不同，均以遗址的第③层作为最后一期，因此，在此，笔者仅采用三者所划分的最后一期，前几期的划分不对本文产生影响。

　　[2]　河南省文物研究所、郑州大学历史系考古专业：《禹县瓦店遗址发掘简报》，《考古》1983年第3期。

　　[3]　北京大学中国考古学研究中心、福建省崇明古陶瓷博物馆编著：《闽北古陶录》，文物出版社，2017年。

　　[4]　中国社会科学院考古研究所二里头工作队：《1982年秋偃师二里头遗址九区发掘简报》图五，8，M20：3，《考古》1985年第12期。

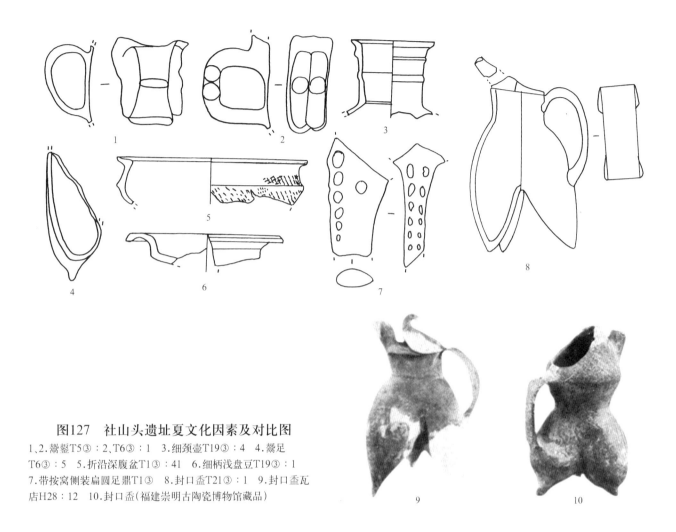

图127　社山头遗址夏文化因素及对比图

1、2.鬶鋬T5③：2，T6③：1　3.细颈壶T19③：4　4.鬶足
T6③：5　5.折沿深腹盆T1③：41　6.细柄浅盘豆T19③：1
7.带按窝侧装扁圆足鼎T1③　8.封口盉T21③：1　9.封口盉瓦
店H28：12　10.封口盉（福建崇明古陶瓷博物馆藏品）

化的介入可能是万年类型文化形成的重要原因。

上层文化堆积以泥质灰硬陶为主，少量泥质软陶和夹砂陶。器表素面较多，常见纹饰有凹凸弦纹、方格纹、网格纹、席纹、叶脉纹、云雷纹等。器物颈腹部常饰凹凸弦纹及突棱。器形有罐、钵、尊、甗形器、网坠和纺轮等。虽然发现的遗物不够丰富，但从鼎、高领罐、甗形器等器物看它们应属于万年类型文化，与下层文化第三期的同类器物有一定的演化关系，但从较多量的折肩折腹器（为吴城文化的主要文化因素）和圈足壶／盘（吴城文化龙王岭类型的因素）来看，它应该已经受到了吴城文化的影响，因此，我们认为上层文化应与下层第三期存在缺环，其上下限应为吴城文化第一期和第二期，即早商文化第二期和第三期，当然随着材料的增加，也存在继续分期的可能（图128）。

9. 鹰潭角山窑址与万年肖家山、送嫁山墓葬、万年斋山遗址

1960～1962年，在万年县城附近的矮山岗上调查发现了扫帚岭、肖家山、杉松岭、雅岗、送嫁山等十多个遗址。经过清理发掘的有肖家山、送嫁山、西山的8座墓葬，20世纪80年代初期又调查试掘了中合乡斋山遗址。1983年至今，对角山窑址已经进行了多次发掘，出土了大量的陶瓷器，早期简报判断其属于商代中晚期的遗存，最近的报告修正为夏至早商时期。以上几

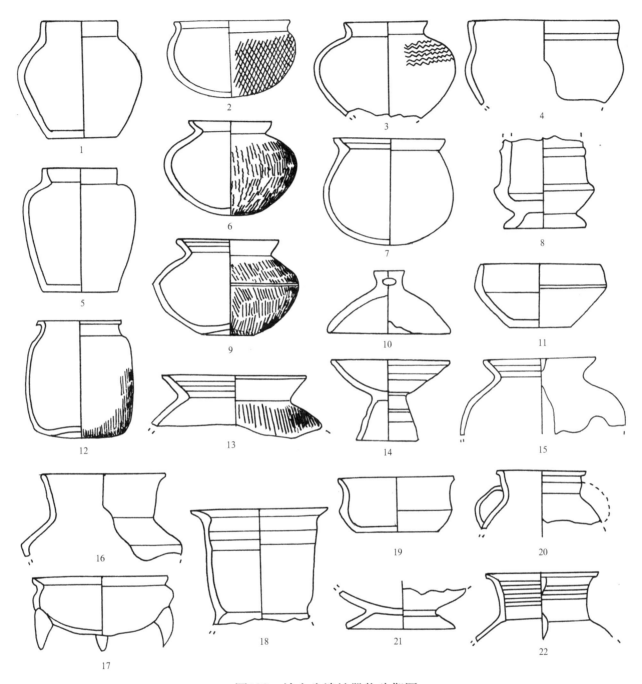

图128　社山头遗址器物分期图

1、3、5～7、9、12、13、15.罐采：8、T16H1：4、T16③：10、T16③：12、T21③F1：16、T17③：12、T16H1：2、T1514③标1、T10M13：1　4、
11.钵T2③：8、T18③：11　8.杯H52标1　10.器盖采6　14.豆T16③：2　2、16、20、22.罐T11M1：8、T11M1：2、T1②：3、T4②：4
17.鼎T11M1：4　18.甑形器T4M1：9　19.钵T11M1：2　21.壶T5②：4　（1、3～15.下层文化第三期；2、16～22.上层文化）

处遗址出土器物相同，应属同一个文化类型。但由于这几处遗址都没有理想的文化堆积，通过
地层关系很难进行分期研究，我们只能通过对出土器物较为丰富的角山窑址的器形分析，建立
初步的器形演变规律，并与肖家山等遗存进行对比，确定相对早晚关系。

角山窑生产的主要产品是以印纹陶、原始瓷炊食器为主的日常生活用品。烹饪器有甑形器、
釜、陶支脚，饮食器有三足盘、豆、鼎、瓠、盂、钵、杯（包括带把杯和高足杯等）、器盖，盛

贮器有罐、缸、瓮、尊、壶、鬶等，总计20余种器形。其中以甗形器、釜、罐、钵、三足盘出土数量最多，应为角山窑生产的主要产品。角山窑产品具有相当一致的风格和外观特征。1. 器类比较齐全，几乎包括了赣江—鄱阳湖水系东部、信江流域商代考古遗存中所见的器形，基本上以日常生活实用器为主，有少量冥器，产品比较粗犷，符合民窑追求实用的特点。2. 从造型分析，口、沿、颈、肩、腹的变化较少，一般作微侈口，折沿，竖颈，斜直腹或球形腹；底、足部变化较多，底有凹底、圜底、平底，足有圈足、饼座、三足等；盛行鋬手、纽系、提梁等。3. 具有十分明显的工艺痕迹，这些痕迹包括敞口器内外的车轮纹，小口器颈部的车轮纹，内壁的抵手凹窝，外肩腹部的错乱拍印几何纹以及普遍存在的烧裂、烧流、变形、起泡等高温过烧缺陷，构成了十分鲜明的外观特征。4. 印纹陶盛行局部施泥釉或钙釉，这类产品亦可称为泥釉黑陶和原始瓷，局部施釉一般取腹部、内底、外底、肩部等部位。原始瓷釉层较厚，施釉不均匀，胎釉的结合也不牢，常见脱釉、流釉现象或出现凝聚斑，也有与泥釉同施于一器。泥釉釉层一般较薄[1]。

　　角山窑产品的上述特征具有鲜明的时代烙印，以此为出发点，对角山窑延续的年代可作粗线条的推断。1. 一般认为，南方印纹陶起源于新石器时代晚期，经历夏、商时期的发展，至两周时期达到高峰。泥釉黑陶出现在相当于中原夏商时期的南方地区，泥釉作为原始瓷釉的前身，在晚商到西周时期逐步消失，被原始瓷取代[2]。西周时期，原始瓷釉运用得更加广泛，出现了通体施釉的产品。黑皮陶在龙山时代晚期开始退化，经历夏商时期的孑遗，至西周时期已很少见到。这些发展线索表明角山窑在发展阶段上处于我国陶瓷史的上承新石器时代晚期、下启晚商的转折时期。2. 新石器时代晚期的印纹陶数量很少，纹样单一，拍印浅；西周时期的印纹则工整，简练，盛行组合纹，具有较强的装饰气氛，这些纹样的母型在角山窑中多能见到。并且角山窑产品装饰的粗犷、错乱作风，也能恰当地前后连接新石器时代晚期和晚商时期的印纹陶拍印纹样。3. 西周时期的印纹陶、原始瓷产品盛行平底，矮圈足。部分豆已演化为碗，盘部变大，盘底变平，以适应当时的叠烧技术。在角山窑产品中尚未体现出这种演化趋势[3]。饼形底座在黄土仑墓葬的随葬品中十分盛行，其特征可与角山窑产品相互对应，黄土仑墓葬的年代一般认为在商末周初[4]。4. 角山窑产品中有一定数量的袋足器（鬶）。在赣江—鄱阳湖地区鬶的演化特点是：袋足在相当于中原地区龙山或夏时期开始退化，变成半实心的三足，至西周时则基本消失。角山窑鬶的年代晚于龙山时期，处于二里头文化早期阶段。5. 角山窑产品中另一种具有很高断代价值的器形是圈足尊。圈足尊[5]是盛行在中国南方商周时期的一种水器，年代较早的曾见于盘龙城楼子湾第五期（PLM1：8）、杨家湾第六期（PYWM9：5）、

---

　　[1]　泥釉黑陶作为中国南方地区与印纹陶、原始瓷共存的一个特殊陶瓷品种，20世纪80年代以后才被逐渐认识。泥釉黑陶胎的化学成分比较特殊，它既不同于一般陶器，又不同于原始瓷器和一般瓷器的成分。李家治等认为泥釉黑陶和原始瓷是承前启后连续发展的，泥釉黑陶的出现和工艺上的逐步提高，促进了原始瓷的出现。可参阅李家治等：《浙江江山泥釉黑陶及原始瓷的研究》，见《中国古陶瓷研究》，科学出版社，1987年。

　　[2]　牟永抗、毛兆廷：《江山县南区古遗址、墓葬调查试掘》，《浙江省文物考古所刊·1981》，文物出版社，1981年。

　　[3]　廖根深：《我国古代窑具的起源》，《中国文物报》1991年9月22日。

　　[4]　福建省博物馆：《福建闽侯黄土仑遗址发掘简报》，《文物》1984年第4期。

　　[5]　在盘龙城遗址中有鼓腹、弧腹和斜腹尊，而与鼓腹尊具有相同形态的器物却称为杯，同类器物在角山窑址中称为尊，在这里我们统一命名为尊。

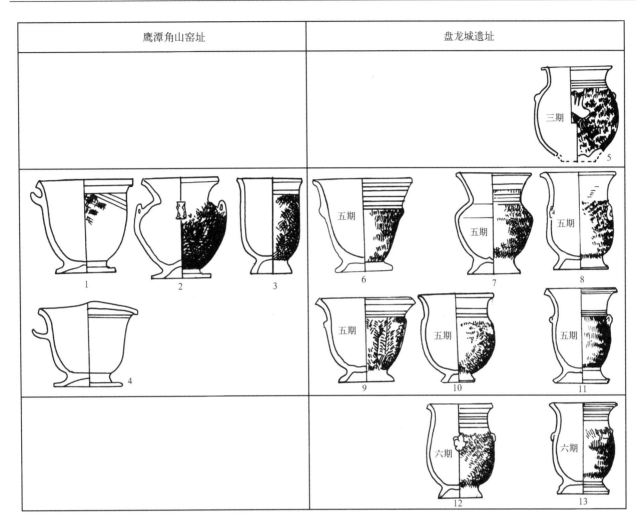

图129 角山窑址与盘龙城遗址尊对比图

1、4.83板H1：19，20 2.83板采 3.（采自《2000中国重要考古发现》第39页，文物出版社，2001年） 5～13.PWZT9⑧：12、PYZT3⑤：29，PLWM1：8，PLZM1：23，PYWM9：5，PYWM3：4，PYWT38④：4，PYWH6：16，PLWM9：3

杨家嘴第五期（PYZH1：8、PYZT3 ⑤：29）[1]、江山南区 [2] 等遗址中，其年代约相当于二里冈上层一期。角山窑出土的带鋬手圈足尊的型式与盘龙城的某些形制基本相同，而鋬手更加发达，从商代到西周时期，这类尊的鋬手是逐渐退化的 [3]，盘龙城遗址也表现出这种变化过程，因此，角山的尊应与盘龙城遗址第五期时代相当或略早，大致相当于早商文化第三期至中商文化第一期(图129)。6.角山窑中还出土了一些与中原二里头文化相类似的因素，如双层饼形平底座的觚、细高柄圈足豆等（图130）。另外，近几年对角山窑址的大规模发掘，又发现了一些与二里头文化相似的因素，并且对角山窑址进行的 C14 年代的测定，年代大部分均落在中原夏时期的纪年内 [4]。也说明了角山窑址的时代可能较早。7.角山窑址出土有大量的三足盘（有的称鼎），而不见

---

[1] 以上三者分别见《盘龙城》报告第377页图二七八，3，第245页图一七七，7，第334页图二四三，2、7。

[2] 牟永抗、毛兆廷：《江山县南区古遗址、墓葬调查试掘》，《浙江省文物考古所学刊·1981》，文物出版社，1981年。福建省文物管理委员会：《福建光泽新石器时代遗址的调查》，《考古学报》1957年第1期。福建省博物馆：《福建光泽古遗址、古墓葬的调查和清理》，《考古》1985年第12期。

[3] 廖根深：《试论角山窑的年代、分期及其相关问题》，《考古》1996年第5期。

[4] 江西省文物考古研究院、鹰潭市博物馆编著：《角山窑址——1983～2007年考古发掘报告》，第563页，文物出版社，2017年。

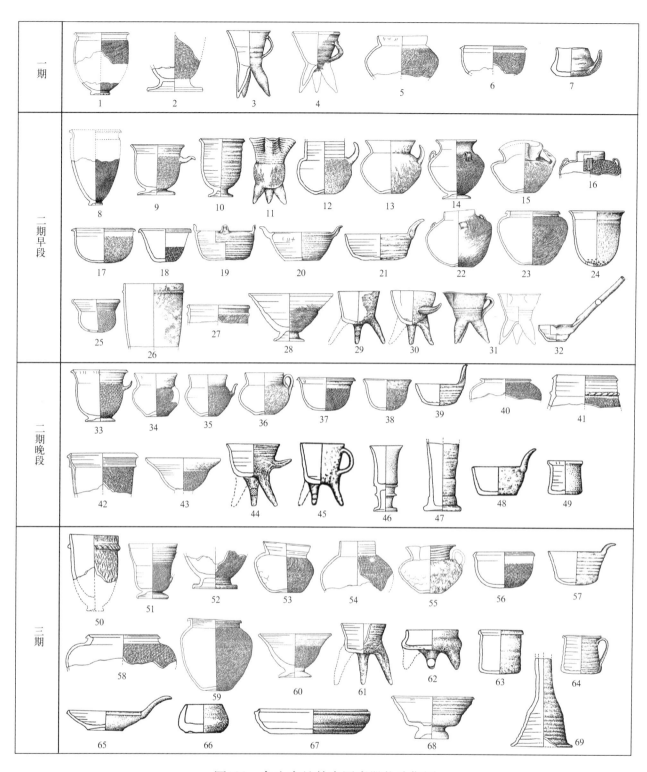

图130　角山窑址外来因素器物分期图

1.缸2003YJF3：5　2.尊2003YJH13：6　3.鬶2003YJH13：28　4.鬶2003YJH40：9　5.壶2003YJH13：11　6.盉形钵2003YJF3：6　7.带把钵
2003YJH40：12　8.缸2003YJY10：31　9.尊2000YJH7：18　10.尊2000YJH7：7　11.鬶2000YJH10：41　12.壶2000YJH10：6　13.壶2003YJH11：54
14.背壶2003YJH11：37　15.壶2003YJY10：93　16.壶2000YJH10：3　17.盉形钵2000YJH10：69　18.盉形钵2000YJH10：117　19.带把钵
2000YJH10：27　20.带把钵2000YJH7：33　21.带把钵2000YJH10　22.坛2000YJH10：51　23.盆2000YJH10：56　24.甑2003YJH11：42　25.甑
2000YJH7：8　26.筒形器2003YJY10：109　27.筒形器2000YJH10：100　28.大口尊2003YJY1：26　29.鼎2003YJH11：17　30.鬶2000YJH7：1
31.鬶2003YJY10：69　32.长柄勺2000YJH7：20　33.带鋬鬶2003YJY9：40　34.壶86板H1：64　35.带把壶2003YJY9：75　36.单鋬壶86板H1：52
37.盉形钵86板H1：4　38.盉形钵86板H1：48　39.带把钵2003YJY9：54　40.盆2003YJH15：18　41.筒形器2003YJH15：23　42.筒形器2003YJH15：1
43.大口尊2003YJY9：6　44.鼎86板H1：57　45.小鼎2003YJH15：9　46.觚形杯2003YJH15：7　47.觚86板H1：9　48.带把杯2003YJH15：8
49.杯2003YJY9：86　50.缸2003YJH12：6　51.带鋬尊2003YJH18：2　52.尊83角B：58　53.壶83角B：37　54.壶2000YJY6：44　55.带鋬壶
2003YJH17：29　56.盉形钵2003YJH21：12　57.带把杯2000YJY6：79　58.盆2003YJY6：37　59.盆2003YJH12：1　60.大口尊2003YJH17：6
61.鼎83角B：12　62.小鼎2003YJH21：7　63.杯2003YJH17：11　64.带鋬杯2003YJH17：10　65.盏2003YJH20：7　66.盂2003YJH21：1　67.盆
2000YJY6：17　68.盖碗83角B：56　69.豆柄83角B：42

高。鼎足凹面长三角形外撇，有些盘外壁近底部安一乳丁形鋬手，这种高足鼎形器在赣鄱地区新石器晚期～夏代文化中较为盛行，虽然与新石器时代晚期～夏代的高足盘形鼎还不能直接衔接，但由此可以看出，角山窑址的此类器物应与当地新石器时代～夏代文化有渊源关系，并且在角山窑址中这种鼎由高到矮成列，晚期向越式鼎演化。不见鬲又与同时代赣西北地区有所区别。上述分析表明，角山窑创烧的年代不晚于夏代晚期，停烧的年代不晚于商代晚期，鼎盛时期在夏代晚期至商代早期，前后延续时间较长，这与角山窑规模大、堆积丰富的特点也是相符合的。

2017 年《角山窑址 1983 ～ 2007 年考古发掘报告》出版，报告全面梳理的五次发掘成果，将角山窑址分为两期四段。认为一期早段的相对年代相当于二里头文化一期或更早，应属于夏代早中期的文化遗存；一期晚段中器物与盘龙城二、三、四期相似，与郑州洛达庙三期也相似，因此，将角山一期晚段相对年代定为二里头文化三期至二里头文化四期偏早阶段，属于夏商之际的文化遗存；二期早段的器物与盘龙城三期和郑州二里冈下层有相似性，因此，认为角山二期早段相对年代为二里头文化四期至二里冈下层一期早段，属于商代初期的文化遗存；二期晚段出土器物特点与盘龙城四五期具有相似性，认为该段的相对年代与盘龙城四、五期大体相当，即二里冈上层一期偏晚，认为属于商代前期（盘庚迁殷之前）遗存。

本书基本同意报告所划定的主要时代，只是结合报告材料和研究成果，做一更细的划分和解释。将角山窑址分为三期四段，其中二期分为早晚段，分别相当于报告中的一期早段、一期晚段、二期早段和二期晚段。

一期出土的器物主要集中于 B 区的 F4、H40，C 区的 H13。器物类型较少，以釜和平底钵类型较为丰富。一期高领罐侈口，口沿外微凸脊，领饰弦纹，折腹。鼓腹罐沿面与水平面的夹角较大，罐领下直接为腹部，无肩。釜的沿面与水平面夹角较大，沿外脊微凸。甗形器上部甑体敞口，平折沿，釜部鼓腹。三足盘口沿外凸脊较小。器盖总体有平顶，口沿外凸脊几乎没有。

二期早段的主要遗迹单位有 2003YJY10、2003YJH10、2003YJH11、2003YJH13、2000YJH7，出土的遗物较一期有了很大的变化，器物种类增加，器形增加，器物之间的演变关系也较为明显。高领罐、矮领罐、垂腹罐、甗形器、三足盘在器形上增加。鼓腹罐沿面在与水平面的夹角上明显变小，渐趋于水平。甗形器的口沿外凸脊延长变明显。平底钵较一期敛口程度明显变小，子口变矮，折肩。豆盘变浅，竹节豆柄更为显著。三足盘的口沿外凸脊延长变明显。器盖的子口开始出现，且沿外出现微微凸脊。

二期晚段的主要遗迹有 2003YJH15、2003YJY9、83 板 H1、86 板 H1，器形在演变上变化较小，且垂腹罐、矮领罐、直腹罐、鼓腹罐的典型器形在式的变化上存在空缺。新增器形较少。只有平底钵相对丰富。器形在式的变化主要为：高领罐口沿外凸脊变长。釜的口沿沿面与水平面夹角变小。器盖的器形增加，子口变长。

三期的遗物较为丰富，器形在整个角山窑址发展阶段中最为齐全，式也最丰富。相较于二期，三期较为明显的演变趋势是：高领罐的口沿外凸脊延长更甚，鼓腹上移也更为明显。垂腹罐的口沿沿面变得更宽，与水平面的夹角缩小趋于水平。矮领罐的口沿外凸脊更长更明显。鼓腹罐此时的沿面已经缩短，沿面与水平面平行。直腹罐沿面与水平面的夹角不断缩小至水平状。甗形器的甗腰更为明显。釜的沿外凸脊延长。器盖的捉手变高（图 131）。

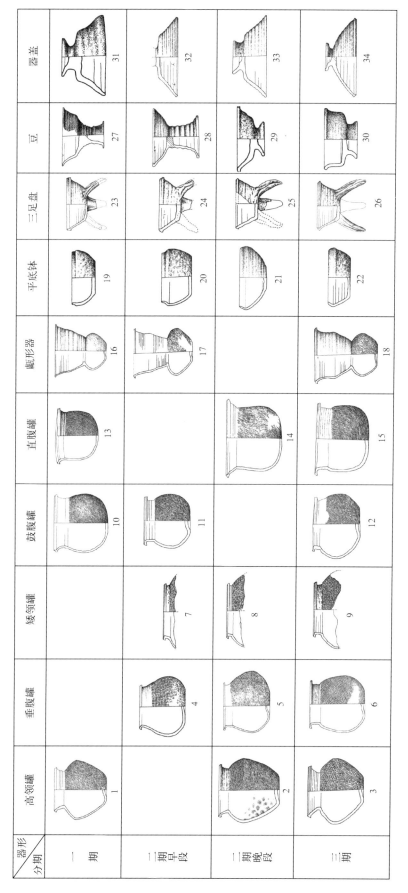

图131　角山窑址器物分期图

1～3.高领罐2003YJH13：22.83板H1：35.2000YJY6：11　4～6.垂腹罐2003YJH11：59.2000T0645①：6.2003YJH19：8　7～9.矮领罐2000YJY6：29.2000YJY6：69 10～12.鼓腹罐2007YJF4：1.2000YJH10：115.2003YJH20：21　13～15.直腹罐2003YJH13：30.2003YJY9：79.2000YJY6：1　16～18.觚形器2003YJH40：4.2000YJH10：53. 2000YJY6：5　19～22.平底钵2003YJH40：8.2003YJY10：42.2003YJH13：21.2003YJH7：43.86板H1：21.83角B：15　27～30.豆 2003YJH40：16.2003YJY10：44.83板H3：2.83板H1：2.2003YJH11：99.2003YJY9：69.83角B：72　23～26.三足盘2003YJF3：4.2003YJH13：21.83角H1：31～34.器盖2003YJY9：69.83角B：72

　　角山窑址中可用于分期的器物基本为本地区特有的因素，而外来因素则多不具有分期的意义（图130），说明角山窑址作为一个独立文化区而存在的可行性，但可用来断代的器物又必须要依靠这些"外来"器物，尤其是与中原文化相关的器物。

　　一期器物中的缸（2003YJF3∶5）与盘龙城二期（注：盘龙城二期以王家嘴南区一号长窑和地层第8层为代表，相当于二里头文化三期[11]）溜肩弧腹罐（79HP3TZ33H3∶4）[2]造型相似；器盖（2003YJH40∶3）与郑州大河村二里头文化（注：大河村二里头文化未测定年代标本，依据出土遗物特征，应属于二里头文化第三期[3]）中器盖（H222∶25）[4]基本接近；豆（2003YJH40∶16）与郑州大河村二里头文化Ⅱ式豆（H222∶44）[5]豆盘基本一致。角山一期应相当于中原二里头文化三期，即夏代晚期偏早阶段。

　　二期早段中的筒形器（2003YJY10∶109）与盘龙城王家嘴遗址盘龙城三期（注：盘龙城三期以王家嘴北区三号长窑和地层第7层为代表，相当于二里头文化四期偏晚或二里冈下层一期偏早[6]）直口斜腹缸（PWZT65⑦∶8）[7]造型几乎一致。缸（2000YJH10∶100）与盘龙城王家嘴遗址盘龙城三期直口斜腹缸（PWZT71⑦∶10）[8]几乎一致。斝（2003YJY10∶69）与盘龙城李家嘴盘龙城四期出土的侈口分裆斝（PLZH4∶11）[9]一致。角山窑址二期早段器物筒形器与斝与盘龙城三期、四期器物相似，年代相当于中原二里头文化四期偏晚或者二里冈下层一期偏早阶段，因此角山二期早段年代应为夏商之际。

　　二期晚段的瓿（2003YJH15∶7）与二里冈遗址二里冈下层二期出土的陶瓿（C5.1H118∶21）近似。小鼎（2003YJH15∶9）与郑州商城南关外遗址二里冈下层二期出土的陶三足杯（C5.1H121∶7）一致。杯（2003YJY9∶86）与郑州电校出土的二里冈下层二期无錾杯（82ZDH1∶21）类似。此段的瓿、三足杯与郑州二里冈下层出土的器物特征相似[10]。据此，将角山二期晚段定为二里冈下层二期阶段，即早商二期。

　　三期的缸（2003YJH12∶6）与盘龙城宫殿基址出土的盘龙城五期（注：盘龙城五期的时代相当于二里冈上层一期偏晚阶段[11]）侈口斜腹缸（74HP4TR19④∶12）器形一致，仅尺寸变小[12]。尊（2003YJH18∶2）与盘龙城杨家嘴遗址出土的盘龙城五期硬陶杯（PYZT6⑤∶11）[13]相似。盂（2003YJH21∶1）与郑州商城二里冈上层一期紫荆山北遗址出土的陶盂（C15H1∶1）[14]一致。盆

[1]　湖北省文物考古研究所编：《盘龙城——1963～1994年考古发掘报告》（上），第443页，文物出版社，2001年。
[2]　湖北省文物考古研究所编：《盘龙城——1963～1994年考古发掘报告》（上），第24页，文物出版社，2001年。
[3]　郑州市文物考古研究所：《郑州大河村》（上），第586页，科学出版社，2001年。
[4]　郑州市文物考古研究所：《郑州大河村》（上），第546页，科学出版社，2001年。
[5]　郑州市文物考古研究所：《郑州大河村》（上），第546页，科学出版社，2001年。
[6]　湖北省文物考古研究所编：《盘龙城——1963～1994年考古发掘报告》（上），第443页，文物出版社，2001年。
[7]　湖北省文物考古研究所编：《盘龙城——1963～1994年考古发掘报告》（上），第109页，文物出版社，2001年。
[8]　湖北省文物考古研究所编：《盘龙城——1963～1994年考古发掘报告》（上），第109页，文物出版社，2001年。
[9]　湖北省文物考古研究所编：《盘龙城——1963～1994年考古发掘报告》（上），第158页，文物出版社，2001年。
[10]　江西省文物考古研究院、鹰潭市博物馆编：《角山窑址——1983～2007年考古发掘报告》（上），第413页，文物出版社，2017年。
[11]　湖北省文物考古研究所编：《盘龙城——1963～1994年考古发掘报告》（上），第444页，文物出版社，2001年。
[12]　江西省文物考古研究院、鹰潭市博物馆编：《角山窑址——1983～2007年考古发掘报告》（上），第413页，文物出版社，2017年。
[13]　湖北省文物考古研究所编：《盘龙城——1963～1994年考古发掘报告》（上），第334页，文物出版社，2001年。
[14]　河南省文物考古研究所编著：《郑州商城——1953～1985年考古发掘报告》（中），第752页，文物出版社，2001年。

（2000YJY6：17）与郑州商城二里冈上层一期平底盆（C5H20：2）[1] 近似。综上，推断三期大致为二里冈上层一期偏晚，即早中商之际（图132）。

因此，角山窑址跨越了整个夏代晚期和商代早期，它可能是在社山头遗址下层第三期的基础上发展起来的，此阶段也是万年类型文化最为繁荣的时期。

肖家山发掘了3座墓葬，送嫁山发掘了4座墓葬，出土器物大致相同。肖家山和斋山遗址中发现的器物与墓葬中所出基本相同。以上几处遗址和墓葬出土器物的共同特征是：以灰色硬陶（含泥质和夹砂质两种）为主，泥质红色和夹砂红色硬陶或软陶较少，且多数炊器和缸类器，还有少量原始瓷器和釉陶。纹饰多样，以云雷纹、凸方点纹或凸圆点纹最为多见，其他有席纹、曲折纹或叶脉纹，方格凸圆点纹或方格凸方点纹、方格纹、绳纹、篮纹、菱形纹等，罐类器口颈部位上轮旋纹运用普遍，云雷纹、凸方点或凸圆点纹、席纹等与曲折纹或叶脉纹的组合纹在罐类器上出现较多。此外，在罐、钵、甗形器、瓮等器物的颈部内外或沿上、底部多刻有刻划符号。器形有甗形器、鼎、罐、钵、鬶、杯、带柄器等。以上的7座墓葬虽器类有所区别，但时代特征相差不大，且与社山头遗址和角山窑址具有非常强的可比性。通过对比，我们认为，这批遗址和墓葬的年代与角山窑址一期和二期早段的年代相当，有些器形，如肖家山M1、M2和送嫁山M1、M4的罐具有介于社山头下层三期和角山一期之间的特征（图133）。

10. 婺源茅坦庄、都昌小张家、彭泽团山遗址

这三处遗址位于上面几处遗址的北部，都处于赣都地区的东部，与以上几处遗址出土器物大致相同，大致处于相同的文化区，在时代上具有相对早晚关系。

婺源茅坦庄遗址位于婺源县城北5千米，处于黄山向南的余脉中。地层堆积简单，内涵主要为青铜时代文化堆积，包括遗址的第②层及开口于①层下的遗迹。器物特征基本一致。陶质陶色以夹灰硬陶和泥灰硬陶的数量最多，约占整个出土陶片的百分之七十以上，次为泥红硬陶，软陶数量较少，黑衣陶只是少量，偶见两片釉陶，不见原始瓷，器形有甗形器、钵、釜、鼎、盆、瓮、缸、桶、罐、罘、纺轮、网坠、支座等。以罐、钵、桶、甗形器的数量最多。带把器、带耳器、带环器以及在器物口沿上粘贴捉手的作风盛行。耳均为内附耳。陶器纹样有云雷纹、水波纹、席纹、弦纹、绳纹、凸点纹、波折纹、方格纹、叶脉纹等，以叶脉纹、席纹、绳纹最为普遍。该遗址商代文化遗存所出陶器的基本组合为甗形器、钵、罐、釜，未见鬲，这是赣东地区同时代遗存的典型器物组合，带把或带耳作风盛行，所出带把钵、盔形钵、圜底罐与鹰潭角山商代窑址的同类器物几无二致，纹饰也差不多，发掘报告认为"在口沿部位粘贴捉手的作风也许是肖家山、角山等遗址带把作风之先驱"。本遗址所出土的甗形器上腹较直或略鼓，下腹与上腹基本等宽或略小；大口罐垂腹、领部较高、折沿或卷沿较甚；高领罐领部较高、有的略带垂唇；直口罐口部外敞、腹部较直。以上这些特征均早于角山窑址一期，也早于肖家山和送嫁山的年代，但晚于社山头下层第三期的年代，因为甗形器的出现可能标志着万年类型文化的成熟，而社山头下层第三期中并不见此类器物（图134）。

都昌小张家遗址位于都昌县城北30千米，文化内涵为商代，文化堆积简单，包括第②层和

---

[1] 河南省文物与考古研究所编著：《郑州商城——1953～1985年考古发掘报告》（中），第751页，文物出版社，2001年。

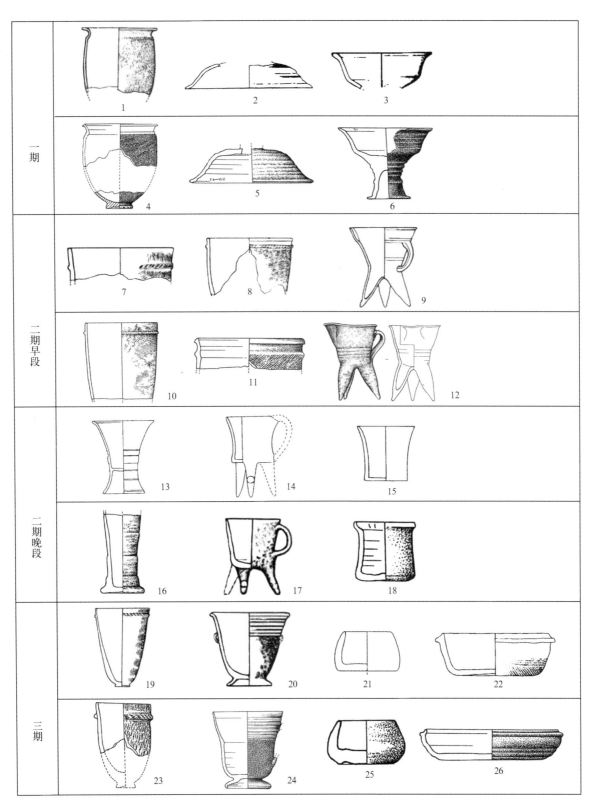

图132 角山窑址断代依据图

1.盘龙城二期溜肩弧腹罐79HP3TZ33H3：4　2.郑州大河村二里头文化器盖H222：25　3.郑州大河村二里头文化豆盘H222：44　4～6.角山一期：缸2003YJF3：5、器盖2003YJH40：3、豆2003YJH40：16　7、8.盘龙城王家嘴遗址盘龙城三期直口斜腹缸PWZT65⑦：8、PWZT71⑦：10　9.盘龙城李家嘴盘龙城四期侈口分裆罞PLZH4：11　10～12.角山二期早段：筒形器2003YJY10：109、缸2000YJH10：100、罞2003YJY10：69　13.二里冈遗址二里冈下层二期陶瓿C5.1H118：21　14.郑州商城南关外遗址二里冈下层二期陶三足杯C5.1H121：7　15.郑州电校二里冈下层二期无銴杯82ZDH1：21　16～18.角山二期晚段：瓿2003YJH15：7、小鼎2003YJH15：9、杯2003YJY9：86　19.盘龙城宫殿基址盘龙城五期侈口斜腹缸74HP4TR19④：12　20.盘龙城杨家嘴遗址盘龙城五期硬陶杯PYZT6⑤：11　21.郑州商城二里冈上层一期紫荆山北遗址陶盂C15H1：1　22.郑州商城二里冈上层一期平底盆C5H20：2　23～26.角山三期：缸2003YJH12：6、尊2003YJH18：2、盂2003YJH21：1、盆2000YJY6：17

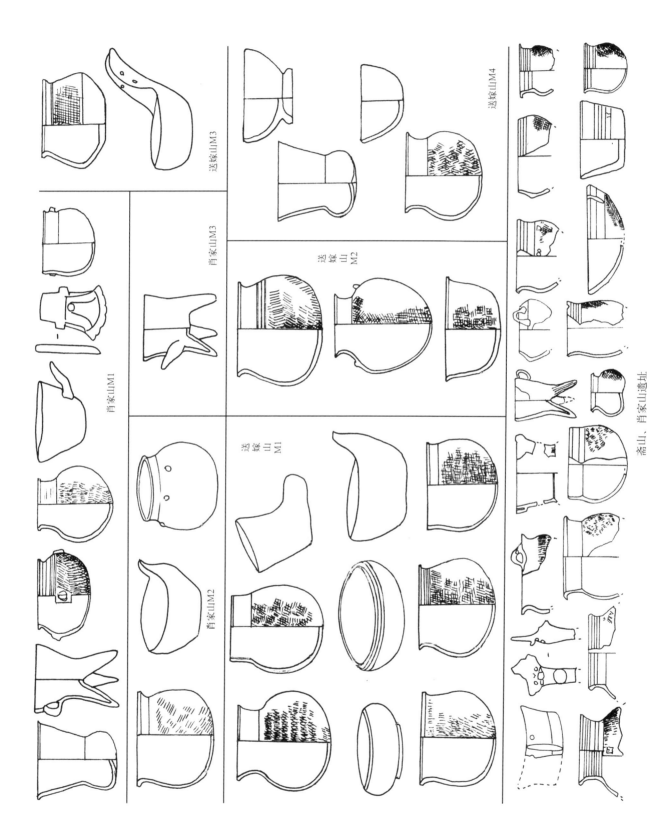

图133　肖家山、送嫁山墓葬及高山、肖家山遗址器物图

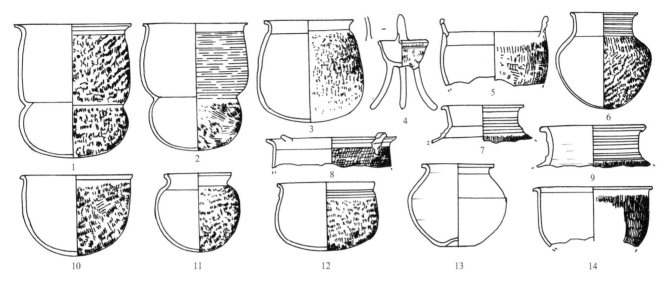

图134　茅坦庄遗址器物图

1、2.瓿形器H1：18、G1：43　3、10、12、14.大口罐H1：17、H7：9、G1：45、H7：标2　4.带把鼎F1：3　5、8.盆H7：标3、H10：标3　6、7、9.高领罐H7：10、T54②：标1、G1：标7　11、13.矮领罐H5：6、7

上下的遗迹。小张家遗址地处鄱阳湖东北部的赣东地区，与赣北，甚至赣西北地区存在天然的自然分割，文化风格明显有别。但是，由于其处于两大区的中间地带，文化性质即带有双方的特点，所出文化遗物主体因素以瓿形器、鼎为主要炊器，器形以圜底器、三足器为主，少见或不见平底器，罐肩流行的用一圆饼或双圆饼装饰与万年肖家山、斋山见的装饰风格相似，甚至完全一致，主体因素属于万年文化类型。同时，也存在鬲和附耳瓿等与吴城文化和鄂东南地区相似的因素，同时也存在较多的可能来源于本地新石器时代文化传统的圆窝纹鼎足（图135）。

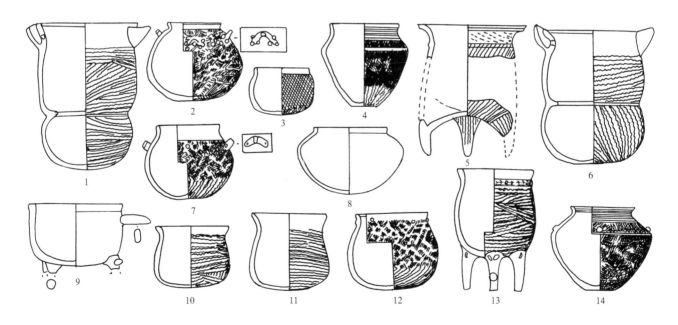

图135　小张家遗址器物图

1、6.瓿形器G4②：8、M2：2　2~4、7、8、10~12、14.罐F1②：1、G4②：1、T3②：1、H9②：1、G2：4、M2：1、M1：2、G4②：2、T18②：1　5.鬲上G4③：3、下G4②：11　9.带把鼎T12②：1　13.鼎H9②：6

简报中将小张家的商代遗存分为早晚两期,时代分别相当于吴城一期和吴城二期,即早中商时期。笔者认为由于发掘面积有限,出土器物不够丰富,作为分期依据的很多器形都是只有两式,因此,不足以说明器物的演变规律,也不足以作为分期的依据。通过与周边遗存的对比,其出土的鬲颈腹连为一体,联裆较宽,已脱离了商文化之鬲的形制,当与吴城遗址第二期第一段相当。附耳甗形器当是受到了鄂东南大路铺文化的影响。大路铺文化是盘龙城类型商文化在鄂东南地区消亡之后兴起的,因此,该遗存的年代当晚于盘龙城类型商文化,大致为中商二期至晚商二期。

彭泽团山遗址位于江西和安徽交界,往东即进入皖南山区。处于由长江中游进入长江下游的必经区域,是古代文化交汇的重要地区。目前发现的情况,文化堆积简单,除见有少量新石器时代晚期的遗迹现象外,大部为商代的地层和遗迹。从新石器时代晚期的器物看,这里的文化遗存,诸如圈足壶、圈足盘、高圈足豆、侧扁式鼎足等与皖西南地区薛家岗文化、鄂东南地区石家河文化、赣鄱地区的拾年山新石器时代遗存、山背文化、社山头遗存一、二期等有着较密切的关系。德安石灰山遗址第一期的文化中也存在一些圈足盘等圈足器,与团山所出有所区别,当晚于团山的时代。商代时期的文化遗存更是如此,无论从平折沿高领弧腹弧裆鬲、圆锥状高实足根鬲足、粗柄豆、大口尊,以及鬲颈腹间和豆柄部、罐肩部装饰圆圈纹的作风,都与吴城遗址第二期中段(即殷墟文化二期晚段至三期)的同类器完全相同(图136),不仅说明了其时代大体一致,更重要的是表明了两者之间应当存在着密切的联系,从第四章的内容可知,这里应是吴城文化沿江东传的重要中继点。

赣鄱地区位于长江中下游交汇点的南岸,它是现今江西省的门户,又是中原和南方、大江中下游文化交流的结合点和交通之通衢,处在极有利的地理位置之上。新石器时代,赣中北地区就是一个文化比较发达的地区,修水山背、靖安郑家坳、新余拾年山、樟树筑卫城、樊城堆、广丰社山头遗址都发现了较丰富的文化遗存,它们与鄂东南地区、皖西南地区、赣南以及两广地区、闽浙地区的文化都有一定的交流和影响。但由于大江间隔,新石器时代与江北地区缺乏联系,尤

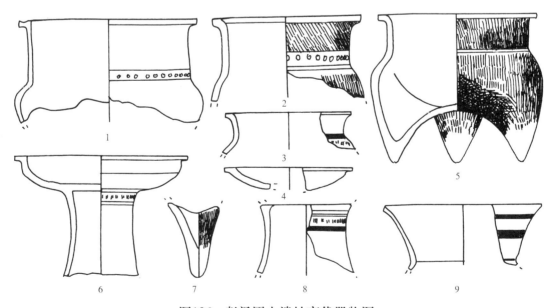

图136　彭泽团山遗址商代器物图
1、2、5.鬲H4：2，F1：1，H3：1　3.罐H3：3　4、6、8.豆H3：1，H4：1，F1：3　7.鬲足F1：2　9.大口尊H3：2

其与中原地区的联系一直没能建立，文化发展处于相对落后的局面。直到中原进入青铜时代，赣鄱地区仍然处于新石器时代末期，也正是从此时开始，随着中原文化势力的扩张，赣鄱地区才开始与中原建立了联系，这里的新石器末期文化中开始出现了一些与夏文化相似的因素。商文化的势力扩展的范围更加广阔，在赣鄱地区出现了大量的商文化因素，尤其是赣鄱地区的西部甚至形成了商文化的附属区域。西周时期实行分封制，中原王朝对地方的直接控制减弱，这里的中原因素相对减少，南方地区固有的文化得到较大范围的扩展，南方文化大一统的局面逐渐形成。以上这些，是我们通过对典型遗址的文化分析而得出的初步结论，在这个结论的基础之上，我们有可能对分布于赣鄱地区的其他遗存进行分析，确定它们的相对早晚关系（表23）。

表23 赣鄱地区夏商西周时期遗存分期对应关系表

遗址 \ 分期	夏代			商代 早期			商代 中期			商代 晚期				西周		
	初期	早期	晚期	一期	二期	三期	一期	二期	三期	一期	二期	三期	四期	早期	中期	晚期
九江神墩								√						√	√	√
九江龙王岭					√	√	√	√	√	√	√	√	√			
九江磨盘墩	√	√													√	√
瑞昌铜岭					√	√	√	√	√	√	√	√	√			√
瑞昌檀树嘴										√	√					
德安石灰山				√	√	√										
德安陈家墩										√	√	√	√	√	√	√
南昌邓家山										√	√	√		√		
樟树筑卫城	√	√								√	√	√	√		√	√
樟树樊城堆	√	√								√	√	√	√			√
樟树彭家山										√	√	√	√			
樟树吴城				√		√	√	√	√	√	√	√	√			
新余拾年山										√	√	√	√		√	√
新余赵家山														√		
新余钱家山														√		
萍乡禁山下	√	√												√		
新干牛城										√	√	√	√	√		
新干大洋洲										√						
鹰潭角山		√	√	√	√	√	√									
广丰社山头	√	√	?	?	√											
万年肖家山		√	√	√												
万年斋山		√	√	√												
万年送嫁山		√	√	√												
都昌小张家							√		√	√						
婺源茅坦庄	√															
彭泽团山											√	√				
上饶马鞍山																√

第二节　二里头文化时期的分期与分区

　　江西境内新石器时代晚期的文化有拾年山文化、山背文化、筑卫城文化（下层）、社山头文化（一、二期）和郑家坳文化。之后的近 500 年间，赣鄱地区兴盛起来的是以筑卫城、樊城堆中层、广丰社山头第三期和高安相城下陈等遗存为代表的新石器时代末期文化，其年代距今约3600 ～ 4100 年。这一阶段的文化总体看来，是一个继承和连续发展的时期，如果说新石器时代晚期鄱阳湖两岸的文化存在不同的话，那么到新石器时代末期，鄱阳湖以西以筑卫城中层为代表的文化和鄱阳湖以东以广丰社山头第三期为代表的文化之间已逐步趋同。这个时期，各个文化之间的交流增强，中原地区文化中心也已形成。赣鄱地区的土著文化开始较广泛的受到周边文化的影响，同时作为受中原文化中心辐射的二级地带，其文化内涵中也开始包含中原夏文化的因素。但本地文化的独立性并未中断。赣境地区的新石器时代末期文化，不论是筑卫城、樊城堆中层抑或社山头三期文化等都是渊源于自身下层文化基础之上，是从本土的新石器时代晚期文化发展而来。就陶器来说，常见的鼎、豆、壶、鬶、釜、罐、盘、盉、杯、器盖、纺轮等等，虽然由于中原夏文化的南传、影响和渗透，给予土著文化打上某些中原文化烙印，但其主要器类和基本器形仍然是赣境地区新石器时代晚期陶器特征的延续和发展，也就是说，它还是以自身特色为主要内涵的原始社会末期文化[1]。从文化内涵看，这一时期赣鄱区文化主要有两次大规模的受辐射期：龙山时代受辐射期、夏代初期受辐射期。

　　在龙山时代以前，赣鄱地区的古文化与周边文化就已经建立了较广泛的交流。比如新余拾年山遗址一期文化在陶器器形和纹饰作风上与大溪文化很接近，但同时，又含有长江下游马家浜文化的一些因素，比如泥质红陶捏窝牛鼻式器耳，这种样式在九江神墩遗址下层中亦可见到。同样的情形，在江北宿松黄鳝嘴遗址和薛家岗一期文化中亦分别存在，这说明，在早于薛家岗类型文化阶段，长江中游大溪文化和长江下游马家浜文化的影响已达上述地区。在郑家坳类型文化遗物中，不仅可以见到大汶口文化的壶形鼎（带把，有称实足鬶），而且有甗，有有段石锛，还有江浙一带常见的圆形、三角形镂孔装饰等。

　　龙山时代受辐射期内，鄱阳湖以西以北地区的文化（包括拾年山、筑卫城、樊城堆、山背、郑家坳、尹家坪、神墩等遗址），受北来的文化因素影响较大，如拾年山二、三期文化可以见到长江中游屈家岭文化因素（屈腹杯、双腹豆、侈口束颈簋等）和长江中下游的薛家岗、北阴阳营文化因素，拾年山三期文化还可以见到崧泽、良渚文化的塔形圈足豆等。鄱阳湖以东的地区（以社山头一、二期文化为代表），一期时受到的文化影响多来自鄱阳湖以西地区，比如常见的盘形鼎、有棱座豆、圈足壶、鬶等，均是拾年山、筑卫城、樊城堆、尹家坪、神墩等遗址中的典型器物。而第二期时受到了来自从东部、南部传来的良渚文化、昙石山（中层）文化因素的影响，如社山头二期的直颈折腹圈足壶（M4：2）就与昙石山文化所见同类器物有相似之处，镂孔和贯耳器与良渚文化相同。也有来源于山东龙山文化中的鸟头形足。

　　这说明，赣鄱地区北部如同江北的江淮地区一样，是古代南北和长江中下游原始文化交融

---

[1] 彭适凡：《江西地区新石器时代末期文化与夏文化的南渐》，《南方文物》2007年第1期。

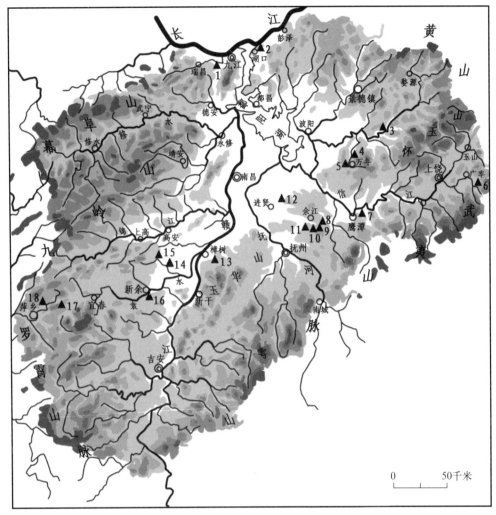

图137　赣鄱地区夏文化因素遗址点位置图

1.九江磨盘墩　2.湖口下石钟山　3.乐平高岸岭　4.万年斋山遗址、送嫁山、西山墓葬　5.万年肖家山墓葬　6.广丰社山头　7.鹰潭角山和板栗山　8.余江红龙岗　9.余江龙岗　10.余江马岗　11.余江黄风岭　12.进贤寨子峡　13.樟树筑卫城　14.樟树樊城堆　15.高安下陈16.新余珠珊斜里　17.萍乡虹桥禁山下　18.萍乡赤山大宝山

的通道，通过这一地区，往南岭、往福建："江西地处浙江、福建、广东、湖北、湖南的中间，与邻近诸省区的文化联系比较密切，并成为各地区文化交流的过渡地区。在新石器时代晚期，发源于长江中下游地区的有段石锛，向西进入江西，并以江西为媒介传入湖北、湖南以及广东诸省，江西地区新石器时代晚期的陶器与邻近诸省的诸多相同因素，更证明了它们之间不可分割的联系"[1]。可以这样认为，新石器时代晚期，东南和西北两大文化区在江北的接触点是江淮地区，在南方的接触点是赣鄱地区。

　　夏代初期受辐射期内，赣鄱地区内所见的考古遗址普遍规模较小，主要地点有：九江磨盘墩、湖口下石钟山、樟树筑卫城（中层）、樊城堆（中层）、高安下陈、萍乡大宝山、禁山下、新余珠珊、进贤寨子峡、余江龙岗、红龙岗、广丰社山头（下层文化三期）、乐平高岸岭等。另外，还在鹰潭角山、板栗山、万年肖家山、斋山等诸多遗址中发现过相似于夏文化因素的遗物（图 137 ～ 138）。这一时代的遗物特征主要包括：陶器普遍有夹砂和泥质灰陶和红陶、黄褐色陶，

　　[1]　李家和、杨巨源、刘诗中：《江西龙山文化初探——三谈江西新石器晚期文化》，《东南文化》1989年第1期。

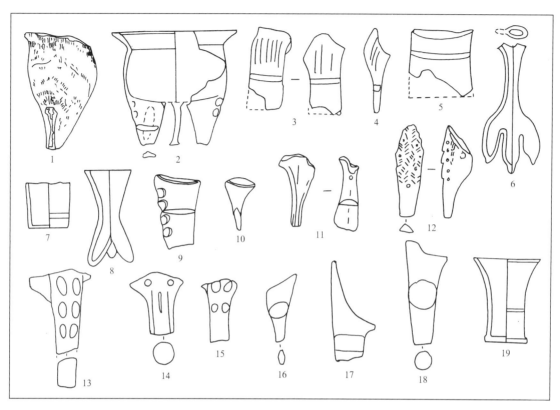

图138　赣鄱地区夏文化因素器物图

1.斝足(高安下陈)　2.鼎(余江龙岗)　3、4、5、9、10～18.鼎足(3～5.萍乡大宝山;9、10.进贤寨子峡;11、12.湖口下石钟山;13～18.九江磨盘墩下层)　6、8.鬹(6.萍乡大宝山;8.乐平高岸岭)　7.杯(乐平高岸岭)　19.觚(新余竹珊台子上)

但灰褐陶和磨光黑皮陶明显增多,还新出现少量的硬陶、白陶和釉陶,高安相城下陈遗址出土白陶竟占到3%。据筑卫城遗址中层(第三层)统计表明,夹砂、泥质灰褐陶约占37%,黑皮磨光陶等约占40%,而夹砂、泥质红陶只约占27%,还见少量白陶、硬陶和釉陶。广丰社山头第三期的夹砂、泥质灰陶占到48.8%,红陶约占30%,硬陶约占7.8%。余江县龙岗遗址以砂质和泥质灰陶为主,次为黑皮磨光陶和红陶,也有少量灰色硬陶。这时的陶器仍以鼎、豆、壶、罐、盆、钵、杯为多,尚有鬹、盉、斝等,但其形制已有明显变化,且变化脉络清楚。鼎类器除盘形鼎外,更多使用宽沿、浅腹、侧扁式足或扁平式足之釜形鼎;杯形豆由薄胎、深盘向厚胎、浅盘演变,喇叭状矮圈足和粗圈足豆较多,折盘豆和竹节形把豆也有出现,但少见有棱座豆及豆把上繁缛的镂孔装饰;鬹类器由粗肥大袋足向矮锥状袋足、细高颈演变,整个器形显得瘦高。陶器中的早期几何印纹陶增多,其纹样主要有方格纹、编织纹、曲折纹、S形纹、漩涡纹、圆圈纹、重圈带点纹、圈点纹、席纹、梯格纹及云雷纹等。其作风是印痕深且粗犷,也较错乱,部分有重叠现象。单位组成由大型向中型演变,如漩涡纹由大块痕浅向中型痕深演化,曲折纹也由浅痕杂乱向痕深、规整发展。诸遗存中,作为礼器的玉器不仅数量而且种类出土更多,如高安相城下陈遗址仅开1米×1米探沟,就出土有玉璜、玛瑙璜、玛瑙玦等10余件。

随着中原文化势力的增强和扩张的加剧,以及南方区域文化交流的广泛开展,赣鄱地区的新石器时代末期文化较新石器时代晚期发生了一些变化,这一时期的遗址中,大多发现了与中原夏文化相似的因素(图138)。这些相似的因素大致在夏代初期就开始向赣鄱地区传播,如广丰社山头遗址的卷沿深腹盆、敞口深腹外饰凸棱平底盆，与二里头二期文化的同类器相近[1]，袋足束颈冲天流鬶与洛阳矬李遗址出土的相当于煤山一期的同类器相一致[2]，下陈遗址的白陶鬶、新余珠珊的平底觚、直内石戈等又都与偃师二里头文化二期出土的相同。需要注意的是，除了山东、河南龙山文化晚期可能对赣鄱地区产生的影响之外，夏文化对这一地区的影响似乎仅限于煤山文化时期和二里头文化二期前后[3]，之后的遗物少有发现，这点在南方和东南方具有较强的一致性[4]。除了与中原二里头文化相似的因素外，与周边文化之间也有密切的联系，比如沿内饰褐彩的圜底罐、黑皮磨光陶喇叭柄镂孔豆、釜、盉、泥质红褐陶圜凹底罐等器物，与浙江江山肩头弄期文化和闽北地区的文化所出土的同类器，有一定相似之处[5]。

赣鄱地区在相当于中原龙山时代末期～夏代的时期，中原文化因素和周边文化因素在此地的分布和扩展并没有改变当地文化延续发展的现状，不论是筑卫城中层抑或社山头三期都是根植于下层基础之上，是从本土的新石器文化发展而来，自身文化内涵还是主要的，故此只能称其为相当于夏时期的文化遗存，不能简单称之为夏文化。但是在夏文化的影响下，赣鄱东部地区至迟在二里头文化三期时也开始诞生出以角山窑址为代表的新的文化，即万年类型文化，而赣鄱西部地区文化势力仍然分散并混杂。

第三节　商时期文化的分期与分区

赣鄱地区相当于中原夏文化时期的文化的确立，对于商时期文化的研究提供了年代上限，使我们有可能分辨出晚于夏时期的文化，再加上中原商文化势力的扩展深刻地影响到赣鄱地区，使得赣鄱地区存在与中原商文化相似的因素比夏文化时期更加深厚，因此，我们可以对商时期的文化进行较为系统的分析和辨别。

赣鄱地区商时期文化的发现开始于20世纪60年代初期，但是对于文化年代和性质的确认却是在20世纪70年代吴城商代遗址被发现之后。通过40多年的发现和研究，发现的商代遗址遍布赣东北、赣北、赣西北和赣中地区，它们大多分布在赣江流域及其支流信江、修河、袁水、锦江、乐安河、抚河等江河近旁丘陵台地之上，或平原上凸出的土墩之中，以及鄱阳湖区周围。

对这些大致处于商代的文化遗址的分析，大致经历了三个阶段。第一个阶段是20世纪70年代。第二个阶段是20世纪80年代。第三个阶段是20世纪90年代至今。

第一个阶段始于1973年吴城遗址的发掘。1973～1975年，对吴城遗址进行了4次发掘，简报根据某些器物具有中原商文化风格而断定为"商代遗址"[6]，但对它的文化性质未作肯定结论。基于以上发掘材料，李伯谦先生在20世纪80年代初期首次提出了吴城文化的命名[7]，提出将以吴城遗址为代表的分布于赣鄱地区的这类遗存命名为吴城文化，其空间分布范围涵盖了整个江

[1] 中国科学院考古研究所洛阳发掘队：《河南偃师二里头遗址发掘简报》，《考古》1965年第5期。

[2] 洛阳博物馆：《洛阳矬李遗址试掘简报》图十二，6，《考古》1978年第1期。

[3] 江西省文物考古研究所：《江西省考古五十年》，《新中国考古五十年》，第218页，文物出版社，1999年。

[4] 上海市文物管理委员会编著：《马桥——1993～1997年发掘报告》，第298、375～376页，上海书画出版社，2002年。

[5] 江西省文物考古研究所、厦门大学人类学系、广丰县文物管理所：《江西广丰社山头遗址发掘》，《东南文化》1993年第4期。

[6] 江西省博物馆、清江县博物馆、北京大学历史系考古专业：《江西清江吴城商代遗址发掘简报》，《文物》1975年第7期。

[7] 李伯谦：《试论吴城文化》，《文物集刊·3》，文物出版社，1981年。

西境内。李先生在文章中对吴城遗址进行了分期，并分析了其文化内涵，对出土遗物进行了文化因素的分析。初步确立了吴城文化大致经历了从二里冈上层一直到殷墟晚期。出土遗物包含了两种文化因素，一种是当地文化因素，由当地的原始文化发展而来；一种具有较浓的商文化作风，但又和商文化不完全相同。吴城文化在发展过程中，曾和商文化以及周围区域的其他文化彼此交流、互相影响、不断融合，有着密切的关系，包括湖熟文化、马桥文化、福建黄土仑类型、广东浮滨类型、石峡文化中层及第四期墓葬等。吴城文化与商文化的关系密切，至迟在商代早期偏晚，吴城文化就已经在商文化的强烈影响之下开始出现于赣鄱地区，李先生认为这当与盘龙城类型在长江北岸的存在和扩展有密切的关系。以上这些研究成果都成为后来者认识吴城文化的基础，至今仍具有极强的生命力。

第二阶段是在吴城遗址发掘之后，特别是20世纪80年代初期文物普查中，在万年、鹰潭、乐平、余干、德兴、横峰、玉山、弋阳、上饶、贵溪、婺源、铅山、波阳、景德镇、余江和广丰等县市发现了不同于吴城遗址出土器物的新的文化类型，这些遗址所出土的器物广泛分布在进贤、黎川、南昌、抚州、临川、金溪、九江、德安、星子、湖口、瑞昌、永修、都昌、靖安等县市以及赣中地区以至最南面的大余、定南等县。在赣江中下游、鄱阳湖西岸，凡有吴城类型商文化遗存分布的地方，都发现了主要分布于鄱阳湖东岸的此类文化遗存，正是通过它们与吴城遗址文化共存的特点，才确定了这些遗存的大致年代。这一阶段，基本上把赣鄱地区分布的商时期的文化遗存分为吴城文化和万年文化。吴城文化分布的范围由上一阶段所认为的赣鄱流域缩小到赣鄱流域的西部，而东部主要分布的就是万年类型文化。初步分析了两类文化的分布范围、性质、年代和相互关系。认为，万年类型文化可以分为早、晚两期，早期以万年肖家山墓葬为代表，晚期以角山窑址为代表，时代大致相当于商代中、晚期，上限大致相当于吴城一期，下限为商代晚期，不会晚至西周。

由于吴城文化兴起的年代与新石器时代末期文化并不衔接，其第三期末期吴城城址的废弃也显得非常突然，对于吴城文化的来源和去向问题尚不明了。吴城遗址与周围同时期遗址的关系，以及其他遗址之间的相互关系的聚落研究还不能大规模的开展，至于万年类型文化的研究，由于所发掘的遗址较少，全面认识也存在困难，尤其是其与吴城文化的发生、发展的关系以及起始年代也存在分歧，第三阶段着重考察的就是以上诸问题。

第三阶段，开始于20世纪90年代初九江县龙王岭遗址的发掘。在1号水井中出土一批器物，如翻唇鬲、折肩罐、高圈足盘、深腹盆和陶鼎均与郑州二里冈下层早商文化遗存中出土的同类器相近，这就为寻找比樟树吴城遗址更早的青铜文化遗存提供了重要线索。以此为契机，研究者将过去发现的一些青铜文化遗址重新认识排比[1]，认定诸如德安石灰山遗址一、二期，九江神墩遗址小水井和瑞昌铜岭矿冶遗址第11号竖井等，都应为早期殷商的文化遗存。特别是1998年春夏再次对德安县石灰山遗址进行发掘，证实该遗址的文化面貌与吴城文化基本一致，但黑衣陶比吴城盛行；印纹陶、釉陶和原始瓷不及吴城发达；鬲类器保留着较多的早期因素，少见或不见颈腹分明有折度以及弧裆、瘪裆的晚期形制。这些都清楚地表明该遗存的年代比吴城文

---

[1]　龙庆、白坚、巨源：《江西早商文化遗存的发现与研究》，《东南文化》1992年3/4期。

化第一期早，大体相当于郑州二里冈下层的早商阶段。赣北地区早于吴城遗址并与吴城遗址关系密切的遗存的发现，证明了吴城类型文化可能来源于北方地区，赣北地区作为文化传播的中间地带的地位日益凸现，搞清楚赣北地区的文化，无疑对于研究赣鄱地区与中原和鄂东南地区文化的关系具有重要的意义。

由于赣鄱地区发现的遗址多数为西周时期的堆积直接叠压在新石器时期地层之上，西周早期堆积直接叠压在商代遗存之上的情况非常少见。仅有的几处存在这个时期地层叠压关系的遗址，所出土的遗物也存在相当大的差异。因此，吴城类型文化的去向无法从遗物和典型地层关系上得到证明。有学者认为，近年来发掘的大洋洲和牛城似乎提供了一丝曙光[1]，认为它们的时代为商代晚期，牛城城址延续使用到西周，但是，通过我们上面对大洋洲和牛城城址年代及性质的分析，它们的时代仍然是商代晚期，而牛城出土的西周时期的遗物我们认为已达西周中期，牛城旁中棱水库坝基上出土的铜器墓也很可能是属于安阳殷墟期的，最迟也是在商末周初。因此，在目前的材料下，我们还不能说牛城就是吴城的延续和发展，只能说牛城的始建年代晚于吴城的始建年代，与吴城城址同属于一个文化，而与万年文化特征不同。至于牛城是否在西周时期被利用，被哪支势力所利用，则需要更多的材料来证明。

吴城类型文化的分布状况，各遗址间的相互关系，遗址的聚落研究也是本阶段研究的重点。初步确定吴城城址是吴城文化的中心，其下有陈家墩—黄牛岭以及牛城等次级中心，数量更多的普通聚落分布在各级中心的周围。各级聚落之间明显不是一种简单的对等关系，其间既有文化的同一性，又存在着不同的文化个性，规模和规格以及时间上的先后关系证明了它们之间应该存在着主次之分、上下之别。但是各地发掘和研究的不平衡状况，制约了我们从文化整体的角度把握这些问题。从目前的情况来看，分布于鄱阳湖西部赣中北地区相当于商时期的遗存都可以划归吴城文化的范畴，它们都是根植于本地新石器时代末期的土著文化，而包含了大量商文化因素的文化遗存，并且具有大致相同的文化演进模式和方向，只是因为分布的时空范围的不同，在与周边文化的关系和自身文化的个性方面也表现出诸多的不同，这是文化统一性下的个性反映。

万年类型文化作为赣鄱地区产生和发展的土著性文化，目前已经基本弄清了其文化特征，但是随着在吴城文化分布范围内，尤其是赣北地区万年类型文化因素的广泛发现，使得同样分布在赣鄱地区的两类文化的关系问题变得更加复杂。另外，万年类型文化的来源和发展去向问题一直是研究的难点，以前的研究多将其看作是存在于商代中晚期的，早期大致同吴城一期的时代相当，不能与新石器时代末期的时代相衔接[2]。随着近年来对角山窑址的大规模发掘，它的年代有可能被提前，通过我们对广丰社山头下层文化第三期和上层文化的分析，认为它们之间可能是紧密衔接的，也就是万年类型文化来源于本地的新石器时代末期文化，首先发端于赣鄱地区的东部。万年类型文化和吴城类型文化曾经在商代并行发展，吴城类型文化消亡以后，万

[1] 彭明瀚：《吴城文化》，第177页，文物出版社，2005年。江西省文物考古研究所、樟树市博物馆编著：《吴城——1973~2002年考古发掘报告》，第416页，科学出版社，2005年。

[2] 李家和、刘诗中、黄水根：《江西青铜文化类型综述》，《南方文物》1986年增刊1。李家和、杨巨源、刘诗中：《江西万年类型商文化研究》，《东南文化》1990年第3期。

年类型文化迅速扩展，但面貌已大大改变。

基于以上原因，我们本文中将两种类型文化分别称为吴城文化和万年文化，这是我们探讨赣鄱地区商代青铜文化的基础。

一　吴城文化

1. 分期与分区

在上节对典型遗址的分期中，我们已经罗列了大部分较重要的遗址情况。赣北地区典型遗址以九江神墩、龙王岭遗址、德安石灰山遗址为代表。赣中西地区以吴城遗址为代表。赣南地区以竹园下遗址为代表。赣东北地区以万年斋山、肖家山、西山、送嫁山墓葬，鹰潭角山窑址为代表。其中赣北和赣中西地区陶器组合均以鬲、甗、盆、折腹罐等为主要文化因素，具有较大的一致性。赣南地区的陶器组合以釜、尊、盆、豆等为主要文化因素，有别于赣北和赣中西的文化类型，与广东境内商代文化的"浮滨类型"具有一定的亲缘关系。赣东北地区陶器组合以甗形器、圆腹罐、圆底瓮、三足盘、带把钵、带把杯等为特色，无论是陶器组合还是陶器制作技术，此一区域都自成一体。我们认为吴城文化是当地文化在商文化的影响之下创新出来的新文化，虽然商文化因素逐渐减少，但文化的主要构成结构始终没有改变，商文化一直作为重要的文化构成因素存在，这种情况以存在较多的鬲为主要标志。它既不同于商文化，也与当地文化有所区别。这种文化的主要分布区域即包括赣北地区和赣中西地区，我们依例将其命名为吴城文化。

依据上文中对各遗址的分析，我们将吴城文化分为四期（表24）：第一期，相当于早商文化第二期；第二期相当于早商文化第三期至中商文化时期；第三期相当于中商文化～晚商文化第三期；第四期相当于晚商文化第四期。需要指出的是，第二期晚段和第三期早段之间除吴城遗址变化较为明显之外，其他遗址表现出相对的超前和滞后，比如铜岭铜矿遗址在⑩B层中即开始出现不同于J11的土著文化因素，⑩A层时仍然继续这种传统，但已经开始衰落，⑨D层中这种衰落的趋势更加明显，相对的中原文化因素的势力增强。陈家墩遗址J3和J5中基本不见中原文化的因素（J5中只出土了一件器物，性质不能遽断），而J4和J10中偏中原文化因素的

表24　吴城文化各典型遗址分期对应关系表

分期＼遗址	龙王岭	石灰山	吴城	檀树嘴	铜岭铜矿	陈家墩	大洋洲	牛城	与中原商文化对照
第一期	一期	一期			？				早商文化二期
第二期	二期		一期早段		J11				早商文化三期
		二期	一期晚段		⑩B				中商文化
第三期	三期		二期早段		⑩A	J3			
			二期中段			J5	√	√	晚商文化一期
			二期晚段		⑨D	J4		√	晚商文化二期
			三期早段	第一组				√	晚商文化三期
第四期			三期晚段	第二组		J10		√	晚商文化四期

器物增多。大洋洲和牛城的变化也主要出现在与铜岭铜矿⑨D和陈家墩J5同时的时代。以上表明,铜岭铜矿遗址的⑩B和⑩A层以及陈家墩的J3都可以称为过渡期遗存。鉴于吴城遗址的分期,本文不再另外划分过渡期(图139)。

对于吴城遗址的分期,报告中已经表述的十分详细,需要指出的是,报告中关于期别的划分,笔者认为有再分析的必要,即第三期早段和第三期晚段之间发生了较大的变化,主要表现在鬲的体型更矮扁;甗形器数量减少,器形发生较大变化,由上腹较直,沿面较窄变为上腹弧曲,沿面较宽;大口尊消失,假腹豆盘腹间弧曲较弱等,其他器形也都存在较大的变化,另外,陈家墩等遗址中也可以看到商文化因素发生了变异,受到鄂东南土著文化的冲击。第二期晚段和第三期早段之间变化不大,可以划分为同期。

各期特征及文化分区:

第一期:目前仅见石灰山和龙王岭遗址第一期文化,也包括近年发掘的荞麦岭遗址的相关遗存[1]。共同特征是:陶质以泥质灰陶为主,夹砂灰陶次之,泥质红陶、夹砂红陶、硬陶较少,另有10%以上的外挂黑衣陶。纹饰以细绳纹为大宗,另有少量弦纹、附加堆纹、方格纹、叶脉纹和云雷纹等,素面陶不多。两者均有来源于当地新石器时代末期文化中的矮圈足盘、粗柄豆等,但同时又都吸收了中原的商文化因素,比如高锥状足鬲、深腹盆、鼎等。相比来看,两处遗址的共同性大于差异性,可归入同一个文化类型。但龙王岭一期文化中的中原因素比石灰山遗址更为强烈,特征也更为接近,而石灰山一期中的中原文化因素较龙王岭遗址不典型,鬲的袋足内侧内凹、裆较高、实足根较粗的特征比龙王岭遗址更远离中原的样式,时代当略晚于龙王岭遗址。两处遗址中龙王岭遗址稍早,并且更能表现本阶段吴城文化的性质趋向,因此,我们将本期命名为吴城文化龙王岭类型。根据商文化势力深入赣鄱地区的目的分析,此时铜岭铜矿可能已经被开采(图140)。

第二期:龙王岭遗址除第一期文化因素较为明确以外,第二期和第三期即陷入衰弱;石灰山遗址第一期文化和第二期文化之间也存在缺环,说明了此时赣鄱地区文化发展的重心已经向南迁移,而赣北只保留了诸如瑞昌铜岭采矿遗址等少数此时期人类大规模生存的证据[2]。石灰山遗址虽然二期之间存在缺环,这有可能是没有发现所致,因为二期文化之间内涵相似,应是同一文化的不同发展阶段。同样,虽然龙王岭遗址这一时期的文化遗存并不典型,它们同第一期文化也可以明确看出是同一文化的发展。瑞昌铜岭采矿遗址J11出土的斝和鬲形制与中原中商文化的同类器物几乎完全相同,而第二期晚段的⑩B层却出土了不少与赣东北地区土著文化相同的因素,比如高领罐、几何印纹装饰等,说明铜岭铜矿遗址的人群发生了变化,⑩B层的确切年代应为吴城文化第二期晚段和第三期早段之间,与⑩A层的年代相差不远,因此,总体上看,吴城文化第二期时的铜岭遗址于第三期初发生了较大的变化。本期更大的不同表现在第一期时仅分布在赣北地区的遗存开始向南迁移,并形成了吴城遗址第一期文化,从文化特征上看,吴城遗址第一期文化与龙王岭类型和石灰山类型均不完全相同,比龙王岭类型和石灰山类型对于中原文化因素的器形变异性更大,而与分布于本地区的土著文化之间

[1]　《江西荞麦岭商代遗址考古获重大进展》,《光明日报》2014年6月19日第9版。

[2]　崔涛、刘薇:《江西瑞昌铜岭铜矿遗址新发现与初步研究》,《南方文物》2017年第4期。

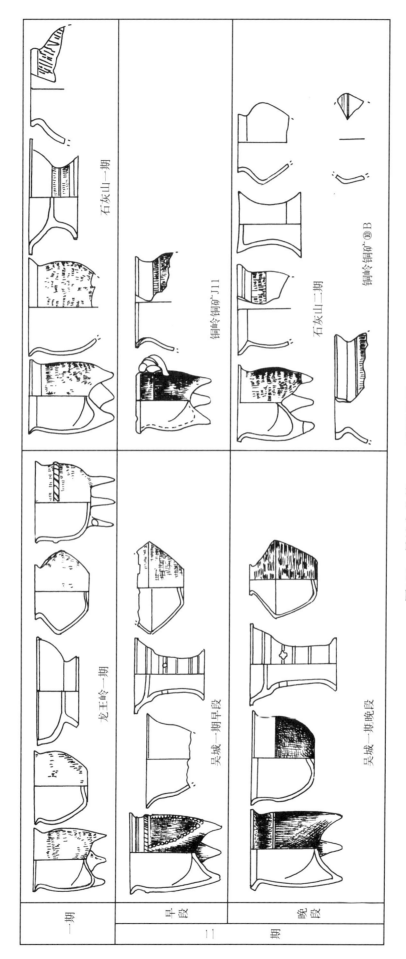

图139 吴城文化第一、二期器物图

差异性也更大，因此，从文化的总体特征上来看，本期吴城文化可以分为赣北的龙王岭类型和赣中的吴城类型，吴城类型尚处于开拓阶段，两个类型的区域可能并不相连。以上两个类型的共同特征是：生产工具有石锛、石刀、石镰、石凿、马鞍形陶刀、网坠及纺轮，武器有石矛、石戈、石镞和石钺。陶器陶质以泥质灰陶为主，夹砂灰陶次之，印纹硬陶较第一期有所增加，本期晚段还出现了原始瓷。几何纹样较前期有所增加，多数拍印粗绳纹、方格纹、圆圈纹、弦纹、云雷纹、篮纹、S形纹、曲折纹、蚕纹或花瓣纹等。器物在第一期的基础上新增甗形器、仿铜柱足方鼎、深腹罐、假腹豆、大量折肩罐、尊、瓮、大口尊、大口缸、盂、斝、伞状器盖等。本期晚段开始出现刀、锛一类铸造工艺简单的小件青铜工具和铸铜石范。吴城遗址的陶器上往往刻有陶文，多数为一个字，也有多字成句者，表明这一地区可能已有了简单的文字，此期吴城城址尚未建立（图140）。

第三期：吴城文化第三期早段较第二期时文化特征发生了较大的变化。这种情况在吴城遗址、铜岭铜矿、陈家墩遗址等中都表现的较为明显。吴城遗址进入最繁盛的时期，城址出现，并开始作为吴城文化的中心地点。出现了大量新的文化因素，如鬲颈、腹分明特征的出现，粗绳纹的减少乃至消失，并以细绳纹为主，圈点纹取代了圆圈纹，并出现了联裆鬲、瘪裆鬲、长颈罐等诸多新器形，与中原商文化的差别越来越明显，文化区域的分布亦随之扩大。吴城城址开始出现，并作为吴城文化的中心地点。铜岭铜矿遗址自⑩B层开始出现的土著文化因素在本期的⑩A层继续加强。另一个重要的现象是，随着龙王岭类型的衰落和土著文化因素在铜岭铜矿遗址逐渐增加的同时，陈家墩遗址开始兴起，陈家墩遗址早期的文化因素来源于龙王岭类型，与石灰山遗址更为接近[1]，包含较多的土著文化因素，但很快，在J4中就已经与铜岭铜矿遗址的文化特征趋同，开始出现了大量的中原文化因素。此期，随着大洋洲和牛城遗址的兴起，一个新的文化类型也逐渐形成，正如我们上面所论述的，牛城和大洋洲的文化关系比较接近，而与吴城遗址有所疏远。综合以上，我们可以把这一时期的吴城文化分为赣北的陈家墩类型和赣中的吴城类型，以及牛城类型，前两者之间大致以九岭山脉为界，后两者之间大致以赣江为界，而牛城类型与万年文化是以玉华山脉为界（图140）。本期的共同特征是：石质生产工具在第二期文化的基础上新增斧、铲、耒，武器与第二期文化大体相同。陶器陶质以泥质灰陶为主，夹砂灰陶次之，印纹硬陶和原始瓷的数量较第二期文化有了明显增加。粗绳纹和圆圈纹基本上被绳纹、细绳纹以及圈点纹所取代，几何印纹纹样得到了很大的发展，从二期的10几种增加到30多种，诸如凸方块纹、回字纹、三角窝纹、圈点纹、米字纹、菱形纹、菱形填线纹、横人字纹、水波纹、席纹、曲折纹、叶脉纹、菊瓣纹、长方形方格纹、交错绳纹及重回字对角交叉纹等。拍印工艺也大为提高，一件器物上同时装饰多种纹样，各种纹样组合得体，排列有序，疏密有间，说明陶工们在拍印过程中，对纹饰的组合以及空间布局都进行了精细的艺术构思。如小口折肩罐、折肩瓮、折肩尊及鬲、器盖等多饰以圈点纹并界以二道凹弦纹组合成的带状纹。此期青铜器呈现勃兴的趋势，无论从发现的地点还是数量、种类、质量上看，都远远超出了上一期。吴城遗址出土了300多扇石范和7个显示铸铜迹象的灰坑。此期青铜工具有锛、凿、削，武器有戈、矛，

---

[1]　江西省文物考古研究所、德安县博物馆：《江西德安陈家墩遗址第二次发掘简报》，《东南文化》2000年第9期。

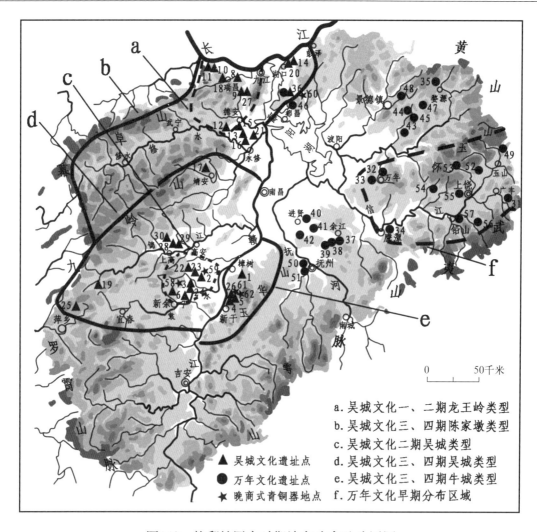

图140　赣鄱地区商时期遗存分布及分区图

1.樟树筑卫城　2.樟树樊城堆　3.樟树吴城　4.新干大洋洲　5.新干牛城　6.新余拾年山　7.新余陈家　8.九江神墩　9.九江龙王岭　10.瑞昌檀树嘴　11.瑞昌铜岭　12.德安石灰山　13.德安陈家墩—黄牛岭遗址群　14.彭泽团山　15.德安蚌壳山　16.永修新界　17.靖安寨下山　18.瑞昌大路口　19.万载榨窝　20.湖口下石钟山　21.德安米粮铺　22.高安下陈　23.樟树大城　24.樟树狮子山　25.萍乡赤山大宝山　26.新干湖西　27.九江磨盘山　28.上高狮子脑　29.上高鸬鹚岭　30.宜丰船形山　31.广丰社山头　32.万年斋山、西山、送嫁山　33.万年肖家山　34.鹰潭角山、板栗山　35.婺源茅坦庄　36.都昌小张家　37.余江红龙岗　38.余江龙岗　39.余江马岗　40.进贤水泥厂　41.进贤南土墩　42.进贤陈罗　43.乐平高岸岭　44.德兴狐狸山　45.德兴观山　46.德兴船丘山　47.婺源中云　48.浮梁燕窝山　49.玉山归塘坞　50.抚州豺狗包　51.抚州鱼骨山　52.上饶马鞍山　53.上饶南高峰　54.上饶茗洋　55.上饶南岩　56.上饶铁山胡家桥　57.铅山曹家墩　58.吴城正圹山　59.樟树锄狮脑　60.都昌大港乌云山　61.新十大洋洲　62.新干中棱水库

大洋洲出土青铜器中绝大部分属于此期。除大洋洲商墓之外，能确定属于本期文化的青铜容器和乐器见附表四。

第四期：上期的吴城类型、陈家墩类型和牛城类型都继续存在并延续，但文化内涵发生了较大的变化，吴城类型中吴城城址已废弃，文化势力极度衰落；陈家墩类型与鄂东南地区的大路铺遗存关系密切，并发生着融合；牛城类型的遗存较少，分布范围未见扩大。这一时期，文化因素中的印纹硬陶和原始瓷较上期有了明显增加，比例达39%。几何纹样中的粗绳纹和圆圈纹已基本消失，回字纹变得更为松散和粗犷，并演变出菱形回字纹和回字凸点纹等。素面陶器的比例明显增加。甗、鬲、深腹罐等中原式炊器已完全消失，陶鬲也明显变小，并由长方体变为扁方体，出现犀棱作风。从已发掘的情况看，陈家墩遗址和牛城遗址基本不见完整的商代堆积，陈家墩遗址和牛城遗址大致都兴起于吴城遗址兴盛之时，而在吴城遗址逐渐走向消亡的同时，它们却相对繁荣，比如陈家墩遗址大量的水井和祭祀土台遗迹以及牛城遗址的城墙等，大都存在于这一时期。牛城遗址的出土物少，城址的年代还不清晰，性质也不好判断。从陈家墩遗址文化因素的变迁来看，说明至迟在商末时陈家墩类型与吴城文化的关系已不再密切，而与鄂东南地区大路铺遗存趋同，这一点在赣北的神墩遗址、檀树嘴遗址同样表现明显，商末和周初的遗存往往不好区分，而与前期文化因素差异又较大。因此，受大路铺遗存的影响，至少在赣北地区商代末期吴城文化已经消亡（图140）。

2. 吴城文化的文化性质及与中原商文化的互动

从文化因素上看，吴城文化大致可以分为以下几种文化因素：

A 群：包括鬲、甗、甑、盆、深腹罐、直腹罐、大口尊、爵、斝、伞状器盖等，以三足器、平凹底为主。陶系以夹砂、泥质灰陶为主，亦有硬陶质的，包括釉陶及原始瓷。主要特点是，具有浓厚的商文化作风，陶器以夹砂或泥质灰陶为主，亦有少量灰色硬陶和原始瓷，绳纹最流行，几乎每一种器物都可在商文化中找到同类，尤其是与早商文化盘龙城类型的同类器比较接近，但细加比较，又没有一件完全相同，有的形制基本一样，但质地、纹饰却是 E 群常见的硬陶、釉陶、原始瓷和几何形印纹（图141）。

B 群：主要包括折肩类的罐、瓮、尊类，主要包括直颈鬲、小口折肩罐、中口折肩罐、小口折肩瓮、中口折肩瓮、折肩斜腹尊、高领折肩尊、矮领折肩尊、提梁罐、敛口罐以及真腹豆、碗、钵、盂、鸟状捉手器盖、圆形覆钵状器盖、马鞍形陶刀（图142）。主要特点是陶器中硬陶、釉陶和原始瓷占有较大的比例；纹饰以方格纹、云雷纹、席纹、叶脉纹、圆圈纹、圈点纹、组合纹等各种几何形印纹最盛行，所饰纹饰均较为规整，堆纹作风较明显。陶器种类复杂、形制多样，普遍流行折肩和凹底（以平凹底为主）作风，目前可知这些文化因素绝不见于典型的商文化和周邻地区的同时期遗址中，地方特色明显。有学者论述，本群陶器中多三足器和凹底器，圈足器少见，罐、尊、瓮一类盛储器盛行折肩、凹底作风，盆作深腹、凹底式的风格特征最早见于东下冯遗址第一期文化，并广泛存在于该遗址第一至四期文化之中[1]。也有学者认为本群器物是来自于中原商文化的一支人群来到吴城地区后，综合多种器物特征，因地制宜而独创出来的具有自身特点的一组器物群（此群器物在吴城遗址中逐步发展壮大，并成为吴城文化的主流）[2]。以上两种说法均有其依据和合理性，但是仍然有失偏颇，笔者认为，任何一类文化遗存都应该有其来源，独创虽然有可能，但也需要根植于一定的基础。正如上述，二里头文化时期中原文化因素已经深入到赣鄱地区，其中包含同时期同文化的东下冯类型的因素也在情理之中。因为这部分因素包含在赣鄱地区新石器时代末期文化之中，商文化到来之后，不可避免的会根植其中。因此，我们认为，B 群器物应该是根植于本地土著文化，并和商文化融合改造之后形成的新的文化因素。

C 群：主要特点是陶器中主要以夹砂红陶、灰陶为主，其次为泥质灰陶，纹饰以绳纹、带

---

[1]　彭明瀚：《吴城文化》，第180页，文物出版社，2005年。

[2]　江西省文物考古研究所、樟树市博物馆：《吴城——1973～2002年考古发掘报告》，第413页，科学出版社，2005年。

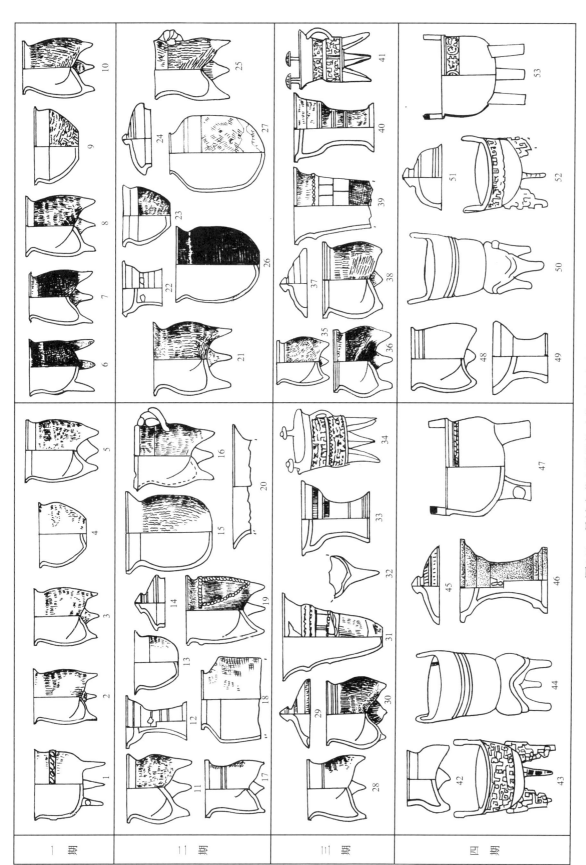

图141　吴城文化A群器物分期及与商文化对比图

1、6.鼎(龙王岭T4③：1，二里冈H17：19)　2、3、5、7、8、10、11、17、19、21、28、30、32、35、36、38、42、48.鬲(龙王岭J1：5，J1：3，石灰山T10③C：4，二里冈H17：118，偃师商城IVH72：3，东下冯H539：1，石灰山T10③B：1，吴城1974秋QSWT7⑤：1，1974秋QSWT7⑥：1，盘龙城楼G2②A：4，吴城1974QSWT4H1：1，陈家寨J4：21，铜岭⑨DFP6：1，殷墟M22：1，大城墩T3⑤A：10，殷墟T250⑥：40，偃师商城II M21：1，吴城1974秋QSW(E)T9H11：9，天湖M18：18)　4、9、13.盆(龙王岭T4③：2，东下冯H104：22，吴城1974秋QSWT7⑤：10)　12、22、33、40、46、49.豆(吴城1974秋QSWT7⑥：10，偃师商城一文中图一：50，吴城1974秋QSW(E)T9H11：6，殷墟YB45，吴城1975QSW(大)T2②：53，深腹罐.吴城1974秋QSWT7⑤：47，转子李伯谦(试论吴城文化)一文中图一：50，吴城1974秋QSW(E)T9H11：6，殷墟YB45，吴城1975QSW(大)T2②：53，深腹罐.吴城1974秋QSWT7⑤：36，二里冈T18：16)　16、25.斝(铜岭J11：1，二里冈H2Z：232)　18、27.盉(吴城1974秋QSWT8⑥：1，二里冈QSW(正)M3：5，台西C：3.)　43、47、52、53.铜罍T3⑤A：3)　34、41.铜罍(吴城1973QSW(正)T8H1：7)　20、31、39.大口尊(吴城1974秋QSWT1③：10，大城墩T3⑤A：10，小屯HPKM1109，小屯82M1：11)　44、50.铜　(都昌乌云山，温县小南张)　34、41.铜罍、52、53.铜罍(樟树脚即狮狮脑一号鼎，陈家寨J10：11，小屯HPKM1109，小屯82M1：11)　44、50.铜　(都昌乌云山，温县小南张)

一期　　二期　　三期　　四期

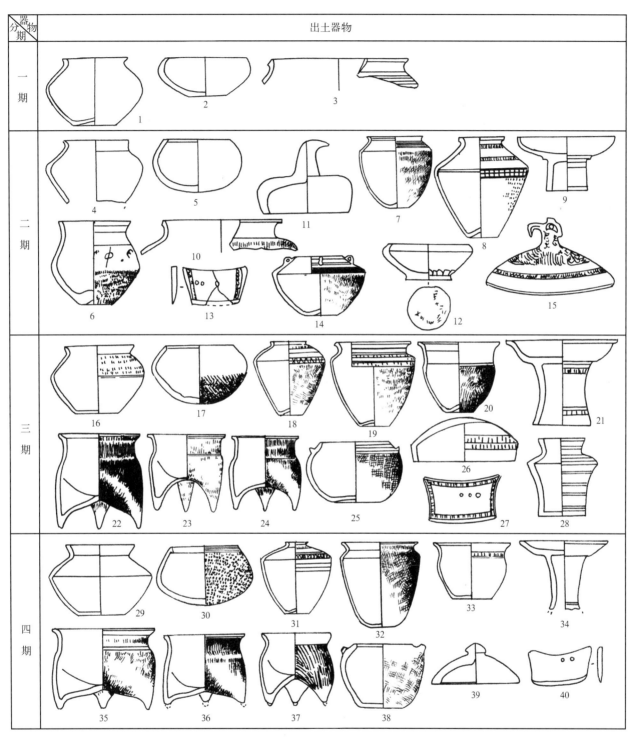

图142　吴城文化B群器物分期图

1、3、4、6、8、14、16、18、25、29、30、31、38.折肩罐(龙王岭J1：4、石灰山T10③C：10、T10③B：31、吴城1974秋QSWT7⑤：46、31、1986QSWT14③A：15、陈家墩J3：13、吴城1974秋QSWT7③：93、1974秋QSWT2③：5、陈家墩J10：⑥：13、吴城1974QSW(采)：10、1973QSW(黄)M1：7、1974秋QSW(E)T6H2：1)　2、5、17.钵(石灰山J1：7原始瓷、吴城1975QSWT6④：12、1974QSWT9(C)③B：36)　7、19、28、32.折肩尊(吴城1974秋QSWT7⑤：25、1974秋QSWT2④：5、1974秋QSWT1③：398、1974秋QSW(E)T7H8：11)　9、21、34.豆(吴城1974秋QSWT7⑤：39、1973QSWT4③：19、陈家墩J10⑥标：5)　10、硬陶瓮(石灰山T10③B：45)　11、15、26、39.器盖(吴城1974秋QSWT7⑤：72、1974QSW(采)：33青铜、1974秋QSWT3④：12、1974秋QSW(E)T9H11：31)　12.碗(吴城1974秋QSWT7⑤：41)　13、27、40.马鞍形陶刀(吴城1974秋QSWT7⑤：36、1974秋QSWT7③：17、1974秋QSW(E)T9H11：18原始瓷)　20、33.深腹盆(吴城1974QSWT9(A)：5、1973QSW(叶)M1：1)　22~24、35~37.鬲(吴城1974秋QSWT3④：1、大洋洲XDM：617、吴城1974秋QSWT3④：3、1974秋QSW(E)T6H7：6、1979QSWT1H2：8、陈家墩J10：2)

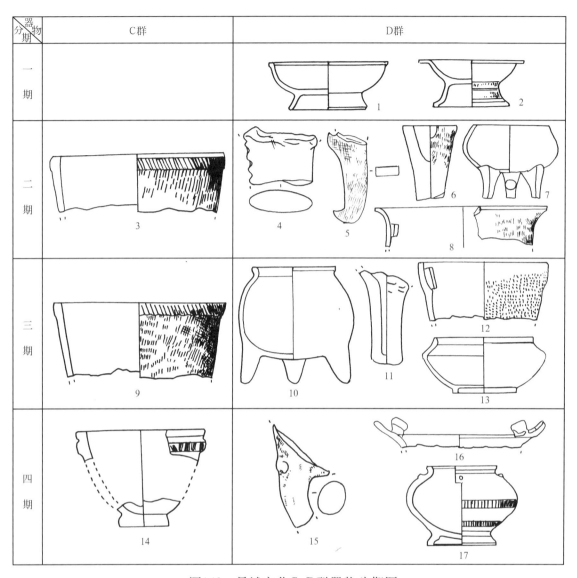

图143　吴城文化C、D群器物分期图

1、2.圈足盘(龙王岭J1:2、石灰山J1:1)　3、9、14.缸(吴城1974秋QSWT7⑤:32、1974QSWT9(B)2:9、檀树嘴G1:8)　4～7、10、11、15.鼎(吴城1974秋QSWT4③:77、1993ZW(H)T4H26:12、1975QSWT6H4:2、石灰山T1③B:6、吴城1973QSWT6④A:16、1974QSWT8②:1、1973QSWT6③:2)　8、12、16.釜(石灰山T9③C:36、吴城1974秋QSWT2③:2、1975QSW(大)T2②:5)　13、17.瓿(1973QSWT④A:2、陈家墩J10⑥:15)

状绳索状堆纹为其主要特色，本群中最具特色和代表意义的是大口缸（图143）。其应是商文化盘龙城类型的文化因素。盘龙城遗址中盛行的侈口斜腹大口缸和直口斜腹大口缸在吴城文化中均有出土，其祖型在江汉平原，是那里的典型陶器[1]。另外，在吴城文化晚期的赣北地区也发现了较多的鄂东南地区的附耳甗、刻槽鬲足等，也可以一并归入C群。

　　D群：主要特点是陶器中以夹砂红陶和黄陶为主，还有部分泥质灰陶，纹饰以方格纹和素面为其特征，本组中最具特色的是鼎、釜、瓶形器、圈足盘等，盛行三足器和圈足器（图143），应是赣西和湘东地区特有的文化因素。本群器物在赣西和湘东地区的新石器时代占据主流地位，

　　[1]　熊传薪、郭胜斌：《长江中游商时期大口缸的探讨》，《中国考古学会第七次年会论文集》，文物出版社，1992年。

应是此地真正的土著文化因素。

E群：本群的主要特点是，陶器中硬陶所占比例较大，但釉陶和原始瓷所占比例不大；陶色以褐灰为主，陶器纹饰以方格纹、席纹、凸方格纹、叶脉纹为主，纹饰装饰手段以拍印为主，无论何种纹饰、纹路都较深，且凌乱，同时陶器制作轮制痕迹较为明显，大多数器物的沿部或领部或腹部，轮制所遗留下来的轮旋纹独具特色。本群中最具特色和代表意义的是甑形器、长颈罐、溜肩瓮，以圜底器或圜凹底为主要器物类型特征，如圆肩罐、圆肩瓮、垂腹罐、圆腹罐等（图144），应为赣东地区万年文化因素，同时与相邻的浙西南地区、环太湖地区和闽西北地区商代文化有密切关系。

F群：主要特点是陶器中主要以灰或褐灰硬陶为主，以带把和带系作风的平底盂、平底钵等平底器作风为其主要特色（图144），其应是宁镇地区湖熟文化因素。

以上6种文化因素共同构成了吴城文化的典型文化特征。其中B、D、E群器物均根植于当地的土著文化，这些土著文化或与土著文化相关的因素始终存在于吴城文化的发展过程之中，它们与新生文化因素的交融改变了本身的性质，吴城文化始终不同于任何形式的土著文化，与其他文化也有着明显的区别，但是它与中原商文化的荣损与共，以及早期表现出来的强烈的商文化因素和后期中原式青铜器的大量发现，使我们有理由相信，它的形成和发展始终受到中原文化的强力制约。下面我们着重分析这些中原文化因素和土著文化因素消长的时空变迁。

第一期：龙王岭类型（包括石灰山遗址）。

第二期：可以分为龙王岭类型（包括石灰山遗址和铜岭铜矿遗址等）、吴城类型。

第三期：可以分为陈家墩类型（包括龙王岭遗址和铜岭铜矿遗址）、吴城类型和牛城类型。

第四期：可以分为陈家墩类型（包括龙王岭遗址和铜岭铜矿遗址）和牛城类型。

在这里，我们选择文化延续时间长，具有代表性意义的类型和遗址进行分析。

（1）从龙王岭类型看文化因素的消长变化

龙王岭类型是吴城文化最早的地方类型之一，目前发现的其中心遗址龙王岭遗址也是很少几处贯穿吴城文化始终的遗址之一。

目前来看，吴城文化一期时，龙王岭类型主要包括龙王岭遗址和石灰山遗址。其文化特征表现在：陶器以泥质灰陶为主，夹砂灰陶次之，泥质红陶和夹砂红陶、硬陶较少，另有约15%左右的挂黑衣或黑皮磨光陶；纹饰以细绳纹为大宗，还有少量弦纹、附加堆纹、方格纹和错乱云雷纹、叶脉纹等，素面陶不多。器形有鬲、罐、盆、盘、鼎、斝等。文化构成包括A、B、E群器物，其中以A群和E群为主，分别占到70%以上和20%以上，B群少量，只占不到10%[1]。A群器物包括翻缘鬲（龙王岭J1：5、3）、折腹罐（龙王岭J1：4）、高圈足盘（龙王岭J1：2、1）、罐口沿（龙王岭J1：6）、斝把手（龙王岭J1：7）和鼎（龙王岭T4③：1）、深腹盆（龙王岭T4③：2）、曲腹盆（龙王岭T6②B底：6）、交错叶脉纹陶片等，都是早商阶段之遗物。B群器物包括少量的折肩类罐和瓮等器。E群器物有较多外挂黑衣的泥质陶器，并且出现了较多的硬陶器，纹饰拍印不规整，比如J1出土的罐口沿为泥质红陶，微侈口方唇，颈较高，口沿内带母口，颈部饰以弦纹，以下

---

[1]　江西省文物考古研究所、九江市文化名胜管理处、九江县文物管理所：《九江县龙王岭遗址试掘》，《东南文化》1991年第6期。

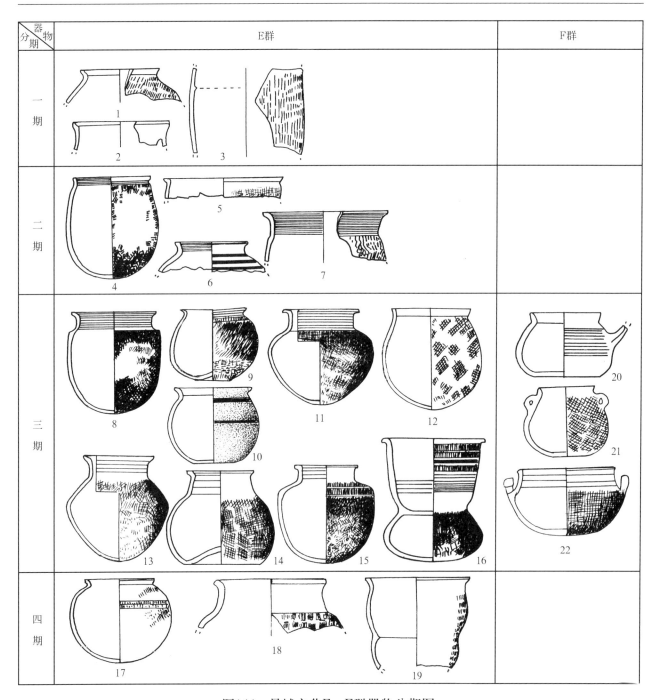

图144　吴城文化E、F群器物分期图

1、2、4、6～15、17、18、20、21.罐（石灰山T1④A：11原始瓷、龙王岭J1：6、铜岭T10⑩B：4硬陶、吴城1974秋QSWT7⑤：16、铜岭T14⑩B：2硬陶、⑩A层下P1：2硬陶、陈家墩J5：3、吴城1974秋QSW（E）T5J1：2、1974秋QSW（E）T9H11：18、陈家墩J3：43、吴城1993ZW（H）T7H32：1、1992ZWT1236②B：3、1993ZW（H）T5H16：1、陈家墩J10②：7、铜岭T1⑨D：1、吴城1975QSWT8Z3：846、吴城1974QSWT10（A）②：5）　3、5、16、19.甗形器（石灰山J1：6、吴城1974QSWT7⑤：7、1993ZW（H）T8③：1、神墩85J1：2）　22.釜（1986QSWT18②：2）

拍印错乱云雷纹；还有交错叶脉纹泥质灰色硬陶等器在江西万年类型文化中均是常见之物。可以看出，吴城文化第一期时的龙王岭类型是与中原商文化同步发展的，但是，必须指出，A群器物并不完全是商文化的翻版，因此，龙王岭类型虽然与中原商文化（确切地说是盘龙城类型）

密切相关，但其并不属于商文化系统，从它已经开始出现了部分吴城文化的固有文化因素看，应是吴城文化的肇始。

吴城文化二期时，龙王岭类型继续延续，但分布范围和内涵均发生了一定的变化。范围除九江地区的部分遗址外，开始向西、向南扩展，陶器质料仍以泥质灰陶为主，夹砂灰陶次之，夹砂红陶和泥质红陶有一定数量，但硬陶比例较一期有所递增，约占23%，挂黑衣或黑皮磨光陶与一期大致相同。纹饰仍以绳纹为主，弦纹、菱形纹次之，但其他装饰纹样，比如方格纹、窄条附加堆纹、刻划纹、篦点纹、规整云雷纹、凸方点纹和错乱云雷纹、叶脉纹等大量增加。就器类而言，常见鬲、豆、罐、斝、尊，鼎、甗形器、盆等较少。鬲与一期形制大致相同；罐不见一期时的折肩；豆流行粗柄假腹，平折沿、浅盘；斝敛口、锥状空足；盆深腹；尊见侈口折肩，多为硬陶质；鼎和甗形器较少。总体上看，本期的龙王岭类型无论从器类、器形和装饰风格上看，仍然是上期的延续。文化构成仍然是以A、B、E群器物为主，最大的变化表现在A群器物减少，B群和E群器物比例增加，但仍以A群器物为主的特征并没有改变与商文化存在密切关系的性质。另一方面，从铜岭铜矿遗址的出土物看，本期晚段E群器物的比例逐渐增加，本遗址中的⑩B层中开始逐渐流行印纹硬陶圜底罐，并一直延续到第三期，说明A群器物所代表的集团势力在逐渐式微，由此也引起以龙王岭遗址为中心的龙王岭类型的衰弱。

这种A群器物衰落的迹象也继续延续到其后的陈家墩类型，陈家墩类型和龙王岭类型之间具有文化的传承关系。陈家墩遗址最早期的文化因素来源于石灰山遗址，其以灰陶、黑皮磨光陶为陶系的制作作风与石灰山遗址完全一致，器物形制也基本相同，它们是同一文化的不同发展阶段。与此同时，吴城类型也对其施加了影响，陈家墩遗址对吴城类型某些因素给予了不折不扣的接收，但这种接收只是丰富了陈家墩类型的文化内涵，并没有完全将其纳入吴城类型的范畴。比如其大量的尖圜底带圈足之陶罐，吴城类型中少见，当是当地真正的土著文化因素，类似吴城遗址中的甗形器。陈家墩类型的早期延续龙王岭类型第二期所逐渐加强的土著文化因素。E群器物有较大量的增加，比如在铜岭铜矿遗址和神墩遗址都出现中口窄肩深腹罐和相同的纹样作风，在陈家墩遗址及附近的猪山垅、黄牛岭和蚌壳山遗址中都能见到多量的高领罐、圆肩罐、大口罐、直领罐和甗形器，以及错乱云雷纹、凸方点和凸圆点纹、叶脉纹、曲折纹等。但是，很快，大约在晚商文化第一期时，A群文化因素又逐渐趋于增强。赣北地区自陈家墩类型中后段开始，与吴城类型的关系逐渐密切。

（2）从吴城类型看文化因素的消长变化

吴城类型开始于吴城文化第二期。本身可分为3期。

第一期分为2段，文化因素包括A、B、C、D、E群。A群器物在吴城类型的一期早段具有明显的优势，一期晚段比例有所下降，但仍居主导地位。陶器有分裆鬲、甗、深腹盆、深腹罐、直腹罐、斝、爵、假腹豆、大口尊等。以夹砂青灰陶为主，其次为泥质灰陶和泥质红陶，硬陶类极少。本组文化因素可以肯定来源于中原地区的商文化。但与其相比，又有较多变异。也不如赣北地区前期和同期与商文化的关系更为接近。比如分裆鬲腹足弧连一起，袋足较深，实足根较短，分裆较高的作风与商文化腹足间折度明显，袋足较浅，实足根较高，足尖内敛，分裆相对较低的作风不同；深腹罐圜底也不同于后者的折沿平底；假腹豆浅腹，细高柄的作风也不同于郑州商城深腹,柄粗矮的风格。B群陶器主要为折肩类的罐、瓮类,陶系主要为泥质浅灰和泥质红陶,硬陶类陶器较少。B群陶器自龙王岭类型一期开始产生,发展至吴城类型一期早段时,没有明显变化,但从吴城类型一期晚段开始,器类和数量都有明显增加。C群器物较少,包括夹砂红陶弧腹大口缸和夹砂青灰陶直口斜腹缸,前者与商文化盘龙城类型同类器相同,而后者是其改进型,从一期晚段开始得到长足发展。D群器物在一期早段只有侧扁足盆形鼎,一期晚段新出现了圆柱足方鼎,这一类型的鼎表现出新石器时代晚期长江下游地区的风格,在赣西和湘东的新石器时代文化中也占有主流地位,但在吴城文化中比例极小。E群器物的出现稍晚于以上4群,在一期晚段开始出现,主要以甗形器为主,器形不完全同于万年类型,当是有选择的对万年类型的涵化过程。

定量分析看,A群和B群在本期占有主导地位,其他3群处于次要地位。A群处于逐渐变异和偏离商文化的轨道,B群器物长足发展,器类、纹样逐渐增加。根源于本地土著文化的E群器物开始逐渐对吴城类型施加影响。

第二期可以分为4段,即原报告中的二期早段、二期中段、二期晚段和三期早段。我们从龙王岭遗址、石灰山遗址、铜岭铜矿遗址、陈家墩遗址等已经得出在吴城文化第二期晚段和第三期早段之间发生了较大的变化,中原文化因素逐渐减少,土著文化因素大量增加,这点在吴城遗址中也同样表现的比较明显。本期文化因素虽然仍然包括A、B、C、D、E群,但各群文化因素的比例和内涵都发生了变化。二期中段以后还出现了F群器物。

具体来看,二期早段A群器物最明显的变化是颈腹连为一体的绳索状堆纹鬲虽然仍继续存在,但数量大大减少,代之而起的是完全不同于中原样式的颈腹分明的长颈鬲,而且还新出现了联裆和瘪裆鬲,它们均不同于同时期的中原器。说明彼此间的联系和交往有所减弱,但从平底器和圈足器以及三足器的增加方面来看,A群器物在本段仍在保持着与中原地区密切的关系。B群器物无论是器类品种的增加,还是器形及装饰风格的变化,比A群更为明显。如罐类器中增加了扁腹罐。瓮类增加了中口卷沿、折沿、折肩、大口折肩瓮等。尊类增加了高领折肩和矮领折肩尊。器盖则新出现了各类圆形覆钵状。纹饰较上期大大丰富,凹底器(主要为平凹)和饼足器是本组的特色。B群器物的创新和发展在本期段达到一个高峰,奠定了以后B群器物发展的基础,也代表了吴城文化的基本内涵和最高水平。C群和D群器物平稳发展,没有大的变化。E群中增加了长颈罐和圜底尊及敞口斜腹甗形器等,敞口斜腹甗形器是赣东北地区万年类型的典型器物,较之直壁甗形器更具典型性[1],说明吴城类型和万年类型的文化交流有所加强。

从整个器物群的角度并结合每组器物组合加以分析,吴城类型的二期早段基本上奠定了吴城类型发展的内涵。B群开始占有主导地位,其次是A群,再次为E群和D群。

二期中段至三期早段,是吴城类型最为兴盛的时期,宗教祭祀广场和城墙的设立,青铜容器的大量发现,均证明了这点。各群器物无论从数量还是质量上,没有太大的变化,基本上保持着均衡的发展。并新出现了F群器物,说明吴城文化的对外交流更为广泛。

第三期即原报告中的第三期晚段。本期段是吴城文化走向衰落并被牛城类型所取代的时期。

---

[1]　后者最先发现于新石器时代末期的樊城堆文化类型中(李家和等:《樊城堆文化初论》,《江西历史文物》1986年第1期),且在万年类型文化中,后者的出现早于前者。

无论是文化分布空间，还是器物群的性质和数量都反映了这一变化过程。表现在文化因素的构成上，B 群仍占主导地位，但有些器类已消失；A 群器物比例有所下降并出现变异，比如深腹盆、鬶、大口尊等基本不见，鬲器形更加扁矮，且多为泥质素面，似以不再作为炊器使用[1]。C 群、D 群和 F 群基本不见；E 群的比例有所增加，即反映了一个中原文化和周边地区文化因素减少，而土著文化因素逐渐增加的趋势。

（3）牛城类型的文化因素的消长变化

牛城类型形成于吴城文化开始兴盛的时期，主要遗址包括大洋洲墓葬和牛城遗址。层位关系简单，出土器物总量较少，尚不能进行细致的分期。从调查和试掘情况看，牛城遗址包含新石器时代晚期的文化遗存，主要以大量的鼎为代表，之后一直到相当于吴城遗址二期中段时逐渐繁荣，虽然在 1988 年试掘中发现的相当于吴城遗址第三期时的 H1 中发现了相当于吴城遗址第一期时的颈腹连为一体的鬲、深腹盆和相当于吴城遗址第二期时的釉陶大口尊等，但相当于吴城遗址第一期和第二期时单纯的地层和遗迹尚未发现，1988 年和 2002 年对牛城遗址的调查和试掘，确认牛城遗址包含了自新石器时代晚期一直到西周时代的文化遗存，我们认为，牛城遗址开始存在的时间应该较早，但以牛城城址的建立为标志的繁盛期还应该是随着吴城文化的繁荣自相当于吴城遗址二期中段开始的。牛城类型的鬲弧（联）裆较高，分裆不明显。H1：10 的一件鬲整体造型颇相似于吴城遗址一期晚段的鬲，但联裆的作风又似乎晚于吴城一期，并且裆普遍较之吴城遗址弧度更大，更高，即使到了大洋洲商墓的时代，仍然继承了这种传统。因此，我们认为，牛城遗址自遗存之初就表现出与吴城遗址不同的特征，但两者的文化发展又表现出同步性，文化因素之间共性为主。

从文化构成来看，牛城类型主要以 A 群和 B 群为主，E 群也占有一定比例，D 群有少量，C 群和 F 群器物不见。与吴城类型相比，牛城类型的 A 群器物与中原商文化的关系更为密切，比如大洋洲商墓出土的斝、簋、豆，牛城遗址 H1 中出土的甗、鬲等陶器（图 145）和大洋洲商墓出土的方卣、分裆圆肩鬲、三足提梁卣、甗、壶、鸟耳瓮形扁足鼎、锥足圆鼎、柱足圆鼎、四羊罍、瓿、瓒、直内戈、长骹短叶矛、长脊宽翼镞、长脊短翼镞、小型方内钺、胄等青铜器都更接近中原样式。还出现了具有先周风格的 V 字长胡三穿戈、长条带穿刀和勾戟等青铜兵器（图 145，8 ～ 10）。B 群器物有小口折肩罐（多原始瓷质）、高领削腹罐、筒形器、贯耳壶、豆和印纹硬陶釜、瓮以及双系罍等。有一定数量的几何印纹硬陶，而硬陶和原始瓷约占陶器总数的 20%。几何印纹陶的纹样有凹弦纹、圈点纹、雷纹、勾连雷纹、方格纹、网结纹、篦纹、曲折纹、锯齿状附加堆纹和仿青铜器兽面纹等。E 群器物较少见，有有棱座豆等，大量的纹样风格与万年文化有密切的关系，比如凸方点纹、曲折纹、曲折纹与叶脉纹的组合、席纹、云雷纹等，D 群器物可见鼎、釜等。以上情况说明，牛城类型相对于吴城类型来说，A 群和 B 群器物都得到了长足发展，其他来源的文化因素较少。从这一方面我们可以说牛城类型是吴城文化的高级发展阶段，可能是吴城类型衰弱之后商文化加强文化渗透的结果。

---

[1]　李伯谦：《试论吴城文化》，《文物集刊·3》，文物出版社，1981年。

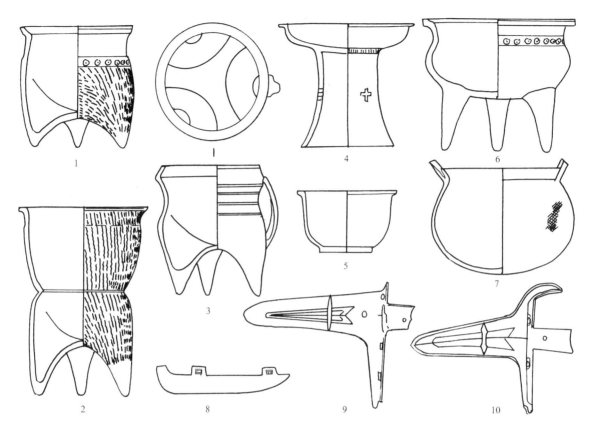

图145　牛城类型器物图

1.鬲(牛H1:10)　2.甗(牛H1:1)　3.罍(大洋洲XDM:558)　4.豆(大洋洲XDM:546)　5.簋(大洋洲XDM:560)　6.鼎(大洋洲XDM:556)　7.釜(大洋洲XDM:557)　8.带穿刀(大洋洲XDM:332)　9.直内戈(大洋洲XDM:132)　10.勾戟(大洋洲XDM:133)

二　万年文化

1. 分期与特征

万年文化遗存，以赣东北地区为分布中心，包括万年、鹰潭、乐平、余干、德兴、横峰、玉山、弋阳、上饶、贵溪、婺源、铅山、波阳、景德镇、余江和广丰等县市。对于万年类型的认识，80年代以前，主要借助万年的墓葬，尤其是肖家山、送嫁山墓葬的发掘材料；自此以后，鹰潭角山窑址的发掘和万年斋山遗址的调查试掘，丰富了对该类型文化的认识；20世纪90年代以后，在万年文化范围内开展了广泛的工作，对广丰社山头和角山窑址等地点进行了长时间持续性的发掘和研究，还发掘了婺源茅坦庄、都昌小张家等遗址，并对本区域的遗址进行了大规模的调查和试掘，但是，至今为止，还没有发现对分期具有典型意义的遗址，大部分层位关系都较简单，再加上周边地区同时期文化研究的滞后，对我们的分期研究造成相当大的困难。我们仅能依靠遗物和有限的层位关系以及与周边遗存的对比分析进行分期研究。依据上文中对各遗址的分析，我们将万年文化分为四期（表25），四期的器物变化可以参见图130。

万年文化以几何印纹硬陶为特征，釉陶和原始瓷所占比例较大，有独具特色的陶器群，如以圜底的甗形器为主要炊器，不见陶鬲，支座甚发达，流行带把器，有造型别致的鬶形器，有大量的长颈罐、高领罐、圆腹罐等罐类器等。也有少量的青铜器和仿青铜器的钺出现[1]。

---

[1]　李家和、杨巨源、刘诗中：《江西万年类型商文化研究》，《东南文化》1990年第3期。

表25　万年文化典型遗址分期对应关系表

分期＼遗址	广丰社山头	余江龙岗	鹰潭角山	万年肖家山、送嫁山、斋山	婺源茅坦庄	都昌小张家	与中原文化对照
过渡期	下层文化第三期	H1	?		?		煤山文化～二里头文化二期
一期	?		B区F4、H40，C区H13	肖家山M1、M2，送嫁山M1、M3、M4	√		二里头文化三期
二期	?		03YJY10、H10、H11、H13，00YJH7、83角A、83角B下、83板H1、86板H1、03YJH15、Y9	肖家山M3、送嫁山M2			二里头文化四期～早商一期
三期	上层文化		83角B上、00YJY6、03YJH12、H17、H18、H20、H21				早商二期～中商一期
四期						√	中商二期～晚商二期

万年文化来源于赣东地区新石器时代末期文化，是在当地史前文化基础上发展起来的一支青铜时代文化，这从广丰社山头等遗址可以看出。社山头遗址下层文化第三期的大量罐形器，无论从形制和制作工艺上看，都开了万年文化大量使用罐类器的先河，高领的作风也已经初步形成，并具有明显的承袭关系[1]。除了社山头遗址的开创性之外，在余江龙岗遗址中也发现了大量的圆窝纹鼎足和罐形器[2]，当具有相同的性质。但是，本期作为青铜时代标志的青铜器尚未出现，还不能称为青铜时代的万年文化，因此，我们把时代相当于二里头文化时期的广丰社山头下层第三期文化定为过渡期遗存。

万年文化和中原文化通过与土著文化的改造和创新而产生的吴城文化有明显的不同特征（表26），从文化特征上来看，吴城文化较易区分，而万年文化与当地新石器时代末期文化具有一脉相承性，不易区分。

万年文化第一期：本期遗存属第一次大发展阶段，范围主要集中在赣鄱地区东部鹰潭、万年，北部茅坦庄万年文化具有一定的独特性。

万年文化第二期：本期的繁荣不仅表现在器类的发展，还表现在分布范围的扩大上，周边文化中开始出现大量的万年文化因素，并且和浙闽地区的文化也建立了较为广泛的联系。

万年文化第三期：相对于二期来说，本期文化内涵仍较为丰富，且与吴城文化关系密切。在吴城遗址中见有甗形器和高领罐、圆腹罐等，尤其是在赣北地区吴城文化陈家墩类型分布区内，万年文化因素表现的更为明显，比如在赣北地区的瑞昌铜岭铜矿遗址和九江神墩遗址中都出现中口窄肩深腹罐和相同的纹样作风，在陈家墩遗址及附近的猪山垅、黄牛岭和蚌壳山遗址中都能见到多量的高领罐、圆肩罐、大口罐、直领罐和甗形器，以及错乱云雷纹、凸方点和凸圆点纹、叶脉纹、曲折纹等。

[1]　江西省文物考古研究所、厦门大学人类学系、广丰县文物管理所：《江西广丰社山头遗址发掘》，《东南文化》1993年第4期。

[2]　杨巨源：《江西余江县三处古文化遗址调查简报》，《东南文化》1989年第1期。

表26　万年文化和吴城文化内涵对比表

文化类型 项目	万年文化	吴城文化
文化分布及 影响范围	赣东北为主要分布区，南及抚州市。福建省光泽、邵武见有带把钵、直口深腹圜底云雷纹罐和壶等；粤东和平县，有圆腹圈凹底云雷纹罐；湖南洞庭湖西岸的石门皂市商代遗址中，亦见万年类型罐类器；浙江江山、武义、杭州、海宁等地见有相似的罐类、尊类器；湖北、河南、河北、山东等地的商代遗址中都有同类器物出土。在吴城文化的各个遗址中都可以或多或少的见到万年文化的因素	南限新余—新干一线，东南到进贤与东乡间，东到鄱阳湖。影响范围南及赣州市。东及都昌县、余干县。大部分万年文化的遗址中不见吴城文化的因素
陶系	灰陶和红陶为主，软陶和硬陶（含原始瓷）各占一半。印纹陶数量多，印纹错乱，纹痕深，并且往往通体拍印一种或二种纹饰	灰陶为主，有一定数量的红陶和黑衣陶，硬陶和原始瓷逐步增加，但比例远低于前者。印纹陶较前者少，印纹规整，纹痕浅，到了晚期，才开始出现通体拍印的情况
制陶技术	各式罐为慢轮拉坯一次成型，口部多见清晰的轮旋痕，呈现出溜肩、圆肩、圆腹作风。印纹陶制作用刻痕深的印模，使得成型器物印痕深，使用蘑菇形陶垫，器内壁留有圆形垫窝痕，凹凸不平，胎壁厚薄不匀。较流行附加堆纹和扉棱装饰	各式罐口部和器身是分别成型的，然后再在肩部和腹部粘接成一体，故呈现出折肩、折腹的作风，加之在结合部位装饰一周圈点纹，上下界以弦纹，使折肩作风更为突出。采用弧度极小的三角形、扁管状或中空圆锥形陶垫，使得成型的器物器壁厚薄均匀，内壁较平整
陶器组合	鬶、甗形器、圆腹罐、圜底瓮、有棱座豆、钵、带把钵、盂、带把杯等。	鬲、深腹盆、假腹豆、伞状器盖、折肩罐、折腹罐、大口折肩尊、折肩瓮等。
文明要素	有大规模的遗址，以及环绕大遗址的众多小型遗址，有文化中心和次中心。青铜器、文字、城墙、贫富分化等均已出现	各遗址规模不大，分布也稀疏，没有中心聚落，没有青铜器、文字、城墙和贫富分化

　　万年文化第四期：本期属于衰落期，遗存很少。矮圈足豆和圈足装饰凸棱的豆具有较高的断代价值，它同盘、盂、钵、碗等多发现在南方地区的商代晚期～西周时期，是南方地区自西周开始文化逐渐走向统一的重要标志。

　　2．文化构成及对外关系

　　可以分为四群。

　　A 群：有甗形器、圆腹罐、高领罐、三足盘、鼎、圈足尊、瓿形器、圜底瓮、有棱座豆、大口盉形钵、盂、杯、器盖、碗、靴形支座、蘑菇状陶垫、印纹陶拍等（图146）。这些器物在万年文化中数量多、器类丰富，演变脉络清晰，口、沿、颈、肩、腹的变化较少，一般作微侈口、折沿、束颈、斜腹或球形腹；底、足部变化较多，底有凹底、圜底、平底，足有圈足、饼座足、三足等，到晚期，凹底有向平底演化的趋势。尤其是各式罐，可以分为大口罐、中口罐和小口罐、圆腹罐，多数口部有清晰的轮旋痕，肩部饰云雷纹，腹部饰篮纹，前期肩部贴塑蝶形、拳形纽，后期代之以圆饼状纽。此群器物是赣鄱地区土著居民固有的文化传统，且广泛分布于中国东南部的闽浙赣、广东诸地，代表了南方独特的地域特色。

　　B 群：有鬶、壶、瓢、红陶大口缸等（图147），这些是中原二里头文化因素，有可能是吸收自本地新石器时代末期的文化。鬶的变化较明显，从一期到二期，器形变小，流部退化，袋

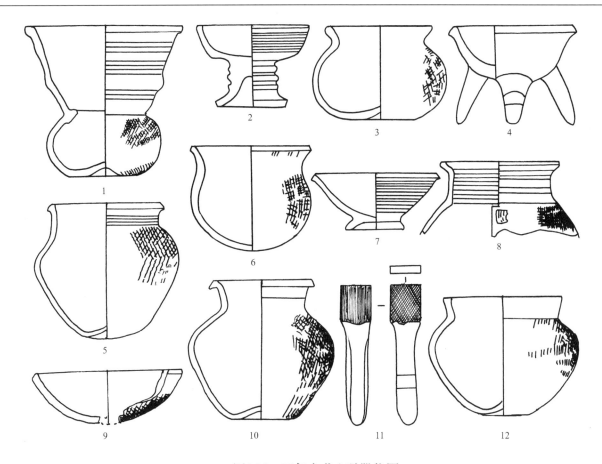

图146 万年文化A群器物图

1.甑形器1983童采：58 2.豆1983板H1：2 3.小口鼓腹罐梓埠：1 4.鼎1983板H1：91 5.中口罐1983角A：84 6.大口罐球山：1 7.碗1983角B下：25 8.中口罐1983斋：52 9.盆形钵1983斋：23 10.小口罐1986板H1：33 11.陶拍1983角采：47 12.小口鼓腹罐1983角B：17

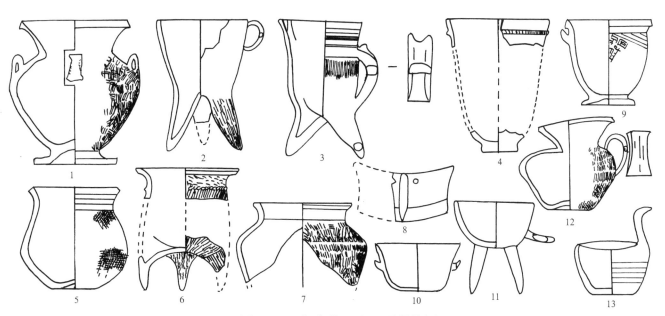

图147 万年文化B、C、D群器物图

1.尊1983板采 2、3.鬶1987肖：1、83板H1：18 4.大口缸1983斋：39 5.折腹罐1983童采：85 6.鬲小张家G4②：11 7.折肩罐1987抚州采 8.马鞍形陶刀1983斋：7 9.尊83板H1：19 10.双把盉86板H1：21 11.带把鼎83童采：53 12.鸭形壶86板H1：18 13.带把钵83角B上：94 （1～4.为B群；5～8.为C群；9～13.为D群）

足变成半实心或实足，腹部萎缩（图132）。此类器物自夏代初期一直延续到夏代早期的二里头文化二期之末，代表了夏王朝在此地的势力存在。

C群：有直颈连裆鬲、折腹罐、大口折肩尊、马鞍形刀等（图147），这些都是吴城文化的典型器物，多见于小张家遗址等靠近吴城文化的遗址中。万年文化的中心区不见或少见此类文化遗物。

D群：有各种带把、带鋬器，如带把罐、带把钵、带把鼎、带鋬尊、带鋬钵、带鋬杯、带鋬器盖、提梁钵等（图147）。此群器物，从早期到晚期，装饰性的鋬、系、纽逐渐向假鋬、假系、假纽演化，装饰色彩越往后越浓，鋬、系等最后消失。此群器物可能与宁镇地区的湖熟文化有关。

上述四群器物在万年文化中自始至终共存，A群为主，占全部陶器的80%以上，是构成这一文化类型的主流器物群；其余三群器物数量少，器形也无明显演变规律，处于次要、从属的地位。

因此，万年文化应是根植于本地的土著文化，发展过程中，主要与同时代长江下游的文化进行着密切的交往，保持着较多的共性。而与中原文化和吴城文化之间的关系较疏远，这可能是由不同的族属和文化渊源决定的。

第四节　西周时期文化的分期与分区

根据调查情况，赣鄱地区西周时期的文化遗存较商时期大大增加，但考古发掘工作开展的较少，因而对于西周时期的文化内涵还不清晰。

吴城文化和万年文化的后续文化情况不太清楚，尤其是西周早期，在文化遗存上很难分辨出两个文化的发展去向，尤其是吴城文化更不清楚，吴城文化的主要陶器与西周时期诸考古遗址中的同类器物，演变轨迹不清晰，两者间也存在明显的缺环。而万年文化作为广泛分布在江南地区的土著文化的一部分，逐渐融入百越文化之中，自在情理之中。

另一个重要的现象是：一般来说，有西周早期文化的遗址中大部分都不存在商晚期的遗存，也就是说，西周早期文化层叠压的是新石器时代的文化层（如萍乡禁山下遗址），或商代早中期的文化层（如九江神墩遗址等），或西周早期文化层单独存在（如新余赵家山遗址、钱家山遗址、南昌邓家山遗址、樟树彭家山遗址等）。仅有少量的遗址商～西周时期连续文化层存在（如德安陈家墩遗址群、瑞昌铜岭铜矿遗址等），这些遗址都分布在重要的交通要道或战略要地，应该对当时的政治势力具有举足轻重的地位。同时，有商代晚期遗存的遗址往往伴随着的是西周中晚期的遗存（如樟树筑卫城遗址、樊城堆遗址、新余拾年山遗址等）。在商时期文化最为繁盛的吴城遗址却没有西周早期遗存的存在，这似乎暗示出，西周时期文化的兴起似乎是经历了社会政治文化的一次大变革，在刻意回避商时期文化势力的影响。

西周时期，赣鄱地区的文化渐趋统一。但西周早期，这种统一性并不明显，原吴城文化吴城类型分布的区域仍沿用了吴城文化的某些因素，如折肩器等，说明吴城文化在这里的影响较为深远。从本区域西周早期遗存总体上看，器类以壶类器和罐类器为主，以平底器和圈足器多见，少见三足器。壶类器口沿内勾唇，高颈外饰梳篦纹与弦纹组合；罐类器高颈、折肩；以及纹饰以网结纹为主，既不同于吴城文化，也与万年文化有别。

原吴城文化龙王岭类型和陈家墩类型分布的区域，见有不少与鄂东南地区相同的足外刻槽的鬲、带附耳的甗、簋、锥状足鼎等，说明这个地域在吴城文化之后，与鄂东南地区的交流更为密切，它们的文化发展此时应是同步的。

原万年文化分布区内发掘的西周时期遗址很少，已发掘的上饶和玉山地区的几处土墩墓周边的几处遗址调查者认为与万年文化相同，但资料较少，不敢妄作推断[1]。

西周中期开始，文化的统一性渐趋加强。这在陶器上的表现主要是：高锥状足鼎、高矮锥状足鬲、圆柱状平足尖鬲、高锥状足外侧带槽鬲、内外附耳或贴耳的甗形器，以及矮圈足豆、高细喇叭形豆等，在各地都较普遍流行。各地出土的印纹陶纹饰，大体表现出一致性，那种大型粗放的带状变体兽面纹、仿铜器纹饰的云雷纹、回字变体纹、勾连雷纹、曲折纹，以及凸方格、凸方块、凸回字纹、凸菱纹等与曲折纹的组合纹饰，几乎所有遗址中都可见到。这些纹饰的一个共同特点，是仿铜器花纹的纹饰相对增多，凸浮雕式特别盛行，总的纹饰风格已不象吴城青铜文化那样严谨、规整和致密，而变得随意、松散，且大块的较多。这些纹饰不仅流行于江西省境内的西周遗址中，在长江下游的苏、浙、皖等地的西周遗址和墓葬中也常可见到。这就说明，到了西周中、晚期，文化融合的大趋势不仅出现在赣鄱区域，而且已在更大范围内展开。

另外，赣鄱地区也有不少西周时期的青铜器出土，地域遍及清江、新干、南昌、余干、萍乡、东乡、奉新（附表四）等地。凡此诸地都在赣江下游及其接近鄱阳湖的支流河域，当是越长江南来的交通要道。与陶瓷器表现出的特征不同，陶瓷器与中原西周时期文化关系表现的较为疏远，而青铜器多与中原文化相似，尤其是一些精品，与中原器物并无二致，这些青铜器时代往往早到西周初期，中期以后反而较少，晚期青铜器基本不见。青铜器分布的时空状况也反映了西周早期与西周中晚期赣鄱地区文化内涵的变化，也反映了商王朝和西周王朝经略方向的变迁。

根据上文的分析以及对文化遗存较为丰富的遗址的对比分析，我们将赣鄱地区西周时期文化分为两期（表27）。

表27　赣鄱地区西周时期主要遗址对应关系表

分期 ＼ 遗址	陈家墩	神墩	铜岭铜矿	赵家山	禁山下	筑卫城	樊城堆	下石钟山	磨盘墩
西周早期	J6～J8、③～⑤	②C	⑨C	√	√			√	
西周中晚期	②、T31	②B、②A	⑨B			√	√		√

西周早期：除了上表所列遗址外，已经发掘的遗址还有新余彭家山、钱家山，南昌邓家山，德安黄牛岭、蚌壳山等遗址。

从出土器物判断，这个时期大致可以分成两个区，鄱阳湖以西和以东区，前者又可以分为赣北区和赣中区。赣北区即原吴城文化龙王岭类型和陈家墩类型的分布区，赣中区及原吴城文化吴城类型和牛城类型的分布区。正如上文所指出的，两个区域的西周早期文化有明显的不同。

赣北区以陈家墩遗址J6～J8、③～⑤层，神墩遗址②C层和铜岭铜矿遗址⑨C层为代表。

---

[1]　江西省文物考古研究所、玉山县博物馆：《玉山双明地区考古调查与试掘》，《南方文物》1994年第3期。江西省上饶县博物馆：《上饶县马鞍山西周墓》，《东南文化》1989年增刊1。

器形包括鬲、甗形器、甑、罐、盆、鼎、瓮、尊、盂、豆、钵、器盖等。陶鬲中，较多的是低裆鬲、高锥状足鬲、高颈外撇足鬲和浅腹瘪裆鬲等，高领袋足鬲少见。甗形器侈口、直口或敛口，大多带附包耳，附耳一般高于甗口或与甗口相平，也有少量不带附耳的，多数器身饰粗绳纹，也有的素面无纹，是这一时期的主要炊器。罐类中，多见敞口、短颈、圆腹、平底器，肩部有对称的蝶形纽，有的还以小圆饼或双系装饰。鼎类器见有折腹和弧腹罐形，足均为柱状，有的外侧有刻槽，也有仿铜器的尖锥状足带立耳鼎。豆类器有喇叭形粗圈足大浅盘豆、深腹杯形豆、矮圈足折腹豆等。陶瓷器及印纹陶纹样以细绳纹为主，还有勾连雷纹、云雷纹、网结纹、菱形纹、S形纹、凸回字纹、菱形回字纹以及云雷纹与叶脉纹的组合纹、凸浮雕兽面纹等。以上这些文化因素中，有些因素是继承自吴城文化，比如折肩、折腹器，但相对数量较少；有些因素来源于万年文化，如不带附耳的甗形器，众多的几何印纹等，这类文化因素相对较多。但更多的文化因素与鄂东南地区的西周时期土著文化相同，如鬲足和鼎足带刻槽的作风，带附耳的甗形器等，这类因素在铜岭铜矿遗址中较为多见。而神墩遗址出土的鬲（84T1 ② C：1、85J1：1）、陈家墩遗址出土的鼎(J8)与湖北蕲春毛家嘴遗址的同类器非常相似（Ⅰ 24/3：3：28 鬲、Ⅱ 12/2：3：10 鬲、Ⅱ 9/5：3：7 鼎）。赣北区吴城文化之后的文化遗存是大路铺遗存，时代可以早到商代末期，整个西周时代大致都保持与鄂东南地区文化的一致性。而 2008 年发现的奉新九里岗城址可能是作为赣中和赣北区之间重要的据点[1]。

赣中区以近年来发掘的新余赵家山、萍乡禁山下和南昌邓家山（图 148）为代表。这几处遗址西周早期的遗存都比较单纯，除禁山下遗址有新石器时代末期的文化遗存外，另外两处都只有西周早期的遗存，文化内涵具有较强的一致性。所出完整器物较少，对于文化性质的判断造成一定的困难。陶器以灰色硬陶为主，占 60% 以上，有少量的釉陶、泥质软陶和极少量的夹砂陶和黑皮陶。陶器以平底器和圈足器为主，少量凹底器和三足器，器形有壶（邓家山遗址此类器命名为尊类器，我们认为，它们与赵家山的壶类似，在这里统一为壶类器）、罐、盆、簋、豆、鼎、甗形器等，鬲极少见。以壶和罐为多，制作风格以高领、折肩、凸棱、圈足平底或凹底为特征。圈足器较多，主要为簋类器。禁山下遗址还见甗形器和带刻槽和圆窝纹的鼎足等。纹饰以网结纹为主，出现大量的组合纹饰，如梳篦纹与弦纹组合、网结纹与凸方点纹组合等。以上，大量的折肩器当是继承了吴城文化的因素；甗形器与万年文化有关；带刻槽和圆窝纹的鼎足当与鄂东南地区的土著文化有关。此时的赣中地区与赣北地区情况相同，文化的混杂性都较重，不同的是，这里看不出哪种文化因素占主导地位。

鄱阳湖以东地区发掘的西周早期的遗存很少，仅有少量遗物。重要的发现有 20 世纪 50 年代在余干县黄金埠发现的应监铜甗。这件甗据郭沫若考证："此甗，据其花纹形制与铭文字体来看，乃西周初期之器，作器者自称'应监'，监可能是应侯或应公之名，也可能是中央派往应国的监国者"[2]，此件器物出土地点周围并未见同时期的遗存，发掘者和研究者推测是由应国故地河南宝丰县迁来[3]。笔者认为这可能与西周初年中央派应国贵族来此地监督赣鄱地区的诸侯国有关。

[1] 该城址是第三次全国文物普查时发现的，位于奉新县与靖安县之间。据江西省文物考古所的工作简报介绍，它的时代自西周早期一直延续到春秋晚期，甚至也包括一些吴城文化的遗留因素，比如马鞍形陶刀等。

[2] 郭沫若：《释应监甗》，《考古学报》1960年第1期。

[3] 参见孙作云：《西周王朝经营四土研究》，第118页，中州古籍出版社，2000年。

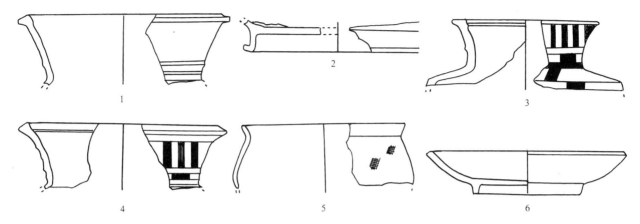

图148　邓家山遗址器物图

1、3、4.壶T30②：1，H1：15、19　2.簋T35②：1　5.罐T8②：1　6.碗M2：1

这种情况在同时代的其他地区也有较多案例[1]。另外，西周早期中原文化因素较浓的甗、鼎等青铜容器多分布在赣东地区，而土著文化较浓烈的铙、甬钟等青铜乐器主要分布在赣西地区[2]，这似乎说明，西周时期与商时期的统治策略有所变迁，它们不同于商文化把赣鄱地区西部作为重点经略之地，而重点关注的是赣鄱东部地区（图149）。

另外，赣鄱东部地区西周早期的遗存也具有浓烈的万年文化传统，并有很多因素与武夷山光泽地区、闽江流域的黄土仑遗址等同时代的文化遗址存在广泛联系[3]，说明赣东地区在此时虽然有宗周文化的介入，文化的主体仍然是土著的，与闽西北和浙西南的关系较为密切。这种传统一直延续到西周中晚期，并成为此地区文化的主流。

西周中晚期：以九江沙河街磨盘墩下层和神墩②B、②A层，清江筑卫城上层、陈家墩遗址②层和T31为代表。樊城堆遗址上层文化包括②D、②C、②B、②A层，发掘者认为它们均为西周时期，实际上，②D、②C层与吴城遗址第三期相似，应属于吴城文化时期，②B、②A层的时代大致在西周中晚期（图150）。赣东上饶地区的土墩墓大多也属于这个时期。

本期文化相对于上期来说，文化统一性明显加强，各地文化因素基本相同。并且在包括江浙在内的更大范围内趋于一致。磨盘墩遗址下层出土的2件矮圈足青釉瓷豆，在盘外壁附有小圆饼装饰，是很有时代特征的原始青瓷器。马鞍山西周墓的构筑方法（河卵石棺床，无圹穴）和随葬品（铜盘、原始瓷豆、瓮、钵、盂、碟、陶罐以至刻划符号和所在部位等）都与江浙地区尤其是皖南的屯溪土墩墓相同。从出土器物与文化特征看，当时居民使用的炊器主要为鼎和甗形器等。其中甗形器比前一期（西周早期）不仅数量增多，而且造型变化多样。如口沿部位有敞口宽折沿、敞口窄折沿、直口窄沿之分，束腰部位有束腰明显与不明显之分，附耳形式更加复杂，有外包耳、内包耳、内贴耳、贯耳、半环状横耳及直立方耳等。个别的甗形器还附有三短腿。另外，从出土的大批器足看，当时人们也使用相当数量的鼎。鼎类的器足多呈高、矮锥状，也有一些带圆窝纹。这一期的盛食器主要有罐、瓮、豆、杯、缸、盂、盘、壶、爵、钵、碗、

[1] 唐锦琼：《胶东地区中原化进程的考古学观察》，《青铜器与山东古国学术研讨会论文集》，上海古籍出版社，2017年。

[2] 彭适凡：《赣江流域出土商周铜铙和甬钟概述》，《南方文物》1998年第1期。

[3] 杨军：《南城县碑山商周时期遗址》，《中国考古学年鉴·2006》，第230、231页，文物出版社，2007年。

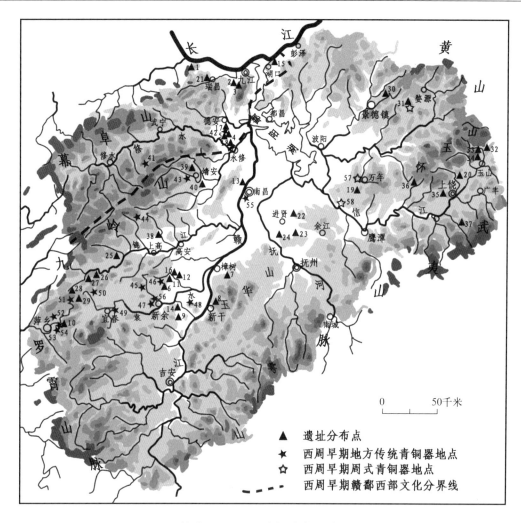

图149　赣鄱地区西周时期遗存分布及分区图

1.瑞昌铜岭　2.九江神墩　3.九江磨盘墩　4.德安陈家墩　5.新余拾年山　6.樟树筑卫城　7.新干牛城　8.新余赵家山　9.新余钱家山　10.萍乡禁山下　11.新余彭家山　12.樟树樊城堆　13.南昌邓家山　14.新余钱家山　15.湖口下石钟山　16.樟树大城　17.德安蚌壳山　18.永修新界　19.万年雷坛　20.上饶马鞍山　21.瑞昌大路口　22.进贤寨子峡　23.进贤猪婆岭　24.进贤前岭观　25.万载徐家塯　26.万载天子坳墓群　27.万载狮子塯　28.万载井窝里墓群　29.万载船形塯　30.浮梁燕窝山　31.婺源中云　32.玉山归塘坞　33.玉山对面山　34.玉山洪家山　35.上饶南岩　36.上饶茗洋　37.上饶铁山胡家桥　38.上高曹港　39.靖安寨下山　40.奉新九里岗城址　41.武宁甬钟　42.德安铙　43.靖安铙　44.宜丰铙　45.新余铙　46.樟树铙　47.新余铙　48.新余铙　49.宜春铙　50.万载铙　51.宜春铙　52.萍乡甬钟　53.萍乡铙　54.萍乡铙　55.南昌征集铙　56.萍乡甬钟　57.万年鼎　58.余干甗

碟和器盖等。豆类器中，除继续沿用前期灰陶高、矮喇叭形圈足豆和杯形豆外，还出现更多的硬陶豆和青釉瓷豆，反映了原始青瓷制造业在西周中、晚期得到进一步发展。罐类器多见平底器，圈底或凹底则少见。带耳的器物也较为盛行。印纹陶纹样种类达三四十种之多。吴城类型遗址中较多的圆圈纹、圈点纹和S形纹等基本消失，那种常见的云雷纹、叶脉纹或曲折纹等虽还继续沿用，但在风格上已有明显变化，由过去的纤细、规整，变得粗大、草率。其他像前期流行的菱形纹、菱形凸棱纹、凸方格纹、凸回字纹、漩涡纹、菱形填线纹等几何纹样更为盛行，高浮雕式宽带兽面纹和凸方格、凸回字纹的组合纹饰也得到充分发展。

　　但是，在存在较大共性的前提下，鄱阳湖以西和以东也存在区别。比如后者基本不见鬲类器的使用，而在前者的樟树筑卫城、樊城堆和九江磨盘墩等遗址中都可以见到，足以高、矮锥

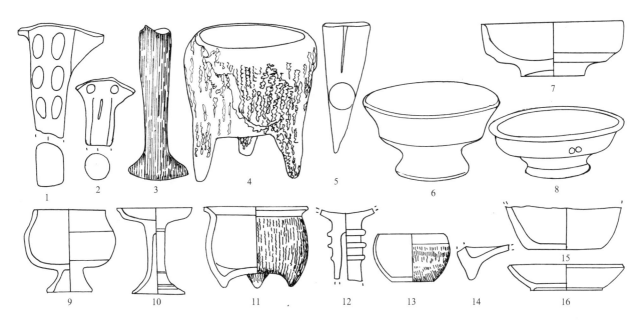

图150　九江磨盘墩和樟树樊城堆遗址西周中晚期器物图

1、2、5.鼎足（磨下层）　3、6~8.豆（T3⑤、T1⑤、T2⑤、T2⑤）　4.鼎（T3⑤）　9、10、12.豆（T2②B：29、T3②A：57、
T3②A：55）　11.鬲（78T11②B）　13.钵（78T11②B：32）　14.鬲足（T2②：13）　15.罐（T1②A：28）　16.盘（80T9②B：31）
（1~8.磨盘墩　9~16.樊城堆）

状为常见，还有圆柱状平足尖和乳状尖足等，高锥状刻槽足鬲的分布也十分普遍。这与鄂东南地区的文化面貌较为一致。并且陶系方面也与鄱阳湖以东地区存在区别，前者陶器以夹砂和泥质红陶为主，约占70%，泥质灰陶和泥质黑皮陶约占25%，硬陶、釉陶和原始瓷的比例较小，约占5%。而后者原始瓷的比例较高，比如马鞍山西周晚期墓统计的160余件随葬品中，硬陶和原始瓷的比例在一半以上[1]，浮梁县东流燕窝山遗址的比例也较高[2]。由于赣东地区发掘的西周时期的遗址很少，还不能进行较为详细的对比，但存在区别应该是可能的。

因此，在西周中晚期，我们可以将赣鄱地区北部以鄱阳湖为界划分为两个小区，两个小区代表了一个大的文化区系下的不同类型。

以上分析可以得出一个初步的认识，即西周早期本地文化的发展重心在赣鄱地区西部和北部，北部与鄂东南地区和中原遗民文化的关系较为密切，西部有较强的独立性，青铜器也以较多地体现土著文化风格的礼乐器为主；东部地区只见零星的中原式青铜容器和少量的土著文化遗存。随着与吴越文化的交融，西周中晚期开始，本地文化发展的重心转向东部，大量土墩墓的出现就说明了这点。具有鄂东南典型器物风格特征的刻槽足鬲、带附耳矮锥足甗形器和镂孔豆以及带有吴越文化传统特征的原始瓷豆、碗、钵、盂和小口溜肩瓮两种不同文化因素的同时出现说明了此时的赣鄱地区正在由一个独立的文化区沦为吴越文化圈和鄂地文化圈交汇的地区。

[1]　江西省上饶县博物馆：《上饶县马鞍山西周墓》，《东南文化》1989年增刊1。这里需注意，墓葬出土物与遗址出土物的比例有所差别，墓葬所出只能提供一种大致的趋势。

[2]　杨军、胡胜：《浮梁县东流燕窝山商周遗址》，《中国考古学年鉴·2005》，第217、218页，文物出版社，2006年。

第九章　赣鄱地区的文化与社会背景

第一节　赣鄱地区文化的变迁及特点

20世纪90年代末期，吴春明对东南土著民族中的历史和文化进行了对比分析，对差异性进行了研究，将东南区文化划分为江南湖网平原地带文化、东南沿海丘陵山地地带文化和海岛地带文化[1]。赣鄱地区处于江南湖网平原地带的西南部，属于东南地区早期古文化发展的第一地带。北、东、西三方面分别存在着中原文化、长江下游地区文化、长江中游江汉地区文化的强势辐射，加之本地区地形平缓，是长江南岸与岭南地区的自然通道，反映在文化现象上表现为这一地区的土著文化内涵中共出较多的其他地区的文化因素，文化面貌极为复杂。

赣鄱地区内发现的万年仙人洞遗存是东南文化区内迄今发现的年代最早的新石器时代遗存。拾年山文化、郑家坳遗存，以及其后的山背—樊城堆文化、社山头上层文化等古代文化遗存，时代上前后衔接，文化因素上传承发展，自成体系，而清江吴城商代遗存以及与其性质相同的新干商墓的丰富青铜资料则表明了赣鄱地区文明的状况和发达的青铜文化。

从东南区古文化整体的发展角度来看，赣鄱地区拥有时代最早的新石器时代早期遗存，其新石器时代中晚期文化的发展虽然不如长江下游太湖流域、宁绍平原及钱塘江流域的良渚、河姆渡等新石器时代东南土著文化辉煌而灿烂，却在随后青铜时代中大放异彩。显示出赣鄱地区古代文化与东南其他地区的古代文化交相辉映，既有联系又相对独立，是东南区古文化的研究中不可或缺的有机部分。

从新石器时代中晚期开始，赣鄱地区文化发展的先进程度滞后于中原文化乃至周边古文化，与先进文化之间具有不同的发展阶段。龙山末期至二里头文化时期，中原地区已经形成较前期大为统一的文化格局，文化辐射能力显著增强，对周边文化的影响也较以前有所增加。但在中原文化已进入青铜时代的过程中，赣鄱地区仍然处于新石器时代末期阶段。直到相当于二里头文化中晚期时，随着周边青铜文化的兴起和中原文化的介入，赣鄱地区才加速向青铜时代过渡。也就是说，赣鄱地区的新石器时代向青铜时代的过渡是在外力的干涉下实现的，而这种外力只是输入了先进的文化模式和建构，在整个二里头文化时期，赣鄱地区文化独立的进程并未中断，文化的主体构成仍然属于土著文化的延续。从这一时期的经济形态来看，有以下几个特点：

第一，各个遗址中，生产工具仍以石器为大宗，器形延续了斧、锛、凿、刀等，其中作为土著传统标志的有段锛形器段部明显，段仍位于器中间部位，多呈上大下小扁平状，属于前期见到器形，变化很小，表明农业生产的生产力情况相对稳定，生产食物的类型也没有出现大的

[1]　吴春明：《中国东南土著民族历史与文化的考古学观察》，厦门大学出版社，1999年。

变化。在属于本期的社山头下层第三期文化遗存中见到了磨棒（社山头 T1 ③ : 6）。磨棒与磨盘是常见于北方粟作农耕文化的一种针对食物籽实的加工工具。这种工具的出现，表明北方农业传统的产品加工技术已经对赣鄱地区饮食方式产生了影响。与前期不见食物后期加工工具的状况相比，赣鄱地区这一时期可能已经出现了粉粒类食物。

第二，陶器制作表现了两个趋势：一是出现少量器物从形态到陶系类型，完全模仿中原夏、早商时代的器形，如高安下陈遗址采集到的时代特征明显的白陶斝足，就基本上没有受到本地因素的影响，而与河南偃师二里头下层的同类器非常相似；第二个趋势是土著器物传统结合了龙山时代的文化因素，将夹砂烹煮器和圜底的特征和龙山的鼎、鬶、壶、豆传统结合，在本地区内部基本发展成为一种比较一致的陶器特征，如该时期各个遗址所见的陶器组合除前述少数中原器物的仿制品外，基本固定在鸭嘴式、扁平式或丁字形足的鼎形器（足部多有印纹、窝纹或刻纹装饰）、流部封口颈部细长锥状袋足的鬶形器以及厚胎浅盘圈足少用装饰的豆形器等器形上。

笔者认为，与稍早的时期相比，本时期赣鄱地区陶器不论在纹饰上还是在器物造型、组合等方面文化因素的彼此差异都显著变小，似乎表明了该地区文化正在向着一种内部交流广泛且相对稳定的文化共同体的方向努力。这个文化上的共同体一方面强化内部交流，促进了陶器的统一，一方面受到中原文化中心的间接压力，在相对缺乏融合的情况下开始接受中原文化因素中内涵复杂的器形，如白陶斝形器。

第三，关于聚落，属于本时期的社山头下层第三期文化新见长方形连间式房基（F1），三个房间呈东西向排列，各间等大（均为 4.3 米 × 3.7 米），居住面为夯土形式，外墙墙体基槽挖掘于夯土层内，墙体内部包含等距离同样大小的柱洞，外墙见红烧土护坡，应是在基槽内立柱，外施火烤泥墙之遗留，是一种进步形态的木骨泥墙构造；内隔墙直接建于居住面之上，墙体内部亦见柱洞，唯柱洞大小不一，间距不等，分布疏密无序。建筑内部各分间亦有多数柱洞，居住面为白灰面，其中最西部的分间有火塘及灶具，并伴出陶釜、罐、钵、豆、盉及石锛、石矛等器物，表明了该房间为居住实用建筑。这种长度超过 12 米的大型干栏式连间结构居住屋的出现，在本期虽然只是一个孤例，但是考察整个社山头建筑技术的发展，这种连间式建筑显然是由社山头下层二期文化的方形单间或套间结构房屋发展而来，体现了技术水平的极大提高。这种房屋建筑复杂，建筑周期长，需要较为专门的建筑人员设计建造，从房屋结构来看，居民的屋内生活空间从前期套间式形式的半间左右扩展到单独出现的两个连间形式的房间，面积增加了近四倍。这种建筑方面的改变，除了古人改善生活质量方面的原因外，似乎也暗示着古人家庭人口的增加及家族生活的出现。

赣鄱地区新石器时代末期文化处于中原社会性质发生改变，文化极度发展的时期。这时近邻的文化势力迅速衰减，使得赣鄱地区内部不同区域受到的文化离心力减弱，加之中原文化还未开始大规模地进入，使得赣鄱地区土著文化在吸收中原文化和周边文化因素的基础上，融合为一种覆盖赣鄱地区较大范围的、具有活力的土著文化内容。

大致在早商时期，赣鄱地区开始进入青铜时代。与新石器时代末期文化的融合统一性不同的是，青铜时代前期赣鄱地区文化出现分裂，到后期又开始融合。

前期为商文化时期。文化的分裂主要表现为吴城文化和万年文化的不同文化来源和文化性质。其间又可以分为两个阶段：第一个阶段从早商二期开始，至中商文化前期，是青铜时代文化形成和初步发展的阶段，这一时期吴城文化和万年文化表现出截然不同并相互对立的文化面貌。

第一，在生产工具方面，吴城和万年两种类型文化表现有很多的相似点，如仍大量以石器为主，流行锛、斧形器等，具体器形上二者略有不同，如属于万年文化的石斧主要是长条形弧刃斧，而属于吴城文化的石斧形制则多是长方体、方体手斧；石锛形器都流行有段锛和常型锛，只是万年文化常型锛有微弓背者，不见于吴城文化。生产工具的相似说明了二者生产经济的内容有很大的相似性，即二者都注重本地区稻作的农业传统，得以生存和发展。

第二，兵器方面，以石镞为大宗，在两个文化中表现出一定形式的不同。形制上，万年文化基本是扁棱形有铤镞，沿袭了赣鄱地区扁棱形或三棱形镞的传统，而吴城文化所见镞形器则分为有翼无翼两种，多为扁长三角形，有铤或无铤，也见三棱体无铤镞，带有较为浓厚的外来色彩，与中原二里冈时期镞形器相同。数量上，万年文化镞形器一般发现较少，如斋山遗址仅见两件石镞，其余地点发现也不多，而根据吴城发掘报告，吴城文化的镞形器不论数量、种类都很多。除石镞外，吴城文化还见长方形，锋刃上翘的铜刀一件，似乎为一种较为贵重的兵器；而此时的铜质兵器则几乎不见于任何万年类型早期文化。

兵器出土情况反映出万年文化与吴城文化在军事传统上可能有着不同。作为万年文化武器主体的棱形镞基本上是由前期本地区新石器时代末期文化的镞形器发展而来，形制基本无变化，发现数量也比较稀少。与万年文化相反，吴城文化兵器的代表器物——镞的数量和种类都很多，表明了对镞形器的重视程度要远高于万年文化。吴城文化铜刀的出现为孤例，且不能肯定为实际装备的实战兵器，但铜质武器的出现无疑是具有较高战力的标志之一。

第三，作为时代性敏感的陶器，本地区的两类文化也表现出显著的不同。

万年文化所见陶器陶系多为灰色硬陶（含泥质和夹砂质两种），但炊器仍多保持泥质夹砂红陶，见少量原始瓷和釉陶。所见器形主要是甗、罐、缸、鬲等，鼎类器物较少。炊器中的甗形器是该时期本地区的代表性器物，由前期文化中的釜、圜底罐形器演变而来，是土著饮食传统的重要载体之一，常见于万年文化的各个遗址而不见于吴城文化；圜底罐、钵等具有土著圜底特征的器物所见甚多，作为新石器时代末期盛行的鼎类器物的数量则大大下降，鬶、三足盘的数量也较少。万年文化的纹饰以云雷纹、凸方点纹或凸圆点纹最为多见，也见部分漩涡纹、菱形纹、席纹等。特别的，万年文化的部分罐、钵、甗、瓮等器物上出现了很多的刻划符号，但造型多简单，李家和等认为属于标记或计数一类性质的记号，与文字还有一定的差别[1]。

吴城文化所见陶器陶系以夹砂灰色软陶为主，次为夹砂红色软陶，印纹硬陶比例很小，见釉陶和原始瓷。所见器形以鬲、豆、罐、盆为主，其中鬲类器作为该时期中原文化炊器的典型代表出现在赣鄱地区，与甗形器的土著传统形成了鲜明的对比，为本地区土著文化所不见；作为盛食器的豆（一般为高圈足假腹豆、高圈足浅盘豆和矮圈足深腹豆等）也是吴城文化区别于

---

[1] 李家和、杨巨源、刘诗中：《江西万年类型商文化研究》，《东南文化》1990年第3期。

万年文化的重要标志之一。吴城文化陶器的纹饰流行粗绳纹，次为方格纹、弦纹、附加堆纹、圆圈纹、S 形纹、云雷纹等。吴城文化所见的陶器上的刻划符号远较万年文化所见的复杂，仅二期一件泥质灰陶钵（74 秋 T7 ⑤ :51）底部所见的复杂符号就达 7 个，而另一件泥质黄釉陶罐（74 秋 T7 ⑤ :58）肩部一周的刻划符号更是多达 9 个，明显已经脱离了单纯的计数符号的作用，报告认为是早于殷墟甲骨卜辞文字的一种商代前期文字[1]。

　　万年文化与吴城文化在陶器群体组合上的差异是明显的，在制陶工艺上也有所不同。万年类型罐类器多盛行慢轮拉坯一次成型，然后加装口颈；吴城文化则盛行罐、尊类器物的分别成型，然后在肩、腹部位粘合总成一体的工艺。由此我们可以见到吴城文化的罐、尊类器物肩腹结合部位的结合痕迹清晰可辨，而万年文化罐类器无此现象；吴城文化罐、尊类器物肩腹结合处上下、多行单个戳印的圆圈纹或圈点纹装饰，而万年文化罐类器物则通体拍印一种或两种纹饰。两种文化在制陶中还使用了不同的制陶工具：万年文化普遍使用前代土著文化所见的蘑菇形陶垫和扁平长方体带长把或长方形印章式无把和有把锥体伞状等花纹陶拍；而吴城文化则多使用三角形、扁管状和中空锥形陶垫，与陕西、河南龙山晚期和商文化遗址中同类器物相似，且目前为止尚未见到几何形花纹陶拍。

　　吴城与万年文化陶器因素的差异，体现了这两种文化具有不同的文化来源：万年文化所见陶器基本上都可以在本地区早些时候的遗址中找到原型，表现了一种与土著文化传承发展的关系；吴城文化所见的以鬲形器为主的陶器因素，与同时期中原商文化因素具有很强的一致性，而对于本地区文化则表现出显著的外来特征。从陶器上文字的复杂程度来看，吴城文化所代表的文化与中原商代文化有密切的关联，文字所反映出的文明程度要高于万年文化。

　　第四，本期两种文化聚落遗迹所见甚少，很难判断具体聚落发展情况。唯从遗址数量和所处的地理位置分析，我们可以看到，吴城文化遗址数量较少，而重要的分布地点由九江而德安而樟树，均位于水上交通便利的鄱阳湖西岸主要支流之上，组成了以鄱阳湖为中心，沿水道向西岸辐射，呈点状分布的布局；万年文化的遗址数量很多，密布赣鄱地区，呈片状分布，对吴城文化显示出包围的态势。笔者认为，吴城文化与万年文化的分布情况再一次表明了两种文化的性质：即吴城文化属于从长江—鄱阳湖方向向西进入的外来文化，而万年文化则是久居于鄱阳湖地区，较少受到中原文化影响的土著文化。

　　总结该时期文化特点，可以看出：万年文化是由赣鄱地区早期土著文化结合周边文化因素发展而来，是土著文化的传承和发展，基本未受到中原文化的重大影响；吴城文化则很可能是沿水路而侵入赣鄱地区的具有浓重中原特色的文化，该文化一方面保持了鬲形器、粗绳纹乃至先进的文字系统等独特的外来特征，一方面则采用该地区流行的斧、锛形器等进行生产活动，开始适应当地文化背景，但总的来看，二者的文化因素是对立的。从吴城文化的大量锛形器以及铜质兵器出土来看，当时的吴城文化是拥有一定军事实力的，唯目前所见的遗存情况还看不出吴城文化与万年文化有直接冲突的迹象。

　　前期的第二个阶段自中商二期至晚商时期，这一时期吴城文化和万年文化仍沿着各自的趋

---

[1]　江西省博物馆等：《江西清江吴城商代遗址发掘简报》，《文物》1975年第7期。

势发展，但由于中原商文化的衰弱，吴城文化表现出的地方性越来越明显，开始较多的吸收来自万年文化的因素。万年文化吸收吴城文化的先进因素，但顽固的保持着自己的土著文化特色。

第一，由于与前期时间接近，在石器工具这种不甚敏感的器物上，两种类型文化体现不出更大的区别，发现的器物类型形制也与前期大体相同。

第二，陶器方面，两种文化表现了不同的发展态势。

本期万年文化稳步发展，在陶器内涵上略有变化。万年文化的陶器在保持了前期的甑形器传统和一次拉坯成型工艺的基础上，开始吸收吴城文化和周边文化的因素。前期几何形印纹陶器的内壁凹凸不平的现象得到了改善，普遍变的像吴城文化陶器那样内壁平整光滑，且厚薄均匀，美观；角山遗址出土了大量带有刻划符号的陶片，除前期所见的刻划符号（主要是指甲形刻符）外，也可以见到相当数量的陶文内容，显然来源于吴城系统（即中原商代甲骨卜辞文字刻划系统）。除了继续保持印纹硬陶的土著传统之外，角山遗址作为我国目前发现最早的原始青瓷烧造场所之一，出土的大量土著印纹陶与新兴的原始青瓷内涵，不仅说明了本地青瓷内容的土著性质，还表明本地原始文化在陶器向瓷器演化进程中迈出了可贵的一步。

本期吴城文化陶器内容相对前期有了较大的改变。前期所见以鬲形器为代表的中原文化因素在本期继续沿商周器物变化规律进行演变，如鬲形器由早期的高颈、高裆、分裆、颈腹之间无折度向短颈、矮裆、微分裆、颈腹之间有折度演变，以至出现联裆；假腹豆逐渐演变为真腹豆；小口折肩罐由溜肩到广弧折肩、广平折肩演变等等，唯该类器物数量逐渐减少。相对的，赣鄱土著陶器因素数量大大增加，如吴城三期文化开始出现土著文化标志性器物甑形器，至三期末段，甑形器的数量已经在吴城文化炊器中占有重要地位；早期盛行的中原风格尊形器等器物的折肩作风，在本期则逐渐减少或不见。陶系中，印纹硬陶的比例增多，釉陶和原始瓷出土也增多，三者所占比重至三期末段可以达到总数的三分之一强，具有明显的南方陶系演化规律。陶器纹饰方面，吴城文化三、四期基本上不见前期流行的粗绳纹和圆圈纹，而以细绳纹和带有土著文化色彩的圈点纹最为普遍，其他纹样种类增多，如大方格纹、锯齿状附加堆纹、人字纹、叶脉纹、席纹、水波纹、米字波纹以及二、三种纹饰同饰于一件器物之上的组合纹饰等。吴城一、二期的高级文字系统在三、四期阶段有所退化，如三期陶器和石范等器物上的文字不仅数量较一、二期为少，而且多是单字，四期文字出土更少。吴城三、四期的制陶手工业相当发达，印纹陶拍印技术成熟，几何形印纹陶在该阶段已处于"鼎盛时期"，其印纹纹饰往往清晰平整，拍印痕深，衔接紧密，与土著万年文化拍印杂乱、重叠的印纹陶形成明显对比。

第三，吴城三、四期出土了大量铜质生产工具和礼器等内容，并体现了高超的铸造技术水平，使该文化成为赣鄱地区青铜内涵文化的典型代表；而同期的万年文化则基本未发现铜器铸造现象，零星所见的铜器也基本上是小型生产工具内容，是为两种文化的不同特点。

特别的，属于吴城三期的新干大洋洲商墓一处就出土青铜器物483件，主要包括鼎、斝、卣、罍、鬲、豆、钺、戈、胄等造型上具有中原商周风格的器物，可以集中体现赣鄱地区这一时期青铜内涵文化的特点。该遗址所见的青铜器物中，以礼器为大宗，其次是武器和生产工具。武器主要是矛、戈、钺、刀、剑、匕首、镞等，形制与中原地区同类器物大体相似；农业生产工具可以确定的有犁、锸、耒、耜、铚、镰、铲、锛、镢等10种36件，另外还见一定数量的刀、斧、凿等多用途工具，大型农具只有部分有使用痕迹，笔者认为这些器物属于祭祀用礼器的可能性比较大；青铜礼器主要是各种鼎形制器，如与偃师二里头文化相似的锥足鼎，与二里冈文化同类器相似的柱足圆腹鼎、方鼎和鬲足鼎，以及不见于其他地方的扁圆虎足鼎、扁鳍状足鼎、半环形足鼎、实心圆柱足鬲鼎等。礼器是一个文明最重要的标志。大洋洲商墓的礼器内容，既有属于中原商代早期、中期的内容，也有本地特有的内涵，这种复杂的内涵情况表明大洋洲商墓所代表的文化是一种不完全类同于中原商周文化传统的复合文化。既表明中原王朝加强了文化渗透，也表明了地方势力的发展和变迁。

除完整铜器之外，1974 年还清理了一处属于吴城三、四期文化的铸铜作坊遗址，出土了一批青铜铸造工具——石范，比较成型的共计 103 件，能辨明器形的有戈、矛、钺、镞、斧、刀、凿和鬲足等，证明了吴城文化小型青铜器物生产的本地化[1]。苏荣誉、彭适凡二位先生通过大型青铜礼器的铸造技术分析，判定这一时期赣鄱地区青铜铸造技术大量采用同于中原传统的泥范块范法铸造工艺[2]，虽然在纹饰和造型上融入了土著文化的因素，但很明显器物的成型和浇铸技术来源于中原。这就说明了赣鄱地区的青铜文明受到了中原王朝的极大制约。

综合本期的考古文化特征，万年文化和吴城文化，赣鄱地区古文化的社会经济形态发生了一定的变化，表现为：石质农业生产工具不再进入随葬品行列，农业经济在社会生活中的主导地位有所下降；印纹陶和瓷器制造业开始兴盛发达，继承了龙山时代陶器交换的因素，开始大规模生产，为商品交换的主流；特别的，吴城文化具有殷商文化特色的青铜制造业非常发达，与万年文化形成鲜明对比，仍然表明了两个文化在来源上的不一致。从文化发展趋势上看，本期的万年文化基本保持了赣鄱地区的土著传统，只是在吸收吴城先进因素的基础上有所改良；吴城类型文化则大量吸收土著文化因素，不论在铜器还是陶器上都表现出了趋同于土著文化的强烈色彩，相对于前期来说可能是代表了一种文化本质的改变。土著文化对吴城青铜等先进因素的舍弃，表明了土著因素顽固的封闭性特征。

后期大致是在西周时期。这一时期随着吴城文化和万年文化的消亡以及宗周文化和鄂东南地区文化的南进，赣鄱地区的青铜文化先表现出复杂的面貌，然后渐趋统一，并体现出明显的南方文化特色。到西周中晚期，以几何印纹陶、釉陶系的罐、坛、瓿、釜和釉陶系的豆、碗、盆、盘为代表的土著文化因素成为包括赣鄱地区在内的整个南方地区的统一文化特色。

第二节　赣鄱地区势力集团的变迁

中原正统的古史观将江南地区笼统的称为"荒蛮腹地"，对于这里的文献记载少之又少。通过上面的讨论，赣鄱地区在三代时期并不属于华夏、东夷和苗蛮系统，虽然在不同的时期不同程度地受到过他们的影响。这里主要是属于江南地区的百越文化系统。对于赣鄱地区土著文化究竟属于百越文化系统的哪一个支系，学者们多偏向于扬越和干越。

对于扬越，已如上文所述，主要分布在鄱阳湖西岸的赣鄱地区西部。

[1]　李昆：《试论吴城遗址文化类型与分布》，《东南文化》1993年第3期。
[2]　苏荣誉、彭适凡：《新干青铜器群技术文化属性研究——兼论中国青铜文化的统一性和独立性》，《南方文物》1994年第2期。

　　而对于干越族的活动中心和分布范围学者们有不同看法，刘美崧先生力主其活动中心在赣东北余干一带[1]；蒙文通先生认为其在临淮[2]；俞静安先生则主张在邗（今扬州市附近）[3]等。近年来，有的学者开始运用地下实物资料，试图探究古代民族的踪迹，如提出皖南土墩墓—屯溪西周墓的主人为干越说[4]。彭适凡先生从皖南、苏南和浙北、赣东北部分地区较广泛分布着的土墩墓以及几何印纹陶等诸种文化因素相同或相近等特征分析，"约当商周时期，赣东北和苏南、浙北以及皖南地区是自成一个文化系统，同属于一个古代族系的文化。这个族系，应该就是古代的干越"[5]。另外，它通过万年文化和吴城文化的因素对比，指出吴城文化应属扬越[6]。实际上，如果我们认定商代晚期形成于鄂东南地区的大路铺遗存为扬越族遗存的话，那么吴城文化的主体就明显不应属于扬越，如果万年文化为干越族创造的文化的话，那么在商代它仅分布在赣东北地区，不会延续到皖南、浙西北乃至苏南等地。况且，近年来有学者专门论述黄山—天目山以南的新安江流域和钱塘江流域的越族为于越的观点，是颇有见地的[7]，这样也就否认了浙西北、黄山—天目山以南的皖南地区为干越族的说法。因此，我们大致可以把干越族的时间定为商周时期，早于扬越族在赣鄱地区的存在，活动范围一直都位于赣东和赣东北地区。而扬越族自商代晚期开始形成于鄂东南地区，并逐渐影响到赣北一带，西周时期广泛分布到赣西和赣中北一带，成为一个分布范围较大的势力圈，因此，赣鄱地区在西周时期虽然都属于百越文化圈内，但其中也存在着族属及地域的差异。西周早期以后随着中原王朝势力的退出，地方文化势力开始在不同分封势力和地方势力的影响下，形成不同的文化势力圈，扬越、干越、于越等百越族系的称呼也许正是从西周中后期开始才存在的。

　　另外，对于吴城文化的创立者，学界也主要分为三种观点：一部分学者认为吴城是商人南进的桥头堡，是对南方实行统治的军事据点，是一支商文化；另一部分人认为吴城文化是一支受到商文化影响的土著青铜文化，他们分歧的焦点在于中原文化因素在吴城文化中是主流还是支流。还有学者认为吴城文化的民族有一部分来自中原地区氐羌族团的夏人、虎人、灌头人、戈人，他们分批南迁，与当地的土著民族相结合，吴城文化就是他们在商代创造的文化，其中的中原文化因素主要是他们从中原带来的，是对夏文化的保留[8]。当然，吴城文化作为一种商代文化，在政治和文化上受到商文化的影响，接受其先进、合理的成分，因而也体现出与商文化相同的特征[9]。通过以上关于吴城文化的因素分析，笔者认为，吴城文化是商人融合南迁族群和当地土著族群的文化而形成的。只是随着中原商文化的衰弱，吴城文化逐渐表现出地方化的发展趋势，逐渐固定为一支受到商文化影响的地方文化，并在一定程度上受到商王朝的控制。

　　[1] 刘美崧：《试论江西古代越族的几个问题》，《百越民族史论集》，中国社会科学出版社，1982年。刘美崧：《干越续论》，《百越源流研究专辑》，《中南民族学院学报》1986年增刊。

　　[2] 蒙文通：《越史丛考》，人民出版社，1985年。

　　[3] 俞静安："干越"考，《山西师范学院学报》1957年第3期。

　　[4] 刘玉堂：《论屯溪西周墓的族属》，《楚史论丛》，湖北人民出版社，1986年。卢茂村：《谈谈皖南土墩墓及其族属》，《百越民族研究》，江西教育出版社，1990年。

　　[5] 彭适凡：《试论武夷山地区悬棺葬制的族属》，《江西师范大学学报（社科版）》1988年第2期。

　　[6] 彭适凡等：《江西瑞昌商周矿冶遗存与古扬越族》，《江西文物》1990年第3期。

　　[7] 毛颖、张敏：《长江下游的徐舒和吴越》，湖北教育出版社，2005年。

　　[8] 有学者就认为吴城文化有恋旧情结，保留了许多夏文化因素，见杜金鹏：《江西吴城文化探讨》，《南方文物》1994年第2期。

　　[9] 彭明瀚：《枭阳新考》，《殷都学刊》2003年第2期。彭明瀚：《商代赣境戈人考》，《南方文物》1996年第4期。彭明瀚：《商代虎方文化初探》，《中国史研究》1995年第3期。

第十章　夏商西周王朝对长江中下游沿江地区经略的策略差异

通过对长江中下游沿江地带四个地区夏商西周时期青铜文化发展进程的研究可以看出，夏商西周文化在四个区域内的文化扩张和渗透力度存在明显区别。这种区别主要表现在两个方面：一个是中原王朝对四个区域进行文化扩张和渗透的纵向的时间差异；另一个是各自对离中原文化核心区远近不同的地区进行文化扩张和渗透的横向的地域差异。另外，根据夏商西周王朝在长江中下游地区经略的目的和原因的不同，我们分别用渗透与联盟、渗透与控制、渗透与分封来描述他们的统治方式、经略力度和影响程度的差异。

第一节　夏王朝对长江中下游地区的渗透与联盟

中原地区夏文化确曾有过向长江流域的传播，如在安徽江淮地区、鄂东南地区、四川成都平原、上海、浙江、江西和福建等地区，都发现过夏文化的踪迹，而有些地方恰巧也有关于夏人的传说。这些考古发现和古史传说，有的与夏王朝建立之初的联盟关系和文化交往有关，有的与夏王朝与地方势力的战争有关，而有的也与夏商之际以桀奔南巢为代表的夏遗民向长江流域的迁逃史实有关[1]。

本书研究表明，夏王朝在建立之初就对长江中下游沿江地带进行了一定程度的文化和势力渗透。江淮地区的斗鸡台文化斗鸡台类型自产生之初就与夏文化保持着密切的关系，并且与夏文化的前身——河南龙山文化的关系也很密切。斗鸡台文化的整个发展过程都与夏文化息息相关。它们之间可能存在着一种联盟关系，斗鸡台文化是夏王朝得以建立和发展的重要支持力量，通过江淮地区，夏王朝将势力延伸到长江南岸的宁镇皖南地区。河南龙山文化末期和夏王朝之初，中原文化因素也分布在汉江流域和鄂东南地区，并向南扩展至赣鄱地区，但此时的夏王朝势力较为弱小。

从本文论述的证据看，夏王朝对长江中下游沿江地区的渗透主要可分为三个阶段，一是煤山文化至新砦期阶段，二是二里头文化二期后段至三期早段，三是二里头文化末期。

第一个阶段夏王朝已与江淮之间建立了密切的联盟关系，斗鸡台文化即是证明。同时通过斗鸡台文化继续向东南过江影响了宁镇皖南地区，他们来此的目的之一是继续对东夷集团有虞

---

[1]　杜金鹏：《试论江西商文化的几个问题》，《南方文物》1994年第2期。

氏的讨伐[1]。而在闽浙赣交界地区发现的中原龙山末期至夏初的文化因素也表明夏王朝预想通过与百越集团的结盟实现对三苗和东夷集团的南北挤压，从而也造成了百越集团的崛起和北进[2]。但由于夏王朝发生了"东夷代夏"的事件，这一过程在较短时间内即告结束。因为二里头文化一期和二期前段时夏王朝势力在江淮地区相对衰落，在赣鄱地区也难觅踪迹。故此，岳石文化顺势将势力扩展至江淮中部地区（塘岗遗存）。赣鄱地区的地方文化也取得了一次明显的扩展（万年类型文化）。

夏王朝势力在南方再次兴盛是在二里头文化二期之时，自本期晚段开始，至三期早段二里头文化因素在长江中下游地区大范围出现。在江淮地区继续将其势力推进到巢湖周边地区，取代了此前在此地分布的岳石文化塘岗遗存，形成斗鸡台文化一个新的地方类型即巢湖类型，通过巢湖类型，二里头文化再一次进入宁镇皖南地区，在皖南地区形成了另外一个联盟体——师姑墩遗存，并继续与更东南的点将台文化和马桥文化保持一定的联系[3]（图151），从马桥文化中明显存在的二里头文化早期因素来看，此时夏王朝甚至可能与马桥文化建立了联盟关系，这种关系可以看作是为对东夷集团加强防范而促成的华夏与百越集团的联盟，也是前一阶段百越集团势力北进的必然结果。在鄂东南地区夏王朝沿汉江和随枣走廊推进到长江北岸，在这里形成了以地方因素为主的盘龙城遗存，盘龙城遗存的二里头文化因素沿长江北岸分布，一直到达江淮西部地区，形成薛家岗遗存。二里头文化的踪迹在赣鄱流域的广丰、高安、樟树、萍乡、新余、铅山、乐平、九江等地广泛发现，乃至到达更远的闽西北地区，并于这里建立了不仅是单纯意义上的物质文化关系，还有更深层次的意识形态联系[4]。但这一波的夏代势力在长江流域以南的存在时间也不长，大约在二里头文化三期晚段时，夏文化的因素已在长江南岸基本消失。此时太湖区域的马桥文化开始向外扩张，基本取代了夏代在本地的势力存在，师姑墩遗存也宣告结束。鄂东南、江淮西部地区的二里头文化因素也出现了中断。但对江淮地区，夏文化则保持了强势地位，此时的斗鸡台文化广泛分布在江淮之间中部地区。

二里头文化四期，夏王朝的经略重点重新回到鄂东南地区，盘龙城和荆南寺遗址的二里头文化因素重新丰富，说明在此时，夏王朝又经过了一次向沿江地带扩张的过程。一直到二里头文化的四期晚段，这个过程未停止。江淮地区的斗鸡台文化巢湖类型似乎已经消亡，夏王朝的主要势力退回到北部沿淮地区。但江淮西部（薛家岗遗存）却保持着与鄂东南地区的联系。且在2018年对肥西三官庙遗址的发掘，证明了巢湖西北部仍然存在一支与夏王朝关系密切的势力集团，发掘者论述也许与"桀奔南巢"的事件有关[5]。

已有的研究和文献记载表明，夏人向长江中下游沿江地带进行文化扩张和渗透的横向的地域差异并不是偶然的，是有其深刻的背景的。据文献记载，夏人和东方的夷人是存在联盟关系

[1] 赵东升：《虞舜南巡狩与太湖东南部平原》，《南方文物》2007年第4期。
[2] 这一阶段，可以称为百越集团的第一轮扩张，在闽浙赣交界区域周边逐渐形成了以印纹陶为特色的独立的文化区域。
[3] 张敏：《试论点将台文化》，《东南文化》1989年第3期。上海市文物管理委员会编著：《马桥——1993～1997年发掘报告》，上海书画出版社，2002年。邹衡：《江南地区诸印纹陶遗址与夏商周文化的关系》，《文物集刊·3》，文物出版社，1981年。
[4] 二里头遗址中所见到的象鼻盉和鸭形壶可能均与闽浙赣交界地区的交流有关，正是此次接触，促成了以角山窑业为核心的商业模式，并促成了以肩头弄类遗存为代表的文化向北的第二轮扩张，最终在太湖地区确立了代表百越集团利益的马桥文化。关于象鼻盉的研究可参考罗汝鹏：《从"象鼻盉"到原始瓷大口折肩尊——论夏商时期东南地区对中原王朝的一种贡赋模式》，《南方文物》2014年第1期。
[5] 秦让平：《安徽肥西三官庙遗址发现二里头时期遗存》，《中国文物报》2019年8月23日第8版。

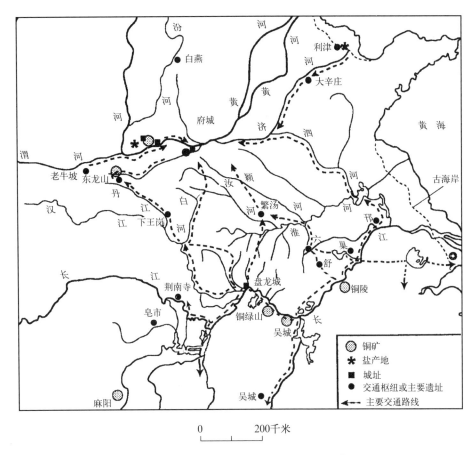

图151　三代时期重要交通路线示意图

（根据刘莉、陈星灿：《中国早期国家的形成——从二里头和二里冈时期的中心和边缘之间的关系谈起》图九改绘，《古代文明（第1卷）》，文物出版社，2002年）

的[1]。在古史传说中，夏代由大禹开国。禹死，本应由东夷族的伯益相继，但被禹子夏后启争得统位。启、益争统事反映出夏、夷两大集团本是结为联盟而轮流执长的，而大禹死后这个传统制度发生了剧变[2]。古史传说又谓启子太康失国，东夷族的后羿代夏政。其后，羿相寒浞杀羿，夏的遗臣靡又联合有鬲氏灭浞，复立太康子辈少康为夏王[3]。自夏后启破坏了夏、夷的联盟后，这两集团显然长期在激烈争斗中，当夏王朝势力强盛时，东夷族便服从，而当夏王"德衰"，处于困境时，便相互攻伐。上文已经说过，夏王启是大禹与涂山氏女所生，而涂山氏即是斗鸡台文化斗鸡台类型的创造者，他们之间的这种关系保证了夏人在其他地区与夷人的争夺中涂山氏能坚定地站在夏人一边，从而在斗鸡台文化的整个延续过程中，都没有脱离夏文化的影响。据《史记·夏本纪》记载，自夏朝开国，至少康中兴[4]，是夏王朝内忧外患的时期，但仍然与江淮地区的涂山氏保持着密切关系，并通过它对有虞氏形成优势，也可以从另一方面说夏与涂山氏的联盟关系是对抗有虞氏的一种策略。这种策略也延伸到与更南的百越集团的联系，

[1]　俞伟超：《早期中国的四大联盟集团》，《古史的考古学探索》，第124～137页，文物出版社，2002年。

[2]　张敏：《华夏起源的假说》，《中原文物》1989年第1期。

[3]　见阮刻本：《左传注疏》，卷二十九，二十二～二十四页；卷五十七，二～四页。

[4]　李伯谦先生认为，二里头文化是少康中兴之后的夏文化。见李伯谦：《二里头类型的文化性质与族属问题》，《文物》1986年第6期。李伯谦：《关于早期夏文化——从夏商周王朝更迭与考古学文化变迁的关系谈起》，《中原文物》2000年第1期。

已如上述。少康中兴之后，历经予、槐、芒、泄、不降、扃、厪六世七王，夏朝处于稳定发展的时期，也是夏王朝极力向外扩张的时期，江淮的南部、西部、鄂东南、宁镇皖南甚至赣鄱地区和太湖周边都发现了此时期的二里头文化因素。史书记载，从孔甲开始，历经皋、发、癸（桀）四世夏朝而亡，孔甲是夏朝由盛转衰的转折点。这时的王朝势力逐渐式微。据《古本竹书纪年》记载："后发即位，元年，诸夷宾于王门，再保庸会上于池，诸夷入舞。"（《北堂书钞》卷八二礼仪部引）。这表明此时国力可能有短暂恢复，诸夷又来夏朝拜。而到夏桀时，"桀为暴虐，诸夷内侵。"（《后汉书·东夷列传》）。"后桀之乱，畎夷入居邠、岐之间。"（《后汉书·西羌传》）。以至最终造成了"桀克有缗以丧其国"（《左传·昭公十一年》）的后果，这时的夏王唯有沿自己建立的势力存在而"奔南巢"。

江淮地区处于夏文化与岳石文化两大文化的漩涡地带，这个地区受到了继河南龙山文化而起的二里头文化的渗透；同时，东方的岳石文化亦加入到了对该地区的争夺之中。本地区的土著文化受到了二里头文化和岳石文化的影响，从而形成了斗鸡台文化的复杂面貌。斗鸡台文化的发展变化深刻地反映了夷夏关系的变化，也反映了夏王朝势力的前后变化。

夏文化因素在赣鄱地区、闽浙赣交界地区和太湖地区的出现，当是二里头这支先进的中原文化在其势力最强盛时期向长江流域扩张的组成部分。三次扩张持续的时间虽然都不长，却开启了中原王朝对外经略的模式，联系和团结了更广大范围的势力集团，对中原化进程和中国历史造成了深远的影响（图152）。

当然，正如有学者所论述的夏王朝在鄂东南地区的扩张可能与取得这里丰富的铜矿资源有关[1]，但从考古材料上，我们还无法分辨出此时期已经对这里的铜矿资源有所利用，对这里的势力扩张很可能主要还是延续龙山末期对三苗族群讨伐的原因[2]。

对长江中下游沿江地带和更远的闽浙赣交界地区的经略体现了夏越联合以对抗东夷和苗蛮的策略，可称之为"远交近攻"。联合更南更远的百越集团，以形成对中间的苗蛮和东夷的挤压，是夏王朝重要的经略策略。主观上导致了东夷集团在环太湖地区的消亡和苗蛮集团离开豫南、鄂、赣等地，客观上促成了百越集团的扩张和北上，从而使得马桥文化在环太湖地区的兴起以及随后于越文化对此地区的控制。这是越国形成的基础，也是越国奉自己为大禹之后的深层原因[3]。

第二节　商王朝对长江中下游地区的渗透与控制

正如上文中所论述的，商王朝势力在夏代末期即随桀的足迹进入到了鄂东南地区，这里存在有不少的先商文化南关外类型和二里冈下层一期偏早阶段的因素。商王朝的直接统治势力在

[1] 刘莉、陈星灿：《中国早期国家的形成——从二里头和二里冈时期的中心和边缘之间的关系谈起》，北京大学古代文明研究中心编：《古代文明（第1卷）》，文物出版社，2002年。

[2] 龙山末期至夏桀王朝时期中原族群与三苗的关系主要参考以韩建业先生为代表的系列文章。韩建业：《中国上古时期三大集团交互关系探讨——兼论中国文明的形成》，《北京大学学报（哲社版）》1996年第1期。韩建业：《禹征三苗探索》，《中原文物》1995年第2期。韩建业：《苗蛮集团来源与形成的探索》，《中原文物》1996年第4期。韩建业：《五帝时代——以华夏为核心的古史体系的考古学观察》，学苑出版社，2006年。

[3] 赵东升：《再论越国的族属及相关问题》，《南方文物》2017年第1期。赵东升：《环太湖古文化演进与水域变迁关系初论》，《南方文物》2016年第3期。

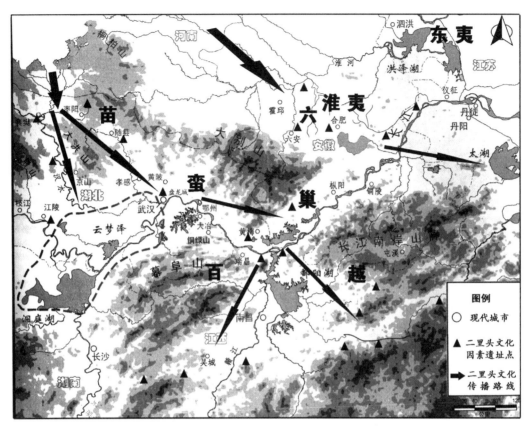

图152　夏代长江中下游地区政治地图

这里一直延续到中商时期，随着盘龙城城址的废弃而退出。晚商时期，这里仍然是商王朝的重点关注地区，商王朝通过控制方国——鄂国的方式对此地进行间接统治。说明荆地不仅是夏王朝着力经营的地区，也为商王朝所看重。

早商一期时，商王朝重点经略了鄂东南地区，这一点不仅在考古学文化中可以得到证明，古代文献中也有记载。古本《竹书纪年》中所谓："（夏末）商师征有洛，克之，遂征荆，荆降"。而此时对于江淮地区和宁镇皖南地区还未进行有力的渗透。

大约自早商文化第二期至中商文化第一期，商王朝的势力开始分别通过淮河支流和经过盘龙城类型分布区沿长江而进入到江淮地区和宁镇地区。这里的皖西类型、大城墩类型和湖熟文化都大致形成于这一时期。但此时的江北和江南似乎联系并不大，大城墩类型和湖熟文化之间文化因素差别较大，前面的论述证明了前者主要来源于中原，而后者来源于盘龙城类型。与此同时，商王朝势力也通过盘龙城类型而进入到赣鄱地区北部，创造了吴城文化。这一个阶段，是商王朝势力大扩张的时期，他们通过盘龙城城址牢牢地控制了长江中下游之交的地带，并将势力向东、南和西部延伸，从而在这些地方都形成了商文化因素明显的文化势力范围。

中商文化二期至晚商文化一期早段，随着盘龙城城址的废弃，商王朝势力在长江中游处于一个低潮时期。在鄂东南地区，盘龙城类型仅剩下一些规模较小的商文化据点。湖熟文化自身因素和来自于太湖地区的马桥文化因素明显扩张。吴城文化自北向南发展，逐渐成为一支受到商文化扶持而自身特征明显的地方文化。而在江淮之间地区，商王朝进行了较大范围的地域扩张，一直向东将其势力扩展至江淮东部地区，表现出一种于东方进攻，而南方收缩的态势，一直到晚商四期，这种在东方的经略始终没有停止。这一时期商势力在宁镇皖南地区也有所作为，师姑墩类遗存由此形成，但此类遗存仍然主要来源于长江中游和江淮西部，与江淮中部的大城墩类型关系不大。

晚商一期晚段至晚商三期时，商王朝曾经加强了对长江中下游的经略，这时的吴城文化中所包含的商文化因素有过一次明显的增加过程，并且也大致在同时，包含大量商文化和地方文化因素的青铜器开始出现，吴城文化的控制地域进一步向赣江东部拓展。这一时期，鄂东南地区的大路铺遗存——即鄂国势力开始形成，在鄂国的势力范围内发现了一些具有晚商文化风格的青铜器，可能表明一个在商王朝晚期历史上具有重要作用的地方政权的形成，同时，根据卜辞的记载，此时在鄂东南地区形成的还有"举"国等方国。随着师姑墩类遗存的消亡，宁镇皖南地区的湖熟文化此时更多地受到来自大城墩类型的影响，同样也出现了较多的商式和地方式的铜器。这一现象可能正是对"武丁中兴"的注脚，而青铜技术的外传可能说明商王朝此时想通过技术达到继续控制地方势力的目的，此时商王朝的势力甚至一度抵达太湖南岸[1]。

晚商三期以后，商王朝的势力在长江中游大幅度后撤，典型的商文化遗存仅在鄂东北地区有少量发现。鄂东南地区的鄂方、举方和赣鄱地区的吴城文化虽然名义上仍然保持着与商王朝的关系，但商王朝已经不对其有绝对的控制权，这里的商文化因素极少，并常以变体的形式存在。而鄂方（大路铺文化）的势力范围此时大大扩展，进入了一个大发展的时期。江淮地区的大城墩类型和皖西类型中也仅见晚商青铜器，典型的遗址极少，并且主要分布在大城墩类型区域内的滁河北岸，滁河南岸已基本不见商文化因素的存在。在滁河北岸和江淮东部地区，仍表现出与夷族势力争夺的态势，直到"纣克东夷而殒其身"——商朝灭亡的时候。此时的合肥烟大古堆、大城墩、何郢、甘草山和天目山等遗址中有明确的商末至西周初期的遗存，它们处于商夷交界区，与商、东夷和先周文化都存在交流。很可能此时周人趁乱已进入到滁河流域区，进而在稍后过江进入宁镇地区创立吴国。

商人取代夏王朝后不仅迅速占领了原先夏人统治的核心区域，而且借助于讨伐夏人遗续，凭借其强大的军事势力，鄂东南地区基本同时纳入到了商王朝的控制之下，势力迅速扩展至整个鄂东南地区的长江沿岸。由于商夷之间的联盟关系[2]，商王朝此时并没有将其势力继续向江淮地区扩展。当商王朝在鄂东南地区站稳脚跟，并获取了当地丰富的铜矿资源之后，为了保证对铜矿资源的占有，他们继续沿矿脉向东南进发[3]，一直到达了赣北地区，与当地文化融合，逐渐形成了吴城文化。为了开拓新的交通路线和控制更多的土地、人口等资源，也为了达到最大限度控制夷人势力扩张的目的，商人至迟在早商二期时也开始向江淮地区和宁镇皖南地区推进。

商代中期，由于商王朝内部政局不稳，"自仲丁以来，废适而更立诸弟子，弟子或争相代立，比九世乱，于是诸侯莫朝"（《史记·殷本纪》），都城迁徙不定，商文化势力迅速衰落，对外征服的力度减弱，表现在江南地区的文化遗存中属于中商时期的文化因素不明显，多数遗址似乎

[1] 匡得鳌：《浙江安吉出土商代铜器》，《文物》1986年第2期。俞珊瑛：《浙江出土青铜器研究》，《东方博物》2010年第3期。
[2] 张国硕：《论夏末早商的商夷联盟》，《郑州大学学报（哲社版）》2002年第35卷第2期。
[3] 彭适凡：《论扬越、干越和于越族对我国青铜文化的杰出贡献》，《东南文化》1991年第5期。

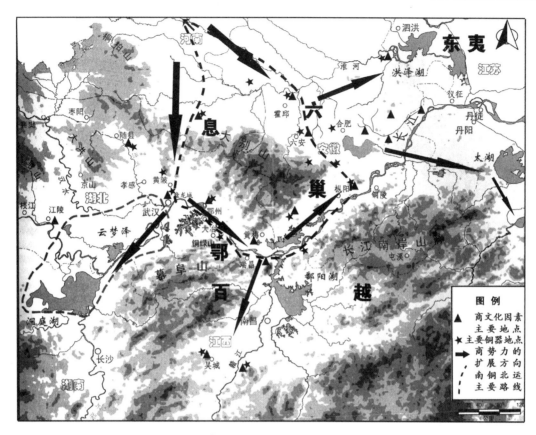

图153　商代长江中下游地区政治地图

在二里冈上层文化之后直接就进入了殷墟文化，器物分期显示它们之间是衔接的，没有中间阶段，这一点在吴城遗址中表现最为明显。也正是在这一时期，地方文化中的土著文化因素开始扩张，商王朝势力在沿江地带和江南的发展受到强烈的抑制。

武丁时期，国力增强，又开始了南征北讨。其中武丁三十二年，"伐鬼方。次于荆。"（《今本竹书纪年》[1]）。《诗·商颂》："挞彼殷武，奋伐荆楚。"，说明了武丁对南方地区的控制力又有所增强。主要表现就是在吴城文化中的中原殷墟早期的文化因素明显增多，吴城文化、鄂东南地区以及江淮和宁镇皖南地区晚商时期的青铜器也增多。

商代晚期，商王朝的对外经略的重点在于东方与夷人的争夺，长江以南地区基本上已不见商文化因素。对鄂东南地区的控制主要通过当地土著实现，此时的鄂侯甚至与西伯、九侯共为商三公，可见其对于商王朝的重要意义（图153）。

以上商王朝的势力扩展涉及青铜器和青铜器制作技术的传播、对铜矿的占有和因铜矿运输之便而新的交通路线的开辟以及商夷关系等方面原因。

1. 青铜器和青铜器制作技术的传播

商王朝王权的强大，对地方的优势最主要表现在经济、军事和意识形态三个方面，这三个方面都与青铜器的控制有关[2]。拥有了青铜器，就拥有了强大的经济、军事力量，并且在宗教、

---

[1]　《今本竹书纪年》已被证伪，此条记载有《诗经》作补充，当有其事。
[2]　陈洪波：《商王权政治基础的人类学观察——另一视角下的商代青铜器》，《东南文化》2006年第6期。

社会组织等意识形态上也具有旧的生产力所无法比拟的优越性。正所谓是生产力决定生产关系。青铜礼器对于商人来说具有政治和宗教意义，自然不会赠予外族人；又，这些铜礼器一般置于庙堂之内，处于商人控制的重心地区，除非灭国，不可能在一般的战争中为外族所获，更不会交换或买卖，而且商人也不会在普通的征战或贸易活动中将这些铜器带在身边[1]。因此早商王权的对外扩张，很大程度上在于对于青铜器制作技术（包括形制、纹饰）等的独占和深层意义的诠释，也决定了商王朝不会轻易的将这些技术传给"外族"。从这个层面上说，在早商王朝的周边地区发现的青铜器要不就是零星的，不具有技术和意识内涵的，单纯的审美和稀有方面的拥有，是商王朝的赐予或者是流传也或者是战争的遗留。

而随着商王朝势力的减弱，晚商时期情况发生了较大的变化，以前零星出土青铜器的地点，比如吴城文化区域、鄂东南长江沿岸和江淮西部地区、皖南地区，却集中出现了不少的青铜器。吴城区域此时出土的青铜器说明商王朝对于吴城文化的控制方式发生了变化，只有借助于象征着王权的青铜器才能重新恢复对当地土著文化的控制，当然这种大量青铜器的出土是否已经在技术层面或者意识形态方面传入了当地人之中，仍然不能做出肯定的回答，但可以肯定的是，吴城文化范围内发现的大量石质青铜工具和兵器铸范，以及皖南师姑墩遗址发现的工具铸范和炼渣都说明至少在一定程度上已经接受了中原王朝的铸造技术。对于青铜礼器来说，则可能是商王朝派出了王室的工匠，帮助当地人制作的（因为我们至今尚未见到制作它们的铸范），在制作的过程中也融入了当地文化的因素，以起到安抚和控制的最大作用和利益。

而对于江淮地区，虽然自早商时期这里就已经成为商文化的地方类型，纳入商文化直接统治的范围之内，但很明显，早商时期这里并不是商王朝重点经略的地区，这里发现的早商铜器少且零星，且主要分布在滁河上游较小的区域内。这同吴城文化范围内的情况较为一致。伴随着商王控制夷人的步伐，商王朝在江淮地区的经略范围大大扩展，包含中商时期青铜器的墓葬分布到了淮河下游一带。但是晚商时期，大量青铜器则主要分布在江淮西部地区，以及通过江淮西部而进入淮河支流潩河、颍河和汝河流域一带，这些青铜器上大多还带有族徽，说明这一带可能是晚商时期重点经略的地区。很显然，此时的江南地区已不再是商王朝重点关注的地区，除了保留师姑墩地点作为其南铜北运的重要据点外，宁镇地区的商人势力已极度衰落。

在属于商文化亚区的盘龙城类型和附庸区的鄂东南、吴城文化地区[2]、江淮西部地区所发现

[1] 向桃初：《炭河里城址的发现与宁乡铜器群再研究》，《文物》2006年第8期。

[2] 商代社会疆域地理的政治架构，是通过四个层次来体现的，由里及表，它依次分为：1.商文化中心区（或叫商、中商、中土、大邑商等）。2.商文化亚区（与中心地区商文化同源，而后异化。有台西类型、盘龙城类型、老牛坡类型、垣曲类型、东下冯类型等，后期又包括了河南大别山罗山县蟒张乡天湖商代墓地和湖南宁乡等地商代遗址和墓葬以及大辛庄类型、丘湾类型等，这可能包括了诸多方国。同上面所引宋镇豪所提的四土范围）。3.商文化附庸区（有相对独立性但又臣服于商王室的诸侯方国组成，都有自己族源和独特的发展体系，他们与商文化并不同源，但并行发展，且在相当长的阶段内归顺臣服于商。范围极为广泛，向东可能已延伸到渤海和黄海区；向西，进入陇山东西；向北可达燕山南北；向南已深入长江以南的鄱阳湖、洞庭湖和太湖流域，地方类型可以分为：先周文化、蜀文化、巴文化、吴城文化、荆南—石门—皂市文化、湖熟文化、岳石文化等。这些文化类型在各自独特的自然生态地理环境中孕育、形成，都有着自己根本不同于商文化的发展序列和考古学的文化特征，都有自己的中心文化区，中心区域或有城墙环绕，或由山川作障，中心区域多设有象征着权力和等级的宫室、祭台、大型墓地和用于宗教祭祀礼仪的青铜礼乐器，它们的青铜文明都已达到了相当的高度。但在其发展过程中又和中心地区商文化密切相关，息息相通。4.商文化周边地区青铜文化（分布在商文化附庸区之外的周边地区青铜文化诸类型）。这种疆域地理的政治架构犹如一座巨大的金字塔，历代商王室居于塔尖，通过政治控制、军事征服、宗教影响、文化传播、商业往来等渠道，把商代疆域与文明推进拓展到十分辽阔的边远地区。见卢连成：《商代社会疆域地理的政治架构与周边地区的青铜文化》，《中国历史地理论丛》1994年第4期。

的大量中原风格的青铜器无疑指出了这些地方对于商王朝统治的重要意义。盘龙城类型大量青铜器的出现要大大早于吴城文化区域和江淮西部地区，这正反映了商王朝对于直接控制区域和间接控制区域的不同政策。商代晚期大量青铜器在吴城文化区域和江淮西部以及宁镇皖南等长江以南地区的出现，表明商王朝在势力衰弱的情况下利用青铜器以达到最大程度笼络地方势力的目的，后三者的稳定合作与否对于晚商时期商王朝的统治意义重大。

2. 对铜矿的占有和因铜矿运输之便而开辟新的交通路线

铜的发现和利用是人类历史上具有划时代意义的进步，被视为文明的重要标志之一，开创了文明的新纪元，使人类由石器时代进入青铜时代。新中国的田野考古工作证明我国至迟在夏代已成熟地掌握了青铜的冶炼、铸造技术，进入了早期青铜时代[1]，在此后的整个青铜时代，铜极为珍贵，被视为最主要的财富之一，对铜的占有、掠夺往往需要付诸武力，用军事手段来解决；铜矿的开采，铜的冶炼、铸造、运输往往也处于军队的监督、保护之下[2]，从某种意义上说，对铜的占有成了权力的象征，也是权力的保障，统治者把铜铸成礼器祭天享神、铸成武器杀敌伐有罪，青铜武器远比竹木石质武器锋利，在当时是一种先进的武器，因而铜成了一种战略资源，对铜的占有、掠夺往往成为战争的原因之一。

从文献记载来看，我国的古铜矿主要集中在江淮流域，《管子》："蚩尤受庐山之金而作五兵"。《尚书·禹贡》云：荆扬二州，"厥贡惟金三品"。王肃注："金、银、铜也"。《周礼·考工记》云："燕之角，荆之干，粉胡之箭，吴粤之金锡，此材之美者也。"新中国的田野考古工作也印证了这一史实。考古工作者陆续在湖北大冶、阳新、安徽南部、江西瑞昌等地发现了商周时期的古铜矿遗址，也探明有丰富的锡矿资源[3]。以大量遗存和丰富的实物资料证明中国青铜文化有自己的源头和发展系列，也为解决商周时期中原大宗铜的来源提供了重要线索。

商周时期王朝的政治中心均在中原，奴隶主贵族对象征着权力和财富的铜需求量很大，铸造祭祖享神的礼器、作战用的兵器及其他生活用具都需要铜，铜还是赏赐臣下的重要物品之一。此外，青铜器还被作为荣耀、地位、权力财富的象征埋入坟墓中，仅妇好墓随葬青铜器就达400多件，重达1625千克[4]。新干商墓随葬480多件，重量也超过1000千克[5]。可见，中原王朝对铜的需求量是很大的。

可是，由于地质构造的关系，铜矿资源集中在江淮流域，中原地区很贫乏。有的学者也认为中原地区也产铜，如日本学者天野元之助曾认为古代河南境内有6处铜矿，6处锡矿；山东境内有2处铜矿，2处锡矿；山西境内有15处铜矿和6处锡矿；河北境内有4处铜矿和1处锡矿[6]。中国学者石璋如根据古代地方志与近代矿业地志查出全国124县有出铜的记录，其中位于中原的，山西有12处，河南有7处，河北省有4处，山东省有3处。如果以安阳为中心，则在两百千米之内的铜矿，山东有1处（济南），河南有3处（鲁山、禹县、登封），山西有7处（垣

---

[1] 张忠培：《中国早期青铜器的发现与研究》，《史学集刊》1985年第3期。

[2] 张光直：《美术、祭祀、神话》，辽宁教育出版社，1988年。

[3] 廖苏平：《试论中国青铜时代锡矿的来源》，《南方文物》2002年第2期。

[4] 中国社会科学院考古研究所：《殷墟妇好墓》，文物出版社，1980年。

[5] 江西省文物考古研究所、江西省博物馆、新干县博物馆：《新干商代大墓》，文物出版社，1997年。

[6] 万全文：《商周王朝南进掠铜论》，《江汉考古》1992年第3期。

曲、闻喜、夏县、绛县、曲沃、翼城、太原）。据此他认为"商代铜矿砂之来源，可以不必在长江流域去找，甚至不必过黄河以南。[1]"但上述二位学者基本上是根据汉代以后的文献记载而得出的结论，根本无法确认这些矿是否在商代即已被利用。美国学者张光直即曾指出，天野元之助和石璋如的研究"令人信服地表明商代的矿工有可供利用的铜锡矿，但是他们都并未证明这些铜锡矿是否确实已被商人开采。为了证实这一点，我们必须在矿区找到考古学的证据或者能将在安阳发现的矿石与某一矿区联系起来的科学证据。迄今为止，此种证据尚告阙如[2]。"事实上，这些地区的铜矿储量既不大，品位也不高，以当时的技术条件，即使开采也难以满足大规摸铸造的需要。况且此类贫矿，即使开采得早，枯竭得也必快。商代青铜器的冶铸那么繁盛，岂能满足于此。商王朝就势必寻找其他的出路，盛产铜锡的长江流域也就理所当然地为其势所必争了。因而寻找、掠夺铜成了统治者政治生活中的一件大事，江淮流域的铜矿资源必定成为他们关注的重点。

盘龙城修筑于商代早中期之际，此时长江中游地区土著族类复杂，尚没有较强实力的政权实体存在，因此这里不可能对商王朝构成威胁。事实上，包括甲骨文在内的各种文献所记载的殷人用兵对象主要是东土和西土，其次为北土，对南土则殊少问津。殷人在地处长江中游的鄂东南地区较早地修筑据点，主要的原因就是获取这里的铜矿资源，另外，相对于长江上下游而言，这里距商王朝最近，交通较方便，又有夏王朝的开拓，因此成为商王朝势力扩张的首选之地。殷人在长江中游建立了旨在掠取铜锡的据点，盘龙城是商王朝伸向长江流域的桥头堡，也是铜锡运输线上的中转站。通过盘龙城的开拓，以及盘龙城类型势力范围的确定，商王朝势力逐渐向长江以南和长江中下游地区扩展，构成了一个以铜矿资源和运输路线为主要媒介的商文化分布和影响区。

但是，江淮流域的铜矿资源在整个先秦时代一直掌握在土著的古越人之手[3]，当土著人势力较弱，对铜的认识力低下的时候，对商王朝的开采并没有什么大的阻碍，商王朝也可以比较顺利的进行势力扩张和对土著文化（如吴城文化）进行控制。但是当在商代中晚期，随着商王朝自身势力的减弱，土著族群文明化进程加剧，一个较统一的势力范围逐渐形成（大路铺遗存）以后，他们对商王朝的依附力就会大大减弱，成为威胁商王朝矿冶安全的重要力量。殷人曾经

[1]　石璋如：《殷代的铸铜工艺》，《历史语言研究所集刊》第26期，1955年。

[2]　Chang, KC. Shang Civilization. Yale University Press,1980, P153.近些年国家博物馆在中条山区域开展了大范围的以铜矿利用为目的的考古调查和发掘工作，其中2018年发掘的山西绛县西吴壁遗址发现了可早至二里头时期的开采、冶炼铜的证据，成为首次在邻近夏商王朝腹心地带发掘的专业冶铜遗址，填补了冶金考古的空白。但此冶炼遗址的使用时间主要集中在夏代末期和商代早期，与长江流域的铜矿地点可能存在着前后关系。它在使用时间、生产规模上尚无法与长江中下游沿江地带相提并论，开采和冶炼流程也有待继续研究，至少目前来看，尚不能取代长江中下游铜资源对于中原王朝和中国青铜时代的历史地位。参见：李刚：《闻喜千斤耙遗址的发现与商代早期青铜器原料产地研究》，《青铜器与金文（第一辑）》，上海古籍出版社，2017年。中国国家博物馆考古院、山西省考古研究院等：《山西绛县西吴壁遗址2018～2019年发掘简报》，《考古》2020年第7期。

[3]　彭适凡、刘诗中：《关于瑞昌商周铜矿遗存与古扬越人》，《江西文物》1990年第8期。江西省文物考古研究所、江西省新干县博物馆：《江西新干大洋洲商墓发掘简报》，《文物》1991年第10期。据古代历史民族文化区的研究，长江中下游之交地区处于华夏、苗蛮、百越和东夷族群的交界区域，人群归属较为复杂，但无论如何，相对于中原文明来讲，这里的文明化程度都是较低的。参见张敏：《青莲岗文化的回顾与反思——兼论考古学文化区与民族文化区的相互关系》，《东方考古（第8集）》，科学出版社，2011年。

控制过的铜矿很有可能为当地势力集团所觊觎，或者甚至商王朝对这些铜矿一度失去控制[1]，这样武丁"挞彼殷武、奋发荆楚。"（《诗经·商颂·殷武》）也就具有了现实意义。但终究，此时盘龙城城址已经废弃，盘龙城类型也已名存实亡，地方上的大路铺遗存势力又迅速发展，单纯依靠王朝力量已无法满足对当地的长期统治，正是在这种情况下，商王不得不把分布在此地的土著势力，即大路铺遗存纳入到中原王朝的联盟之下，这里逐渐发展成为商晚期最重要的方国之一（鄂国）。同时积极向长江下游开拓，与江淮地区保持更为紧密的联系。此时通过来自于长江中游的残余势力，商人也将势力扩展到皖南地区，以师姑墩地区为中心的皖南铜矿区从此进入到商人的视野，通过江淮西部地区将铜资源运输到中原的路线在商代晚期可能已经形成。但终商一代，规模都不大。

有学者论述，商代早中期商人南下掠铜的主要路线是翻越桐柏山与大别山的隘口，即所谓的"义阳三关"到达长江之畔，然后顺江而下经过现今的鄂州、大冶等地（均有水路可通），从鄱阳湖口进入赣江，从而到达今天的江西境内[2]。笔者认为此说不无道理。首先此线路距商王都最近，除大别山系外地势均较平坦，且有多道河流可资利用，长江支流的滠水就在盘龙城附近，发源于湖北大悟县的竹杆河就位于滠水上游6千米处，后经河南省的罗山县流入淮河；其次在此线附近，有多处的早中商时期的遗址分布，在盘龙城以北的大悟、黄陂、孝感、应山等地就有30多处商代遗址，其中仅黄陂境内的滠水流域就有数处商代早、中期遗址。河南罗山天湖发现的商代息国贵族墓地也是处于这条路线上的重要地点[3]。而经汉水和南阳盆地进入中原的西线因为路线过长，又大多处于蛮荒之地，且附近商代遗址大多阙如，因此不太可能作为红铜北运的主要通道。

但是，随着盘龙城类型的逐渐没落和盘龙城城址的废弃以及地方土著文化的兴起，商代晚期商王朝已不能顺畅的通过这条路线。另外，铜绿山、港下、铜岭等江南古铜矿遗址都位于盘龙城的下游地区，在这些地方开采出来的铜矿石或冶炼出来的金属铜必须逆水而上才能运到盘龙城，通过滠水等运到大别山的南麓，经陆路翻越"义阳三关"等隘口，再通过淮河的支流才能运到中原地区。水路—陆路—水路，困难可想而知。而通过长江中下游加淮河支流进行运输，不仅是顺流而下，而且有水路可达中原地区。当是商代晚期所着重开辟的新的运铜路线（图153）。这条路线的存在大致有四点可以证明：

第一，二里头文化时期盘龙城遗存就与江淮西部地区联系密切，而夏桀可能就利用了先人开

[1] 科技考古工作者选取大洋洲遗存的11件铜器进行铅同位素比值研究，证明其中含有来自于某一特殊矿铅产地的高放射性成因的异常铅。而这种异常铅与殷墟，甚至三星堆的青铜器中所含一致，说明可能有着同样的来源。但是殷墟晚期的铜器中这种异常铅则突然减少，西周铜器中则明显减少。研究者认为，这种铅可能是两种铅的混合，其中一种是常见的南方铅锌矿，另一种是目前还没有发现的铅（见：金正耀等：《江西新干大洋洲商墓青铜器的铅同位素比值研究》，《考古》1994年第8期）。如果这种情况属实，那么，说明殷墟晚期至少对于铅矿的南方来源已经出现了某些变化，或者南方地区的铅矿的供应减少，或者不再完全依赖于这里的铅矿资源了。文献记载，宋代的河南和陕西就有6处铅矿，商人也可能直接从中原地区直接获得铅矿（陈光祖：《殷墟出土金属锭之分析及相关问题研究》，《考古与历史文化》，中正出版公司，1991年）。

[2] 后德俊：《商王朝势力的南下与江南古铜矿》，《南方文物》1996年第1期。易德生：《周代南方的"金道锡行"试析——兼论青铜原料集散中心"繁汤"的形成》，《社会科学》2018年第1期。

[3] 河南信阳文管会、河南省罗山县文化馆：《罗山天湖商周墓地》，《考古学报》1986年第2期。经研究，这处地点主要是属于武丁及以后的商代方国遗存，但报告中也指出，可能有早于武丁时期的遗存存在，考虑到此地对于南土方国的重要地理位置，在商代早中期，盘龙城类型强大时，这里的重要性并不突出，而在商代晚期，随着盘龙城据点的衰亡，这里的重要性才日益凸显。

辟的这条路线。商代盘龙城类型和吴城文化与薛家岗商遗存和湖熟文化有着较多相似的文化因素存在。水涛先生在 2001 年长江流域青铜文化国际学术讨论会上提出了中原传统要素进入宁镇地区的路线问题。由于江西新干大洋洲大墓显示出高度发达的青铜文化，长江中游地区商时期文化的辐射能力可以重新加以评估。它推测中原地区商文化可能从长江中游的赣江、鄱阳湖地区越过长江，然后扩散到长江下游的宁镇及其他地区[1]。2007 年他又补充到："在吴地偏西的皖南铜陵和郎溪两地，我们已经发现了典型的中原早商式铜器，这似乎说明，早商文化向长江流域的扩展首先是从长江中游突破，然后到达皖南地区的。"[2]。说明自夏代开始，经长江由中游到下游的路线是存在的。

第二，李国梁先生认为以湖北黄陂盘龙城为中心的鄂豫皖区（大略北以桐柏、大别二山为界，西至汉水东岸，南达长江，东部可能达到皖南丘陵西缘的巢湖、铜陵一带）商代青铜文化的内涵基本一致，属于一个统一的大的青铜文化区，从青铜器器物组合、形制、纹饰风格，均强烈地显示出与中原商文化相同的面貌，基本上属于中原文化系统[3]。

第三，正如我们上文所论述的，商代晚期在这条路线附近有较多的青铜器发现。另外从湖口下石钟山和彭泽团山遗址表现出的与吴城文化的一致性和鄂东南大路铺遗存文化因素在江淮西部地区的出现，以及师姑墩遗存和湖熟文化中的吴城文化和薛家岗商遗存因素都可以得出，大致在晚商一期之后吴城文化和大路铺遗存都曾明显的沿长江东向发展。同时也表明这里必定是商王朝重点经略的地区之一。另外，则是在淮河以北与中原联系的重要的淮河支流沿线也发现了大量商代中晚期的青铜器和铸造遗址[4]，使得这条路线有了通往中原腹地的可行性。

那么，商代晚期经江淮地区的这条路线大致是怎样的呢？

"金道锡行"是春秋时期《曾伯霖簠》铭文中的一个词语，"克狄淮夷，印燮繁汤。金道锡行，具既卑方"。郭沫若先生释云："金道锡行者，言以金锡入贡或交易之路"[5]。而在这条运输贵重物资的道路上，有着一个重要的据点，即铭文中提到的繁汤（今河南新蔡的繁阳），它是连接南北的主要通道[6]。从东周的《晋姜鼎》及《戎生编钟》的铭文记载来看，繁汤很可能是东周时期长江流域所产铜锭的集散地[7]。繁汤的位置就在汝河的沿岸，汝河上与黄河相接，下通淮河，河流在战时常成为入侵之路，而和平状态下则又是重要物资的运输通道的作用由此不言而喻。商王

[1] 水涛：《试论商末周初宁镇地区长江两岸文化发展的异同》，高崇文、安田喜宪主编：《长江流域青铜文化研究》，科学出版社，2002年。

[2] 水涛：《中国南方商周青铜器研究的新阶段——评《皖南出土商周青铜器》，《文物》2007年第8期。

[3] 李国梁：《皖南出土的青铜器》，《文物研究（第四期）》，黄山书社，1988年。本书著者认为，这一区域商时期文化确实与中原商文化有较密切的联系，但是否属于中原文化系统尚需讨论。

[4] 葛介屏：《安徽阜南发现殷商时代的青铜器》，《文物》1959年第1期。武汉大学历史学院考古系、安徽省文物考古研究所：《安徽阜南县台家寺遗址发掘简报》，《考古》2018年第6期。王萍，王铁男：《胡之无弓车也，非无弓车也——台家寺遗址挖掘的影响与意义》，《阜阳师范学院学报（社会科学版）》，2018年第185卷第5期。需要指出的是，目前阜南台家寺铸造遗址的时代主要为洹北商城阶段（即中商时期），尚不能与我们判断的皖南铜矿的开采时间相吻合，皖南铜矿跨越长江，经江淮西部和淮河支流进入殷墟的路线尚需新的材料完善。

[5] 《郭沫若全集》（考古编）第八卷，第398页，科学出版社，2002年。

[6] 陈公柔：《曾伯霖簠铭中的"金道锡行"及相关问题》，《中国考古学论丛》，科学出版社，1995年。

[7] 李学勤：《戎生编钟论释》，《文物》1999年第9期。

朝正是通过经过繁阳这条路线来运输江南铜矿区出产的铜矿石和金属铜的[1]。

江淮大地延袤广漠，主干支流纵横交错，湖泊塘汊星罗棋布。《史记·河渠书》云"于楚……东方则鸿沟江淮之间"，这同《汉书》所称之"东方则通江淮之间"是同一层意思，指的是那个南通长江，北连淮河的江淮水系。在这个水系里，淝水、施水是两条最主要的自然河道，通过它，往南可接巢湖，经栅水（今裕溪河）直达长江，向北经寿县而入淮河，同时跨淮后又与汝、颍、涡、夏肥诸水相连，组成更广宽的水网，甚至同黄河水系也有一定的历史关系[2]。关于寿县的重要位置，有学者论述说："特别是位于淮河中游的州来，由此溯淮西上，连通荆楚；顺淮东下，通过淮水、泗水北上，交通东方齐鲁；北经焦（安徽亳州）、夷（亳州城父集），抵达宋（都城在河南商丘）、郑（河南新郑）；南出淮汭，经施、肥二水和巢湖南下而达于江上，通向吴越。"[3]。关于合肥，《史记·货殖列传》记："而合肥受南北潮，皮革、鲍、木输会也。"《正义》云："合肥，县，庐州治也。言江淮之潮，南北俱至庐州也。"[4]《汉书·地理志》将"南北潮"改为"南北湖"[5]，很明显，这指的就是南面的巢湖和北面的瓦埠湖。可见庐州一带在江淮间的重要地位。

以上所论，可见寿县和新蔡在这条南铜北运道路上的重要意义。

然而，长江中游的南铜北运，不一定要到现在的巢湖以东，实际上古时巢湖附近还有一个称之为窦湖[6]的大沼泽，使得巢湖与长江相连，无所谓江湖之隔[7]，沿长江在巢湖西岸枞阳一带进入巢湖，自然也就可顺利的抵达淮河，况且，在枞阳发现的晚商时期的青铜器也可以证明这种方式的可能性。

江淮地区枞阳县，相传先秦时期中原通越，就从枞阳过江，沿河经陵阳，越黄山，由皖南歙县东出钱塘而抵会稽山，这是江淮通越的捷径[8]。

因此，我们认为，商代晚期自长江中游沿江而下至枞阳北上淮河，顺汝、颍等淮河支流经繁阳而抵达中原都城可能是一条除翻越"义阳三关"之外的另一条较方便的道路[9]。从图中可以看出，两条道路在繁汤一地汇合（图151、153）。

第三节　西周王朝对长江中下游地区的渗透与分封

商代末期，在武王克商以前，先周文化的势力可能就已经深入到江汉和赣鄱地区。枣阳毛

[1]　后德俊：《商王朝势力的南下与江南古铜矿》，《南方文物》1996年第1期。近年，随着曾国考古工作的开展，出土的金文资料体现出"金道锡行"在随枣走廊附近。但本书著者认为，西周早期随枣走廊作为南铜北运运输线路的地位不言而喻，但此名称在不同的时期应有不同的指向，或并不是只有固定的一条路线。随枣走廊沿线，翻越义阳三关的路线和经过江淮之间地区的路线可能都具有"金道锡行"的价值和意义。

[2]　金家年：《江淮水道疏证》，《安徽史学》1984年第3期。马骐、高韵柏、周克来：《将军岭古"江淮运河"的考察及发现》，《长江水利史论文集》，河海大学出版社，1990年。

[3]　李修松：《试论春秋时期淮河流域之交通》，《安徽史学》2003年第1期。

[4]　（汉）司马迁著，（唐）张守节正义：《史记》卷一百二十九，第3268页，中华书局，1959年。

[5]　（东汉）班固著，（唐）颜师古注：《汉书》卷二十八下，第1668页，中华书局，1979年。

[6]　（北魏）郦道元注：《水经注》卷二十九，沔水下。

[7]　金家年：《巢湖史迹钩沉》，《安徽大学学报》1981年第3期。程裕钧：《评〈禹贡〉"九江"地望说异》，《中国历史地理论丛》2004年第2期。这点也是巢湖南岸遗址稀少的原因。

[8]　张国茂：《安徽铜陵地区先秦青铜文化简论》，《东南文化》1991年第2期。

[9]　张爱冰先生也有过相同的观点。见张爱冰：《皖南商周青铜容器初步研究》，安徽大学2008年博士论文。张爱冰、王乐群编著：《枞阳商周青铜器》，安徽大学出版社，2018年。

狗洞遗址出土的大口瘪裆鬲与陕西扶风北吕周人墓地所出先周陶鬲十分相似 [1]。其他共存器物，如陶甗、广肩罐、深腹缸等器都具有较早的时代特征。徐仲舒先生认为，文武王之时周已视南国为疆土，周人的势力已迁回到商王国的南面 [2]。在赣都地区的吴城文化晚期和大洋洲墓葬中也可见到先周时期的文化因素存在，比如大洋洲商墓中的青铜兵器勾戟、双面人头形器、圈点纹广折肩罐、长条形刀、三足卣、神人兽面纹玉饰等，吴城文化遗址中出土的扁体瘪裆鬲等 [3]。江淮之间南部的滁河流域区在晚商四期至周初时处于文化的衰落时期，商文化无暇顾及，从而夷人文化因素和先周文化因素乘虚进入，加强了对这一带的影响。

周立国后，商人的残余势力在全国各地仍然具有强大的势力。为了对付这股势力，武王和周公设置了监，分封了武庚禄父和众多同姓后裔，暂时稳定了局势。但好景不长，没几年武王去世，成王年少，周公恐天下闻武王崩而畔，乃践祚代成王摄行政当国。管叔、蔡叔等不服，遂联合武庚等作乱叛周，东夷中的徐、奄、薄姑、熊、盈等亦乘机而起，一时间形势非常严峻，建立不久的西周王朝面临被颠覆的危险。

于是，周公在召公的支持下，开始了东征平叛的斗争。《尚书·大传》谓："周公居摄，一年救乱，二年克殷，三年践奄。"即第一年就基本控制了局面，第二年平定了三监之乱，第三年平定了以奄为代表的东夷诸国叛乱。

那么，东夷诸国为啥会反叛周的统治呢，这是因为西周初年西周王朝的势力在东方还相对比较薄弱，殷商的大批军队因为商末的克夷战争而留在了东方。那么，到底有多少方国部落参加了这次叛乱，现已无法弄清。《吕氏春秋·察微》言管、蔡"流言作乱，东夷八国附从。……奄，八国之中最大"。《逸周书·作雒》谓：武王崩，"周公立，相天下，三叔及殷东徐、奄及熊、盈以畔。周公……征熊、盈族十有七国"。顾颉刚说："反周的国数不详"，"除管、蔡、商、奄是主角外，随从的有徐、淮夷、薄姑以及熊、盈诸族的国家如楚、秦等"，"总之国数和人数都是相当多的。[4]"可见，周公东征的胜利，势必又一次导致东方大批的部族人群南下江淮地区和宁镇皖南地区。

另外，先周时期周人即对江汉地区有所图谋，西周立国后，这种趋势也没有停止。中国国家博物馆 2005 年征集入藏的柞伯鼎，铭文中就有"周公南征"的记载 [5]。岐山出土的一件玉戈铭文中可见召公经营周王朝南国的资料 [6]。另外曾侯墓中出土的铜器铭文也体现出周初周人命召公对南国的经略情况 [7]。鄂东地区发现的西周初年的遗存证据更为明显，比如黄陂鲁台山发现的成王前后的西周贵族墓葬，蕲春新屋垸的商遗民青铜器窖藏和毛家嘴的大型木构建筑、金寨斑竹园的商遗民青铜器窖藏、湖南湘江流域的黄材盆地的炭河里也发现了西周初年由商遗民和地方

[1] 扶风县博物馆：《扶风北吕周人墓地发掘简报》，《文物》1984年第7期。襄樊市博物馆：《湖北枣阳毛狗洞遗址调查》，《江汉考古》1988年第3期。毛狗洞遗址H1中出土的鬲联裆、瘦高体、腹较直的造型特征与北吕墓中出土的先周期陶器非常相似。毛狗洞报告中将H1的年代定为周初成康之时，略早于鲁台山墓葬，从毛狗洞遗址的其他遗物看，时代可能可早到商代末期。

[2] 徐仲舒：《殷周之际史迹之探讨》，《历史语言研究所集刊》第7本第2分，第140～145页，1936年。

[3] 彭明瀚：《太伯奔吴新考》，《殷都学刊》1999年第3期。袁进：《吴城文化族属勾吴说》，《南方文物》1993年第2期。

[4] 顾颉刚：《三监及东方诸国的反周行动和周公的对策——周公东征史事考证之三》，《文史》第二十六辑，中华书局，1986年。

[5] 朱凤瀚：《柞伯鼎与周公南征》，《文物》2006年第5期。

[6] 郭旭东：《召公与周初政治》，《华东师大学报（哲社版）》2003年第42卷第1期。

[7] 沈长云：《谈曾侯铜器铭文中的"南公"》，《中国史研究》2017年第1期。朱凤瀚：《论西周时期的南国》，《历史研究》2013年第4期。

集团共同建立的城址（或是方国）[1]，甚至远在长江以南的赣鄱地区也发现了许多西周初年的青铜器。这些遗存都可能是由于西周初年的南征而形成的。也正是在这一时期，周王朝对于较为偏远的宁镇地区进行了分封，可能还在江北分封了邗国。就像分封齐国所采取的策略一样，周人此时在商遗民势力较强的地区更多采取的是怀柔的策略，同生共荣，即所谓"启以周政，疆以戎索"，除了高等级的墓葬可以看出周人的影响之外，总体文化面貌仍以地方文化因素为主体。另外，鄂东南地区西周早期的文化遗存面貌也很好的诠释了无为而治的统治策略。从而造成了西周初年的"成康之治"局面。

当然，成康之时仍有少量的边境战事，比如成王之伐录[2]、康王时伯懋父对东夷的征伐（《小臣谜簋》）、明公遣三族伐东国（《明公簋》）康王十六年"南巡狩至九江庐山"（《古本竹书纪年》）和改封夨至宜地反映出的对东南地区的拓展等。但施政方向主要转向了内部。

但是周公肃叛斗争的胜利只是暂时的，随着地方势力的觉醒，开始严重威胁着西周王朝的边境安全、铜料来源和王朝稳定。有学者认为接下来执政的昭王两次南征是不甘寂寞[3]，实际上是不得不为之的。

据《古本竹书纪年》，昭王曾有两次大规模南征（南巡）行动[4]，一次在十六年，"伐楚荆，涉汉，遇大兕"；一次在十九年，"天大曀，雉兔皆震，丧六师于汉"，"王南巡不返"[5]。第一次取得了胜利，参战者纷纷受到赏赐，这在《过伯鼎》《䍶簋》《作册夨令簋》《𫗧馭簋》《史墙盘》《启尊》《小子生方鼎》等器铭中有明确反映。第二次很明显是得到了大惨败，不仅丧了六师，而且王也毙命于江汉。昭王死于谁手，史无明载，当今学者多有研究，卢连成认为"南征的对象并不一定是楚荆，有可能是汉水流域的一些方国、部落，西周晚期至春秋时期，这些小国先后被楚国吞并。[6]"龚维英猜测"周公东征，成王践奄，殷人及其同盟部落（原东夷集团之徐戎、淮夷等），纷纷避往南鄙江汉、淮海一带。周昭王南征，当是主要对付这些凤敌，不料竟为其所害"，"昭王死于凤敌殷商遗族之手。[7]"笔者认为，不管如何，昭王对江汉地区的征伐既是周初对东夷和商遗族势力征伐的继续，又是为了扩张疆土，占有资源，迫使当地土著彻底臣服的重大举措。但结果却是第二次南征之后，广大江汉地区，包括鄂东和赣北，非但没有被纳入西周王朝旗下，地方势力反倒迅猛发展，原来已经深入到赣鄱地区的西周势力和在鄂东南地区取得的势力均衡

[1] 向桃初：《揭开江南青铜王国的神秘面纱——湖南宁乡炭河里西周城址》，《中国年度十大考古新发现2004年卷》，生活·读书·新知三联书店，2006年。湖南省文物考古研究所等：《湖南宁乡炭河里西周城址与墓葬发掘简报》，《文物》2006年第6期。黄川田修：《宁乡炭河里周城考》，《文物春秋》2020年第2期。刘俊男、易桂花：《湖南宁乡炭河里古城出土陶鬲研究》，《四川文物》2020年第5期。湖南省文物考古研究所等：《湖南宁乡市炭河里遗址钟家湾地点商周遗存发掘简报》，《考古》2021年第4期。

[2] 《大保簋》。郭沫若以为"录"即群舒之"六"，在今安徽六安。笔者注：六安堰墩遗址中可见较多的宗周文化因素，除了六安以北江淮分水岭以北的地域是属于西周文化范围的原因外，西周王朝时常对其南部近邻的攻伐或"六"本就是归属西周王朝的夷人集团也是重要的原因。

[3] 张广志：《西周史与西周文明》，第64页，上海科学技术文献出版社，2007年。

[4] 关于这两次南征，在青铜器铭文中也有记载。这批青铜器出土于随枣走廊的南部出口处，正是周师南征必经之地。包括北宋宣和年间出土于孝感市的安州六器，其中的中甗和3件中方鼎（见中国社会科学院考古研究所：《殷周金文集成》，第949、2751～2752、2785页，中华书局，1984～1994年）对这次战争有记载。另一批是1980年出土于随县的18件青铜器（随州市博物馆：《湖北随县安居出土青铜器》，《文物》1982年第12期），这两批青铜器的时代都被定在西周早期末。

[5] 《初学记》卷七、《太平御览》卷八七四引。

[6] 卢连成：《𪠘地与昭王十九年南征》，《考古与文物》1984年第6期。

[7] 龚维英：《周昭王南征史实索隐》，《人文杂志》1984年第6期。

也丧失殆尽，上文所论鄂东南地区的大路铺文化就是这种地方势力的典型代表。因此，笔者认为：昭王的第一次南征的主要对象是商遗族势力，基于对地方土著势力采取联合的策略[1]，这次取得了胜利，基本上达到了预期的结果[2]。很明显，昭王并没有满足第一次的胜利成果，毕竟只是肃清了商遗族势力，对于那些地方的地盘和资源仍不能顺利占有，因此，很快便实施了第二次南征。正如上述，这次是彻底的失败了，以前已经分布到蕲水流域的典型宗周因素，不得不又退回到巴水以西地区。以后虽然有"穆王伐大越，起九师，东至九江"的壮举，也未能取得对鄂东、鄂东南和赣北地区的主导权。完成对此地的控制，也就只能寄托于新兴的楚国了！

昭王南征，既是一次军事失利，同时更是一次重大的政治打击。更为严重的是，对他们的敌人而言，周人不再是常胜军，只要有机会，他们就敢向周挑衅。自此以后，周人再也不敢轻易涉足南方长江中游[3]。周初时在江南地区取得的一些渗透，进入西周中期后已相当没落，不得不寻求策略的改变。

随着周王朝在长江中游经略的失利，他们就不能获得那里稳定大量的铜矿料了，为了寻找新的矿源，再加上此时东方徐淮夷的盛势，因此，自穆王开始，周王朝的战略重点转向了东南方[4]。此时的皖南铜矿才开始了真正的兴旺时期，无论是江南还是江北都发现了大量的地方式青铜器，兴旺可见一斑。此时的宗周势力将江南江北连为一体。而对宁镇地区并没有投入过多的关注，任由吴国势力在此自我发展，造成了吴国在相当长的时间内，一直偏居一隅，无大扩张。而因为皖南铜矿需要经江淮地区北运，周王朝就与此地的部族进行了长期的斗争，一开始被周公和成王所逼偏居江淮的夷人十分强盛，他们屡次进犯周土，甚至曾经攻到成周城下。《班簋》载，穆王曾令毛公班伐东国痟戎，三年才平定下来。这个毛公班，亦见于《穆天子传》卷四、卷五，作"毛班""毛公"。"痟戎"，郭沫若谓"当即奄人"[5]；唐兰认为，痟字"疑与偃通，偃戎即徐戎……传说徐偃王当穆王时，当由徐戎又称偃戎，所以称偃王。徐又称偃，如荆又称楚，吴又称邗之类。"[6]《录戜卣》《戜方鼎》《戜簋》记述淮夷内侵，穆王命戜率成周师氏从伯雍父抵御淮夷入侵事[7]。自此之后的众多青铜器铭文中，都可以看到周王朝与淮夷、南夷、南淮夷之间的大量战争铭文，成为西周中晚期最重要的历史事件。这个南淮夷可能就是分布在南铜北运重要交通路线上的江淮西部和中部地区，即"群舒"势力范围内。皖南铜矿周边的夷人势力，也有可能与群舒的关系较为密切，但文化内涵各有特色[8]。

经过穆王对南方长达半个多世纪的经营，周王朝对全国的势力进行了一次较为彻底的整合，

---

[1] 对于土著势力采取联合的策略，我们可以从鄂东南地区西周早期遗址分布图中的甲、乙组混合地点和宗周式青铜器的分布地点得出土著势力对于宗周势力是接受的，宗周势力也没有完全取代地方势力。而属于地方集团的鄂国的青铜器也大多数都是西周早期器。

[2] 并且西周王朝的政治统治范围很可能已经抵达到了汉水东部的长江北岸，鲁台山发现的西周早期之末，相当于昭王时的贵族墓葬出土的周王室贵族的墓葬就说明了这里很可能充当了周扩张前线上的一个政治和军事基地，其功能同商朝时的盘龙城相似。见李峰：《西周的灭亡——中国早期国家的地理和政治危机》，第369页，上海古籍出版社，2007年。

[3] 李峰：《西周的灭亡——中国早期国家的地理和政治危机》，第110页，上海古籍出版社，2007年。

[4] 皖南地区的铜矿目前可确定最早的开采年代在西周中期，大致正是穆王时开始的。皖南屯溪和浙南衢州等地包含众多青铜器的土墩墓大致也是在这个时期开始的。它们应该都与西周穆王时期的经略密切相关。

[5] 郭沫若：《两周金文辞大系考释》，第21页，上海书店出版社，1999年。

[6] 唐兰：《西周青铜器铭文分代史征》，第351页，中华书局，1986年。

[7] 赵东升：《徐国史迹钩沉》，《东南文化》2006年第1期。

[8] 实际上，从金文中淮夷、南淮夷称呼的时代变迁可以看出，两者是周王朝不同时期对江淮地区夷人的称呼，西周晚期时，大部淮夷已南迁，原居地的淮夷对周王朝已不构成威胁，与周王朝冲突最甚的主要是南迁的淮夷，即南淮夷。

周人占据了一些战略要地，与地方的关系也发生了重大变化，既不以武力强权，也不主张和亲怀柔，而是以代表宗周礼制的青铜器的传播为基础，对地方进行同化，并经过西周中晚期的礼制改革，逐渐完善和成熟[1]，从而明确了中原化进程的实质和效果。这一点与夏王朝时期对闽浙赣交界区域的经略不同，虽然后者也可见到夏王朝的礼器——象鼻盉，但在地方并不具有实际的礼制意义。

穆王之后，西周王朝国势渐衰，后虽有"宣王中兴"之回光返照，但终究无补大局。

共、懿、孝、夷四世时内忧外患，王室内部争权夺利、王室与诸侯之间的矛盾亦日趋尖锐，对外征伐较少。《史密簋》记载："南尸（夷）肤虎会杞尸（夷）、舟尸（夷）、雚（观）不折，广伐东国"，周王乃命"师俗、史密"率"齐师""族人""厘（莱）白（伯）"等予以讨伐，并取得胜利。说明此时的周王朝还是可以稳定大局的。

历王时期的战事颇多，铜器铭文中有较多记载，其中的《䚄钟》（宗周钟）、《虢仲盨》《天亡簋》《敔簋》《翏生盨》《禹鼎》等都有关于向东南用兵抵御或者征伐夷人的战事，但与以前不同的是，此时的夷人均不称淮夷，而称为南淮夷和少量的东夷了。看来，周人对于夷人所征伐的对象和区域均发生了变化。从《敔簋》铭文可以看出，此时夷人的势力已深入伊水、洛水流域（南淮夷来犯，"王命敔追御于上洛悆谷，至于伊、班。……俘人四百"）。此时，历王与南淮夷的战争胜负互见。

此外，《禹鼎》铭文中也记述了周王朝同南国鄂侯的斗争，以鄂国被消灭结局，王朝也蒙受了难以弥补的损失。以此也可以窥见宗周礼制推行的不易。实际上，在西周中期的大部分时间里，并且一直到西周晚期早段，长江中游真正有实力的似乎是周人赖以捍卫南方安全的就是这个鄂国政权[2]。鄂侯在商末同西伯侯和九侯共同被称为三公，势力可见一斑。在西周铭文中，鄂侯又同在北方与玁狁作战的不騺共同被称为"御方"（见《鄂侯御方鼎》和《禹鼎》铭文），可见鄂侯在周人同长江中游的关系中担任着一个非常重要的角色，他可能是西周国家的同盟和地方代理者之一，并且拥有自己独特的文化来源。那么，西周时期，鄂侯是如何保持与西周王朝的关系呢？现藏于台北故宫博物院的鄂侯簋[3]铭文记载，鄂与周王室保持着通婚关系[4]。并且，另一件《鄂侯驭方鼎》[5]的铭文记载了夷王或历王曾攻伐南淮夷的角和遹，在回程途中于坏接见了鄂侯且给予其丰厚的赏赐[6]。但就在这次赏赐之后不久，鄂侯即携南淮夷和东夷叛周了，征服的过

---

[1]　〔美〕罗泰著，吴长清、张莉等译：《宗子维城——从考古材料的角度看公元前1000至前250年的中国社会》，上海古籍出版社，2017年。

[2]　徐少华认为，鄂原在成周附近，于西周早期末年迁至南阳盆地。见徐少华：《周代南土历史地理与文化》，第88～91页，武汉大学出版社，1994年。也有学者认为鄂国位于今长江南岸鄂东的鄂州市，见刘翔：《西周鄂国考》，《地名知识》1982年第3期。刘翔：《周夷王经营南淮夷及其与鄂之关系》，《江汉考古》1983年第3期。李学勤：《论周初的鄂国》，《中华文化论丛》2008年总第92辑，上海古籍出版社，2008年。本书著者认为：鄂国就是以大路铺遗存为代表的文化势力，此遗存开始于商代中期盘龙城类型后，发展于西周早期，兴盛于西周中期。

[3]　见中国社会科学院考古研究所：《殷周金文集成》，第3929页，中华书局，1984～1994年。

[4]　鄂侯簋是鄂侯为王姞所作之媵器，王姞乃鄂侯之女，嫁给了周王。见《故宫铜器图录》2，图版一八三，台北故宫博物院，1958年。

[5]　见中国社会科学院考古研究所：《殷周金文集成》，第2810页，中华书局，1984～1994年。

[6]　从这里也可以看出，鄂地与南淮夷地相距不远，南淮夷地应在江淮西部地区。

程在《禹鼎》中有详细记载,"勿遗寿幼"可见战争的惨烈[1]。

宣王被认为是中兴之主,"宣王中兴"主要表现在一系列对外战争的胜利上。

《诗经·大雅·江汉》叙宣王命召虎伐南淮夷,取得胜利。且做《召公考(簋)》和《召伯虎簋》用以铭记[2]。比较具体的反映这次征伐南淮夷战争的还有《师袁簋》。器铭记师袁率齐师、曩、莱、棘、尿、左右虎臣参加这次征伐,折首执讯,俘士女牛羊吉金的情况。另据《兮甲盘》,宣王还曾于对南淮夷战争胜利后任命兮甲(同铭又作"兮伯吉父",即《诗经·小雅·六月》之"吉甫",尹吉甫)主管成周周围、包括南淮夷在内的财政收入,并授权兮甲如果南淮夷不按规定缴纳贡赋、提供力役,可兴兵讨伐[3]。

这里有必要补充讨论一下宁镇地区吴国建国的问题。

周人为了最终取得对商王朝的胜利,经过了长时间的准备。这种准备对于长江中下游来说最重要的莫过于商代末年太伯、仲雍奔吴的事件。这一事件对于西周王朝在鄂东南、赣鄱地区和江淮西部乃至江南的经略都有关系。关于它的来历,史籍有载。《史记·周本纪》曰:"古公有长子曰太伯,次子曰虞仲。太姜生少子季历,季历娶太任,皆贤妇人,生昌,有圣瑞。古公曰:'我世当有兴者,其在昌乎?'长子太伯、虞仲知古公欲立季历以传昌,乃二人亡如荆蛮,文身断发,示不可用,以让季历。"《史记·吴太伯世家》亦载:"吴太伯、太伯弟仲雍,皆周太王之子,而王季历之兄也。季历贤,而有圣子昌,太王欲立季历以及昌。于是太伯、仲雍二人乃奔荆蛮,文身断发,示不可用,以避季历。季历果立,是为王季,而昌为文王。太伯之奔荆蛮,自号句吴。荆蛮义之,从而归之千余家,立为吴太伯。"《左传·哀公七年》载:"太伯端委以治周礼,仲雍嗣之,断发文身,嬴以为饰。"另外,《国语》《穆天子传》等先秦典籍对太伯奔吴之事亦都有记载。学者多奉为信史。那么,太伯、仲雍果如文献中所记载的是"出奔"吗?《诗经·鲁颂·閟宫》云:"后稷之孙,实维太王,居岐之阳,实始翦商。"太王居岐之后,便计划克商而代之。徐仲舒先生认为"太伯、仲雍之奔吴,即周人经营南土之始,亦即太王翦商之开端"[4]。如果他们真是"出奔",断不会在交通不便的情况下逃奔到如此遥远的江南。

实际上,审视当时的天下局势,岐山之东为"大邑商",此时,周人的军事势力还很弱小,尚不足与商人正面对抗。岐山西北为戎狄等游牧民族,周人即是被戎狄逼到岐山的,且西北地区不利于农业的发展,周人不可能向西北发展。唯有东南长江流域诸方国势力较弱,且与殷商王朝关系不稳定,又与西伯同时并列为商代末期的"三公"。这时的殷商势力主要集中在东方与东夷作战,无暇顾及南方地区,故太伯、仲雍是把东南作为"出奔"的方向的。太伯、仲雍属于周人,但殷商时期周人在名义上还是商王国统治下的一个方国,周人的文化在许多方面仍是受商文化影响的,与商文化有许多共同之处,且他们主要是去联合,而不是取代,因此使得我

---

[1]　对鄂国铜器及其文化背景的详细研究,可以参见李峰:《西周的灭亡——中国早期国家的地理和政治危机》,第373页,上海古籍出版社,2007年和Li Feng. Literacy Crossing Cultural Borders:Evidence from the Bronze Inscriptions of the Western Zhou Period(1045-771 B.C.), Bulletin of the Museum of Far Eastern Antiquity 74(2002),210-42. P22-30.

[2]　郭沫若认为这里的召公及召伯虎即指的是诗经中的召虎,见《郭沫若全集》(考古编)第八卷,第301~304页,科学出版社,2002年。

[3]　王人聪、杜廼松:《香港中文大学文物馆藏"兮甲盘"及相关问题研究》,《故宫博物院院刊》1992年第2期。李学勤:《兮甲盘与驹父盨》,《人文杂志丛刊》第二辑《西周史研究》,收入其《新出青铜器研究》,第144~145页,文物出版社,1990年。

[4]　徐仲舒:《殷周之际史迹之探讨》,《历史语言研究所集刊》第7本第2分,第140~145页,1936年。

们在当时的遗存中很难明确判断出周人的传统因素。

　　论证古籍上记载的太伯、仲雍奔吴的确实存在，不外以下几点，一是太伯之吴国为姬周之后；二是商末的社会形势是否对于太伯奔吴有可行性；三是太伯奔吴的路线和具体地望是否有考古学材料的证据。关于太伯、仲雍是否为姬周之后，近代学界多有不同意见[1]。我们认为吴为姬周之后，是没有问题的，许多先秦典籍资料可以为证[2]。第二点已如上述，并且很有可能不仅不是"出奔"，而是周王朝实施翦商的重要步骤。《尚书·牧誓》载武王伐纣之时，微、卢、彭、濮、庸、蜀、羌、髳8国皆是周人的同盟军。此8个国族，据童书业先生研究"皆近汉水[3]"。顾颉刚先生亦指出，"武王伐纣而率八国之师，自当为周人政治势力向东南发展之结果"[4]。此8国之归顺于周，也当有太伯、仲雍之功劳，当是他们自渭河流域出发远征至江汉流域时，打下的基础。至文王时大概已结成了同盟。另外，鄂国是商末商王朝在南方的重要屏障，也是获取铜料的重要依靠，对于商王朝的统治具有举足轻重的地位。对鄂国的拉拢也是周人南向经略的重要组成部分，从武王灭商时作为商王朝三公之一的鄂公的中立和西周初年周文化与鄂国文化的交错分布的态势可以看出，这种拉拢是收到了较好的成果的。于此，太伯、仲雍不可能在江汉和鄂东南地区立足，他们继续沿长江东下，江淮西部是商代晚期商王朝"南铜北运"所经过的重要地区，周人为了维持商周之间的稳定，自然不能过多干涉，他们继续东下，先后到达了巢湖区域和宁镇地区[5]，

　　[1]　卫聚贤就非常怀疑"太伯奔吴"一事，并进而否认吴为姬周之后裔（见卫聚贤：《太伯之封在西吴》，《吴越文化论丛》，1937年）。童书业先生曾认为，吴王室或许是楚的支族，而楚为芈姓（童书业：《春秋史》，山东大学出版社，1987年）。陈桥驿先生亦曾认为"吴为周后说是完全不可信的，是在吴成为中原大国的吴王夫差时代造出来的"（陈桥驿：《"越为禹后说"溯源》，《浙江学刊》1985年第3期）。

　　[2]　《左传·僖公五年》："太伯、虞仲，太王之昭也，太伯不从，是以不嗣。"《左传·襄公二十五年》："秋，吴子寿梦卒。临于周庙，礼也。凡诸侯之丧，异姓临于外，同姓于宗庙，同宗于祖庙，同族于祢庙。是故鲁为诸姬，临于周庙。为邢、凡、蒋、茅、胙、祭临于周公之庙。"鲁国最重周礼，吴国如果不是姬周之后，鲁襄公是不可能因吴君寿梦之死而前往周庙吊唁的。《左传·昭公三十年》："子西谏曰：'吴，周之胄裔也，而弃在海滨，不与姬通。今而始大，比于诸华。光又甚文，将自同于先王。'"这里子西显然认为吴国乃是姬周之后。《左传·哀公元年》载伍员谏吴王夫差语云："姬（指吴）之衰也，日可俟也。介在蛮夷而长寇仇，以是求伯，必不行矣。"另《左传·哀公十三年》载黄池之盟云："吴晋争先，吴人曰：'于周室我为长'。晋人曰：'于姬姓我为伯'。"《国语·吴语》对吴王夫差与晋公在黄池之会争长一事亦有记载。晋国当时称吴国为兄弟之国，盟誓后，吴国向周敬王报功，周敬王亦屡次称夫差为伯父。这说明春秋时周王室及晋国已承认吴为同姓的。《论语·述而》曰："陈司败问昭公知礼乎？孔子曰：'知礼'。孔子退，揖巫马期而进之，曰：'吾闻君子不党，君子亦党乎？君取于吴，为同姓，谓之吴孟子。君而知礼，孰不知礼？'巫马期以告。子曰：'丘也幸，苟有过，人必知之。'"这里孔子亦承认吴同为姬姓，而按周礼，同姓不婚，因此孔子、陈司败均认为昭公娶妻于姬姓之吴不合礼制。昭公娶于吴之事，《左传·哀公十二年》亦有载。"夏五月，昭夫人孟子卒。昭公娶于吴，故不书姓。"因同为姬姓，故不书姓。从此角度讲吴为姬姓应当不会错。金文资料中，《伯頵父鼎》铭曰："白（伯）頵父作朕皇考屖白（伯）、吴姬宝鼎，其万年子子孙孙永宝用。"（罗振玉：《三代吉金文存》4·1·1，中华书局，1983年）此器是伯頵父为其父母所做之祭器。在周代，女子死亡亦即子女在做祭器时对先妣、先母采用的称谓方式之一就是"父家氏名"加上"父家族姓"。此处之"吴姬"为其母，"吴"就是父家氏名，"姬"就是父家族姓。

　　[3]　童书业：《古巴国辨》，《中国古代地理考证论文集》，中华书局，1962年。

　　[4]　顾颉刚：《牧誓八国》，《史林杂识初编》，中华书局，2005年。

　　[5]　《楚辞·天问》云："吴获迄古，南岳是止，孰期去斯？得两男子。"《吴越春秋·吴太伯传》："二人托名采药于衡山，遂之荆蛮。"因此，对于衡山地望的正确理解对于确定太伯立国于何地无疑是最重要的。《吴越春秋·吴王寿梦传》："十六年，楚恭王伐吴，至衡山而还。"《左传·襄公三年（公元前571年）》："楚子重伐吴，为简之师。克鸠兹，至于衡山。"以上可见，衡山在春秋时期吴国范围内，并且在鸠兹以东，距离鸠兹（即今芜湖）不远。南朝梁人刘昭《后汉书·郡国志》："丹阳县之横山，去鸠兹不远。"此丹阳县秦时设置，属江苏省江宁县。古横、衡通用。横山即衡山。钱大昕《廿二史考异》卷四指出，太伯所奔之衡山即安徽当涂县东北的横山。高士奇《地名考略》亦谓当涂县东北30千米之横山即衡山。钱大昕、高士奇所谓的当涂横山亦即刘昭所谓的丹阳横山。此横山位于南京以南，与吴楚交战时的地理形势亦相符，故此衡山应当是太伯所奔之衡山。本文认为，此衡山只是周人过江后的第一个落脚点，根据我们对宁镇地区商末周初时期考古学文化格局的研究，此地不可能成为吴国的立国之地，吴国立国之地应该在宁镇东区的宁镇山脉东侧一带。

这也可以与上文提到的先周时期"征巢"的甲骨文联系起来。但太伯、仲雍的继续东下，所创立的吴国对于以后的江淮之间、环太湖地区都产生了重要的影响，因此，太伯仲雍奔吴实际上是周人所刻意设置的战略决策，对于周翦商、中原文明在江南地区的传播和中华文明的大一统都具有重要的意义。

周代从最初延续商人的经略方式遇到挫折开始，到改变策略实行礼制的强化和分封制的实行，开创了中国历史上真正的中原化进程。分封诸侯完全是一个有目的的自觉政治过程，它是周人在新占领的广大领土上以推行封国的方式，用政治手段人为地建立经过设计的统治格局。这与商代外服诸侯从组织形式到邦国分布，基本仍未脱离旧的传统自然格局相比，存在极大的区别。其次，周人为使诸侯国成为中央控制下的地方政权，在法律程序与行政建置方面都采取了有效的深入措施[1]，使之具有一定的约束力与组织保证，这与商代同外服诸侯主要建立在武力控制基础上的关系相比，显示出周人在制度上措置的严密。周代的国家结构与王权也因此较夏商为集中。

西周初年，周王朝即在随枣走廊一带分封了"汉阳诸姬"，而对于鄂东南地区的鄂国和商遗民等势力集团则主要采取的是联姻的方式进行笼络和安抚[2]，可是因为他们是异族，又与商族有密切的关系，集数百年之功，势力也较强大，因此他们一直没有成为西周王朝的地方封国。此时周人在此地采取了比较软弱的方式，但毕竟是达到了安抚和获取红铜的目的。在长江以南的赣鄱地区，西周王朝可能分封有异族封国，"应监甗"可能即是被周王派往赣鄱地区的应国的贵族所拥有[3]。

而对于江淮地区，在西周初年就在淮河上游分封了蔡、息（今河南息县西南）、蒋（今河南淮滨东南）等姬姓国和黄（今河南潢川西北）、江（今河南正阳南）等嬴姓国[4]。从考古学文化面貌上看，当时可能还有六、英、蓼等嬴姓国也已经接受了周王朝的分封。还在商王朝势力较薄弱的滁河下游一带分封了邗国，在宁镇地区分封了郯，这样实际上就仅剩下巢湖西南的江淮西部地区未被纳入西周王朝的版图之内了。这片地区在商时属于薛家岗商遗存和大城墩类型商文化的分布区，大城墩类型商文化退出后，薛家岗商遗存向东北扩张，一度到达了滁河南岸，这正如上述。薛家岗商遗存即代表的是巢国的遗存，从先周末期"征巢"的甲骨文记载中，我们可以推知当时周人曾经试图控制"巢"地，但似乎巢同鄂一样与周王朝也仅是一种联盟的关系，并没有接受周王的分封。巢和鄂在西周早期时地域相邻，可以说唇齿相依，西周王朝的势力在此显得较为薄弱（图154）。

昭王第二次南征之后，周人在鄂东南地区的势力丧失殆尽，赣鄱地区的封国可能也昙花一

---

[1] 这些措施包括宗法制的履行。"监国"制度的设立和定期向周王述职等，参见李峰：《西周的灭亡——中国早期国家的地理和政治危机》，第130～135页，上海古籍出版社，2007年。任伟：《西周封国考疑》，第272～278页，社会科学文献出版社，2004年。另外还要举行策命仪式，明确诸侯和君臣间的权力义务关系，使诸侯的政治地位得到天子的承认，诸侯成为代表天子行使政权的地方派出机构首脑，参见：葛志毅：《周代分封制度研究》，第1～24页，黑龙江人民出版社，2005年。

[2] 李学勤、徐吉军主编：《长江文化史》，第142～144页，江西教育出版社，1995年。

[3] 应监甗和其他西周早期的青铜器均发现于赣鄱地区东北部，与商时期吴城文化的分布区域不同，可能正是代表了周人避开殷商遗民转而扶持其对立方的策略，其目的也是为了获取那里的铜资源和形成对殷遗民的控制局面，但毕竟这片前万年文化的区域离赣北的铜矿较远，不可能作为西周王朝获得铜矿资源的长久之计，仅是西周初年限制地方和扩张疆土的必要手段。但也成为穆王时期向东和东南扩张的后方基地之一。

[4] 杨宽：《西周史》，第388～391页，上海人民出版社，1999年。

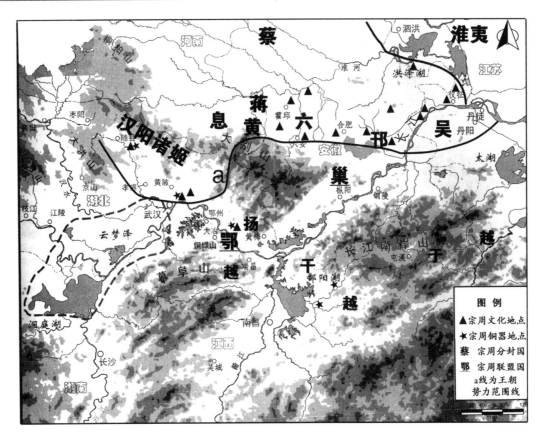

图154　西周前期长江中下游地区政治地图

现。因此对此地铜矿资源的获取也就不再顺畅。开辟新的铜源和铜路势在必行。《古本竹书纪年》有周穆王"三十七年，伐越，大起九师，东至于九江"语（《文选·恨赋注》引）[1]，当是指穆王时曾经有过对鄂东南地区大的军事行动，这次军事行动，一是为了恢复对鄂东南地区的控制，二也是为了打通通过鄂东南与江淮之间交往的通道，以后厉王时期与南淮夷发生战争之后借道鄂国回到中原的事实说明穆王的此次征伐是取得了一定成功的。但从鄂国随后即联合东夷和南淮夷而反叛宗周，继而被周人灭国的金文资料也可以看出，鄂国与西周王朝的关系并不稳固。鄂东南地区大路铺遗存的分布范围在西周中期时一度西过巴水，甚至一度与"汉阳诸姬"为邻，稍后虽然有过短时间的向东部收缩，但明显是占据着鄂东南地区的主导地位的，它的文化面貌与宗周文化一直相距较大，说明宗周王朝并没有彻底的臣服过鄂国，顶多只能算是一种联盟关系，这种以武力或联姻方式维持的关系是相当不稳固的，金文中的记载正反映了这种情况。

　　正是因为鄂国在昭王南征后所表现出的不合作，周王朝在极力维持与鄂国关系的前提下，把经略的重点转移到了江淮地区。穆王在与徐淮夷大战后，部分徐夷南逃至江淮之间南部，逐渐演化成与周抗衡的夷人集团，这支力量很可能是历史上的南淮夷，而主要的产铜区在江南，

---

[1]　关于九江地望，说法不一，顾颉刚先生等以为即今湖北武穴、黄梅一带（参见顾颉刚、刘起釪：《尚书校释译论》（第二册）第641页，中华书局，2005年）。然据《史记·河渠书》"太史公曰：余南登庐山，观禹疏九江"，九江当距庐山不远，大体在吴城文化分布范围左近。"伐越"，《路史·国名纪》作"伐纡"，朱右曾谓"纡当作纾，形近而伪。纾、舒通用，……古群舒地"。然据《史记·楚世家》《索隐》，杨雩"有本作杨雩，音吁，地名也，今音越"。则雩、纡、越可通。纡不必即为舒。笔者认为，无论是哪种说法，穆王此次征伐的重点地区都应为长江中下游之交的地区，可能与越和舒均有关系。

那里正有一直范围广大、独具特色的文化类型，周围几条河流也曾称为淮水，因此，那里也应该属于广义的南淮夷。西周中晚期的政治和军事历史，一大部分是表现在与淮夷、南淮夷和南夷的交往中。这一时期凡是记载周王朝与淮夷、南淮夷战争的铭文，大部分都涉及"俘金"之事，并且涉及"俘金"之事，也只有在南征的铭文中才有记述，说明南淮夷之地是产铜区，并且是周王朝重点经略的内容[1]。西周王朝为了确保从南淮夷那里获得的铜源源不断地由淮河支流运回中原，在汝水流域的叶（河南叶县）、胡（安徽阜阳附近）、蔡（河南新蔡）等地设立军事据点，同时也起到了防御、慑服淮夷的作用，为铜的获取提供了军事保障[2]。近年，陈星灿和刘莉绘制了早期中国时期将铜从长江流域运往中原地区的三条路线[3]：西路、中路和东路，这三条路线，无一例外地都借助了河流之便。如果我们将这三条路线放在西周的时代背景下来考虑，便会提出这样一个疑问，即这三条路线能在多大程度上完全为周人所控制？我们有理由相信，长期以来围绕着这三条路线而展开的竞争是从未中断过的。先看西路和中路，从他们的路线来看，大部分行程都在周的南方境内，而周的南方当年也是族群庞杂，其中最显著的就是楚。在西周早期晚段周人向长江中游地区的扩张中，贵为天子的昭王竟丧于"南蛮"之手。可见，为了资源而开辟（更重要的是长期保护）运输线路无疑是艰辛异常的。东路的情形更是如此，东路穿过长江、淮河和泗河经荷泽和洛水、黄河，达到都城。从地图上看得很清楚，这条路线不仅途经淮夷领地，而且遇到的是"淮夷集团"中最强悍、反叛最激烈的一个区域和族群，即今天的苏北。这条路线，对于当时的周人而言，基本上是不会被考虑的。除这三条路线之外，笔者以为还可以再增添一条（图151），起点是安徽长江南岸的矿源，这不但对于周人是起点，对于南淮夷亦是。这条路线贯穿江淮，根据历史地理重建，途中会经过这样几个点：桐（桐城）、六（六安）、胡（阜阳附近）、繁汤（新蔡），最后抵达都城。上文中提到的"金道锡行"东线大致也指的是这条路线。为了保护这条路线的畅通，宗周王朝与淮夷、南淮夷之间进行了长期的分分合合（图155）。

　　可见，不仅是在西周早期还是西周中晚期，西周王朝的分封制度在江淮南部和鄂东南地区都没有进行过有效的实施，因为这里拥有关系国家命脉的铜矿资源，同时又是异族控制的地区，分封自不可能，并且即使分封国家也不能真正为周王室着想，只有将其控制在王室手中，才能最终解决国之所需。虽然在铜源区未能进行有效的分封和直接的统治，西周王朝在周边地区却分封了包括吴国在内的众多诸侯国，这些诸侯国有的是为了保证周王室的安全，有的是为了保证铜路的顺畅，更主要的是传播着王朝礼仪，加速着南方地区中原化的进程。

　　[1]　彭明瀚：《铜与青铜时代中原王朝的南侵》，《江汉考古》1992年第3期。唐兰：《西周铜器断代中的"康宫问题"》，《考古学报》1962年第1期。袁士京：《古皖方国、淮夷与夏商周王朝关系》，《周秦社会与文化研究——纪念中国先秦史学会成立20周年学术研讨会论文集》，陕西师范大学出版社，2003年第11期。

　　[2]　李学勤：《从新出青铜器看长江下游文化的发展》，《文物》1980年第8期。裘锡圭：《说叙篡的两个地名——棫林和胡》，《古文字论集》，第386～392页，中华书局，1992年。

　　[3]　刘莉、陈星灿：《中国早期国家的形成——从二里头和二里冈时期的中心和边缘之间的关系谈起》，北京大学古代文明研究中心编：《古代文明（第1卷）》，文物出版社，2002年。

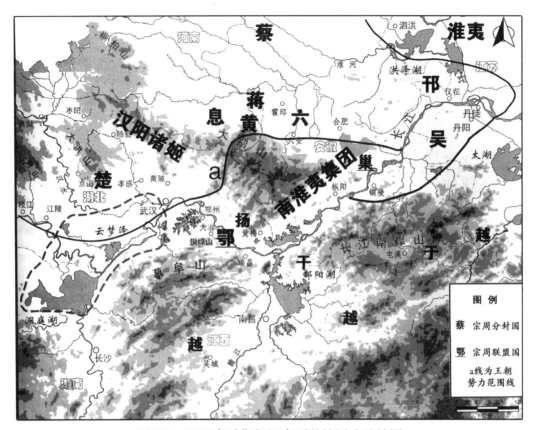

图155　西周中后期长江中下游地区政治地图

第十一章　结语

夏商西周时代，中原已有了国家，但并不意味着中国已经统一在一个政治体系之下。甚至也还不在一个文化体系之下。史籍中记载了不少有关古代部族系统的资料。近代学者各自整理了一套分类法，区分古代的部族为若干大系统或大集团。例如蒙文通先生以为古代有江汉民族、河洛民族、海岱民族三大系统[1]；徐旭生先生以为有西方的华夏、东方的东夷及南方的苗蛮三个集团[2]；而傅斯年先生以为东夷和华夏两大集团的势力消长，实是古史上的一大关键[3]。蒙、徐两位前辈在区分部族所属时，意见颇有异同，但其着眼点均在古史的资料，而未曾十分注意考古资料。傅氏的学说，在七十年前，以为仰韶与龙山为对立的两个文化时，能熔铸文献与考古资料，颇具说服力。三者均以为三代时期，江南均为蛮荒之地，实则，近些年的考古学材料证实江南也是中华文明发展的重要组成部分，一个淹没史籍的古代百越族越来越成为古史学界和考古学界等关注的焦点。越族在中国史籍中进入舞台的时间甚晚，到春秋晚期，始见越人参加各种活动。但考古学资料证明，那种春秋战国时期广泛分布在江南地区被确认为百越族所创造的印纹硬陶文化实际上在中原夏代甚至更早就已经存在。这个现象足以说明江南有一个相当具有活力的百越集团与江北的三大势力集团在三代时期共存，只是此时的百越集团地处偏远，与中原的接触较少，也没有势力与中原抗衡，仍处于一种被中原文化所隔离的自发的发展过程，所以在文献中不见提及。

江淮之间、鄂东南、赣鄱和宁镇皖南地区正处于华夏系统和东夷、苗蛮、百越系统交汇的区域，又有丰富的资源。因此，都成为王朝重点关注的地区。也只有通过他们，中原王朝才能与更南方的地区建立起联系。

江淮之间地区是华夏系统和东夷系统的交汇地域。三代王朝，都与夷人发生过许多冲突，"桀克有缗以丧其国，纣克东夷而殒其身"，周与淮夷的战争更是频繁。这些都说明了夷夏之间的斗争之烈及其影响之大。但另一方面，夷夏之间也时有联合。在这些联合中，东夷与商族关系密切，而夏族与淮夷关系密切。西周时期，东夷势力基本被肃清，淮夷也被赶往更南的区域，西周王朝与夷人的关系主要表现在与南淮夷之间对铜矿资源的争夺上。

夏王朝建立之初，就开始了其在华夏集团外的战略布局，夏代初年的文化因素几乎同时出现在江淮、宁镇和闽浙赣交界区域，预示着华夏集团想要借助百越集团的力量对东夷族群进行挤压，由此造成了百越集团的北上，从而取代了东夷集团在环太湖地区的居地。之后，在夏王

[1]　蒙文通：《古史甄微》，商务印书馆，1933年。
[2]　徐旭生：《中国古史的传说时代》，科学出版社，1960年。
[3]　傅斯年：《夷夏东西说》，《庆祝蔡元培先生六十五岁论文集》下册，第1093～1134页，中研院历史语言研究所，1935年。

朝势力最强盛的二里头文化二期时，夏王朝借助与淮夷集团的联盟关系，将其势力从江淮分水岭以北一度扩展到巢湖周边地区，取代了原来分布在这里的东夷文化势力，并有证据表明，他们曾经跨过长江沿古老的中江抵达江南宁镇地区和太湖流域。但在短时间内，夏王朝势力便又退回到了江淮分水岭以北。与向巢湖地区扩张的时间大致同时，分布在鄂东南地区的夏文化也扩张至江淮西部地区，后来这一地区成为夏末夏桀逃亡的主要去向。

商王朝势力在江淮地区则表现得更为强势，他们在中原政权稳固和鄂东南地区的势力强大后，即分别从中原通过淮河支流和从鄂东南通过长江水道向江淮之间和宁镇皖南地区进行势力扩张，将这里纳入到王朝的统治区域。由于商代晚期商王朝的主要经略地区在偏东部的东夷文化区内，因此江淮中部地区则显得势力较为薄弱，引起了江淮西部地区的土著文化向东迁徙，逐渐占据了江淮中部商势力较为薄弱的地区，其势力一度达到了滁河南岸地区。虽然在殷墟早期，商王朝也曾利用大城墩类型加强了对江南地区的经略，势力一度到达太湖南岸，但终究归于昙花一现。

西周早期王朝利用分封和建立联盟的方式，牢牢控制了江淮分水岭以北和滁河下游一带，乃至滁河南岸和巢湖之间的区域也成为西周王朝的实际控制区域，部分恢复了商王朝的势力范围，并将势力扩展到江淮东部地区。西周早期，这里相对安宁。随着西周中期王朝在鄂东南地区经略的失利，他们不再方便地获取那里的铜矿资源，为了获取皖南地区的铜矿和保护南铜北运的线路，江淮西部和巢湖周边地区成为西周王朝重点经略的地区，这里成为以后各王努力争取的地区，但由于徐夷和淮夷集团一直威胁王朝的安全，并在战败后残余势力充实到这些地区，使得这里与西周王朝的关系时断时续，一直也没有完全归属到西周王朝的直接统治之下，在这一地区与淮夷的战争也成为西周中后期王朝政治的重要内容。

龙山时代末期，苗蛮集团便同华夏集团之间发生过剧烈的碰撞，最终被排挤出南阳盆地和鄂西北区的原居地，逐渐向鄂东南和赣鄱地区迁徙。经过夏代的继续扩张，鄂东南区的苗蛮集团的残余势力逐渐被肃清。夏王朝的势力也逐渐分布到江淮西部和更南的地区。到商代，鄂东南地区基本上没有可以与商王朝抗衡的势力，商王朝借助强大的军事实力，牢牢地控制了鄂东南地区的铜矿资源。并通过鄂东南地区，将其势力迅速向长江下游和赣鄱地区扩张。商代晚期，商王朝的势力衰弱，鄂东南地区长江南岸的土著文化开始出现并逐渐壮大，为了维持对这里铜矿资源的继续占有，商王朝不得不将这支土著势力纳入到商王朝的政治体系之中，并将其作为商晚期三大最重要的方国之一。商王朝在鄂东南地区积数百年之功培植起来的地方势力成为西周时期对此地经略的重大障碍，为了继续取得鄂东南地区的铜矿资源，西周初年西周王朝不得不采取较为舒缓的方式，通过与商末方国和商遗民联姻来达到对铜料的获取。很明显，西周王朝并不满足于这种"委曲求全"的方式，在王朝安定之后，即发动了大规模的战争，结果大败而归。西周中期穆王时的大规模军事行动取得了一定的成功，自商代晚期一直传承下来的鄂国势力不再大规模扩张，暂时退缩并安定下来，但无疑铜料来源也无法再得到保证。正是在这种情况下，正如上述，西周王朝将目光转向了皖南和江淮地区。鄂国的安定是西周王朝与淮夷和南淮夷战争以及取得南淮夷地区铜矿资源的重要保证，西周中晚期的金文资料显示，周王在进行完与南淮夷的战争后途经鄂国，大大地封赏了鄂王，表明了周王对于鄂国态度的肯定和重视。

但是这种安定只是暂时的，封赏后不久，即爆发了鄂国联合东夷、南淮夷反叛西周王朝的重大事件。这次，周王对其进行了致命的打击。

中原三代王朝在江淮之间、鄂东南、赣鄱和宁镇皖南地区的经略是在完成着一个由多元的小世界逐渐融合统一为一个多元一体的大世界的过程。在考古学文化面貌上，虽然西周时期的华夏边缘地带远不如商时期的中原文化因素更为强烈，但谁也不能否认，西周时代的韬光养晦，分封制的实行，正是以后中华民族大一统的重要保证，分封的国家作为中原王朝的派出机构，在各地履行着中央王朝所不能全力履行的政治一体和文化统一，而在政治和族源认同上又与中央保持高度一致，殆至政治一体和文化融合完成时，也就完成了最终的历史记忆与华夏认同[1]，鄂东南、江淮、赣鄱和宁镇皖南地区最终归于楚国和吴国的事实正表明了西周王朝所进行的统治策略变迁的重要意义。

关于中国的国家文明起源研究，安志敏先生为代表的学者强调"中原中心论"，苏秉琦先生为代表的学者强调"满天星斗说"。后来，又有张光直先生的"相互作用圈"理论，严文明先生的"重瓣花朵"学说和赵辉先生"辐辏中原"的观点。王巍先生近来强调中原文化是中华文明的主根主脉。现阶段，学者们主要遵循的是"多元一体格局"。近些年，人类学者王明珂的华夏边缘理论也颇为流行，他强调"边缘研究"，他认为"边缘地区"所发现的与中原地区共同的文化因素仅仅属于交流所得；文献中记载的楚、吴及百越等的族源是大一统时期华夏边缘地区为了政治的需要而刻意编造的共同的历史记忆，不是真正的历史。这一观点虽不属新观点，但因为加入了人类学和民族学的理论，而使得相当一部分学者追随。其中的族群认同、边界理论对于从考古学角度探索先秦时期方国文明和族群研究具有借鉴意义。

"中原中心论"固然有些绝对化，"满天星斗说"又太强调独特性。"多元一体格局"虽然较为恰当地归纳了各地从不同的社会复杂化之路向中华一统局面的总体进程，但因为强调周边向中原的汇聚，而较为忽略中原文化对地方社会复杂化过程所起的推动作用，尤其是忽视了青铜时代中原王朝所经历的对地方统治策略和经略步骤的调整而稍显片面。"华夏边缘"理论则进一步强化了对地方文明独特性的认知，更强调地方文明的主观意愿。

本项研究则更强调中原文明和中原王朝的主体意识对地方文明的中原化进程所起的主导作用，更强调区域社会复杂化与中原化进程的不可割裂性。也就是说，"辐辏中原"并不是周边文化体的主动行为，而更多地受到来自中原文明体的刺激和促进。区域文明的复杂化和中原文明的进入都是中原化进程的"因"，中原礼仪文明大一统是中原化进程的"果"。"多元一体"除了应该强调地方文明对中原文明的客观贡献之外，也应该强调中原文化和中原王朝的主观意愿。这将利于厘清中原和地方的关系，利于客观上认知中华文明大一统的基础和本质。

同时，青铜时代的夏商周王朝属于不同的利益集团，各地方族群的发展水平和认知能力也随着资源的开发和利用、与中原王朝关系的密切而逐步提高，由此，造成了中原各王朝的后继者对于前任的势力范围、统治策略、经略步骤等既有继承，也有改造和舍弃。随着中原文化和中原文明的传播，在意识形态领域，长江流域有的部族逐渐采用中原商周的礼仪制度作为社会

---

[1] 王明珂：《华夏边缘——历史记忆与族群认同》，社会科学文献出版社，2006年。

的整合手段，以规范社会的等级秩序和社会的正常运转。长江流域在商周时期的文明化进程既体现出中央王朝与边疆地区的文化与其政体性质及生活形态之间错综复杂的关系，也反映出长江流域的古代社会主要通过地方与中央的行政隶属关系被纳入文明社会的发展框架中。长江下游区域的各族群正是在中原势力的介入和自身发展的基础上逐步完成中原化进程的。

参考文献

一　古代文献

1.（汉）孔安国传，（唐）孔颖达疏：《尚书注疏》，阮刻十三经注疏本。

2.（汉）毛亨传、郑玄笺、（唐）孔颖达疏：《毛诗注疏》，阮刻十三经注疏本。

3.（汉）郑玄注，（唐）孔颖达疏：《礼记注疏》，阮刻十三经注疏本。

4.（汉）郑玄注，（唐）贾公彦疏：《周礼注疏》，阮刻十三经注疏本。

5.（晋）杜预注，（唐）孔颖达疏：《春秋左传注疏》，阮刻十三经注疏本。

6.（清）顾栋高撰：《春秋大事表》，陕西求友斋本。

7.（汉）赵岐注，（宋）孙奭疏：《孟子注疏》，阮刻十三经注疏本。

8.（汉）司马迁撰，（刘宋）裴骃集解，（唐）司马贞索隐，（唐）张守节正义：《史记》，中华书局，1959年。

9.（汉）班固撰，（唐）颜师古注：《汉书》，中华书局，1962年。

10.（刘宋）范晔撰，（唐）李贤注：《后汉书》，中华书局，1982年。

11.（汉）高诱注：《战国策》，黄氏士礼居丛书本。

12.（晋）孔晁注，（清）卢文弨校：《逸周书》，抱经堂丛书本。

13.（清）宋右曾辑，王国维校补：《古本竹书纪年辑校》，海宁王静安先生遗书本。

14.（晋）郭璞传，（清）郝懿行笺疏：《山海经笺疏》，郝氏遗书本。

15.（晋）郭璞传，（宋）邢昺疏：《尔雅注疏》，阮刻十三经注疏本。

16.（宋）罗泌纂，罗苹注：《路史》，乾隆元年罗氏刻本。

17.（北魏）郦道元注：《水经注》，王先谦合校本。

18.（宋）乐史撰：《太平寰宇记》，光绪八年金陵书局刊本。

19.（汉）高诱注，许维遹集释：《吕氏春秋集释》，文学古籍刊行社，1955年。

20.（汉）高诱注：《淮南子》，《诸子集成》，上海书店影印，1986年。

21.（清）孙同元辑：《六韬逸文》，《清史稿·艺文志》著录，中华书局，2006年。

22.（清）黄濬辑：《邺中片羽》，北平尊古斋琉璃厂通古斋，1935、1942年影印本。

23.（宋）朱熹集注：《楚辞集注》，人民文学出版社，1953年。

24.（唐）徐坚等撰：《初学记》，中华书局点校本，1962年

25.（宋）李昉等编：《太平御览》，中华书局影印本，1963年。

26.（清）梁诗正等编：《西清古鉴》，光绪十四年迈宋书馆铜版影印本。

27.（清）顾祖禹撰：《读史方舆纪要》，中华书局，2005年。

28.（吴）韦昭著：《国语》，黄氏士礼居丛书本。

29.（汉）刘向撰，（晋）顾恺之图画：《新刊古列女传》，清道光五年扬州阮氏影刻本。

30.（魏）何晏等集解，（宋）邢昺疏：《论语注疏》，阮刻十三经注疏本。

31.（宋）苏轼撰：《东坡集》，中华再造善本丛书影印本。

32.（唐）柳宗元著，（宋）廖莹中编注：《柳河东集》，上海古籍出版社，2008年。

33.〔日〕泷川资言考证,〔日〕水泽利忠校补:《史记会注考证附校补》,上海古籍出版社,1986年。

34.游国恩主编,金开诚等补辑:《天问纂义》,中华书局,1982年。

35.(汉)赵晔撰,周生春著:《吴越春秋辑校汇考》,上海古籍出版社,1997年。

36.杨伯峻译注:《孟子译注》,中华书局,1960年。

37.(晋)常璩撰,任乃强校注:《华阳国志校补图注》,上海古籍出版社,1987年。

38.(唐)李泰撰,贺次君辑校:《括地志辑校》,中华书局,1980年。

39.郭沫若、闻一多、许维遹撰:《管子集注》,科学出版社,1955年。

40.(北魏)郦道元著,陈桥驿校证:《水经注校证》,中华书局,2007年。

41.雒江生编著:《诗经通诂》,三秦出版社,1998年。

42.孙诒让撰:《墨子闲诂》,中华书局,1986年。

43.方诗铭、王修龄辑:《古本竹书纪年辑证》,上海古籍出版社,1981年。

44.(晋)郭璞注:《穆天子传》,上海书店,1989年影印本。

45.(梁)萧统编,(唐)李善注:《文选》,中华书局,1977年。

46.(清)钱大昕撰:《廿二史考异》,潜研堂丛书本。

47.顾颉刚、刘起釪:《尚书校释译论》,中华书局,2005年。

48.安徽省旧志整理出版委员会重排标点:(清)同治《六安州志》刻本,黄山书社,2008年。

49.(晋)袁康撰,张宗祥校注:《越绝书校注》,商务印书馆,1956年。

二　近人著作及工具书（以首字拼音为序）

1.安徽省地方志编纂委员会:《安徽省志·文物志》,方志出版社,1998年。

2.安徽大学、安徽省文物考古研究所编:《皖南商周青铜器》,文物出版社,2006年。

3.安徽大学等编:《安徽江淮地区商周青铜器》,文物出版社,2014年。

4.百越民族史研究会编:《百越民族史论集》,中国社会科学出版社,1982年。

5.北京大学中国考古学研究中心等编:《闽北古陶录》,文物出版社,2017年。

6.陈梦家:《西周铜器断代》,中华书局,2004年。

7.陈梦家:《殷墟卜辞综述》,中华书局,1988年。

8.陈佩芬:《夏商周青铜器研究》,上海古籍出版社,2004年。

9.陈国强:《百越民族史》,中国社会科学出版社,1988年。

10.陈秉新、李立芳:《出土夷族史料辑考》,安徽大学出版社,2005年。

11.陈杰主编:《马桥文化探微》,上海书店出版社,2018年。

12.董琦:《虞夏时期的中原》,科学出版社,2000年。

13.高崇文、安田喜宪主编:《长江流域青铜文化研究》,科学出版社,2002年。

14.葛志毅:《周代分封制度研究》,黑龙江人民出版社,2005年。

15.顾颉刚:《史林杂识初编》,中华书局,2005年。

16.郭沫若:《郭沫若全集》(考古编),科学出版社,2002年。

17.郭沫若主编:《甲骨文合集》,中华书局,1980年。

18.郭若愚编著:《殷契拾掇》,上海古籍出版社,2005年。

19.郭立新:《长江中游地区初期社会复杂化研究》,上海古籍出版社,2005年。

20.国家文物局主编:《中国文物地图集·湖北分册》,西安地图出版社,2002年。

21. 国家文物局主编：《中国文物地图集·江苏分册》，中国地图出版社，2008 年。

22. 何介钧：《湖南先秦考古学研究》，岳麓书社，1996 年。

23. 蒋赞初主编：《南京大学历史系考古专业成立三十周年纪念文集》，天津人民出版社，2002 年。

24.〔英〕科林·伦福儒、保罗·巴恩著，中国社会科学院考古研究所译：《考古学理论、方法与实践》，文物出版社，2004 年。

25. 李学勤：《夏商周年代学札记》，辽宁大学出版社，1999 年。

26. 李学勤主编：《中国古代文明与国家形成研究》，云南人民出版社，1997 年。

27. 李学勤：《殷代地理简论》，科学出版社，1959 年。

28. 李伯谦：《中国青铜文化结构体系研究》，科学出版社，1998 年。

29. 李雪山：《商代分封制度研究》，中国社会科学出版社，2004 年。

30. 李峰：《西周的灭亡——中国早期国家的地理和政治危机》，上海古籍出版社，2007 年。

31. 罗振玉编：《三代吉金文存》，中华书局，1983 年。

32. 蒙文通：《古中江》,《古地甄微》，巴蜀书社，1998 年。

33. 蒙文通：《越史丛考》，人民出版社，1985 年。

34. 孟华平：《长江中游史前文化结构》，长江文艺出版社，1997 年。

35. 毛颖、张敏：《长江下游的徐舒和吴越》，湖北教育出版社，2005 年。

36. 南京博物院编：《南京博物院建院 60 周年纪念文集》，1992 年。

37. 南京博物院编：《南京博物院文物博物馆考古文集》，文物出版社，2003 年。

38. 南京博物院编：《南京博物院八十周年纪念文集》，生活·读书·新知三联书店，2013 年。

39. 彭适凡：《中国南方考古与百越民族研究》，科学出版社，2009 年。

40. 彭裕商：《西周青铜器年代综合研究》，巴蜀书社，2003 年。

41. 彭明瀚：《吴城文化研究》，文物出版社，2005 年。

42. 齐文心：《甲骨探史录》，生活·读书·新知三联书店，1982 年。

43. 任伟：《西周封国考疑》，社会科学文献出版社，2004 年。

44. 商承祚辑：《殷契佚存》，1933 年南京金陵大学中国文化研究所影印本。

45. 上海博物馆编：《广富林考古发掘与学术研究论集》，上海古籍出版社，2014 年。

46. 孙作云：《西周王朝经营四土研究》，中州古籍出版社，2000 年。

47. 宋新潮：《殷商文化区域研究》，陕西人民出版社，1991 年。

48. 唐兰：《西周青铜器铭文分代史征》，中华书局，1986 年。

49. 童书业：《春秋史》，山东大学出版社，1987 年。

50. 王国维著：《观堂集林》，中华书局，1959 年。

51. 王国维著：《王国维遗书》，上海古籍书店，1983 年。

52. 王迅：《东夷文化与淮夷文化研究》，北京大学出版社，1994 年。

53. 王明珂：《华夏边缘——历史记忆与族群认同》，社会科学文献出版社，2006 年。

54. 王立新：《早商文化研究》，高等教育出版社，1998 年。

55. 文物编辑委员会编著：《文物考古工作三十年》，文物出版社，1979 年。

56. 文物编辑委员会编著：《文物考古工作十年》，文物出版社，1990 年。

57. 文物编辑委员会编著：《新中国考古五十年》，文物出版社，1999 年。

58. 吴春明：《中国东南土著民族历史与文化的考古学观察》，厦门大学出版社，1999 年。

59. 吴晓松主编：《鄂东考古发现与研究》，湖北科学技术出版社，1999 年。

60. 徐旭生：《中国古史的传说时代》，文物出版社，1960 年。

61. 许倬云：《西周史》，生活·读书·新知三联书店，2001 年。

62. 徐少华：《周代南土历史地理与文化》，武汉大学出版社，1994 年。

63. 徐湖平编：《东方文明之韵——吴文化国际学术研讨会论文集》，岭南美术出版社，2002 年。

64. 杨树达：《积微居金文说》，中华书局，1997 年。

65. 杨宽：《西周史》，上海人民出版社，1999 年。

66. 俞伟超：《古史的考古学探索》，文物出版社，2002 年。

67. 詹子庆：《走进夏代文明》，东北师范大学出版社，2006 年。

68. 张绪球：《长江中游新石器时代文化概论》，湖北科学技术出版社，1992 年。

69. 张光直：《美术、祭祀、神话》，辽宁教育出版社，1988 年。

70. 张敏：《张敏文集·考古卷》，文物出版社，2013 年。

71. 张敏：《吴越文化比较研究》，南京出版社，2018 年。

72. 王健主编：《江苏通史·先秦卷》，凤凰出版社，2012 年。

73. 王玉国、肖梦龙等主编：《镇江吴文化研究》，中国文史出版社，2006 年。

74. 中国青铜器全集编辑委员会：《中国青铜器全集》，文物出版社，1996 年。

75. 中国社会科学院考古研究所编著：《殷墟的发现与研究》，科学出版社，2001 年。

76. 中国社会科学院考古研究所编纂：《殷周金文集成》，中华书局，1984 ~ 1994 年。

77. 中国社会科学院考古研究所编著：《中国考古学·夏商卷》，中国社会科学出版社，2003 年。

78. 中国社会科学院考古研究所编著：《中国考古学·两周卷》，中国社会科学出版社，2004 年。

79. 朱凤瀚：《古代中国青铜器》，南开大学出版社，1995 年。

80. 邹衡：《夏商周考古学论文集》，文物出版社，1980 年。

81. 邹衡：《夏商周考古学论文集续集》，科学出版社，1998 年。

82. 邹衡：《夏商周考古学论文集再续集》，科学出版社，2011 年。

83. 邹厚本主编：《江苏考古五十年》，南京出版社，2000 年。

三　硕博士论文

1. 李宁：《赣鄱地区早期古文化研究》，厦门大学 2002 年硕士论文。

2. 陶治强：《皖西南地区夏商时期的考古学文化》，安徽大学 2007 年硕士论文。

3. 王爱民：《商与东夷关系浅谈》，河北师范大学 2006 年硕士论文。

4. 徐峰：《西周时期的淮夷》，南京师范大学 2007 年硕士论文。

5. 余建立：《何郢遗址出土陶器的初步分析——兼论滁州地区西周时期考古学文化编年谱系及其相关问题》，北京大学 2006 年硕士论文。

6. 曹峻：《长江下游文明化进程探析》，中国社会科学院研究生院 2005 年博士论文。

7. 段天璟：《二里头文化时期的文化格局》，吉林大学 2005 年博士论文。

8. 蒋刚：《太行山两翼北方青铜文化的演进及其与夏商西周文化的互动》，吉林大学 2006 年博士论文。

9. 林欢：《晚商地理论纲》，中国社会科学院研究生院 2002 年博士论文。

10. 张爱冰：《皖南商周青铜容器初步研究》，安徽大学 2008 年博士论文。

11. 郑小炉：《吴越和百越地区周代青铜器研究》，吉林大学 2004 年博士论文。

12. 朱光华：《早商青铜器分期与区域类型研究》，郑州大学 2005 年博士论文。

13. 欧波：《金文所见淮夷资料整理与研究》，安徽大学 2015 年博士论文。

附表一　江淮之间地区遗址、墓葬及铜器统计表

一　遗址及墓葬			
遗址名称	地理位置	时代	资料出处
寿县斗鸡台	县城西南13.6千米	夏代、商代早期、西周早期	北京大学考古学系商周组、安徽省文物工作队：《安徽省霍邱、六安、寿县考古调查试掘报告》，《考古学研究（三）》，科学出版社，1997年
寿县青莲寺	县城南28千米	夏代、西周中晚期	北京大学考古学系商周组、安徽省文物工作队：《安徽省霍邱、六安、寿县考古调查试掘报告》，《考古学研究（三）》，科学出版社，1997年
寿县蚘蜡庙	迎河区张李乡塘东村	夏代、早商晚段	北京大学考古学系商周组、安徽省文物工作队：《安徽省霍邱、六安、寿县考古调查试掘报告》，《考古学研究（三）》，科学出版社，1997年
寿县观音寺	杨仙乡	商、西周	北京大学考古学系商周组、安徽省文物工作队：《安徽省霍邱、六安、寿县考古调查试掘报告》，《考古学研究（三）》，科学出版社，1997年
寿县丁家古堆	青莲乡顾桥村丁家古堆郢孜自然村东30米	新石器时代、商周	蔡波涛等：《安徽寿县西北部先秦遗址考古调查简报》，《考古学集刊》2020年第4辑
寿县张飞台	丰庄乡刘帝村外帝城西300米	新石器时代、商周	蔡波涛等：《安徽寿县西北部先秦遗址考古调查简报》，《考古学集刊》2020年第4辑
寿县雨淋村	大店乡雨淋村	商、周	国家文物局主编：《中国文物地图集·安徽分册（下）》，中国地图出版社，2014年
寿县古城郢	江黄村古城郢自然村	商、周	国家文物局主编：《中国文物地图集·安徽分册（下）》，中国地图出版社，2014年；蔡波涛等：《安徽寿县西北部先秦遗址考古调查简报》，《考古学集刊（第23集）》，社会科学文献出版社，2020年
寿县刘备城	丰庄乡刘备村西1.5千米	商、周，汉代	国家文物局主编：《中国文物地图集·安徽分册（下）》，中国地图出版社，2014年；蔡波涛等：《安徽寿县西北部先秦遗址考古调查简报》，《考古学集刊（第23集）》，社会科学文献出版社，2020年
寿县谢墩	谢墩乡谢墩村	新石器时代、商周	国家文物局主编：《中国文物地图集·安徽分册（下）》，中国地图出版社，2014年
寿县禹临城	迎河镇禹临村民组西北部的一处高台上	龙山时代晚期、周	蔡波涛等：《安徽寿县西北部先秦遗址考古调查简报》，《考古学集刊（第23集）》，社会科学文献出版社，2020年
六安市庙台	六安市裕安区徐集镇三岔村	西周、有早商遗物	《中国考古学年鉴·2005》，文物出版社，2006年
六安堰墩	市区东22千米	西周	安徽省文物考古研究所、六安市文物管理所：《安徽六安市堰墩西周遗址发掘简报》，《考古》2002年第2期
六安众德寺	市区东9千米	商代早期晚段、晚期早段、西周中晚期	北京大学考古学系商周组、安徽省文物工作队：《安徽省霍邱、六安、寿县考古调查试掘报告》，《考古学研究（三）》，科学出版社，1997年
六安西古城	市区北6.5千米	夏代早期、西周中晚期	北京大学考古学系商周组、安徽省文物工作队：《安徽省霍邱、六安、寿县考古调查试掘报告》，《考古学研究（三）》，科学出版社，1997年

遗址名称	地理位置	时代	资料出处
六安城都	市区东8千米	夏代早期、西周中晚期	北京大学考古学系商周组、安徽省文物工作队：《安徽省霍邱、六安、寿县考古调查试掘报告》，《考古学研究（三）》，科学出版社，1997年
六安邹墩子	二十里铺乡吴庄村	商、西周	北京大学考古学系商周组、安徽省文物工作队：《安徽省霍邱、六安、寿县考古调查试掘报告》，《考古学研究（三）》，科学出版社，1997年
六安大墩子	椿树乡高岗村	西周	北京大学考古学系商周组、安徽省文物工作队：《安徽省霍邱、六安、寿县考古调查试掘报告》，《考古学研究（三）》，科学出版社，1997年
六安谢后大墩子	华祖乡谢大庄子村	早商、晚商、西周	北京大学考古学系商周组、安徽省文物工作队：《安徽省霍邱、六安、寿县考古调查试掘报告》，《考古学研究（三）》，科学出版社，1997年
六安城墩	裕安区固镇镇杨桥村	夏商周	《安徽文物考古研究所文物考古2004年报》
六安匡大墩	裕安区韩摆渡镇官塘村	西周	《安徽文物考古研究所文物考古2006年报》
六安青山乡金陂塘	青山乡新河村	西周晚期	《中国考古学年鉴·1993》，文物出版社，1995年
六安潭墩	孙岗镇黄小店村	商周	高蒙河：《长江下游考古地理》，2005年
六安月牙山	先生店乡月牙山村	西周	国家文物局主编：《中国文物地图集安徽分册（下）》，中国地图出版社，2014年
六安朱大墩	三十铺镇罗管村	西周	国家文物局主编：《中国文物地图集安徽分册（下）》，中国地图出版社，2014年
霍邱绣鞋墩	陈埠乡桥堂村	晚商早段、西周早、中、晚期	北京大学考古学系商周组、安徽省文物工作队：《安徽省霍邱、六安、寿县考古调查试掘报告》，《考古学研究（三）》，科学出版社，1997年
霍邱县后花园	石店镇韩庙村	西周	《中国考古学年鉴·2005》，文物出版社，2006年
霍邱红墩寺	姚李镇东北红墩寺村	夏、商、西周	《中国考古学年鉴·1988》，文物出版社，1989年
霍邱城东岗	姚李乡城东岗村	西周	北京大学考古学系商周组、安徽省文物工作队：《安徽省霍邱、六安、寿县考古调查试掘报告》，《考古学研究（三）》，科学出版社，1997年
霍邱英台	新店埠乡曹郢大队	西周	北京大学考古学系商周组、安徽省文物工作队：《安徽省霍邱、六安、寿县考古调查试掘报告》，《考古学研究（三）》，科学出版社，1997年
霍邱华岩寺墩	陈家埠乡	晚商、西周	北京大学考古学系商周组、安徽省文物工作队：《安徽省霍邱、六安、寿县考古调查试掘报告》，《考古学研究（三）》，科学出版社，1997年
霍邱古城	俞林乡古城村	商、周	北京大学考古学系商周组、安徽省文物工作队：《安徽省霍邱、六安、寿县考古调查试掘报告》，《考古学研究（三）》，科学出版社，1997年
霍邱范台子	县城东五一乡五五村	商、周	北京大学考古学系商周组、安徽省文物工作队：《安徽省霍邱、六安、寿县考古调查试掘报告》，《考古学研究（三）》，科学出版社，1997年
霍邱王郢古墓	河口镇王郢村	西周中期	安徽省文物考古研究所：《安徽霍邱县王郢古墓葬发掘简报》，《东南文化》2006年第3期
霍邱堰台	石店镇韩店村	西周	安徽省文物考古研究所编：《霍邱堰台——淮河流域周代聚落发掘报告》，科学出版社，2010年

遗址名称	地理位置	时代	资料出处
霍山赵士湾	衡山镇洛阳河村	西周晚期	《安徽文物考古研究所文物考古2005年报》
嘉山泊岗（现明光市）	县城东北40千米淮河南岸泊岗乡	商代中晚期	安徽省博物馆：《安徽新石器时代遗址的调查》，《考古学报》1957年第1期；葛治功：《安徽嘉山县泊岗引河出土的四件商代铜器》，《文物》1965年第7期
合肥烟大古堆	大杨店乡施大郢村东	商代末期、西周	《中国考古学年鉴·2004》，文物出版社，2005年
合肥乌龟岗	合肥西北郊优胜公社	春秋	安徽省博物馆：《遵循毛主席的指示，做好文物博物馆工作》，《文物》1978年第8期
合肥寺姑墩	合肥市瑶海区磨店乡于湾村全王河全北村民组（全王河以南）	商～西周	安徽省第三次文物普查报告
合肥赵塘梗	合肥市瑶海区磨店乡群治村刘郢村民组	商～西周	安徽省第三次文物普查报告
合肥黄坟茔	合肥市瑶海区磨店乡张店村范大郢村民组苗圃内	商～西周	安徽省第三次文物普查报告
合肥陆老孤堆	合肥市瑶海区磨店乡张店村陆老村民组	商～西周	安徽省第三次文物普查报告
合肥刘大墩	淮肥社居委刘大墩居民组东侧500米	商～西周	安徽省第三次文物普查报告
合肥大墩头	合肥市瑶海区瑶海街道刘大郢社居委河东村民组	商～西周	安徽省第三次文物普查报告
合肥欢堆湾	合肥市庐阳区大杨镇谢岗村新庄村民组	商～西周	安徽省第三次文物普查报告
合肥大雁墩	合肥市庐阳区大杨镇吴郢村郑郢村民组	商～西周	安徽省第三次文物普查报告
合肥大古堆	合肥市庐阳区庐阳工业区管委会邵大郢社居委杏花街道韩湾村民组	商～西周	安徽省第三次文物普查报告
合肥欢墩	合肥市庐阳区三十岗乡汪堰村大田铺村民组	商～西周	安徽省第三次文物普查报告
合肥师姑墩	合肥市蜀山区南岗镇侯店村满湾村民组	商～西周	安徽省第三次文物普查报告
合肥河墩头	合肥市蜀山区南岗镇鸡鸣村陆塘村民组	商～西周	安徽省第三次文物普查报告
合肥枣树棵城墩	镇枣树棵村委会枣树棵村民组南200米	商～西周	安徽省第三次文物普查报告
合肥大墩子	合肥市蜀山区井岗镇复兴村委会孙湾村民组南50米	商～西周	安徽省第三次文物普查报告
合肥安定寺大墩	合肥市蜀山区井岗镇三岗村委会王郢村民组西北300米	商～西周	安徽省第三次文物普查报告
合肥刺墩	合肥市蜀山区井岗镇三岗村委会龙虎堰村民组南300米	商～西周	安徽省第三次文物普查报告

遗址名称	地理位置	时代	资料出处
合肥大包墩	镇三岗村委会仓房郢村民组及城西桥村委会五姓庙村民组	商~西周	安徽省第三次文物普查报告
合肥陈墩	合肥市蜀山区海恒街道海恒社区习友路东50米	商~西周	安徽省第三次文物普查报告
合肥河墩	合肥市蜀山区井岗镇南岗村委会土楼村民组东南250米	商~西周	安徽省第三次文物普查报告
合肥九狼墩	合肥市蜀山区井岗镇新店村委会郑小郢村民组东北300米	商~西周	安徽省第三次文物普查报告
合肥陆大古堆	合肥市包河区大圩镇陆大村民组南200米（北临十五里河5米）	商~西周	安徽省第三次文物普查报告
长丰陈寺陂	曹庵乡庙岗村西坡下	商代早期晚段	《长丰县志》
长丰紫燕墩	义井乡陈老圩村附近	商代~春秋	《长丰县志》
长丰魏家古堆	史院乡庞岗村	新石器时代至汉代	《长丰县志》
长丰三江坝	孔店乡三江坝水库	二里头时期至商代	陈立柱、周崇云等主编：《合肥通史——远古至南北朝卷》，安徽人民出版社，2017年；国家文物局主编：《中国考古60年（1949~2009）》，文物出版社，2009年
肥东大城头	县城东阚集乡小程村	商代、西周	安徽省博物馆：《安徽新石器时代遗址的调查》，《考古学报》1957年第1期
肥东大陈墩	县城东龙城乡仓陈村	商代、西周	安徽省博物馆：《安徽新石器时代遗址的调查》，《考古学报》1957年第1期
肥东吴大墩	县城东北50千米古城乡东吴村	二里头文化三期、商代早期晚段、西周早中晚	张敬国、贾庆元：《肥东县古城吴大墩遗址试掘简报》，《文物研究（第一期）》，黄山书社，1985年
肥东乌龟滩	县城北广兴乡中胡村	商代早期晚段和西周早期	张敬国：《安徽肥东肥西古文化遗址调查》，《文物研究（第二期）》，黄山书社，1986年
肥东药刘	撮镇镇药刘村	商代	1980年试掘，《肥东县志》
肥东韩楼老坝	青龙乡韩楼村	商代	1982年试掘，《肥东县志》
肥东双桥	定光乡双桥村南	商代	《肥东县志》
肥东小赵	复兴乡小赵村	西周晚期	《肥东县志》
肥东龙城古城遗址	龙城乡龙城集	商代	《肥东县志》
肥东刘小郢	肥东县店埠镇光大社区刘小郢村民组南50米	西周中期、西周晚期至春秋早期	《考古数字化记录系统支持下的肥东刘小郢遗址发掘》，《文物鉴定与鉴赏》2018年第15期；《刘小郢遗址发掘工作启动》，《合肥晚报·肥东晨刊》2017年11月20日
肥西县大墩子	小庙镇戴大郢南冲下	夏代晚期、商代早期晚段、西周早期	胡悦谦：《试探肥西县大墩子商文化》，《安徽省考古学会成立会议会刊》，1979年
肥西周坝	馆驿乡周坝大队	商、周	肥西县志

遗址名称	地理位置	时代	资料出处
肥西陡岗	县城西铁路边	龙山时代，商时期遗物	《中国考古学年鉴·2001》，文物出版社，2002年
肥西塘岗	南岗镇鸡鸣村牌坊自然村北	岳石文化早期、商、周	安徽省文物考古研究所：《安徽肥西塘岗遗址发掘》，《东南文化》2007年第1期
肥西单大墩	苏小乡北1千米	西周中期偏晚	张敬国：《安徽肥东肥西古文化遗址调查》，《文物研究（第二期）》，黄山书社，1986年
肥西师古墩	清平乡北	西周中期	张敬国：《安徽肥东肥西古文化遗址调查》，《文物研究（第二期）》，黄山书社，1986年
肥西小八里铜器群	肥西县红卫公社小八里村	西周	安徽省博物馆：《遵循毛主席的指示，做好文物博物馆工作》，《文物》1978年第8期；安徽省博物馆：《安徽省博物馆藏青铜器》，图13～16，上海人民美术出版社，1985年
滁州何郢	琅琊区何郢村东南处	商末～西周	《中国考古学年鉴·2003》，文物出版社，2004年；宫希成：《安徽滁州市何郢遗址发掘的主要收获》，《北京大学古代文明研究通讯》2002年12月第十五期
滁州来安顿丘	新安镇城东村	晚商	胡悦谦：《试探肥西县大墩子商文化》，《安徽省考古学会成立会议会刊》，1979年
滁州濮家墩	大王镇北2千米濮家村	晚商西周	《中国考古学年鉴·1998》，文物出版社，2000年
含山孙家岗	县城西北16千米仙踪乡西江淮村	中商和晚商，西周早和晚期	安徽省展览博物馆：《安徽含山县孙家岗商代遗址调查与试掘》，《考古》1977年第3期
含山大城墩	县城西北15千米，仙踪镇孙戚村西北300米	夏代早期、商代早期晚段到晚期、西周早、中、晚期	安徽省文物工作队：《含山大城墩遗址调查试掘简报》，《安徽文博》总第3期，1983年；张敬国：《含山大城墩遗址第四次发掘的主要收获》，《文物研究（第四期）》，黄山书社，1988年；安徽省文物考古研究所：《安徽含山大城墩遗址发掘报告》，《考古学集刊·6》，中国社会科学出版社，1989年；安徽省文物考古研究所、含山县文物管理所：《安徽含山大城墩遗址第四次发掘报告》，《考古》1989年第2期
含山清溪中学	含山县清溪镇	夏代早期	张敬国：《略论江淮地区夏商周文化分期及族属》，《文物研究（第三期）》，黄山书社，1988年
含山半湖董城	清溪镇董城村东200米	夏代早期	张敬国：《略论江淮地区夏商周文化分期及族属》，《文物研究（第三期）》，黄山书社，1988年
巢湖市庙集大城墩	市区南巢湖东3千米	商代早期晚段，西周早、中、晚期	张敬国：《略论江淮地区夏商周文化分期及族属》，《文物研究（第三期）》，黄山书社，1988年；《中国考古学年鉴·1987》，文物出版社，1988年
巢湖槐林神墩	巢湖南岸，槐林镇东侧	西周	张敬国：《略论江淮地区夏商周文化分期及族属》，《文物研究（第三期）》，黄山书社，1988年
全椒古城	八波乡古城村	商周	《安徽省志·文物志》
枞阳县汤家墩	周潭乡七井村	晚商、西周中晚期	安徽省文物考古研究所：《安徽枞阳县汤家墩遗址发掘简报》，《中原文物》2004年第4期
枞阳毛园神墩	官桥乡前程村毛园庄	早商～西周	《安徽省志·文物志》

遗址名称	地理位置	时代	资料出处
枞阳金山大小神墩	金社乡金山村	西周	《安徽省志·文物志》
枞阳县浮山	浮山乡，浮山山顶	西周	安徽省文物考古研究所：《安徽枞阳、庐江古遗址调查》，《江汉考古》1987年第4期
枞阳县小北墩	钱桥乡双塘村	早商晚段、西周	安徽省文物考古研究所：《安徽枞阳、庐江古遗址调查》，《江汉考古》1987年第4期
枞阳县杨家墩	浮山乡火星村	西周	安徽省文物考古研究所：《安徽枞阳、庐江古遗址调查》，《江汉考古》1987年第4期
枞阳县饶家墩	雷池镇饶家墩村	西周中晚期	安徽省文物考古研究所：《安徽枞阳、庐江古遗址调查》，《江汉考古》1987年第4期
枞阳县柏坂	浮山镇向阳村白坂组	西周中晚期	安徽省文物考古研究所：《安徽枞阳、庐江古遗址调查》，《江汉考古》1987年第4期
枞阳县大墩	会宫乡城山村	西周中晚期	安徽省文物考古研究所：《安徽枞阳、庐江古遗址调查》，《江汉考古》1987年第4期
枞阳、庐江古代铜矿	大别山东部余脉的低山丘陵	春秋～唐宋，可能更早些	《中国考古学年鉴·1991》，文物出版社，1992年
桐城丁家冲	红庙乡红庙村	商周	陶治强：《皖西南地区夏商时期的考古学文化》，安徽大学2007年硕士论文
桐城朱家墩	天林乡建政村	商周	《安徽省志·文物志》
桐城双墩	桐城市孔城镇民生村东300米	西周、春秋	张辉、姚洁等：《安徽桐城双墩遗址发掘报告》，《黄河 黄土 黄种人》2019年第24期
舒城叶墩	姚河乡胡畈村龙潭河与汤池河汇合处	商周	张辉、姚洁等：《安徽桐城双墩遗址发掘报告》，《黄河 黄土 黄种人》2019年第24期
舒城黑虎城	五里乡金虎村	商周	张辉、姚洁等：《安徽桐城双墩遗址发掘报告》，《黄河 黄土 黄种人》2019年第24期
舒城大墓儿墩	百神庙镇	商代	《舒城县文物志》，1984年
霍山县戴家院	但家庙镇大河厂村	西周早、中、晚期	安徽省文物考古研究所等：《安徽霍山戴家院周代遗址发掘报告》，《考古学报》2016年第1期
庐江县大神墩	县城西北15千米金牛镇徐河村南	西周中晚期或更晚	程浩、张莉平、张钟云：《庐江大神墩遗址发掘简报》，《江汉考古》2006年第2期
庐江县朱家神墩	庐城镇	西周中晚期	安徽省文物考古研究所：《安徽枞阳、庐江古遗址调查》，《江汉考古》1987年第4期
庐江三板桥	合肥市庐江县申山村	西周早期偏晚～春秋早期	柴政良、张闻捷等：《安徽庐江三板桥周代遗址发掘简报》，《东南文化》2021年第3期
岳西县祠堂岗	汤池乡汤池村西南	薛家岗文化二期	《中国考古学年鉴·1986》，文物出版社，1988年
岳西县鼓墩	县城西25千米	龙山晚期、二里头时期和西周	《中国考古学年鉴·1986》，文物出版社，1988年
岳西黄泥古墩	来榜乡黄泥畈岳店	商、西周	1985年试掘
岳西窑形包	店前乡龚家屋后	商代	《安徽省志·文物志》
岳西蟹形面	撞钟乡撞钟村	商代	《安徽省志·文物志》
岳西鼓形包	撞钟乡毛畈村	商代	《安徽省志·文物志》
岳西徐良桥	徐良乡徐良桥大湾山脚	商代	《安徽省志·文物志》

遗址名称	地理位置	时代	资料出处
潜山薛家岗	河镇乡永岗行政村	夏代晚期、商代早期、西周	安徽省文物考古研究所:《潜山薛家岗》,文物出版社,2004年
安庆棋盘山	迎江寺东侧	西周晚期	《中国考古学年鉴·2006》,文物出版社,2007年
安庆张四墩	白泽湖乡三义村西	早商、西周中晚期	许闻:《安徽安庆市张四墩遗址初步调查》,《文物研究(第十四辑)》,黄山书社,2005年;北京大学考古学系、安徽省文物考古研究所:《安徽安庆市张四墩遗址试掘简报》,《考古》2004年第1期
安庆沈店神墩	白泽湖乡沈店村	西周中晚期	安徽省文物考古研究所、安庆市博物馆:《安徽安庆市先秦文化遗址调查报告》,《文物研究(第十四辑)》,黄山书社,2005年
安庆三城寺	十里乡苏岗村	西周	安徽省文物考古研究所、安庆市博物馆:《安徽安庆市先秦文化遗址调查报告》,《文物研究(第十四辑)》,黄山书社,2005年
安庆宣潭寺	白泽湖乡白泽村	西周	安徽省文物考古研究所、安庆市博物馆:《安徽安庆市先秦文化遗址调查报告》,《文物研究(第十四辑)》,黄山书社,2005年
安庆任垾祠墩	白泽湖乡任垾村	商、西周	安徽省文物考古研究所、安庆市博物馆:《安徽安庆市先秦文化遗址调查报告》,《文物研究(第十四辑)》,黄山书社,2005年
安庆芭茅神墩	肖坑乡芭茅村	商、西周	安徽省文物考古研究所、安庆市博物馆:《安徽安庆市先秦文化遗址调查报告》,《文物研究(第十四辑)》,黄山书社,2005年
安庆饶家墩	白泽湖乡饶坂村	西周	安徽省文物考古研究所、安庆市博物馆:《安徽安庆市先秦文化遗址调查报告》,《文物研究(第十四辑)》,黄山书社,2005年
安庆皖河墩头	练成大队红升小队	西周	安徽省文物考古研究所、安庆市博物馆:《安徽安庆市先秦文化遗址调查报告》,《文物研究(第十四辑)》,黄山书社,2005年
怀宁跑马墩	五横乡五横村	二里冈上层、西周中期	杨德标:《安徽怀宁跑马墩遗址的主要收获》,《文物研究(第八辑)》,黄山书社,1993年
怀宁百林山	潜山县城东4千米	二里冈上层、西周中期	安徽省文物考古研究所:《怀宁县百林山遗址发掘简报》,《文物研究(第十二辑)》,黄山书社,2000年
怀宁黄龙	黄龙镇黄龙村黄龙舍西	西周中晚期	许闻:《怀宁黄龙新石器时代遗址试掘简报》,《文物研究(第二期)》,黄山书社,1986年
怀宁金龙岭	腊树镇八一村查家大屋	西周中晚期	安徽省文物考古研究所、怀宁县文物管理所:《安徽怀宁县皖河流域先秦遗址调查报告》,《文物研究(第十四辑)》,黄山书社,2005年
怀宁乌家庄	石牌镇普济村	西周中晚期	安徽省文物考古研究所、怀宁县文物管理所:《安徽怀宁县皖河流域先秦遗址调查报告》,《文物研究(第十四辑)》,黄山书社,2005年
怀宁王祠	三桥镇王祠	西周中晚期	安徽省文物考古研究所、怀宁县文物管理所:《安徽怀宁县皖河流域先秦遗址调查报告》,《文物研究(第十四辑)》,黄山书社,2005年

遗址名称	地理位置	时代	资料出处
怀宁纪龙嘴	小市镇求雨	西周中晚期	安徽省文物考古研究所、怀宁县文物管理所:《安徽怀宁县皖河流域先秦遗址调查报告》,《文物研究(第十四辑)》,黄山书社,2005年
怀宁大窑墩	黄墩镇黄墩	西周中晚期	安徽省文物考古研究所、怀宁县文物管理所:《安徽怀宁县皖河流域先秦遗址调查报告》,《文物研究(第十四辑)》,黄山书社,2005年
怀宁汪家嘴	三桥镇社塘村汪家嘴村	西周中晚期	安徽省文物考古研究所、怀宁县文物管理所:《安徽怀宁县皖河流域先秦遗址调查报告》,《文物研究(第十四辑)》,黄山书社,2005年
怀宁银墩	小市镇茅庵村	西周中晚期	安徽省文物考古研究所、怀宁县文物管理所:《安徽怀宁县皖河流域先秦遗址调查报告》,《文物研究(第十四辑)》,黄山书社,2005年
怀宁仓盐墩	皖河乡湖仓村陈家墩	西周中晚期	安徽省文物考古研究所、怀宁县文物管理所:《安徽怀宁县皖河流域先秦遗址调查报告》,《文物研究(第十四辑)》,黄山书社,2005年
怀宁高墩	三桥镇牛桥村	西周中晚期	安徽省文物考古研究所、怀宁县文物管理所:《安徽怀宁县皖河流域先秦遗址调查报告》,《文物研究(第十四辑)》,黄山书社,2005年
怀宁黄山	三桥镇双塘村	夏代、西周中晚期	安徽省文物考古研究所、怀宁县文物管理所:《安徽怀宁县皖河流域先秦遗址调查报告》,《文物研究(第十四辑)》,黄山书社,2005年
怀宁古城墩	小市镇良湖村	西周中晚期	安徽省文物考古研究所、怀宁县文物管理所:《安徽怀宁县皖河流域先秦遗址调查报告》,《文物研究(第十四辑)》,黄山书社,2005年
怀宁国灵墩	大洼乡鸣凤村	西周中晚期	安徽省文物考古研究所、怀宁县文物管理所:《安徽怀宁县皖河流域先秦遗址调查报告》,《文物研究(第十四辑)》,黄山书社,2005年
怀宁吴墩	月山镇月山村吴墩村	西周中晚期	安徽省文物考古研究所、怀宁县文物管理所:《安徽怀宁县皖河流域先秦遗址调查报告》,《文物研究(第十四辑)》,黄山书社,2005年
怀宁乌龟墩	腊树镇安山村	西周中晚期	安徽省文物考古研究所、怀宁县文物管理所:《安徽怀宁县皖河流域先秦遗址调查报告》,《文物研究(第十四辑)》,黄山书社,2005年
怀宁王畈墩	三桥镇龙门村	西周中晚期	安徽省文物考古研究所、怀宁县文物管理所:《安徽怀宁县皖河流域先秦遗址调查报告》,《文物研究(第十四辑)》,黄山书社,2005年
怀宁狮子山	小市镇良湖村	西周中晚期	安徽省文物考古研究所、怀宁县文物管理所:《安徽怀宁县皖河流域先秦遗址调查报告》,《文物研究(第十四辑)》,黄山书社,2005年
怀宁钱岭	腊树镇腊树村	西周中晚期	安徽省文物考古研究所、怀宁县文物管理所:《安徽怀宁县皖河流域先秦遗址调查报告》,《文物研究(第十四辑)》,黄山书社,2005年
怀宁孙家城	怀宁县马庙镇栗岗村境内	新石器时代、西周早期	朔知、李宏飞:《安徽省怀宁县孙家城遗址H29发掘简报》,《江汉考古》2015年第2期;朔知:《安徽怀宁孙家城新石器时代遗址发掘简报》,《文物》2014年第5期

遗址名称	地理位置	时代	资料出处
太湖王家墩	小池镇中心乡孔河村	晚商、西周中期	高一龙：《太湖县王家墩遗址试掘》，《文物研究（第一期）》，黄山书社，1985年
太湖墩上	徐桥区建设乡华丰村	商代	《安徽省志·文物志》
仪征甘草山	胥浦乡西南	第四层西周～春秋，下面的H2可早到商	江苏省驻仪征化纤公司文物工作队：《仪征胥浦甘草山遗址的发掘》，《东南文化》1986年第2辑
仪征神墩	陈集镇丁桥村	西周早、中、晚期	《中国文物报》1996年3月17日
江浦转田村	建设乡转田村东北	西周中晚期	《中国考古学年鉴·1991》，文物出版社，1992年
江浦曹王塍子	向阳乡小檀村西南	西周晚期	南京博物院：《江浦县曹王塍子遗址试掘简报》，《东南文化》1986年第2辑
江浦蒋城子	兰花乡郑庄村西南	西周早、中、晚期	南京市博物馆、南京大学历史系：《江苏江浦蒋城子遗址》，《东南文化》1990年1/2期合刊
江浦牛头岗	汤泉农场	夏代晚期、商、西周	《中国考古学年鉴·1991》，文物出版社，1992年；《中国考古学年鉴·1993》，文物出版社，1995年
泗洪赵庄	梅花乡东	商代中晚期	《江苏考古五十年》，第144页，南京出版社，2000年
盱眙六郎墩	县城西河桥乡蒋郢村	夏、西周	《江苏考古五十年》，第144页，南京出版社，2000年
沭阳万北	万匹乡万北村	岳石文化、晚商、西周早期	谷建祥、尹增淮：《江苏沭阳万北遗址试掘的初步收获》，《东南文化》1988年第2期；南京博物院：《江苏沭阳万北遗址新石器时代遗存发掘简报》，《东南文化》1992年第1期；林夏、甘恢元：《江苏沭阳万北遗址》，《大众考古》2016年第9期
盐城龙岗	龙岗中心校园内	商代中晚期	韩明芳：《江苏盐城市龙岗商代墓葬》，《考古》2001年第9期
高邮周邶墩	龙奔乡周邶墩村南	夏、西周晚期	南京博物院考古研究所：《江苏高邮周邶墩遗址发掘报告》，《考古学报》1997年第4期
姜堰天目山	市区北郊	西周～春秋	朱国平：《江苏姜堰天目山西周城址发掘报告》，《考古学报》2009年第1期
姜堰单塘河	天目山遗址西	商～西周	周煜、黄炳煜：《天目山、单塘河古遗址调查报告》，《东南文化》1987年第3辑

二　铜器地点

出土铜器时间地点	铜器种类	时代	资料出处
1982年合肥巢县峏山乡	龙首纽盖盉	西周早期	安徽大学等编：《安徽江淮地区商周青铜器》，文物出版社，2014年
1980年12月巢县峏山乡出土	龙首纽直流盉	西周早期	《安徽省志·文物志》
1982年12月巢湖市废品部门拣选	窃曲纹鼎、夔凤纹铜簋	西周中晚期	《安徽省志·文物志》
1985年，寿县博物馆从废品仓库征得	铜罕	商代晚期	《安徽省志·文物志》

出土铜器时间地点	铜器种类	时代	资料出处
1999年六安地委党校出土	铜尊	晚商前期	安徽省皖西博物馆：《安徽六安出土一件大型商代铜尊》，《文物》2000年第12期
1977年12月在六安县土产公司废品仓库拣选	饕餮纹瓶1、弦纹罍	商代早期	孟宪珉、赵力华：《全国拣选文物展览巡礼》，《文物》1985年第1期
1953年春嘉山县泊岗出土	斝、爵、瓶、罍、锛	商代中期	葛治功：《安徽嘉山县泊岗引河出土的四件商代铜器》，《文物》1965年第7期
1979年10月嘉山县废品回收站拣选	铜鬲	商代晚期	《安徽省志·文物志》
肥西大墩子	斝1、铃1、戈1	夏代前期、商	胡悦谦：《试探肥西县大墩子商文化》，《安徽省考古学会成立会议会刊》，1979年；安徽大学等编：《安徽江淮地区商周青铜器》，文物出版社，2014年
1971年肥西县红卫公社小八里村出土	鼎、簋、盉、盘、匜	西周	安徽省博物馆：《遵循毛主席的指示，做好文物博物馆工作》，《文物》1978年第8期，第4页；安徽省博物馆：《安徽省博物馆藏青铜器》，图13~16，上海人民美术出版社，1985年
1965年10月，肥西县馆驿公社糖坊大队出土	兽面纹单柱爵2、斝2、瓶1	商代中期偏晚	安徽大学等编：《安徽江淮地区商周青铜器》，文物出版社，2014年
1972年，肥西馆驿公社周坝大队大墩孜商代遗址出土	单扉铜铃	商代前期	安徽大学等编：《安徽江淮地区商周青铜器》，文物出版社，2014年
1985年出土于肥西上派镇颜湾倪小河南岸窖藏	"父丁"铭瓶、"戈"铭铜爵 "父丁"铭爵	商代晚期	安徽大学等编：《安徽江淮地区商周青铜器》，文物出版社，2014年
1984年含山孙家岗出土	爵、戈	爵为商代早期、戈为西周晚期	杨德标：《安徽含山县出土的商周青铜器》，《文物》1992年第5期
1989年含山孙戚村出土	戈、瓶	商代前期	杨德标：《安徽含山县出土的商周青铜器》，《文物》1992年第5期
1958年在枞阳县浮山乡出土	铜鼎1	西周	安徽大学等编：《安徽江淮地区商周青铜器》，文物出版社，2014年
1987年7月在枞阳县周潭乡七井村出土	方彝1	商代晚期	方国祥：《安徽枞阳出土一件青铜方彝》，《文物》1991年第6期
1992年5月枞阳横埠镇官塘村出土	重环纹鼎	西周晚期	安徽大学等编：《安徽江淮地区商周青铜器》，文物出版社，2014年；安徽大学历史系、枞阳县文物管理所编著：《枞阳商周青铜器》，安徽大学出版社，2018年
枞阳横埠镇官塘村出土	兽面纹尊	西周早期	安徽大学等编：《安徽江淮地区商周青铜器》，文物出版社，2014年；安徽大学历史系、枞阳县文物管理所编著：《枞阳商周青铜器》，安徽大学出版社，2018年
1983年金寨县斑竹园出土	"父乙"铭鬲、"父癸"铭爵、"父乙"铭斝、"父戊"铭爵、兽面纹尊	商代晚期~西周早期	安徽大学等编：《安徽江淮地区商周青铜器》，文物出版社，2014年；安徽大学历史系、枞阳县文物管理所编著：《枞阳商周青铜器》，安徽大学出版社，2018年

出土铜器时间地点	铜器种类	时代	资料出处
1987年7月15日霍邱县叶集镇贯山村出土	小型甬钟	西周中晚期	安徽大学等编：《安徽江淮地区商周青铜器》，文物出版社，2014年；安徽大学历史系、枞阳县文物管理所编著：《枞阳商周青铜器》，安徽大学出版社，2018年
1965年于蚌埠市废铜收购站收购	饕餮纹爵	商代中期	安徽大学等编：《安徽江淮地区商周青铜器》，文物出版社，2014年；安徽大学历史系、枞阳县文物管理所编著：《枞阳商周青铜器》，安徽大学出版社，2018年
1965年从蚌埠市土产站废品仓库宿县购回	分档铭文鼎	商代晚期	安徽大学等编：《安徽江淮地区商周青铜器》，文物出版社，2014年；安徽大学历史系、枞阳县文物管理所编著：《枞阳商周青铜器》，安徽大学出版社，2018年
1976年5月蚌埠市废旧物资公司拣选	铜罍	商代晚期	安徽大学等编：《安徽江淮地区商周青铜器》，文物出版社，2014年；安徽大学历史系、枞阳县文物管理所编著：《枞阳商周青铜器》，安徽大学出版社，2018年
1984年10月在天长县于洼乡文物普查时征集	三足匜	西周晚期	陈建国：《安徽天长县出土西周青铜匜》，《考古》1986年第6期
1973年，庐江县泥河区农民挖河时发现	兽面纹铙	商代晚期	安徽大学等编：《安徽江淮地区商周青铜器》，文物出版社，2014年
1978年3月，由庐江县泥河区盆头公社农民取土发现	盘口盉、蝉纹鼎	西周晚期	安徽大学等编：《安徽江淮地区商周青铜器》，文物出版社，2014年
1955年在潜山县出土	兽面纹铙	商代晚期	安徽大学等编：《安徽江淮地区商周青铜器》，文物出版社，2014年
1978年在太湖县寺前区寺前河出土	"父辛"铭爵	商代晚期～西周早期	《安徽省志·文物志》
太湖县弥陀镇出土	甬钟	西周前期	安徽大学等编：《安徽江淮地区商周青铜器》，文物出版社，2014年
2006年望江县赛口镇南畈村出土	"酉"字爵、扁足鼎各1	商代晚期	未见著录，藏于望江县文管所
1984年3月，在舒城县古城乡金墩村西周墓中出土	"父辛"铭爵、铜觚	商代晚期～西周早期	安徽大学等编：《安徽江淮地区商周青铜器》，文物出版社，2014年
肥西县四合乡出土	云纹鼎	西周晚期	安徽大学等编：《安徽江淮地区商周青铜器》，文物出版社，2014年
巢湖市联合村出土	甬钟	西周中期	安徽大学等编：《安徽江淮地区商周青铜器》，文物出版社，2014年
霍邱县叶集镇出土	甬钟	西周中期	安徽大学等编：《安徽江淮地区商周青铜器》，文物出版社，2014年
长丰县义井乡出土	甬钟	西周中期	安徽大学等编：《安徽江淮地区商周青铜器》，文物出版社，2014年
来安县顿丘山遗址出土	方座簋、素面甗	西周前期	安徽大学等编：《安徽江淮地区商周青铜器》，文物出版社，2014年

出土铜器时间地点	铜器种类	时代	资料出处
定远县天河出土	扁腹盉、窃曲纹鼎	西周晚期	安徽大学等编：《安徽江淮地区商周青铜器》，文物出版社，2014年
霍山县城关镇出土	凤纹尊	西周前期	安徽大学等编：《安徽江淮地区商周青铜器》，文物出版社，2014年
舒城县城墩出土	四瓣目纹觚	晚商	安徽大学等编：《安徽江淮地区商周青铜器》，文物出版社，2014年
舒城县古城乡出土	父辛爵	晚商前期	安徽大学等编：《安徽江淮地区商周青铜器》，文物出版社，2014年
庐江县福元乡出土	兽面纹爵	商末周初	安徽大学等编：《安徽江淮地区商周青铜器》，文物出版社，2014年
1984年霍山佛子岭	铜斝	商代早期	杨立新：《安徽淮河流域夏商时期古代文化》，《文物研究（第五辑）》，黄山书社，1989年
太湖县晋熙镇出土	兽面纹爵	中商	安徽大学等编：《安徽江淮地区商周青铜器》，文物出版社，2014年
太湖县刘畈乡出土	兽面纹爵	晚商前期	安徽大学等编：《安徽江淮地区商周青铜器》，文物出版社，2014年
岳西县冶溪乡出土	兽面纹爵2	晚商	安徽大学等编：《安徽江淮地区商周青铜器》，文物出版社，2014年
潜山县彰法山出土	铜爵、兽面纹连体甗	晚商早期	安徽大学等编：《安徽江淮地区商周青铜器》，文物出版社，2014年
潜山县彰法山出土	兽面纹尊2、弦纹爵、弦纹觯	西周早期	安徽大学等编：《安徽江淮地区商周青铜器》，文物出版社，2014年
潜山县梅城镇出土	弦纹鼎	西周前期	安徽大学等编：《安徽江淮地区商周青铜器》，文物出版社，2014年
寿县苍陵城	铙、钺、斝	晚商前期	安徽大学等编：《安徽江淮地区商周青铜器》，文物出版社，2014年
滁州鼓楼街出土	銎内戈	晚商前期	安徽大学等编：《安徽江淮地区商周青铜器》，文物出版社，2014年
宿松县乔木乡出土	鸟纹鼎	西周前期	安徽大学等编：《安徽江淮地区商周青铜器》，文物出版社，2014年
无为县襄安镇出土	窃曲纹鼎	西周晚期	安徽大学等编：《安徽江淮地区商周青铜器》，文物出版社，2014年
宿松县隘口乡出土	兽面纹鼎	晚商	安徽大学等编：《安徽江淮地区商周青铜器》，文物出版社，2014年
桐城市桃园乡出土	重环纹鼎	西周晚期	安徽大学等编：《安徽江淮地区商周青铜器》，文物出版社，2014年
仪征破山口	四凤盘、鱼龙纹盘、饕餮纹甗、素面鬲、素面独耳鬲、云纹尊、鸟纹尊、方格纹瓿、凤纹盉	西周晚期	王志敏、韩益之：《介绍江苏仪征过去发现的几件西周青铜器》，《文物参考资料》1956年第12期；尹焕章：《仪征破山口探掘出土铜器记略》，《文物》1960年第4期；张敏：《破山口青铜器三题》，《东南文化》2002年第6期
沭阳万北	青铜戈、矛、铲、锛，采集鼎	商代晚期	谷建祥、尹增淮：《江苏沭阳万北遗址试掘的初步收获》，《东南文化》1988年第2期
浦口长山子	青铜鼎1、鬲3等	西周晚期	南京市文物保管委员会：《南京浦口出土一批青铜器》，《文物》1980年第8期

附表二　宁镇皖南地区遗址、墓葬及铜器统计表

一　遗址及墓葬			
遗址名称	地理位置	时代	资料出处
南京太岗寺	南京市西南	新砦期至夏代早期、晚商一期至西周初期	江苏省文物工作队太岗寺工作组：《南京西善桥太岗寺遗址的发掘》，《考古》1962年第3期
南京北阴阳营	南京市	新砦期至夏代早期、早商二期至西周初期	南京博物院：《北阴阳营——新石器时代及商周时期遗址发掘报告》，文物出版社，1993年
南京锁金村	南京市	晚商一期至西周初期	李鉴昭：《南京锁金村发现的新石器时代遗址》，《考古通讯》1956年第7期；南京博物院：《南京锁金村第一、二次发掘报告》，《考古学报》1957年第3期
南京窨子山	南京市南郊	晚商至西周初期	江苏文物古迹通览
南京安怀村	中央门外	新砦期至夏代早期、晚商一期至西周初期	南京博物院：《南京安怀村古遗址发掘简报》，《考古》1957年第5期
南京鲤鱼山	栖霞区	晚商一期至西周初期	南京市博物馆：《栖霞区鲤鱼山遗址发掘》，江苏考古（2012～2013），南京出版社，2015年
江宁昝庙	南京城南27千米	夏、晚商至西周初	江苏省考古学会年会学术论文1983年
江宁点将台	东郊汤山镇西北8千米	新砦期至夏代早期、中商二期至西周初	南京博物院：《江宁汤山点将台遗址》，《东南文化》1987年第3期
江宁前岗	湖熟镇南面秦淮河两岸的高岗上	中晚商至周初	南京博物院：《记湖熟镇发现史前遗址》，《文物参考资料》第二卷七期
江宁老鼠墩	湖熟镇西1.5千米	新砦期至夏代早期、晚商一期至三期	南京博物院：《记湖熟镇发现史前遗址》，《文物参考资料》第二卷七期
江宁曹家边	老鼠墩遗址东500米	新砦期至夏代早期、晚商一期至周初	南京博物院：《江宁湖熟曹家边遗址考古发掘报告》，《穿越宜溧山地——宁杭高铁江苏段考古发掘报告》第1～31页，科学出版社，2013年
江宁小丹阳镇小埂头和大埂头	陶吴镇南7千米	商至周初	一丁：《江宁小丹阳镇发现古代遗址》，《东南文化》1988年增刊1
溧水乌山	1974年发掘的岗沿山D1有墓葬1座，1975年发掘的岗沿山D2有1座，1976～1977年发掘的D3有1座，1978年发掘的D4有2座，1975年发掘的乌山西山有1座	西周前期～春秋	刘兴、吴大林：《江苏溧水发现西周墓》，《考古》1976年第4期274页；镇江市博物馆：《江苏溧水、丹阳西周墓发掘简报》，《考古》1985年第8期；镇江博物馆：《江苏溧水乌山西周二号墓的清理》，《文物资料丛刊·2》，文物出版社，1978年；刘兴、吴大林：《江苏溧水县柘塘、乌山土墩墓的清理》6辑；吴大林：《江苏溧水出土的几批青铜器》，《考古》1986年第3期
溧水宽广墩	溧水县城南和风乡黄家村	西周晚期～春秋早期	刘建国、吴大林：《江苏溧水宽广墩墓出土器物》，《文物》1985年第12期
溧水柘塘蔡家山	溧水县城西北，一墩4墓，被破坏	西周晚期、春秋晚期	刘兴、吴大林：《江苏溧水县柘塘、乌山土墩墓的清理》6辑
溧水二塘头	白马镇二塘头村	晚商一期至晚商三期	徐州博物馆：《江苏溧水二塘头遗址发掘简报》，《东南文化》2012年第6期

遗址名称	地理位置	时代	资料出处
高淳顾陇马粟、永宁苗圃	县城东北30千米，北临溧水，东接溧阳	第一、二期分别相当于西周中期至春秋早期	南京博物院：《江苏高淳县顾陇、永宁土墩墓发掘简报》，《文物资料丛刊·6》，文物出版社，1982年
高淳朝墩头	高淳县城东固城镇	夏代、西周中期	谷建祥：《高淳县朝墩头新石器时代至周代遗址》，《中国考古学年鉴·1990》，文物出版社，1991年
镇江左湖	丹徒西南1千米	新砦期至夏代早期、晚商四期至周初、西周前期～春秋早期	南京博物院、镇江博物馆：《江苏镇江市左湖遗址发掘简报》，《考古》2000年第4期
镇江孙家村	丁岗镇西南，北距长江10千米	西周前期～春秋晚期	南京博物院等：《江苏镇江孙家村遗址2015～2016年发掘简报》，《考古》2018年第6期
镇江马脊墩	大港华山村南，北为沿江山脉	西周中晚期高等级墓，出土青铜车马器	镇江博物馆：《江苏镇江大港华山马脊墩土墩墓发掘简报》，《东南文化》2015年第3期
镇江丁家村	润州区韦岗镇红旗村丁家组	新砦期至夏代早期、中商一期至西周前中期、春秋早期	镇江博物馆、复旦大学文史研究院：《江苏镇江丁家村遗址发掘简报》，《东南文化》2017年第1期；镇江博物馆编著：《镇江丁家村遗址》，江苏大学出版社，2017年
镇江松子头	润州区袁家檀山村西	商晚期～西周中期	司红伟：《镇江松子头遗址试掘报告》，镇江博物馆：《镇江台形遗址》，江苏大学出版社，2015年
镇江东神墩	丁岗镇留村小留自然村东约300米，和断山墩内涵一致	西周中期至西周晚期，素面鬲为主	许鹏飞：《镇江东神墩遗址发掘报告》，镇江博物馆：《镇江台形遗址》，江苏大学出版社，2015年
镇江马迹山	镇江市东北郊	新砦期至早商、晚商至四期西周初期	镇江博物馆：《镇江市马迹山遗址的发掘》，《文物》1983年第11期；镇江博物馆：《江苏镇江马迹山遗址第二次发掘简报》，《东南文化》2015年第1期
镇江大港乌龟墩	大港东南1千米	西周中晚期	镇江博物馆：《镇江大港乌龟墩遗址发掘简报》，徐湖平主编：《东方文明之韵——吴文化国际学术研讨会论文集》，岭南美术出版社，2000年
镇江谏壁月湖乌龟山	谏壁镇东南300米	晚商一期至西周初期、西周晚期至春秋早期	镇江博物馆：《镇江谏壁月湖乌龟山遗址发掘报告》，徐湖平主编：《东方文明之韵——吴文化国际学术研讨会论文集》，岭南美术出版社，2000年
镇江葛村癞鼋墩	葛村西	商末至西周晚期	南京博物院：《江苏丹徒葛村新石器时代遗址探掘记》，《考古通讯》1957年第5期
镇江葛村文昌阁	葛村西	商末至西周初	南京博物院：《江苏丹徒葛村新石器时代遗址探掘记》，《考古通讯》1957年第5期
镇江赵家窑团山	高资镇东南3千米	夏代、早商二期至中商三期、晚商四期至春秋中期	团山考古队：《江苏丹徒赵家窑团山遗址》，《东南文化》1989年第1期
镇江龙脉团山	西南市郊七里甸南1千米	商晚西周春秋	司红伟：《镇江龙脉团山遗址勘探、试掘报告》，镇江博物馆：《镇江台形遗址》，江苏大学出版社，2015年
镇江磨盘墩遗址	镇江市东28千米，北为江，东2千米为烟墩山土墩墓	商晚期至西周	南京博物院、丹徒县文教局：《江苏丹徒磨盘墩遗址发掘报告》，《史前研究》1985年第2期

遗址名称	地理位置	时代	资料出处
镇江磨盘墩土墩墓	镇江市东28千米，北为江，东3千米为烟墩山土墩墓	西周前期	张祖方等：《江苏丹徒磨盘墩周墓发掘简报》，《考古》1985年第11期
镇江断山墩	镇江市京口区丁岗镇	新砦期至夏代早期、晚商四期至春秋前期	邹厚本、宋建等：《丹徒断山墩遗址发掘纪要》，《东南文化》1990年第5期
镇江四脚墩土墩墓	丹徒镇西南1千米	西周前期至春秋	镇江博物馆：《丹徒镇四脚墩西周土墩墓发掘报告》，《东南文化》1989年第4/5期；《中国文物报》1992年3月8日；1992年年鉴；南京博物院、镇江博物馆：《江苏丹徒四脚墩土墩墓第二次发掘简报》，《考古》2007年第10期
镇江四脚墩遗址	丹徒镇西南1千米	西周前期至春秋	《中国考古学年鉴·1992》，文物出版社，1994年
镇江烟墩山土墩墓	烟墩山M1；位于大港东北3千米，墓主可能为周章，即虞侯夨；当时共3座墓，另两座可能为附葬墓	西周前期	江苏省文管会：《江苏丹徒烟墩山出土的古代青铜器》，《文物参考资料》1955年第5期；《江苏丹徒烟墩山西周墓及附葬坑出土的小器物补充材料》，《文物参考资料》1956年第1期
镇江东烟墩山土墩墓	烟墩山M2；有石床	西周前期	丹徒考古队：《江苏丹徒大港土墩墓发掘报告》，《文物》1987年第5期；肖梦龙：《江苏丹徒大港烟墩山二号墓的发掘与研究》，《江苏社联通讯》1988年第1期
镇江母子墩	大港镇南；有最大石床，平地起封；仅有原始瓷器和青铜器。墓主可能为周章之子熊遂	西周早期偏晚或中期之初	镇江博物馆：《江苏丹徒大港母子墩西周铜器墓的发掘》，《文物》1984年第5期
镇江大港双墩	位于大港西3.2千米，D1M1有石床；D2M1堆筑	西周前期至西周晚期	丹徒考古队：《江苏丹徒大港土墩墓发掘报告》，《文物》1987年第5期；南京博物院、镇江博物馆：《镇江大港双墩二号墩发掘报告》，镇江博物馆编：《印记与重塑——镇江博物馆考古报告集（2001～2009）》，江苏大学出版社，2010年
镇江大港上聂家村馒儿墩	烟墩山南800米，有墓坑	西周中晚期。有可能早到西周前期	镇江博物馆：《镇江大港馒儿墩西周墓及春秋墓发掘简报》，徐湖平主编：《东方文明之韵——吴文化国际学术研讨会论文集》，岭南美术出版社，2000年
镇江石桥华山大笆斗墩	大港镇东南；挖浅坑和堆筑土坑，有棺椁和梓宫建筑	西周后期偏早	南京博物院、镇江博物馆、丹徒县文教局：《江苏丹徒横山、华山土墩墓发掘报告》，《文物》2000年第9期
镇江石桥华山小笆斗墩	大港镇东南；堆筑竖穴土坑带墓道	西周前期偏晚	南京博物院、镇江博物馆、丹徒县文教局：《江苏丹徒横山、华山土墩墓发掘报告》，《文物》2000年第9期
镇江横山馒儿墩	大港东2千米，堆筑竖穴土坑	两周之交	南京博物院、镇江博物馆、丹徒县文教局：《江苏丹徒横山、华山土墩墓发掘报告》，《文物》2000年第9期
镇江石家墩	丹徒东南与丹阳交界处，为土坑墓，有鬃漆棺木，仅有原始瓷器。已受太湖地区的影响	西周中晚期	镇江博物馆：《江苏丹徒县石家墩西周墓》，《考古》1984年第8期
镇江薛家村大墩、边墩	丹徒区辛丰镇星棋村西南；有鬲	西周晚期	镇江博物馆：《江苏丹徒薛家村大墩、边墩土墩墓发掘简报》，《东南文化》2011年第3期

遗址名称	地理位置	时代	资料出处
镇江鬼山	镇江市南郊官塘桥镇山头山村东北侧	西周晚期至春秋早期	镇江博物馆：《镇江官塘桥镇鬼山遗址发掘报告》，镇江博物馆编：《印记与重塑——镇江博物馆考古报告集（2001~2009）》，江苏大学出版社，2010年
镇江十亩山	断山墩遗址东800米	西周中晚期	镇江博物馆：《镇江十亩山遗址发掘报告》，镇江博物馆编：《印记与重塑——镇江博物馆考古报告集（2001~2009）》，江苏大学出版社，2010年
丹阳葛城	珥陵镇祥里村南葛城组	西周中期至春秋晚期	镇江博物馆：《丹阳葛城遗址勘探试掘简报》，镇江博物馆编：《印记与重塑——镇江博物馆考古报告集（2001~2009）》，江苏大学出版社，2010年；南京博物院等：《江苏丹阳葛城遗址考古勘探与发掘简报》，《东南文化》2010年第5期
丹阳神河头	珥陵镇祥里村神河头组	西周中期至战国早期	南京博物院等：《江苏丹阳神河头遗址发掘简报》，《东南文化》2010年第5期
丹阳泰山溢洪河	丹阳县城东，均为长方形竖穴土坑	D1为西周前期；D2为西周晚期~春秋早期	南京博物院等：《丹阳市泰山溢洪河一、二号土墩墓》，《东南文化》1994年增刊（二号）
丹阳大夫墩	丹阳县城西北。先筑圜丘，再挖小坑，堆筑大墓坑，使用了大量石块	西周晚期~春秋早期	南京博物院等：《丹阳市河阳大夫墩发掘报告》，《东南文化》1994年增刊（二号）
丹阳青墩山	丹阳县城西南部。附近为凤凰山遗址	西周晚期	施玉平、杨再年：《丹阳青墩山西周墓》，《东南文化》1991年增刊1
丹阳王家山	丹阳火车站北500米	新砦期至夏代早期、晚商四期至西周初期	镇江博物馆：《江苏丹阳王家山遗址发掘简报》，《考古》1985年第5期
丹阳凤凰山	丹阳城南偏西3.5千米麦溪镇姜巷村	新砦期至夏代早期、晚商四期至春秋晚期	凤凰山考古队：《江苏丹阳凤凰山遗址发掘报告》，《东南文化》1990年第1/2期；镇江博物馆、丹阳市文化局：《丹阳凤凰山遗址第二次发掘》，《东南文化》2002年第3期；李永军：《丹阳凤凰山遗址第三次考古发掘报告》，镇江博物馆编：《镇江台形遗址》，江苏大学出版社，2015年
丹阳三城巷	丹阳县城东6千米	新砦期至夏代早期、西周晚期~春秋早期	三城巷考古队：《丹阳市三城巷遗址发掘报告》，《东南文化》1994年增刊（二号）；镇江博物馆：《丹阳市三城巷遗址第二次发掘报告》，《东南文化》2008年第5期
丹阳贺家山	丹阳城东北6.5千米	西周晚期~春秋中期	贺家山考古队：《丹阳市贺家山遗址发掘报告》，《东南文化》1994年增刊（二号）
丹阳沈家山	大泊镇高楼村孔家	西周晚期~春秋中晚期	沈家山考古队：《丹阳市沈家山遗址》，《东南文化》1994年增刊（二号）
丹阳墩头山	丹阳市西南麦溪镇南	西周晚期~春秋前期	施玉平、王书敏、杨再年：《江苏丹阳墩头山遗址调查与试掘》，《考古》1993年第8期
丹阳大仙墩	丹阳县城西部，只出土硬陶坛和原始瓷豆	西周前期	镇江市博物馆：《江苏溧水、丹阳西周墓发掘简报》，《考古》1985年第8期
丹阳马家双墩	丹阳开发区胡桥集镇南	西周中晚期	镇江博物馆：《江苏丹阳马家双墩D1发掘简报》，《东南文化》2017年第3期；镇江博物馆等：《江苏镇江丹阳马家双墩D2发掘简报》，《东南文化》2017年第1期

遗址名称	地理位置	时代	资料出处
句容寨花头	天王镇农林村浮山北坡	西周前期～春秋	南京博物院:《江苏句容寨花头土墩墓D2、D6发掘简报》,《文物》2007年第7期;南京博物院等:《句容寨花头土墩墓群发掘报告》,文物出版社,2019年
句容、金坛土墩墓群	句容县南天王镇和金坛薛埠镇	句容为西周前期～春秋;金坛为商代中期、西周晚期至春秋	南京博物院等:《江苏句容及金坛市周代土墩墓》,《考古》2006年第7期;南京博物院:《金坛薛埠土墩墓群发掘报告》,文物出版社,2019年
句容浮山果园	1974年发掘的D1有墓葬16座,1975年发掘的D2有8座,1977年发掘的D3有12座,D4有5座,D5有3座,D9有4座,D24有5座;各墩内墓葬时代有早晚差别,可以作为典型的分期与类型,2005年又发掘了一次	西周早期～春秋末期	南京博物院:《江苏句容浮山果园西周墓》,《考古》1977年第5期;镇江博物馆:《江苏句容浮山果园土墩墓》,《考古》1979年第2期;南京博物院:《江苏句容浮山果园土墩墓》,《文物资料丛刊·6》,文物出版社,1982年;南京博物院等:《句容浮山果园土墩墓群发掘报告》,文物出版社,2019年
句容鹅毛岗	天王镇北2.5千米	西周晚期～春秋	镇江博物馆:《江苏句容鹅毛岗土墩墓D2发掘简报》,《东南文化》2012年第5期;镇江博物馆:《江苏句容鹅毛岗土墩墓D1发掘简报》,《江汉考古》2013年第2期;镇江博物馆编著:《句容鹅毛岗土墩墓发掘报告》,江苏大学出版社,2013年
句容三台阁	城区	夏代早期	《江苏考古五十年》,南京出版社,2000年
句容丁沙地	南京龙潭镇南3.5千米	新石器时代晚期、夏代晚期,岳石文化因素	南京博物院考古研究所:《江苏句容丁沙地遗址第二次发掘简报》,《文物》2001年第5期;南京博物院:《江苏句容丁沙地遗址试掘钻探简报》,《东南文化》1990年1/2期合刊
句容城头山	句容县城东北5千米	新砦期至夏代早期、早商二期至春秋早期	镇江市博物馆:《江苏句容城头山遗址试掘简报》,《考古》1985年第4期
句容白蟒台	县城南20千米的虬山水库内,葛村南3.5千米,浮山果园东北7千米	晚商一期至西周初期	镇江博物馆:《江苏句容白蟒台遗址试掘》,《考古与文物》1985年第3期
句容孙山头	县城东北6千米,发现湖熟文化和吴文化的21座墓葬	夏代早期、商代、西周、春秋早期	纪仲庆:《句容县孙山头遗址》,《中国考古学年鉴·1984》,文物出版社,1984年
句容东岗头	郭庄镇甲山村东岗头村	晚商一期至西周初期	南京博物院等:《句容东岗头遗址2005年考古发掘报告》,科学出版社,2016年
句容城上村	城区北5千米,黄梅镇城上村南	新砦期至夏代早期、中晚商至西周初期	南京博物院、江苏句容博物馆:《城上村遗址考古调查勘探报告》,《南方文物》2013年第2期;陈钰等:《江苏句容城上村遗址2014年考古勘探与发掘简报》,《东南文化》2021年第1期
溧阳神墩	社渚镇孔村	新砦期至夏代、晚商一至三期、西周中晚期	南京博物院等:《溧阳神墩》,文物出版社,2016年
溧阳庙山	天目湖区吴村大队桃园村庙山山脊上	西周晚期至春秋中期	南京博物院、镇江博物馆:《溧阳天目湖庙山土墩墓发掘报告》,镇江博物馆编:《印记与重塑——镇江博物馆考古报告集(2001～2009)》,江苏大学出版社,2010年
溧阳水西	南渡镇水西茶场	西周晚期至春秋中期	常州博物馆:《溧阳水西土墩墓群发掘简报》,南京博物院编著:《穿越宜溧山地——宁杭高铁江苏段考古发掘报告》,科学出版社,2013年

遗址名称	地理位置	时代	资料出处
金坛鳖墩M1	金坛城东2千米。周围有其他土墩，应为2墓	西周晚期	镇江市博物馆：《江苏金坛鳖墩西周墓》，《考古》1978年第3期
金坛上水村D2	薛埠镇西5千米上水村西北	中商、西周晚期	南京博物院考古所：《江苏金坛县薛埠镇上水土墩墓群二号墩发掘简报》，《考古》2008年第2期
金坛新浮	薛埠镇新浮村南侧，北距上水D2约500米	中商二期至晚商三期	南京博物院：《江苏金坛薛埠新浮遗址的试掘》，《考古》2008年第10期
武进淹城龙墩	内有墓葬6座，都有长方形墓坑。淹城西部，周围还有千家墩、屠家墩、头墩等，有的有墓坑，有的没有。龙墩出土一件原始青瓷鼎	西周晚期～春秋早期	王岳群：《江苏武进淹城龙墩墓葬发掘简报》，《东南文化》2005年第3期
武进淹城	湖塘镇，武进市区西	西周中晚期至春秋中期	南京博物院等：《淹城——1958～2000年考古发掘报告》，科学出版社，2014年
武进乌墩	东青乡张家湾村东首	西周晚期	乌墩考古队：《武进乌墩遗址发掘报告》，南京博物院编：《通古达今之路——宁沪高速公路（江苏段）考古发掘报告文集》，《东南文化》增刊（二号），1994年
江阴花山	云亭镇花山村东南	晚商至西周中期	江阴花山遗址联合考古队：《江阴花山夏商文化遗址》，《东南文化》2001年第9期
江阴佘城	花山遗址东	商末至西周中期	江阴佘城遗址联合考古队：《江阴佘城遗址试掘简报》，《东南文化》2001年第9期
马鞍山五担岗	霍里镇丰收村窑头自然村西北200米	新砦期至夏代早期、早商二期至西周、春战	安徽省文物考古研究所：《马鞍山五担岗》，文物出版社，2016年；水涛等：《安徽省马鞍山市五担岗遗址发掘简报》，《东南文化》2012年第6期
马鞍山邓家山	马鞍山东16千米霍里镇杨坝村大栗树东南	夏代早期、西周	《江苏考古五十年》，南京出版社，2000年
马鞍山烟墩山	市郊雨山区佳山乡平山村烟墩村	新砦期至夏代、岳石文化因素、西周中晚期	《中国考古学年鉴·2004》，文物出版社，2005年
马鞍山杨坝村	市区东16千米	商～周	《中国考古学年鉴·1986》，文物出版社，1988年
马鞍山釜山	新市乡釜山小学内	夏、西周	《江苏考古五十年》，南京出版社，2000年
马鞍山毕家山	马鞍山市雨山区银塘镇宝庆村竿子自然村东南侧	夏、晚商一期至西周中晚期	安徽省文物考古研究所2009年发掘资料
马鞍山申东	马鞍山市经济技术开发区银塘镇前进村小安自然村	新砦期至夏代早期、中商至西周	叶润清、罗虎：《安徽马鞍山市申东商周遗址考古发掘收获》，《中国文物报》2013年11月8日第8版
马鞍山小山	雨山区银塘镇宝庆村竿子自然村东侧，北距采石河路约1.2千米	西周中晚期	安徽省文物考古研究所2010年发掘资料；《中国考古学年鉴·2011》，文物出版社，2012年
马鞍山孤山	雨山区银塘镇前进村秦坳村民组	西周中晚期	安徽省文物考古研究所2010年发掘资料；《中国考古学年鉴·2011》，文物出版社，2012年
当涂船里山	姑孰镇松塘村尹家自然村，姑溪河支流环绕	夏代早期；西周晚期	安徽省文物考古研究所、当涂县文物管理所：《安徽当涂船里山遗址发掘简报》，《东南文化》2018年第3期
当涂汤家楼窑墩	太白镇汤家楼村南山前冲积平原上	新砦期至夏代早期	中国国家博物馆、安徽省文物考古研究所：《安徽省当涂县姑溪河流域区域系统调查简报》，《东南文化》2014年第5期
当涂杨塘坟	城关镇灵墟村杨塘坟自然村南300米	夏代～两周之际	

遗址名称	地理位置	时代	资料出处
芜湖凤凰嘴	弋江区火龙岗镇新义村吕老自然村南约50米，东南距漳河故道约200米	广富林文化、钱山漾文化	安徽省文物考古研究所2014～2015年发掘资料；《中国考古学年鉴·2016》，中国社会科学出版社，2017年
郎溪欧墩	钟桥乡李家村南	夏代、岳石文化因素，晚商～春秋	宋永祥：《安徽郎溪欧墩遗址调查报告》，《考古》1989年第3期
郎溪磨盘山	飞鲤镇幸福社区新法村磨盘山自然村西	夏代晚期、岳石文化因素，晚商一期至三期、西周中晚期	南京大学2015、2016年发掘资料
郎溪建平土墩墓群	建平镇开发区东西5千米38墩	西周中晚期至春秋	安徽省文物局资料
南陵牯牛山城址	县城东2千米	西周中期偏早～西周晚期或春秋初期	《中国考古学年鉴·1999》，文物出版社，2001年；周崇云：《江南水城和它的主人——南陵牯牛山遗址与千峰山土墩墓群》，《安徽考古》，安徽文艺出版社，2011年
南陵甘宁城	县城北3千米家发乡泉塘村	西周中晚期	《安徽省志·文物志》，第28页
南陵千峰山	县城东南9千米，除D16位2墓外，余均为1墓	西周中期～晚期	安徽省文物考古研究所：《安徽南陵千峰山土墩墓》，《考古》1989年第3期
南陵龙头山	县城南三里镇牌楼行政村与漳西行政村，一墓43座，两墓3座	西周晚期	安徽省文物考古研究所等：《安徽南陵龙头山西周土墩墓群发掘简报》，《文物》2013年第10期
南陵牌楼土墩墓群	三里镇牌楼行政村与漳西行政村交界处的丘陵地带	西周中晚期；与千峰山内涵一致	安徽省文物考古研究所2010年发掘资料
宣州棋盘崔村土墩墓	棋盘乡崔村边	西周晚期至春秋早期	宣城市博物馆：《宣州棋盘崔村土墩墓出土器物》，《文物研究（第十四辑）》，黄山书社，2005年
芜湖南陵古铜矿	分布在大工山周围的33处古铜矿遗址。有周代冶炼遗址12处，江木冲遗址周围还有周代土墩墓分布。周代冶炼遗址都近水源，较远离采矿遗址。这时期，铜业已相当兴盛	西周中晚期～春秋	安徽省文物考古研究所、南陵县文物管理所：《安徽南陵县古铜矿采冶遗址调查与试掘》，《考古》2002年第2期
铜陵师姑墩	义安区钟鸣镇长龙村，南近黄浒河支流闸河，北邻鲶鱼山，南面数千米的山区即为长江下游最大的铜矿带	夏代早期偏晚、中商三期至晚商三期、西周	安徽省文物考古研究所：《安徽铜陵县师姑墩遗址发掘简报》，《考古》2013年第6期；安徽省文物考古研究所等：《铜陵师姑墩》，文物出版社，2020年
铜陵夏家墩、神墩遗址	铜陵县钟鸣镇长龙行政村桂唐自然村，西南距师姑墩遗址1千米和1.5千米	西周前期～春秋早期	安徽省文物考古研究所等：《安徽铜陵夏家墩、神墩遗址发掘简报》，《江汉考古》2015年第6期
铜陵铜矿遗址	发现29处古铜矿遗址。先秦有7处冶炼，1处采矿遗址	先秦铜业中木鱼山冶炼可上限为商末周初，其他均为西周，下限到春秋	安徽省文物考古研究所、铜陵市文物管理所：《安徽铜陵市古代铜矿遗址调查》，《考古》1993年第6期；张国茂：《安徽铜陵地区古矿、冶遗址调查报告》，《东南文化》1988年第6期

遗址名称	地理位置	时代	资料出处
皖南古铜矿		主要为西周早期～春秋时期，最早可延续到商代末期	《东南文化》1988年第3/4期；1988年第6期；杨立新：《皖南古代铜矿的发现及其历史价值》，《东南文化》1991年第2期；刘平生：《南陵古铜矿考古再获新成果》，《东南文化》1990年第3期
繁昌平铺土墩墓群	位于县城东南25千米	西周中晚期	杨鸠霞：《安徽省繁昌县平铺土墩墓》，《考古》1990年第2期
繁昌万牛墩土墩墓群	南陵千峰山土墩墓群西	西周中晚期	繁昌县第三次文物普查土墩墓专项调查组：《安徽繁昌县土墩墓综合调查报告》，《文物研究（第18辑）》，科学出版社，2011年
繁昌瓜墩	平铺镇官塘村	西周中晚期	《中国考古学年鉴·2005》，文物出版社，2006年
繁昌鹭鸶墩遗址	峨山乡沈弄村东北1华里的台地上	西周晚期	《2006年度南方考古新发现》，《南方文物》2007年第4期
宁国官山	县城西北5.5千米，铁路东南500米	西周中晚期～春秋	安徽省文物考古研究所：《安徽宁国市官山西周遗址的发掘》，《考古》2000年第11期
宁国安友	市区西南3千米，千亩村安友庄，西周时期土墩墓13座	西周晚期	安徽省文物考古研究所：《安徽宁国市安友西周古墓群发掘简报》，《文物研究（第十四辑）》，黄山书社，2005年
广德莫村	广德县双河乡花园村	西周中晚期	广德县文物管理所：《广德县莫村遗址调查》，《文物研究（第十二辑）》，黄山书社，2000年
广德下阳	梨山乡下阳村笔架山东麓、下阳河南岸	西周晚期	《安徽省志·文物志》，第29页

二　铜器地点

出土铜器时间地点	铜器种类	时代	资料出处
1975年句容葛村	铜钺1	商代晚期	杨正宏、肖梦龙编：《镇江出土吴国青铜器》，文物出版社，2008年
1975年句容赤山湖河道内	铜戈1	商代晚期	杨正宏、肖梦龙编：《镇江出土吴国青铜器》，文物出版社，2008年
1976年句容后白	铜戈1	商代晚期	杨正宏、肖梦龙编：《镇江出土吴国青铜器》，文物出版社，2008年
1973年江宁	三羊罍1	商代晚期	《江苏考古五十年》，南京出版社，2000年
1974年江宁横溪出土	铜大铙1	商代晚期	《江苏考古五十年》，南京出版社，2000年；南波：《介绍一件青铜铙》，《文物》1975年第8期
丹徒大港烟墩山宜侯墓	鼎、簋、鬲、盂、盉、觚、盘、角状器等12件，另外有车马器等	西周早期	江苏省文管会：《江苏丹徒烟墩山出土的古代青铜器》，《文物参考资料》1955年第5期；《江苏丹徒烟墩山西周墓及附葬坑出土的小器物补充材料》，《文物参考资料》1956年第1期
丹徒大港母子墩墓	青铜礼器有雷纹鼎、云形鸟纹鼎、雷纹鬲、双兽首耳簋、伯簋、高筒尊、鸳鸯形尊、提梁卣、飞鸟盖壶；另外兵器矛、叉、镞、镦和车马器达数百件	西周早期偏晚或中期之初	镇江博物馆：《江苏丹徒大港母子墩西周铜器墓的发掘》，《文物》1984年第5期

出土铜器时间地点	铜器种类	时代	资料出处
丹徒磨盘墩 土墩墓	尊、匜以及车马器等76件	西周晚期～春秋早期	南京博物院、丹徒县文管会：《江苏丹徒磨盘墩周墓发掘简报》，《考古》1985年第11期
丹阳司徒 窖藏青铜器	共26件，其中鼎11，簋7，尊4，盘3，瓿1。附近有较多的土墩墓和周代遗址。大多具有地方特色	有西周早期的，多数是西周中期的，不晚于春秋早期	镇江市博物馆：《江苏丹阳出土的西周青铜器》，《文物》1980年第8期
1978年7月出土于溧阳县上沛公社	铜鼎2	西周晚期	镇江博物馆刘兴：《镇江地区近年出土的青铜器》，《文物资料丛刊·5》，文物出版社，1981年
1974年溧阳夏桥公社夏村在建设粮库时出土	铜爵1、铜尊1	西周早期	镇江博物馆刘兴：《镇江地区近年出土的青铜器》，《文物资料丛刊·5》，文物出版社，1981年
1966年出土于溧阳县社渚公社西南4千米许大山界	三足大铜盘2	西周晚期	镇江博物馆刘兴：《镇江地区近年出土的青铜器》，《文物资料丛刊·5》，文物出版社，1981年
1966年4月出土于高淳县顾陇公社	铜鼎1	西周晚期	镇江博物馆刘兴：《镇江地区近年出土的青铜器》，《文物资料丛刊·5》，文物出版社，1981年
1973年10月出土于高淳县双塔公社贺家村大队	铜鼎1	西周晚期	镇江博物馆刘兴：《镇江地区近年出土的青铜器》，《文物资料丛刊·5》，文物出版社，1981年
1973年高淳县废品回收站	铜簋	西周早期	镇江博物馆刘兴：《镇江地区近年出土的青铜器》，《文物资料丛刊·5》，文物出版社，1981年
1972年出土于高淳县青山公社	铜鼎1	西周晚期	镇江博物馆刘兴：《镇江地区近年出土的青铜器》，《文物资料丛刊·5》，文物出版社，1981年
1974年高淳县东坝出土	铜簋	西周早期	镇江博物馆刘兴：《镇江地区近年出土的青铜器》，《文物资料丛刊·5》，文物出版社，1981年
1978年高淳县东坝出土	铜簋	西周早期	镇江博物馆刘兴：《镇江地区近年出土的青铜器》，《文物资料丛刊·5》，文物出版社，1981年
1974年高淳县青山茶场三工区	勾鑃2、甬钟2	西周晚期～春秋早期	镇江博物馆刘兴：《镇江地区近年出土的青铜器》，《文物资料丛刊·5》，文物出版社，1981年
1974年高淳县顾陇乡松溪大队	勾鑃8	西周晚期～春秋早期	镇江博物馆刘兴：《镇江地区近年出土的青铜器》，《文物资料丛刊·5》，文物出版社，1981年
1971年高淳县顾陇乡下大路村出土	鼎2、尊、剑、镞7	西周早中期	镇江博物馆刘兴：《镇江地区近年出土的青铜器》，《文物资料丛刊·5》，文物出版社，1981年
1974年溧水县废品回收部门	铜提梁卣	西周早期	镇江博物馆刘兴：《镇江地区近年出土的青铜器》，《文物资料丛刊·5》，文物出版社，1981年
1977年出土于溧水县白马公社	铜鼎1	西周晚期	镇江博物馆刘兴：《镇江地区近年出土的青铜器》，《文物资料丛刊·5》，文物出版社，1981年
1978年溧水县废品回收部门	铜簋	西周早期	镇江博物馆刘兴：《镇江地区近年出土的青铜器》，《文物资料丛刊·5》，文物出版社，1981年
1961年8月丹徒县辛丰乡申子墩出土	青铜盘	西周晚期	镇江博物馆刘兴：《镇江地区近年出土的青铜器》，《文物资料丛刊·5》，文物出版社，1981年

出土铜器时间地点	铜器种类	时代	资料出处
溧水乌山一、二号墓	一号墓出土铜鼎1件。二号墓铜器有方鼎、卣、盘、戈四件	西周早期	刘兴、吴大林:《江苏溧水发现西周墓》,《考古》1976年第4期274页;镇江博物馆:《江苏溧水乌山西周二号墓的清理》,《文物资料丛刊·2》,文物出版社,1978年
1981年溧水宽广墩土墩墓	鼎、卣、匜、簋、镂孔盘等青铜器多件	西周晚期	刘建国、吴大林:《江苏溧水宽广墩墓出土器物》,《文物》1985年第12期;《江苏考古五十年》,南京出版社,2000年;吴大林:《江苏溧水出土的几批青铜器》,《考古》1986年第3期
马鞍山市郊区出土	勾连云纹铙	商代晚期	安徽大学、安徽省文物考古研究所:《皖南商周青铜器》,文物出版社,2006年
当涂县出土	单耳窃曲纹鼎、云雷纹匜、弦纹鬲	西周晚期	同上;王俊:《介绍皖南当涂出土的几件青铜器》,《东南文化》1988年第6期
1981年8月繁昌孙村镇梅冲村征集	铜鼎	西周晚期	陈衍麟:《安徽繁昌征集的青铜器》,《东南文化》1988年第6期
1972年,繁昌县孙村镇窑上出土	铜鼎3、匜、戈、凿、矛各1,共7件	西周晚期	安徽大学、安徽省文物考古研究所:《皖南商周青铜器》,文物出版社,2006年
繁昌县城汤家山出土	斜角云纹连体甗、方鼎、甬钟,共13件	西周晚期	安徽省文物工作队等:《安徽繁昌出土一批春秋青铜器》,《文物》1982年第12期;张爱冰、陆勤毅:《繁昌汤家山出土青铜器的年代及其相关问题》,《文物》2010年第12期
繁昌县荻岗镇天保村出土	弦纹鼎	西周晚期	安徽大学、安徽省文物考古研究所:《皖南商周青铜器》,文物出版社,2006年
繁昌县赤沙乡新塘出土	曲柄盉	西周晚期	安徽大学、安徽省文物考古研究所:《皖南商周青铜器》,文物出版社,2006年;安徽博物院编著:《江淮群舒青铜器》,文物出版社,2013年
1979年铜陵县钟鸣乡出土	龙柄盉、雷纹鼎	西周晚期	安徽大学、安徽省文物考古研究所:《皖南商周青铜器》,文物出版社,2006年;安徽博物院编著:《江淮群舒青铜器》,文物出版社,2013年
1988年在铜陵县顺安镇出土	兽足甗、夔龙纹鼎	西周早期	该甗同河南安阳殷墟妇好墓出土的妇好甗形制相似;安徽省地方志编纂委员会编:《安徽省志·文物志》,1998年
1983年12月铜陵县西湖镇童墩村	饕餮纹爵1、饕餮纹斝1	商代早期	安徽大学、安徽省文物考古研究所:《皖南商周青铜器》,文物出版社,2006年
铜陵县西湖镇轮窑厂出土	夔龙纹鼎	西周	安徽大学、安徽省文物考古研究所:《皖南商周青铜器》,文物出版社,2006年
铜陵市区出土	变形夔龙纹鼎、甬钟2	西周	安徽大学、安徽省文物考古研究所:《皖南商周青铜器》,文物出版社,2006年;张爱冰著:《群舒文化研究》,上海古籍出版社,2018年
铜陵县朝山村出土	弦纹鼎	西周	安徽大学、安徽省文物考古研究所:《皖南商周青铜器》,文物出版社,2006年;张爱冰著:《群舒文化研究》,上海古籍出版社,2018年
铜陵市凤凰山出土	夔龙纹鼎	西周	安徽大学、安徽省文物考古研究所:《皖南商周青铜器》,文物出版社,2006年;张爱冰著:《群舒文化研究》,上海古籍出版社,2018年

出土铜器时间地点	铜器种类	时代	资料出处
铜陵市金口岭出土	重环纹鼎、甬钟、曲柄盉	西周	安徽大学、安徽省文物考古研究所：《皖南商周青铜器》，文物出版社，2006年；张爱冰著：《群舒文化研究》，上海古籍出版社，2018年
铜陵县顺安镇出土	弦纹连体甗	西周	安徽大学、安徽省文物考古研究所：《皖南商周青铜器》，文物出版社，2006年；张爱冰著：《群舒文化研究》，上海古籍出版社，2018年
1981年10月，在宣城县孙埠镇正兴村西周铜器窖藏出土	涡纹铜鬲、重环纹铜鼎、龙纹钟、环带纹铜鼎	西周晚期	王爱武：《安徽宣城出土的青铜器》，《文物》2007年第2期
宣城市宣州区养贤乡石山村出土	云纹铙	商代晚期	安徽大学、安徽省文物考古研究所：《皖南商周青铜器》第1页，文物出版社，2006年
1985年5月郎溪宣郎广茶场出土	绳耳云纹鼎	商代二里冈期晚段	宋永祥：《安徽郎溪县发现的西周铜鼎》，《文物》1987年第10期
郎溪县出土	镂孔瓴形器	西周晚期	安徽大学、安徽省文物考古研究所：《皖南商周青铜器》，文物出版社，2006年
1986年芜湖市火龙岗镇新义村韩墩出土	波曲纹铜鼎、匜	西周晚期	安徽大学、安徽省文物考古研究所：《皖南商周青铜器》，文物出版社，2006年
芜湖市出土	龙纹匜、曲柄盉	西周晚期	安徽大学、安徽省文物考古研究所：《皖南商周青铜器》，文物出版社，2006年
南陵县葛林乡千峰山出土	雷纹鼎、变形雷纹鼎	西周	安徽省文物考古研究所：《安徽南陵千峰山土墩墓》，《考古》1989年第3期；同上
南陵县三里乡白云村出土	变形兽纹鼎	西周	安徽大学、安徽省文物考古研究所：《皖南商周青铜器》，文物出版社，2006年
南陵县三里乡西枫村出土	变形夔龙纹鼎、窃曲纹鼎	西周	安徽大学、安徽省文物考古研究所：《皖南商周青铜器》，文物出版社，2006年
南陵县戴镇池庙村出土	弦纹鼎	西周	安徽大学、安徽省文物考古研究所：《皖南商周青铜器》，文物出版社，2006年
南陵县家发乡长山出土	弦纹鼎、曲柄盉	西周	安徽大学、安徽省文物考古研究所：《皖南商周青铜器》，文物出版社，2006年
南陵县出土	变形夔龙纹鼎	西周	安徽大学、安徽省文物考古研究所：《皖南商周青铜器》，文物出版社，2006年
南陵县绿岭乡团结村出土	龙耳尊	西周	安徽大学、安徽省文物考古研究所：《皖南商周青铜器》，文物出版社，2006年
屯溪弈棋土墩墓	8座墓107件	西周前期至春秋	李国梁主编：《屯溪土墩墓发掘报告》，安徽人民出版社，2006年
1982年4月黄山区乌石乡杨村出土	大型甬钟	西周中晚期	安徽大学、安徽省文物考古研究所：《皖南商周青铜器》第1页，文物出版社，2006年
青阳龙岗西周墓	县城西南部，出土青铜器20件	西周晚期	石谷风：《青阳出土的西周晚期青铜器》，《安徽文博》1983年总第3期；张爱冰：《皖南沿长江地区周代铜器研究》，《考古学报》2013年第4期
1975年东至县梅城河改道工程中出土于赤头段	牛首耳青铜罍	商代晚期～西周早期	张北进：《安徽东至县发现一件青铜罍》，《文物》1990年第11期

附表三　鄂东南地区遗址、墓葬及铜器统计表

一　遗址及墓葬			
遗址名称	地理位置	时代	资料出处
蕲春易家山	蕲春县城西2.5千米的易家山和李家山两个相邻的土丘范围内	西周中晚期	湖北省文物管理委员会：《湖北圻春易家山新石器时代遗址调查简报》，《考古通讯》1956年第3期；湖北省文物管理委员会：《湖北圻春易家山新石器时代遗址》，《考古》1960年第5期
蕲春毛家嘴	县城东北30千米毛家嘴村西	西周早期（带有商晚期的特点）	中国科学院考古研究所湖北发掘队：《湖北蕲春毛家咀西周木构建筑》，《考古》1962年第1期
蕲春鳜鱼咀	横车区铺咀乡	西周中晚期	黄冈地区博物馆：《黄冈地区的几处古文化遗址》，《江汉考古》1989年第1期
蕲春田家塆	花园乡汪坝村	西周中晚期	黄冈地区博物馆：《黄冈蕲水流域古遗址调查》，《江汉考古》1994年第3期
蕲春苏湾	狮子乡苏湾村	西周早中期	黄冈地区博物馆：《黄冈蕲水流域古遗址调查》，《江汉考古》1994年第3期
蕲春回龙湾	狮子乡苏湾村	西周中晚期	黄冈地区博物馆：《黄冈蕲水流域古遗址调查》，《江汉考古》1994年第3期
蕲春樟树咀	张塝镇魏河村	西周中晚期	黄冈地区博物馆：《黄冈蕲水流域古遗址调查》，《江汉考古》1994年第3期
蕲春胡坝街	刘河乡胡坝村	西周中晚期	黄冈地区博物馆：《黄冈蕲水流域古遗址调查》，《江汉考古》1994年第3期
蕲春有蟠龙	大公乡严浪村	西周中晚期	黄冈地区博物馆：《黄冈蕲水流域古遗址调查》，《江汉考古》1994年第3期
浠水安山	浠水县洗马镇北2.5千米下罗田村	西周早中期	黄冈地区博物馆：《黄冈蕲水流域古遗址调查》，《江汉考古》1994年第3期
浠水龟金山	堰桥乡沿圈河村	西周中晚期	黄冈地区博物馆：《黄冈蕲水流域古遗址调查》，《江汉考古》1994年第3期
浠水片街	清泉镇人桥村	西周晚期	黄冈地区博物馆：《湖北黄冈浠水流域古文化遗址调查》，《江汉考古》1995年第1期
浠水黄龙寨	余堰乡大港口村	西周晚期	黄冈地区博物馆：《湖北黄冈浠水流域古文化遗址调查》，《江汉考古》1995年第1期
浠水黄山	竹瓦镇周埠村西南500米	西周晚期	黄冈地区博物馆：《湖北黄冈巴水流域部分古文化遗址》，《考古》1995年第10期
浠水寨山	竹瓦镇周埠村	西周中晚期	黄冈地区博物馆：《湖北黄冈巴水流域部分古文化遗址》，《考古》1995年第10期
浠水砚池山	巴河镇东南仓山村	商晚、西周中晚期	黄冈地区博物馆：《湖北黄冈巴水流域部分古文化遗址》，《考古》1995年第10期
浠水忠三湾	浠水县清泉镇壕地村	西周	席奇峰、岑东明等：《湖北浠水县忠三湾遗址2010年发掘报告》，《江汉考古》2011年第S1期
浠水社屋山	浠水县兰溪镇六神湾村	西周中期	许静思、岑东明等：《湖北浠水县社屋山遗址调查简报》，《江汉考古》2011年第S1期
浠水金瓶山	浠水县城关西8千米处的清凉镇麻园村	周代	陈小兵、王再东等：《浠水金瓶山遗址发掘简报》，《江汉考古》2011年第S1期
浠水王湾山	浠水县清泉镇杨树沟村	周代	王再东、叶映红等：《浠水王湾山遗址发掘简报》，《江汉考古》2011年第S1期
团风马坳	但店乡捉马岗村	商晚期、西周中晚期	王再东、叶映红等：《浠水王湾山遗址发掘简报》，《江汉考古》2011年第S1期

遗址名称	地理位置	时代	资料出处
团风笼子山	上巴河镇窑上村	西周早期（有1件完整鬲）	王再东、叶映红等：《浠水王湾山遗址发掘简报》，《江汉考古》2011年第S1期
团风寨上	王家店乡朱家湾村	商中晚期、西周中晚期	王再东、叶映红等：《浠水王湾山遗址发掘简报》，《江汉考古》2011年第S1期
黄冈果儿山、墩子山	团风县北淋山河镇附近	西周	黄冈地区博物馆：《黄冈地区几处古文化遗址》，《江汉考古》1989年第1期
英山郭家湾	县城西北石镇区郭家湾村	西周晚期	黄冈地区博物馆：《黄冈地区几处古文化遗址》，《江汉考古》1989年第1期
英山白石坳	县城城关桥南端	西周中晚期	黄冈地区博物馆：《黄冈地区几处古文化遗址》，《江汉考古》1989年第1期
英山子垅畈	距浠水上游支流西河的右岸30米	西周晚期	黄冈地区博物馆：《湖北黄冈浠水流域古文化遗址调查》，《江汉考古》1995年第1期
英山大旗畈	过路滩乡大槐树坪村	西周中晚期	黄冈地区博物馆：《湖北黄冈浠水流域古文化遗址调查》，《江汉考古》1995年第1期
英山胡家墩	杨柳镇东南1.5千米胡家墩村	商晚期、西周中晚期	黄冈地区博物馆：《湖北黄冈浠水流域古文化遗址调查》，《江汉考古》1995年第1期
英山窑咀	温泉镇南冲畈村	西周晚期	黄冈地区博物馆：《湖北黄冈浠水流域古文化遗址调查》，《江汉考古》1995年第1期
英山溜儿湾	南河镇东1.5千米瓦寺前河村	西周中期	黄冈地区博物馆：《湖北黄冈浠水流域古文化遗址调查》，《江汉考古》1995年第1期
英山大地坪	南河镇南500米关口村	西周中期	黄冈地区博物馆：《湖北黄冈浠水流域古文化遗址调查》，《江汉考古》1995年第1期
英山黄祖祠	方咀乡窑坳村南300米	西周中晚期	黄冈地区博物馆：《湖北黄冈浠水流域古文化遗址调查》，《江汉考古》1995年第1期
罗田庙山岗	三里畈镇南1.2千米张家湾村	西周中晚期~西周晚期	周国平：《罗田庙山岗遗址发掘》，《江汉考古》1991年第4期；湖北省文物考古研究所、黄冈地区博物馆、罗田县文管所：《湖北罗田庙山岗遗址发掘报告》，《考古》1994年第9期
罗田李家咀	白莲河乡尤家咀村东南	西周中晚期	周国平：《罗田庙山岗遗址发掘》，《江汉考古》1991年第4期；湖北省文物考古研究所、黄冈地区博物馆、罗田县文管所：《湖北罗田庙山岗遗址发掘报告》，《考古》1994年第9期
罗田榨山	三里畈镇朱源洞村	西周中晚期	黄冈地区博物馆：《湖北黄冈巴水流域部分古文化遗址》，《考古》1995年第10期
黄冈市胡家寨	堵城乡胡家寨村附近的牛角山	西周中晚期	方政文：《黄冈县堵城乡发现新石器时代遗址》，《文物参考资料》1957年第5期
黄冈市螺蛳山	县城北12千米堵城镇北1千米	西周早中晚期	中国科学院考古研究所湖北发掘队：《湖北黄冈螺蛳山遗址的探掘》，《考古》1962年第7期；湖北黄冈地区博物馆：《湖北黄冈螺蛳山遗址墓葬》，《考古学报》1987年第3期
黄梅乌龟山	县城西10.5千米大河镇北部	商代中晚期	中国社会科学院考古研究所湖北工作队、黄梅县博物馆：《湖北黄梅县考古调查简报》，《考古》1994年第6期
黄梅荷叶山	在乌龟山东500米	西周中晚期	中国社会科学院考古研究所湖北工作队、黄梅县博物馆：《湖北黄梅县考古调查简报》，《考古》1994年第6期

遗址名称	地理位置	时代	资料出处
黄梅钓鱼嘴	大河镇西北2.6千米	商代中晚期	中国社会科学院考古研究所湖北工作队、黄梅县博物馆：《湖北黄梅县考古调查简报》，《考古》1994年第6期
黄梅杨家坳	大河镇西北3千米	西周中晚期	中国社会科学院考古研究所湖北工作队、黄梅县博物馆：《湖北黄梅县考古调查简报》，《考古》1994年第6期
黄梅柯墩	县城东北8.5千米染铺村北	西周早中期	中国社会科学院考古研究所湖北工作队、黄梅县博物馆：《湖北黄梅县考古调查简报》，《考古》1994年第6期
黄梅张山	杉木乡西北3.6千米	西周	中国社会科学院考古研究所湖北工作队、黄梅县博物馆：《湖北黄梅县考古调查简报》，《考古》1994年第6期
黄梅意生寺	濯港镇西北2.5千米胡六桥村	夏代晚期、商代早期、西周早期	湖北省文物考古研究所纪南城工作站：《湖北黄梅意生寺遗址发掘报告》，《江汉考古》2006年第4期
黄梅金城寨	王枫乡东北李埂村西南	西周中晚期	中国社会科学院考古研究所湖北工作队、黄梅县博物馆：《湖北黄梅县考古调查简报》，《考古》1994年第6期
黄梅柳塘	苦竹乡东南100米	商中晚期、西周早中期	中国社会科学院考古研究所湖北工作队、黄梅县博物馆：《湖北黄梅县考古调查简报》，《考古》1994年第6期
黄梅焦墩	白湖乡东北5千米张城村	西周中期	《中国考古学年鉴·1994》，文物出版社，1997年
麻城县岐亭镇	县城南岐亭镇的南门外	西周晚期	高应勤：《麻城县岐亭镇发现古文化遗址》，《文物参考资料》1957年第12期
麻城梅家墩	馆驿镇熊寨村	西周晚期	《中国考古学年鉴·2006》，文物出版社，2007年
麻城吊尖	南湖办事处凡固垸村	西周中晚期	湖北省文物考古研究所、麻城市博物馆：《湖北麻城吊尖遗址发掘简报》，《江汉考古》2008年第1期
麻城桃园岗	馆驿镇喻家岗村	西周晚期	《中国考古学年鉴·2006》，文物出版社，2007年
麻城栗山岗	松鹤乡五里桥村	商、西周	黄冈地区博物馆：《黄冈地区几处古文化遗址》，《江汉考古》1989年第1期
麻城丁家坳	木子店镇丁家坳村	西周中晚期（有相当于夏代的指窝纹鼎足）	黄冈地区博物馆：《湖北黄冈巴水流域部分古文化遗址》，《考古》1995年第10期
麻城余家寨	麻城市北4千米的城关镇红市堰村	西周	吴晓松、洪刚：《湖北省麻城余家寨遗址调查简报》，《江汉考古》2006年第3期
麻城罗家墩	麻城市宋埠镇新田铺村	周代	麻城市博物馆：《麻城罗家墩遗址调查简报》，《江汉考古》1993年第3期
麻城女王城	麻城市宋埠镇红梅山村	西周、东周	周国平、洪刚：《京九铁路（红安、麻城段）文物调查》，《江汉考古》1993年第3期
麻城陈家寨	麻城市中驿镇陈家寨村	西周	周国平、洪刚：《京九铁路（红安、麻城段）文物调查》，《江汉考古》1993年第3期
红安柯家墩	红安县柯家墩村	西周	周国平、洪刚：《京九铁路（红安、麻城段）文物调查》，《江汉考古》1993年第3期

遗址名称	地理位置	时代	资料出处
红安县金盆	新寨乡	西周晚期	湖北省文物管理处：《湖北红安金盆遗址的探掘》，《考古》1960年第4期
红安张家河寨墩	二程区桐柏乡	西周中晚期	黄冈地区博物馆：《黄冈地区几处古文化遗址》，《江汉考古》1989年第1期
黄陂鲁台山	县城关镇东	商代二里冈期、西周初年成康昭穆时期	黄陂县文化馆、孝感地区博物馆、湖北省博物馆：《湖北黄陂鲁台山两周遗址与墓葬》，《江汉考古》1982年第2期
黄陂盘龙城		二里头文化晚期、商早中期、西周	湖北省文物考古研究所：《盘龙城——1963～1994年考古发掘报告》，文物出版社，2001年；近些年江汉考古发表的新近发掘的系列文章
武昌神墩	豹澥乡北1.5千米九龙村	西周中晚期	武汉市文物管理处文物普查队：《武昌县豹澥、湖泗古文化遗址调查简报》，《江汉考古》1984年第1期
武昌枫墩庙	豹澥乡西北1.5千米新保村	西周中晚期	武汉市文物管理处文物普查队：《武昌县豹澥、湖泗古文化遗址调查简报》，《江汉考古》1984年第1期
武昌铜墩	湖泗乡张林村	西周中晚期	武汉市文物管理处文物普查队：《武昌县豹澥、湖泗古文化遗址调查简报》，《江汉考古》1984年第1期
新洲香炉山	阳逻镇西北5千米的香炉山	商代（殷墟早期）、西周	武汉大学历史系考古教研室、武汉市博物馆、新洲县文化馆：《湖北新洲香炉山遗址（南区）发掘简报》，《江汉考古》1993年第1期
大冶铜绿山	大冶市铜绿山镇	商代晚期始	铜绿山考古发掘队：《湖北铜绿山春秋战国古矿井遗址发掘简报》，《考古》1975年第2期；黄石市博物馆：《铜绿山古矿冶遗址》，文物出版社，1999年12月版
大冶上罗村	西北4千米为铜绿山	西周晚期	黄石市博物馆：《大冶上罗村遗址试掘简报》，《江汉考古》1983年第4期
大冶牌坊	金湖乡栖儒村	西周晚期	黄石市博物馆：《大冶金湖古文化遗址调查》，《江汉考古》1994年第3期
大冶摇罗山	牌坊遗址南	西周晚期	黄石市博物馆：《大冶金湖古文化遗址调查》，《江汉考古》1994年第3期
大冶茅陈垴	摇罗山遗址西	西周中晚期	黄石市博物馆：《大冶金湖古文化遗址调查》，《江汉考古》1994年第3期
大冶蟹子地	下陆区西南1千米罗桥镇	西周中晚期	黄石市博物馆：《大冶古文化遗址考古调查》，《江汉考古》1984年第4期
大冶眠羊地	金湖乡眠羊地水库东侧的许家湾	晚商～西周	黄石市博物馆：《大冶古文化遗址考古调查》，《江汉考古》1984年第4期
大冶古塘墩	茗山乡南1.5千米	晚商～西周	黄石市博物馆：《大冶古文化遗址考古调查》，《江汉考古》1984年第4期
大冶李河	矿山乡李河村	晚商～西周	黄石市博物馆：《大冶古文化遗址考古调查》，《江汉考古》1984年第4期
大冶老猪林	大箕铺乡刘逊村	西周	大冶县博物馆：《大冶三处古遗址调查》，《江汉考古》1986年第4期
大冶鼓墩垴	大箕铺乡叶家庄村	西周	大冶县博物馆：《大冶三处古遗址调查》，《江汉考古》1986年第4期
大冶大谷垴	鼓墩垴东南2千米	西周晚期	大冶县博物馆：《大冶三处古遗址调查》，《江汉考古》1986年第4期

遗址名称	地理位置	时代	资料出处
大冶五里界城及周围地区		商周	湖北省文物考古研究所编：《大冶五里界——春秋城址与周围遗址考古报告》，科学出版社，2006年
大冶香炉山	大冶市金牛镇东南	商周时期	王文平、席奇峰等：《湖北大冶市香炉山遗址调查简报》，《江汉考古》2015年第2期
武穴方家墩	余川乡	西周中晚期	黄冈地区博物馆：《黄冈地区的几处古文化遗址》，《江汉考古》1989年第1期
武穴李木港	花桥镇花桥村	西周	湖北省黄黄公路考古队：《黄黄公路考古调查》，《江汉考古》1996年第2期
武穴苏懂	大金镇舒冲村	西周	湖北省黄黄公路考古队：《黄黄公路考古调查》，《江汉考古》1996年第2期
武穴四方地	大金镇刘元干村	西周	湖北省黄黄公路考古队：《黄黄公路考古调查》，《江汉考古》1996年第2期
阳新县大路铺	白沙镇平原乡土库村	晚商～西周	湖北省文物考古研究所、阳新县博物馆：《阳新大路铺遗址东区发掘简报》，《江汉考古》1992年第3期；付守平：《阳新县大路铺新石器时代至战国遗址》，《中国考古学年鉴·2004》，文物出版社，2005年；湖北省文物考古研究所等编著：《阳新大路铺》，文物出版社，2013年
阳新县和尚垴	白沙铺乡东南0.5千米	晚商～西周	咸宁地区博物馆、阳新县博物馆：《阳新县和尚垴遗址调查简报》，《江汉考古》1984年第4期
阳新古矿井	富池镇南10千米港下村	西周早期以后	港下古铜矿遗址发掘小组：《湖北阳新古矿井遗址发掘报告》，《考古》1988年第1期

二　铜器地点

出土铜器时间地点	铜器种类	时代	资料出处
浠水县城东北白石乡星光村	铜瓿、铜斝	西周早期或更早	刘长苏、陈恒树：《湖北浠水发现两件铜器》，《考古》1965年第7期
1975年，浠水县朱店乡出土	铜盘2	西周早期	叶向荣：《浠水县出土西周有铭铜盘》，《江汉考古》1985年第1期
2008年浠水巴河	编钟4	西周	岑东明、陈小兵等：《浠水县发现周代青铜甬钟》，《江汉考古》2008年第4期
黄陂鲁台山周围遗址	铜爵	西周早期	黄陂县文化馆、孝感地区博物馆、湖北省博物馆：《湖北黄陂鲁台山两周遗址与墓葬》，《江汉考古》1982年第2期
黄陂鲁台山西周墓葬	圆鼎、方鼎、瓿、簋、爵、尊、觯、觚等	西周早期	黄陂县文化馆、孝感地区博物馆、湖北省博物馆：《湖北黄陂鲁台山两周遗址与墓葬》，《江汉考古》1982年第2期
黄陂盘龙城	400多件青铜器	早中商	湖北省文物考古研究所：《盘龙城——1963～1994年考古发掘报告》，文物出版社，2001年
1979年春黄陂县枹桐乡红进村出土	觚3、爵1	商代晚期	熊卜发、鲍方铎：《黄陂出土的商代晚期青铜器》，《江汉考古》1986年第4期
1979年春黄陂县罗汉乡夏店村出土	爵2	商代晚期	熊卜发、鲍方铎：《黄陂出土的商代晚期青铜器》，《江汉考古》1986年第4期
黄陂县柏木港	斝1	殷墟二期	《文物考古工作三十年》第298页，文物出版社，1979年

出土铜器时间地点	铜器种类	时代	资料出处
汉阳纱帽山出土	铜尊	商代早期	谭维四主编：《湖北出土文物精华》第50页"天兽御"尊，湖北教育出版社，2001年
1966年汉阳永安乡出土	方彝	殷墟二期	《汉阳县竹林嘴出土的商代晚期青铜方彝》，《江汉考古》1980年第1期
团风县王家坊乡蓼叶嘴村下窑嘴商代墓葬	青铜礼器瓴、爵、斝酒器一套，外加铜瓿、铜鬲各一	商代前期	黄冈地区博物馆、黄州市博物馆：《湖北黄州市下窑咀商墓发掘简报》，《文物》1993年第6期
1975年鄂城陈林寨出土	夔纹爵（有"冈，父已"三字铭文	商代晚期	李学勤：《谈盂方鼎及其他》，《文物》1997年第12期
1967年鄂城碧石出土	爵（有"凵，祖丙"三字铭文	商代晚期	鄂城县博物馆：《湖北鄂城县沙窝公社出土青铜爵》，《考古》1982年第2期
鄂州徐家湾	多件瓴、爵、斝	殷墟二期	未见著录，藏于鄂州博物馆
1996年4月蕲春新屋塆	盂方鼎5、圆鼎1、斗1	商代晚期～西周初期	黄冈市博物馆：《湖北蕲春达城新屋塆青铜器窖藏》，《文物》1997年第12期
1984年武穴市长江江底打捞	青铜乐器25件	西周晚期～春秋早期	湖北省博物馆、广济县文化馆：《湖北广济发现一批周代甬钟》，《江汉考古》1984年第4期
阳新县白沙乡刘荣山	铜镜	商代晚期	咸宁地区博物馆、阳新县博物馆：《阳新县和尚垴遗址调查简报》，《江汉考古》1984年第4期
1987年阳新县星潭乡郭家坑村出土窖藏	铜鼎1、铜斧53	鼎为西周早期并经过多次使用，铜斧为春秋战国时期	王善才、费世华：《湖北阳新新发现一处青铜器窖藏》，《文物》1993年第8期
1974年阳新白沙乡刘荣山	铜铙	商代晚期	咸宁地区博物馆：《湖北省阳新县出土两件青铜铙》，《文物》1981年第1期
1974年大冶港湖	夔纹提梁卣	殷墟二期	梅正国等：《湖北大冶罗桥出土商周铜器》，《文物资料丛刊·5》，文物出版社，1981年

附表四　赣鄱地区遗址、墓葬及铜器统计表

一　遗址			
遗址名称	地理位置	时代	资料出处
南昌邓家山	市区昌北开发区青岗村	西周早期	江西省文物考古研究所、江西省南昌市博物馆：《江西南昌青岚村邓家山遗址考古发掘简报》，《南方文物》2007年第3期
樟树筑卫城	清江县大桥乡东南3千米	新石器时代晚期、商中晚期、西周中晚期	江西省博物馆、北京大学历史系考古专业、清江县博物馆：《清江筑卫城遗址发掘简报》，《考古》1976年第6期；江西省博物馆、清江县博物馆、厦门大学历史系考古专业：《江西清江筑卫城遗址第二次发掘》，《考古》1982年第2期
樟树樊城堆	三桥乡庙下村旁	新石器时代晚期、商中晚期、西周中晚期	江西省文物工作队、清江县博物馆、中山大学考古专业：《清江樊城堆遗址发掘简报》，《考古与文物》1989年第2期；清江县博物馆：《江西清江樊城堆遗址试掘》，《考古学集刊·1》，中国社会科学出版社，1981年
樟树彭家山	樟树市山前乡南、皮家村后山	西周早中期	江西省文物考古研究所、江西省樟树市博物馆：《江西樟树彭家山西周遗址发掘简报》，《南方文物》1999年第3期
樟树吴城	市区西南吴城乡吴城村	商代中晚期	江西省文物考古研究所、樟树市博物馆：《吴城——1973～2002年考古发掘报告》，科学出版社，2005年
樟树大城	山前乡西南山中村	商代晚期、西周中晚期	江西省文物考古研究所：《清江山前遗址调查简报》，《南方文物》1989年第1期
樟树凤凰山	山前乡堆上村西300米	商代晚期	江西省文物考古研究所：《清江山前遗址调查简报》，《南方文物》1989年第1期
樟树狮子山	山前乡东南2.5千米	商代晚期	江西省文物考古研究所：《清江山前遗址调查简报》，《南方文物》1989年第1期；傅冬根：《清江县商周遗址调查纪要》，《南方文物》1986年第1期
樟树国字山	筑卫城城址正西约300米	新石器时代晚期至商周	徐长青等：《江西樟树国字山墓地考古调查勘探简报》，《文物》2020年第3期
樟树"五七"干校车库西	樟树市筑卫城遗址周边	商周	张建仕等：《江西清江盆地区域考古调查简报（2011～2012年度）》，《南方文物》2012年第4期
樟树筑卫城东南岗、南岗、铜鼓岭、茶盘山、门前山、摇钱尾、龙骨山、陈家山、夫田龙虎山	樟树市筑卫城遗址周边	新石器时代晚期至商周	张建仕等：《江西清江盆地区域考古调查简报（2011～2012年度）》，《南方文物》2012年第4期
樟树拖箕尾、杨村、龙骨山、摇钱垴、摇钱垴下、南坑、社口里、泉口岭、老山、中塘山、付家垴、上埠邹家山、应祭垴、大家口	樟树市筑卫城遗址周边	商周	张建仕等：《江西清江盆地区域考古调查简报（2011～2012年度）》，《南方文物》2012年第4期
樟树邹家山、沔下山	樟树市筑卫城遗址周边	西周	张建仕等：《江西清江盆地区域考古调查简报（2011～2012年度）》，《南方文物》2012年第4期
樟树原种场北山、沔下笆箕窝	樟树市筑卫城遗址周边	商	张建仕等：《江西清江盆地区域考古调查简报（2011～2012年度）》，《南方文物》2012年第4期

遗址名称	地理位置	时代	资料出处
樟树冷水坑、龙虎山、中塘里	樟树市筑卫城遗址周边	周代	张建仕等：《江西清江盆地区域考古调查简报（2011～2012年度）》，《南方文物》2012年第4期
樟树庵山里	樟树市山前乡吴城水库西北面	新石器时代晚期到西周	张建仕：《江西樟树庵山里遗址调查》，《南方文物》2001年第3期
高安下陈	下陈乡西北1.5千米	夏晚期	《高安下陈遗址的调查》，《文物工作资料》1976年第6期；肖锦秀：《高安商周文化遗址调查》，《南方文物》2004年第4期
上高狮子垴	敖山农场晏家村西南	新晚、商代中晚期～西周	上高县博物馆：《上高县发现九处古文化遗址》，《南方文物》1982年第4期
上高鸬鹚岭	泗溪乡中宅村东300米	商晚～西周	上高县博物馆：《上高县发现九处古文化遗址》，《南方文物》1982年第4期
上高蛤蟆石	敖山农场罗家村	西周	上高县博物馆：《上高县发现九处古文化遗址》，《南方文物》1982年第4期
上高庙背	泗溪公社熊家村	西周	上高县博物馆：《上高县发现九处古文化遗址》，《南方文物》1982年第4期
上高余家山	水口公社河里大队北	西周	上高县博物馆：《上高县发现九处古文化遗址》，《南方文物》1982年第4期
上高新桥头	敖山农场新桥西	西周	上高县博物馆：《上高县发现九处古文化遗址》，《南方文物》1982年第4期
上高曹港	泗溪公社曹港大队西	西周晚～春秋	上高县博物馆：《上高县发现九处古文化遗址》，《南方文物》1982年第4期
上高木鱼垴	泗溪公社曹港大队窝溪村北	西周晚～春秋	上高县博物馆：《上高县发现九处古文化遗址》，《南方文物》1982年第4期
上高顾城垴	锦江公社临江大队南200米	西周	上高县博物馆：《上高县发现九处古文化遗址》，《南方文物》1982年第4期
万载下窝	仙源乡新市村西北	商晚期	万载县博物馆：《万载县商周遗址调查》，《江西历史文物》1986年第2期
万载榨树窝遗址和墓葬	仙源乡新市村西北	商晚期	万载县博物馆：《万载县商周遗址调查》，《江西历史文物》1986年第2期；《中国考古学年鉴·1984》，文物出版社，1984年
万载狮子垴	高城乡高城村	西周	万载县博物馆：《万载县商周遗址调查》，《江西历史文物》1986年第2期
万载徐家垴	县城东北徐家垴上	西周	万载县博物馆：《万载县商周遗址调查》，《江西历史文物》1986年第2期
万载船形垴	县城西南船形山上	西周	万载县博物馆：《万载县商周遗址调查》，《江西历史文物》1986年第2期
万载井窝里墓葬群	仙源乡山枣村	西周	万载县博物馆：《万载县商周遗址调查》，《江西历史文物》1986年第2期
万载天子坳墓群	赤兴乡皂下村天子坳上	西周	万载县博物馆：《万载县商周遗址调查》，《江西历史文物》1986年第2期
万载罗城	万载罗城徐家垴	商周	建生等：《万载县罗城发现商周遗址》，《江西历史文物》1982年第4期
宜丰县船形山、蒋坪山	宜丰县花桥镇	西周	漆跃庆：《宜丰县发现一处古文化遗址》，《江西历史文物》1981年第2期
宜丰秋形垴	宜丰县天宝村辛联村	商周吴城二期偏晚	赖祖龙等：《江西宜丰县秋形垴商周遗址发掘简报》，《南方文物》2009年第2期

遗址名称	地理位置	时代	资料出处
新余拾年山	渝水区水北镇北	西周，商因素少	李家和、徐长青：《新余市拾年山新石器时代及商周遗址》，《中国考古学年鉴·1990》，文物出版社，1991年
新余珠珊斜里	渝水区珠珊乡斜里村	夏晚期	彭振生、李小平、白青：《江西新余发现夏时期文化遗物》，《南方文物》1992年第3期
新余陈家	罗坊镇陈家村	商代晚期	江西省文物考古研究所、江西省新余市博物馆：《江西新余陈家遗址发掘报告》，《南方文物》2003年第2期
新余赵家山	南安乡南2千米赵家山	西周早期	江西省文物考古研究所等：《江西新余赵家山西周遗址发掘简报》，《南方文物》2003年第2期
新余钱家山	罗坊镇竹山村钱家山	西周早期	江西省文物考古研究所等：《江西新余市钱家山西周遗址及竹山村三国墓与宋墓考古发掘简报》，《南方文物》2006年第2期
萍乡禁山下	芦溪县宣风镇虹桥村南	夏晚期、西周早期	江西省文物考古研究所、萍乡市博物馆：《江西萍乡市禁山下遗址的发掘》，《考古》2000年第12期
萍乡赤山大宝山	萍乡市东北赤山公社	新晚、商代中晚期	萍乡市博物馆：《萍乡市赤山大宝山遗址调查记》，《南方文物》1980年第4期
萍乡田中古城	萍乡市区北约4千米	西周至春秋时期	彭安保等：《江西萍乡市田中古城遗址调查简报》，《考古》2011年第2期
萍乡三田古城	上栗县福田镇三田村	西周	敖有胜：《江西萍乡商周遗址调查》，《南方文物》2005年第1期
萍乡黄塘	芦溪县银河镇黄塘村	西周	敖有胜：《江西萍乡商周遗址调查》，《南方文物》2005年第1期
德安石灰山	聂桥乡浙江移民村	早商二期~中商一期	江西省文物考古研究所、江西省德安县博物馆：《江西德安石灰山商代遗址试掘》，《东南文化》1989年第4/5期；江西省文物考古研究所、江西省德安县博物馆：《江西德安石灰山商代遗址发掘简报》，《南方文物》1998年第4期
德安陈家墩	米粮铺乡东西2千米	商晚期~西周	江西省文物考古研究所、德安县博物馆：《江西德安县陈家墩遗址发掘简报》，《南方文物》1995年第2期；江西省文物考古研究所、德安县博物馆：《江西德安陈家墩遗址第二次发掘简报》，《东南文化》2000年第9期
德安黄牛岭	德安共青城袁家咀村	商代晚期~西周早期	江西省文物考古研究所、德安县博物馆：《江西德安米粮铺遗址发掘简报》，《南方文物》1993年第2期
德安猪山垅	县城东南3.5千米	商代中晚期	江西省文物考古研究所、德安县博物馆：《江西德安米粮铺遗址发掘简报》，《南方文物》1993年第2期
德安刘家畈	米粮铺乡东南，据陈家墩1.5千米	商代晚期	丘文彬等：《江西德安、永修界牌岭商周遗址调查》，《南方文物》1993年第2期
德安界牌岭	米粮铺乡南	商晚期~西周早期	丘文彬等：《江西德安、永修界牌岭商周遗址调查》，《南方文物》1993年第2期
德安袁山	米粮铺乡南2千米	商代晚期~西周早期	丘文彬等：《江西德安、永修界牌岭商周遗址调查》，《南方文物》1993年第2期
德安黄家咀	米粮铺乡东	商代晚期~西周早期	丘文彬等：《江西德安、永修界牌岭商周遗址调查》，《南方文物》1993年第2期
德安蚌壳山	宝塔乡桂林村东北	商代晚期~西周早期	江西省文物考古研究所、德安县博物馆：《江西德安蚌壳山遗址发掘简报》，《南方文物》1994年第3期

遗址名称	地理位置	时代	资料出处
靖安寨下山	县城西北南河附近	商晚期~西周	李弦、适中：《江西靖安寨下山遗址调查简报》，《南方文物》1992年第1期
靖安县，商1处为晚期，西周8处			郭永明：《靖安县发现一批商周遗址》，《江西历史文物》1983年第3期
永修县。商10处均为晚期、西周23处			江西省文物考古研究所、九江市博物馆、永修县文物管理室：《永修县古文化遗址调查与试掘》，《江西文物》1991年第2期
永修新界	与米粮铺乡东南各遗址相距不远，离陈家遗址1.5千米	商晚期~西周早期	丘文彬等：《江西德安、永修界牌岭商周遗址调查》，《南方文物》1993年第2期
彭泽团山	县城东北15千米太泊湖东岸	晚商二期	江西省文物考古研究所、江西省彭泽县文管所：《江西彭泽县团山遗址发掘简报》，《南方文物》2007年第3期
新干牛头城	县城东北部大洋洲镇刘垱村	夏文化因素、商代晚期、西周中晚期	江西省文物工作队：《新干牛头城遗址调查》，《江西历史文物》1977年第6期；李家和：《江西省新干县牛头城遗址调查与试掘》，《东南文化》1989年第1期；江西省文物考古研究所、江西新干县博物馆：《新干县湖西牛城遗址试掘与复查》，《江西文物》1991年第3期；朱福生：《江西新干牛头遗址调查》，《南方文物》2005年第4期
新干湖西	县城东北部大洋洲镇刘垱村，西距牛头城遗址1.5千米	商晚期、西周中晚期	江西省文物考古研究所、江西新干县博物馆：《新干县湖西牛城遗址试掘与复查》，《江西文物》1991年第3期
新干大洋洲	樟树南20千米、新干北20千米，隶属大洋洲乡程家村	商代后期早段	江西省文物考古研究所、江西省博物馆、新干县博物馆：《新干商代大墓》，文物出版社，1997年
新干石牛岗	新干县大洋洲镇湖头村东北	西周早中期	周广明等：《江西新干石牛岗遗址发掘简报》，《南方文物》2016年第2期
九江神墩	县城西北16千米新合乡	商代中晚期、西周	江西省文物工作队、九江市博物馆：《江西九江神墩遗址发掘简报》，《江西历史文物》1987年第2期
九江龙王岭	九江县马回岭乡东南2千米	早商二期~晚商	江西省文物考古研究所、九江市文化名胜管理处、九江县文物管理所：《九江县龙王岭遗址试掘》，《东南文化》1991年第6期
九江县磨盘山	龙王岭遗址东	商晚期~西周	江西省文物考古研究所、九江市文化名胜管理处、九江县文物管理所：《江西九江县马回岭遗址调查》，《东南文化》1991年第6期
九江县门口山	磨盘山遗址东	商晚期~西周	江西省文物考古研究所、九江市文化名胜管理处、九江县文物管理所：《江西九江县马回岭遗址调查》，《东南文化》1991年第6期
九江县八哥山	门口山遗址东	商晚期~西周	江西省文物考古研究所、九江市文化名胜管理处、九江县文物管理所：《江西九江县马回岭遗址调查》，《东南文化》1991年第6期
九江县王花兰	八哥山遗址河对面	商晚期~西周	江西省文物考古研究所、九江市文化名胜管理处、九江县文物管理所：《江西九江县马回岭遗址调查》，《东南文化》1991年第6期

遗址名称	地理位置	时代	资料出处
九江磨盘墩	九江县城东北1.5千米	夏晚期、西周中晚期	江西省博物馆、九江县文化工作站：《江西九江县沙河街遗址发掘简报》，《考古学集刊·2》，中国社会科学出版社，1982年
九江荞麦岭	九江县马回岭镇	夏代晚期、商代早期	胡晓军：《江西荞麦岭商代遗址考古获重大进展》，《光明日报》2014年6月9日第9版；《九江县荞麦岭夏商遗址》，《中国考古学年鉴·2015》，中国社会科学出版社，2016年；《江西九江荞麦岭遗址》，《2014中国重要考古发现》，文物出版社，2015年
瑞昌大路口	瑞昌市西0.8千米	早商三期～西周	瑞昌市博物馆：《江西瑞昌大路口遗址调查简报》，《南方文物》1992年第1期
瑞昌铜岭	夏坂乡	早商三期～西周	江西省文物考古研究所、瑞昌市博物馆：《铜岭古铜矿遗址发现与研究》，江西科学技术出版社，1997年
瑞昌檀树嘴	夏畈乡檀树嘴村西南山坡上	晚商三、四期	朱垂珂、何国良：《江西瑞昌檀树咀遗址试掘》，《南方文物》1993年第4期；江西省文物考古研究所、瑞昌市博物馆：《江西瑞昌市檀树咀商周遗址发掘简报》，《考古》2000年第12期
瑞昌良田寺	瑞昌县西南20千米处	新石器时代晚期、商、西周	瑞昌市博物馆：《江西瑞昌县良田寺遗址调查》，《考古》1987年第1期
余江龙岗	余江县城东南5千米	夏晚期、商早中期	杨巨源：《江西余江县三处古文化遗址调查简报》，《东南文化》1989年第1期；李家和等：《江西龙山文化初探》，《东南文化》1989年第1期
余江黄凤岭	县城西南2千米霄冲倪村西南侧	夏晚期、商早中期	杨彩娥：《江西余江黄凤岭商周遗存调查》，《南方文物》2004年第1期
余江红龙岗	县城东南	夏晚期、商早中期	杨巨源：《江西余江县三处古文化遗址调查简报》，《东南文化》1989年第1期
余江马岗	县城南偏东5千米	夏晚期、商早中期	杨巨源：《江西余江县三处古文化遗址调查简报》，《东南文化》1989年第1期
鹰潭角山、板栗山	市区东7千米月湖区童家乡角山徐家村旁。童家河在东南流过向西北注入信江。河南岸为角山坡地，北岸为板栗山	夏文化因素，商	《江西鹰潭角山窑址试掘简报》，《华夏考古》1990年第1期；向桃初：《湘赣地区二里头文化踪迹探寻述略》，《中国社会科学院古代文明研究中心通讯》第6期；江西省文物考古研究院，鹰潭市博物馆编著：《角山窑址——1983～2007年考古发掘报告》，文物出版社，2018年
广丰社山头	五都镇前山村罗家自然村	夏晚期～商早期	江西省文物考古研究所、厦门大学人类学系、广丰县文物管理所：《江西广丰社山头遗址发掘》，《东南文化》1993年第4期；《江西广丰社山头遗址第三次发掘》，《南方文物》1997年第1期
万年肖家山	县城西1千米余家埠河西岸	夏文化因素，商	江西省文物管理委员会：《1961年江西万年遗址的调查和墓葬发掘》，《考古》1962年第4期；《1962年江西万年新石器遗址、墓葬的调查与试掘》，《考古》1963年第12期；刘诗、陈文华：《江西万年类型商文化遗址调查》，《东南文化》1989年第4/5期
万年斋山	县城北，安乐河南岸的中合乡（即庙背村）南斋山湖边	夏文化因素，商	刘诗、陈文华：《江西万年类型商文化遗址调查》，《东南文化》1989年第4/5期

遗址名称	地理位置	时代	资料出处
万年送嫁山	同上	夏文化因素，商	刘伶、陈文华：《江西万年类型商文化遗址调查》，《东南文化》1989年第4/5期
万年西山	同上	夏文化因素，商	刘伶、陈文华：《江西万年类型商文化遗址调查》，《东南文化》1989年第4/5期
万年雷坛	城厢镇南1千米，雷坛村南	西周晚期	刘林：《万年县雷坛遗址调查》，《南方文物》1980年第2期
进贤高岭	云桥乡高岭村蛇白坑村南800米	商晚西周	江西省文物工作队、进贤县文化馆：《江西省进贤县古文化遗址调查简报》，《东南文化》1988年第3/4期
进贤寨子峡	位于捉牛岗、五里、下埠三乡交界处	夏晚期遗物西周中晚	江西省文物工作队、进贤县文化馆：《江西省进贤县古文化遗址调查简报》，《东南文化》1988年第3/4期；高宁桂、刘诗中：《进贤县寨子峡遗址调查简报》，《南方文物》1983年第2期
进贤陈罗	白圩乡流岭村陈罗	商晚西周	江西省文物工作队、进贤县文化馆：《江西省进贤县古文化遗址调查简报》，《东南文化》1988年第3/4期
进贤南土墩	下埠乡下埠街南500米	商晚西周	江西省文物工作队、进贤县文化馆：《江西省进贤县古文化遗址调查简报》，《东南文化》1988年第3/4期
进贤桌山	云桥乡高岭村桌山上	商晚西周	江西省文物工作队、进贤县文化馆：《江西省进贤县古文化遗址调查简报》，《东南文化》1988年第3/4期
进贤高祖岭	县城南500米	商周	江西省文物工作队、进贤县文化馆：《江西省进贤县古文化遗址调查简报》，《东南文化》1988年第3/4期
进贤水泥厂	池溪乡池溪街正东1.5千米	商晚西周	江西省文物工作队、进贤县文化馆：《江西省进贤县古文化遗址调查简报》，《东南文化》1988年第3/4期
进贤盘子山	下埠乡下埠街西港东村陈坊	商周	江西省文物工作队、进贤县文化馆：《江西省进贤县古文化遗址调查简报》，《东南文化》1988年第3/4期
进贤猪婆岭	衙前乡淡田村	西周	江西省文物工作队、进贤县文化馆：《江西省进贤县古文化遗址调查简报》，《东南文化》1988年第3/4期
进贤禾岭	云桥乡高岭村禾岭南端	商晚西周	江西省文物工作队、进贤县文化馆：《江西省进贤县古文化遗址调查简报》，《东南文化》1988年第3/4期
进贤车家垅	云桥乡车家垅村	商晚西周	江西省文物工作队、进贤县文化馆：《江西省进贤县古文化遗址调查简报》，《东南文化》1988年第3/4期
进贤高塘	张王庙乡境内	西周	江西省文物工作队、进贤县文化馆：《江西省进贤县古文化遗址调查简报》，《东南文化》1988年第3/4期
进贤凰岭	五里乡境内	西周	江西省文物工作队、进贤县文化馆：《江西省进贤县古文化遗址调查简报》，《东南文化》1988年第3/4期
进贤前岭观	温圳乡境内	西周	江西省文物工作队、进贤县文化馆：《江西省进贤县古文化遗址调查简报》，《东南文化》1988年第3/4期
乐平高岸岭	县城东南30千米。东韩家村，西龙亭村，南乐安江	西周	乐平县文物陈列室：《乐平县试掘高岸岭遗址》，《江西历史文物》1981年第1期
乐平黄泥坪	乐平县南村乡太平村	西周至春秋	王上海等：《江西省乐安县黄泥坪遗址考古调查简报》，《文博》2015年第4期
湖口下石钟山	县城关，江湖汇合之处	夏晚期因素、商末~西周	江西省文物工作队、石钟山文管所：《湖口县下石钟山遗址调查记》，《江西历史文物》1985年第1期；黄盛璋：《湖北省湖口县石钟山遗址发现甲骨文》，《亚洲文明》，第二集，安徽教育出版社，1992年；刘诗中、杨赤宇：《江西湖口下石钟山发现商周时代遗址》，《考古》1987年第12期

遗址名称	地理位置	时代	资料出处
德兴狐狸山	县城南1.5千米	新晚期、商代中晚期	德兴县博物馆：《江西德兴几处古文化遗址调查》，《江西文物》1990年第1期
德兴观山	县城南偏东18千米	商代中晚期	德兴县博物馆：《江西德兴几处古文化遗址调查》，《江西文物》1990年第1期
德兴上沽口	泗洲镇张家坂的上沽口村	商代中晚期	德兴县博物馆：《江西德兴几处古文化遗址调查》，《江西文物》1990年第1期
德兴铜矿附近		商中晚期	德兴县博物馆：《江西德兴几处古文化遗址调查》，《江西文物》1990年第1期
都昌船丘山	杭桥乡横渠口村南	商周	周振华：《江西都昌杭桥乡发现船丘山商周遗址》，《南方文物》1993年第3期
都昌小张家	北炎乡西南侧	商中晚期	江西省文物考古研究所、江西省都昌县博物馆：《江西都昌小张家商代遗址发掘简报》，《南方文物》1999年第3期
婺源茅坦庄	秋口镇河村东	商中晚期	江西省文物考古研究所、江西婺源县博物馆：《江西婺源县茅坦庄遗址商代文化遗存发掘简报》，《南方文物》2006年第1期
婺源中云	东北距县城20千米，中云乡西	商晚期～西周	李家和、刘林：《婺源县中云发现商周遗址》，《南方文物》1982年第4期
浮梁县东流燕窝山	景德镇市区东17千米的浮梁县湘湖镇东流村西南	商中期、西周	杨军、胡胜：《浮梁县东流燕窝山商周遗址》，《中国考古学年鉴·2005》，文物出版社，2006年
玉山归塘坞	双明镇东4千米的祝村	商中晚期、西周	江西省文物考古研究所、玉山县博物馆：《玉山双明地区考古调查与试掘》，《南方文物》1994年第3期
玉山对面山	双明镇所在地徐村东北	西周晚期	江西省文物考古研究所、玉山县博物馆：《玉山双明地区考古调查与试掘》，《南方文物》1994年第3期
玉山洪家山	四股桥乡竹枧中学南100米	商中晚期、西周	江西省文物考古研究所、玉山县博物馆：《玉山双明地区考古调查与试掘》，《南方文物》1994年第3期
玉山狗槽岗	双明镇五平头村南200米	西周	江西省文物考古研究所、玉山县博物馆：《玉山双明地区考古调查与试掘》，《南方文物》1994年第3期
玉山程家墩	玉山县城冰溪镇北部12千米的四股桥乡潭头村	西周	余盛华：《江西玉山程家墩遗址发掘简报》，《南方文物》2002年第1期
抚州市西郊豺狗包、鱼骨山等	抚州市西郊抚州造纸厂工地	商中晚期	李家和、杨巨源、刘诗中：《江西万年类型商文化研究》，《东南文化》1990年第3期；《江西抚州市西郊商代遗址调查》，《考古》1990年第2期
南城县碑山	县西北岳口乡大徐村西南	商末周初、西周早期	《中国考古学年鉴·2006》，文物出版社，2007年
南城武岗山	南城县东北的洪门、徐家两乡交汇处	商周	霍质彬：《南城县发现商周遗址》，《江西历史文物》1984年第1期
上饶马鞍山	县城东北22千米	西周晚期	江西上饶县博物馆：《上饶县马鞍山西周墓》，《东南文化》1989年增刊1
上饶铁山胡家桥	县城南44千米，铁山乡胡家桥村	新晚、商中晚期～西周	江西上饶县博物馆：《江西上饶县古文化遗址调查》，《东南文化》1991年第6期

遗址名称		地理位置	时代	资料出处
上饶高南峰	县城北62千米，南高峰乡桥头村	新晚、商中晚期～西周		江西上饶县博物馆：《江西上饶县古文化遗址调查》，《东南文化》1991年第6期
上饶茗洋	县城西北50千米茗洋乡姜山村庙背山	商中晚期～西周		江西上饶县博物馆：《江西上饶县古文化遗址调查》，《东南文化》1991年第6期
上饶郑坊	县北40千米郑坊乡郑坊村	商中晚期～西周		江西上饶县博物馆：《江西上饶县古文化遗址调查》，《东南文化》1991年第6期
上饶南岩	县西6千米茶亭乡南岩村	同上		江西上饶县博物馆：《江西上饶县古文化遗址调查》，《东南文化》1991年第6期
铅山曹家墩	陈家寨公社	同上		铅山县文化馆：《江西铅山县曹家墩发现商周遗址》，《考古》1983年第2期

二　铜器

出土铜器时间地点	铜器种类	时代	资料出处
1957年东乡县城北4千米	鼎	西周初期	薛尧：《江西出土的几件青铜器》，《考古》1963年第8期
1962年萍乡市彭家桥河中	甬钟2	西周早期	敖有胜等：《萍乡市出土西周甬钟》，《江西历史文物》1985年第2期
1962年新余市界水主龙山上	铙1	西周早期	彭适凡：《赣江流域出土商周铜铙和甬钟概述》，《南方文物》1998年第1期
1964年3月1日，万年县西山蔡家艾山里	铜鼎1	西周初期	郭远谓：《江西近两年出土的青铜器》，《考古》1965年第7期
1965年万载县株潭镇常家里山上	甬钟	商末周初	刘建：《万载县出土西周甬钟》，《江西历史文物》1994年第1期
1973年吴城正圹山	斝	殷墟早期	江西省博物馆、清江县博物馆：《近年江西出土的商代青铜器》，《文物》1977年第9期
1975年鹰潭（南昌征集）	甬钟1	西周中期	彭适凡：《赣江流域出土商周铜铙和甬钟概述》，《南方文物》1998年第1期
1975年清江县三桥公社横塘大队锄狮脑山丘	2件扁足铜鼎	吴城一、二期商代中期	江西省博物馆、清江县博物馆：《近年江西出土的商代青铜器》，《文物》1977年第10期
1974年吴城遗址	凤首青铜盖	吴城一、二期商代中期	江西省博物馆等：《江西清江吴城商代遗址发掘简报》，《文物》1975年第7期
1974年都昌县大港公社乌云山东麓	甗1、斧5、锛4	商代晚期	《江西都昌出土商代铜器》，《考古》1976年第4期
萍乡市彭高公社	甬钟2	西周早期	彭适凡：《赣江流域出土商周铜铙和甬钟概述》，《南方文物》1998年第1期
余干县黄金埠	应监甗	西周初期	朱心持：《江西余干黄金埠出土铜甗》；郭沫若：《释应监甗》，《考古学报》1960年第1期
1976年新干中棱水库坝基	鼎5等	商晚期	彭适凡、李玉林：《江西新干县的西周墓葬》，《文物》1983年第6期
1979年樟树市山前乡双庆桥	甬钟	西周早期	黄冬梅：《清江县山前发现西周甬钟》，《江西历史文物》1981年第3期

出土铜器时间地点	铜器种类	时代	资料出处
1980年新余市罗坊乡陈家	铙1	西周早期	余家栋：《江西新余连续发现西周甬钟》，《文物》1982年第9期
1980年新余	甬钟	西周早期	余家栋：《新余县发现西周甬钟》，《南方文物》1981年第2期
1981年新余市水西乡家山	铙1	西周早期	余家栋：《江西新余连续发现西周甬钟》，《文物》1982年第9期
婺源中云	鼎1	西周	李家和、刘林：《婺源县中云发现商周遗址》，《南方文物》1982年第4期
1982年武宁清江公社修水库出土	甬钟1	西周	闵正国：《武宁县出土西周甬钟》，《江西历史文物》1983年第3期
1983年靖安县林科所后山梨树窝	铙1	西周早期	彭适凡：《赣江流域出土商周铜铙和甬钟概述》，《南方文物》1998年第1期
1984年宜春市下浦乡金桥村	铙1	西周早期	彭适凡：《赣江流域出土商周铜铙和甬钟概述》，《南方文物》1998年第1期
1984年萍乡市芦溪区银河乡邓家田村	铙1	西周早期	彭适凡：《赣江流域出土商周铜铙和甬钟概述》，《南方文物》1998年第1期
1985年宜丰县天宝乡牛形山	铙	商晚期	胡绍仁：《宜丰县出土商代铜铙》，《江西历史文物》1985年第1期
1985年遂川县泉江镇枚江乡	卣	商代晚期	梁德光：《江西遂川出土一件商代铜卣》，《文物》1986年第5期
1987年广丰排汕乡卅八都村征集	提梁卣	西周初期	罗小安：《广丰发现西周青铜提梁卣》，《江西文物》1989年第1期
1989年萍乡市安源镇十里铺村山上	铙2	西周初期	彭适凡：《赣江流域出土商周铜铙和甬钟概述》，《南方文物》1998年第3期
1989年上饶马鞍山土墩墓	盘	西周晚期	李家和等：《上饶县马鞍山西周墓》，《东南文化》1989年
1989年新干大洋洲	铙4	商晚期	江西省文物考古研究所、江西省博物馆、新干县博物馆：《新干商代大墓》，文物出版社，1997年
1993年德安陈家墩遗址	铙1	商末期	彭适凡：《赣江流域出土商周铜铙和甬钟概述》，《南方文物》1998年第1期
1997年宜春市慈化镇蚬蚣塘	铙1	西周初期	彭适凡：《赣江流域出土商周铜铙和甬钟概述》，《南方文物》1998年第1期
1995年新余市渝水区水西镇丰都头村	铜鬲1	商代晚期	胡小勇：《江西新余市出土商代铜鬲》，《文物》2002年第12期
1999年新余市渝水匹沙土乡毛家村	甬钟	西周	章国任：《江西新余出土西周甬钟》，《南方文物》2004年第1期
2002年永修燕坊乡四联村	铙2	商代晚期	徐长青：《江西永修发现商代青铜铙》，《南方文物》2002年第2期

后　记

　　本书是对中国南方和东南方，尤其是长江中下游沿江地带如何一步步融入中原王朝，逐步实现以中原为中心的多元一体国家研究的总结性成果。为完成这一认识过程，我花费了 20 余年的时间。

　　1996 年，我从北方小城茌平县考入厦门大学考古专业，厦门大学独特的地理位置和研究方向、开放包容的办学理念、可敬可爱的诸位先生深深地影响了我，使我初步建立了对中国东南地区和广大南方，乃至东南亚地区古代文化的认识，虽然毕业论文仍然以家乡的山东龙山文化为题展开，但也由此建立了我对国家文明起源议题的兴趣。2000 年，我进入南京大学师从水涛教授攻读商周考古方向硕士学位，水涛教授的知识视野和治学态度指引我对更广大范围的国家文明起源尤其是青铜时代文明研究产生了更为浓厚的兴趣，以此形成了商周考古方向的学术目标。但以何种方法介入何地的哪方面研究并未在硕士阶段完成，因此当时的硕士毕业论文仍然以山东龙山文化为主展开，但更多的使用了"考古学文化格局"的理念，即建立在统一的时空框架之上的文化变迁研究，这也成为日后这本著作的主要研究方法。2003 ～ 2006 年，我在南京博物院考古研究所工作，期间参与了江苏省内各地多处遗址的考古工作，尤其是苏南地区商周遗址和土墩墓的考古经历使我对沿江地带的文化内涵有了更深入的了解和认识，并由此产生了专心于沿江地带中原化进程的研究目标。因此，2006 年重新进入南京大学攻读博士学位以及 2009 年留校后的工作、教学和科研，即主要以这一研究方向展开，先后主持和参加了江苏、安徽、上海、浙江等地多处遗址的发掘和资料整理工作，并对湖北、湖南、江西、福建、广东、广西、河南、山东、陕西、甘肃、四川、新疆等地的多处遗址进行了考察，参与了以南方地区为主题的多次国内和国际会议，甚至还参与了太湖的水下考古工作。2009 年的博士学位论文《论江淮、鄂东南和赣鄱地区青铜文化演进及与夏商西周文化的互动关系》即是当时形成的认识总结。以后几年，又结合国家文明起源研究，进一步将对互动关系的认识上升为"中原化进程"（即南方如何一步步融入中原王朝政治统治）的思想，并以此为题于 2013 年在中国台湾出版了专著。同年也以"青铜时代长江下游中原化进程"为题申请了国家社会科学青年基金。此社科基金课题以博士论文的研究方法为基础，将沿江地带进一步扩大到宁镇皖南地区，建立了在更大范围内考察中原王朝统治策略和经略步骤，以此分析小区域社会变迁的知识体系和框架。本书即是在以上认识和成果基础之上进一步修订而成的，美中不足的是本项研究本应该将环太湖地区包括在内，但由于现存资料和个人精力原因，未能如愿，只是在相关章节中有所涉及。另外，沿江地带更南区域的中原化进程研究也将成为我以后继续努力的方向。

　　近年来区域文明的发现和研究在中华大地遍地开花，极大了促进了中国社会复杂化和文明化进程的研究。由此也刺激了学术界对以往的学术观点的反思并产生了新的争论，比如谁才是"最早的中国"？区域文明自何处来？又往何处去？为何最终是中原文明确定了领导地位，它又是如何实现的？中原文明形成过程中中原和区域文明的关系是如何建立和变迁的？等等。以往学者在论及中国文明化进程时，往往从"满天星斗""多元一体"的理论出发，认为各区域文明都会不由自主的向中原"辐辏"，强调中原地区和中原文明所具有的的向心力作用，从而最终促使最早的国家产生于中原。本书认为，与其说中原文明对周边区域文明充满了"吸引力"，促使后者主动向中原聚集，不如说周边区域文明在中原文明的"压迫"下"不得不"为中原文明进程"助力"。中原文化在原始社会末期之前并没有过多的向外扩张，周边区域文化也未过多的浸染中原，但当中原族群建立最初的广域国家后便迅速的向外扩张，并且根据各地不同的社会状况采取着不同的经略步骤和统治策略，夏商周王朝接续扩张，所采取的政策既有创新又有延续性。这一过程可看作是"辐辏"与"扩张"的结合，它们共同构成了多元一体中华文明的进程。从大处着眼认识区域文明的中原化的过程，对于从小处着手解决一些具体的问题将大有裨益。

任一理论和方法都有其局限性，本书也不例外，比如考古学文化格局包罗万象，绝不仅仅体现在文化的时空变迁上；通过物质遗存的研究推论考古学文化与族群和政治架构的对应关系也存在相当大的不确定性；文化因素的等级性问题尚需要更多的材料支持；文化传播的主观意识也需要深入考虑。这些都需要我们结合更多的信息做出更为合理的推测。

时光如白驹过隙，匆匆而过，过去20多载的学术之路仿佛浓缩在昨天，历历在目。忘不了无数个田野的瞬间，忘不了数不清的思想碰撞、火花闪现，更忘不了一张张和蔼、善良、可敬可爱的考古人的笑脸，正是他们带我进入考古的殿堂、指引我前进的方向。

吴诗池、水涛先生，既是我学业的导师，更是我人生的引领者。厦门大学的各位老师以"自强不息、止于至善"之心教我入门，南京大学的各位老师以"诚朴雄伟、励学敦行"之态助我奋进，南京博物院的各位领导、同事以严谨求实的工作作风促我成长。他们的每一个人都是我人生路上的"指路明灯"。

感谢山东大学、北京大学、武汉大学、复旦大学、四川大学、吉林大学、南京师范大学、中山大学、美国加州大学洛杉矶分校、哈佛大学、上海博物馆、湖北省博物馆、湖南省博物馆、江西省博物馆、福建博物院、海南省博物馆、安徽博物院、安徽省文物考古研究所、浙江省文物考古研究所、江西省文物考古研究院、湖北省文物考古研究所、湖南省文物考古研究所、山东省文物考古研究院、南京市考古院、宁波市文化遗产管理研究院等高校和科研机构的诸先生、同仁，与他们的多次接触成为我一生宝贵的精神财富。

感谢南京大学和历史学院对我20余年学习和工作的支持和资助，2022也正值南京大学考古专业设立50周年，愿它们永葆生机和活力，永立潮头，再创佳绩！

感谢文物出版社和责编秦彧，出版社的高标准要求和责编的认真负责是本书能够高效高质出版的基础。

感谢家人对我工作的支持，她们的付出是我心中永远的感怀与愧疚。

期待明天，拥抱明天，中华民族的明天必将更加美好！